Adolf Rosenberg

**Geschichte der modernen Kunst**

Adolf Rosenberg

**Geschichte der modernen Kunst**

ISBN/EAN: 9783743439351

Hergestellt in Europa, USA, Kanada, Australien, Japan

Cover: Foto ©Thomas Meinert / pixelio.de

Manufactured and distributed by brebook publishing software (www.brebook.com)

Adolf Rosenberg

**Geschichte der modernen Kunst**

# GESCHICHTE

DER

# MODERNEN KUNST

ZWEITER BAND

# GESCHICHTE

## DER

# MODERNEN KUNST

VON

## ADOLF ROSENBERG

ZWEITER BAND

### DIE DEUTSCHE KUNST

ERSTER ABSCHNITT 1795—1845

LEIPZIG

VERLAG VON FR. WILH. GRUNOW

1889

Druck der Hoffmannschen Buchdruckerei in Stuttgart.

# DIE DEUTSCHE KUNST

———

## ERSTER ABSCHNITT

1795 — 1848

# Die deutsche Kunst
## 1795—1848

## Erstes Kapitel
### Classicismus und Romantik

#### I. Carstens und die Seinigen.

Während die Geschichte der neueren Kunst Frankreichs durch eine energische, auf ein bestimmtes Ziel losstrebende Persönlichkeit eingeleitet wurde, welche die ersten Stadien des Entwicklungsganges derselben nach ihrem Willen bestimmte, zeigt uns die neuere deutsche Kunst in ihren Anfängen, trotzdem diese auf ein gleiches Ziel, auf eine eigene Wiedergeburt durch engen Anschluss an den Geist und die Formensprache der Antike gerichtet waren, ein völlig verschiedenes Bild. Nicht eine einzelne künstlerische Individualität tritt in den Vordergrund, nicht ein bahnbrechender Künstler leitet den Strom in ein neues Bett, sondern an verschiedenen Orten des Ländergebietes, in welchem Völker germanischen Stammes wohnen, regen sich schöpferische Geister, um eine neue Renaissance der Antike herbeizuführen. Wir können nicht von einer national-deutschen Kunst in gleichem Sinne wie von einer national-französischen reden, weil es damals den Deutschen an einem gemeinsamen Mittelpunkte fehlte und heute noch fehlt, wie ihn die Franzosen in Paris besassen und noch besitzen.

Die Mehrzahl der jungen Künstler, welche Frankreich verliessen, um ihre Studien in Italien zu machen, kehrte nach einem gewissen, meist sehr kurz bemessenen Zeitraume wieder in die Heimath, besonders nach Paris zurück, während viele deutsche Künstler froh waren, wenn sie die Heimath hinter sich hatten und den Rest ihres Lebens in Italien zubringen konnten. Der Zug nach Italien wurzelt tief im deutschen Gemüth. Was Dürer einst in Erinnerung dessen, was ihm seine Vaterstadt bot und bieten konnte, aus Venedig schrieb: »O, wie wird mich nach der Sonnen frieren!«, dieses Wort hat seitdem in den Herzen aller deutschen Künstler nachgezittert, welche über die Alpen nach dem gelobten Lande zogen und wieder heimkehren mussten, ehe sie des Herzens Sehnsucht vollkommen gestillt.

Diejenigen deutschen Künstler aber, welche für längere Zeit oder für immer in Italien bleiben durften, haben darum ihr nationales Gepräge nicht verloren. Auch in der wälschen Umgebung blieb der germanische Kunstgeist so kraftvoll und selbständig, dass er seine eigenen Wege suchte und fand, dass er sich die Schöpfungen vergangener Kunstepochen assimilirte und unterthan machte, dass er sich schliesslich über allem Fremdartigen in seiner ursprünglichen Eigenthümlichkeit erhob und sich individueller und bedeutsamer entwickelte als in der politisch zerrissenen Heimath. Auf italischem Boden fand sich sogar zu einem gemeinsamen Strome zusammen, was sich gesondert in England und Dänemark, in Schweden und Deutschland entwickelt hatte. In Italien fallen die nationalen Schranken: Carstens und Thorwaldsen sind keine Dänen, Cornelius und Overbeck keine Deutschen mehr. Die Stammeseinheit verwischt die lokalen Unterschiede, und eine allgemeine germanische Kunst erwächst auf italienischer Erde. Auch für eine Darstellung der Anfänge der neueren deutschen Kunst müssen diese Schranken beseitigt werden. Carstens und Thorwaldsen gehören der deutschen, nicht der dänischen Kunstgeschichte an. Eine dänische Kunst im nationalen Sinne giebt es überhaupt nicht, ebensowenig wie eine schwedische und norwegische. Nicht eine bestimmte nationale Eigenthümlichkeit, sondern nur der Zufall der Geburt entscheidet über die Zugehörigkeit eines Künstlers zu einem der skandinavischen Länder.

Was wir von der Erneuerung der deutschen Kunst auf italienischem Boden gesagt haben, gilt nur von der Malerei und von der Plastik. Die Architektur, welche schon durch ihre Grundbedingungen an die Scholle gebunden ist, hat die Keime des neuen Aufschwungs nicht durch direkte Berührung mit Italien, sondern gewissermaassen durch literarische Studien in sich aufgenommen, welchen die Baukünstler später praktische Er-

fahrungen auf Reisen folgen liessen. Wie wir es innerhalb der französischen Architektur gesehen haben, vollzog sich auch in der deutschen der Bruch mit der absterbenden Rokokokunst nicht urplötzlich, sondern die ersten Anfänge der neuen, auf das Studium des klassischen Alterthums gegründeten Richtung liefen neben den letzten Ausläufern des Zopfstils, anfangs noch unbeholfen und in ihrer Erscheinung fast ebenso nüchtern, dann immer zuversichtlicher und in immer schärferer Ausprägung nebenher. Diese Anfänge machten sich an verschiedenen Orten Deutschlands fast gleichzeitig bemerkbar, am entschiedensten freilich in Berlin, welches auch insofern als Ausgangspunkt der neueren deutschen Kunst zu betrachten ist, als Carstens hier in eine Umgebung gerieth, welche ihn in seinen künstlerischen Ueberzeugungen nur bestärkte, und als er von hier, wie er selbst eingestand, »den grossen Stil« nach Rom brachte. Schon Georg Wenzeslaus von *Knobelsdorff* (1699—1753) hatte in seinem 1743 vollendeten Opernhause zu Berlin den Versuch gemacht, die Formen der Antike in einem engeren Anschluss an die classischen Vorbilder und in einem reineren und edleren Geschmack anzuwenden, als es bei allen übrigen seiner Zeitgenossen üblich war. Erst zwölf Jahre später begann mit der Schrift Winckelmanns »Gedanken über die Nachahmung der griechischen Werke« die literarische Agitation, welche durch das Eingreifen Lessings, dann besonders durch die schon oben (I. Band S. 378) erwähnte Publikation der »Ruinen der schönsten Monumente Griechenlands« von David Leroy (1758) und am meisten durch das epochemachende Werk der Engländer Stuart und Revett über die »Alterthümer von Athen« (1762) mächtig gefördert wurde. Auf diese erste wissenschaftliche Veröffentlichung altgriechischer Bauwerke ist sogar dasjenige Denkmal Berlins zurückzuführen, welches am Eingang der neuen Kunstepoche steht, das von Karl Gotthard *Langhans* (1733—1808) in den Jahren 1789—1793 erbaute Brandenburger Thor. Die Ruinen der Propyläen, welche den Zugang zu der Akropolis von Athen bilden, erweckten in Langhans den Gedanken, der vornehmsten Strasse Berlins ein ähnliches Prachtthor vorzusetzen*). Dasselbe hatte damals noch die praktische Bedeutung, dass es, inmitten der Stadtmauer errichtet, wirklich den Zugang zur Stadt eröffnete. Die niedrigen Seitenhallen, welche heute die Wucht des monumentalen Gesammteindrucks abschwächen, sind erst nach dem Abbruch der Stadtmauer (1868 durch Strack hinzugefügt worden. Das Gebälk und der attikaartige Oberbau des Thores werden von sechs

---

*) Für die Geschichte der Berliner Baukunst s. A. Woltmann, die Baugeschichte Berlins bis auf die Gegenwart, Berlin 1872, und Berlin und seine Bauten. Herausgegeben vom Architekten-Verein zu Berlin, Berlin 1877.

Mauerpfeilern getragen, denen an Stirn- und Rückseite je sechs Säulen vorgesetzt sind, welche einen halb dorischen, halb ionischen Charakter haben und auch in den Verhältnissen nicht den Musterbeispielen des griechischen Stils nachgebildet sind. Enger schliessen sich der unter dem Gesims herumgeführte Triglyphenfries und die Reliefs der Metopen mit Kentauren- und Lapithenkämpfen dem athenischen Vorbilde an. Dass dieses aber einst seinen Abschluss durch ein Giebeldreieck gefunden hatte, konnte Langhans nicht wissen, und er hielt sich daher für diesen Theil seiner Schöpfung an die römischen Triumphbogen, zumal ja auch sein Thor eine Krönung durch eine plastische Gruppe erhalten sollte. Was damals nur einer mangelhaften und oberflächlichen Kenntniss der antiken Baukunst entprossen war, würde man heute, wenn es in unserer Zeit ausgeführt worden wäre, als die kluge That eines wissenschaftlich begründeten Eklektizismus preisen. Die auf Langhans folgende Generation hat seine Irrthümer eingesehen, seine Fehler verbessert und reinere Formen gefunden. Es ist ihr aber nicht gelungen, mit ebenso einfachen Mitteln eine gleich grosse monumentale Wirkung zu erzielen. Aber auch unter den noch vorhandenen Schöpfungen von Langhans nimmt dieses Thor eine isolirte Stellung ein. Seine Phantasie war nicht beweglich genug, um die antiken Bauformen den modernen Bedürfnissen anzupassen. Bei anderen von ihm ausgeführten Bauten sind die antiken Elemente nur ganz äusserlich und mehr dekorativ hinzugefügt. Die wirkliche Wiedergeburt der hellenischen Baukunst unter dem nordischen Himmel sollte einem grösseren Geiste vorbehalten bleiben. Immerhin ist das Brandenburger Thor das erste Denkmal der neuen Epoche, bedeutungsvoll auch deshalb, weil es in Sandstein, dem Material des monumentalen Baustils, ausgeführt und von demjenigen Bildhauer, welcher der Reformator der deutschen Plastik wurde, mit Statuen und Reliefs geschmückt worden ist. Gottfried *Schadow* war aber nicht in dem Sinne wie seine Mitstrebenden ein Schüler der Antike. Als geborner Berliner bildete er für die Kunstgeschichte der preussischen Hauptstadt das vermittelnde Glied zwischen Altem und Neuem, zwischen dem durch französische Künstler gepflegten Rokoko- und Zopfstil und einer neuen, von der Ueberlieferung unabhängigen Naturauffassung. Schadow suchte auf demselben Wege zu einer höheren Erkenntniss und damit zur Wahrheit zu gelangen, wie der Zeichner und Kupferstecher Daniel *Chodowiecki* (1726 bis 1801, welcher zwar nach der Zeit seiner Thätigkeit noch der Rokoko- und Zopfperiode angehört, dessen künstlerische Prinzipien jedoch in der Beobachtung der Natur wurzeln. Chodowiecki wurde so der Begründer eines unbefangenen Realismus, der zunächst von Schadow auf die Portrait-

plastik übertragen und später von Rauch zu einem besondern Stil für die Bildhauerkunst entwickelt wurde. Auch in der Malerei fand Chodowiecki Nachfolger. Franz Krüger und seine Schüler führten in Berlin seine Ueberlieferung ohne Unterbrechung fort, obwohl sie mit der herrschenden, aus classicistischen und romantischen Elementen entwickelten Richtung in Widerspruch geriethen und wegen ihrer gemeinen Naturnachahmung verachtet wurden. Aber der von Chodowiecki eingepflanzte Keim war so triebkräftig, dass er in seinem Wachsthum nicht gehemmt werden konnte. Er wurzelte eben in der Staatsraison der preussischen Monarchie, und wie diese am Ende die Führung der Geschicke Deutschlands übernahm, so gewann auch der preussische oder der Berliner Realismus, der lange Zeit unter den kläglichsten Verhältnissen und Lebensbedingungen ein kümmerliches Dasein fristen musste, einen immer mehr entscheidenden Einfluss auf die Bahnen, welche die deutsche Kunst in der zweiten Hälfte des neunzehnten Jahrhunderts eingeschlagen hat. Von Berlin ging die Bewegung zu Gunsten der neuen Kunstrichtung aus, welche in Cornelius ihren Höhepunkt finden sollte. In Berlin gerieth Cornelius aber auch in unheilbaren Conflict mit dem Geiste einer neuen Epoche, welche nach den ewigen Gesetzen geschichtlicher Nothwendigkeit ihre Vorgängerin ablöste. In demselben Grade, wie das Gestirn eines Cornelius für seine Zeitgenossen an Glanz verlor, erhob sich der Stern eines Menzel, immer stärker leuchtend, am Firmament.

Es kann nicht die Aufgabe des Historikers sein, eine jede dieser mit einander kämpfenden Kunstrichtungen auf ihren geistigen und sittlichen Inhalt zu prüfen und nach dem Ergebniss dieser Prüfungen Partei zu ergreifen. Eine solche Parteinahme ist vielmehr die Sache eines nach philosophischen Grundsätzen urtheilenden Aesthetikers, welcher nach dem Endzweck aller Dinge und nach ihrem Verhältniss zu einem höchsten Wesen oder einem Naturganzen forscht. Die philosophische Geschichtsschreibung ist mit dem sich immer mehr befestigenden Uebergewicht der exakten Wissenschaften der realistischen Historiographie gewichen. Für dieselbe ist nicht das Glaubensbekenntniss, die persönliche Empfindung oder Vorliebe des Geschichtsschreibers das leitende Moment. Der letztere hat im Gegentheil die Pflicht, die Thatsachen aus dem Bereiche der subjektiven Meinungen herauszuheben und die Strömungen und Gegenströmungen zu analysiren, aus welchen sich die Folge der Thatsachen entwickelt hat. Er wird dabei stets einen doppelten Weg einschlagen müssen, einmal die Allgemeinheit eines Volkes in einem gewissen Zeitabschnitt ins Auge zu fassen, andererseits aber auch an der einzelnen Persönlichkeit, welche als Trägerin einer bestimmten Kunst-

richtung auftritt, ihr Verhältniss zur Allgemeinheit klarzulegen, also sowohl in die Volksseele, als auch in die des Individuums zu dringen.

So sehen wir, dass schon im Beginn der Entwicklung der neueren deutschen Kunst zwei Strömungen neben einander herlaufen, von denen die eine, die classicistische, damals bei weitem mächtiger war und für eine geraume Zeit auch blieb, ohne dass die andere, die realistische, gänzlich unterdrückt werden konnte. Und diese beiden Strömungen liefen sogar in einer und derselben Stadt neben einander, in Berlin, welches, wie schon gesagt, der Ausgangspunkt für die classische Richtung in der Architektur wurde. Wohl thaten sich auch in einigen anderen Städten Deutschlands ähnliche Regungen zu Gunsten einer Wiederaufnahme antiker Bauformen in reinerem Geschmacke kund. Aber Weinbrenner in Karlsruhe und Erdmannsdorf in Dessau blieben nur vereinzelte Erscheinungen, während sich in Berlin bald ein Kreis begeisterter Männer bildete, in welchen auch Carstens, der Pfadfinder der neueren deutschen Kunst, trat, und aus welchem später Schinkel erwuchs, der nicht wie Gottfried Schadow in seinen Wirkungen auf ein enges Gebiet beschränkt blieb, sondern der deutschen Kunstgeschichte angehört. Friedrich Wilhelm von *Erdmannsdorf* (1736—1800), aus Dresden gebürtig, war auf empirischem Wege dazu gelangt, die antiken Muster in die moderne Praxis einzuführen. Als Reisebegleiter des Fürsten von Anhalt-Dessau hatte er Südfrankreich und Italien besucht und sowohl in den Ruinen Roms als ganz besonders durch die Ueberreste altrömischer Baukunst in Nimes, Arles, Aix u. s. w. die Anregung erhalten, einen Wettstreit mit diesen Schöpfungen zu versuchen, deren Autorität auch im Zeitalter der Barock- und Rokokokunst nicht angefochten wurde. Leider fand er nicht Gelegenheit, die erworbenen Kenntnisse an grossen Aufgaben zu erproben. Weder das Schloss zu Wörlitz, noch das Schlösschen Luisium bei Dessau sind monumentale Prachtbauten. Aber sie zeigen doch in der Ausbildung der Details, dass Erdmannsdorf nach einer möglichst reinen Anwendung der antiken Formen strebte, und dieses Bestreben lässt sich auch in der noch erhaltenen Dekoration der Königskammern des Berliner Schlosses, besonders in den Holzarbeiten, erkennen. Erdmannsdorf war nämlich bald nach dem Regierungsantritt Friedrich Wilhelms II. nach Berlin berufen worden, um an der inneren Ausschmückung des Schlosses mitzuwirken, und dadurch kam er mit dem Kreise gleichgesinnter Künstler wie Carstens, Gilly, Gentz in Berührung. Durch diese selben Männer trat auch im Leben Friedrich *Weinbrenners* (1766—1826) eine entscheidende Wendung ein. Als der Sohn eines Zimmermeisters in Karlsruhe geboren, war er für das Handwerk seines Vaters bestimmt, der ihm

auch den ersten Unterricht ertheilte. Nach dessen Tode fand er bei
einem Artillerieoffizier weitere Ausbildung im Zeichnen und in der Mathe-
matik. Dann begab er sich auf Reisen, führte in Zürich einige Bauten
aus und erwarb sich dadurch die Mittel, auf der Wiener Akademie ein
Jahr lang unter Vincenz Fischer zu studiren. Auf seiner Rückkehr
kam er auch nach Berlin, und hier wurde er mit Carstens und den Ge-
brüdern Genelli, dem Architekten und dem Landschaftsmaler, bekannt.
Die beiden letzteren waren in Italien gewesen und erst 1789 von Rom
zurückgekehrt. Ihrem Freunde Carstens brauchten sie nicht erst die
Sehnsucht nach Italien einzuflössen; aber Weinbrenner liess sich
durch sie bestimmen, gemeinschaftlich mit Carstens im Jahre 1792 die
Reise nach Italien zu unternehmen. In Rom warf sich Weinbrenner mit
Eifer auf das Studium der antiken Baudenkmäler. Er trat in Verkehr
mit dem dänischen Alterthumsforscher Zoëga, mit den Malern J. A. Koch
und Reinhart u. a., welche seine Bestrebungen theilten oder doch zur
Opposition gegen die französische Manier gehörten. Er ging nach Neapel
und studirte auch die Ruinen von Paestum, in welchen die Majestät des
ernsten dorischen Stils einen so mächtigen Eindruck auf ihn übte, dass
seine spätere Bauthätigkeit sich vorzugsweise auf die Elemente der
dorischen Bauweise stützte. »Schon damals war Weinbrenner als Lehrer
der Baukunst aufgetreten, hatte dem Prinzen August von England, dem
Grafen Münster u. a. Unterricht ertheilt und sich in archäologischen
Wiederherstellungen vieler von alten Schriftstellern beschriebenen Gebäude versucht. Auf der Heimkehr (er verliess Rom erst 1797) rieth er
der Municipalität von Strassburg ab, als sie im Begriff war, das Innere
des Münsters nach einem abscheulichen Plan, welcher das ganze Gebäude
verunstaltet hätte, zu einem Tempel der Vernunft einzurichten. In Karlsruhe wurde ihm zwar Anerkennung, aber nur geringe Anstellung zu
Theil; er verliess sein Vaterland nochmals und liess sich einige Zeit in
Strassburg nieder, fertigte hier die Pläne zu den Monumenten der Ge-
nerale Desaix und Beaupuy, den Entwurf zu dem vom französischen
Direktorium projektirten Nationaldenkmal der Republik in Bordeaux
sowie den Plan zu einem 1801 in Strassburg projektirten Friedensdenkmal.
Diese Kompositionen gründeten seinen Ruhm, er wurde unter vortheilhaften
Bedingungen nach Hannover berufen, lehnte aber in Folge einer Wieder-
anstellung als Bauinspektor in Karlsruhe ab, woselbst er seit 1809 die
höchste Stelle seines Faches, als Oberbaudirektor des Landes und Geheimrath einnahm'.« Mit dem Anfange des neunzehnten Jahrhunderts

---

*) Karlsruhe im Jahr 1870. Baugeschichtliche und ingenieurwissenschaftl. Mittheilungen.
Karlsruhe 1872. — Weinbrenner, Denkwürdigkeiten aus meinem Leben. Heidelberg 1819.

beginnt auch Weinbrenners baukunstlerische Thätigkeit in Karlsruhe, welche in einem Zeitraum von fünfundzwanzig Jahren der badischen Hauptstadt nicht nur eine grossstädtische, sondern auch eine so eigenartige Physiognomie verlieh, dass dieselbe durch die nachfolgende Wirksamkeit seiner auf andern Wegen wandelnden Schüler Moller, Hübsch und Eisenlohr nur wenig verändert werden konnte. Von den zahlreichen Bauten, welche er in Karlsruhe ausgeführt hat, sind noch das Rathhaus, die evangelische Stadtkirche, die Lycealgebäude, die katholische Kirche, das markgräfliche Palais, die Synagoge und das Ettlinger Thor vorhanden. Wie sein Berliner Kunstgenosse Langhans war auch Weinbrenner noch nicht so tief in das Wesen und den Geist der antiken Baukunst eingedrungen, dass es ihm gelungen wäre, in der Formensprache der alten Künstler moderne Ideen zum Ausdruck zu bringen. Auch er begnügte sich, die Façaden mit gewissen Elementen griechisch-römischer Architektur zu dekoriren, ohne zu einer innigen Verschmelzung zu gelangen. So zeigt z. B. die Hauptfront des Rathhauses in der Mitte eine loggienartige Säulenhalle und das markgräfliche Palais eine von korinthischen Säulen getragene, mit einem Giebel gekrönte Vorhalle, welche der des Pantheons in Rom nachgebildet ist. Das Ettlinger Thor schliesst sich noch enger als das Brandenburger Thor in Berlin an die antiken Vorbilder an, weil die vier dorischen Säulen einen auf beiden Seiten mit Reliefs geschmückten Giebel tragen. An eigentlich schöpferischer Bedeutung gebrach es auch Weinbrenner. Seine Bedeutung liegt deshalb mehr nach der praktischen Seite, nach der Construktion und nach der zweckmässigen Anordnung der Innenräume, auf welchen Gebieten er eine der ersten Autoritäten seiner Zeit war. Wie seine künstlerische Richtung damals in Süddeutschland eine völlig vereinzelte war, hat er auch auf die folgende Generation keinen unmittelbaren Einfluss geübt.

In Berlin sind vielmehr, wie schon hervorgehoben, die Keime erwachsen, aus welchen sich die neuere deutsche Kunst entwickeln sollte. Zu gleicher Zeit mit Langhans war hier Heinrich *Gentz* († 1811) im Sinne der neuen Richtung thätig. Sein Hauptwerk, die alte Münze, übertrifft an epochemachender Bedeutung noch das Brandenburger Thor und ist, wie Woltmann hervorhebt, zugleich »ein höchst bezeichnendes Beispiel für das damalige Verhältniss zum Alterthum. Man ging von dem Grundsatz aus, in den classischen Mustern vor Allem die Einfachheit zu suchen. Die Schlichtheit des Aeusseren grenzte oft an Trockenheit, die Gesimse wurden mager und wenig vortretend gebildet, die Wände blieben unverziert, höchstens erhielten sie eine einfache Feldertheilung. Nur der Eingang wurde ausgezeichnet; hier kamen sogar oft — wie das auch die Münze zeigt — freistehende Säulen vor. Bei dieser Rückkehr zum Alterthum ist das Merkwürdige, dass man gern so weit als möglich in das Alterthum zurückging. Nicht die zur vollendeten Schönheit entwickelte Architektur der griechischen Blüthezeit nahm man sich zum Muster; im Gegensatz zur künstlerischen Willkür und Spielerei, von der man sich loszusagen begann, verlangte man jetzt keine heitere Freiheit, sondern Wucht und Strenge der Form. Bei ägyptischen, etrurischen, urgriechischen Denkmälern ging man in die Lehre, mit denen man freilich oft auch die schwülstigsten Bildungen der späteren Römerkunst vermischte. Da kamen grosse Halbkreisfenster vor, als ob man die Bögen einer Wasserleitung mit Scheiben versetzt hätte. Da thürmte man einförmige, stark verjüngte Massen auf, wie für ägyptische Pylonen. Die Portale machten oft den Eindruck von Grabespforten, — der elegische Zug taucht, wie in den Gärten, auch hier auf, — und eine besondere Vorliebe hatte man dafür, auf den Treppenwangen Sphinxe lagern zu lassen. Die Giebel wurden durchgängig viel zu schwer und zu steil gebildet. Die Säulen, welche man am liebsten verwendete, waren ganz früh dorische von übertrieben kurzem Verhältniss, und mit den Säulen war häufig eine Bogenarchitektur verbunden, welche nicht recht in Einklang mit ihnen stand; man liebte es, die Räume in schweren Tonnengewölben mit steifen Cassettirungen zu schliessen. Am wenigsten fühlte man sich im Ornament zu Hause, zur Ausbildung eines feineren und lebendigeren Blattornaments fühlte man sich kaum fähig, man begnügte sich mit blossen Guirlandenverzierungen oder mit dem ewig wiederkehrenden Schema des Mäander. Mit der Art, auf welcher man vorzugsweise die Strenge im Alterthum suchte, hängt zusammen, dass man nur Formen, nicht Farben an den antiken Schöpfungen sah, und jetzt sogar in der inneren Architektur die Farblosigkeit zum Prinzip erhob[*]). Noch hatte man keine Ahnung davon, dass die Griechen einst ihre Marmortempel und -Hallen mit einem reichen farbigen Glanze umgeben hatten. Man hielt die Farblosigkeit, in welcher sich die antiken Monumente den Augen der Nachwelt geben, für ein weises Prinzip edelster Kunst und wies den ägyptischen Denkmälern, an welchen sich die Farben noch erhalten hatten, eine Stellung tief unter den Schöpfungen des hellenischen Kunstgeistes an. Dieser Irrtum wurde verhängnissvoll für die gesammte neuere deutsche Kunst. Er führte zu einer entschiedenen Abneigung gegen die Farbe, zu einer Farbenfeindlichkeit, welche bei den Malern bis zu einer völligen

---

[*]) Wollmann, Baugeschichte Berlins S. 140 ff. — G. F. Waagen, Kleine Schriften, Stuttgart 1875. S. 304 f.

Verachtung der Oelmalerei stieg und so dazu beitrug, dass die neu-classische Richtung an Einseitigkeit zu kranken anfing und eher abstarb, als sie sich völlig erschöpft hatte. Nur der Plastik wurde nach den Mustern der Griechen eine hervorragende Stellung an Bauwerken eingeräumt, selbst in jener Zeit, wo die äussere Nüchternheit zugleich eine Folge des herrschenden Sparsamkeitssinnes war. Wie das Brandenburger Thor, erhielt auch die Münze einen bedeutsamen plastischen Schmuck in Gestalt eines in halber Höhe angebrachten Figurenfrieses, und zwar ebenfalls durch Schadow, der hier freilich nicht nach eigenem Entwurfe arbeitete, aber doch der Komposition den Stempel jenes eigenartigen Geistes aufprägte, welcher der Flitterkunst des achtzehnten Jahrhunderts ebenso entschieden Opposition machte, wie jene Anhänger und Erneuerer der Antike. Der Erfinder der Komposition war der Architekt Friedrich *Gilly* (1771—1800), ein Schüler von Langhans, welcher das Relief auf einen langen Papierstreifen hinzeichnete und denselben seinem Freunde Gentz zur Verfügung stellte. Da das Gebäude damals nicht bloss für die Münzwerkstätte, sondern auch zur Aufnahme des Mineralienkabinets, des Oberbergdepartements, der Bauakademie und des Oberbaudepartements diente, musste diese verschiedenartige Bestimmung auch in dem Friese zum Ausdrucke gelangen. Derselbe ist später von dem Gebäude entfernt und an dem neuen Verwaltungsgebäude der Münze angebracht worden, weil man mit der Absicht umging, die alte Münze abzubrechen. Man hat diesen Gedanken inzwischen aufgegeben, und so steht die schlichte, aber charaktervolle Schöpfung noch heute als ein bedeutungsreicher Markstein in der Kunstgeschichte Berlins da. Gentz that einen wichtigen und entscheidenden Schritt über Langhans hinaus, indem er die antiken Formen nicht als eine blosse Dekoration benutzte, sondern mit vollem Bewusstsein darnach strebte, den modernen Zweck und die innere Raumdisposition des Gebäudes in der aus antiken Elementen gebildeten Façade zum Ausdruck zu bringen. Sein Freund Friedrich Gilly, der Sohn des Oberbauraths David Gilly, wird als ein Künstler von genialer Begabung und reicher schöpferischer Phantasie geschildert, dessen Entwicklung nur durch seinen frühzeitigen Tod gehemmt wurde. Seine Bedeutung für die Kunstgeschichte liegt daher auch nicht in den wenigen von ihm ausgeführten Privatbauten und in seinen geistvollen Entwürfen, als vielmehr darin, dass er der Lehrer Schinkels war und auf diesen einen nachhaltigen, seine gesammte künstlerische Richtung bestimmenden Einfluss übte. Nach der Charakteristik, welche Waagen von Gilly entwirft, besass er einen ausgezeichneten Sinn für Einfachheit und Grossartigkeit der Verhältnisse, sowie ganz besonders für malerische Wirkung der Gebäude. Ebenso empfand er sehr lebhaft

das Bedürfniss eines bilderreichen Schmuckes derselben, dem er selber durch schöne Erfindungen begegnete. Es gelang ihm indessen nicht, seine Begeisterung für die Kunst des Alterthums bei seinen Gebäuden rein in Anwendung zu bringen, vielmehr ist in denselben ein starker Einfluss der damals in England und Frankreich üblichen Bauform wahrzunehmen. Endlich war ihm auch ein schönes Talent für die landschaftliche Auffassung der Natur eigen.«

Diese Männer, zu welchen sich noch die Brüder Genelli gesellten, waren tonangebend für den künstlerischen Geschmack Berlins, als Carstens in ihre Mitte trat, um bald selbst eine hervorragende Stellung zu gewinnen. In Carstens gelangte die Opposition gegen den Kunstgeist des achtzehnten Jahrhunderts zum ersten Male zu einer so energischen und charaktervollen Erscheinung, dass man sich daran gewöhnt hat, ihn als den Erneuerer der deutschen Kunst zu preisen und ihn zum Träger einer Rolle zu erheben, welche er in Wirklichkeit nicht gespielt hat. Schon die politische Zerrissenheit Deutschlands war das erste Hemmniss, welches sich der durchgreifenden Wirksamkeit eines genialen Künstlers entgegenstellte. Mit einer ungleich geringeren Begabung ist David auf der Basis eines einheitlichen Staatsorganismus viel weiter gekommen als Carstens, der ein Deutscher von Geburt, politisch ein Däne war und überdies seine künstlerische Thätigkeit mit einem Geiste erfüllte, welcher damals nur von wenigen bevorzugten Personen begriffen wurde. David knüpfte zwar auch an antike Formen und antike Stoffe an. Aber der bewegliche Gallier wusste Stoff und Form dem französischen Geiste so entschieden unterzuordnen, dass er von seinem Volke schnell und leicht verstanden wurde. Ganz abgesehen davon, dass Carstens die äusseren Lebensbedingungen gefehlt haben, unter welchen sich David entwickeln konnte, besass der schleswigsche Künstler auch nicht diejenigen Charaktereigenschaften und diejenige Universalität des Geistes, welche einen Künstler befähigen, eine Schule zu bilden und auf mehrere Generationen befruchtend einzuwirken. Der prüfende Historiker, welcher der Entwicklung der von Carstens gelegten Keime nachforscht und den Zusammenhang zwischen ihm und der folgenden Kunstthätigkeit herzustellen sucht, verliert denn auch bald den Faden und gelangt schliesslich zu dem Punkte, wo jede Spur von Carstens' Wirken verloren geht. Auch eine begeisterte literarische Agitation, welche für sein Andenken durch Schrift und Bild eintrat, vermochte zwar von neuem lebhafte Theilnahme an dem tragischen Geschick des Künstlers und ein liebevolles Studium seiner Kompositionen zu erwecken, aber nichts an der Thatsache zu ändern, dass der »Erneuerer der deutschen Kunst« unmittelbar und mittelbar auf den

Entwicklungsgang derselben nur einen sehr geringen Einfluss geübt hat. Als er starb, war die Zeit noch nicht gekommen, in welcher ein volles Verständniss für seine Bestrebungen herangereift war, und als er nach langer Vergessenheit wieder ans Licht gezogen wurde, hatte die deutsche Kunst, im Einklange mit dem Geiste der weiterschreitenden Zeit, völlig entgegengesetzte Bahnen eingeschlagen. Die neuere deutsche Kunst hebt mit einer Tragödie an, die nicht einmal eine Schicksalstragödie ist, sondern bei welcher die Katastrophe regelrecht und kunstvoll durch die Leidenschaften in der Brust des Helden vorbereitet wird.

Asmus Jakob *Carstens* wurde am 10. Mai 1754 auf der Mühle des Dorfes St. Jürgen bei Schleswig als der Sohn des Müllers Hans Carstens geboren'. Sein Rufname war Jakob, nicht Asmus. Er hat sich auch niemals Asmus Carstens, sondern immer Jakob oder Asmus Jakob Carstens unterzeichnet, und Arbeiten, welche die Bezeichnung „Asmus Carstens» tragen, sind daher, wie Sach mit vollem Rechte betont, verdächtig**). So lange der Vater lebte, floss die Jugend des jungen Carstens trotz des reichen Kindersegens der Familie ungetrübt dahin. Im Jahre 1762 wurde der Müller von St. Jürgen aber durch einen plötzlichen Tod aus dem Kreise der Seinigen hinweggerafft. Da die ohnehin kränkliche Wittwe bald einsah, dass sie das Müllergeschäft nicht allein weiterführen konnte, ging sie drei Jahre nach dem Tode ihres Mannes eine neue Ehe mit ihrem Gesellen ein, welche jedoch ihr sowohl als den Kindern zum Unsegen gereichen sollte. Wir erfahren zwar nicht, dass der zweite Gatte sie und ihre Kinder schlecht behandelt hat; aber er hat Elend und Schande über die Familie gebracht, und nur der Energie der Vormünder war es zu danken, dass den Kindern das väterliche Erbtheil erhalten blieb. Im Jahre 1769, ein volles Jahr vor der Konfirmation des jungen Carstens, starb auch die Mutter, und dadurch wurden die Verhältnisse, unter welchen Asmus Jakob aufwuchs, noch trüber. Was man früher über den Einfluss der Mutter auf ihren Erstgeborenen zu erzählen wusste, hat sich

*) Um Carstens hat sich eine reiche Literatur angesammelt, welche zum Theil nicht frei von leidenschaftlicher Färbung ist. Die von seinem Freunde Karl Ludwig Fernow verfasste Biographie, welche sein Gedächtniss der Nachwelt erhalten hat, „Leben des Künstlers A. J. Carstens, Leipzig 1806", ist von Hermann Riegel unter dem Titel „Carstens, Leben und Werke von K. L. Fernow" (Hannover 1867) neu herausgegeben und mit ausführlichen Commentaren versehen worden. Die auf mündlichen Mittheilungen von Carstens beruhenden Angaben Fernows haben jedoch hinsichtlich der Jugendgeschichte eine wesentliche Berichtigung erfahren, durch August Sach, Asmus Jakob Carstens Jugend- und Lehrjahre nach urkundlichen Quellen, Halle 1881.

**) Dahin gehört in erster Linie der im Museum zu Weimar befindliche Abguss nach dem angeblich verloren gegangenen Modell einer singenden Parze.

als eine Fabel erwiesen. Christina Dorothea Petersen war die Tochter
eines Bauern und hatte als solche nicht mehr gelernt, als was eine Dorf-
schule damals bieten konnte. Sie hat keine wissenschaftlichen Kenntnisse besessen, auch nicht gezeichnet und gemalt, so dass sie also eine
derartige geistige Begabung nicht auf den Sohn vererben konnte. Da
sie an einer Brustkrankheit starb, glaubt man mit grösserem Rechte annehmen zu dürfen, dass Carstens von ihr die Keime des Brustleidens
empfing, welchem er selbst frühzeitig erlag. Die Mutter kann auch nicht
die von Fernow geschilderten Schritte bei den Malern Geve in Schleswig und Tischbein in Cassel zu Gunsten ihres Sohnes gethan haben, da
letzterer bei ihrem Tode noch nicht eingesegnet war, also bei Lebzeiten
der Mutter an eine Berufswahl desselben noch gar nicht gedacht werden
konnte. Schon seit 1762 besuchte Carstens die Domschule in Schleswig.
Die auf derselben herrschenden Zustände waren aber nach der Schilderung Sachs so verworren und trostlos, dass auch geistig regsamere
Schuler, als Carstens einer war, nicht schneller vorwärts gekommen wären.
Als er im Jahre 1770 die Tertia der Anstalt verliess, sah er sich im
Besitze eines äusserst geringen Wissens. Keiner der Lehrer hatte ver-
mocht, ihm für irgend einen Zweig des Unterrichts ein Interesse abzu-
gewinnen. Nur eine Erinnerung aus der Schulzeit hatte sich seinem
Geiste tief eingeprägt. »Wenn er bei den Schulandachten und Leichen-
begängnissen oder auch mit seiner Mutter an Sonn- und Festtagen im
Dom erschien,« erzählt Sach, »hafteten seine Blicke voll verwunderter
Neugier auf den Bildern und Schildereien. Schaute er von dem auf
Säulen ruhenden Chore hinein in die damals noch in vollem mittelalter-
lichem Schmuck prangende Kirche mit ihren prunkenden Säulenreihen,
ihren an den Seitenwänden hängenden Trauerfahnen, Wappen und Er-
innerungsmalen berühmter Männer, fühlte er sich überwältigt von dem
eindrucksvollen, erhabenen Anblick. Wie wünschte er sich fort aus den
dumpfen Zimmern der Domschule, wie sehnte er sich nach einer Gelegenheit, die Gemälde in der Nähe ungestört beobachten zu können!
Seitdem er in der Mittagspause wegen des zu weiten Weges nach der
Mühle in der Schule verweilte, war der damals stets geöffnete Dom
sein Lieblingsaufenthalt. »»Während seine Kameraden nach dem Unterricht auf dem mit einer Mauer umgebenen, nahegelegenen Kirchhof
spielten und Ball schlugen, schlich er sich mit seinem kärglichen Mit-
tagsmahl in den Dom, verzehrte es dort in der Stille und kletterte über
reich mit Schnitzwerk gezierte Stühle und hoch aufgebaute Banke hinweg, um die wunderschönen Gemälde in der Nähe zu beschauen. Da
vergass er dann alles um sich her, ein heisser Wunsch, auch einmal so

etwas machen zu können, erfüllte ihn, und oft steigerte sich dieses Verlangen zur Inbrunst. Die religiösen Gefühle, die seine Mutter früh in seinem Herzen gepflegt hatte, erwachten dann. Thränen drangen ihm ins Auge, und oft betete er mit inniger Sehnsucht, Gott möchte ihm die Gnade verleihen und ihn dahin gelangen lassen, dass er auch einstens zu seiner Ehre so herrliche Bilder malen könnte«*). Die Gemälde, welche in Carstens diesen Wunsch rege machten, waren besonders zwei Arbeiten des holstein-gottorpschen Hofmalers Juriaen Ovens (1623—1678), eines hervorragenden Schülers von Rembrandt. Das eine dieser Bilder, der »kleine Altar«, stellt in der Mitte den Sieg des Christenthums durch eine Reihe von Symbolen und auf den Flügeln das Abendmahl, das andere die heilige Familie in einer Landschaft dar. Obwohl Carstens' künstlerische Eigenart sich nach einer völlig entgegengesetzten Richtung entwickeln sollte, machten diese vorzugsweise auf koloristische Wirkung und auf Lichteffekte berechneten Bilder einen so tiefen Eindruck auf ihn, »dass er sie später noch im Liede besang, sich ihrer nach Verlauf von mehr als dreissig Jahren mit allen Nebenumständen erinnerte und nur voll Rührung und mit Thränen in den Augen davon erzählen konnte.« In einem poetischen Sendschreiben, welches er aus Kopenhagen an seinen Vetter Jürgensen in Schleswig richtete, finden sich folgende Verse:

> O Dom, ich schaue dich noch, wo des Knaben schüchterner Geist
> Im Gebet zu den Werken des Meisters emporblickte!
> Welch ein Sehnen, welch ein Hoffen erfüllte dort
> Meinen fühlbaren Geist!

Eine unbestimmte Neigung zur Kunst war schon früher in Carstens erwacht. Wie Fernow erzählt, waren »die Holzschnitte seiner Schulbücher . . . die erste Nahrung des Kunsttriebes, der seit seinem sechsten Jahre, wo er zu schreiben anfing, sich thätig in ihm regte. Er versuchte schon damals, alles, was ihm vorkam, nachzuahmen, und fand mehr Vergnügen daran, einen Hund oder Ochsen auf der Strasse oder die Holzschnitte in seinem Katechismus nachzuzeichnen, als die Züge und Buchstaben seiner Vorschriften . . . Alle Leute, die ihm nahe kamen, mussten ihm sitzen, und meistens gelangen seine rohen Nachahmungen so kenntlich, dass er bald unter den einfältigen Leuten im Dorfe, die dergleichen niemals gesehen hatten, nicht geringes Aufsehen mit seiner kindischen Kunst erregte.« Wenn die Mutter ihn auch nicht im Zeichnen unterrichten konnte, so ist doch nicht zu bezweifeln, dass sie seine Neigung

---

*) Sach a. a. O. S. 44. Die durch Anführungszeichen hervorgehobene Stelle aus Fernow (bei Riegel S. 44 f.).

förderte, und in ihrem Sinne handelten auch die Vormünder, als sie auf den Wunsch von Carstens, der nach seinem Abgang von der Schule auf der väterlichen Mühle sich selbst überlassen blieb, Verhandlungen mit dem Maler Geve in Schleswig und dem Hofrath Johann Heinrich Tischbein in Cassel anknüpften. Diese Verhandlungen zerschlugen sich mit Geve, weil er ein übertrieben hohes Lehrgeld verlangte, welches das Erbtheil des Jünglings weit überstieg, mit Tischbein, weil dieser die Forderung stellte, dass Carstens bei siebenjähriger freier Lehrzeit während der ersten drei Jahre zugleich die Stelle eines Bedienten bekleiden sollte. Auf diese demüthigende Bedingung mochte Carstens nicht eingehen, und so blieb ihm weiter nichts übrig, als ein anderes Gewerbe zu ergreifen. Als Carstens sich später dieser entscheidenden Wendung in seinem Leben erinnerte, scheint er alle Bitterkeit, welche ihn damals erfüllte, über seine Vormünder ausgeschüttet zu haben. So viel geht wenigstens aus der Darstellung in Fernows Biographie hervor, welche freilich, wie der Verfasser in der Vorrede betont, nur »zum Theil« auf Nachrichten aus Carstens' eigenem Munde beruht. Indessen hat die aktenmässige Aufklärung der thatsächlichen Verhältnisse durch Sach, der übrigens noch zahlreiche andere Ungenauigkeiten und Unrichtigkeiten der Fernowschen Biographie nachgewiesen hat, ergeben, dass die Vormünder damals nicht anders handeln konnten. Sie übersahen die Lage der Dinge richtiger als Carstens und hatten überdies nicht die geringste Ursache, Carstens von der Erlernung der Malerei abzuhalten, welche in ihren Augen so gut ein Gewerbe war wie das eines Weinküfers. Nur die Höhe des Lehrgeldes hielt sie ab, eine Verpflichtung einzugehen, welche durch das dem jungen Carstens zustehende Erbtheil nicht zu erfüllen war. Wie vorsichtig dieselben übrigens gehandelt haben, beweist am besten die gleichfalls durch Sach ermittelte Thatsache, dass sie die Entscheidung dem Magistrate überliessen, welcher sich des Jünglings mit besonderem Wohlwollen annahm und sich dazu erbot, ihm eine günstige Stellung als Küferlehrling zu verschaffen. Dieses Anerbieten muss um so höher geschätzt werden, wenn man in Betracht zieht, dass der Weinhandel damals in sehr hohem Ansehen stand. Carstens war in seiner Jugend, was sicherlich nicht bloss seiner Naturanlage, sondern auch seiner mangelhaften Erziehung zuzuschreiben ist, ein eigensinniger, verschlossener und dabei überaus empfindlicher Mensch. Da er in völliger Freiheit aufgewachsen war, dünkte ihn jeder Zwang unerträglich, und auch in seinen Mannesjahren ist niemals ruhige Ueberlegung, sondern Starrsinn und Trotz Meister über seine Handlungen gewesen. Die urkundlichen Nachrichten wissen auch nichts von einer Schwächlichkeit seines Körpers, welche ihn für das

Küfergeschäft untauglich gemacht hätte. »Alle Erwägungen der Vormundschaft, die Zeugnisse seines späteren Lehrherrn und die ärztlichen Rechnungen, wie sie für die Carstenssche Familie vorliegen, beweisen, dass Carstens, wenn auch klein von Gestalt, doch breitschulterig und von kräftigem Körperbau war, dass wenigstens während seiner Jünglingsjahre keine besonderen Anzeichen jenes wohl von seiner Mutter ererbten Brustübels hervorgetreten sind, das ihn bei einer harten, anstrengenden Thätigkeit und einem späteren eingeschlossenen Leben voll Sorgen und Entbehrungen noch im besten Mannesalter in ein allzu frühes Grab brachte.« Alle diese Umstände müssen sorgsam erwogen werden, damit man die Tragödie begreift, welche allmälig um die Gestalt von Carstens gedichtet worden ist. Wie bei jedem wirklich tragischen Helden, lagen auch bei ihm die Sterne des Schicksals in seiner eigenen Brust.

Seine fünfjährige Lehrzeit bei dem Hofagenten und Weinhändler Bruyn in Eckernförde war auch durchaus nicht eine Periode ununterbrochener Trübsal, als welche sie in den Mittheilungen Fernows erscheint. Carstens kam vielmehr in eine Atmosphäre, die sich von derjenigen, in welcher er bis dahin aufgewachsen war, völlig und äusserst vortheilhaft unterschied. Es war ein vornehmes Patrizierhaus, in welchem an der Seite des späteren Justizraths Bruyn eine jugendliche, feingebildete Gattin waltete, die auch im Zeichnen und in der Blumenmalerei bewandert war. Alle äusseren Umstände, welche Fernow von Carstens' Mutter berichtet, die aber durch die Urkunden nie belegt worden sind, passen so genau auf Frau Bruyn, dass man mit Sach annehmen muss, in Carstens' Erinnerung seien beide Frauengestalten zu einem Bilde zusammengeflossen. Die Gattin Bruyns »ist es gewesen, die von dem Augenblick an, wo aus seinem unscheinbaren, zurückhaltenden und abstossenden Wesen seine Künstlernatur hervorzubrechen begann, sich des Verwaisten mit mütterlicher Liebe angenommen hat.« Sie sowohl wie ihr Gatte standen der Neigung Carstens', der in seinen Mussestunden mit altem Eifer zeichnete und namentlich Bildnisse in Bleistift, Röthel und Kreide ausführte, durchaus wohlwollend und fördernd gegenüber. Sie blickte sogar mit einem gewissen Stolze auf ihren Lehrling, und als Carstens sie zu ihrem Geburtstage im Jahre 1772 mit einem Portrait überraschte, schenkte sie als Gegengabe »Johann Melchior Crökers wohlanführenden Maler«, eine Anleitung zur Malerei, welche dem erfreuten Jüngling den ersten Blick in das Land seiner Träume gestattete. Da ihm seine Prinzipalin auch alle zur Oelmalerei nöthigen Utensilien und Materialien geschenkt hatte, machte er sich daran, einen Minervakopf des Cavaliere d'Arpino und ein

mythologisches Stück von Abraham van Diepenbeeck zu kopiren, welches sich im Besitze Bruyns befand. Als er einst mit diesem eine Reise nach Kiel machte, fiel ihm dort in einem Buchladen eine von dem Engländer Webb aus Winckelmann und anderen Autoren kompilirte Schrift ästhetischen Inhalts »Untersuchung des Schönen in der Mahlerey und der Verdienste der berühmtesten Alten und neuen Mahler« in die Hände, und die emsige Beschäftigung mit diesem Buche, dessen Inhalt ihm bei seinen geringen Vorkenntnissen freilich zum grösseren Theile unverständlich blieb, brachte ihn nicht nur einen bedeutenden Schritt vorwärts, sondern er sog auch durch die Lektüre desselben jene Begeisterung für die antike Kunst ein, welche die Richtschnur für seine eigene künstlerische Thätigkeit werden sollte. »Wer, wie er, noch nie einen Abguss einer antiken Statue gesehen, musste bei den Schilderungen, wie sie ihm hier vom Laokoon, dem borghesischen Fechter, dem farnesischen Herkules, dem Apoll von Belvedere, der Niobegruppe u. s. w. gegeben wurden, bei seinem empfänglichen Gemüth von einem Sehnen ergriffen werden, dessen Befriedigung ihm fortan als das einzige und höchste Ziel seines Lebens erschien.« Mit aller Energie strebte er nunmehr nach der Erreichung desselben. Wie sein Vetter Jürgensen erzählt, gewöhnte er sich schon frühzeitig daran, »all die schweren Arbeiten, die er im Weinkeller zu besorgen hatte, mit der linken Hand zu verrichten, um seine Rechte für die Zeichenkunst zu schonen.« Noch mächtiger als die Schrift von Webb förderte ihn nach der praktischen Richtung eine holländische, reich mit Kupfern ausgestattete Ausgabe des »grossen Malerbuchs« von Gerhard de Lairesse, und immer mehr concentrirten sich seine Gedanken auf das einzige Ziel, den »ehernen Banden der Kaufmannschaft« so schnell als möglich zu entrinnen. Im Juli 1775 erlangte er seine Volljährigkeit, und an diesem Tage glaubte er, den von seinen Vormündern geschlossenen Vertrag aufheben zu können. Aber der Magistrat sprach die Volljährigkeit nicht aus, weil Carstens' Lehrzeit erst ein Jahr später abgelaufen war. Er musste also dieses eine Jahr noch ausharren. Aber selbst dann konnte er seine Freiheit nur mit schweren Opfern erkaufen. In einem Briefe voll heftiger Vorwürfe kündigte er seinen Vormündern, die er treulos schalt, seinen Entschluss an. Diese konnten sich jedoch mit Recht auf ihr vollkommen korrektes, vom Magistrate gebilligtes Verfahren berufen und liessen es auch an guten Ermahnungen nicht fehlen, weiter bei dem einmal gewählten Berufe auszuharren. Ein ernsthaftes Hinderniss legte ihm aber sein Prinzipal in den Weg. Da er sich bereit erklärt hatte, Carstens während seiner Lehrzeit vollständig zu erhalten, hatte er zugleich

die Bedingung gestellt, dass dieser nach beendigter Lehrzeit ihm noch zwei weitere Jahre ohne Entgelt als Küfer dienen sollte. Bruyn zeigte sich jetzt nicht frei von Eigennutz. Er bestand auf seinem Vertrag, woraus man schliessen darf, dass Carstens sich zu einem tüchtigen und brauchbaren Arbeiter ausgebildet hatte. Am Ende willigte er aber doch ein, Carstens gegen eine Entschädigung von achtzig Thalern zu entlassen, wozu sich dieser mit Freuden bereit erklärte. Er schied übrigens in gutem Einvernehmen von der Familie Bruyn, der er zum Andenken auch noch sein Bildniss hinterliess. Dieses Portrait ist uns wahrscheinlich in einem mit Pastellstiften ausgeführten, von vorn genommenen Selbstbildniss des Künstlers erhalten, welches aus dem Besitze von Nachkommen der Bruynschen Familie in die Hamburger Kunsthalle gekommen ist. Es wäre demnach die früheste Arbeit von seiner Hand, die sich nachweisen lässt. Gegen die von Sach geäusserte Vermuthung spricht indessen die lateinische Inschrift, die, ihre Echtheit vorausgesetzt, namentlich wegen der Bezeichnung »ex Chers (onneso) Cimbr (ica)« vermuthen lässt, dass die Zeichnung erst in Kopenhagen entstanden ist, was auch Riegel annimmt[*]. Aber auch dann würde sie zu den frühesten Arbeiten von Carstens gehören.

Als dieser sich seine Freiheit für eine Summe erkaufte, welche bei dem Umstand, dass sich sein ganzes Vermögen auf vierhundertundachtzig Thaler belief, stark ins Gewicht fiel, fasste er keinen übereilten Entschluss. Für seine nächste Zukunft war gesorgt. Schon zu jener Zeit, als Schritte gethan wurden, um Carstens als Lehrling bei einem Maler unterzubringen, hatte sich sein Vetter Jürgensen in Schleswig, der Sohn einer älteren Schwester seines Vaters, des verwaisten Jünglings angenommen. Er hatte auch im Einverständniss mit den Vormündern die Schritte bei Tischbein gethan, welche zu keinem günstigen Ergebniss führten. Ursprünglich Bäcker, kam er nach dem Tode seines Vaters in günstige Verhältnisse, welche ihm gestatteten, seinen Neigungen für Kunst und Wissenschaft leben zu können. Er war nicht nur ein eifriger Sammler von Alterthümern, Kunstgegenständen und Curiositäten, sondern auch ein geschickter Mechaniker, welcher Klaviere baute und physikalische und optische Instrumente verfertigte, und ein gewandter Schriftsteller. Als solcher verfasste er eine Chronik Schleswigs, einen Aufsatz über Runensteine und veröffentlichte auch später werthvolle Mittheilungen über seinen berühmten Vetter. Er bot dem letzteren in seinem Hause

---

[*] Carstensiana S. 204 in »Kunstgeschichtliche Vorträge und Aufsätze von Hermann Riegel«, Braunschweig 1877.

ein Asyl, und während der drei Monate seines Aufenthalts bei Jürgensen
fand Carstens Gelegenheit, durch die Bücher, Kupferstiche, Münzen und
Gemmen seines Vetters wie durch das Studium der im Schlosse Gottorp
aufbewahrten Gemälde desselben Ovens, der schon in früher Jugend
sein Leitstern gewesen war, eine grosse Menge neuen Bildungsstoffes in
sich aufzunehmen. Carstens hatte in seinen Büchern gelesen, dass die
historische Malerei das höchste Ziel der Kunst wäre, und hier sah er zum
ersten Male wirkliche Historienbilder aus der Geschichte der Herzogthümer vor sich. Das für seine Zukunft entscheidende Moment bildeten
aber nicht diese Studien, sondern seine Lektüre der Dichtungen des
Alterthums. In Jürgensens Hause las er Homers Ilias und Odyssee in
einer prosaischen Uebersetzung und die Verwandlungen des Ovid '), und
als bildlichen Commentar dazu konnte ihm Jürgensen Kupferstiche nach
den antiken Statuen und Gruppen vorlegen, welche er bis dahin nur
aus der Beschreibung bei Webb und Lairesse kannte. Jürgensen erzählte ihm auch von den Gipsabgüssen, welche er in Kopenhagen gesehen, und diese Schilderung bestärkte ihn noch mehr in dem Wunsche,
um jeden Preis aus den engen Verhältnissen herauszukommen und die
Lücken seiner Bildung, die sich immer fühlbarer machten, in einem
Centralpunkte geistigen Wissens und künstlerischer Fertigkeit auszufüllen.
»Es fehlte ihm,« schreibt sein Vetter, »noch die Wissenschaft, mit Oel-
farben umzugehen, auch die Kenntniss der Natur der hierzu geschickten
Farben und Oele. Weil dazu in Schleswig keine Anleitung seinen Wünschen gemäss zu erlangen war und er überdies das eigentliche Studium
der Malerei zu erlernen wünschte,« so gab ihm Jürgensen den bei der
politischen Lage der Herzogthümer natürlichsten Rath, zur Erweiterung
seiner Kenntnisse nach Kopenhagen zu gehen, einen Rath, der noch
dadurch eine solide Grundlage erhielt, dass sich ein Freund Jürgensens,
der Maler Jpsen in Kopenhagen, bereit erklärt hatte, nicht nur Carstens
in seiner Familie aufzunehmen, sondern ihm auch Unterricht in der Oelmalerei zu geben. Diese Aussicht führte Carstens nach Kopenhagen,

---

*) Da die von Carstens benutzten Uebersetzungen antiker Schriftsteller ohne Zweifel
auch andern deutschen Künstlern, welche der Kunst ihres Vaterlandes durch das Studium des
antiken Geistes zur Wiedergeburt verhalfen, als geistige Nahrung gedient haben, wird es von
Interesse sein, nach Sach folgende Büchertitel anzuführen: »Das berühmteste Ueberbleibsel aus
dem griechischen Alterthum: Homers Ilias oder Beschreibung der Eroberung des trojanischen
Reiches, den Deutschen mitgetheilt von einer Gesellschaft gelehrter Leute, mit einer Landkarte
versehen und mit 24 Kupferstichen nach Picartischer Zeichnung gezieret. Frankfurt am Main
und Leipzig 1754«. Desgleichen Homers Odyssee 1755. Lehrreicher Zeitvertreib in Ovid-
schen Verwandlungen, übersetzt von Lindner. Leipzig 1764 .

wo er im November 1776 eintraf, nicht die Absicht, auf der Akademie einen vollständigen Cursus durchzumachen und sich neben Knaben auf die Schulbank zu setzen. Er hatte seine Hoffnung darauf gebaut, durch Portraitiren seinen Lebensunterhalt zu bestreiten.

Die von Fernow überlieferten Nachrichten von Carstens' Aufenthalt in Kopenhagen leiden, wie Sach nachgewiesen hat, nicht nur an zahlreichen Ungenauigkeiten, sondern auch an Unrichtigkeiten in entscheidenden Punkten. Wenn Fernow auch im Wesentlichen einen Künstlerroman geschrieben hat, dessen Werth einerseits in der Begeisterung für seinen verkannten, in Dürftigkeit verstorbenen, von ihm zu neuem Leben erweckten Helden, andrerseits in seiner fesselnden literarischen Form liegt, so hat er doch, nach seiner eigenen Versicherung, die man vorläufig nicht ohne triftige Gründe ablehnen kann, persönliche Mittheilungen von Carstens in seine Darstellung eingeflochten. Wie alle grossen Geister, war aber auch Carstens nicht frei von kleinen menschlichen Schwächen. Auch er zahlte gelegentlich der allgemeinen Neigung der Künstler zu Eitelkeit und Ruhmrednerei seinen Tribut. Als er später zu Rom in Fernow einen theilnahmevollen, für seine Kunst begeisterten Freund fand, der seinen Erzählungen aufmerksam lauschte, gab er wohl den Erlebnissen während seines Kopenhagener Aufenthalts eine romantische Färbung. Unter diesem Gesichtspunkte ist alles Thatsächliche zu betrachten, was Fernow über die Kopenhagener Epoche in Carstens' Leben beibringt. Auch hier ist es Sach gelungen, Wahrheit und Dichtung zu scheiden. Dagegen wird man an Carstens' Erzählung über seine inneren Erlebnisse keinen Zweifel hegen dürfen, namentlich wenn er Fernow den tiefen Eindruck schildert, welchen der erste Besuch der königlichen Gemäldegalerie und vor allem des Antikensaales der Kunstakademie auf ihn machte. »Da sah ich nun,« so erzählte er, »das Höchste und Vortrefflichste, von dem ich so vieles gehört und gelesen hatte, womit ich so oft meine Einbildungskraft erhitzte, und wovon ich mir doch keine Vorstellung machen konnte; und wie unendlich weit übertraf es meine Erwartung! Alles, was ich bisher von Kunst gesehen hatte, war mir nur als Menschenwerk erschienen, und ich dachte dabei, dass ich auch wohl dahin gelangen könne, dergleichen zu machen: aber diese Gestalten erschienen mir als höhere Wesen von einer übermenschlichen Kunst gebildet; und es fiel mir nicht ein, zu denken, dass ich oder irgend ein andrer Mensch je dergleichen hervorzubringen vermöchte. Ich sah hier zum ersten Male den vatikanischen Apollo, den farnesischen Herkules, den borghesischen Fechter u. a., und ein heiliges Gefühl der Anbetung, das mich fast zu Thränen bewegte, durchdrang mich; es war

mir, als ob das höchste Wesen, zu dem ich als Knabe im Dom zu Schleswig oft so innig gebetet hatte, mir hier wirklich erschienen und mein Gebet erhört sei. Ich hätte mir keine grössere Glückseligkeit denken und wünschen können, als immer in der Betrachtung dieser herrlichen Gestalten zu leben; und dieses Glück war nun wirklich in meiner Gewalt. Ich machte mit dem Aufseher des Antikencabinets einen Vertrag, dass er mich einliesse, so oft ich kommen würde. Von nun an war ich fast täglich halbe Tage lang unter diesen Abgüssen, liess mich bei ihnen einschliessen und betrachtete sie unaufhörlich. Gezeichnet habe ich da niemals nach einer Antike. Ich glaubte, das Nachzeichnen würde mir zu nichts helfen, und wenn ich es versuchte, so war mir, als ob mein Gefühl dabei erkalte. Ich dachte also, dass ich mehr lernen würde, wenn ich sie recht fleissig betrachtete und ihre Formen meinem Gedächtniss so fest einprägte, dass ich sie nachher wieder aus der Erinnerung richtig aufzeichnen könnte, und dies war auch das Einzige, was ich lange Zeit trieb. Zum Portraitmalen und Nachzeichnen hatte ich, seit ich in Kopenhagen war, alle Lust verloren. Eher wäre es mir möglich gewesen, nach den Antiken zu modelliren; sie nachzuzeichnen konnte ich mich nie entschliessen.« Auch später verliess sich Carstens mehr auf die Kraft seines Gedächtnisses, als dass er, was ihm nützlicher gewesen wäre, seine Hand übte und sich gründliche Kenntnisse in Anatomie, Perspektive, Zeichnen u. s. w. aneignete. Er hörte zwar zwei Winter hintereinander Vorlesungen über Anatomie; aber zu einem regelrechten Besuche der Kunstakademie konnte er sich nicht entschliessen. Gegen alles, was an Zwang erinnerte, hatte er schon aus seiner Schulzeit eine so tiefe Abneigung gefasst, dass er sich nicht dazu verstehen wollte, in den Vorbereitungsklassen unter kleinen Knaben zu sitzen. Es war nämlich damals gestattet, dass schon Knaben von neun Jahren die Akademie besuchen durften. »Bald nach meiner Ankunft in Kopenhagen,« so erzählt er weiter, »ging ich auch einige Male auf die Kunstakademie und sah, wie dort in den verschiedenen Klassen nach Köpfen, Händen und Füssen, nach Modellzeichnungen, Gipsen und endlich nach der lebendigen Natur gezeichnet wurde: aber es wollte mir nicht in den Sinn, auf diese zerstückelte Art zu studiren, wenn ich dadurch auch in kürzerer Zeit hätte zu meinem Ziele gelangen können ... Das Zeichnen nach dem Leben gefiel mir zwar, und ich würde auf die Akademie gegangen sein, wenn ich gleich damit hätte anfangen können; doch schien mir der Kerl, welcher zum Modell stand, obwohl er sonst gut gebaut war, gegen die Antiken, von denen ich schon höhere Begriffe von Schönheit erlangt hatte, so unvollkommen und gemein, dass ich dachte,

ich könnte wohl eine bessere Figur zeichnen lernen, wenn ich mich bloss an diese hielte. Ich nahm mir also vor, die Akademie lieber nicht zu besuchen, sondern für mich allein zu studiren, so viel auch die andern jungen Künstler mir von der Nothwendigkeit und Nützlichkeit des akademischen Studiums vorredeten.« Diese auf eigene Hand betriebenen Studien bestanden darin, dass Carstens sich unter Jpsens Leitung in der Oelmalerei übte, dass er aus dem Gedächtniss die Figuren und Stellungen der Antiken, die er in der Gipssammlung gesehen, zu Hause nachzeichnete, und dass er fleissig Kunstbücher, Uebersetzungen antiker Autoren und moderner Dichter, u. a. Milton, las. Miltons »verlorenes Paradies« gab ihm auch den Gedanken zu einer seiner ersten Kompositionen ein, zu einer Zeichnung »Adam und Eva neben dem Baume der Erkenntniss«, die er im Auftrage des Grafen Moltke später in Oel ausführte, die aber nicht dieser, sondern der Erbprinz Friedrich von Dänemark ankaufte. Sein Starrsinn, welcher, vielleicht ebensowohl ein Stammeserbtheil als eine Charaktereigenthümlichkeit, ihn sein ganzes Leben hindurch begleitete und allen entscheidenden Momenten desselben eine zu seinem Unheil ausschlagende Wendung gab, veranlasste ihn, das Handwerk der Kunst nach wie vor in einer Weise zu vernachlässigen, welche selbst bei genialster Begabung nicht zu rechtfertigen ist. Carstens fand eine Freude daran, der Akademie auf Kosten einer armseligen Existenz, eines Proletarierdaseins Trotz zu bieten. Seine Jugenderfahrungen, welche wir eingehend geschildert haben, um seine Charakterentwicklung klar zu legen, entschuldigen sein Gebahren bis zu einem gewissen Grade: aber es war durchaus nicht gerechtfertigt, dass Carstens mit Geringschätzung auf die akademische Lehrmethode, die doch in dem Handbuche von Lairesse nicht anders dargestellt war, und auf Maler wie Abildgaard, dem man unter allen Umständen doch den Vorzug eines geschickten Technikers in der Oelmalerei lassen muss, herabsah. Am Ende war er doch genöthigt, sich in die Akademie aufnehmen zu lassen, um das höchste Ziel seines damaligen Strebens, das Stipendium für einen Studienaufenthalt in Rom, zu erlangen. Das geschah Ende 1779 oder Anfang 1780. Carstens that diesen Schritt nur auf Zureden Jpsens und seines Vetters. Nach seiner eigenen Darstellung, die freilich von Selbstbespiegelung nicht frei ist, stellte er vor seiner Aufnahme in die Akademie noch die Bedingung, sogleich in den Modellsaal eingelassen zu werden. »Eigentlich schlug ich,« so erzählt er, »diesen Mittelweg nur darum vor, weil ich durch den Einfluss des Erbprinzen in der Folge zu einer Reise nach Rom befördert zu werden hoffte, und dazu musste man nothwendig ein Zögling der Akademie sein. Ohne diese lockende

Aussicht hätte ich mich wohl schwerlich darauf eingelassen. Meine Bedingung fand Schwierigkeiten, weil man nicht vom Herkömmlichen abweichen wollte. Zuletzt ward es dahin vermittelt, dass ich zuerst der blossen Förmlichkeit wegen auf vierzehn Tage die Gipsklasse besuchte, dort eine Zeichnung machte und dann in den Modellsaal ging, wo ich ungefähr ein Jahr lang nach dem Nackten gezeichnet habe. Da ich aber nie Lust zum Nachzeichnen hatte, so besuchte ich die Stunden sehr nachlässig und mag in allem kaum ein Dutzend Akte gezeichnet haben.«

Die sich daran schliessende Darstellung seiner ferneren Erlebnisse in Kopenhagen ist so leidenschaftlich gefärbt und in den Einzelnheiten so unrichtig, dass wir auf ein näheres Eingehen in dieselbe verzichten und uns an die Ermittlungen Sachs halten müssen. Nach den Statuten der Akademie hatte Carstens die Verpflichtung, sich zuerst um die kleine und grosse silberne und dann um die kleine und grosse goldene Medaille zu bewerben, bevor er das römische Stipendium erlangen konnte. Bei der Preisbewerbung zu Ostern 1780 erhielt er für eine Zeichnung nach einem Modell die kleine silberne Medaille. Als dieselbe ihm aber nach der Sitte der Akademie am Jahresfeste des folgenden Jahres in Gegenwart des Erbprinzen übergeben werden sollte, lehnte er dieselbe in trotzigen Worten ab und rief dadurch eine vollkommen gerechtfertigte Entrüstung der Professoren der Akademie hervor, welche folgenden Beschluss nach sich zog: »Der Eleve A. J. Carstens, der sich auf eine aufsätzige Weise geweigert hat, die ihm für eine Zeichnung nach dem Modelle zuerkannte kleine silberne Medaille anzunehmen, wurde durch Scrutinium mit allen Stimmen bis auf weiteres von der Akademie verwiesen und verurtheilt, dass sein Name an allen Thüren der Akademie angeschlagen werde.« Carstens stellt nach der Fernow'schen Mittheilung die Sache so dar, als hätte er die silberne Medaille aus verletztem Gerechtigkeitsgefühl zurückgewiesen, weil die grosse goldene Medaille einem Bewerber zuerkannt worden wäre, der sie nicht verdient, und dass ein anderer, dessen Zeichnung unter allen die beste gewesen, darunter hätte leiden müssen. Trotz seiner ausdrücklichen Versicherung, dass er bei dieser Sache persönlich nicht interessirt war, geht aber aus den Ermittlungen Sachs unzweifelhaft hervor, dass der Zurückgesetzte kein anderer war als er selbst. Carstens hatte nämlich ausser der Modellzeichnung noch eine eigene Komposition aus der Odyssee »Aeolus mit dem Windschlauch und Odysseus« ausgestellt, und er war von der Vortrefflichkeit derselben so überzeugt, dass er sich der bestimmten Zuversicht hingab, man werde ihn sofort zur grossen goldenen Medaille und

damit zu seinem ersehnten Reiseziel gelangen lassen. In seinem »starr-
sinnigen Trotze«, wie er sich selbst ausdrückt, bedachte er nicht, dass
die Statuten der Akademie einen solchen Sprung nicht gestatteten. Eine
Taktlosigkeit, welche er begangen hatte, indem er sich nämlich in Abildgaards Atelier einschlich, um den Künstler beim Malen zu belauschen,
trug ebenfalls dazu bei, sein Verhältniss zu den Lehrern der Akademie
zu trüben. Gleichwohl kamen ihm dieselben, wenn man seiner Erzählung wenigstens in diesem Punkte trauen darf, später noch freundlich
entgegen und luden ihn ein, wieder die Akademie zu besuchen. Man
wolle des Vorgefallenen nicht mehr Erwähnung thun. Aber er beharrte
bei seinem Eigensinn und bei der Ueberzeugung, Abildgaard hätte ihm
aus Neid oder Rachsucht die goldene Medaille vorenthalten. Er gab
zur Antwort, er sei einmal von der Akademie verwiesen und hoffe, auch
ohne sie nach Rom zu kommen. Ueberdies bedürfe er keiner Medaillen;
seine Kunst sei ihm durch sich selbst Aufmunterung und Belohnung
genug.

Jetzt warf er sich mit dem Aufgebot aller seiner Kräfte auf das
Zeichnen von Portraits, um sich den Akademikern zum Trotz das Reise-
geld nach Italien zu ersparen, und wirklich gelang es ihm, einige hundert
Thaler zusammenzubringen, so dass er im Frühjahr 1783, zwei Jahre
nach der Verweisung von der Akademie, in Gemeinschaft mit seinem
Bruder Friedrich Christian, der ebenfalls Maler geworden, endlich die
Reise nach Italien antreten konnte. Damit schliesst die erste Periode
von Carstens' Leben, aus welcher uns ungeachtet seiner emsigen Thätigkeit nur wenige und unbedeutende Denkmäler erhalten sind. Das oben
erwähnte Oelgemälde sowohl als die Zeichnung mit Aeolus und Odysseus sind verschollen. Ausser einem in Silberstift gezeichneten Selbstbildniss (Kniestück), welches ihn in Schäferhut und lockigen Haaren, die
Flöte an die Lippen setzend, darstellt*), kann man mit einiger Sicherheit nur die sauber in Tusche ausgeführte Zeichnung eines Bacchanals
dieser ersten Zeit zuschreiben. Um eine Silensherme tanzen drei Bacchantinnen, ein Bacchant und ein Satyr. Eine vierte Frau presst im
Hintergrunde eine Traube in die Schale aus, welche ihr ein auf der Erde
liegender Mann darbietet. In den gedrungenen Körperverhältnissen der
Figuren, in der starken Betonung der Muskeln gibt sich bereits die
Eigenart kund, welche Carstens kennzeichnet. Ein strenger, durchaus
männlicher Geist offenbart sich uns. Trotz ihrer Körperfülle haben die

---

*) Er schickte es im Jahre 1777 an seinen Vetter Jürgensen. Von einem Sohne des-
selben hat es der Kapitän von Kaffka in Aroesköbing mit mehreren anderen Zeichnungen
von Carstens erworben.

weiblichen Gestalten nichts anziehendes und reizendes. Ein inneres
Leben spricht aus ihren Köpfen nicht, wie dem abgeschlossenen, men-
schenscheuen Künstler das Weib überhaupt für immer ein Räthsel bleiben
sollte, um dessen Lösung er sich übrigens nicht viel kümmern mochte.
Die Komposition strebt schon nach einer gewissen Abrundung, nach einem
gewissen Rhythmus. Im Ganzen macht sie aber den Eindruck, als wäre
sie nach einer antiken Gemme kopirt. Trotz mancher Unbeholfenheiten
und Fehler in der Zeichnung muss man jedoch anerkennen, dass um jene
Zeit kein zweiter Künstler mit gleicher Energie auf eine Läuterung seiner
Formensprache im Geist und nach dem Vorbild der Antike bedacht war[*].
Etwas mehr als von seinen künstlerischen Schöpfungen wissen wir von den
literarischen Studien, welche Carstens während seines Aufenthalts in Ko-
penhagen trieb. Er war aufs emsigste bestrebt, die Lücken seiner Bildung
auszufüllen, und las poetische und historische Werke, wie sie ihm in die
Hände fielen. Erst jetzt wurden ihm die homerischen Gedichte und die
Metamorphosen Ovids in metrischer Form bekannt, er las Pindar und
Sophokles, Milton, Ossian, Shakespeare, Klopstock, Kleist, Gessner, die
Gedichte der Brüder Stolberg, die Skaldengesänge Gerstenbergs und die
Dramen des dänischen Dichters Johannes Ewald »Adam und Eva« und
»Balders' Tod«, welche letzteren ihm die Motive zu einigen Komposi-
tionen eingaben. Die Lektüre dieser modernen Barden und Skalden be-
geisterte ihn sogar zu eigenen poetischen Versuchen, aus denen wir oben
eine Stelle mitgetheilt haben. Acht solcher im Stile von Klopstock und
Gerstenberg gehaltener und von unklarer Schwärmerei überfliessender
Gedichte sind unter dem Titel »Oden und Elegien von Jakob« 1783
zu Kopenhagen im Druck erschienen. Andere sind noch handschriftlich
erhalten, und in einem dieser letzteren, die an seinen Vetter gerichtet
sind, sang er, im Begriff die italienische Reise anzutreten, in vollem
Jubel:

> Begeisterung schöpfend für die Gestalten der Götter und Helden
> Wandre ich fort meine Bahn, Italiens Himmel erstrebend,
> Italiens Kunst, und schöner werden mir leuchten die Sterne,
> Wenn Michelangelos Geist und Raffaels Hand mich geleitet.

Diese inbrünstige Sehnsucht sollte nur in geringem Maasse gestillt
werden. Ueber Lübeck, Hamburg, Braunschweig, Bamberg, Nürnberg
machten die Brüder eine überaus mühselige Reise, welche sie endlich

---

*) Diese Zeichnung befindet sich in der kgl. Kupferstichsammlung zu Kopenhagen.
Sie ist mit der Mehrzahl der übrigen Zeichnungen von Carstens in dem Sammelwerke von
Hermann Riegel, Carstens' Werke, zweiter Band, Leipzig 1874, Tafel 1 publizirt. Der erste
Band erschien 1869, der dritte, welcher die 24 Darstellungen des Argonautenzugs enthält, 1884.

nach Mantua führte, wo Carstens durch die Fresken Giulio Romanos
zum ersten Male einen Begriff von der italienischen Kunst hohen Stils
empfing. Von Mantua gingen sie nach Mailand, wo sie Leonardo da
Vincis Abendmahl bewunderten, wo sie aber auch die traurige Wahrnehmung machten, dass ihre stark zusammengeschmolzene Baarschaft ihnen
eine Weiterreise nicht gestattete. Da sie auch keine Arbeit fanden,
wanderten sie zu Fuss über die Alpen nach der Schweiz, und in Zürich
verschaffte ihnen Lavater so viele Portraitaufträge, dass sie ein halbes
Jahr dort bleiben und sich das Geld zur Heimreise ersparen konnten.
Da es ihnen in Lübeck gut gefallen hatte, richteten sie ihre Reise dorthin.
»Denn nach Kopenhagen,« so erzählt Jürgensen, »wollte der ältere nicht
wieder zurückkehren, weil er hätte gestehen müssen, dass er ohne die
Unterstützung der Akademie nicht nach Rom gelangen könne; er wollte
durchaus nichts mit der Akademie und den Professoren, die ihn verwiesen und seine Leistungen nicht hatten anerkennen wollen, zu schaffen
haben; auch glaubte er, ebensogut in Lübeck sich durch Portraitiren fort-
helfen zu können.« Aber schon diese kurze Reise hatte auf Carstens einen
so mächtigen Eindruck gemacht, dass er von Lübeck aus an Jürgensen
eine begeisterungsvolle Epistel richtete, in welcher es heisst:

> Eingeschlossen von düsterer, einsamer Kammer,
> Sehnt sich der Geist zurück nach jenen gesegneten Fluren,
> Wo die Kunst mir lachte in fremden Gestalten,
> Neu mich erfüllend mit wunderbarer Begeistrung.
> War ich ein Lehrling gewesen, — werd' ich ein Meister!

»Jakob suchte,« so berichtet Jürgensen weiter, »im Portraitzeichnen
nicht mehr Verdienst, als zum mässigen Unterhalt nöthig war, und verwandte seine übrige Zeit zum historischen Zeichnen und Studiren, um
alle seine neuen Kenntnisse und Erfahrungen, die er in Italien gesammelt
hatte, für seine Kunst nutzbar zu machen.«

Abgesehen von diesen kurzen Angaben sind wir für die Zeit von
Carstens' Aufenthalt in Lübeck 1783—1788) auf die kargen Mittheilungen
Fernows angewiesen, welcher dort im Jahre 1786 die Bekanntschaft des
Künstlers machte und bald in ein inniges Freundschaftsverhältniss zu
ihm trat. Carstens hatte auch in Lübeck mit Noth und Krankheit zu
kämpfen, zumal ihm noch die Sorge für seinen Bruder oblag, welcher
»in sorglosem Müssiggange auf seine Kosten lebte.« Er verdiente seinen
kärglichen Unterhalt mit Portraitzeichnen, worin er eine nicht geringe Geschicklichkeit erreicht hatte, welche wir an einigen im Museum zu Weimar
aufbewahrten Bildnissen aus der Lübecker Periode kontroliren können.
Merkwürdiger Weise stehen diese übrigens höchst geistvoll und gefällig

behandelten Röthel- und Bleistiftportraits noch ganz innerhalb der Rokokokunst. Die zierliche Koketterie des Arrangements wie die schlichte Natürlichkeit der Auffassung erinnern uns an Chodowiecki, welchen Carstens später in Berlin kennen und hochschätzen lernte. Jeden freien Augenblick, welchen ihm die Nothwendigkeit des Broterwerbs übrig liess, verwendete er auf eigene Kompositionen. In denselben klangen natürlich zunächst noch die Erinnerungen der italienischen Reise nach, welche er durch das Studium von Kupferstichen nach Raffael, Michelangelo, Giulio Romano, den Carracci u. a. zu vertiefen suchte. In einer Darstellung des Sonnengottes, vor welchem die Gottheiten der Nacht entweichen, ist das Vorbild Giulio Romanos, in einer Schilderung der Schlacht von Potidäa mit der Rettung des Alkibiades durch Sokrates in der Mitte die Einwirkung von Raffaels Konstantinsschlacht nicht zu verkennen, während im Einzelnen manche Motive auf Michelangelo zurückgehen. Trotz der stilistischen Abhängigkeit bekunden diese Arbeiten doch einen bedeutenden Fortschritt in der Komposition, in der Verbindung mehrerer Figuren zu einer gemeinsamen Aktion oder in ihren Beziehungen zu einem Mittel- oder Gipfelpunkt der Handlung. Dass Carstens mit vollem Bewusstsein nach Vervollkommnung in der Komposition strebte, zeigt am deutlichsten eine in Lübeck entstandene Umarbeitung jenes oben beschriebenen Bacchanals. Er zog zunächst den Kreis der Tanzenden viel enger um das Idol des Gottes — jetzt eine auf hohem Postamente stehende Figur des jugendlichen Dionysos — herum und unterdrückte das Paar im Hintergrunde, welches die Komposition aus dem Gleichgewicht gebracht hatte. Die Bewegungen der Figuren und diese selbst sind minder schwerfällig geworden, und in dem Gegenspiel der Glieder giebt sich ein edlerer Rhythmus kund.

Wenn diese Zeichnungen, zu welchen er nach wie vor die Anregung aus seiner Lektüre schöpfte, ihm auch keine materielle Förderung einbrachten, so verschafften sie ihm doch die Theilnahme des Bürgermeisters und Dichters Overbeck, des Vaters des bekannten Malers, welcher nach den Worten Fernows »angenehm überrascht war, in einem elenden, schwarz beräucherten Zimmer und unter einer so unscheinbaren Hülle einen Geist zu finden, der mit Homer, Sophokles, Ossian, Shakespeare u. s. w. in vertrauter Bekanntschaft lebte und Szenen aus ihren Werken in eigenen Erfindungen darstellte.« Overbeck führte ihm in der Person des Rathsherrn Matthäus Rodde einen reichen und hochherzigen Kunstfreund zu, welcher Carstens, nachdem er sich von seinem Talent überzeugt, den Rath und die Mittel zu einer Reise und einem halbjährigen Aufenthalt in Berlin gab, wo der Künstler nach seiner Ansicht seine

Kenntnisse beträchtlich erweitern würde. »Von der Wiedererstattung dieses Geldes sollte nie die Rede sein: nur äusserte der edle Geber, um das Ansehn eines Geschenks zu vermeiden, dass es ihm lieb sein würde, einmal nach der Bequemlichkeit des Künstlers, als freie Erkenntlichkeit, etwas von dessen Arbeit für seine Sammlung zu empfangen.« Carstens hat sich, wie nicht verschwiegen werden darf, niemals gegen seinen Wohlthäter erkenntlich gezeigt. Wenngleich eine solche Nachlässigkeit durch die Drangsale zu entschuldigen ist, unter welchen Carstens bis an sein Lebensende zu leiden hatte, so liegt doch diese Gleichgültigkeit gegen geleistete Dienste, welche er gewissermaassen als einen schuldigen Tribut an sein Genie betrachtete, zum Theil in seinem Charakter begründet. Auch sein späteres Benehmen gegen seinen Vetter Jürgensen, den er gänzlich vernachlässigte, ist nicht vorwurfsfrei, und die Wohlthaten des Ministers von Heinitz, der seine Empfindlichkeit in ausgedehntestem Maasse schonte, hat er geradezu mit Aeusserungen des Undanks, des Starrsinns und der Ueberhebung vergolten.

Carstens ging im Herbst 1788 nach Berlin. Die Ausstellung dieses Jahres enthielt bereits acht Zeichnungen von seiner Hand; doch scheinen dieselben noch keinen Eindruck hervorgerufen zu haben, da bald die Noth wieder begann und Carstens sich genöthigt sah, weil er keine Bildnisse mehr zeichnen wollte, Illustrationen für Buchhändler anzufertigen. So zeichnete er u. a. die Illustrationen zu Ramlers Mythologie und zur Götterlehre von K. Ph. Moritz, letztere nach antiken, geschnittenen Steinen, wobei er die Figuren in die ihm eigenthümliche, kraftvolle und derbe Formensprache übertrug. Aus einem Leben voller Entbehrungen, welches ihn am Ende in schwere Krankheit brachte, riss ihn der schon genannte Architekt Hans Christian Genelli heraus. Er unterstützte ihn nicht nur materiell, sondern er heiterte auch seinen Geist auf, indem er ihn an dem geselligen Leben seiner Familie Theil nehmen liess, und unterwies ihn in technischen Dingen, namentlich in der Perspektive. Durch ihn wurde Carstens in den Kreis jener Männer eingeführt, welche durch das inbrünstige Studium der Antike die verschiedenen Zweige der bildenden Künste mit neuem Leben zu erfüllen suchten. Eine entscheidende Wendung in Carstens' Schicksal trat aber erst nach der Kunstausstellung von 1789 ein, auf welcher seine figurenreiche, dramatisch bewegte Komposition, der »Sturz der Engel«, eine mit Bister lavirte Federzeichnung, nach Fernows Worten »die Aufmerksamkeit der Kenner und Künstler vorzüglich auf sich zog.« Miltons »verlorenes Paradies« hatte Carstens das Motiv gegeben, welches er nach seiner Gewohnheit — hier unter dem unabweisbaren Einflusse von Michelangelos jüngstem

Gericht — frei ausgestaltete. Für jene Zeit war diese Schöpfung schon
an und für sich eine That von ausserordentlichem Verdienst und von
ungewöhnlicher Kühnheit, für einen Künstler, der sich aus eigener Kraft
emporgearbeitet hatte, sogar eine staunenswerthe Leistung, die sich nur
aus der leidenschaftlichen Sehnsucht erklären lässt, aus engem Kreise
endlich herauszukommen an das Licht, zu jener hesperischen Sonne, von
welcher sich Carstens gleichsam die letzte Ausreifung seines Genius versprach. Mit scheinbarer Leichtigkeit hat er, der nicht einmal einen
methodischen Zeichenunterricht gehabt hatte, in den Bewegungen der
herabstürzenden und sich im Sturze überschlagenden Figuren die schwie-
rigsten Verkürzungen und Gliederverschiebungen wiedergegeben. Weit
entfernt, sich mit einem wirren Knäuel von in einander verschlungenen
Gestalten zu begnügen, hat er die einzelnen Gruppen mit grosser Klarheit angeordnet und zugleich einen einheitlichen Zug grossartiger dramatischer Bewegung durch die ganze Komposition hindurchgehen lassen.
Diese Zeichnung fand nicht nur einen Käufer, sondern er erhielt auch
den Antrag, eine Lehrerstelle an der Akademie anzunehmen. Seine Noth
überwand aber nicht seinen Eigensinn. Das akademische Treiben war
ihm so verhasst, dass er den Antrag nur unter der Bedingung annahm,
»nicht von dem akademischen Senat oder dem Direktorium der Akademie, sondern nur unmittelbar von dem Curator derselben, Freiherrn
von Heinitz, abzuhängen.« Obwohl diese Bedingung für den übrigen
Lehrkörper etwas verletzendes hatte, wurde sie ihm zugestanden, und
im Frühjahr 1791 trat er sein Amt als Lehrer der Gipsklasse an, welches
er fast zwei Jahre lang verwaltete und wofür er im ersten Jahre ein
Gehalt von hundertundfünfzig Thalern, im zweiten ein solches von zwei-
hundertundfünfzig erhielt. Da er nur während der fünf Sommermonate
wöchentlich vier Stunden Unterricht zu ertheilen hatte, erscheint diese
Besoldung nach den damaligen Geldverhältnissen durchaus angemessen.
Carstens gab sich zwar seiner Lehrthätigkeit mit grossem Eifer und mit
Gewissenhaftigkeit hin; aber er sah darin nur eine weitere Staffel auf
dem Wege zu seinem Ziel, weil er hoffte, als Pensionär der Akademie
nach Rom zu gelangen. Diese Hoffnung sollte sich bald verwirklichen.
Sein Freund Genelli war das Werkzeug dazu. Der Architekt hatte von
dem Minister den Auftrag erhalten, einen Saal seines Hauses, des jetzigen
Blücherschen Palais am Pariser Platz, von einem Maler ausschmücken zu
lassen. Genelli schlug Carstens vor, und dieser dekorirte in Leimfarben
auf Papier elf Lünetten mit den Darstellungen Apollos, der Mnemosyne
und der neun Musen und neun Wandfelder darunter mit ebensovielen
Darstellungen des Komos in verschiedenen Aktionen. Diese Bilder sind

leider vernichtet worden; sie führten aber den Maler endlich an das Ziel
seiner Wünsche. Als der Saal eingeweiht wurde, war der König zugegen. Carstens wurde demselben vorgestellt und erhielt von ihm die
mündliche Zusage, dass die nächste frei werdende Pension eines von Rom
zurückkehrenden Künstlers ihm zufallen sollte.

Bis zum Frühjahr 1792 musste sich Carstens noch gedulden. Er
füllte jedoch die Wartezeit durch eine reiche Thätigkeit aus. Schon vor
der Ausführung der Malereien im Saale des Freiherrn von Heinitz hatte er,
vermuthlich ebenfalls durch Vermittlung Genellis, einen ersten Versuch
auf demselben Gebiete gemacht, indem er die Decke eines Zimmers im
königlichen Schlosse mit sechs grau in grau gemalten Streifen dekorirte,
in welchen die Tageszeiten, der Tanz der menschlichen Alter nach der
Musik der Zeit, ein Bacchanal, Polyphem und Galatea, Orpheus in der
Unterwelt und der Parnass mit Apollo, den Musen und Grazien dargestellt sind. Nicht durch den Ideenkreis, nur durch die strenge, aus
dem Studium der Antike gewonnene Formengebung unterscheiden sich
diese Malereien von den zu jener Zeit allgemein üblichen Zimmer-
dekorationen. Auch darin ist Carstens ein Kind seiner Zeit, dass er
eine grosse Vorliebe für die Allegorie hegt, die ihn sein ganzes Leben
nicht verlassen und selbst den Tadel seines Freundes Fernow hervorgerufen hat. Gleich den guten Lehren Winckelmanns waren auch seine
irrigen auf fruchtbaren Boden gefallen, und sein »Versuch einer Allegorie,
besonders für die Kunst« (1766) wurde ebensogut als ein Evangelium
betrachtet, wie seine epochemachenden »Gedanken über die Nachahmungen
der griechischen Werke in der Malerei und Bildhauerkunst« (1754) und
seine »Geschichte der Kunst des Alterthums« (1764). Winckelmann hatte
gesagt, dass allegorische Darstellungen zu den vornehmsten Aufgaben
der Kunst gehörten, und von diesem Grundsatze liess sich Carstens nicht
abwendig machen, obwohl er auch gelegentlich herben Spott erfuhr.
Indessen erfand er für Darstellungen solcher Art keine neuen allegorischen
Gestalten, mit welchen er abstrakte Begriffe versinnlichen wollte, sondern
er bediente sich — wenige Ausnahmen abgerechnet — der schon aus dem
Alterthum überlieferten Personifikationen. Das ist auch der Fall in jener
1794 in Rom entstandenen Zeichnung »Raum und Zeit« gewesen,
welche in Carstens durch die Lektüre Kants angeregt worden ist. Riegel
hat schon mit Recht darauf aufmerksam gemacht, dass bei Kant »Zeit
und Raum nicht Begriffe, sondern Formen der Anschauung und selbst
Anschauungen sind,« und aus der von Fernow im Merkur von 1795
gelieferten Beschreibung — die Zeichnung selbst ist nicht mehr vorhanden — geht hervor, dass Carstens »den Raum als einen rüstigen

Alten mit grauem Barte, der eine azurne Kugel in den Armen trägt, die
Zeit als einen Jüngling mit Stundenglas und Sense« geschildert, also im
Grunde nur »Uranos und Kronos, die Personifikationen des unendlichen
Himmelsraumes und der ewigen Zeit, wie sie gemeinsam verbunden die
Erde umschweben,« dargestellt hatte. Schiller und Goethe erfuhren durch
Briefe aus Rom von dieser Komposition und widmeten ihr, ohne sie
kennen gelernt zu haben, folgendes Xenion:

### Das Neueste aus Rom.

Zeit und Raum hat man wirklich gemalt; es steht zu erwarten,
Dass man mit ähnlichem Gluck nächstens die Tugend uns tanzt.

Goethe fand übrigens Gelegenheit, sich, wie wir sehen werden,
nachmals ein wesentlich anderes Urtheil über Carstens zu bilden. Wenn
das Xenion in diesem speziellen Falle auch über das Ziel hinausschiesst,
so ist es doch im allgemeinen insofern zutreffend, als Carstens sich die
Grenzen der Poesie und der Malerei nicht völlig klar gemacht hatte und
sich durch die Lektüre der Dichtungen bisweilen verleiten liess, darzustellen, was sich der bildnerischen Darstellung entzieht. Eine schwer
verständliche und auch in dem Aufbau der Komposition nicht erfreuliche
Allegorie ist z. B. der 1789 entstandene »Kampf der Dummheit und des
Aberglaubens gegen die Vernunft«, der ebenso sehr über die Grenzen
der sinnlichen Wahrnehmung hinausgreift, als die noch aus der letzten
Lübecker Zeit stammende »Kassandra«, welche bei ihrem Einzuge in den
Königspalast von Argos ihre unheilvollen Weissagungen laut werden
lässt, oder der um ein Jahr ältere Aias (1789), welcher in schmerzvollem
Sinnen vor der auf ihn einredenden Tekmessa und dem kleinen Eurysakes
sitzt. Carstens sah erst später ein, dass nicht jeder vom Dichter ergriffene
Moment darstellungsfähig ist. So lange er aber noch daran glaubte,
suchte er durch einen gesteigerten, oft übertriebenen Gesichtsausdruck
die Worte und die Empfindungen der Dichter vernehmen oder doch
ahnen zu lassen. Dadurch haben die Köpfe fast aller seiner Figuren
etwas Starres, Maskenhaftes und Verzerrtes erhalten. Er wurde sich
sein Leben lang über das Maass seiner Ausdrucksmittel nicht klar, weil
er über seinem revolutionären Hauptzweck, mit der Vergangenheit und
der akademischen Ueberlieferung zu brechen, alle Hülfsmittel aus den
Augen liess, welche seine Schöpfungen von den ihnen anhaftenden Unvollkommenheiten hätten befreien können.

Unter den in Berlin ausgeführten Kompositionen sind noch hervorzuheben »Philoktet auf Lemnos«, »Oedipus und die Furien«, der »Kampf
des Achilles mit den Flussgöttern« und die Darstellung des »Sokrates

im Korbe« nach den »Wolken« des Aristophanes, die Carstens vielleicht nicht genügend verstanden hat, weil das burleske Motiv mit dem feierlichen Ernst der philosophischen Disputation seltsam kontrastirt. Die merkwürdigste der in Berlin ausgeführten Zeichnungen ist jedoch die »Schlacht bei Rossbach«, welche Carstens im Auftrage der Akademie zum Zweck der Vervielfältigung durch den Kupferstich angefertigt hat. Man ging damals mit der Absicht um, die hervorragendsten Ereignisse aus der brandenburgisch-preussischen Geschichte von Künstlern darstellen und in Kupfer stechen zu lassen. Aber die Versuche fielen meist so unglücklich aus, dass jene Absicht nicht verwirklicht wurde. Zu den unglücklichen Versuchen gehörte nach dem Urtheile Schadows auch die Arbeit von Carstens, obwohl dieselbe, ganz im Gegensatze zu den sonstigen Anschauungen des Künstlers, von demselben realistischen Geiste erfüllt ist, welcher damals die Kompositionen des von Carstens hoch verehrten Chodowiecki und später auch die Arbeiten Schadows selber charakterisirte. Schadow dachte übrigens sonst nicht gering von Carstens, da er ihn in seinen Denkwürdigkeiten den »bekannten, famösen Skizzirer nennt, der im Modelliren sich auch geistreich erwies.«

Nach den Mittheilungen Fernows hatte sich Carstens bereits in Kopenhagen durch den Umgang mit einem jungen Bildhauer einige Kenntnisse im Modelliren angeeignet, und er gewöhnte schon damals seine Einbildungskraft daran, sich alle Figuren und Gegenstände rund vorzustellen. In Lübeck modellirte er sogar einzelne Figuren in Thon, um die Wirkung der Beleuchtung daran kennen zu lernen. Nachdem er auf diesem Wege eine gewisse Fertigkeit im Modelliren erlangt hatte, betheiligte sich Carstens in Berlin auch an Bewerbungen um plastische Aufträge. Auf der Kunstausstellung von 1789 erschien er mit einer Thonskizze »Herkules mit dem Kentauren«, welche durch das Projekt einer plastischen Ausschmückung der Herkulesbrücke in Berlin angeregt worden war, und auf der Kunstausstellung von 1791 betheiligte er sich an der Concurrenz um ein Reiterdenkmal für Friedrich den Grossen mit einem Entwurfe, zu welchem Genelli das Piedestal gezeichnet hatte. Diese Wettbewerbung setzte damals alle künstlerischen Kreise der Residenz in lebhafte Thätigkeit. Der König hatte ausdrücklich gewünscht, dass die Statue in »römischem Kostüm« ausgeführt werden sollte, und diese Bestimmung kam den Wünschen jenes Kreises von Männern entgegen, welche mit allen Kräften an einer Wiedergeburt der Antike arbeiteten. Neben Genelli, Carstens, Schadow und Gentz, den Vertretern der neuen Richtung, warben selbst noch Männer wie Rode und Chodowiecki um den Preis. Aber er sollte weder auf die eine, noch auf die

andere Seite fallen. Selbst Schinkel rang vergebens nach demselben. Erst nachdem sich aus dem Studium der Antike eine gesunde und freie Naturanschauung herausgebildet hatte, war die Plastik reif genug, um einer solchen Aufgabe gerecht zu werden. Der nationalste Held des achtzehnten Jahrhunderts durfte der Nachwelt nicht in einer römischen Maskerade überliefert werden, sondern in seiner historisch-realistischen Erscheinung.

Carstens' Modell ist nach dem Schlusse der Ausstellung in das Haus der Genellis gekommen, wo noch Buonaventura Genelli als Knabe auf ihm herumspielte. Erst nach 1806, nachdem es im Hause einquartierte Franzosen schwarz angestrichen, ist es allmälig zu Grunde gegangen. Die Thatsache, dass sich Carstens aufs Modelliren verstand, ist also durch diese Zeugnisse ausser Zweifel gestellt. Ob aber der im Weimarer Museum aufbewahrte Abguss einer singenden Parze — das angebliche Original ist nicht mehr vorhanden — wirklich auf eine eigenhändige Arbeit von Carstens zurückzuführen ist, scheint mit Rücksicht auf die hohe technische Vollendung des Figürchens zweifelhaft, ganz abgesehen davon, dass die Inschrift »Asmus Carstens, Rom« das Werk verdächtig macht, und dass Fernow, der doch sonst alle ihm bekannten Arbeiten von Carstens aufzählt, dieser Schöpfung mit keinem Worte Erwähnung thut[*]).

Mit zweijährigem Urlaub und einem Jahresgehalte von vierhundertundfünfzig Thalern trat Carstens im Juni 1792 seine Reise nach Rom an. Er ging über Dresden und Nürnberg nach Mailand und von da über Genua und Pisa nach Florenz, wo er sich einige Wochen aufhielt und eine figurenreiche Komposition voll reichsten, dramatischen Lebens, die »Schlacht der Kentauren und Lapithen«, ausführte. Fernow hat Recht, wenn er sagt, dass der Stil derselben »freier und schöner« ist, als in den Zeichnungen aus seiner letzten Berliner Zeit. Das freudige Bewusstsein einerseits, den geträumten Herrlichkeiten immer näher zu rücken, und der Einfluss andrerseits, welchen die in Florenz aufbewahrten Antiken und die dortigen Werke Michelangelos auf ihn ausübten, mögen seinen

---

[*]) Nach Rumohr (Drei Reisen nach Italien S. 116) befand sich das (verloren gegangene) Modell 1805 im Besitze von Gottlieb Schick. Ob dasselbe auch als Vorstudie zu der 1794 entstandenen Komposition »die Parzen an den Grenzen der Schöpfung sitzend«, gedient hat, ist ebenso zweifelhaft, als Carstens' Urheberschaft. Denn die Stellung der plastischen Figur weicht von der gezeichneten mehrfach ab, und überdies ist für die letztere eine Kopfstudie vorhanden, welche der Ausführung ganz anders entspricht als das plastische Modell. Beiläufig sei auch darauf hingewiesen, dass Carstens nach Fernows Zeugniss (Fernow-Riegel S. 79) nur in der Lübecker Zeit Thonmodelle zu Hülfe nahm, dass er aber bereits in Florenz den »Apparat von Thonmodellen und Wachsfiguren« als »seine erbärmlich akademische Erfindung zum Nothbehelf für Leute, die kein Talent hätten«, bezeichnete (ebd. S. 99).

Geist zum ersten Male von einer drückenden Last befreit haben, so dass er seiner Einbildungskraft ohne Einschränkung folgen konnte. Aber erst in Rom, wo er im September eintraf, sollte sich die Befreiung seines Geistes vollziehen. Die Zustände der dortigen modernen Kunst erschienen seinen Augen und seinem Urtheile so kläglich, dass er seine Zeit nicht erst mit dem Studium derselben vergeudete. Raffael und Michelangelo waren die Pole, um welche sich sein Sinnen und Streben drehten, und der Vatikan war seine Welt, »sein eigentliches Rom.« Was Fernow von den Empfindungen erzählt, welche die Schöpfungen der beiden Meister in ihm erregten, beruht sicherlich auf eigenen Aeusserungen von Carstens. »Michelangelo wirkte wie ein gewaltiger Riesengeist, der jedes Selbstgefühl zernichtet, und zu dem man nur mit Ehrfurcht heraufblicken darf, spannend auf seine Phantasie; Raffael kam ihm traulich mit menschlichen Gefühlen als Freund entgegen. Er fühlte sich beiden gleich tief untergeordnet; aber Michelangelos kühne, furchtbare Hoheit war niederschlagend, Raffaels edle heitere Grösse war aufmunternd für ihn. Jener zog ihn an wie der Magnet das Eisen, unwiderstehlich durch die Riesenkraft seines plastischen Genies; dieser, wie ein hoher liebender Genius den verwandten befreundeten Geist anzieht. Jener war in seiner Eigenthümlichkeit ebenso unerreichbar als gefährlich für ihn; diesem, wenngleich nicht weniger Unerreichbaren durfte er doch mit Vertrauen folgen. Von jenem kehrte er immer voll Bewunderung und leidenschaftlich gespannt, oft mit scharfen, aber wohlthätigen Lektionen für seine Unwissenheit in der gründlicheren Kenntniss des Körpers zurück; von diesem immer belehrt, ermuntert, zur Thätigkeit gestimmt und auf seinen Fortschritt zum Bessern vertrauend. Jener war, nach dem eigenen Ausdrucke des Künstlers, ein strenger Lehrmeister, der ihn bei jeder Lektion mit der Nase auf die Grammatik stiess; dieser ein freundlicher Mentor, der ihn unaufhörlich auf die Natur hinwies und ihm zeigte, wie er sie studiren solle.« Nach den weiteren Zeugnissen Fernows machten unter den antiken Bildwerken Roms die beiden Kolosse der Dioskuren den grössten Eindruck auf ihn, »weil er nirgends so viele kraftvolle Grösse, Schönheit und hohe Reinheit des Stils vereint fand, als in diesem vollkommensten Heroenideale«.

Aus diesen Elementen hat sich also Carstens' römischer Stil gebildet, und in der That ergiebt eine Analyse seiner in Rom entstandenen Zeichnungen, wenn man den Worten Fernows nicht Glauben schenken wollte, keine anderen, besonders wesentlichen Bestandtheile. Carstens' Erscheinung wird immer etwas phänomenales behalten, auch wenn man seinen Zusammenhang mit der ihn umgebenden Kunst bis auf die zartesten

Fäden blossgelegt haben wird. Eine ursprüngliche, geniale Begabung tritt aber in seinen Werken so selten und so unvermittelt zu Tage, dass man ein gelegentliches Aufblitzen des Genius als etwas zufälliges betrachten muss. Die einseitige Ausbildung des Charakters oder — wenn man den Maassstab realistischer Psychologie an diesen Künstler anlegen will — des halb aus Starrsinn, halb aus Ueberzeugung genährten Oppositionsgeistes hat die geniale Veranlagung seiner Natur allmälig so überwuchert, dass die Regungen des Genies unterdrückt wurden. Er war der unbeugsame Vertreter eines starren Prinzips, der sich in seiner catonischen Unnahbarkeit und in seiner diogenischen Bedürfnisslosigkeit gefiel, aber nicht unbeugsam genug, um gelegentlich nicht auch sentimentalen Anwandlungen zu erliegen, oder auch ehrlich genug, um die Vorzüge der Oelmalerei anzuerkennen, nachdem er sie mit spitzfindiger Dialektik bekämpft hatte, weil ihm die Technik derselben nicht geläufig war oder weil er über ihrer Pflege das wahre Wesen der Kunst vernachlässigt glaubte. Sein Verdienst beruht darin, dass er in einer Zeit verwilderten und haltlosen Geschmacks die Umkehr in rücksichtslosen Worten und mit rigorosen Mitteln predigte. Was er aus sich selbst zu bieten vermochte, war ernstes, heiliges Streben und eine bewunderungswürdige Charakterstärke. Die eigentlichen Elemente seiner Kunst oder seiner Methode, Gedanken zur sinnlichen Erscheinung zu bringen, beruhten nur auf Nachahmung. die von einem durch eifriges Studium geläuterten Geschmack getragen wurde. Auch die Gedanken waren niemals seine eigenen. Dichter und Philosophen waren die Quellen seiner Erfindung. Er hat niemals etwas frei aus sich selbst geschaffen, weil die klassischen Vorbilder so mächtig auf ihn einwirkten. dass sich sein Geist ehrfurchtsvoll vor ihnen beugte. Sein ganzes Denken und Empfinden war so fest in der antiken Ideen- und Anschauungswelt beschlossen, dass er für nichts anderes Augen und Sinn hatte. Und wo konnte er edlere und würdigere Stoffe finden, als bei den antiken Dichtern selbst und bei denjenigen neueren, welche ihre Wege wandelten? Da er sich überdies niemals dazu verstand, seinen Kompositionen den nach den Begriffen der Künstler unerlässlichen, letzten Stempel der Vollendung dadurch aufzudrücken, dass er sie zu Oelgemälden ausgestaltete, kam er bei Lebzeiten nicht über den Ruf eines »berühmten Skizzirers« hinaus, und man kann den Künstlern nicht einmal Unrecht geben, welche so urtheilten, ebensowenig wie man die Gründe derer widerlegen kann, die Carstens nur als einen Illustrator gelten lassen wollen. Diese Meinung hat heute vielleicht noch mehr Anhänger als zur Zeit des Künstlers, und Friedrich Pecht giebt nur den Anschauungen zahlreicher Künstler und Laien Ausdruck, wenn er Carstens'

Wesen in folgende Sätze zusammenfasst: »Für unser Kunstleben hat
derselbe eine sehr verhängnissvolle Bedeutung — nicht als der erste,
welcher mit den Traditionen des Zopfes vollständig bricht, was keineswegs wahr ist, da Mengs den Bruch vor ihm schon begonnen, sondern
als der erste, der jene unselige Halbheit in unsere Kunst einführt, welche
ihr von nun an ein halbes Jahrhundert lang anhängen, sie um einen
grossen Theil des von Mengs bereits Errungenen wieder bringen sollte.
Nicht minder um die volle Wirkung einer Reihe ihm folgender glänzender
Talente: jene trostlose Theorie, dass in der Kunst Gedanke und Auffassung alles, die Technik, die Formvollendung nichts oder doch nur
etwas untergeordnetes sei, dass man ein grosser Maler sein könne, ohne
je erträglich gemalt oder auch nur die Form in der Zeichnung vollendet
durchgebildet zu haben!«*) Diese Ansicht gewinnt durch die Thatsache
eine Unterstützung, dass alle Künstler, welche einen Markstein in der
Entwicklungsgeschichte der Kunst bezeichnen und Schulen gebildet haben,
zugleich grosse Techniker gewesen sind, und dass die Kunst durch grosse
und neue Ideen allein niemals vorwärts gebracht worden ist. Phidias,
Donatello, Bellini, Raffael, Michelangelo, Rubens, Frans Hals und Rembrandt, Künstler von verschiedenster Geistesrichtung und von verschiedenster Gedankentiefe, sind charakteristische Belege für diesen Erfahrungs-
satz der Kunstgeschichte.

Wenn man Carstens übrigens nur den Rang eines Illustrators zu-

*) Pecht bildet den schroffsten Gegensatz zu der panegyrischen Haltung Riegels. Aus
seiner Charakteristik (Deutsche Künstler des neunzehnten Jahrhunderts, dritte Reihe, Nördlingen 1881, S. 31 ff.) sind noch folgende treffende Bemerkungen hervorzuheben: »Wenn man
Mengs als einen Eklektiker kurzweg abthut, so gilt dasselbe doch ganz genau auch für Carstens,
nur dass dieser, wenn auch von Haus aus phantasiereicher, viel weniger gelernt hatte. Nimmt
man aber bei beider Arbeiten all das weg, was der Antike, Raffael und Michelangelo gehört,
so bleibt bei ihm fast nichts, bei Mengs aber noch sehr viel, ja vielleicht gerade das Vortrefflichste übrig . . . . Unstreitig ist auch er eines der unzähligen edlen Opfer, die der Mangel
eines grossen und würdigen nationalen Lebens uns gekostet hat . . . . Sein geringer Erfolg
hängt mit der Lückenhaftigkeit seiner Kunst aufs genaueste zusammen, er hat nur auf eine
Anzahl Künstler gewirkt, an der Nation ist er vollkommen spurlos vorübergegangen und führt
jetzt nur eine Scheinexistenz in den kunstgeschichtlichen Kompendien.« Eine vermittelnde
Stellung, freilich mehr zu Riegel hinneigend, als der Logik der Geschichte folgend, nimmt
Woltmann (Aus vier Jahrhunderten niederländisch-deutscher Kunstgeschichte, Berlin 1878,
S. 169 ff.) ein. Er macht darauf aufmerksam, dass Carstens dem Ausspruch Winckelmanns
folgte: »Mannigfaltigkeit, Gewandung, Colorit, Licht und Schatten machen ein Gemälde nicht
so schätzbar, wie der edle Contour«, und kommt zu dem richtigen Ergebniss, Carstens' Bedeutung aus dem engeren Gebiet der Kunstgeschichte auf das der allgemeinen Kulturgeschichte
zu verpflanzen, indem er sagt: »Carstens' Schöpfungen bilden den Uebergang von der Kunstanschauung Winckelmanns zu der vertieften und wahrhaft vom deutschen Geist durchdrungenen
klassischen Theorie, wie sie unsere beiden grössten Dichter vertreten.«

gestehen will, so muss man seine Stellung den dichterischen Stoffen
gegenüber dahin präcisiren, dass er sie in den meisten Fällen den Gesetzen
der bildenden Kunst anpasste, freilich mehr im plastischen, als im malerischen Sinne. Mit seltenen Ausnahmen gelang es ihm stets, sich über
den Stoff zu erheben und seine Kompositionen von der Dichtung so unabhängig zu machen, dass man seine Absicht verstehen, seine Gedanken
zur Noth errathen konnte. Eine an klassischer Dichtung und Formenanschauung gereifte Bildung ist allerdings, wie schon bemerkt wurde, die
nothwendige Vorbedingung für das Verständniss Carstensscher Zeichnungen.

Der Kampf mit den bestehenden Verhältnissen war Carstens so
sehr zur Lebensgewohnheit geworden, dass er ihn auch in Rom fortsetzte,
obwohl er doch hier an das Ziel seiner Wünsche gelangt war. Nicht
genug damit, dass er die in Rom lebenden Künstler durch seine herbe,
rücksichtslose und anmaassende Kritik verletzte und damit den Grund zu
seiner Vereinsamung und zur Vernichtung seiner materiellen Existenz
legte, so trieb ihn auch seine krankhafte Eitelkeit dazu, den wohlwollenden
Minister von Heinitz in seinen Hoffnungen auf das ärgste zu täuschen
und einen Wort- und Vertrauensbruch zu begehen, welcher selbst durch
die hochtönende Phrase, er gehöre »nicht der Berliner Akademie, sondern
der Menschheit« an, »die ein Recht hat, die höchstmögliche Ausbildung«
seiner Fähigkeiten von ihm zu verlangen, nicht beschönigt werden kann.
Carstens hatte das Gehalt und das Reisestipendium ausdrücklich unter
der Bedingung erhalten, seine in Italien gewonnenen Kenntnisse nach
seiner Rückkehr für die Akademie nutzbar zu machen. In einem Briefe
an den Minister hatte er gesagt: »Ich kann, wenn ich die Werke grosser
Meister studirt habe, ein für die Akademie weit nützlicherer Mann sein,
als gegenwärtig, wo ich nur einseitig wirken kann.« Der Minister von
Heinitz hatte daher das höchste Maass von Nachsicht walten lassen, als
er den fast um ein Jahr verzögerten Reisebericht des Künstlers ruhig
hinnahm, als er den Urlaub und die Pension desselben noch um ein Jahr
verlängerte und sogar die gereizten und von unberechtigtem Selbstbewusstsein erfüllten Briefe des ihm untergebenen Staatsbeamten, der
Carstens doch war, mit dem über Künstlerleidenschaft und -eitelkeit
erhabenen Wohlwollen des gereiften Mannes durchgehen liess, ohne sie
in gleich schroffem Tone zu beantworten. Noch in seinem letzten Briefe,
als Carstens auf seine wiederholte Aufforderung, endlich einmal Proben
seiner Fortschritte nach Berlin zur Ausstellung zu schicken, sich dazu
herabgelassen hatte, drei Kompositionen »die Ueberfahrt des Megapenthes«,
»die Helden vor Troja« und »Achill und Priamos« unter Bestimmung eines
für damalige Zeiten ansehnlichen Preises nach Berlin zu senden, schlug

Heinitz einen durchaus höflichen und achtungsvollen Ton an, wenngleich er sich nicht enthalten konnte, in seiner Eigenschaft »als Staatshaushalter der von Sr. Königlichen Majestät ihm bloss zum Wohl des Staats anvertrauten Gelder« dem Maler Vorwürfe über seine Undankbarkeit zu machen, welche, nach der Lage der Dinge vollkommen gerechtfertigt, in folgenden Sätzen gipfeln. Nachdem er ihn an sein oben erwähntes Versprechen erinnert und ihm vorgehalten, dass ihm die Summe von 1562 Thalern ausgezahlt worden, schreibt er: »Fragen Sie sich nun selbst, wie Sie diese grossen Wohlthaten erkannt, — welche nützlichen Dienste Sie in diesem ganzen Zeitraum der Akademie für jene ansehnliche Summe geleistet haben? Beinahe ein ganzes Jahr liessen Sie verstreichen, ehe Sie einmal von Ihrer Ankunft in Rom und von Ihrer dortigen Existenz etwas meldeten, und anstatt Ihrer Verbindlichkeit gemäss von Ihren Arbeiten etwas einzusenden und Auskunft über die zweckmässige Verwendung Ihrer Zeit zu geben, schickten Sie erst im Frühjahr 1793 einen Reisebericht ein, der viel Worte enthielt, aber meine gespannte Erwartung nicht befriedigte. Seit diesem Reisebericht liessen Sie wieder 17 Monate hingehen, ohne von sich und Ihren dortigen Arbeiten etwas hören und sehen zu lassen Ich bezeugte Ihnen darüber in meinem Schreiben vom 26. Juni 1794 meine gerechte Verwunderung, und ohnerachtet damals schon der Termin Ihres Urlaubes und der Ihnen nur auf zwei Jahre bewilligten Unterstützung in Rom zu Ende gegangen war, verlängerte ich doch, aus Wohlwollen für Sie, Ihren Urlaub und die Unterstützung von 200 Thalern noch auf ein Jahr, nämlich bis zum 31. Mai 1795, jedoch unter der ausdrücklichen Bedingung, dass Sie während dieser Zeit von Ihren Arbeiten etwas einsenden, nach Ablauf jenes verlängerten Termins aber wieder zurückkommen und, Ihrer Verbindlichkeit gemäss, Ihr hiesiges akademisches Lehramt wieder antreten sollten. Auch diese Bedingung haben Sie weder in dem einen noch dem andern Punkt erfüllt, sondern nur den ersten, als ich nicht durch Sie selbst, sondern durch öffentliche Blätter von Ihren in Rom ausgestellten Kunstwerken unterrichtet wurde, schickten Sie mir die Eingangs erwähnten drei Stücke auf meine anderweitige Aufforderung ein, ob Sie mir gleich unterm 2. August 1794 schriftlich versprochen hatten, alle Ihre Arbeiten mit nach Berlin bringen zu wollen ...« Wie seinem Vetter Jürgensen und dem Bremer Rathsherrn Rodde hat Carstens also auch dem preussischen Minister sein einem Ausländer bewiesenes Wohlwollen und die ihm gespendeten Wohlthaten mit Undank vergolten, und sein Verhalten wird auch dadurch nicht in ein günstigeres Licht gerückt, dass Carstens sich durch die gegen ihn geübte Controle des Professors Rehberg verletzt fühlen konnte. Dieser hatte nämlich die

Verpflichtung, über die Thätigkeit und die Studien der sich in Rom auf-
haltenden Pensionäre der Akademie an den Senat und den Minister zu
berichten. Der misstrauische Carstens sah in ihm nur einen gehässigen
und neidischen Spion, während Rehberg in Wirklichkeit über Carstens
nach Berlin geschrieben hat, was sich mit der Wahrheit verträgt. Auf
Grund einer von Carstens 1795 veranstalteten Ausstellung seiner Werke
erstattete Rehberg einen ausführlichen Bericht, welchen Riegel in folgenden Sätzen zusammenfasst: »Dem Carstens fehle natürliches und an-
genehmes Kolorit, seine Gemälde seien gemalte Zeichnungen, die Figuren
im Umriss grossentheils plump. Die Nachahmung des Michelangelo sei
auffallend; — dagegen fehle es ihm nicht an Genie, er habe viel Erfindung und Reichthum von Ideen, zeichne gut, komponire mit Leichtigkeit, bringe viel Verschiedenheit in Stellungen und Charakteren an,
drapire glücklich, verstehe Perspektive wohl und habe viel Belesenheit
und Kenntniss in den mit den Künsten verwandten Wissenschaften, mit
welchen Verdiensten er viel Fleiss und Kunsteifer verbinde.« Das ist
ein ebenso maass- als verständnissvolles Urtheil, welches man noch heute
in jedem Punkte unterschreiben kann.

Jene Ausstellung, welche Carstens im April 1795 im Hause des
verstorbenen Malers Pompeo Batoni eröffnete und zu welcher er das
Publikum durch eine von ihm selbst verfasste, zugleich die Stelle eines
erläuternden Katalogs vertretende Anzeige einlud, enthielt elf Kompositionen: ausser den schon erwähnten »Sokrates im Korbe« und der
Personifikation von »Raum und Zeit« die »Ueberfahrt des Megapenthes«
nach Lukian, eine Malerei in Tempera, die »Parzen«, das »Gastmahl des
Plato«, den »Parnass«, die »Helden im Zelt des Achilles vor Troja«,
alle drei in Wasserfarben ausgeführt, die »Argonauten«, die Umarbeitung
einer bereits in Berlin geschaffenen Komposition, »Achill und Priamos«,
die »Geburt des Lichts« und »Ganymed«. Aus dieser Ausstellung sandte
Carstens, wie oben erwähnt, drei Stücke nach Berlin, die »Ueberfahrt
des Megapenthes«, die »Helden im Zelte des Achilles« und »Achill und
Priamos«, welche sich gegenwärtig in der Berliner Nationalgalerie befinden. Carstens verband mit dieser Ausstellung nicht nur die Absicht,
den Künstlern in Rom zu zeigen, was er könnte, sondern er erwartete
auch »von deren günstigem oder ungünstigem Erfolg die Entscheidung
seines ferneren Schicksals.« Die Aufnahme, die sie im Publikum finden
würde, sollte ihn bestimmen, »ob er es wagen dürfe, seine Verbindungen
mit Berlin im Nothfall zu zerreissen und in Rom zu bleiben, oder
ob er der Fessel, die ihn zog, folgen und nach Berlin zurückkehren
müsse.« Der Erfolg der Ausstellung muss so günstig gewesen sein, dass

Carstens in der That in dem Entschlusse bestärkt wurde, einen Bruch mit Berlin herbeizuführen. Nach dem Berichte Fernows, der auch im »deutschen Merkur« jene von Heinitz berührte Anzeige der Carstensschen Ausstellung veröffentlicht hatte, »fiel das Urtheil der Kunstverständigen für Carstens so günstig und ehrenvoll aus, als er nur erwarten konnte, und seine Absicht, sich in Rom auf eine vortheilhafte Art bekannt zu machen, ward dadurch erreicht. Das Ungewöhnliche einer Ausstellung, worin kein Gemälde zu sehen war, die Neuheit so vieler noch nie behandelter Gegenstände, der in unseren Zeiten ganz ungewöhnliche Stil der Komposition und Zeichnung, der die Römer durch seine Aehnlichkeit mit dem Stile ihrer alten grossen Meister überraschte, der Reichtum an origineller Erfindung, der sich in diesen Darstellungen offenbarte, erregten, wie jede unerwartete und fremdartige Erscheinung, zuerst ein verwunderndes Aufsehen, das sich bald, nach öfterer Ansicht, in allgemeinen Beifall verwandelte.«

Von den elf Kompositionen dieser ersten Ausstellung schliesst sich die Mehrzahl so eng an die litterarischen Motive an, aus denen sie erwachsen sind, dass sie ohne ausführlichen Commentar nur von denen verstanden werden können, welche vollkommen mit klassischer Bildung getränkt sind. Die drei Parzen sind durch ihre Attribute kenntlich gemacht, und der vom Adler liebevoll emporgetragene Ganymed, in der Anmuth der Linienführung eine der reifsten Schöpfungen des Künstlers, ist eine allgemein geläufige Vorstellung, der Carstens jedoch noch eine besondere Beziehung als »Sinnbild eines in der Blüthe seiner Jahre vom Tode hinweggerafften Jünglings« unterlegte. Auch die beiden der Ilias entlehnten Kompositionen »Die Helden im Zelte des Achilles vor Troja« und »Achill und Priamos« sind so charakterisirt, dass sich ihre Zugehörigkeit zur homerischen Welt erkennen lässt. Die erstere Komposition leidet freilich an dem bei Carstens nicht seltenen Fehler, dass er mehr ausdrücken wollte, als ihm die Mittel seiner Kunst gestatteten. Wir sehen vier Helden von verschiedenem Gesichtsausdrucke um einen Tisch gruppirt; aber wir wissen nicht, was ihre Seele bewegt, oder auch nur, welche Veranlassung sie zusammengeführt hat. Dass es sich um eine Beschwichtigung des achilleischen Zornes handelt, vermag nur derjenige zu erkennen, der mit dem Inhalt der Ilias genau vertraut ist. Wir haben schon auf Carstens' Neigung für alles Sinnbildliche und Allegorische hingewiesen. Sie erklärt sich zum Theil daraus, dass ihm die Kraft fehlte, starke und tiefe Empfindungen zu entsprechendem Ausdrucke zu bringen. Seine Begabung concentrirte sich ausschliesslich im Element der Form und in der Fähigkeit, Formen und Gestalten zu Kompositionen zu vereinigen,

deren hauptsächlicher Reiz in der rhythmischen Anordnung und in der edlen Linie liegt. Fernow berichtet uns, dass er sich die Kompositionen schon im Kopfe so fertig durcharbeitete, dass er sie auf das Papier hinwarf, ohne nachträglich noch Aenderungen vorzunehmen. Die Form war der Anfang und das Ende seiner Kunst, und gerade diese lernte er durch die Verschuldung seines jeder strengen Disciplin abgeneigten Eigensinns bis an sein Lebensende nicht beherrschen. In die menschliche Seele zu blicken war ihm versagt. Die Verschlossenheit seines Charakters, seine Menschenscheu, sein Misstrauen verwehrten ihm den engeren Anschluss an gleich- oder andersgeartete Naturen. Fernow war sein einziger Freund, der einzige zugleich, dem er den Zoll der Dankbarkeit dadurch abtrug, dass er ihn zum Erben seiner künstlerischen Hinterlassenschaft einsetzte, nicht ohne die Hoffnung, dass Fernow der eifrigste Herold seines Nachruhms sein würde. Seit seinem Weggang aus Eckernförde hat niemals ein weibliches Wesen seinen Lebenspfad gekreuzt.

Gelegentlich sah Carstens selbst seinen Fehlgriff ein, wenn er sich über die Grenzen der darstellenden Kunst verirrt hatte. So bei seiner letzten Arbeit, deren Motiv er dem König Oedipus des Sophokles entlehnt hatte. Er wollte den Moment zur Darstellung bringen, wo Oedipus durch die Mittheilungen des Boten aus Korinth und des Hirten zum Bewusstsein der von ihm unwissentlich begangenen Frevelthaten gelangt. Wie Fernow berichtet, sah Carstens ein, dass dieser Gegenstand sich nicht zur malerischen Darstellung eignete, »weil er im Bilde sich nicht durch sich selbst verständlich ausdrücken könne.« Dasselbe lässt sich aber gegen jedes einem Dichter entlehnte Motiv geltend machen. Von den übrigen Zeichnungen jener ersten römischen Kunstaustellung des Carstens ist keine ohne eine genauere Kenntniss der Quelle verständlich. »Die Ueberfahrt des Megapenthes«, eine seiner figurenreichsten Kompositionen, das »Gastmahl des Plato«, »Sokrates im Korbe«, die »Argonauten«, die »Geburt des Lichts« sind Illustrationen zu Lukian, Plato, Aristophanes u. s. w., und unter dem Gesichtspunkte der Illustration betrachtet, wird man jene Zeichnung zum König Oedipus minder hart beurtheilen, als es Carstens selbst gethan hat. Wie hoch man auch sein Streben, seinen heiligen Eifer für die Kunst, seine Mission als Vorkampfer für die klassische Richtung anschlagen mag, man wird nicht darüber hinauskommen, dass Carstens nur ein geistvoller Illustrator war, der den dichterischen Gedanken zwar zu möglichster Selbstständigkeit auszubilden suchte, der aber stets von den poetischen Erfindungen Fremder abhängig war und sich niemals zur vollen Freiheit der schaffenden Phantasie emporschwingen konnte. Das höchste, was er erreicht hat, war, dass einige seiner Kompositionen eine in sich abgeschlossene, bildmässige Wirkung ausüben, freilich nach einer anderen Richtung, als es Carstens gewollt hatte. Zeichnungen wie das »Gastmahl des Plato«, die »Schlägerei der Philosophen«, »Helena und die Aeltesten von Troja«, »Homer, dem Volke seine Gesänge vortragend«, sind antike, an feinen, anmuthigen und sogar witzigen Zügen reiche Genrebilder, in welchen das literarische Motiv soweit zurückgedrängt ist, dass es uns gleichgültig geworden ist und wir nicht mehr gezwungen sind, nach demselben zu suchen.

Der Bruch mit Berlin, zu welchem Carstens durch den Erfolg der Ausstellung des Jahres 1795 ermuthigt wurde, vollzog sich durch ein Schreiben des Ministers von Heinitz vom 29. März 1796. In diesem Schreiben, welches zugleich den Schluss des Briefwechsels bildet, bezieht sich der Minister lediglich auf seinen Brief vom 19. Dezember 1795. In demselben hatte er Carstens formell seines Amtes entbunden, ihn zugleich aber für 1562 unrechtmässig erhaltene Thaler verbindlich erklärt. Während er aber in diesem Schreiben die von Carstens eingesendeten drei Kompositionen gewissermaassen als Pfandobjekt bis zur Befriedigung der Akademie bezeichnet hatte, war er in seinem letzten Briefe grossmüthig genug, ihm auch diese drei Stücke zur Verfügung zu stellen, falls er das ausgelegte Porto ersetzen wollte. Das hat Carstens nicht gethan, und so blieben die drei Blätter: »Die Ueberfahrt des Megapenthes«, die »Helden vor Troja« und »Achill und Priamos«, im Besitze der Akademie in Berlin, welche sie gegenwärtig der dortigen Nationalgalerie zur Ausstellung überlassen hat. Der Minister von Heinitz hat demnach bis zum letzten Augenblicke in Carstens den Künstler respektirt und mit Edelsinn an ihm gehandelt, soweit es die Grenzen und Mittel seiner Macht erlaubten.

Carstens' Ruf war inzwischen so sehr gewachsen, dass er sich auch ohne Pension und Unterstützung hätte durchhelfen können, wenn sein ererbtes Brustleiden nicht mit grosser Schnelligkeit zugenommen hätte. Eben jenes Jahr 1796, in welchem er seine Unabhängigkeit erlangt hatte, war nach Fernows Bericht sein letztes gesundes Jahr. Er konnte »seine Kunst mit gewohntem Eifer üben, ja er fühlte sich noch stark genug, einige kleine Lustreisen zu Fuss in die umliegenden Gegenden nach Frascati, Albano und Tivoli zu machen.« Die künstlerischen Früchte dieses Jahres waren: »Fingals Kampf mit dem Geiste von Loda« nach Ossian, bei welcher Komposition er wiederum die Grenzen des Darstellbaren verkannte, »Perseus und Andromeda unter den Aethiopen« nach Philostrat, »Homer singt seine Lieder vor einer Volksversammlung ab«, die reifste Schöpfung seiner letzten Jahre, in welcher sich der aus Deutschland mitgebrachte und in Rom noch zu höherer Reife gelangte »grosse Stil« am deutlichsten offenbart, sowohl in der Charakteristik der Köpfe, als in der grossartigen Drapirung der Gewänder, »Oedipus in Kolonos«, »Jasons Ankunft in Jolkos«, »Die Hexenküche« nach Goethes Faust und eine Szene aus Dantes Hölle mit Francesca von Rimini und Paolo Malatesta im Vordergrunde. In der Absicht, die antiken Kompositionen des Meisters auf eine möglichst hohe Stufe zu heben, hat man die beiden zuletztgenannten Schöpfungen ungebührlich herabgesetzt. Man hat sie nüchtern, schwerfällig und philisterhaft genannt, während sie einer unbefangenen Beurtheilung für die Illustration neuerer Dichter dasselbe bedeuten wie die Carstensschen Compositionen nach antiken Motiven, eine Vorstufe für eine höhere Entwicklung, ein künstlerisches Prinzip, welches im Kampfe mit dem Schwulste und der leeren Aufgeblasenheit des Kunstgeistes des achtzehnten Jahrhunderts grösste Einfachheit und Sparsamkeit in den Mitteln der Darstellung walten lässt. An Carstens' »Hexenküche« schliessen sich unmittelbar, naturgemäss aber in reiferer Ausbildung, die Faustzeichnungen des Cornelius an, welcher dem romantischen Zauber der Dichtung ebenso fern geblieben ist wie Carstens und sich ebensowenig wie dieser in der mittelalterlichen Atmosphäre, trotz seines heissen Bemühens, zurechtgefunden hat. Auf die Komposition zu Dantes Hölle hat Carstens sogar, wie die vorhandenen Studien beweisen, eine grosse Sorgfalt verwendet, und es ist ihm gelungen, in der Anordnung der miteinander vielfältig verschlungenen, von den Winddämonen im Kreise herumgewirbelten Gestalten eine grosse Virtuosität zu entfalten, welche uns namentlich im Hinblick auf den verwandten Engelsturz lehrt, in welchem Grade sich Carstens während seines Aufenthalts in Rom vervollkommnet hatte. Dieser kleinen Gruppe von Zeichnungen zu neueren Dichtern gehört auch die im Jahre 1797 entstandene Ermordungsszene aus dem damals dem Shakespeare zugeschriebenen Trauerspiel in Yorkshire an, in welcher der dramatische Moment sehr lebendig veranschaulicht ist. Dass hier freilich noch ein Mehr zu geben war, eine grössere Lebhaftigkeit des Mienenspiels oder gar der Ausdruck mächtiger und tiefer Empfindung, konnte man von Carstens bei den Grenzen, die seiner Begabung gesteckt waren, nicht erwarten. Aus dem Jahre 1797 stammen ferner: »Eteokles, der in den Kampf eilt«, die schon erwähnte Szene aus dem König Oedipus von Sophokles, wie Oedipus die Entdeckung seiner Frevelthat macht, und endlich Carstens' umfangreichstes Werk, die vierundzwanzig Darstellungen aus der Geschichte des Argonautenzuges, welche der Künstler nur in der Gestalt von Umrisszeichnungen hinterlassen hat, da ihn der Tod daran verhinderte.

sie zum Zweck einer Reproduktion durch Kupferätzung weiter auszuführen.

Die Argonautensage hatte Carstens schon in Berlin beschäftigt. Von
hier brachte er eine figurenreiche Komposition nach Italien mit, welche
den Besuch der Argonauten bei dem Kentauren Chiron darstellte und
die er auf Grund der in Rom gewonnenen Eindrücke später noch einmal
umarbeitete. Im Jahre 1796 wählte er Jasons Ankunft in Jolkos zum
Motiv einer dritten Komposition, und im folgenden Jahre schilderte er
auf Grund des unter dem Namen des Orpheus gehenden Epos »Argo-
nautika«, der von Apollodor verfassten Kompilation und eines pindari-
schen Siegesgesanges die Abenteuer der Argonauten in vierundzwanzig
Blättern, welche naturgemäss Illustrationen einzelner, von den Dichtern
gebotener und von Carstens als bezeichnend herausgehobener Momente
sind. Carstens' Plan, diese Zeichnungen in Kupfer zu ätzen, kam nicht
durch ihn zur Ausführung, sondern erst ein Jahr nach seinem Tode durch
den ihm befreundeten Joseph Anton Koch. Indem dieser die Zeichnungen
auf die Kupferplatte übertrug, ging manches von Carstens' grossartiger
Formengebung verloren. Indessen ist die von Koch diesem Cyklus gegebene Fassung deshalb die geläufige geblieben, weil die Kochschen Kupfer-
platten, so viele noch erhalten sind, und zur Ergänzung der fehlenden die
Lichtdrucke nach den Abdrücken der Originalausgabe die Grundlage der
neuen Publikation von Riegel bilden *). Die Carstensschen Originalzeichnungen kamen in den Besitz Thorwaldsens, welcher sie 1804 dem Grafen
Adam Moltke schenkte. Jetzt befinden sie sich in der königlichen Kupferstichsammlung zu Kopenhagen.

Carstens' Thätigkeit klang in einer Komposition aus, deren Grundcharakter, ganz im Gegensatze zu der heroischen Haltung jener Argo-
nautenblätter und zu der Gemüthsstimmung, welche ihn damals beherrschte,
Anmuth und ruhige Heiterkeit bilden. Nach Hesiods »Werke und Tage«
schilderte er die Wonnen des goldenen Zeitalters durch Gruppen von
zahlreichen Figuren, welche in einer idealen Landschaft ein idyllisches
Leben führen. Kurze Zeit bevor er diese Zeichnung begann, erfuhr er
noch eine Kränkung von einem Landsmanne, dem Maler Müller, welcher
in Schillers »Horen« von 1797 einen Aufsatz veröffentlichte, der zwar

---

*) Die Stiche von Koch erschienen unter dem Titel: Les Argonautes selon Pindare,
Orphée et Apollonius de Rhodes en vingt-quatre planches inventées et dessinées par Asmus
Jacques Carstens et gravées par Joseph Koch. A Rome an VII republicain (1799). Dass
die Bemühungen Riegels, Carstens populär zu machen, keinen entsprechenden Erfolg gehabt
haben, geht auch daraus hervor, dass bei der neuen Ausgabe der Argonauten von Stichen
nach den Originalzeichnungen mit Rücksicht auf die Kosten abgesehen werden musste.

in der Form gegen den von Fernow vor zwei Jahren im »Merkur« pu-
blizirten Bericht über die Carstenssche Ausstellung gerichtet war, zugleich aber auch eine abfällige Kritik der Arbeiten von Carstens enthielt.
Obwohl diese Kritik manches treffende enthält und namentlich vom Standpunkte des Malers gerechtfertigt war, darf man ihr kein allzugrosses
Gewicht beilegen, weil sie nicht aus sachlichen, sondern aus persönlichen
Motiven entsprungen war. Carstens erkannte diese Motive auch und
beruhigte sich bald über diese Kränkung. Sein Gesundheitszustand
nahm überdies seine ganze Sorge in Anspruch. Im Anfang des Jahres
1798 schien eine Besserung eingetreten zu sein. Dieselbe war jedoch
nur von kurzer Dauer. Während er noch an dem »goldenen Zeitalter« arbeitete, wurde sein Körper von ununterbrochenen Leiden
erschüttert. Bald konnte er auch das Bett nicht mehr verlassen. Aber
seine Kunst begleitete ihn und »die Heiterkeit und Freiheit des Geistes«,
welche er sich seit seinem Bruche mit Berlin errungen hatte. »In liegender Stellung und mit zitternden Händen versuchte er noch, zur Verkürzung der Zeit einige Ideen aufzuzeichnen, bis ihm bald auch dazu
die Arme ihre Kraft versagten ... Das völlig heitere Bewusstsein behielt
er bis zu dem letzten Augenblicke, wo der stete Reiz des Hustens, dem
die ohnmächtige Brust nicht mehr entgegenwirken konnte, ihn in einem
Blutsturze erstickte.« Er starb am 25. Mai 1798 und wurde an der
Pyramide des Cestius begraben.

In seinem Testamente setzte Carstens seinen Freund Fernow zum
Erben seines künstlerischen Nachlasses ein, wobei er zugleich den Wunsch
äusserte, »dass dieser Nachlass nicht zerstreut, sondern beisammen erhalten und dereinst in irgend einer Kunstsammlung aufbewahrt werden
möchte.« Dieser Wunsch sollte in Erfüllung gehen. Als Fernow in die
Heimat zurückgekehrt war und in Weimar eine Stellung gefunden hatte,
nahm Goethe die Carstensschen Zeichnungen in seine Kunstausstellung
des Jahres 1804 auf, und der Herzog Karl August kaufte sie später durch
Goethes Vermittlung für die Bibliothek. Jetzt bilden sie eine der vornehmsten Zierden des Museums in Weimar. Aus eigener Anschauung
hatte Goethe nunmehr auch die Gelegenheit, sein früher gefasstes Urtheil
über Carstens zu modifiziren, was er auch zu wiederholten Malen, freilich
immer noch mit kühler Zurückhaltung, that. So heisst es z. B. in »Winckelmann und sein Jahrhundert« von Carstens: »Er besass bei grossem Talent
grossen Ernst und unermüdet rege Lust zum Studium. Wir glauben, es
geschehe keinem andern dadurch Unrecht, wenn wir sagen, Carstens war
der denkendste, der strebendste von allen, welche zu seiner Zeit in Rom
der Kunst oblagen.« Ein anderes Urtheil findet man in einem Briefe an

Frau von Humboldt in Rom vom Ende Juli 1804: »Die von Fernow mitgebrachten Zeichnungen des verstorbenen Carstens haben mir viel Vergnügen gemacht, weil ich dadurch erst dieses seltene, freilich in früherer Zeit durch die Umstände zurückgehaltene und dann zuletzt auch noch unreif weggemähte Talent habe kennen lernen.« So urtheilte selbst Goethe, welcher der geistigen Atmosphäre, aus der Carstens erwachsen war, ungleich näher stand als wir. Goethe war zu sehr Künstler, als dass er die Mängel der Form, welche Carstens anhafteten, hätte übersehen können, und darin ist er weitsichtiger und klüger gewesen als die Carstens-Fanatiker von heute, welche nicht sehen wollen, dass die neuere Entwicklung der deutschen Kunst einen ganz andern Weg eingeschlagen hat als den von Carstens vorgezeichneten.[*]

Hermann Grimm sagt zwar[**]), dass Carstens »von solcher Einwirkung auf die Entwicklung der europäischen Kunst war, dass er heute schon als der Urheber der Richtung dasteht, deren Werth und Grösse immer deutlicher hervortreten und die . . . einst als alle anderen Anstrengungen heutiger Kunst überwiegend dastehen wird.« In Wirklichkeit sind aber die Aussichten zur Erfüllung dieses Ideals heute[***]) ungünstiger als je zuvor. Es ist richtig, dass, wie Grimm sagt, Thorwaldsen, Wächter und Schick in der Schule des Carstens den entscheidenden Anstoss empfingen. In Bezug auf Cornelius ist diese Behauptung aber eine irrige, und ein persönlicher Zusammenhang zwischen Schinkel und Carstens lässt sich schlechterdings nicht nachweisen. Wir wissen nur, dass Schinkel für einige Zeichnungen von Carstens Interesse bekundete. Verwandt freilich sind beide darin, dass sie eine Wiedergeburt der Kunst ihrer Zeit durch engen Anschluss an die Antike zu erreichen suchten. Während Cornelius aber eine grosse, wenn auch inzwischen wieder ausgestorbene Schule gegründet und Schinkel auf Generationen belebend eingewirkt und selbst heute noch nicht seinen Zusammenhang mit der Gegenwart verloren hat, ist Carstens' Einfluss auf einen kleinen Kreis beschränkt geblieben. Was mit den Grundsätzen, die er aufstellte, auch unter

[*] Noch weiter als Riegel geht Hermann Grimm, Ges. ausgewählte Essays zur Einführung in das Studium der Neueren Kunst, zweite Aufl. Berlin 1883. Er sagt u. a. S. 216, dass Carstens »die Wege verbaut wurden«, während er in Wahrheit überall liebevolle Förderung und Unterstützung empfing und nur durch seinen Starrsinn sein Elend verschuldete. Wenn Grimm sagt: »ein deutscher Künstler, aber nichts empfangend von seinem Vaterlande«, so liegt darin ein Widerspruch, da Carstens ein Däne war und es damals kein »deutsches Vaterland« gab. Von Preussen hat Carstens aber mehr erhalten, als Minister von Heinitz in seiner Eigenschaft als preussischer Beamter verantworten konnte.

[**] A. a. O. S. 216.

[***] 1885, also zwei Jahre, nachdem Grimm jenen Ausspruch hat drucken lassen.

günstigeren Lebens- und Zeitverhältnissen zu erreichen war, hat Buonaventura Genelli bewiesen, mit welchem die Carstensschen Bestrebungen
innerhalb der deutschen Kunst ihren Abschluss gefunden haben.

In »Winckelmann und sein Jahrhundert« charakterisirt Goethe Carstens' Stellung in Rom folgendermaassen: Er »fand unter den jungen
studirenden Künstlern eine nicht unbeträchtliche Anzahl Verehrer und
Jünger, hingegen gab es ebenfalls, besonders unter denjenigen, welche
schon länger in Rom gelebt, nicht wenige Anfechter seines Verdienstes
und seiner Meinungen.« Zu den letzteren gehörten insbesondere alle diejenigen, welche auf das malerische Handwerk in engerem Sinn, das von
Carstens mit Verachtung behandelt wurde, einigen Werth legten, alle
diejenigen, welche der Schule von Mengs und David anhingen. Unter
den wenigen Künstlern, welche am Morgen des 29. Mai 1798 die Rede
anhörten, die Fernow zum Gedächtniss seines verewigten Freundes
vor der Pyramide des Cestius hielt, befanden sich Joseph Anton Koch,
Eberhard Wächter und Bertel Thorwaldsen, und diese sind es, welche
Carstens' geistige Erbschaft angetreten haben. Alle drei haben selbst
über ihr Verhältniss zu Carstens Zeugniss abgelegt, und zwar am aus-
führlichsten Koch in jener von D. Fr. Strauss mitgetheilten Abhandlung
über die ältere und neuere Malerei 1810 geschrieben), welche mit einer
sehr treffenden Charakteristik des Meisters schliesst[*]. In derselben heisst
es am Ende: »Carstens war ein Künstler von Genie und guter Gesinnung;
er hob sich aus einer elenden Zeit heraus, umfasste die Malerkunst
nach verschiedenen Seiten, wie es keiner seiner Zeitgenossen vermochte,
und noch immer hat in seiner Art nichts Besseres das Tageslicht erfreut
als seine Arbeiten.« Von Wächter erzählt Strauss, sein Biograph[**],
dass ihm die Unterhaltungen mit Carstens, die Betrachtung seiner Arbeiten, seines Wesens lehrreich und wichtig fürs ganze Leben blieben.
»Was hätten wir zu sehen bekommen, bemerkte er, wenn dieser Mann
Gelegenheit gehabt hätte, sein grosses Talent im Grossen auszuüben,
durch Frescomalereien (die zum grossen Stil mehr geeignet scheinen) in
eigens dazu erbauten Sälen.« Und wenn es ihm später nicht nach Wunsch
ging: »Denke an die Lage eines Carstens, rief er sich da zu, was kannst
du prätendiren?« Als Thorwaldsen im Jahre 1819 seine Heimath besuchte, unterbrach er in Schleswig seine Reise, um den Erinnerungen
an Carstens nachzuforschen, welcher schon in früher Jugend sein Leitstern gewesen war. Zur Zeit freilich, da Thorwaldsen als elfjähriger

---

*) David Friedrich Strauss. Kleine Schriften biographischen, litterarischen und kunst-
geschichtlichen Inhalts, Leipzig 1862. S. 303 ff.

**) A. a. O. S. 339.

Knabe zum Unterricht an der Kopenhagener Akademie zugelassen wurde, war eine persönliche Berührung mit dem sechszehn Jahre älteren Carstens ausgeschlossen. Doch hat die Mannhaftigkeit, mit welcher Carstens den Streit mit der Akademie ausfocht, sicherlich in den Kreisen der jüngeren Künstler einen lebhaften Widerhall gefunden. Wie Sach nach Thiele berichtet, vereinigte sich Thorwaldsen um 1788 »mit drei anderen Gesinnungsgenossen zu einer Gesellschaft, deren Zweck die Uebung im Komponiren und Entwerfen war. In ihren jugendlich begeisterten Gesprächen kehrte die Unterhaltung immer wieder zu Carstens und seinen Erlebnissen in Kopenhagen zurück. Untröstlich, dass ein solcher Genius so wenig Anerkennung bei der Akademie gefunden, voll Bewunderung der Kompositionen, die einer der drei Genossen, der junge Landschaftsmaler Heinrich August Grosch aus Lübeck geb. 1763. gest. 1843 in Christiania), mit dem Carstens im Jahre 1782 bekannt geworden war, zum Andenken erhalten hatte, blickten sie mit persönlicher Verehrung und künstlerischer Begeisterung zu dem eigenthümlichen Mann hinauf.« Bei seiner Anwesenheit in Schleswig im September 1819 suchte Thorwaldsen den alten Jürgensen auf und sprach mit ihm eingehend über Carstens. Jürgensen bat, ihm einige Zeichnungen seines Vetters schenken zu dürfen, und es scheint, dass Thorwaldsen dieselben erwarb. Fast sämmtliche Carstensschen Zeichnungen in Kopenhagen stammen aus seinem Besitze.

Dass sich der Bildhauer Thorwaldsen durch den Maler Carstens besonders angezogen fühlte, erklärt sich nicht sowohl aus der nationalen Gemeinschaft und der Gleichartigkeit des Strebens, als daraus, dass die Kunst des Schleswigers eine vorzugsweise plastische ist. Thorwaldsens Reliefstil ist durch Carstens' Kompositionen geradezu vorgebildet, und desshalb muss man ihn als den grössten Nachfolger von Carstens bezeichnen. Er allein hat den Carstensstil in ununterbrochener Tradition bis gegen die Mitte des Jahrhunderts erhalten, und nach ihm ist nur noch Genelli als vereinzelte Erscheinung aufgetreten, welche auf Grund einer Familienüberlieferung in Carstens' Sinne weiter zu streben suchte. Die übrigen Künstler, welche sich an Carstens anschlossen, Koch, Wächter, Schick, Reinhart und Hartmann, haben entweder keine dauernden Spuren ihrer Thätigkeit hinterlassen oder doch nur einen geringen Einfluss auf die spätere Kunstentwicklung geübt. Von Einfluss auf eine gewisse Klasse von Künstlern ist eigentlich nur Joseph Anton *Koch* gewesen, welchen man als den Vater der sogen. stilistischen Landschaftsmalerei bezeichnen darf, in welchem Fache er allerdings nur in den allgemeinen Grundsätzen der Naturanschauung von Carstens abhängig ist. Koch ist übrigens eine so interessante und vielseitige Persönlichkeit, dass er in einer Geschichte der modernen

Kunst nicht kurz abgefertigt werden darf, wenngleich er mehr rücksichtslos und energisch in seinem Charakter als in seiner Kunst war*. Er war recht eigentlich der Mittelpunkt des deutsch-römischen Kunstlebens im Anfang dieses Jahrhunderts, und da wir auch in der Literatur diesem Künstler überall begegnen, »wo nur irgend ein Pfad jenen römischen Zirkel kreuzt«, sagt Carl von Lützow mit Recht, dass »nicht leicht ein anderer aus jenen römisch-neudeutschen Kreisen, denen wir die Regeneration unserer modernen Kunst verdanken, in Wahrheit so unter uns fortlebt wie der alte Koch.« Dass er sich zu Carstens hingezogen fühlte, erklärt sich leicht aus ihren verwandten Lebensläufen. Auch Koch hatte eine Jugendzeit durchlebt, in welcher er für den künstlerischen Beruf, wie er ihn auffasste, kein rechtes Verständniss gefunden. Er wurde als Sohn eines Bauern in Obergibeln bei Elbigenalp im Lechthale am 27. Juli 1768 geboren. Obwohl seine Kindheit in einer beschränkten ländlichen Umgebung verlief, erwachte der Kunsttrieb doch schon frühzeitig in ihm. »Die majestätische Alpennatur, so schreibt C. v. Lützow, in deren Angesichte der phantasiereiche Knabe aufwuchs, prägte sich unauslöschlich tief seiner Erinnerung ein. Wiederholt gedenkt er später in Briefen dieser Eindrücke und schöpft daraus Motive zu seinen Bildern. Das Kind aber ging, wie gewöhnlich, bei seinen emsigen Kunstübungen vom Lebendigen aus: Vögel und anderes Gethier, bald auch die Schulkameraden wurden auf alle Blättchen Papier gezeichnet, und wenn dann der Knabe, während des Vaters Abwesenheit, den Schäferdienst in Krabach versehen muss, gaben Baumrinde und Schnitzmesser, die Felswand und ein Stück verkohltes Holz die Zeichenmaterialien ab. Nach beendetem Schulbesuch nahm ein in der Gegend beschäftigter Feldmesser den Kleinen als Gehülfen an, und von diesem scheint er den ersten rationellen Unterricht im Landschaftzeichnen erhalten zu haben, so dass er bald Ansichten mit kühner und richtiger Perspektive zur Verwunderung Aller entwerfen konnte. Eines dieser Blätter spielte der Schulmeister von Elbigenalp, Kochs erster Lehrer, dem Bischof von Augsburg, Umgelder, in die Hände, als dieser zur Firmung ins Lechthal kam, und hiermit war dem Knaben die Pforte zu einer höheren Laufbahn eröffnet. Der Bischof gab ihn, als er das fünfzehnte Jahr erreicht hatte, in das Seminar zu Dillingen, wie die fromme Mutter wähnte, die ihm zu diesem Zwecke schon fleissig Latein hatte beibringen lassen, um einen geistlichen Herrn aus ihm zu

---

*) Den Versuch einer kritischen Biographie Kochs hat Th. Frimmel in Dohmes Kunst und Künstler des neunzehnten Jahrhunderts Nr. 9 gemacht. Freilich hat er weniger ein anschauliches Charakterbild als die Materialien dazu geliefert. Dazu vgl. man insbesondere C. v. Lützow in der Zeitschrift für bildende Kunst 1874 S. 65 f.

machen, wie Koch selbst aber bald erklärte, nur zur Vorbereitung für
den immer entschiedener ihm zum Bewusstsein kommenden künstlerischen
Beruf. Mochten ihm übrigens im Seminar die grammatischen Exercitien
auch nicht immer munden: ebensofern lag ihm eine bloss handwerkliche
Auffassung der Kunst. Wie er schon in der Kindheit mit wahrem Heisshunger über die Bibel hergefallen war und binnen wenig Tagen die phantastischen Bilder der Apokalypse sich zu eigen gemacht hatte, so drang
sein Geist nun weiter zu allen Höhen menschlicher Geschichte und Dichtung, um der mächtig gährenden Phantasie Nahrung zu geben. »Die
Bildhauerei genügt mir nicht; sie ist mir zu arm«, sagte er, als man ihn
kurze Zeit bei einem Augsburger Bildhauer in die Lehre gegeben hatte.
Der dortige Historienmaler Jakob Mettenleiter erkannte Kochs malerisches Talent und veranlasste den Bischof Umgelder, den Jüngling auf
die Karlsschule nach Stuttgart zu schicken, mit welcher bekanntlich
unter dem Namen der »Artisten-Abtheilung« eine Art Akademie der
Künste verbunden war.« Das war im Jahre 1785. Auf der Karlsschule
fand Koch jedoch nicht die erwartete Förderung. Auch darin begegnete
re sich mit Carstens, dass ihm das hohle, in gehaltlosem Formelkram er-
starrte, zopfige Treiben auf dieser Akademie einen beständig wachsenden
Widerwillen einflösste und dass er schliesslich einen gewaltsamen Bruch
herbeiführte. Für die Anschauungen, welche ihn schon damals beherrschten,
liegt uns ein merkwürdiges Zeugniss in Gestalt eines von Koch illustrirten
Tagebuches über eine Ferienreise nach der Schweiz vor. C. v. Lützow hat
uns über dasselbe eingehend Bericht erstattet. Der Text rührt zwar nicht
von Koch selbst, sondern von seinem Freunde und Reisegenossen Chr. H.
Pfaff her. Es kann aber keinem Zweifel unterliegen, dass alle Aeusserungen über Kunst und Kunstwerke von Koch herrühren. Wie wir später
sehen werden, wusste Koch die Feder mit grosser Gewandtheit zu führen;
er ist das Prototyp aller schriftstellernden Künstler im modernen Sinne,
und seine satirisch-polemische Ader sprudelt am lebhaftesten in seinen
schriftlichen Aufzeichnungen. Das wird schon aus jenem Tagebuche
offenbar, in welchem eine Zeichnung mit der Unterschrift »Der Verfasser
auf dem Scheid-Weg zur Göttin Mahlerey und zur Mode« von grossem
kunstgeschichtlichen Interesse ist. Sie hat für Koch dieselbe Bedeutung
wie für Carstens dessen Ablehnung des akademischen Preises. »Koch
steht im Wertherkostüm in der Mitte des Bildes; zu seiner Rechten die
Muse der Malerei, einer antiken Statue gleich, in der Rechten Pinsel und
Griffel, mit der Linken gen Himmel weisend, um die Schulter ein Band
mit der Aufschrift »Imitatio« (Nachahmung); und ihr gegenüber die Allegorie des Modegeschmacks, welche den Künstler noch an der Kette

hält, ein scheussliches Ungeheuer mit gewundenen korinthischen Säulen
als Füssen, gespickte Geldsäcke um den mit Arabesken besetzten Leib,
das Haupt ekelhaft geschminkt und gepudert, und die ganze gespreizte
Gestalt von einem rothen Mantel mit der hochtönenden Inschrift »Com-
positio« umwallt, dessen Schleppe eine Zwerggestalt mit Leier, Malstock
und Palette, offenbar eine Karrikatur von Kochs akademischem Lehrer,
dem Ungeheuer nachträgt. Zu seinen Füssen kriecht ein menschen-
förmiger Drache mit einem Vergissmeinnicht am Schweif und Schnecken-
fühlhörnern im Antlitz, aus dem Arabesken hervorquellen.« C. v. Lützow
macht darauf aufmerksam, dass für Koch die Begriffe wahre Kunst und
Alterthum identisch sind. Der Anschluss an die Antike war nicht die
That eines einzelnen Menschen, eines besonders begnadeten Genies, sondern in verschiedenen Gegenden traten, ganz unabhängig von einander,
begabte Kunstjünger auf, die von demselben Gedanken erfüllt waren.
Der Enthusiasmus für die Antike lag gleichsam in der Luft, und überall
erwachten die Geister fast zu gleicher Zeit. Dass sie sich in Rom zusammenfanden und sich dort zu einem gewaltigen Strome vereinigten,
war natürlich, da Rom damals der vornehmste Sitz der Alterthums-
studien war.

Was die Künstler germanischen Stammes ausser ihrer Begeisterung
für die klassische Kunst nach Rom mitbrachten, war ein äusserst werthvolles Gut: ein reiches und kräftig entwickeltes Naturgefühl. Das Verdienst, dieses Naturgefühl in der Literatur und in der Kunst rege erhalten
zu haben, gebührt Klopstock. Wir haben gesehen, wie Carstens hauptsächlich durch die Lektüre Klopstockscher Oden zu eigenen poetischen
Versuchen veranlasst wurde, und auch in dem Tagebuche von Koch
und Pfaff kommen Naturschilderungen vor, welche an den Klopstock-
schen Odenstil erinnern. Für Kochs Auffassung der Natur ist folgende
Stelle des Tagebuchs bezeichnend, welche einen Ausblick nach dem Er-
steigen einer Anhöhe am Bodensee schildert: »Da eröffnete sich mir
eine unermessliche Aussicht. Die wie Sterne glänzenden Dörfer lagen
mannigfaltig an den begrasten, bergigen Ufern dieses grossen Gewässers
zerstreut, und diese ungeheure Mannigfaltigkeit macht doch ein Ganzes.
Die ganze Natur verbindet sich schwesterlich, kein einzelner Theil wird
untreu, um nur für sich zu bestehen. Alles ist völlige Einheit im Mannigfaltigen.« In Koch regte sich also schon damals jenes künstlerische Gefühl, welches ihn später dazu führte, die zahllosen Einzelnheiten der Natur
zu einem wohlgeordneten Ganzen zu verbinden, die Zufälligkeiten der
Natur zu idealisiren und durch eine stilistische Auffassung zu adeln.

Koch vermochte sich von den Fesseln der Karlsschule nur auf dem-

selben Wege zu retten wie Schiller. Er ergriff die Flucht und entkam
nach manchen Abenteuern im Dezember 1791 glücklich durch den Schwarzwald nach Strassburg, in das Land der Freiheit, wie er meinte, in Wirklichkeit aber in eine Tyrannei, die ihm ebensowenig behagte, wie das
strenge Regiment der Karlsschule. Ihm war das Treiben der Jakobiner
ebensosehr zuwider als das falsche Römerthum der Davidschen Schule,
welches er bald durchschaute. Im September 1793 ging Koch nach Basel,
wo er ein Jahr blieb, dann nach Bern und Biel, und in diesen Städten
legte er den Grund zu einer auf das Grossartige gerichteten Naturauffassung. Eine Anzahl von Studien aus dem Berner Oberlande legen
dafür Zeugniss ab. Indessen kommt auch hier in einigen Darstellungen
sein satirischer Trieb zum Durchbruch. Der Tiroler kann nur der Pfaffen
Freund oder Feind sein. Koch war das letztere und gab, wo er konnte,
seiner Gesinnung Ausdruck. Im Winter 1794 auf 1795 trat er endlich
die Reise über die Alpen an, wie seine Biographen erzählen mit so
ungestümem Muthe, dass er in vier Wochen bis nach Neapel kam. Da
er bis zu seinem siebenundzwanzigsten Lebensjahre kein hervorragendes
Kunstwerk im Original gesehen hatte, ist es erklärlich, dass er sich mit
Heisshunger auf die Kunstschätze Italiens stürzte und in seiner wilden,
tirolischen Ursprünglichkeit, die ihn übrigens niemals verliess, Anlass
zu grotesken Scenen gab. Kestner erzählt in den »Römischen Studien«
eine solche, die sich vermuthlich abspielte, als Koch zum ersten Male
die Galerie der Uffizien in Florenz besuchte: »Ein derber Jüngling aus
den Tiroler Bergen, den noch keine städtische Gesittung umgestaltet
hatte, von nie gefühltem Kunstentzücken durchtobt, machte er in den
Sälen der Gemälde solche ausgelassene Sprünge, dass die Custoden, nach
vergeblichen Zurechtweisungen, ihn wegschaffen mussten und erst wieder
hereinliessen, als ein Vertrag mit ihm über mässigeres Benehmen abgeschlossen war.«

Nachdem er Neapel besucht hatte, wo ihm der »geistlose Veduten-
Maler Hackert« einen lebhaften Widerwillen erregt hatte[*]), ging er im
Frühjahr 1796 nach Rom, und hier fand er in Carstens einen verwandten
Geist, dem er sich bald in inniger Freundschaft anschloss. Wenn er
auch zehn Jahre später, durch Erfahrenes, Erlebtes und Studirtes gereift,
zu einem objektiveren Urtheile über Carstens gelangte, muss er doch, so
lange Carstens lebte, ein enthusiastischer Bewunderer desselben gewesen
sein. Nach einer Nachricht wäre Carstens sogar in Kochs Armen ge-

---

[*]) Koch war sehr ungehalten darüber, dass sich Goethe für Hackert begeistern konnte.
Er nennt ihn mit Bezug darauf: »Die berühmteste Feder unserer Zeit, in andern Dingen eine
gute, hier aber nur eine berühmte Feder'«

storben. Jedenfalls hat letzterer durch Carstens eine Anregung erfahren, welche nicht nur für seine historischen Kompositionen die hauptsächliche Grundlage bildete, sondern ihn auch in der Landschaftsmalerei erheblich förderte. Koch bekannte selbst, dass er durch Carstens' »Umgang den Staub der akademischen Dummheit abschütteln gelernt.« Er hat nicht nur, wie wir oben gesehen, die Zeichnungen zur Argonautensage radirt, sondern auch Zeichnungen und Aquarelle von Carstens für Kunstfreunde kopirt. Der Freiherr von Uexküll, Thorwaldsen und andere sind durch Koch in den Besitz von Carstensschen Kompositionen gelangt. Daraus erklärt es sich, dass Kochs eigene künstlerische Thätigkeit fast ein Jahrzehnt hindurch von Carstens' Geiste durchdrungen war, und es darf nicht verschwiegen werden, dass Kochs Bedeutung als Historienmaler in dem Maasse zu schwinden begann, als Carstens' Einfluss nachliess. Carstens hatte sich in den letzten Jahren seines Lebens eifrig mit Ossian und Dante beschäftigt, und aus diesen beiden Dichtern schöpfte Koch die Motive zu seinen ersten in Rom ausgeführten Kompositionen. Er behandelte u. a. dieselbe Scene, welche Carstens dargestellt hatte, den Kampf Fingals mit dem Geiste von Loda. Die Zeichnungen zu Ossian, die sich theils in Kopenhagen, theils in der Wiener Kunstakademie befinden, sollen zu einer Prachtausgabe Ossians für Napoleon I. bestimmt gewesen sein. Sie athmen, wie Frimmel hervorhebt, noch »gänzlich den Geist Carstens' und zeigen die grösste Stilverwandtschaft mit den Argonauten.« Auch die zahlreichen Kompositionen zu Dantes göttlicher Komödie, mit welcher sich Koch übrigens sein Leben lang beschäftigte, sind voll von Anklängen an Carstens. Einzelne Figuren sind sogar direkt von Carstens übernommen. Frimmel führt eine Reihe solcher Beispiele an und reclamirt auch auf der von Koch mehrere Male wiederholten Landschaft mit dem Raube des Hylas die Figur des hinsinkenden Jünglings als Carstenssches Eigenthum.

Während Koch später in seinen historischen Kompositionen die Carstensschen Spuren verliess und sogar gegen die Einflüsse der Romantiker nicht unempfänglich war, hielt er als Landschaftsmaler sein Leben lang an der stilisirenden Ausdrucksweise fest. Obwohl er hier an Poussin und Kaspar Dughet Vorbilder hatte, an deren ersterem er den »grossen Stil«, das Majestätische und Ideale bewunderte, während der letztere ihm besonders wegen seiner »Natürlichkeit und Eleganz« gefiel, hat ihm Carstens doch auch auf seinem engeren Gebiete die Wege gewiesen. So wurde er der Begründer der historischen Landschaft, welche sich nach ihm stetig und kraftvoll entwickelte, bis sie in Preller, Rottmann und K. Fr. Lessing ihren Höhepunkt erreichte. Bei seinen landschaftlichen

Kompositionen ging Koch von strengen und eifrigen Naturstudien aus. Die Umgebung Roms, das Sabinergebirge, Olevano und Subiaco waren die bevorzugten Ziele seiner Ausflüge. Hier fand er zu seinen heroischen und historischen Landschaften Motive, die er nicht einmal durchgreifend umzugestalten brauchte, um sie in eine ideale Sphäre zu erheben. Er schuf eine grosse Zahl von Zeichnungen, Aquarellen und Radirungen mit biblischer, mythologischer oder romantischer Staffage. Zu Oelgemälden kam er seltener. Auch er beherrschte die Oeltechnik nicht so vollkommen, dass sie ihm ein bequemes Ausdrucksmittel hätte sein können. Sein Kolorit ist hart, spröde und bunt. Seiner Pinselführung gebrach es an Geschmeidigkeit, und daher kommt es, dass seine Oelgemälde heute meist durch starke Risse und Sprünge entstellt sind. Man muss sich überhaupt nicht an einzelne Werke von seiner Hand halten, sondern seine Thätigkeit als ein Ganzes betrachten. Seine künstlerischen Schöpfungen haben nicht so sehr sein Andenken rege erhalten, als sein ideales, auf ein grosses Ziel gerichtetes Streben, und dieses Streben nach seiner kunstgeschichtlichen Bedeutung in ein klares Licht gestellt zu haben, ist das Verdienst der »Kunstschreiber«, welche er und der Kreis seiner Anhänger und Freunde so grimmig hassten und so eifrig befehdeten.

Unter seinen Oelgemälden, welche zum grössten Theile der Zeit von 1810 bis zu seinem Tode angehören, sind die hervorragendsten der Schmadribachfall und das Opfer Noahs im städtischen Museum zu Leipzig, das Kloster San Francesco di Civitella im Sabinergebirge in der Berliner Nationalgalerie, die Landschaft aus dem Sabinergebirge in der Münchener Pinakothek, die Cascatellen in Tivoli, jetzt in Salzburg, der schon erwähnte Raub des Hylas (ein Exemplar im städtischen Museum zu Frankfurt am Main', der Tiroler Landsturm von 1809 und die Landschaft mit Macbeth und den Hexen, beide im Ferdinandeum zu Innsbruck.

Die Franzosenherrschaft in Rom drückte allmälig auf Kochs geistige und materielle Existenz derartig, dass er Mitte 1812 nach Wien übersiedelte. Obwohl er hier zahlreiche Bestellungen, namentlich von England, erhielt und in Folge dessen eine angestrengte Thätigkeit entfalten konnte, war ihm der Aufenthalt in Wien sehr unbehaglich. Er passte mit seinem derben, knorrigen Wesen nicht in die Gesellschaft hinein; auch sagte ihm, der an Italiens Himmel gewöhnt war, das rauhe Klima, die stets bewegte Atmosphäre der »Windstadt«, wie er sich ausdrückte, nicht zu. Er war deshalb froh, als sich die politischen Verhältnisse wieder so günstig gestaltet hatten, dass er Ende 1815 nach Rom zurückkehren konnte. Die Thätigkeit der nächsten Jahre zeugt von seiner gehobenen Stimmung. Er warf sich, wie Kestner schreibt, »mit ganzer Macht wieder in die

Arme der grossen Natur der Sabiner Gebirge, und unübertreflliche Gemälde und Zeichnungen, von denen mehrere der schönsten von Thorwaldsen erworben sind, gingen aus seinem Studium hervor.« Wenn man auch heute die für jene Zeit vollkommen berechtigte Begeisterung Kestners nicht mehr zu theilen vermag, so wird man seinem Urtheil doch insofern zustimmen dürfen, als Koch während der Zeit von 1816 bis 1819 einen neuen künstlerischen Aufschwung nahm, welchem wir das schon erwähnte Gemälde der »Cascatellen von Tivoli« und die Kompositionen zu den Tragödien des Aeschylos verdanken, in denen er wiederum und mit verdoppelter Energie an Carstens anknüpfte. Woran er bei diesem Wetteifer scheiterte, war sowohl seine mangelhafte Formgebung, die sich aus seiner dilettantischen Vorbildung erklärt, und sein geringes Kompositionsvermögen, als ganz besonders das Streben nach malerischer Wirkung, welche er selbst in der Zeichnung durch grössere Bewegtheit und Mannigfaltigkeit der Linien zum Ausdruck zu bringen suchte. Wenn man Koch richtig beurtheilen will, muss man sich vergegenwärtigen, dass bei ihm Wollen und Können in stetem Kampfe lag, und dass sein auf das südländische Naturel begründetes, malerisches Gefühl oft genug in Widerspruch mit seinen klassicistisch-idealen Absichten gerieth. Sein lebhaftes Temperament war überhaupt die Ursache, dass er nicht zu ausgereiften Schöpfungen kam. Er wagte sich an alles, er durchlebte verschiedene Strömungen der neueren, sich unter seinen Augen entwickelnden deutschen Kunst und machte alle mit durch, ohne dass er durch festen Anschluss an die eine oder die andere etwas Dauerndes und vollkommen Durchgearbeitetes zu Wege brachte. Koch war eine sanguinische Natur, die sich leicht entflammen liess, die aber auch nicht lange bei einer Aufgabe ausharrte oder auf ein bestimmtes Ziel losstrebte. Er gefiel sich in der Rolle eines Patriarchen, eines Beschützers aller nach Rom zugereisten Künstler, und es konnte bei seinem derben, rücksichtslosen, dabei aber jovialen Wesen und bei seiner etwas cynischen Lebensweise nicht ausbleiben, dass aus einer verehrungswürdigen Person schliesslich eine burleske und groteske ward.

Schon frühzeitig hatte er den Ehrgeiz gehabt, auch als Schriftsteller über seine Kunst glänzen zu wollen. In seinem Nachlass befanden sich zwei Arbeiten, die eine unter dem Titel »Der Ruhm, ein Traumgesicht«, die andere, bereits erwähnte unter dem Titel »Gedanken eines in Rom lebenden deutschen Künstlers in den letzten Decennien des vorigen und dem ersten des laufenden Jahrhunderts« (1810). Die erstere dieser beiden Schriften trägt nach den Mittheilungen von Strauss den Charakter einer Humoreske, in welcher »insbesondere Lord Bristol als unwissender und unwürdiger Kunstmäcenas, der, von Mäklern und Charlatans geprellt, allen Plunder zusammenkauft, nicht eben säuberlich durchgezogen« wird. Noch stärker fliesst Kochs satirische Ader in einer dritten Schrift, welche bei seinen Lebzeiten, im Jahre 1834, unter dem Titel »Moderne Kunstchronik. Briefe zweier Freunde in Rom und der Tartarei über das moderne Kunstleben und Treiben, oder die Rumfordische Suppe, gekocht und geschrieben von Joseph Anton Koch in Rom« zu Karlsruhe im Druck erschien. Auch in dieser Satire spielt der englische Kunstmäcen Lord Bristol unter dem Namen »Lord Plumpsack« eine grosse Rolle, eine grössere jedoch die »Kunstschreiber«, d. h. diejenigen Schriftsteller, welche sich herausnahmen, über die von Koch und seinen Freunden und Gesinnungsgenossen geschaffenen Werke anders als im Tone unbedingter Bewunderung öffentlich zu urtheilen. Die deutschen Künstler in Rom, welche die klassicistische Richtung vertraten, hatten sich allmälig so sehr von der absoluten Vortrefflichkeit ihrer Bestrebungen überzeugt, dass sie diesen Begriff der Vortrefflichkeit auch auf ihre Schöpfungen übertrugen und jeden Versuch eines Schriftstellers, den gewöhnlichen Maassstab der Kritik an ihre Werke zu legen, mit banausischer Grobheit zurückwiesen. An der Spitze dieser kampfeslustigen Künstler stand der aus Hof gebürtige Landschaftsmaler Johann Christian *Reinhart* (1761—1849), ein Schüler Oesers in Leipzig, der 1789 nach Rom gekommen war und sich allmälig durch den Einfluss von Carstens und Koch eine grössere Formenauffassung angeeignet hatte, die ihn am Ende auch zu der stilistisch-historischen Richtung führte. Er dilettirte ebenfalls in verschiedenen Fächern umher, erzielte aber mit seinen figürlichen Kompositionen noch geringere Erfolge als Koch. Ein grosser Jagdfreund, staffirte er seine Landschaften gern mit Thieren, häufig aber auch mit mythologischen und Genrefiguren aus dem Alterthum. Die Neue Pinakothek in München besitzt eine Anzahl seiner Landschaften, welche als koloristische Leistungen hinter den Kochschen zurückbleiben, in der Farbe bei weitem flauer und schwächer sind. Desto kräftiger war Reinhart in seinen schriftlichen Aeusserungen. Während eines längeren Aufenthalts in Thüringen, mehr noch aber dadurch, dass er bis zu seinem Lebensende in Rom ansässig war, hatte er Beziehungen zu einer Reihe literarisch und gesellschaftlich hervorragender Persönlichkeiten, u. a. auch zu Schiller und Wilhelm von Humboldt, mit denen er einen lebhaften Briefwechsel unterhielt[*]. Seine Bedeutung ist wie diejenige Kochs eine mehr histo-

---

[*] Vgl. Otto Baisch, Johann Christian Reinhart und seine Kreise. Ein Lebens- und Kulturbild. Leipzig 1882.

rische als rein künstlerische. Aber aus jenen Beziehungen hatte sich in ihm ein sehr starkes Selbstgefühl entwickelt, und da er eine verehrungswürdigere Persönlichkeit war als Koch, gewann er auch einen bedeutenderen Einfluss auf die römische Künstlerwelt, der bis zu seinem Tode anhielt. Auch in der leidenschaftlichen Auflehnung der Künstler gegen die Kunstkritiker oder, wie sie sich mit Verachtung ausdrückten, gegen die »Kunstschreiber« *) gab Reinhart neben Koch den Ton an. Er hatte sich durch eine Kritik seiner Landschaft mit Psyche am Wasser des Kozyt (jetzt im städtischen Museum zu Leipzig), welche Ludwig Schorn aus Anlass der Münchener Kunstausstellung von 1829 im Stuttgarter »Kunstblatt« veröffentlicht hatte, aufs tiefste verletzt gefühlt, obwohl die Kritik Schorns nicht nur in der Form sehr maassvoll, sondern auch, wie wir noch heute kontroliren können, durchaus gerechtfertigt ist. Die Kritik würde heute sogar noch schärfer ausfallen. Schon im Jahre 1826 war es Reinhart gelungen, sieben Kunstgenossen zu einem gemeinsamen Vorgehen gegen die unbequemen Kunstschreiber zu veranlassen, welches schriftlich unter dem Titel »Betrachtungen und Meinungen über die in Deutschland herrschende Kunstschreiberei« in der Augsburger »Allgemeinen Zeitung« formulirt wurde. Diese erste literarische Kundgebung, welche ausser von Reinhart von Franz Catel, Koch, Friedrich und Johann Riepenhausen, von Rohden, Thorwaldsen und Philipp Veit unterschrieben war, zeichnete sich noch insofern durch ein gewisses Maasshalten aus, als nicht bestimmte Persönlichkeiten zum Gegenstand des Angriffs gemacht wurden, sondern derselbe sich nur in allgemeinen Erklärungen gegen die Berechtigung der Kunstkritik bewegte. Die Besonneneren unter den Deklaranten hatten sicherlich auch darauf hingewirkt, dass durch eine Vorbemerkung die Richtung ihrer Angriffe etwas genauer präcisirt wurde. In derselben heisst es nämlich: »Um etwaigen Missverständnissen vorzubeugen, bemerken wir, dass wir unter Kunstschreiberei hauptsächlich diejenige verstehen, welche sich mit der Beurtheilung der Kunstwerke rücksichtlich ihres artistischen Werths befasst. Die Fächer der Archäologie und der Kunstgeschichte gehören ohnedies mehr dem Gebiet der Wissenschaft an und liegen hier ausser unserm Gesichtspunkt.« Diese Streitschrift erfuhr sehr scharfe Entgegnungen, welche

---

*) Wer sich für den in den Jahren 1883 und 1884 von neuem durch den Maler Carl Hoff angefachten Streit zwischen Künstlern und »Kunstschreibern« interessirt, wird finden, dass das neuerdings vorgebrachte Material von Gründen gegen die Berechtigung der Kunstkritik bereits in den beiden Broschüren von Reinhart und Koch verarbeitet worden ist. Das Wort »Kunstschreiber« ist, so viel wir gesehen haben, zuerst in dem Artikel der Augsb. Allg. Ztg. gebraucht worden.

die Urheber der ersteren gewaltig verdrossen. Während sich aber die
übrigen Unterzeichner der »Betrachtungen« fortan ruhig verhielten, griffen
Reinhart und Koch den Fehdehandschuh desto eifriger auf. Jene oben
erwähnte Kritik von Schorn beantwortete Reinhart mit einem an den
Münchener Schriftsteller gerichteten Sendschreiben, dessen geschmacklose Grobheit nicht einmal durch Witz und Geist beschönigt wird, worüber Koch wenigstens noch in gewissem Maasse verfügte. Schorn war
so klug, diese rohe Epistel zu ignoriren, was Reinhart nur noch mehr
in Harnisch brachte. Er liess dem ersten Schreiben ein zweites folgen,
und da auch dieses ignorirt wurde, beschloss er, das erste drucken zu
lassen. Um demselben ein stärkeres Relief zu geben, wurde ein Wieder-
abdruck der »Betrachtungen« voraufgeschickt, und den Schluss der 1833
in Dessau unter dem Titel »Drei Schreiben aus Rom gegen Kunstschreiberei in Deutschland« erschienenen Broschüre bildete ein drittes Schreiben
eines Historienmalers Friedrich Rudolf Meyer aus Dresden gegen einen
dortigen Kunstkritiker, der ihm nach seiner Meinung Unrecht gethan
haben sollte. Mag es nun an den damaligen Press- oder Publizitäts-
verhältnissen oder an der Mangelhaftigkeit der von den Künstlern vor-
gebrachten Argumente gelegen haben — die Angriffe Reinharts machten
auch in der Broschürenform nicht dasjenige Aufsehen in Deutschland,
welches er von der Höhe seines Patriarchensitzes in Rom erwartet hatte.
Aus einem Briefe Genellis an Reinhart geht hervor, dass man den geringen Erfolg den beiden begleitenden Schreiben zur Last gab, insbesondere dem Fr. R. Meyers, der von Genelli »Ebräer« und »Ebreaccio«
genannt wird, ein Epitheton, dessen Richtigkeit man nicht kontroliren
kann, da dieser Meyer verschollen ist.

Die Unterzeichner der »Betrachtungen« haben in ihrer Mehrzahl
gewiss nicht geglaubt, dass ihre Namen nur durch die Kunstschreiber,
welche sie so geringschätzig behandelten, der Nachwelt überliefert werden würden. Mit Ausnahme Thorwaldsens, welcher, wie man aus seiner
Abneigung gegen alles Schreibewesen schliessen darf, an der Abfassung
der Erklärung jedenfalls den geringsten Antheil gehabt hat, ist es keinem
von ihnen gelungen, sich durch seine Werke dauernden Ruhm zu verschaffen. Sie leben, wie Reinhart selbst, nur noch in der Kunstgeschichte
fort, deren Urtheil über sie sich in den Satz zusammenfassen lässt: In mag-
nis voluisse sat est! Ihre Arbeiten vermögen nicht zu ihren Gunsten zu
sprechen. Philipp *Veit* (1793—1877), ein Anhänger von Overbeck und
Cornelius, ist wohl nur durch den Zufall persönlicher Bekanntschaft
in diesen Kreis gerathen, dem er von Anfang an fremd gegenüberstand
und von dem er sich in der Folge noch mehr entfernte. Er gehört zu

jenen Nazarenern, welche Reinhart nicht minder scharf verspottete als die »Kunstschreiber«, und da es ihm wie allen Unterzeichnern der »Betrachtungen« — Thorwaldsen nicht ausgenommen — an eigentlich schöpferischer Phantasie fehlte, kann ihn die Kunstgeschichte nur als eine dürftige und schattenhafte Wiederholung von Overbeck gelten lassen. Die Brüder Franz und Johannes *Riepenhausen* (1786—1831 und 1789 bis 1860) nährten sich kärglich von den Brosamen, welche vom Tische Raffaels und der Präraffaeliten fielen. Ihr Name knüpft sich an einen neuerdings wieder ans Tageslicht gezogenen Cyklus von Umrissstichen, welche legendarische Szenen aus dem Leben Raffaels*) darstellen. Sie schlossen sich auch an Cornelius und die Romantiker an, ohne sich jedoch mehr als die rein äusserliche Formensprache derselben anzueignen. Franz *Catel* aus Berlin (1778—1856) folgte in seinen stilistischen Landschaften der Kochschen Art. Nur liebte er es, dieselben mit italienischen Landleuten zu bevölkern und gelegentlich auch die Staffage bis zu genrebildlicher Bedeutung zu erheben. Seine Motive sind theils aus Neapel, theils aus der Umgebung Roms entlehnt. In der Kraft der Farbe bleibt er noch hinter Koch zurück, den er aber wiederum an Buntheit übertrifft. Obwohl von *Rhoden* bis in sein hohes Alter zu Rom thätig war, hat sich seine Spur fast völlig verloren, und von dem nachträglich hinzugetretenen Fr. R. *Meyer* weiss kein Künstlerlexikon und keine kunstgeschichtliche Schrift etwas zu melden.

Auch an der unter Kochs Namen ausgegangenen Rumfordschen Suppe war Reinhart nach seiner eigenen Aeusserung betheiligt. »Eigentlich sollte es heissen: Koch und Compagnie,« schrieb er an einen Freund, »da es die Revue so vieler erst passirt hat, ja ganze Stücke von mir und Genelli sind.« Es ist der junge Buonaventura Genelli gemeint, welchen wir später als den letzten Vertreter der Carstensschen Richtung kennen lernen werden. Uebrigens machte auch Kochs Schrift in Deutschland nicht den erwarteten Lärm. Es lag in der Natur der Sache, dass die persönlichen Verhältnisse der deutschen Künstler in Rom in den verschiedenen deutschen Ländern nur einem geringen Verständniss begegneten. Einerseits concentrirte sich in Deutschland das künstlerische Interesse auf das glänzende Gestirn des Cornelius, andrerseits auf die Leistungen der Düsseldorfer Schule, welche ganz anderen Zielen entgegenstrebte, als sie dem kleinen Häuflein der letzten Klassicisten vor Augen schwebten.

---

*) J. und F. Riepenhausen, Das Leben Rafaels von Urbino. Mit Text von Dr. Robert Dohme. Zwölf Kupfertafeln. Berlin 1876.

In der letzten Periode seines Schaffens trat Koch mit einigen Vertretern der neueren deutschen Schule in einen Wettstreit, der nicht zu seinem Vortheil ausfiel. Der Marchese Carlo Massimi hatte beschlossen, nach dem Vorgange des preussischen Consuls Bartholdy drei Zimmer seiner beim Lateran belegenen Villa von deutschen Künstlern durch Fresken ausschmücken zu lassen. Overbeck, Veit, Führich und Schnorr von Carolsfeld wurden dazu ausersehen. Veit vollendete aber nur die Decke des ersten Zimmers. Mit der Ausmalung der Wände wurde Koch beauftragt, welcher hier in den Jahren 1826—1829 vier Kompositionen nach Dantes »Hölle« ausführte. Dass er an einer solchen Aufgabe scheitern musste, erklärt sich ebensowohl durch seine geringe Gewandtheit in der Freskotechnik als ganz besonders aus seiner Unfähigkeit, in grossem Stile oder auch nur in grossem Maassstabe zu komponiren und richtig Figuren zu zeichnen. Nur in der Anordnung der landschaftlichen Hintergründe bewährte er sein altes Geschick und sein Gefühl für grosse Linien und Formen. Kochs Lebensabend wurde durch materielle Sorgen getrübt. Indessen gelang es den Bemühungen von Kestner und Cornelius, ihm im August 1838 die Zusicherung einer Pension vom österreichischen Hofe auszuwirken. Lange sollte er sich derselben nicht erfreuen, da er schon am 12. Januar 1839 starb. Seine kunstgeschichtliche Bedeutung fasst am besten Baron vom Rumohr in die Worte zusammen: »In der Landschaftsmalerei ist er Stifter, er hat gelehrt, den Erdformen Bestimmtheit, Charakter und Körper zu geben.«

Die »Rumfordsche Suppe« wurde von Koch »dem Maler Guardian aus Württemberg« zugeeignet. Es ist Eberhard *Wächter* (1762—1852), der ebenfalls dem Carstensschen Kreise angehört [*]. Bevor er sich der Kunst widmen durfte, musste er fünf Jahre lang Kameralwissenschaften auf der Karlsschule studiren, welchem Zeitverlust er später den »Mangel an Leichtigkeit und vollkommener Sicherheit im Technischen« Schuld gab. Mit neunzehn Jahren ging er nach Paris zu J. L. David, bei welchem er wenigstens zeichnen lernte, ohne jedoch mehr von dessen Richtung aufzunehmen. Als die französische Revolution ausbrach, ging er über Florenz nach Rom, und hier fand er erst, nachdem ihm das Verständniss für die alten Meister aufgegangen, die richtige Bahn. Dann brachte ihn, der ebenfalls in den Schöpfungen der antiken Skulptur die höchste Offenbarung der Kunst sah, die Bekanntschaft mit Carstens ein weiteres Stück vorwärts. Von Carstens eignete er sich die

---

[*] D. F. Strauss, Kleine Schriften. Leipzig 1862. S. 333—360. A. Haakh, Beiträge aus Württemberg zur neueren deutschen Kunstgeschichte. Stuttgart 1863. S. VII ff. S. 10 ff. S. 133 ff.

Vorliebe für plastische Komposition und statuarische Haltung der Figuren, aber auch die Neigung zur Allegorie und die Verachtung der Farbe, des spezifisch Malerischen an. Auch sein Charakter war mit demjenigen des Carstens verwandt. Er war eigensinnig und hielt mit unbesiegbarer Hartnäckigkeit an seinen Grundsätzen fest, wenn er auch dabei die bitterste Noth leiden musste. Endlich theilte er mit Carstens die Abneigung gegen die Akademieen, welche er soweit trieb, dass er sich nach der Wiedererrichtung einer Kunstschule in Stuttgart sträubte, als Lehrer an derselben zu wirken, obwohl er damit sein Loos hätte verbessern können. In Rom brachte es Wächter nicht über Entwürfe und Zeichnungen hinaus. Er verheirathete sich hier frühzeitig mit einer Italienerin, was seinen Uebertritt zur katholischen Kirche zur Folge hatte. Indessen wirkte dieser Religionswechsel nicht auf seine Kunst zurück. Er blieb im Wesentlichen der klassischen Richtung treu. Seine wenigen Andachtsbilder eine Madonna von 1831 und Maria und Johannes am Grabe Christi von 1833 haben nichts Mystisches oder Transcendentales. Da er in Rom nicht genug Aufträge erhielt, um seine Familie ernähren zu können, siedelte er schweren Herzens 1798 nach Wien über. Aber auch hier blühte ihm kein Glück. Er musste durch Anfertigung von Zeichnungen für Buchhändler auf kägliche Weise sein Leben fristen und konnte sich wiederum nicht, wie er es gewünscht hatte, ausschliesslich der Ausführung von grösseren Kompositionen widmen. In einem Zeitraum von zehn Jahren entstand nur der jetzt in der Baron von Marschallschen Sammlung in Karlsruhe befindliche Carton »Hiob und seine Freunde«, welchen er später einem im Jahre 1824 vollendeten Oelgemälde (Staatsgalerie in Stuttgart) zu Grunde legte, und ein Gemälde »Der schlafende Sokrates« (1807, Marschallsche Sammlung)*). Wie die in Wien ausgeführten Zeichnungen stehen auch diese beiden grösseren Kompositionen ganz unter Carstens' Einflusse: wir finden hier dieselbe kraftvolle, etwas summarisch behandelte Muskulatur in den nackten Körpertheilen, die Neigung zu statuarischen Posen und die nach dem Vorbilde antiker Skulpturen arrangirte Drapirung. Der Ausdruck der Köpfe geht wie bei Carstens ebenfalls nicht über das Gehaltene und Contemplative hinaus. Endlich konnte Wächter seiner Sehnsucht, nach Italien zurückzukehren, nicht länger widerstehen. Er machte sich von Wien los, wollte aber, bevor er über die Alpen ging, noch einmal die Heimath

*) Die Marschallsche Sammlung stammt aus dem Besitze des Freiherrn K. F. E. von Uesküll (1755—1832), welcher ein eifriger Förderer der klassicistischen Richtung der Kunst und ein wohlthätiger Mäcen ihrer Vertreter, insbesondere Wächters, gewesen ist. D. F. Strauss hat ihm in seinen »Kleinen Schriften« (S. 274—302) eine würdige Charakteristik gewidmet.

besuchen. Hier sollte sich jedoch sein Schicksal besiegeln. Der im
Jahre 1809 ausbrechende Krieg hielt ihn in Stuttgart zurück, wo er bis
zu seinem am 14. August 1852 erfolgten Tode blieb. Diese Wendung
in seinem Schicksal wurde für seine Kunst sehr verhängnissvoll. Seine
Heimath war ihm das »Vandalenland«, aus welchem er unablässig nach
dem Süden strebte, und an diesem Zwiespalt ging er schneller zu Grunde,
als seine physische Kraft erschöpft war. Eine Anstellung als Inspektor
der neu gegründeten Kupferstichsammlung, die anfangs mit 500, seit 1839
mit 900 Gulden dotirt war, überhob ihn zwar der drückendsten Nah-
rungssorgen, nahm ihn aber, wie er selbst angab, derartig in Anspruch,
dass er nur noch wenig producirte. Der Hauptgrund seiner Unthätigkeit
lag aber in dem Mangel an ursprünglicher Begabung und an der Schwer-
fälligkeit seines Schaffens. Alles, was er in Stuttgart zu Stande gebracht,
geht nicht über eine nur wegen der ehrlichen Gesinnung achtungswerthe
Mittelmässigkeit hinaus. »Cimon im Gefängniss«, »Julius Cäsar auf der
Ebene von Troja«, »Odysseus und die Sirenen«, »Der singende Bacchus«,
»Die trauernde Muse auf den Ruinen Griechenlands«, die Allegorie »Das
Schiff des Lebens« und »Homer, von der Muse, einem Flussgotte und
Nymphen« umgeben, sind schwächliche Erzeugnisse des ausschliesslich
auf Nachahmung gestützten Klassicismus. In der Komposition des »Homer«
lehnt sich jede Figur mehr oder minder eng an ein antikes Vorbild an.
Hie und da blickt sogar noch der Pseudo-Klassicismus der Davidschen
Schule durch, dem sich ein so wenig gefestigtes Talent wie Wächter
nicht entziehen konnte. Strauss hat Recht, wenn er sagt, dass Eberhard
Wächter »unbeachtet und fast vergessen« gestorben ist.

Nicht besser wäre es seinem Landsmann Gottlieb *Schick* (1779 bis
1812) ergangen, wenn ihn nicht ein früher Tod hinweggerafft hätte[*]).
Dieser frühe Tod hat ihn mit einem Nimbus umgeben, welchen ihm seine
Kunst allein auf die Dauer nicht verliehen haben würde, so dass Haakh
mit Recht von ihm sagt: »Eine flüchtig vorübergehende Gestalt, aber
glänzend umstrahlt von dem Lichte der Poesie, dass das Auge mit
Wohlgefallen auf ihr ruht und mit steigender Befriedigung zu dem Anblick zurückkehrt.« Das Mitleid mit einer schnell dahingewelkten, verheissungsvollen Menschenblüthe darf das Urtheil des Geschichtsschreibers
nicht beeinflussen, der nur die Thaten, nicht auch den Zufall oder das
Verhängniss, welches eine Existenz vorzeitig vernichtet, und die persön-

---

[*]) D. F. Strauss, Kleine Schriften. S. 361—396. — Fr. Eggers, Deutsches Kunstblatt 1858. S. 129—137. — A. Haakh, Beiträge aus Württemberg zur neueren Kunstgeschichte. S. XIV ff. S. 23—31. S. 59—312.

liche Liebenswürdigkeit des Einzelwesens zu berücksichtigen hat. Die Reinheit und die Kindlichkeit seines Gemüths, die Lauterkeit und selbstlose Begeisterung seines Strebens und die liebliche Anmuth seiner ganzen Persönlichkeit und demgemäss auch seiner künstlerischen Formensprache haben mehr dazu beigetragen, das Andenken an Schick zu erhalten, als seine Werke. Seine schöpferische Begabung war durchaus nicht grösser als diejenige Wächters. Er machte dem Geschmack des grossen Publikums nur mehr Concessionen, indem er von vornherein einen freundlicheren Ton anschlug und auch in Folge seiner Ausbildung in der französischen Schule auf das Kolorit einen grösseren Werth legte. Er war ein frühreifes Talent, das schon mit 15 Jahren so tüchtige Portraits zu Stande brachte, dass ihm sein Vater kein Hinderniss mit Rücksicht auf den erwählten Beruf in den Weg legte. In Stuttgart bildete er sich vier Jahre lang unter dem Historienmaler Philipp Friedrich *Hetsch* (1758—1839), einem Davidschüler, und unter dem Bildhauer Dannecker aus, »dem er in späterer Zeit Alles, was er habe und wisse in der Kunst, zu verdanken bekannte.« Als neunzehnjähriger Jüngling freilich dachte Schick anders. Denn er begab sich, dem Beispiele seines Lehrers Hetsch folgend, nach Paris zu David, wo er vier Jahre lang blieb. Wenn er auch später behauptete, dass ihm der Aufenthalt in Paris eher schädlich als nützlich gewesen sei, so hat er doch hier durch fleissige Aktstudien den Grund zu seiner Kenntniss des menschlichen Körpers und zu seinen koloristischen Fähigkeiten gelegt. Freilich hat er auch in Paris die Neigung zu einer gefälligen und etwas süsslichen Eleganz angenommen, die vielleicht aber gerade den Erfolg seiner Kompositionen bei den Franzosen, Italienern und Deutschen seiner Zeit bedingt hat. Ein Zeugniss seiner Pariser Studien ist die Aktfigur einer sich im Wasser spiegelnden Eva, welche sich jetzt im städtischen Museum zu Köln befindet, im Motiv zwar beeinflusst durch eine Stelle aus einer Schubartschen Ode, aber in der ganzen Behandlung und Auffassung doch ein deutlicher Abglanz dessen, was man damals in der Davidschen Schule lernen konnte. Von Paris heimgekehrt, hielt er sich einige Monate in Stuttgart auf und ging dann im Herbst 1802 nach Rom, wo sich seine Begabung um so leichter und schneller entfalten konnte, als er schon eine tüchtige technische Vorbildung mitbrachte. Seine geistige Richtung wurde ausschliesslich durch das Studium der alten Meister, vorzugsweise aber der antiken Skulpturen bestimmt. Danneckers Einfluss wirkte in seinem Geiste zu mächtig nach, als dass er in ein anderes Fahrwasser hätte gelangen können. Es war daher natürlich, dass er sich, wenn auch Carstens längst todt war, an die von jenem begründete

Richtung anschloss. Wenn es auch, worauf bereits Reber*) aufmerksam gemacht hat, richtig ist, dass in Schicks sehr umfangreichem Briefwechsel Carstens Name nicht ein einziges Mal genannt wird, so besitzen wir doch das Zeugniss Rumohrs für seine Neigung zu Carstens. Derselbe sagt in den »Drei Reisen nach Italien« (S. 116): »Von seinen (Carstens) Zeitgenossen waren zu Rom noch übrig Joseph Koch und Thorwaldsen. Schick war später hinzugekommen, aber gleichfalls tief durchdrungen von derselben Verehrung für Carstens, dessen erwähntes Thonmodell 'die singende Parze\ damals in seinen Händen war.« Auch wissen wir aus Schicks Briefen, dass er mit dem Hüter des Carstensschen Nachlasses, mit Fernow, in Verkehr stand. Endlich war er, gleich Wächter, in sofern mit Carstens geistesverwandt, als er gern jede Gelegenheit benutzte, um seinem Widerwillen gegen die Akademieen, die er »Kunstställe«, »Treibhäuser«, »Hospital der kränkelnden Kunst« nannte, Luft zu machen. Im allgemeinen ist freilich Schicks Zusammenhang mit Carstens nur ein oberflächlicher und mehr aus der Zeitströmung zu erklären, der sich alle ernst strebenden Geister jener Epoche willig hingaben. Schick war ein begeisterter, sorgenloser Schwärmer, dessen Jugendzeit nicht durch geistigen Druck und materielle Widerwärtigkeiten getrübt worden war. Er hatte sich frei und ungehindert entwickeln können; wie aber die Sorge oft die Lehrerin des Lebens und die Nährmutter der Kunst ist, bringt Wohlstand und Sorglosigkeit ein künstlerisches Talent auch ebenso oft zum Schwanken und zur Haltlosigkeit. Aus den Briefen Schicks an seine Familie und an Dannecker lernen wir eine liebenswürdige Jünglingsnatur kennen, aber auch eine leicht entzündliche Phantasie, welcher nicht die entsprechende Charakterstärke ausgleichend zur Seite steht. Seine Biographen betonen die Vorzüge seiner Persönlichkeit, der Historiker, der mit thatsächlichem Material zu arbeiten hat, wird auch hier mehr das Geschaffene als die Gesinnung prüfen müssen, aus welcher dasselbe hervorgegangen ist. Dass Schick ein reines Formentalent war und nicht, wie seine Zeitgenossen glaubten und die Ungläubigen zu überreden suchten, aus der Tiefe künstlerischer Begeisterung heraus zu schaffen im Stande war, ergibt sich schon aus der Wahl der Stoffe. Unmittelbar nachdem die Reste der antiken Skulptur in Rom auf ihn gewirkt, ist ein biblisches Motiv das erste, was ihn beschäftigt und zur Gestaltung reizt. »David, vor dem erzürnten Saul die Harfe spielend« (1803), ist jedoch ganz in der Formensprache der Antike ausgedrückt. Nicht bloss die Architektur des Hintergrundes, auch die statuarische Haltung und die

---

* Reber, Geschichte der neueren deutschen Kunst. Leipzig 1884. I. S. 158.

Drapirung der Figuren sind von antiken Mustern abgeleitet. Nur in dem Streben nach grösserem Reichthum und grösserer Energie im Gesichtsausdruck giebt sich ein Element des über Carstens hinausreichenden Fortschritts zu erkennen. Dasselbe genügte damals schon, um Schick in die Höhe zu bringen und ihm eine Stellung in Rom zu verschaffen. Freilich trat ihm noch ein anderer Umstand fördernd zur Seite, nämlich die Unterstützung eines vornehmen Salons, der sich gern mit illustren Persönlichkeiten und mit aufgehenden Gestirnen der Kunst und Wissenschaft schmückte und sich seinerseits durch Protektion und Agitation für diesen Schmuck dankbar erwies. Wilhelm von Humboldt war im Jahre 1801 als preussischer Ministerresident nach Rom übergesiedelt und führte, unterstützt von seiner geistvollen Gemahlin Karoline, geborenen von Dachröden, ein gastfreies Haus, welches bis zum Jahre 1808 den Mittelpunkt der künstlerischen und wissenschaftlichen Kreise Roms bildete. Schick hatte die Familie Humboldt schon in Paris kennen gelernt und wurde auch jetzt wieder mit offenen Armen empfangen. Humboldts Haus wurde für Schick, »wie für so viele Andere, eine gastliche Zuflucht und eine Schule der Bildung. Fast jeden Abend war er dort, wo die geistreichsten und verdienstvollsten Personen von Rom sich zusammenfanden, und obwohl oft der Einzige von geringer Herkunft und ohne Titel, war er doch bald durch unzweideutige Proben überzeugt, nicht der am wenigsten Geliebte zu sein.« Schicks Enthusiasmus über die freundliche Aufnahme von Seiten der Humboldt, besonders der Frau, wuchs von Woche zu Woche. »Ich werde jetzt,« heisst es in einem Briefe vom 14. Mai 1803, »durch die Humboldtsche Familie recht in die grosse Welt eingeführt und komme nicht selten in Gesellschaften, in welchen sich Männer und Frauen von allererstem Rang befinden, so dass mir oft schwindelt, mich in einem solchen Cirkel zu sehen. Ich lege aber noch von Tag zu Tage von meiner Schüchternheit ab, und erst vor ein paar Tagen habe ich gewiss gute Proben von meiner Fassung gegeben. Ich unterhielt eine Herzogin über drei Stunden, und das in französischer Sprache ... Mit dem Herzoge von Mecklenburg-Strelitz, einem Bruder der Königin von Preussen, der sich ungefähr anderthalb Monate hier aufhielt, war ich ordentlich vertraut, und wir machten viele Spässe zusammen. Kurz, ich bin durch die Humboldtsche Familie sehr in die Höhe gerückt worden und betrachte mich ordentlich als ein Glied dieser Familie. Der Umgang junger Künstler ist mir durch den Verkehr mit dieser geistreichen Familie fade geworden.« Dieser Verkehr brachte jedoch auch seine Gefahren mit sich, die für Schick am Ende verhängnissvoll wurden. Die Schmeicheleien, mit welchen ihn der Humboldtsche Kreis umgab, entwickelten in ihm ein starkes Selbstgefühl, das sich allmälig zu krankhafter Ueberhebung steigerte. Als einem verzogenen Liebling der Humboldtschen Familie trauten ihm die deutschen Künstler einen gewissen Einfluss auf die wohlhabenden Fremden und die aus Deutschland eintreffenden Schriftsteller zu, welche im Hause des preussischen Ministerresidenten ihren Mittelpunkt fanden. Er nahm auch die Lobsprüche der Künstler für baare Münze, ohne dass sein kindliches Gemüth die Absicht durchschaute. »Es ist ein eigener Triumph für mich, zu bemerken,« schreibt er schon im August 1803, »wie diejenigen deutschen Künstler, die bei meiner Ankunft in Rom nicht viel aus mir machten, sich nun so geschmeidig gegen mich bezeigen, mich überall in die Mitte nehmen und meine Urtheile über die Malerei und über die Gegenstände der Malerei für ebenso viele Orakelsprüche aufnehmen.« Unter solchen Umständen war denn auch der Erfolg seines ersten Bildes ein sehr geräuschvoller. »Seit acht Tagen, dass mein Bild fertig dasteht,« schreibt er in die Heimath, »habe ich von früh Morgens bis in die Nacht einen Besuch nach dem andern.« Es darf daher nicht Wunder nehmen, dass er, durch diese Huldigungen in seinem Selbstbewusstsein gehoben, sich zu der Erklärung an die Seinigen verstieg: »Ich habe nichts Kleineres im Sinne, als der erste Maler von Deutschland zu werden, und das wird mir mit Mühe und Fleiss nicht fehlen.« Eine Zeit lang ging es aufwärts. Für das Gemälde »David vor Saul«, welches er von Anfang an für seinen Landesherrn bestimmt hatte, erhielt er zwar nicht den erwarteten Lohn. Er hatte auf eine Verlängerung seiner Pension gehofft. Der Kurfürst betrachtete das Bild jedoch als einen Beweis der Dankbarkeit für die bereits früher gezahlte Pension. Indessen entschädigten ihn die Lobsprüche, welche er namentlich von seinen Lehrern Hetsch und Dannecker einerntete. Später freilich kam ihm zu Ohren, dass sich der Kurfürst abfällig über das Kolorit geäussert hätte, welches nach dessen übrigens begründeter Meinung zu matt war. Schick nahm sich diese Kritik zu Herzen und befleissigte sich nach seiner eigenen Versicherung in seinem nächsten Gemälde, dem »Dankopfer Noahs«, welches im Frühling 1805 vollendet wurde, einer kräftigeren Farbe. Der Stoff des Gemäldes hatte für ihn zugleich eine symbolische Bedeutung: er wollte ein Dankopfer darbringen für den günstigen Erfolg seines ersten Gemäldes. Da Schick nun einmal zum Liebling der vornehmen Kreise Roms emporgestiegen oder, wie man heute sagen würde, in die Mode gekommen war, wuchsen auch seine Erfolge von Bild zu Bild. Die Ausführung des »Dankopfers« war ihm übrigens nicht so leicht und glücklich von der Hand gegangen wie der »David vor Saul«. Im Laufe

der Arbeit war er auf manche Lücken in seiner technischen Ausbildung aufmerksam geworden. Oft genug strich er des Abends wieder aus, was er den Tag über zu Stande gebracht hatte. Auch war sein Gemüthszustand lebhaft erregt durch eine stetig wachsende Neigung zu der Tochter des englischen Landschaftsmalers Wallis, die er vergebens zu unterdrücken suchte. Diese Herzenskämpfe lähmten ihn fast drei Jahre lang in der Freiheit seines künstlerischen Schaffens, bis er endlich zu dem Entschlusse kam, durch die Heirath einem unerträglichen Zustande ein Ende zu machen. Wenn ihn während der Zeit, als er an dem »Dankopfer Noahs« malte, häufig Muthlosigkeit überfiel, so fehlt es auch in seinen Briefen nicht an Aeusserungen stolzer Zuversicht. »In diesem Bilde,« schrieb er im Mai 1804, »übertreffe ich den Wächter weit, und Keiner in Deutschland wird mir den Lorbeer aus der Hand reissen.« Das Gemälde wurde zu Rom im Pantheon ausgestellt und fand grossen Zulauf. »Mein Gemälde war fünfzehn Tage im Pantheon ausgestellt,« schrieb Schick in die Heimath, »und ganz Rom lief, es zu sehen. Der Platz vor der Kirche war einigemal mit Kutschen übersät, die herfuhren, das Gemälde zu sehen. Von allen Seiten erschollen mir Glückwünschungen und Lobeserhebungen. An Tafeln, auf Spaziergängen sprach man von dem Bilde, das der Deutsche im Pantheon ausgestellt. Wie glaubt Ihr wohl, dass mir ehrsüchtigem Menschen dabei zu Muthe war? Wo ich stand und ging, sprachen mich die Leute an.« In einem andern Briefe heisst es: Das Gemälde »erhielt von Franzosen, Italienern und Engländern allgemeinen Beifall; nur die Deutschen theilten sich in zwei Parteien, die eine für, die andere wider das Gemälde. Die Partei für das Gemälde schliesst sich nun fester an mich, ehrt mich und sucht meinen Rath; die andere hingegen sucht mich überall zu vermeiden. Es entstanden die grössten Händel unter den Parteien, weil die eine das Gemälde bis in den Himmel erhob und zum ersten Produkt neuerer Kunst machte, die andere es hingegen unter das Mittelmässige heruntersetzte.« Dass Schick zu einer solchen Werthschätzung seiner Fähigkeiten gelangte, darf um so weniger Wunder nehmen, als selbst A. W. v. Schlegel, das berühmte Haupt der romantischen Schule, dessen Autorität in allen ästhetischen Fragen damals noch unangefochten war, in einem Schreiben an Goethe, welches in der Jenaischen Literaturzeitung veröffentlicht wurde, dem Schickschen Bilde eine ausführliche Besprechung widmete. Da dieselbe zugleich charakteristisch für den damaligen Stand der Kunstkritik und eine Manier der Kunstbetrachtung ist, welche dem Künstler Absichten unterlegt, die derselbe nicht gehabt hat, geben wir einen Theil der Schlegelschen Schilderung wieder. »Welch ein umfassendes und bedeutsames Bild stellt uns Noahs Austritt aus der Arche vor! Das Ende einer zerstörenden Naturrevolution, womit überall die Geschichte anhebt; das Familienleben und darin der Staat im Keime; das väterliche Ansehen auf Erden als der Widerschein des Göttlichen; ein Altar das erste Gebäude; Gebet und Opfer die Grundlage der Religion und in der verheissenden Erscheinung der Gottheit das Sinnbild aller Offenbarung; auf der anderen Seite das Verhältniss des Menschen zu der ihm zugeordneten Thierwelt als überlegene Vorsorge und Herrschaft, aber ohne die Natur in der freudigen Freiheit und Mannigfaltigkeit ihrer Hervorbringungen zu stören; endlich die weite Aussicht auf Land und Meer als den künftigen Schauplatz menschlicher Thätigkeit. Ich kann den Künstler nicht stärker loben, als wenn ich sage, dass er diese Würde und sinnbildliche Fülle seines Stoffes gar wohl gefühlt und Alles, ohne doch methodisch zu werden, gehörig angedeutet hat. Hier kommt auf einmal zur Erquickung des Gemüths die aus unsern heutigen Gemälden gänzlich verschwundene Andacht wieder zum Vorschein. Jedoch keineswegs einförmig. In den Engeln ist dieses Gefühl voll ätherischer Gluth; in den Menschen nach Maassgabe des Alters und Geschlechts inbrünstiger oder resignirter, ehrerbietiger oder kindlich zutraulicher. Die zwei ältesten Söhne sind eben noch mit dem Schlachten des Widders beschäftigt, ein liebliches junges Weib reicht Früchte auf den Altar: diese sind noch nicht von der Erscheinung hinter ihnen getroffen worden: die zarteste von den Frauen, leichter als die andern bekleidet, kniet mit ihrem Gatten hinter ihr, von der Glorie geblendet. Die älteste Tochter wird von ernsterem Entzücken gleichsam zum Himmel emporgehoben; die Mutter betet demüthig; Noah nimmt mit entgegengestreckten Armen die himmlische Verheissung in Empfang. Zu ihm wendet sich Gott Vater in ähnlicher Gestalt, aber durch Grossheit der Formen und Majestät unterschieden. Die nach der Sitte der alten Maler bekleideten Engel, von denen Gott Vater in lichtem Gedränge umschwebt wird, schweben wirklich, wozu man freilich kein Modell sitzen oder stehen lassen kann. Einige Köpfe der Frauen und Engel sind mit sorgfältig ausgeführten Blumenkränzen geziert, wie sie der kindlichen Unschuld so lieblich stehen. Die aus der Arche wandelnden und fliegenden Thiere freuen sich nach ihrem verschiedenen Charakter ihrer neuen Freiheit und des wiederkehrenden Sonnenlichtes: Alles ist auch in dieser Gruppe voller Sinn.« Es ist selbstverständlich, dass der Maler nichts von allem wusste, was der philosophirende Aesthetiker in sein Bild

---

*) A. W. Schlegel, Kritische Schriften, II. S. 361—364.

hineininterpretirt hat. Die Bedeutung desselben liegt vielmehr ganz wo
anders, als in einer tiefsinnigen Symbolik. Trotz des Verkehrs mit
Schlegel und Tieck war Schick damals noch nicht vom Hauche der
Romantik berührt worden. Im Gegentheil verhielt er sich ablehnend
gegen die romantischen Neigungen dieser Kreise. Sein Bild ist nur insofern ein Denkmal in seiner eigenen Entwicklungsgeschichte, als es
lehrt, wie Schick allmälig die Ergebnisse seiner klassischen Studien mit
dem, was ihm Raffael und Michelangelo boten, zu einem Ganzen verarbeitete, freilich schon mit der Tendenz oder doch mit dem Resultate,
dass Raffael mehr und mehr die Oberhand gewann. Der Raffael nämlich,
wie er damals verstanden wurde: der anmuthige, stark empfindsame
Madonnenmaler, mit dessen weibischer Sentimentalität man kraftvolle
Schöpfungen für unvereinbar hielt. Zu der enthusiastischen Aufnahme
des Bildes in Rom stand der Empfang in der Heimath in starkem
Contrast. Schick hatte auch den »Noah« nach Stuttgart an den Kurfürsten geschickt, in der Hoffnung, dass er am Ende doch noch zu
der Pension kommen würde, welche ihm eine sorgenfreie Existenz
sicherte. Die Angelegenheit wurde aber erst, theils weil das Bild lange
unterwegs war, theils der kriegerischen Ereignisse wegen, im Herbst
1807 erledigt und dann auch nicht nach dem Wunsche Schicks. Man
hatte wiederum verschiedenes zu tadeln gehabt: die Leinwand war zu
schlecht gewesen, die Schatten waren zu stark und die Farben nicht
lebhaft genug. Der König von Württemberg glaubte daher genug gethan zu haben, indem er Schick statt der von diesem erwarteten fürst-
lichen Belohnung 80 Louisd'or anwies, während Schick seine Arbeit auf
mindestens 150 veranschlagt hatte. »So bin ich endlich,« schrieb der
Maler in seinem Verdruss, »mit dem König fertig geworden, noch so
mit einem blauen Auge. Dieses blaue Auge aber soll mich ewig mahnen,
nie wieder einem König, und wäre er noch so dick, eines von meinen
Gemälden zu schicken.« Die Farbe war allerdings die schwache Seite
auch dieses Bildes. Auch A. W. Schlegel fand die Farben zwar heiter
und kräftig, aber nicht durch starken Auftrag und Contraste blendend.

Der Verkehr mit der Humboldtschen Familie brachte ihm noch
andere Gefahren als die krankhafte Steigerung seines Selbstbewusstseins.
Die Portraitmalerei, welche er selbst für eine Gefahr hielt, weil er seiner
Meinung nach dadurch in seiner Thätigkeit zersplittert und von der Ausführung grosser Aufgaben abgehalten würde, war ihm eher nützlich als
schädlich, da sie ihm nicht nur ansehnliche Summen einbrachte, sondern
auch seinen Ruhm vermehren half. Durch seine Bildnisse stellte er
selbst den Ruf der gefeiertsten Portraitmalerin Roms, der Angelika

Kauffmann, die allerdings damals schon eine Siebenzigerin war und 1807
starb, in Schatten. Jedenfalls verdiente er mehr damit als durch seine
Historienbilder. Dass Schicks Portraits solchen Beifall fanden, erklärt
sich sowohl aus seiner heiteren Farbe, welche hier dem Geschmack des
Publikums weit mehr entgegenkam, als aus seiner anmuthig-empfind-
samen Auffassung und seiner Neigung zum Idealisiren. Schick fasste
nämlich die Aufgabe des Portraitmalens dahin auf, »dass die Bildnisse
in einem gewissen Sinne idealisirt werden müssten, aber nicht nach dem
allgemeinen Ideal, sondern nach dem Ideal der bestimmten Person, die der
Künstler darzustellen hat.« Trotzdem haben die Bildnisse Schicks auch
jetzt noch einen gewissen Werth, weil sie einerseits hervorragende oder
doch interessante Persönlichkeiten darstellen und andererseits den Zeitgeschmack und die allgemeine Stimmung wiederspiegeln, unter deren Einflusse jene Personen damals standen, die in den Schickschen Portraits ihr
vollkommenstes und ihnen angenehmstes Abbild betrachteten. Die Bildnisse der Humboldtschen Familie haben den Ruhm des Künstlers sogar
weit länger im Gedächtnisse der Nachwelt erhalten, als seine historischen
Kompositionen. Weit gefährlicher war es für ihn, dass er, in der Absicht, vor den berühmten und vornehmen Gästen des Humboldtschen
Salons zu glänzen, sich zu einer falschen Virtuosität hinreissen liess. Im
Jahre 1805 kehrte Alexander von Humboldt von seinen amerikanischen
Reisen nach Europa zurück und hielt sich einige Zeit bei seinem Bruder
in Rom auf, wo seine Berichte über seine Entdeckungen natürlich grosses
Aufsehen erregten. »Während Alles an seinem Munde hing, pflegte
Schick die Bilder, die der Erzähler vorführte, mit der Feder auf das
Papier zu werfen. Eine dieser Skizzen, eine Szene vom Orinoco darstellend, sandte der berühmte Reisende an den Herausgeber der Allgemeinen geographischen Ephemeriden, und ein Stich darnach ist dem Jahrgang 1807 dieser Zeitschrift beigegeben. »Die Skizze,« schreibt Alexander von Humboldt, auf dessen Kunsturtheil freilich nicht viel zu
geben ist, »von der Hand des braven Schick, eines sehr geistreichen
deutschen Künstlers, den ich zu Rom fand und den ich unter meine
Freunde zählen darf, ist in der That sehr genialisch, und Jemand, der
mit uns gewesen wäre, würde es nicht treuer haben machen können.«
Derartige Spielereien unterstützten den gesellschaftlichen Erfolg Schicks,
führten ihn aber auf der abschüssigen Bahn, welche er einmal betreten
hatte, immer weiter. Durch diesen Verkehr fand noch eine schlim-
mere Neigung, welche sich schon in Paris bei ihm offenbart hatte, reichliche Nahrung. Die jedem Schwaben von der Natur mitgegebene Dosis
von Humor kam bei ihm in der Lust zu satirischen Zeichnungen und

Karrikaturen zum Ausdruck, und diese Freude an Künstlerscherzen,
welche anfangs nur harmlos waren, steigerte sich in dem Grade, als sein
Selbstbewusstsein wuchs. Die Huldigungen der vornehmen Gesellschaft
und die Lobsprüche der Künstler hatten seinen Ehrgeiz bis zur Ueberhebung angestachelt, und er sah deshalb auf die Personen seiner Umgebung mit einer gewissen Verachtung herab, die sich ebenfalls in seinen
Karrikaturen wiederspiegelte. Er muss dieselben nicht sorgfältig genug
in seinen Mappen gehütet haben, da seine Gegner unter den Künstlern
daraus Anklagen schmiedeten, die für ihn verhängnissvoll wurden. Sein
reizbares Gemüth wurde durch Gefahren, welche ihm drohten, tief erschüttert, und so wurde der Keim zu einer Krankheit gelegt, welche
seinen frühzeitigen Tod herbeiführte. Dieses räthselhafte, aber von Schicks
Frau und Tochter als wahr verbürgte Ereigniss fiel gerade in jene Zeit,
wo Schick im Hochgefühl des Glückes über seine Verlobung mit seiner
lange umworbenen Geliebten den Plan zu seinem letzten grossen Bilde
und Hauptwerke »Apollo unter den Hirten« gefasst hatte. Haakh hat
nach den Mittheilungen der beiden oben genannten Familienmitglieder
Schicks darüber Folgendes erfahren. Es war dem Maler und Kunstschriftsteller Ernst Platner, dem späteren Mitarbeiter an der von Niebuhr veranlassten »Beschreibung Roms«, unter der Zusicherung seiner
strengsten Verschwiegenheit, gelungen, Schick zur Oeffnung seiner Mappen
zu bewegen. »Mit dem lebhaftesten Interesse und mit steigendem Vergnügen betrachtete der Glückliche die geistreichen Blätter. Das Bild
des Freundes, welcher selbst ein Objekt des satirischen Humors geworden war, hatte Schick vor der Oeffnung geflissentlich beseitigt. Der
Freund indessen, das Vorhandensein des Bildes vermuthend oder sicher
davon unterrichtet, erreichte schliesslich durch unbefangene Versicherung
der Erhabenheit über jedes Missverständniss, dass ihm auch das eigene
Conterfei in die Hand gelegt wurde. Jetzt aber, da er selbst vor den
Spiegel trat, in dem er von der Seite her so viele bekannte Gestalten
mit unverhohlener Lust betrachtet, verliess ihn der Humor; er erbleichte
beim Anblick seines Bildes, verliess auf der Stelle, im Innersten aufge-
regt, die Wohnung des Freundes und verfiel, in die eigene zurückgekehrt,
in eine Fieberkrankheit, in der er nicht aufhörte, von den Ausgeburten
eines Spottes, welcher keinen Freund, keine Freundin, keine weltliche
noch geistige Grösse, ja selbst den heiligen Vater nicht verschont ge-
lassen, die grässlichsten Schilderungen zu entwerfen. Schnell verbreiteten
sich die Aussagen des Kranken über dessen Wände hinaus, und zu willkürlicher Entstellung trat leider die Lüge und Verleumdung hinzu. Schon
seit längerer Zeit hatte der Neid und der Hass der Berufsgenossen den

zu glänzenden Erfolgen und Ehren emporgetragenen Meister verfolgt, und der Anlass, der sich jetzt bot, ihm zu schaden und wo möglich ihn völlig zu verderben, wurde gründlichst ausgebeutet. Geheime, wenn nicht offene Denunciation fand statt, und in Folge derselben war es nahe daran, dass der Angeklagte auf die Engelsburg gebracht oder aus Rom verwiesen worden wäre. Vornehmlich war es, wie die Wittwe bezeugte, der Einfluss der Frau von Humboldt, der ihn rettete, und dieses Verdienst um unsern Freund wird der Leser ihr doppelt verdanken, wenn er hört, dass die edle Gönnerin selbst nach ihrer äusseren Erscheinung dem Humor des Künstlers als Stoff gedient, dass Frau von Humboldt davon Kunde erhalten, und dass Schick, welcher freilich von jedem misslicbigen Motiv sich frei wusste, auf die an ihn gerichtete Frage die Thatsache nicht geleugnet hatte.«

Dieser ganze Handel lässt Schicks Charakter nicht in einem günstigen Lichte erscheinen. Dass er die römische Geistlichkeit gelegentlich zum Gegenstande seiner Karrikaturen machte, darüber wird man hinwegsehen dürfen. Selbst der ernste Carstens konnte sich den Genuss nicht versagen, einmal ein paar Pfaffenköpfe aus einer Prozession herauszugreifen und mit einer bei ihm ganz ungewöhnlichen Kraft satirischer Charakterisirung festzuhalten. Dass Schick aber selbst seine Wohlthäterin in die Galerie seiner Karrikaturen aufnahm, spricht nicht für seinen Takt und sein Zartgefühl. Noch bedenklicher aber erscheint seine Neigung zu dieser Beschäftigung, wenn man sie mit den obersten Zielen und dem Charakter seiner Kunst in Verbindung bringt. Schicks Begeisterung für seine Kunst ist gewiss eine natürliche und wahre gewesen. Aber seine Empfindung wurzelte nicht allzu tief in seinem Herzen, und seine Begabung war eine mehr formale als wirklich schöpferische. Daraus erklärt es sich auch, weshalb sich eine so kühle Natur wie Wilhelm Schadow zu ihm hingezogen fühlte. Für Schadow war Schicks »Apollo unter den Hirten« zum ersten Male die Erfüllung alles dessen, »was er suchte.« Die Vollendung dieses Gemäldes fällt in das Jahr 1808. Nach der Mythe begab sich Apollo, nachdem er wegen der Tödtung der Cyklopen aus dem Olymp verbannt worden war, zu Admetus, dem König von Thessalien, welchem er als Hirte diente. Hier lehrte er den übrigen Hirten die Dichtkunst, welche auf diesem Wege in den Besitz der Menschheit gelangte. Das Gemälde stellt den Gott des Gesanges auf einem Hügel sitzend dar, umgeben von alten und jungen Hirten, einem Jäger und einem Liebespaar. Vor ihm haben sich Jünglinge, Jungfrauen und Kinder in der anmuthigen Landschaft niedergelassen und lauschen aufmerksam den Worten des Gottes. Angelockt durch den Gesang

tauchen aus einem Gebüsch im Hintergrunde fünf gehörnte und bocksfüssige Waldgötter auf. Wie der »David vor Saul« und das »Dankopfer
Noahs« ist auch dieses Bild später in die Staatsgalerie zu Stuttgart gelangt, so dass Schicks Hauptwerke an einem Orte vereinigt sind. Sowohl in der Komposition des Ganzen als in dem Formenadel und der
Anmuthfülle der einzelnen Figuren macht sich hier der raffaelische Einfluss so nachdrücklich geltend, dass daneben die Anlehnungen an klassische Skulpturwerke nur geringfügig erscheinen. Wenn man von der
Gestalt des Apollo absieht, bei welchem Schick sich kaum dem Einfluss
antiker Muster entziehen konnte, erinnert nur hie und da der Faltenwurf
und das Arrangement eines Gewandes an den statuarischen Stil. Der
gegen Schick rege gemachte Künstlerneid muss übrigens bald be-
schwichtigt worden sein, da der Erfolg dieses Bildes wiederum ein ungewöhnlich glänzender war. Der bayerische Gesandte stellte dem Künstler
vier Zimmer seines Palastes zur Verfügung, in denen zu Ende des
Jahres 1808 eine Ausstellung eröffnet wurde, welche alles vereinigte,
was Schick gerade zusammenbringen konnte: Portraits, Landschaften,
Skizzen und das grosse Gemälde »Apollo unter den Hirten«. Der Zulauf war wieder so stark, dass die Ausstellung auf zwei Monate ver-
längert werden musste. Und damit noch nicht genug der Ehre! Nach
der allgemeinen Gemäldeausstellung auf dem Kapitol kamen, wie Schick
selbst in die Heimath schrieb, zwei Deputationen zu ihm, eine französische und eine italienische, welche ihm im Namen aller ihrer Landsleute den Preis und die Krone überreichten. Nur die materiellen Erfolge
blieben aus. Er erhielt zwar Portraitaufträge, die ihn für längere Zeit
aller Sorgen enthoben; aber es fand sich weder ein Käufer des grossen
Bildes, noch trug man ihm, worauf doch sein ganzes Streben gerichtet
war, eine Arbeit ähnlicher Art auf. Erst in der Heimath verkaufte er
den Apollo für 1000 Gulden an den Freiherrn von Cotta, aus dessen
Besitze das Bild später in den des Königs gelangte. Verschiedene Anzeichen deuten übrigens darauf hin, dass Schicks künstlerische Kraft erschöpft war, sei es nun in Folge seiner körperlichen und seelischen
Leiden, sei es, weil er in dem Apollo wirklich schon den höchsten
Grad seiner Leistungsfähigkeit erreicht hatte oder weil die von ihm
vertretene klassische Richtung zu keiner weiteren oder höheren Entwicklung mehr gebracht werden konnte. Zwei Skizzen aus Schicks
letzten Jahren zeigen bereits ein bedenkliches Schwanken. In einer
figurenreichen Komposition »Bacchus findet die Ariadne auf Naxos«
treten die antiken Muster wieder ziemlich unverarbeitet in den Vordergrund, und in einer Farbenskizze, welche den von vier Engeln um-

gebenen Jesusknaben darstellt, dem im Traume das Kreuz erscheint,
macht sich im Gegensatz zu jenem Bilde eine Hinneigung zu Romantik und Mysticismus bemerkbar. Auch unter dem Gesichtspunkte
des guten Geschmackes lässt sich gegen letztere Arbeit manches einwenden. Mit Bezug auf den jugendlichen Christus sagt Strauss mit
Recht: »Ein schlafender Jüngling mit vollen, fast derben Gliedmaassen,
diese ohne Unterschied entblösst: da begreift man etwa, wie eine Diana
sich für ihn, aber nicht, wie er sich für das ihm vorgehaltene Kreuz
interessiren kann.« Da Schicks Leiden immer mehr zunahm, beschloss
er, Rom zu verlassen und seinen Wohnsitz in Stuttgart aufzuschlagen.
Todesahnungen verdüsterten seine Seele, und es kam ihm der Wunsch,
wenigstens in seiner Heimath zu sterben. Im September trat er die
Reise an. Bald nach seiner Ankunft in Stuttgart fesselte ihn jedoch
seine Krankheit ans Bett, und er starb am 7. Mai 1812 in Folge Zer-
platzens der Herz-Schlagader. Auch die Aerzte führten den Ursprung
seines Leidens auf eine heftige Gemüthsbewegung zurück, was der
Künstler auch kurz vor seinem Tode zugab.

Schick behauptete stets, dass er das Meiste seines Könnens Dannecker schuldig wäre, dessen dankbaren Schüler er sich beständig nannte,
und in der That besteht zwischen beiden Künstlern eine enge Verwandtschaft, insbesondere in der Bildung jugendlicher Gestalten. Es erscheint
daher gerechtfertigt, Dannecker in diesem Zusammenhange zu betrachten,
obwohl er nicht zu dem Carstensschen Kreise gehört. In seiner späteren
Entwicklung schloss er sich freilich enger an den Klassicismus an, als in
seinen früheren, noch von Canova beeinflussten Werken. Indessen ist
auch seine Spur mit seinem Tode erloschen, da er in Württemberg so
ziemlich vereinzelt dasteht. Ueber sein engeres Vaterland hinaus ist
sein Name, ungeachtet einer bedeutenden Produktivität, nur durch die
Büsten seines Jugendfreundes Schiller, durch seine Ariadne auf dem
Panther und seine Christusstatue populär geworden. Johann Heinrich
*Dannecker* wurde am 15. Oktober 1758 in Stuttgart als Sohn eines her-
zoglichen Stallmeisters geboren[*]. Es gelang ihm, in die Karlsschule
aufgenommen zu werden, wo man ihn aber nicht zum Künstler, sondern
zum Tänzer ausbilden wollte. Erst als er entschiedene Proben seiner
bildnerischen Begabung abgelegt hatte, durfte er in die Bildhauerklasse
eintreten, wo sich sein Talent unter der Leitung des Bildhauers Le Jeune
und der Maler Guibal und Harper so schnell entwickelte, dass er bereits im

---

[*] C. Grüneisen und Th. Wagner, Danneckers Werke in einer Auswahl. Mit einem
Lebensabriss des Meisters.

Jahre 1780 als Hofbildhauer in die Dienste des Herzogs treten konnte. Als solchem lag ihm nur die Dekoration von Sälen und Zimmern mit Stuckarbeiten ob. Ueber das Handwerk hinaus gelangte er erst durch eine im Jahre 1783 unternommene Reise nach Paris, wo er zwei Jahre lang unter Pajou, einem noch der Rokokokunst angehörigen Bildhauer, studirte, und durch einen fünfjährigen Aufenthalt in Rom. Hier bildete sich seine künstlerische Eigenart durch das Studium der Antike, vornehmlich aber durch den Einfluss Canovas aus, welcher Danneckers eigentlicher Lehrmeister war. Von ihm lernte der Deutsche die Anmuth der Formengebung, namentlich bei weiblichen Gestalten, den eleganten Fluss der Linien, die gefällige Komposition und die Leichtigkeit des Schaffens. Was Dannecker von seinem eigenen Besitze hinzubrachte, war vorzugsweise die stärkere Tiefe der Empfindung, welche sich namentlich in den Büsten Schillers kundgibt, und der höhere Ernst in der Behandlung religiöser Gegenstände. Darin liegt seine künstlerische Bedeutung, nicht in seinen zahlreichen mythologischen Figuren, welche er in Rom und nach seiner im Jahre 1790 erfolgten Rückkehr in die Heimath für seine Landesherren ausführte. Freilich war er auch in diesen bestrebt, über die Weichlichkeit Canovas zu grösserer Energie hinauszugelangen. Indessen ist von seinen Schöpfungen aus dem Gebiete der Mythologie und der Genreplastik (Ceres, Bacchus, Sappho, Hektor, Mädchen um einen Vogel trauernd, Wasser- und Wiesennymphe, Wassernymphe, Amor, Psyche) nur eine, die im Jahre 1806 begonnene, aber erst 1816 in Marmor vollendete »Ariadne auf dem Panther« durch ihre wirkungsvolle Aufstellung im Museum des Bankiers von Bethmann in Frankfurt am Main, einer Rotunde mit Oberlicht, und ihre Vervielfältigung allgemein bekannt geworden. Diese Figur ist den besten Erfindungen Canovas durchaus ebenbürtig. Sie ist sogar zum Vortheile ihrer Wirkung und zur dauerhafteren Begründung ihres Ruhmes sorgfältiger und mit grösserer Kenntniss des weiblichen Körpers durchgeführt, als die meisten Arbeiten des italienischen Meisters, dessen Formensprache im allgemeinen eine conventionellere war. Wie sehr sich aber diese ganze Richtung nur auf das Graziöse und Spielende stützte, beweist am besten der Umstand, dass die Ariadne auf dem Panther von ihrer Anmuth und ihrem sinnlichen Reize nichts einbusst, wenn sie auch als Zierrath für den Schreibtisch in Biscuitmasse verkleinert wird. In der technischen Behandlung stand Dannecker in seinen meisten Arbeiten theils unter dem Einfluss der theatralischen Auffassung der Franzosen, theils im Banne der süsslichen Oberflächlichkeit und der in den Details summarischen Behandlung Canovas, wofür das von Haakh publicirte Thon-

modell eines von einem Delphine getragenen todten Knaben ein besonders charakteristisches Beispiel bietet. Aber auch die Ariadnegruppe
zeigt, namentlich in der Darstellung des Panthers, dass Danneckers klassische Richtung noch nicht von einem gleichmässig auf alle Erscheinungs-
formen gerichteten Studium der Natur durchdrungen war. Man muss
sich freilich dabei erinnern, dass die Schilderung der Thiere, der wilden
wie der zahmen, eine allgemeine Schwäche der Zeit war, welcher selbst
Thorwaldsen seinen Tribut zahlen musste. Die grösste Freiheit in der
Formengebung erreichte Dannecker in seinen Büsten, von denen diejenigen Schillers, eine lebensgrosse, in der Bibliothek in Weimar befindliche von 1793 und eine kolossale, 1819 ausgeführte im Museum der
bildenden Künste zu Stuttgart, nicht bloss durch das Objekt der Darstellung, sondern vornehmlich durch die feine Beseelung der Züge und
durch den überzeugenden Ausdruck geistiger Grösse zu klassischen Abbildern des volksthümlichsten deutschen Dichters geworden sind. Mit
der Vollendung dieser zweiten Schillerbüste vollzog sich in Danneckers
Stil eine Umwandlung im Sinne eines engeren Anschlusses an die Antike
und an die klassische Formenstrenge. Dieser Periode gehören zwei
Christusstatuen 1824 für Petersburg und 1831 für das Grabmal des
Fürsten von Thurn und Taxis in der Klosterkirche zu Neresheim in
Schwaben und die Statue das Evangelisten Johannes für die Grabkapelle
der Königin Katharina auf dem Rothenberge an. In den letzten Jahren
seines Lebens durch eine Geisteskrankheit in seiner Thätigkeit gehemmt,
starb Dannecker am 8. Dezember 1841.

Als Lehrer an der Karlsakademie in Stuttgart hat Dannecker zahlreiche Schüler herangebildet, von denen jedoch nur Theodor von *Wagner*
1800—1880) bis in die neuere Zeit hinein thätig war und durch seine
Wirksamkeit als Lehrer an der Kunstschule die Erinnerung an Dannecker
hatte lebendig erhalten können, wenn Stuttgart der geeignete Boden für
das Gedeihen einer Bildhauerschule wäre. Die Gründung einer an Haupt
und Gliedern starken Bildhauerschule vollzog sich in der Hauptstadt
eines anderen deutschen Landes, in welcher sich langsam, aber in
stetigem Fortschritt die gesammten geistigen und materiellen Kräfte des
Volkes concentrirten, um in der Stunde des nationalen Aufschwungs zu
voller Entfaltung bereit zu sein. Ehe der Baum aber im Vaterlande
Wurzeln fassen konnte, fand unter dem Himmel Italiens die Wiedergeburt der germanischen Bildhauerkunst durch den Genius Thorwaldsens
statt, dessen Früchte auch für Rauch und seine Schüler wirksame Bil-
dungsmittel wurden.

## 2. Bertel Thorwaldsen.

Wir haben *Thorwaldsen* oben unter denjenigen Künstlern genannt, welche zu Carstens' engerem Kreise gehörten und direkte Einflüsse von ihm empfingen. Thorwaldsen war sich der Bedeutung von Carstens und des von ihm angestrebten Zieles vollkommen bewusst. Er erkannte mit klarem Blick, dass die Carstensschen Kompositionen und Ideen nur des Mannes harrten, der sie in das geeignete Material übersetzen würde. Er unterzog sich dieser Aufgabe und führte den Carstensschen Stil, das Gefühl für reine, an der Antike geläuterte Klassicität bis in die Mitte des neunzehnten Jahrhunderts hinein. Auf diesem Wege fand er dann wieder in Buonaventura Genelli den Künstler, welcher noch einmal die also erweiterten, vertieften und gefestigten Carstensschen Prinzipien zu malerischer Anschauung brachte. Obwohl ein Däne von Geburt, hängt Thorwaldsen mit der Entwicklung der deutschen Kunst so eng zusammen, dass man ihn von der Geschichte derselben nicht trennen kann, um so weniger, als, was wir schon anfangs bemerkt haben, eine national-dänische Kunst nicht nachzuweisen ist. Es handelt sich dabei natürlich nicht um den Versuch, Dänemark des einzigen grossen Künstlers zu berauben, den dieses Land hervorgebracht hat, zumal Deutschland einer solchen Bereicherung nicht bedarf. Streng genommen würde nicht einmal eine wesentliche Bereicherung dabei herauskommen, da die deutsche Bildhauerkunst im Laufe des Jahrhunderts sehr weit von den Bahnen Thorwaldsens abgewichen ist und eine unbefangene historische Kritik inzwischen erkannt hat, dass die Bedeutung des dänischen Künstlers von seinen Landsleuten in maasslosem Fanatismus stark übertrieben worden ist. Lange Jahre hat es Niemand gewagt, an die Künstlergrösse Thorwaldsens den gewöhnlichen Maassstab der Kritik anzulegen oder auch nur an derselben den geringsten Zweifel zu hegen, bis erst neuerdings Reber den Muth gehabt hat, die historische Stellung Thorwaldsens richtig zu bestimmen und die Mängel seines künstlerischen Vermögens und die Einseitigkeit desselben klarzulegen. Es ist Rebers Verdienst, darauf hingewiesen zu haben, dass Thorwaldsens Talent ein überwiegend formales, seine Begabung eine receptive war, dass es ihm an Empfindung und an der Kraft tieferer Charakteristik gebrach, dass die meisten seiner Werke den Motiven nach unselbstständig sind, und dass er nicht zu den eigentlich bahnbrechenden Künstlern gerechnet werden darf[*]. Nur der

---

[*] Reber, Geschichte der neueren deutschen Kunst, Leipzig 1884. Band I. S. 179 bis 192.

leidenschaftliche Patriotismus seiner Landsleute hat ihn in die Sphäre eines Halbgottes erhoben und ihn noch bei Lebzeiten mit einer Vergötterung umgeben, die seinem bescheidenen Sinne peinlich genug gewesen zu sein scheint. Nicht also der Wunsch, die Geschichte der deutschen Kunst mit einem berühmten Namen mehr zu schmücken, sondern nur die Thatsache seines engen Zusammenhangs mit Carstens veranlasst uns, Thorwaldsen als den Nachfolger desselben hier einzureihen. Ausser den oben genannten Zeugnissen liegen noch andere vor, welche die Abhängigkeit des Bildhauers von dem Zeichner beweisen. Wie Carstens der Leitstern für den Kopenhagener Akademieschüler gewesen war, so wurde er es in noch höherem Grade, als Thorwaldsen im März 1797 nach Rom kam und die persönliche Bekanntschaft des verehrten Meisters machte. Er traf denselben allerdings bereits schwer erkrankt an; aber er erfreute sich doch seines belehrenden Umgangs, so dass ihm, wie er sich selbst ausdrückte, »der Schnee von seinen Augen thaute.« Thiele berichtet ferner, dass Thorwaldsen eine Anzahl Carstensscher Kompositionen theils weiter ausgeführt, theils kopirt hat. Andere liess er durch Koch kopiren, und ausserdem war er in den Besitz einer Reihe von Carstensschen Originalzeichnungen gekommen, welche in seinem Zimmer hingen und verständnissvolle Besucher, unter ihnen Schinkel, mit Bewunderung erfüllten. Thorwaldsen besass auch die Blätter zum Argonautenzuge, welche er, wie schon erwähnt, dem Grafen Moltke schenkte, dessen Nachkommen sie dem Kupferstichkabinet in Kopenhagen überliessen. Die übrigen Zeichnungen von Carstens aus dem Besitze Thorwaldsens sowie des letzteren und Kochs Kopieen nach Carstens befinden sich noch heute im Thorwaldsen-Museum als ein Denkmal des Carstensschen Einflusses auf den Bildhauer. Auch hat Strauss den Tagebüchern des Freiherrn von Uexküll die Mittheilung entnommen, dass »Thorwaldsen die Arbeiten von Carstens, um sie immer vor Augen zu haben, sich durch Koch hatte kopiren lassen. Ist es ja doch Thorwaldsen weit mehr noch als Schick oder Wächter, durch welche die Umrisse von Carstens Substanz und Ausführung gewannen, welche sie wohl auch ihrer Natur nach eher durch den Meissel als durch den Pinsel gewinnen konnten.« Thorwaldsen hat endlich selbst zu wiederholten Malen erklärt, »dass er alles, was er sei, nur Carstens verdanke, und dass er ohne ihn schwerlich den rechten Weg gefunden haben würde.« Einzelne Figuren von Carstens hat Thorwaldsen geradezu als plastische Motive benutzt. So ist z. B. sein berühmter Jason aus den beiden Figuren des Jason auf Carstens' Blatt »Die Argonauten bei Chiron« und des Theseus auf dem Blatte »Oedipus und Theseus« erwachsen.

Bertel Thorwaldsen wurde am 19. November 1770 zu Kopenhagen als der Sohn eines Holzschnitzers geboren, welcher sich mit der Anfertigung von Zierrathen für die Vordertheile der Schiffe befasste, die aber ohne künstlerisches Verdienst waren*). Desto glänzender äusserte sich schon frühzeitig die künstlerische Begabung seines Sohnes. Der Vater beschloss daher, dieselbe pflegen zu lassen, und schickte den elfjährigen Bertel in die Freischule der Kunstakademie, wo er sich schnell solche Kenntnisse im Zeichnen aneignete, dass er schon nach zwei Jahren seinem Vater hülfreich zur Seite stehen konnte. Es wird erzählt, dass er heimlich, wenn er dem Vater das Mittagsessen auf die Schiffswerft brachte, dessen Arbeiten verbesserte. Nachdem Thorwaldsen durch die verschiedenen Klassen der Akademie bis zur Modellklasse vorgerückt war, erhielt er im Jahre 1787 den ersten Preis, die kleine silberne Medaille, und 1789 für ein Relief »ein ruhender Amor« die grosse silberne Medaille. Unter den Lehrern der Akademie war es nicht, wie man annehmen könnte, der Direktor und Professor der Modellschule, Bildhauer Wiedevelt, welcher den grössten Einfluss auf Thorwaldsen ausübte, sondern derselbe Maler Abildgaard, welchem auch Carstens seine technische Geschicklichkeit absehen wollte. Man darf daraus schliessen, dass Abildgaard, den wir als akademischen Lehrer Thorwaldsens zu betrachten haben, damals die tüchtigste Lehrkraft der Akademie war. Er erkannte auch die künstlerische Begabung Thorwaldsens und setzte es bei dessen Vater durch, dass der junge Künstler auch nach 1789 noch seine akademischen Studien fortsetzen durfte, während er dabei zugleich seinen Vater nicht nur wesentlich unterstützte, sondern ihm auch einen Theil seiner Arbeit abnahm. Jenes Relief, der »ruhende Amor«, trägt noch ganz den weichlichen Charakter der Rokokozeit, die verschwommene Unbestimmtheit ihrer Formensprache und die gedankenlose Anmuth, welche den Grundzug ihres Wesens bildet. Wie wir es bei den ersten Arbeiten von Carstens bemerkt haben, macht auch dieses Relief den Eindruck einer vergrösserten Gemmenkomposition. Die folgenden, figurenreichen Reliefs (die Vertreibung Heliodors, Priamos vor

*) Für die Kenntniss von Thorwaldsens Leben sind die Publikationen seines Freundes M. Thiele grundlegend. Das erste Werk desselben (Leben und Werke des dänischen Bildhauers Bertel Thorwaldsen, zwei Theile, Leipzig 1832) ist nur wegen der 158 Kupfertafeln wichtig, welche die bedeutendsten Arbeiten des Meisters wiedergeben. Der Text ist durch Thieles zweite Publikation (Thorwaldsens Leben, deutsch von Henrik Helms, 3 Bände, Leipzig 1852—1858) überholt. Auf neuere Mittheilungen und Angaben von Zeitgenossen ist begründet: E. Plon, Thorwaldsen, sein Leben und seine Werke, übersetzt von Max Münster, Wien 1875. (Mit schätzbaren Zusätzen und Anmerkungen des Uebersetzers.)

Achill. Herkules und Omphale« schliessen sich in ihrer malerischen Auffassung, in der schlaffen Behandlung der Formen und in der schwülstigen
Anordnung der Gewandmassen noch enger an die Rokokokunst und
an die Richtung Abildgaards an, nach dessen Zeichnungen Thorwaldsen
gelegentlich arbeitete. Das Relief »Petrus heilt den Lahmen«, mit welchem er die grosse goldene Medaille und damit die Anwartschaft auf
das dreijährige Reisestipendium nach Italien erwarb, zeigt in der Behandlung der Gewänder bereits eine reinere Auffassung, ist dafür aber
im Ausdruck und der Geberdensprache der Figuren noch ganz von dem
theatralischen Pathos des achtzehnten Jahrhunderts durchdrungen. Jenen
letzten Preis erhielt Thorwaldsen im Jahre 1793, seine Abreise nach
Italien konnte aber erst am 30. August 1796 stattfinden und musste überdies wegen der kriegerischen Zeitverhältnisse durch besondere Vergün-
stigung an Bord der Fregatte Thetis erfolgen, welche verschiedene Aufträge zu erledigen hatte, bevor Thorwaldsen nach Italien dirigirt werden
konnte. Er benahm sich nämlich während der langen Fahrt so unbeholfen und lässig, dass sein Protektor, der Kapitän Fisker, gerechte Bedenken in Betreff seines ferneren Fortkommens auf eigene Hand hegte.
Trotz seines Wohlwollens für seinen Schutzbefohlenen konnte er ihm,
als er nach einem unfreiwilligen Aufenthalt auf Malta über Palermo und
Neapel im Anfang März 1797 glücklich in Rom angelangt war, nur das
Zeugniss ausstellen: »Er ist ein honetter Kerl, aber ein fauler Hund.«
Die letztere Bemerkung bezieht sich weniger auf seine Unlust zu
künstlerischen Arbeiten, als auf seine Schlafsucht, seine Faulheit im
Briefschreiben und seine Abneigung, fremde Sprachen zu erlernen. Damit
stimmt überein, was der dänische Alterthumsforscher Zoëga Oktober
1797 über die geringe Bildung Thorwaldsens urtheilte, wobei er jedoch
seinem »Geschmack und Gefühl« Anerkennung widerfahren liess.

Auch in seinem späteren Leben — und darin unterscheidet er sich
von Carstens — hat Thorwaldsen die Lücken seiner Bildung nicht ausgefüllt.
Er machte sich immer nur ungern an die Lektüre und das Schreiben.
Seine künstlerische Thätigkeit ging eben, wie wir bereits betont haben,
in der Aneignung von Formen und in der Verarbeitung derselben nach
seinem eigenen Gefühl auf, ohne dass er nach dem Sinn und der tieferen
Bedeutung der Gegenstände fragte. In Rom schlug er in dem früheren
Studio des englischen Bildhauers Flaxman, welcher gleichfalls zu den
Künstlern gehört, die in engem Anschluss an die Antike nach höheren
Zielen strebten, seine Werkstatt auf. Indessen verstrichen die ersten
Jahre seines Aufenthalts in Rom, wie erklärlich ist, mit dem Studium
der antiken Bildhauerwerke, für welches die von Carstens empfangenen

Eindrücke gewissermaassen das belebende Fluidum hergaben. Er führte nur einige Portraitbüsten aus, zu welchen er die Aufträge aus der Heimath mitgebracht hatte. Da er mit dem Stipendium der Kopenhagener Akademie nicht auskommen konnte, sah er sich genöthigt, nach dem ersten besten Erwerb zu greifen, und dieser bot sich dadurch, dass ihn der englische Maler Wallis, der Schwiegervater Schicks, mit der Staffirung seiner Landschaften betraute. Die eigenen Kompositionen, welche er nebenher schuf, hat er zum grössten Theile, veranlasst durch die strenge Kritik Zoëgas, vernichtet. So auch das erste Modell zu einem Jason, welches wahrscheinlich durch Carstens' Argonautenzug hervorgerufen war. Der Stoff beschäftigte ihn jedoch dergestalt, dass er sich zur Anfertigung eines zweiten Modells entschloss, welches zu Anfang des Jahres 1803 vollendet wurde und eine entscheidende Wendung im Leben des Künstlers zur Folge hatte. Da das Stipendium seiner Heimath zu Ende gegangen war und es ihm an Aufträgen fehlte, fasste er den Entschluss zur Heimkehr, wollte aber noch vorher, gleichsam um die Summe seiner in Rom erworbenen Kenntnisse zusammenzufassen, eine grössere Arbeit in seinem Atelier ausstellen. Dieser zweite Jason, welcher in dem Augenblicke dargestellt ist, wo er, mit dem goldenen Vliesse über dem linken Arme, sich anschickt, zum Schiffe zurückzukehren, fand allgemeine Anerkennung, selbst diejenige des strengen Zoëga. Canova rief sogar begeistert aus: »Dieses Werk des dänischen Jünglings ist in einem neuen und grossartigen Stile gearbeitet!« Vielleicht empfand Canova, als er diesen Ausspruch that, dass er selbst nicht wenig dazu beigetragen, diesen neuen Stil, wenn es wirklich einer war, zur Entwicklung zu bringen. Wie Canova selbst durch das Studium der Antike allmälig aus dem Rokokowesen herauswuchs, ohne jedoch die kokette Grazie und das malerische Stilprinzip desselben aufzugeben, so hat sich auch Thorwaldsen durch den Einfluss der Antike, von Carstens und Canova aus der Rokokokunst emporgearbeitet. Besonders ist seine technische Behandlung des Marmors ganz von der weichen Anmuth Canovas abhängig, und daraus erklärt es sich, dass Thorwaldsen in gewissen Motiven, wo er, wie z. B. in Venus-, Amor- und Graziengestalten, direkt mit Canova wetteiferte, nicht über den handfertigen Italiener hinauskam. Auch die elegante Figur des Jason und seine zierliche oder sogar etwas gezierte Körperhaltung können das Vorbild Canovas nicht verleugnen. Es hatte übrigens den Anschein, als würden die Lobsprüche der Künstler und Kunstverständigen die einzigen Vortheile sein, welche der »Jason« seinem Schöpfer einbringen sollte. Ein reicher Kunstfreund, der die Ausführung des Modells in Marmor bestellt hatte, fand sich nicht ein.

und schon stand der Wagen vor der Thür, welcher Thorwaldsen und
einen Kunstgenossen von Rom der Heimath zuführen sollte, als ein
plötzlich eingetretenes Passhinderniss einen Aufschub um einen Tag nothwendig machte. Dieser Zufall entschied über die Zukunft Thorwaldsens.
Wenige Stunden, nachdem der Entschluss zum Aufschub der Reise gefasst worden, führte ein Lohnbedienter den englischen Banquier Sir Thomas Hope in Thorwaldsens Atelier, und auf diesen machte der Jason
einen so tiefen Eindruck, dass er die Marmorausführung für sechshundert
Zechinen bestellte. Jetzt beschloss Thorwaldsen, in Rom zu bleiben und
seinem Glücke zu vertrauen. Er sollte sich in seiner Hoffnung nicht
täuschen. Von jetzt ab flossen ihm die Aufträge und damit auch Aus-
zeichnungen aller Art so reichlich zu, dass er in emsiger Arbeit und
ehrenvoller künstlerischer und gesellschaftlicher Stellung bis zum Jahre
1819, wo er zum ersten Male wieder sein Vaterland besuchte, in
Rom blieb.

Wenn man bedenkt, dass die Bestellung Sir Thomas Hopes den
Grundstein zu Thorwaldsens Glück und Ruhm gelegt hat, so kann man
den Künstler nicht von dem Vorwurfe der Undankbarkeit freisprechen.
Er handelte gegen seinen Wohlthäter ähnlich, wie es Carstens gethan.
Statt mit Freude und Begeisterung an die Arbeit zu gehen, schob er
die Ausführung von Jahr zu Jahr hinaus, weil ihn andere Aufträge mehr
reizten. Erst nach einem unangenehmen Briefwechsel wurde der Jason
im Jahre 1828, also ein volles Vierteljahrhundert, nachdem er bestellt
worden, an Sir Thomas Hope abgeschickt. Thorwaldsen suchte seine
Nachlässigkeit allerdings dadurch gut zu machen, dass er dem englischen
Mäcen noch zwei Marmorreliefs und die Marmorbüsten seiner Frau und
seiner beiden Töchter als Geschenke übersandte. Die Biographen Thorwaldsens entschuldigen seine Lässigkeit durch zwei Gründe. Bald nach
der Bestellung des Jason erwachte nämlich in Thorwaldsens Brust eine
mehr auf sinnlicher als auf wirklicher Herzensneigung beruhende Leidenschaft zu einer Anna Maria Magnani, einer »brünetten Römerin mit
flammendem Blick, stolzem Kopfe und kräftigen Formen«, welche er
als Kammerzofe im Hause seines Landsmannes Zoëga kennen gelernt
hatte. Es entspann sich bald ein intimes Verhältniss, welches die in-
triguante Römerin so auszubeuten wusste, dass sie daraus für den uner-
fahrenen, gutmüthigen und charakterschwachen Künstler eine unentrinn-
bare Fessel schmiedete. Da sie zunächst aus ihrer niedrigen Sphäre
herauskommen wollte, trug sie kein Bedenken, mit einem Herrn von
Uhden eine Ehe einzugehen, ohne die Beziehungen zu Thorwaldsen abzubrechen, welcher sich seinerseits durch einen Eid verpflichtet hatte,

ihr beizustehen, sobald sie ihn rufen würde. Dieser Zeitpunkt trat noch
im Jahre 1803 ein, da ein Zerwürfniss zwischen den beiden Gatten ausbrach, in Folge dessen Herr von Uhden seine Frau verliess. Thorwaldsen
nahm sie zu sich und lud sich damit eine schwere Last auf, an der
er bis zu seiner ersten Reise in die Heimath, vor welcher er das Verhältniss endlich gelöst zu haben scheint, zu tragen hatte. Wenn dasselbe auch im Jahre 1803 und in der nächsten Zeit störend in Thorwaldsens Leben eingriff, so genügt es doch nur zum Theil, seine Säumig-
keit gegen Sir Thomas Hope zu entschuldigen. Denn unmittelbar nach
dieser Liebesaffaire, in den Jahren 1804 und 1805, entstand eine Anzahl
von Werken, welche am meisten dazu beigetragen haben, Thorwaldsens
Namen berühmt zu machen: die Gruppe »Amor und Psyche«, die Reliefs »der Tanz der Musen auf dem Helikon« und die »Entführung der
Briseïs«, die Statuen »Bacchus«, »Apollo« und »Ganymed«. Seine
schöpferische Kraft war also durch das Verhältniss zu Anna Maria
keineswegs beeinträchtigt worden. Es liegt eben in dem ganzen künstlerischen Charakter Thorwaldsens, dass innere Erlebnisse und Gemüths-
eindrücke in seinen Werken keine Spuren hinterliessen, weil sein Talent
kein innerliches, sondern ein vorwiegend formales war, was man immer
im Auge behalten muss, um seine Bedeutung richtig zu erkennen. Auch
später, als kurz hintereinander zwei geistig ungleich höher stehende Frauen,
die Engländerin Miss Mackenzie und die Deutsche Fanny Caspers, sein
Herz entflammten, blieben diese seelischen Erfahrungen ohne Einfluss
auf seine Kunst, welche sich seit dem Jason in ruhigem Fortschreiten
zu einer immer grösseren Formenreinheit entfaltete. Das Verlöbniss mit
Miss Mackenzie war eine Uebereilung, welche den Künstler das Versprechen kostete, niemals zu heirathen, und dieses Versprechen beraubte
ihn wieder der Möglichkeit, eine Verbindung mit Fanny Caspers einzugehen, zu welcher ihn eine leidenschaftliche, mehr auf Uebereinstimmung
der Seelen gegründete Neigung gezogen hatte. Indessen haben diese
Verhältnisse nur vorübergehend Thorwaldsens Seelenruhe erschüttert.
Einen wirklichen Schaden hat seine Kunst nicht dadurch erlitten.

Triftiger ist der andere Grund, welchen seine Biographen anführen,
um sein Benehmen gegen Sir Thomas Hope zu entschuldigen. Je weiter
er nämlich im Studium und in praktischer Thätigkeit fortschritt, desto
mehr ward er inne, dass jene Jugendarbeit nicht mehr der inzwischen
erreichten höheren Stufe künstlerischen Vermögens entspräche. »Als
ich sie machte,« so äusserte er sich zu Thiele, »fand ich sie gut, das
ist sie auch gewiss noch. Jetzt kann ich aber Besseres machen.« Diese
Bemerkung bezieht sich jedenfalls weniger auf die Komposition und die

Charakteristik, als auf die Durchbildung der einzelnen Formen, in welcher Thorwaldsens Geschmack und Stilgefühl im Laufe der Jahre natürlich gewachsen waren. Während man in der Thätigkeit der meisten bahnbrechenden Künstler gewisse Perioden oder doch gewisse Stilphasen und -wandlungen unterscheiden kann, vollzieht sich das Wachsthum Thorwaldsens seit seinem Jason fast unmerklich. Grössere Umwälzungen sind bis zu seinem Tode nicht nachzuweisen: er bleibt immer derselbe leicht, sicher und anmuthig schaffende Künstler, welcher Gefälligkeit der Komposition mit Reinheit und Adel der Formengebung verbindet, ohne zu Gedankentiefe und zu energievoller Charakteristik zu gelangen.

Ein Reformator des Geschmacks ist er trotz seines Mangels an Ideen doch gewesen, in erster Linie auf dem Gebiete der Reliefdarstellung, auf welchem er ganz besonders an Carstens anknüpft. Unter den im Jahre 1805 vollendeten Arbeiten haben wir auch zwei Reliefs genannt, die beiden ersten, welche Thorwaldsen in Rom ausführte. Das eine derselben, »die Entführung der Briseïs«, ist insofern eine bedeutungsvolle Leistung, als der Künstler mit überraschendem Glück den Versuch gemacht hat, an die Stelle des bis dahin in Reliefdarstellungen üblich gewesenen malerischen Stils eine vollkommen plastische Komposition zu setzen. Ohne Zwang sind die Körper sämmtlicher fünf Figuren ganz oder fast ganz von vorn dargestellt. Zwei Köpfe sind en face, drei in Profil zu sehen. Jede Figur ist so plastisch gedacht, dass sie von der Fläche losgelöst und als statuarische Rundfigur bearbeitet werden könnte. Zum ersten Male hatte hier ein moderner Bildhauer die strengen Gesetze des Reliefstils angewendet, welche die Griechen in der Blüthezeit ihrer Kunst festgestellt hatten. Dass Thorwaldsen wieder auf den richtigen Weg gelangte, ist um so höher anzuschlagen, als damals in den römischen Sammlungen die Reliefs aus guter griechischer Zeit äusserst selten waren. Das Hauptwerk des Alterthums, der aus der Schule des Phidias stammende Parthenonfries, war ihm im günstigsten Falle nur durch unvollkommene Abbildungen bekannt, und mehr kannte er von diesem klassischen Musterbeispiele des Reliefstils auch damals noch nicht, als er seinen »Alexanderzug« komponirte. Die spärlichen Muster, die er vor Augen hatte, genügten ihm dennoch, das Richtige zu treffen, zunächst freilich, wie es scheint, nur instinktiv, und erst allmälig entwickelte sich das volle Bewusstsein des ihm vorschwebenden Zieles in der plastischen Flächenbehandlung. Denn dasjenige Relief, dessen Vollendung der »Entführung der Briseïs« folgt, »der Tanz der Musen auf dem Helikon«, bezeichnet wiederum einen Schritt rückwärts zu der malerischen Auffassung, zu welcher sich auch noch Canova be-

kannte. Die Figuren Apollos, der drei eine statuarische Gruppe bildenden Grazien und der tanzenden Musen sind in verschiedenen Flächen
perspektivisch hintereinander angeordnet, und in der unruhigen Behandlung der fliegenden Gewänder sind Anklänge an den Rokokostil noch
deutlich zu erkennen. Diese plötzliche Abweichung von dem richtigen
Wege ist nur durch den Umstand zu erklären, dass es sich hier nicht
um eine gründlich durchdachte Arbeit, sondern um eine Improvisation
handelt, welche Thorwaldsen in der kurzen Zeit von neun Tagen ausführte. In der langen Reihe seiner späteren Reliefs, deren grösster Theil
eine bei plastischen Werken ganz ungewöhnliche, noch bis auf den heutigen Tag fortwirkende Popularität erreicht hat, kommen solche Rück-
fälle in das Malerische gar nicht oder doch so selten vor, dass sie unter
der Menge des vortrefflich Gelungenen verschwinden. Diese Reliefs
geben uns den reinsten und edelsten Begriff von Thorwaldsens künstlerischem Vermögen. Hier zeigt er sich in allen drei Stoffkreisen, aus
welchen er seine Motive nahm, als einen vollendeten Meister, dem es
gelingt, für den Gedanken stets eine entsprechende und anmuthende
Form zu finden. Während von seinen Freifiguren religiösen Charakters streng genommen nur die Kolossalstatue des segnenden Christus der Absicht, das Gefühl der Andacht und Verehrung zu wecken,
entspricht, hat er in einigen kleinen Reliefs, wie »Maria mit dem Jesus-
kinde und Johannes«, der »Taufe Christi«, dem »die Kinder segnenden
Christus« und den »drei schwebenden Engeln«, welche ursprünglich für
den Taufstein der Brahe-Trolleburger Kirche in Funen gearbeitet waren,
dann aber durch Abgüsse weit verbreitet worden sind, den Ton religiöser Stimmung und naiver Andacht glücklich getroffen. Auf einer
nicht so hohen Stufe der Vollendung stehen drei andere, figurenreichere
Basreliefs, welche Thorwaldsen in den Jahren 1817 und 1818 entwarf,
»die Frauen am Grabe Christi«, »Christus mit den Jüngern am Meere bei
Tiberias« und »Christus in Emmaus«. In diesen Kompositionen macht
sich wieder die aus dem Umgang mit der Antike erlernte Formensprache über den christlichen Inhalt hinaus geltend, und auf der Darstellung des Mahls zu Emmaus zeigt die Andeutung des landschaftlichen
Hintergrundes sogar wieder eine malerische Auffassung, wie sie sonst
nur noch auf einigen Theilen des Alexanderfrieses zu beobachten ist.
Am sichersten fühlte sich Thorwaldsen natürlich in den Reliefs mythologischen Inhalts. Die Gestalten der antiken Mythologie und Geschichte
waren für ihn gewissermaassen Symbole, durch welche er gelegentlich
auch persönliche Stimmungen und Erlebnisse oder seinen Antheil an der
Zeitgeschichte zum Ausdruck brachte. So ist der berühmte Fries oder

vielmehr die Reihe von Basreliefs, welche den Einzug Alexanders des
Grossen in Babylon darstellt, eine symbolische Verherrlichung Napoleons I. Der Besuch des Eroberers in Rom war für den Sommer 1812
angesagt worden, und zu diesem Zwecke sollte der Quirinal-Palast auf
Monte Cavallo zu seiner Aufnahme hergerichtet werden. »Der Architekt
Stern, ein Römer deutscher Herkunft, hatte diese schnelle und prachtvolle Restauration übernommen, und bereits seit Ende des Jahres 1811
waren die ausgezeichnetsten Maler und Bildhauer Roms mit der Ausführung einer Menge von Kunstwerken beschäftigt, welche diesen Palast
schmücken sollten.« Auch Thorwaldsen wurde im März 1812 hinzu-
gezogen, und er »erklärte sich bereit, einen Fries in Gips für eines der
Gemächer zu liefern, ungeachtet die Zeit schon so weit vorgerückt war,
dass ihm nur wenig über zwei Monate zu dieser Arbeit gestattet werden
konnte.« Er vollendete sie jedoch, trotz angestrengter Arbeit, erst im
Juni, und aus dieser Hast erklären sich die Flüchtigkeiten im Einzelnen,
welche denn auch ihre Tadler fanden, obgleich der Fries an Ort und
Stelle seine dekorative Wirkung nicht verfehlte. Napoleon konnte gegen
diese Schmeichelei natürlich nicht unempfänglich sein und bestellte eine
Marmorausführung des Frieses, welche in der damals zum Ruhmestempel der
Armee umgewandelten Madeleinekirche in Paris angebracht werden sollte,
für 320,000 Francs. Thorwaldsen hatte dadurch Gelegenheit und Ursache,
den Fries gründlicher durchzuarbeiten und namentlich die theatralische
Haltung der Hauptfigur, welche man am stärksten getadelt hatte, zu
ändern. Das Schicksal Napoleons vollzog sich jedoch schneller, als der
Fries, trotz Thorwaldsens Eifer, vollendet wurde. Die Hälfte des fest-
gesetzten Preises war erst bezahlt, als Napoleons zweiter Sturz alle
Hoffnungen vernichtete. Thorwaldsen suchte nun bei verschiedenen
Souveränen einen Käufer des Frieses für die andere Hälfte des Preises.
Es ist jedoch begreiflich, dass Niemand sich dazu verstehen wollte, ein
so gefährliches Omen bei sich aufzunehmen. Erst in der Person des
Grafen von Sommariva fand sich ein reicher Kunstfreund, welcher den
Fries für hunderttausend Francs ankaufte und in seiner Villa bei Ca-
denabbia am Comersee (jetzt Villa Carlotta im Besitz des Herzogs von
Sachsen-Meiningen im jetzt sogenannten Marmorsaale anbringen liess.
Der Originalabguss befindet sich noch heute im Quirinal, und nach ihm
sind die Zeichnungen von Fr. Overbeck angefertigt worden, die den
Stichen Samuel Amslers zu Grunde liegen. Diese Stiche* haben vor-
nehmlich dazu beigetragen, den Ruhm eines Werkes zu erhöhen, wel-

---

* Neue Ausgabe von H. Lücke, Leipzig 1870.

ches nicht zu den Meisterschöpfungen Thorwaldsens gehört und bei
einer Vergleichung mit ähnlichen Werken des Alterthums vielleicht mehr
verlieren würde, als viele andere der Antike gleichgestellte Erzeugnisse
des dänischen Bildhauers. Die Einfachheit der Mittel, mit welchen die
griechische Reliefbildnerei der besten Zeit zu operiren pflegte, hat Thorwaldsen bis zur Naivetät, ja bis zur Kindlichkeit übertrieben, und für
diese starken Anforderungen, welche an die ergänzende Phantasie des
Beschauers gestellt werden, entschädigt nicht einmal die bei Thorwaldsen
sonst übliche correkte Formengebung und der elegante Schwung der
Linien. In Stellungen und Bewegungen sind viele Figuren auffallend
steif und unbeholfen, die Formen- und Gewänderbehandlung ist trocken
und arm an Mannigfaltigkeit, und die Andeutung des landschaftlichen
Hintergrundes und des Beiwerks bewegt sich in der primitivsten, gesucht archaistischen Form. Die Vorbilder der Trajanssäule und anderer
römischer Denkmäler sind unverarbeitet aufgenommen worden, und nicht
einmal für die Pferde und die fremdländischen Thiere hat Thorwaldsen,
welcher sonst ein grosser Thier-, besonders Hundefreund war, Naturstudien gemacht. Für die wilden Thiere mag ihm die Gelegenheit
gefehlt haben. Selbst als er die Zeichnung für den Löwen zu Luzern,
das zu Ehren der beim Tuileriensturm gefallenen Schweizer errichtete
Denkmal, entwarf, hatte er noch keinen Löwen gesehen, und deshalb
darf man nachsichtig über die grotesken Löwen- und Tigergestalten des
Alexanderzuges hinwegsehen, wenngleich Thorwaldsen seiner mangelnden
Naturanschauung durch Benutzung von Abbildungen hätte nachhelfen können. Aber für Pferde und Schafe, welche letztere besonders naiv ausgefallen sind, fehlte es ihm nicht an Modellen. Die Pferde bildete er einfach
den Kolossen des Monte Cavallo und den stilisirten Mustern des Parthe-
nonfrieses nach. Wenn dem ersten, im Quirinal befindlichen Exemplar
des Frieses, nach welchem die Marmorausführung für den Grafen Sommariva gearbeitet worden ist, die theatralische Haltung des auf dem Triumphwagen stehenden Alexander zum Vorwurf gemacht wurde, so lässt sich
derselbe ebensosehr gegen die zweite, im Schlosse Christiansborg zu
Kopenhagen befindliche Redaction dieser Gruppe erheben. Thorwaldsen
war übrigens selbst der Ansicht, dass es ihm auch in der Umarbeitung
nicht gelungen wäre, »das Theatralische der Stellung zu entfernen.«
Dieses zweite, nach Thorwaldsens Gipsmodell später in Marmor ausgeführte Exemplar des Alexanderzuges ist bei dem Brande des Schlosses
Christiansborg im Jahre 1884, welchem viele andere Kunstwerke, darunter
auch Gemälde Abildgaards, zum Opfer fielen, glücklich der Vernichtung
entgangen, ein Beitrag mehr zu dem Glauben der Dänen, dass Thor-

waldsen und seine Werke unter dem besonderen Schutze der Vorsehung ständen. Reber hat bereits auf den Missbrauch hingewiesen, welcher von den Verehrern des Meisters mit den geringfügigsten Zufällen getrieben worden ist, aus denen man die Thatsache dieses göttlichen Schutzes herleitete. Eine begnadete, vor vielen anderen bevorzugte Künstlernatur ist Thorwaldsen freilich gewesen. Bis in sein hohes Alter hinein blieb ihm die Frische des Geistes und die Fertigkeit der Hände erhalten. Aber er durfte mit gerechtem Stolze von sich sagen, dass er durch unablässige Thätigkeit der Schmied seines Glückes geworden. Wenn ihm auch eine ausserordentliche Leichtigkeit des Schaffens mitgegeben war und wenn er auch bei den vorwiegend formalen Eigenschaften seiner Werke nur einer verhältnissmässig kurzen Zeit zur Ausreifung einer Schöpfung bedurfte, so ist die Zahl seiner Werke trotzdem eine erstaunlich grosse. An Fruchtbarkeit ist er nur mit Rubens, mit Canova und mit David d'Angers zu vergleichen. Thiele zählt in seinem chronologischen Verzeichniss der Werke Thorwaldsens nicht weniger als 470 Nummern (Gruppen, Statuen, Büsten, Reliefs, Skizzen, Entwürfe) auf, und unter vielen dieser Nummern sind mehrere Werke begriffen, so dass man die Zahl seiner Arbeiten auf mindestens 550 veranschlagen darf.

Die dritte Gruppe seiner Reliefs, welche die Schöpfungen allegorischen und idyllischen Inhalts umfasst, ist die anziehendste. Reliefs wie die populären Gegenstücke »Nacht« und »Morgen«, die »vier Jahreszeiten«, die »Alter der Liebe«, die »Caritas«, »Anakreon und Amor«, das »Amorinennest«, »Glaube, Liebe, Hoffnung« werden Thorwaldsens Ruhm auch in Zeiten erhalten, wo sich die Kenntnisse von dem wirklichen Charakter und Umfang der antiken Kunst, welche Thorwaldsen doch nur sehr einseitig aufgefasst hat, noch mehr erweitert und vertieft haben werden, als es bereits heute der Fall ist. In seinen Reliefs ist Thorwaldsen der Antike am nächsten gekommen. Nach den Vorstellungen, die wir uns nach der Ueberlieferung und nach muthmaasslichen Kopien von der praxitelischen Kunst früher gebildet hatten, wären wir geneigt gewesen, ihn mit diesem Vertreter griechischer Plastik zu vergleichen. Nachdem wir aber in dem olympischen Hermes ein Originalwerk des griechischen Meisters kennen gelernt haben, können wir uns überzeugen, welcher Abstand immer noch zwischen der edlen Einfachheit und hoheitsvollen, gesunden Anmuth des Griechen und der modernsentimentalen, hie und da zu unedler, niedriger Formenwahl neigenden Anschauung des Dänen besteht. Noch weiter bleibt der letztere hinter dem Griechen zurück, wenn man die Köpfe seiner Figuren auf den Aus-

druck geistigen Lebens und tieferer Beseelung hin prüft. Auch die gefeiertsten seiner Statuen, wie der »Adonis«, der »Merkur«, »Ganymed«,
der stehende wie der den Adler tränkende, der »Hirtenknabe«, »Amor
mit dem Schmetterling«, »Venus«, »Psyche«, »Hebe«, bedeuten geistig
so gut wie nichts. Der Gesichtsausdruck der männlichen Figuren hat
etwas Träges und Blödes, und auf den Zügen der weiblichen Figuren
ruht entweder ein ziemlich stereotyper Ausdruck wohl temperirter
Heiterkeit oder sinnigen Nachdenkens, womit sich die Fähigkeit Thorwaldsens, seelische Zustände zu offenbaren, erschöpft zu haben scheint.
Wir haben schon oben erwähnt, dass Thorwaldsen, wo er in mythologischen Figuren direkt mit Canova wetteiferte, bisweilen den Kür-
zeren zog. So besonders in der Gruppe der »Grazien«, bei welcher
Thorwaldsen, wohl in der Absicht, nach Canova noch eine völlig originale Komposition zu Stande zu bringen, von seinem sonst so stark
entwickelten Feingefühl für Schönheit und Eurhythmie des Gruppen-
umrisses und der Figurensilhouette völlig abwich, und in der Figur der
»Venus«. Wenn Jemand von der Venus Canovas gesagt hatte, sie
machte im Gegensatz zu der mediceischen Venus den Eindruck einer
ausgekleideten Kammerzofe, so lässt sich dasselbe Urtheil in gleichem
oder noch höherem Grade auf Thorwaldsens Venus anwenden. Es ist
auffallend, dass in dieser und in anderen mythologischen Frauengestalten
Thorwaldsens so wenig von der göttlichen Hoheit des Weibes, ge-
schweige denn von der Majestät der Göttin zum Ausdruck kommt. Der
Künstler stand so sehr im Banne seiner klassischen Vorbilder, die sich
zum grössten Theile doch aus Arbeiten der römischen Kaiserzeit zu-
sammensetzten, dass er auf den Reflex von Gedanken und Stimmungen,
ja auf Mannigfaltigkeit der Individualisirung verzichtete, auch wenn er
die Fähigkeiten dazu besessen hätte. Die geistig bedeutenden Frauen,
mit welchen er innigen oder doch lebhaften Verkehr gepflogen, haben
in seinen Werken keine Spur hinterlassen. Wenn er daher den Alten
nahe oder gar gleichgekommen ist, wie der Enthusiasmus seiner Zeitgenossen behauptet, so darf man diese Annäherung nur in Bezug auf
Thorwaldsens geläuterten Geschmack und seine Durchbildung der Form
gelten lassen. Wie weit dieser »nachgeborene Grieche« vom Geiste der
wirklichen Griechen entfernt war, vermögen erst wir zu beurtheilen,
denen der Erdboden ganz andere Schätze klassischer Kunst herausgegeben hat, als sie Thorwaldsen zu Gesichte bekam.

Dass der Künstler nach den Grundsätzen, denen er einmal zu folgen
entschlossen war, als Portraitbildner nicht die höchsten Ziele dieses
Kunstzweiges in ihrem vollen Umfange erreichen konnte, ist selbstver-

ständlich. Auch hier blieb er seinem Hange zu allgemeiner Idealisirung
treu, ohne sich, wie es doch bei seiner wesentlich nachahmenden Thätigkeit folgerichtig gewesen wäre, durch den Realismus der altrömischen
Portraitplastik beeinflussen zu lassen. Thorwaldsens Natur hatte durchaus nichts revolutionäres an sich, und auf dem Gebiete der Portrait-
bildnerei hätte er es am wenigsten gewagt, mit der Ueberlieferung zu
brechen, zumal seine Auftraggeber auch nichts anderes verlangten, sondern höchlich mit einer verbesserten und gereinigten Auflage des Canova-
stiles zufrieden waren. Die abstrakt-idealistischen Bestrebungen hielten
damals alle Geister so sehr gefangen, dass etwaige Versuche, an den
Realismus der späteren Römer oder gar an die unbarmherzige Naturwahrheit der Italiener des fünfzehnten Jahrhunderts anzuknüpfen, grau-
sam verlacht worden wären. Thorwaldsen brachte soviel Anmuth, Fein-
fühligkeit und Galanterie mit, dass die Besteller mit seinen Büsten ebenso
zufrieden sein konnten wie mit den idealisirten Bildnissen von Schick.
In der Gewandung seiner weiblichen Portraitfiguren Fürstin Baryatinski,
Prinzessin Karoline Amalie von Dänemark suchte sich Thorwaldsen so
eng als möglich an die antike Tracht anzuschliessen, wobei ihm die damalige Mode sehr zu Statten kam. Männliche Personen, namentlich
wenn sie für Grabdenkmäler bestimmt waren, stellte er ohne weiteres
in antikem Kostüme dar. In der Komposition und plastischen Ausschmückung von Grabdenkmälern steht Thorwaldsen übrigens ganz unter
dem Einflusse Canovas, der durch seine prachtvollen, mit allegorischen
Figuren reich ausgestatteten, in malerischem Sinne concipirten Monumente den Geschmack der damaligen Zeit beherrschte. Dies zeigt sich
besonders in Thorwaldsens Hauptwerken dieser Gattung, dem Grabmal
für Papst Pius VII. in der Peterskirche zu Rom und demjenigen für den
Herzog Eugen von Leuchtenberg in der Michaelskirche zu München.
Die Portraitfiguren entbehren jeder schärferen Individualisirung, und die
Personifikationen der Tugenden, Wissenschaften und Begriffe, welche
diese Denkmäler beleben sollen, sind trockene Allegorien, obwohl es Thorwaldsen doch bei anderen Gelegenheiten gelang, z. B. bei jenen Reliefs
des Morgens und der Nacht, derartige Versinnlichungen von abstrakten
Vorstellungen in lebensfähige, natürliche Wesen zu verwandeln. Zu
Denkmälern, welche auf öffentlichen Plätzen aufgestellt werden sollten,
fehlte Thorwaldsen das Gefühl für monumentale Würde und für Majestät
des Charakterausdrucks, wenn er sich nicht, wie bei dem Monumente
des Fürsten Poniatowsky für Warschau, eng an antike Vorbilder, hier
an die Reiterstatue Mark Aurels, anschloss. Die sitzende Figur des
Kopernikus in Warschau, die Schillerstatue in Stuttgart, die Statue Guten-

bergs in Mainz und Lord Byrons in Cambridge, sowie das Reiterstandbild des Kurfürsten Maximilian I. in München stehen unter dem Banne
der Zeit, welcher Thorwaldsen unterthan war, während sich Rauch in
der schärferen Luft der preussischen Hauptstadt allmälig davon befreite.
Thorwaldsens Denkmäler lassen ohne Rücksicht auf den Charakter der
dargestellten Persönlichkeit die sinnvolle Empfindsamkeit, die sentimentale Resignation und die träumerische Selbstvergessenheit, das kontemplative Element und die gedankenlose Schönheit in den Vordergrund
treten, und daraus erklärt es sich auch, dass seine Zeitgenossen ihm
mit begeisterungsvollem Verständniss entgegenkamen.

Thorwaldsens Leben floss, wenn wir von den oben erwähnten
Stürmen absehen, welche sein Herz bewegten, ohne tiefeinschneidende
oder dramatische Ereignisse dahin. Nur vier grosse Reisen brachten
eine Abwechslung in sein arbeitsames Dasein. Die erste, welche ihn
nach der Heimath führte, trat er am 14. Juli 1819 an. Er ging über
Florenz, Mailand und den Simplon nach Luzern, wohin ihn die Angelegenheit des Löwendenkmals rief, dann über Stuttgart, Köln, Hamburg, Schleswig (hier fand die schon geschilderte Begegnung mit Carstens' Vetter Jürgensen statt) nach Kopenhagen, wo er am 3. Oktober
eintraf und mit Auszeichnung empfangen wurde. Es wurde ihm eine
Wohnung im Schlosse von Charlottenborg, dem Sitze der Kunstakademie,
eingerichtet, die Akademie gab ihm unter Theilnahme der ganzen Stadt
ein grosses Fest, und der König, der ihn zur Tafel geladen hatte, verlieh
ihm den Titel eines Staatsraths. In Kopenhagen war Thorwaldsen nicht
unthätig. Man zog ihn bei allen Kunstangelegenheiten zu Rathe, und
namentlich war es die plastische Ausschmückung der neu aufgebauten
Frauenkirche, welche ihn lebhaft beschäftigte. Er fertigte schon damals
die Entwürfe an, die später nach seinen Skizzen in Rom von Schülern
ausgeführt wurden. Er selbst beschränkte sich auf die bereits erwähnte
Kolossalstatue des segnenden Christus in der Apsis, der von den Figuren der zwölf Apostel umgeben ist. Das Giebelfeld der Kirche
schmückt eine aus vierzehn Statuen bestehende, in Terrakotta ausgeführte Gruppe »die Predigt Johannes des Täufers in der Wüste«, bei
deren Komposition Thorwaldsen die Kenntnisse verwerthete, welche er
bei der mit grosser Gewissenhaftigkeit durchgeführten Restauration der
aeginetischen Giebelfiguren für den Kronprinzen von Bayern erworben
hatte. Ueber dem Portal der Frauenkirche ist Christi Einzug in Jerusalem dargestellt, hinter dem Altar ist ein zweiter Fries »Christi Wanderung nach Golgatha« angebracht, und an den Seiten befinden sich
noch zwei Reliefs: »Christi Taufe« und die »Einsetzung des Abend-

mahls«. Am 11. August 1820 verliess Thorwaldsen Kopenhagen und begab sich über Berlin und Dresden, wo er ebenfalls mit Ehren empfangen wurde, nach Warschau. Dorthin riefen ihn die Verhandlungen mit einem Comité, welches die Errichtung eines Denkmals für den Fürsten Poniatowsky beschlossen hatte. Dasselbe wurde im Jahre 1830 enthüllt, aber bald darauf, in Folge der Revolution, von der russischen Regierung bei Seite geschafft. Dort fand er auch Gelegenheit, eine Büste des Kaisers Alexander, welcher sich gerade in Warschau aufhielt, zu modelliren, und zugleich wurde ihm die Ausführung des Kopernikusdenkmals übertragen. Von Warschau ging Thorwaldsen über Krakau nach Wien, und von hier kehrte er nach Rom zurück, wo er am 16. December 1820 anlangte.

Die zweite Reise führte Thorwaldsen im Januar 1830 nach München, wo er der Enthüllung des Grabdenkmals des Herzogs von Leuchtenberg, des Schwagers des Königs, in der Michaelskirche beiwohnte. Als bald nach seiner Rückkehr nach Rom in Frankreich die Revolution ausbrach und auch Italien von der revolutionären Bewegung ergriffen wurde, fasste Thorwaldsen, dessen friedlicher Sinn durch die politischen Wirren beunruhigt wurde, zum ersten Male den Entschluss, Rom zu verlassen und den Rest seines Lebens in seiner Heimath zuzubringen, wohin ihn schon oft ehrenvolle Einladungen gerufen hatten. Aber erst die Cholera, welche in den Jahren 1837 und 1838 wüthete, brachte diesen Entschluss zur Reife. Er benachrichtigte seine Freunde in Kopenhagen davon, und in Folge dessen gab der König den Befehl, eine dänische Fregatte nach Livorno abzusenden, welche Thorwaldsen, seine Werke und Kunstsammlungen, die er testamentarisch unter der Bedingung, sie in einem besonderen Museum zu vereinigen, seiner Vaterstadt vermacht hatte, der Heimath zuführen sollte. Am 13. August 1838 ging Thorwaldsen an Bord der Fregatte »Rota« und am 17. September traf er in Kopenhagen ein, wo man ihm einen Empfang bereitete wie einem heimkehrenden Triumphator, der das Vaterland aus schwerer Gefahr gerettet. Der Drang der Dänen, sich ein Opfer für ihre nationale Begeisterung auszusuchen, fand endlich eine volle und durch keine Kritik getrübte Befriedigung. Von jetzt ab war Thorwaldsens Leben in Kopenhagen eine ununterbrochene Kette von Ovationen, Ehrenbezeigungen und Einladungen, welche ihn zerstreuten und von seiner Thätigkeit abzogen, die er jetzt vornehmlich der weiteren Ausschmückung der Frauenkirche widmete, welche über das ursprüngliche Programm noch ausgedehnt worden war. So sollten u. a. in der Vorhalle die Marmorstatuen von Luther und Melanchthon aufgestellt werden, und die Büste des ersteren war das letzte Werk, welches Thorwaldsen

unter den Händen hatte, als ihn der Tod abrief. Ganz ohne Unterbrechung war sein Aufenthalt in Kopenhagen jedoch nicht. Um sich
dem Ansturm lästiger Bewunderer zu entziehen, hielt er sich zeitweilig
auf einem Landgute des Barons von Stampe in Nysöe auf, wo man ihm
ein eigenes Atelier erbaut hatte und wo er u. a. seine eigene Portrait-
statue ausführte, deren linker Arm sich auf die archaistische, für die
Humboldtsche Begräbnissstätte in Schloss Tegel bei Berlin gearbeitete
Statue der Hoffnung stützt. In Gemeinschaft des Barons Stampe und
seiner Familie unternahm Thorwaldsen auch im Mai 1841 noch eine
Reise nach Rom, wo er einige Arbeiten unvollendet zurückgelassen
hatte. Er richtete seine Reiseroute so ein, dass er über Berlin, Dresden
und Leipzig, wo er wieder den Anlass zu glänzenden Festen und Ovationen gab, diejenigen Städte besuchte, welche öffentliche Denkmäler
von seiner Hand besassen: Frankfurt am Main (Goethe), Mainz (Guten-
berg), Stuttgart (Schiller), München (Kurfürst Maximilian I.) und Luzern
(Löwe). Auch diese Besuche wurden zu einer ununterbrochenen Kette
von Triumphen, welche den Greis am Ende doch sehr angriffen. Erst
am 12. September traf er in Rom ein, wo die Ovationen aber von
neuem begannen, so dass er zwei Monate lang nicht zur Arbeit kommen
konnte. Erst im Oktober 1842 kehrte er nach Kopenhagen zurück, wo
inzwischen das nach den Plänen des Architekten Bindesböll erbaute
Museum zur Aufnahme seiner Werke vollendet worden war, in dessen
Mitte er begraben werden sollte. Wenn seine Kraft jetzt auch in der
technischen Durchführung der Modelle merklich nachliess, so war seine
Phantasie doch bis zu seinem Tode in Erzeugung von Skizzen und Entwürfen unablässig thätig. Das Glück, welches ihn sein Leben lang be-
hütet hatte, blieb ihm auch bis zu seinem Tode treu. Ein Jahr vor
demselben hatte der Dichter Andersen Thorwaldsen erzählt, dass der
Admiral Wolff im Theater plötzlich krank geworden und auf der Heim-
fahrt im Wagen gestorben wäre. Statt jedoch über dieses Zusammentreffen erschreckt zu sein, rief Thorwaldsen aus: »Wohlan, ist das nicht
ein schöner und beneidenswerther Tod?« Dasselbe Loos sollte ihm zu
Theil werden. Am Sonntag dem 24. März 1844 holte ihn die Baronin
Stampe, seine treueste Freundin, zum Mittagsessen ab. Während desselben kam das Gespräch auf sein Museum, und er äusserte: »Nun kann
ich gern sterben — Bindesböll ist mit meinem Grabe fertig.« Als er
bald darauf ins Theater ging, begegnete ihm dieser Architekt und grüsste
ihn. Kaum hatte sich Thorwaldsen im Parterre neben dem Dichter
Oehlenschläger niedergelassen, als ihn ein Herzschlag traf. Man brachte
ihn schnell hinaus, und ein Arzt öffnete ihm eine Ader, jedoch ver-

gebens. Am 30. März wurde er mit königlichem Glanz in einer Kapelle der Frauenkirche vorläufig beigesetzt und am 6. September 1848 im Hofe des Thorwaldsen-Museums bestattet.

Während einer mehr als vierzigjährigen Thätigkeit in Rom konnte es nicht fehlen, dass sich um Thorwaldsen eine grosse Zahl von Künstlern aller Nationen schaarte, welche sich theils als Schüler, theils als Gehülfen an ihn schlossen oder auch nur durch seine Werke von ihm beeinflusst wurden. Es ist selbstverständlich, dass bei einer so ausgedehnten Thätigkeit — Thorwaldsen liess sich nur selten einen Auftrag entgehen -- die Werke des von der ganzen Welt bewunderten Meisters fruchtbringende Anregungen überallhin verbreiteten. Gleichwohl ist von einer Schule Thorwaldsens bei weitem nicht in dem Sinne zu reden wie von einer Schule Rauchs. Thiele zählt über vierzig Künstler auf, welche bis in die zwanziger Jahre hinein Thorwaldsens Schüler oder Mitarbeiter gewesen waren. Indessen hat sich nur eine kleine Zahl derselben einen Namen gemacht, und von diesen haben sich noch einige von Thorwaldsen entfernt, die Italiener, um theils Elemente von Canova aufzunehmen, theils sich später einer realistischen Naturanschauung anzuschliessen, die Deutschen, um in die Bahnen Rauchs einzulenken, welcher selbst das Beste von Thorwaldsens Kunst mit der seinigen verschmolzen hatte. Von den italienischen Schülern des dänischen Meisters sind Luigi *Bienaimé* und Pietro *Tenerani* zu nennen, welcher letztere den Stil Thorwaldsens in Italien am längsten lebendig erhalten und durch seine Lehrthätigkeit auf die Entwicklung der italienischen Plastik einen solchen Einfluss geübt hat, dass wir ihn in der Italien gewidmeten Abtheilung dieser Geschichte noch näher charakterisiren werden. Der Niederländer Matthias *Kessels* (1784—1836) hat sich vorzugsweise durch zwei bei Thorwaldsen ausgeführte Basreliefs »Tag« und »Nacht«, eine Statue des von Pfeilen durchbohrten hl. Sebastian, einen Diskuswerfer, einen pfeilschärfenden Amor, einen Christuskopf und eine Szene aus der Sündfluth bekannt gemacht. Letztere Gruppe, welche einen Mann darstellt, der mit verzweiflungsvoller Anstrengung sein ertrinkendes Weib auf einen Felsen emporzuziehen sucht, während ein Kind die Mutter umschlungen hält, deutet in ihrer malerischen Auffassung und ihrer naturalistischen Behandlung bereits auf eine neue, von der idealistischen Richtung Thorwaldsens sich abwendende Epoche der Bildhauerkunst. Aus der Zahl der deutschen Schüler Thorwaldsens sind Ludwig von *Hofer* (geb. 1801), Eduard Schmidt von der *Launitz* (1797—1869) und Emil *Wolff* (1802 bis 1879) zu nennen, von denen freilich keiner durch eine über das Mittelmaass reichende Begabung ausgezeichnet ist. Ludwig von Hofer

ging 1823 nach Rom, wo er fünf Jahre lang in Thorwaldsens Atelier
thätig war und u. a. dessen Engel mit dem Taufbecken für die Frauenkirche in Kopenhagen ausführte. Im Jahre 1838 in die Heimath zurückgekehrt, erhielt er den Auftrag, für den Schlossgarten zu Stuttgart zwei
Kolossalgruppen von Rossebändigern anzufertigen, welche im Jahre 1848
aufgestellt wurden. Inspirirt durch die Dioskuren auf dem Monte Cavallo in Rom hat Hofer zwei Werke geschaffen, welche durch die Lebendigkeit der Darstellung und die Feinheit der Durchführung die ähnlichen
Bronzegruppen des russischen Bildhauers Baron von Klodt auf der Lust-
gartenterrasse des Berliner Schlosses weit übertreffen. Der Schlossgarten
in Stuttgart verdankt Hofer noch einen weiteren Schmuck durch eine
den Raub des Hylas darstellende Gruppe und durch eine Anzahl von
Marmorkopien berühmter Statuen des Alterthums und der Neuzeit. Für
Stuttgart schuf er ferner das bronzene Reiterstandbild des Herzogs Eberhard im Bart (im Hofe des alten Schlosses), eine Statue der Concordia
auf der Jubiläumssäule und für Ludwigsburg das Reiterdenkmal des
Königs Wilhelm von Württemberg. Später siedelte er wieder nach Rom
über und war hier trotz seines Alters so thätig, dass er noch im Jahre
1880 eine grosse, den Raub der Proserpina schildernde Gruppe in Marmor vollenden konnte. Für den Mangel an Originalität und schöpferischer Phantasie muss in seinen Werken die Gediegenheit und Sorgsamkeit der Ausführung entschädigen. Eduard Schmidt von der Launitz
hatte sich schon längere Zeit dem Studium der Rechtswissenschaft gewidmet, bevor er auf Veranlassung Fiorillos zur Kunst überging. In
Rom war er unter Thorwaldsens Leitung an der Ergänzung der aeginetischen Giebelgruppen betheiligt, wozu Thorwaldsen nur die Gips-
modelle lieferte, während seine Schüler nach denselben die einzelnen
Körpertheile in Marmor ausführten. Auf diese Weise mit der Formenbehandlung der Antike vertraut gemacht, versuchte sich von der Launitz
in eigenen Schöpfungen, einem Merkur, einer Venus und einer Muse.
In Rom schuf er auch die Büste Mösers für die Walhalla bei Regensburg. Nach Deutschland zurückgekehrt, nahm er seinen Wohnsitz in
Frankfurt am Main, wo er mit kurzen Unterbrechungen bis an sein
Lebensende blieb. Er theilte seine Thätigkeit zwischen anatomischen
und kunstgeschichtlichen Vorlesungen am Städelschen Institut und zwischen der Ausführung von Grab- und anderen Denkmälern und von
dekorativen Arbeiten, unter denen das Gutenberg-Denkmal in Frankfurt
am Main die erste Stelle einnimmt. Auch er verliess allmälig die Thorwaldsensche Eleganz, um nach stärkerem Charakterausdruck zu streben,
und gab auch seiner Formensprache schliesslich ein naturalistisches Ge-

präge. Seine »Wandtafeln zur Veranschaulichung antiken Lebens und antiker Kunst« werden als ein nützliches Lehrmittel geschätzt. Emil Wolff ist in seinen mythologischen Figuren der idealistischen Auffassung seines Meisters bis an sein Ende treu geblieben. Er hat die Art Thorwaldsens am weitesten bis in unsere Zeit hinein geführt, ohne sich im geringsten durch die naturalistische Strömung der Gegenwart beeinflussen zu lassen. Darin begünstigte und bestärkte ihn freilich der Umstand, dass er seit 1822, wo er in Rom eintraf, die Tiberstadt nicht mehr verlassen hat. Er hatte sich in Rom so eingebürgert, dass er 1871 zum Präsidenten der Akademie von San Luca erwählt wurde, eine für einen Fremden doppelt ins Gewicht fallende Auszeichnung, welche auch Thorwaldsen zu Theil geworden war. Emil Wolff hatte seine Lehrzeit in Berlin unter Gottfried Schadow begonnen. Als er Berlin verliess, war er jedoch noch zu jung, als dass der Realismus der Schadowschen Schule entscheidend auf ihn eingewirkt hätte. Unter der Leitung Thorwaldsens gab er sich freudig dem Studium der Antike und dem Idealismus hin. Anfangs erprobte er sein Können in annmuthsvollen Genrefiguren, einem Krieger, der sich die Beinschienen anlegt, einem Jäger, einem Schäfer, einer Schäferin, einem Fischer, einer Spinnerin u. dgl. m., und erst seit dem Anfang der dreissiger Jahre begann er mythologische Motive zu behandeln. So entstanden in rascher Folge bis 1841 »Telephus von der Hirschkuh gesäugt«, die »Jagdnymphe«, »Hebe von Ganymed unterrichtet«, »Achill und Thetis«, »Amor mit der Löwenhaut«, die verwundete, von einer Gefährtin unterstützte »Amazone«, »Diana«, »Psyche mit der Büchse der Pandora« und »Prometheus«. Dann erhielt Wolff aus der Heimath einen grösseren monumentalen Auftrag, indem man ihn mit der Ausführung einer der acht für die Schlossbrücke in Berlin bestimmten Marmorgruppen betraute. Diese Gruppen sollten die Erziehung eines Kriegers und seine irdische Laufbahn durch Kampf und Sieg bis zur Aufnahme in den Olymp darstellen. Auf Wolff entfiel die erste derselben, die Siegesgöttin, welche den Knaben zur Nacheiferung anspornt, indem sie ihm einen Schild mit den Namen Caesar, Alexander und Friedrich vor Augen hält. Da diese Gruppe also gewissermaassen den Geschichtsunterricht versinnlichen soll, durfte Wolff nur an seine Hebe- und Ganymedgruppe anknüpfen, in welcher ebenfalls der Gegensatz eines voll entwickelten weiblichen Körpers zu dem eines Knaben behandelt war. Das Heroische lag ausserhalb seines Kunstcharakters, und so gab er auch jener Einleitung zu dem Cyklus kriegerischer Momente ein familiär-idyllisches Gepräge, welches durch die elegante und geschmeidige Marmorausführung noch mehr betont wurde. Dieser Richtung blieb er auch in seinen folgenden Schöpfungen, der »Tochter des Nereus«, dem »Achilles am Grabe des Patroklos«, »Jephtha und seine Tochter«, »Psyche nach Amors Flucht« und der »Judith« (Berliner Nationalgalerie) treu.

Zu den deutschen Schülern Thorwaldsens im weiteren Sinne kann man auch Rudolf *Schadow* (1786—1822), den Sohn Gottfrieds, rechnen, welcher mit seiner Ankunft in Rom 1810 unter dem Einflusse Canovas und Thorwaldsens ganz andere Bahnen einschlug, als sie ihm in der realistischen Lehre seines Vaters vorgezeichnet worden waren. Ein über das Urtheil nachsinnender »Paris« entfernte sich bereits durch seine anmuthige Haltung von der väterlichen Richtung, noch mehr die Genrefiguren der »Sandalenbinderin« und der »Spinnerin«, welche seinen Ruf begründeten und von ihm mehrere Male wiederholt werden mussten. Obwohl ihm nur ein kurzes Leben beschieden war, vollendete er ausserdem noch eine ganze Reihe ähnlicher Arbeiten, ein Mädchen mit einer Taube, eine Diana, einen Bacchus, eine Tänzerin, einen Diskuswerfer, und sein letztes Werk, einen Achilles mit dem Körper der Penthesilea, brachte nach dem Modell Emil Wolff zur Ausführung, der nach dem Tode Rudolf Schadows nicht nur dessen Atelier übernahm, sondern auch dessen geistiger Erbe wurde.

Wie Schadow erfuhren auch noch andere deutsche Bildhauer die Einwirkung Thorwaldsens, ohne zu dessen Atelier in nähere Beziehung zu treten. namentlich diejenigen, welche sich längere Zeit in Rom aufhielten oder dort ihren dauernden Aufenthalt nahmen. Bei Johann Martin *Wagner* aus Würzburg (1777—1858), welcher in diesem Kreise deutsch-römischer Bildhauer als der erste genannt werden muss, war der Einfluss Thorwaldsens nicht so tiefgreifend wie bei manchen der jüngeren Künstler. Er stand dem dänischen Künstler nur um wenige Jahre im Alter nach und hatte bereits als Maler, zu welchem er sich unter Füger auf der Wiener Akademie ausgebildet hatte, Hervorragendes geleistet, als er im Jahre 1804 nach Rom kam. Für eine Komposition »Odysseus den Polyphem berauschend« hatten ihn die Weimarischen Kunstfreunde sogar mit einem ersten Preise ausgezeichnet, und während der ersten Jahre seines Aufenthalts in Rom blieb er noch der Malerei treu, freilich schon mit starker Hinneigung zu einer mehr plastischen Formengebung. In Rom malte er u. a. ein grosses Bild »die Helden vor Troja« und führte eine Komposition zu Schillers »Göttern Griechenlands« aus, welche bereits einen ganz reliefartigen Charakter besitzt. Sein vollständiger Uebergang zur Bildhauerkunst erfolgte aber erst durch zwei Reisen nach Griechenland, welche er in den Jahren 1812 und 1813 unternahm, um daselbst antike Kunstwerke für den Kronprinzen von Bayern zu erwerben. Hier gelang es ihm u. a.,

für seinen fürstlichen Auftraggeber in den Besitz der äginetischen Giebelgruppen zu gelangen, und die von Thorwaldsen geleitete Ergänzung der
Figuren brachte ihn mit diesem in engen Verkehr. Er zog daraus zunächst für die Komposition seiner Reliefs, des Centauren- und Lapithen-
kampfes am Eingang der Reitschule in München und des grossen, aus
acht Feldern bestehenden Frieses für die Walhalla bei Regensburg, Vortheil, welcher letztere die älteste Geschichte der germanischen Stämme
bis zur Einführung des Christenthums schildert. Thorwaldsen hatte eben
neue Gesetze für den Reliefstil aufgestellt, und seiner praktischen Beweis-
führung vermochte sich Niemand zu entziehen, wenngleich Wagner in
der Durchführung und Charakteristik der einzelnen Figuren seine eigenen
Wege ging. Thorwaldsen hatte stets eine Abneigung gegen die Gestalten
der nordischen und germanischen Mythe gehabt in dem richtigen Gefühl,
dass dieselben der plastischen Gestaltung widerstreben, weil die Phantasie der Dichter, welche uns dieselben überliefert haben, keine plastische
war.  Diese weit über das menschliche Maass bis zur Ungeheuerlichkeit
gesteigerten Wesen entziehen sich ebensosehr der plastischen wie der
malerischen Gestaltung, und Thorwaldsen war klug genug, einzusehen,
dass er bei dem Herantreten an diese Aufgabe, so oft ihn auch der Patriotismus seiner Landsleute dazu drängte, seinen Ruhm auf das Spiel
setzen würde.  Seine Schüler Bissen und Freund haben dieses Wagniss
unternommen, weil sie einerseits das Beispiel Thorwaldsens nicht zu
fürchten brauchten und andererseits des Beifalls der Dänen im Voraus
sicher waren. Dieser ist ihnen auch zu Theil geworden; aber es ist ihnen
ebensowenig wie allen späteren Bildhauern und Malern gelungen, überzeugende und volksverständliche Verkörperungen jener Götter und Helden
aus dem nordisch-germanischen Sagenkreise zu Stande zu bringen, weil
eben die dichterische Phantasie der plastischen zu wenig vorgearbeitet hat.
Wagner konnte sich in seinem Walhallafriese, dessen Ausführung ihn bis
1837 in Anspruch nahm, wenigstens noch an das reale Leben halten, und
er hat wirklich einen ernsten Anlauf zu energischer, lebenswahrer Darstellung genommen, die freilich hie und da, wie jede Neuerung, zur Uebertreibung des Charakteristischen neigt.  Er wollte eben bieten, was die
Einsichtigen schon damals bei Thorwaldsen vermissten: Mannigfaltigkeit der
Charakteristik und der Individualisirung.  Jedenfalls besass Wagner ein
volles Verständniss für dekorative und monumentale Wirkung, welches er
namentlich in seinem Modell für die kolossale Gruppe der Bavaria auf ihrem
von vier Löwen gezogenen Triumphwagen über dem Siegesthor in München
bekundete.  Ein eigentlich schöpferisches Talent war er ebensowenig wie
alle Künstler, welche im Gefolge Thorwaldsens einherschritten.

Zu Anfang der fünfziger Jahre kam zu Wagner nach Rom ein junger, aus Unlingen stammender Württemberger Namens Joseph *Kopf* (geb. 1827), der Sohn eines Ziegelbrenners, welcher sich als Holzschnitzer, Maurer und Handarbeiter mühsam nach München, dann nach Freiburg und schliesslich bis nach Rom hindurchgearbeitet hatte. Vorher hatte er einigen Unterricht auf der Zeichenschule in Biberach gehabt, war dann bei dem Bildschnitzer und Steinmetz Sickinger in München und zuletzt bei dem Bildhauer Alois Knittel in Freiburg thätig gewesen, wo er sich mit der Sandsteintechnik vertraut gemacht hatte. In Rom war er zunächst genöthigt, sich seinen Unterhalt durch Schnitzereien für Kirchen und für Möbelhändler zu verdienen, erwarb aber soviel, dass er sich auf der Akademie von San Luca weiter ausbilden konnte. Nachdem er durch das Modell einer sitzenden Christusfigur das Interesse des Cornelius erregt, erhielt er auf dessen und Overbecks Verwendung ein Stipendium aus seiner Heimath und den Auftrag, für den König von Württemberg eine Gruppe, die »Verstossung der Hagar«, auszuführen. Er schloss sich darauf an Wagner an und arbeitete unter seiner Leitung eine Statue der hl. Agnes, eine Nemesis, eine Fortuna und ein Urtheil Salomos. Die eigenthümliche Art seiner auf die Darstellung des Anmuthigen und der formalen Schönheit gerichteten Begabung trat sodann in den »vier Jahreszeiten« zu Tage, welche sich im Besitze des Königs von Württemberg befinden. In demselben Geiste sind auch die später entstandenen Figuren eines Tritonen, einer Nymphe und einer griechischen Tänzerin behandelt. Er strebte immer mehr danach, die reine Formenschönheit nackter jugendlicher Körper, gehoben durch eine anmuthige Bewegung, zum Ausdruck zu bringen und die Wirkung körperlicher Schönheit durch alle Reizmittel einer reich ausgebildeten Marmortechnik zu unterstützen. In Gruppen wie »Joseph und die Frau des Potiphar« und »die eine Satyrherme umarmende Nymphe« gipfelt jene ausschliesslich nach Formenschönheit strebende Richtung, zu welcher Thorwaldsen den Keim gelegt hat. In einer grossen Anzahl von Portraitbüsten, unter denen diejenigen des deutschen Kaisers und der Kaiserin, des württembergischen Königspaars, Schnaases, Lübkes und Andreas Achenbachs hervorzuheben sind, tritt die dem Künstler sonst eigenthümliche Weichlichkeit der Formengebung mehr zurück. Mit Kopf eng verwandt und wie dieser nach höchster Vollendung in der Marmortechnik und nach edelster Formenbildung auf Grund eines feinen Naturgefühls strebend ist Eduard *Müller* aus Koburg, welcher ebenfalls seit Anfang der fünfziger Jahre dem Kreise der deutsch-römischen Bildhauer angehört. Er wurde 1828 in Hildburghausen geboren, kam aber schon 1830 nach Koburg, welches er daher als seine Heimath betrachtet. Er trat 1842 als Lehrling in die herzogliche Hofküche und kam erst während seiner Thätigkeit als Koch in München und Paris, wo er zuerst hervorragende Bildhauerarbeiten kennen lernte, auf den Gedanken, dass sein wahrer Beruf auf einem andern Gebiete läge. Ein Aufenthalt in Antwerpen brachte in ihm den Entschluss, sich der Bildhauerkunst zu widmen, zur Reife. Unter der Leitung von Geefs studirte er auf der Akademie und ging dann nach Brüssel, wo er die Marmorfigur eines Knaben und einer Psyche ausführte. Da ihm bald zahlreiche Portrait- und andere Aufträge zu Theil wurden, begab er sich 1854 nach Rom, wo er seinen dauernden Aufenthalt nahm. Auch er suchte seine Hauptaufgabe in der Darstellung nackter jugendlicher Gestalten, die er gern zu Gruppen vereinigte, meist so, dass er einem reifen weiblichen Körper eine noch unentwickelte Knabenfigur zur Seite stellte, wobei er auf niedrige sinnliche Reizmittel verzichtete, sondern das Motiv gleichsam durch eine unschuldige Naivetät und anmuthige Unbefangenheit idealisirte. Solche Gruppen und Figuren sind »Nymphe, den Amor küssend« (1862 und 1868), »Faun mit Maske« (1870), ein Hauptwerk, welches ihm die grosse goldene Medaille der Berliner Ausstellung einbrachte, gleich reizvoll durch die graziöse Bewegung, den schalkhaften Gesichtsausdruck, die Lebendigkeit der Charakteristik und die meisterhafte, von seiner eigenen Hand herrührende Marmorausführung, das »erwachende Mädchen« (1872), das »Geheimniss des Fauns« und die »Bacchantin, dem Amor die Flügel stutzend« (1874), der »neapolitanische Fischer« (1875), »Eva mit ihren Kindern« (1877), »das Mädchen mit den Moccoli« (aus dem römischen Carneval und die »erschreckte Nymphe«. Aus diesem mythologisch-idyllischen Kreise, der im Grunde genommen schon derjenige Thorwaldsens war, strebte er mit einer lebensgrossen Gruppe des gefesselten Prometheus mit zwei Okeaniden heraus. Diese Gruppe, welche sich in der Berliner Nationalgalerie befindet, beschäftigte ihn von 1868 bis 1879, und sie enthält auch alle Vorzüge seiner Kunst, das Beste und Edelste, was er überhaupt zu bieten vermochte. In ihr ist der Höhepunkt dessen erreicht, was die von Canova und Thorwaldsen inaugurirte, durch ein sorgfältiges und unbefangenes Naturstudium vertiefte und veredelte Richtung, gehoben durch eine virtuose Technik, überhaupt zu leisten fähig ist. Das Gewaltige, Heroische, das Titanenhafte, der trotzige Ungestüm, das Dramatische, was alles in der Prometheussage enthalten ist, liegt aber ausserhalb dieser Richtung, und deshalb hat sich Müller den Stoff nach seiner künstlerischen Eigenart zurecht gelegt. Er bietet uns eine Gruppe, welche mit höchster Eleganz und edelstem Schwung der Linien aufgebaut ist; er zeigt uns einen männlichen und zwei jugendliche Körper, welche als Muster vollkommenen Formenadels gelten können. Aber diese tadellose Eleganz entspricht nicht dem Charakter des Titanen, der mit kühner Hand den Feuerbrand vom Olympos holte und dessen Kraft nur Zeus selber bändigen konnte, indem er ihn durch Herakles mit Ketten an den Kaukasus schmieden liess. Alle Einzelnheiten sind von seltener Vollendung, ganz besonders der Körper der älteren Okeanide, welche den Arm erhebt, um den Adler von der Brust des Gefesselten abzuwehren, und ihre eben erst zur Jungfrau erblühte jüngere Schwester, welche nach vergeblicher Anstrengung ohnmächtig mit gelösten Gliedern von dem Felsen herabgeglitten ist. Diese Gestalt gehört, für sich allein betrachtet, zu den anmuthvollsten und lieblichsten Schöpfungen der modernen Plastik. Das für die Werthschätzung der ganzen Gruppe entscheidende Moment liegt aber in der Hauptfigur, und dieser gebricht es an heroischer Kraft, ein Mangel, welcher sich nicht nur aus der Eigenthümlichkeit von Eduard Müllers Begabung von selbst erklärt, sondern auch für die ganze Richtung bezeichnend ist, als deren genialster und mit allen Mitteln plastischer Formengebung am reichsten ausgestatteter Vertreter der Schöpfer der Prometheusgruppe gelten darf. Es war dieser Richtung eben nicht beschieden, einem Prometheus gleich das Feuer vom Himmel herabzuholen.

Obwohl auf der Berliner Akademie und im Atelier von Rauch ausgebildet, gehört auch Karl *Steinhäuser* aus Bremen (1813—1878) dem Thorwaldsenschen Kreise an. Er war wie Thorwaldsen der Sohn eines Holzschnitzers, und der Zufall hatte es gefügt, dass sein Vater auf seiner Wanderschaft den alten Thorwaldsen in Kopenhagen kennen lernte und zwar zu jener Zeit, als der Sohn von dem ersten Triumphe, welchen er mit seinem Jason errungen, in die Heimath berichtete. Nachdem sich Steinhäuser in Bremen verheirathet hatte und ihm dort ein Sohn geboren worden war, entstand in ihm der Wunsch, an diesem Sohne eine ähnliche Freude zu erleben wie der alte Thorwaldsen[*]. Er suchte die bald hervortretende Begabung des Knaben durch alle Mittel zu fördern, gab ihm Zeichenunterricht und lehrte ihn seine eigene Kunst, in welcher sich Karl Steinhäuser schnell eine bedeutende Fertigkeit erwarb. Er versuchte sich im Modelliren und erweckte durch einige Portraitbüsten ein solches Vertrauen, dass ihm der Senat seiner Vaterstadt die Modellirung einer Büste des aus Bremen gebürtigen Astronomen Olbers übertrug. Dieselbe fand die volle Zufriedenheit Rauchs, welcher sie mit nur geringen Veränderungen an der Gewandung in Marmor ausführte. Um

---

[*] Kunstchronik (Beiblatt zur Zeitschrift für bildende Kunst) XV. S. 220 ff.

die Ausbildung Steinhäusers zu fördern, nahm er den verheissungsvollen jungen Künstler auch 1831 in sein Atelier auf, und hier wurde
Steinhäuser sofort praktisch in das plastische Handwerk eingeweiht, indem er an der Ausführung der Rauchschen Viktorien für die Walhalla
bei Regensburg Theil nehmen durfte. Seine künstlerische Richtung
wurde jedoch keineswegs durch Rauch bestimmt. Schon seine erste
selbständige Schöpfung, die jugendliche Gestalt eines Krebsfängers,
zeigte, dass sein Gebiet die Genreplastik war, und mit voller Entschiedenheit sprach sich seine Begabung für dieselbe aus, als er 1835 nach
Rom ging und dort in Beziehungen zu Thorwaldsen trat, dessen Einfluss
ihn in dem Festhalten an der einmal eingeschlagenen Richtung bestärkte.
Wie Eduard Müller war auch ihm das Idyllische und Lyrische im Verein
mit dem Elegischen das Element seiner Kunst. Er hütete sich, heroische
Motive zu behandeln. Aber auch das Historische und Individuelle
blieben ihm fremd, und daher kam es, dass er monumentalen Portrait-
aufgaben wie den Denkmälern des Astronomen Olbers und des Bürgermeisters Smidt für Bremen und des Homöopathen Hahnemann in Leipzig
in keiner Weise gerecht zu werden vermochte. Auch die nach einer
Idee Bettinas von Arnim 1851 ausgeführte, im Treppenhause des Weimarer Museums befindliche Gruppe der Psyche, welche dem auf einem
Thronsessel sitzenden Goethe in die Saiten seiner Leier greift, ist eine
frostige, in der Ausführung reizlose Allegorie. Und doch war Steinhäuser ein Meister der Form, welcher zugleich aus dem Borne reichster
und tiefster Empfindung schöpfte. Das zeigt die lange Reihe jener an-
muthvollen Statuen, Gruppen und Reliefs, welche seit dem Ende der
dreissiger Jahre aus seinem römischen Atelier nach Deutschland kamen.
Die erste derselben war ein Mädchen, welches sich eine Muschel an das
Ohr hält und ein erstauntes Gesicht über das geheimnissvolle Brausen
macht. Es folgten ein Relief mit einer den Amor säugenden Löwin, ein
Fischerknabe, der Hirtenknabe David (Kunsthalle zu Bremen), Hero und
Leander (Schloss zu Schwerin), ein würfelnder Knabe, Judith mit dem
Haupte des Holofernes, der Violinspieler (Kunsthalle zu Bremen), eine
Genoveva, ein Blumenmädchen, eine Caritas, eine gefesselte Psyche, eine
Pandora (die letzteren beiden in der Kunsthalle zu Bremen), eine Deborah
und eine Mignon. Die Reihe dieser in ihrem geistigen Inhalte und ihrer
formalen Behandlung mit einander verwandten Schöpfungen wurde nur
durch einige religiöse Skulpturen und einige Grabmäler unterbrochen.
Dass Steinhäuser sich auch der religiösen Plastik zuwendete, war nicht
die Folge inneren Schöpfungsdranges, sondern eines äusseren Umstandes.
Auf Veranlassung seiner Frau trat er nämlich zum Katholizismus über

und in dem Eifer des Konvertiten glaubte er auch seinem neuen Bekenntniss mit seiner Kunst dienen zu müssen. Wie diejenige Thorwaldsens ging aber auch seine Kunst völlig im Geiste des Griechenthums
auf, und er hielt daher bei christlichen Darstellungen, welche mit seiner
geistigen Richtung wenig übereinstimmten, nicht lange aus. Es scheint
übrigens, dass seine Konversion im Laufe der Zeit nachtheilig auf ihn
einwirkte, da sie »eine gewisse Verbitterung und Unzufriedenheit mit
seiner Umgebung und mit den Richtungen seiner Zeit und seiner Kunst
zur Folge hatte.« Im Jahre 1864 wurde Steinhäuser an die Kunstschule
nach Karlsruhe berufen, und hier nahm auch seine schöpferische Thätigkeit einen neuen Aufschwung, der sich namentlich in den beiden im
dortigen Schlosspark befindlichen Gruppen »Hermann und Dorothea« und
»Orestes und Pylades« und in einer »Ophelia« kund gibt. Gleich seinem
Meister Thorwaldsen, an dessen Idealismus er allen realistischen Gegenströmungen zum Trotz bis zu seinem Tode festhielt, besass er auch eine
ausgezeichnete Fähigkeit in der Ergänzung antiker Skulpturen, welche
häufig von Museen in Anspruch genommen wurde. Es wird sogar behauptet, dass der nach ihm genannte, in Basel befindliche Apollokopf,
welcher angeblich von ihm in Rom entdeckt und von den Archäologen
als eine dem griechischen Originale näherstehende Vorstufe zu dem
Apollo von Belvedere erklärt wurde, ganz und gar von ihm angefertigt
worden ist, um die Gelehrten hinter das Licht zu führen. Nach einer
andern Version soll er selbst der Düpirte gewesen sein.

Während Steinhäuser immer noch ein gewisses Maass von Individualität besass, hat sich der Thorwaldsensche Stil zu einem ziemlich leeren
Spiel mit anmuthigen Formen und Stellungen in den Arbeiten der Bildhauer Emil, Karl und Robert *Cauer* verfluchtigt. Emil *Cauer* (1800
bis 1867), welcher seine Ausbildung im Atelier Rauchs in Berlin erhalten
hatte, wusste seinen Portraitbüsten und historischen Figuren wie Karl V.,
Hutten, Sickingen, Melanchthon und Götz von Berlichingen noch ein
gewisses charakteristisches Gepräge zu geben. Aber das romantische
Element verdunkelte auch in diesen Schöpfungen bereits die historische
Auffassung. Noch stärker trat dasselbe in den Statuen und Statuetten
nach Figuren aus deutschen Märchen, aus deutschen Dichtern und Shakespeare hervor. Auch bei ihm überwog die formale Seite des Schaffens
die eigentlich schöpferische Kraft, und ein gleiches gilt von seinen Söhnen
Carl (1828—1885) und Robert (geb. 1831), welche, Schüler ihres Vaters,
die Werkstatt desselben in Kreuznach fortführten, zugleich aber Ateliers
in Rom unterhielten, wo der eigentliche Schwerpunkt ihrer Thätigkeit
lag. Carl Cauer hatte seine Studien in Berlin bei Albert Wolff fort-

gesetzt und war dann nach Rom gegangen, wo er sich der klassisch-idealistischen Richtung anschloss. Eine weitere Nahrung fand sein Streben durch Reisen nach London, wo er vornehmlich die Parthenon-skulpturen studirte und sich von ihnen den Stil einer erhabenen Ruhe aneignete. Seine Hauptwerke, die meist in Rom ausgeführt sind, »The-seus mit dem Schwerte seines Vaters«, »Achill mit verwundeter Ferse«, ein »olympischer Sieger,« »Hektor und Andromache«, »Achill und Mi-nerva«, »Amor und Nymphe«, »Pudicitia«, »Kassandra«, »Psyche«, die »Hexe« (1874, Nationalgalerie in Berlin, »Brunhilde« zeichnen sich mehr durch eine vollendete Behandlung des Marmors als durch Gedankentiefe aus. So ist z. B. seine Hexe ein nacktes jugendliches Weib von schwel-lenden Körperformen, die nur ganz äusserlich durch Fledermausflügel und Schlangen als Dämon charakterisirt ist. Carl Cauer hat auch eine An-zahl von Portraitstatuen und Büsten geschaffen, von denen das kolossale Standbild Schillers für das Denkmal des Dichters in Mannheim am be-kanntesten geworden ist. Sein Bruder Robert schwankte eine Zeit lang zwischen Plastik und Malerei. Noch bis zum Jahre 1855 war er als Maler in Düsseldorf thätig, wo er unter Schadow und Sohn studirt hatte. Erst während eines Aufenthalts in Berlin entschied er sich für die Plastik und schuf seitdem eine Reihe von Gruppen, deren Motive deutschen Märchen und Dichtern entlehnt sind: »Paul und Virginie«, »Hermann und Dorothea«, »Dornröschen«, »Hänsel und Grethel«, »Rothkäppchen«, »Undine«, »Loreley«. Robert Cauer brachte damit ein romantisches Element in die der Antike abgelernte Formenbehandlung hinein. Aber seine Empfindung geht auch nicht in die Tiefe. Auch er begnügt sich mit äusserem, durch eine glänzende Marmortechnik gehobenem Formen-reiz, wofür z. B. seine mehrfach wiederholte »Quelle« Zeugniss ablegt: ein nacktes jugendliches Weib von schönem Gliederbau, welches mit der Rechten ein Schilfbüschel berührt, unter dem das Wasser hervorquillt. Seine Märchengruppen haben übrigens durch die naive, gemüthvolle Auf-fassung eine gewisse Popularität erlangt und sind in verkleinerten Nach-bildungen weit verbreitet.

Dass Thorwaldsen die Entwicklung der Plastik im skandinavischen Norden völlig beeinflusste, erklärt sich zum Theil durch den Nationalstolz auf den grossen Bildhauer, neben welchem kein anderer zur Geltung kommen durfte, zum Theil dadurch, dass der Boden für das Studium und die Nachahmung der Antike schon vor Thorwaldsen vorbereitet worden war. Noch früher als der Franzose Chaudet und der Engländer Flax-man, welche ebenfalls zu den Bahnbrechern des klassischen Stils gehören, hatte der aus Stockholm gebürtige Schwede Johann Tobias *Sergell*

(1736—1813) durch einen zwölfjährigen Aufenthalt in Rom erkannt,
wo das Heil für die in Unnatur und Manierirtheit versunkene Skulptur
seiner Zeit zu suchen wäre. Wenn er auch nicht immer durch die weich-
liche Formenbehandlung der Rokokokunst hindurch zu einer strengeren
Auffassung zu gelangen vermochte, so ergiebt sich doch das Ziel, welchem er zustrebte, aus der Wahl seiner Stoffe. In dem trunkenen, auf
einem Felle niedergestreckten »Faun«, in dem »Diomedes« mit dem ge-
raubten Palladium, der »Venus Kallipygos«, den Gruppen »Amor und
Psyche« und »Mars und Venus« sind die antiken Vorbilder deutlich
wiederzuerkennen. Das Streben nach Reinheit des Stils prägte sich
immer entschiedener in seinen Arbeiten aus. Wo es aber mit vollster
Energie hätte zum Ausdruck kommen können, wie in dem Standbild
Gustav III. für Stockholm, den Grabdenkmälern für Gustav Wasa und
Descartes, da gebrach es ihm an der Kraft der Charakteristik. Das war nicht
persönlicher Mangel, sondern die allgemeine Schwäche einer Zeit, in
welcher das Verständniss für historische Auffassung noch nicht erwacht
war. Sein Schüler Johann Nikolaus *Byström* (1783—1848), welcher seit
1810 mit einer sechsjährigen Unterbrechung bis zu seinem Tode in Rom
thätig war, konnte bereits aus der weiteren Ausbildung des antiken Stils
durch Thorwaldsen Nutzen ziehen. Er schuf mit Vorliebe Jünglings-
und Frauengestalten, welche er gern mit den Reizen ausgiebiger Formenschönheit und Grazie ausstattete. In welchem Gestaltenkreise er sich
am wohlsten fühlte, zeigt eine Aufzählung seiner Hauptwerke: der »be-
rauschte Amor«, die ins Bad steigende »Venus«, die »schlafende Juno«,
»Bacchus«, »Hymen und Amor«, »Apollo, die Zither spielend«, die »badende
Jungfrau«, »Venus und Amor«. Wenn er daneben auch religiöse Figuren
und Gruppen und historische Statuen schuf, so tritt auch in ihnen die
Empfindung und das Charakteristische der äusseren Erscheinung hinter
der formalen Seite zurück. Ein dritter Schwede, Benedikt *Fogelberg*
(1787—1854), welcher mit Byström eine Anzahl von kolossalen Stand-
bildern schwedischer Könige für das Schloss in Stockholm ausgeführt
hat, erfuhr in Rom, wohin er sich 1820 begeben hatte, den Einfluss
Thorwaldsens. Seine Bedeutung liegt weniger in seinen ganz im Geiste
Thorwaldsens gehaltenen Idealfiguren aus der antiken Mythe (Paris, Merkur, den Argus tödtend, Apollo, Venus und Amor) als in dem Versuche,
auch für die Gestalten des nordischen Götterhimmels eine plastische
Form zu finden. Wir haben gesehen, dass sich Thorwaldsen gegen Zu-
muthungen, welche skandinavische Patrioten nach dieser Richtung an ihn
stellten, ablehnend verhielt, in der richtigen Erkenntniss, dass die Phantasie der nordischen Dichter der plastischen Gestaltungskraft ein zu durf-

tiges und unbestimmtes Material bietet. Seine Schüler, welche sich ein
neues Gebiet eröffnen wollten, waren kühner. Fogelberg, von welchem
das Museum in Stockholm die Figuren eines Odin, Thor und Balder besitzt, ging, wie sich nicht anders erwarten liess, von den Typen des
Zeus, des Apollo und des Herkules aus, welche er im Sinne einer gewissen rauhen Wildheit umbildete und mit den durch die Mythe gegebenen Attributen versah. Bei weitem umfangreicher und systematischer sind
jedoch die Versuche, welche ein anderer Thorwaldsenschüler, Hermann
*Freund* aus Bremen (1799—1840), mit der Gewinnung dieses Stoffgebiets
für die Plastik machte. Er war ursprünglich Schmied gewesen, hatte
dann die Akademie in Kopenhagen besucht und war 1820 mit einem
Stipendium derselben nach Rom gegangen, wo er in das Atelier Thorwaldsens trat. Er half diesem an den Christus- und Apostelstatuen für
die Frauenkirche in Kopenhagen, welche er zum Theil nach den ziemlich
skizzenhaften Entwürfen Thorwaldsens ausführte [*]. Daneben entstanden
einige selbständige Arbeiten z. B. ein Merkur, ein Mädchen mit einem
Lamm, welche natürlich ganz im Stile Thorwaldsens gehalten waren.
Zugleich beschäftigte er sich insgeheim, weil ihm die Abneigung Thorwaldsens bekannt war, mit dem Studium der nordischen Mythologie.
Die von Oehlenschläger an Thorwaldsen gerichtete Mahnung, »seine Gedanken zuweilen auf die Götterschaar des alten Nordens, auf diese ersten
herrlichen Vorstellungen seines eigenen Volkes zu lenken«, fand bei
Freund einen fruchtbaren Boden. Bald nach seiner Ankunft in Rom
fertigte er den Entwurf zu einem Relief »die Nornen, von Baldur und
Mimer um Rath gefragt« und die Skizzen zu den Figuren von Odin,
Braga, Loke und andern Göttern an, für welche er einen Preis der
Kopenhagener Akademie erhielt. Als er 1827 nach Kopenhagen zurückkehrte, wurde ihm eine Professur an der Akademie übertragen. In diese
letzte Periode seines kurzen Lebens fällt neben dem Denkmal des Re-
formators Hans Tausen für Viborg und einem Taufsteine sein Hauptwerk, der aus drei Theilen bestehende Ragnarökrfries, welcher den Götter-
und Weltuntergang nach der nordischen Sage schildert und 1841 in einem
Saale des Schlosses Christiansborg angebracht wurde. »In kräftig bewegten Gruppen, so beschreibt Lücke die Komposition, ziehen von der
einen Seite die Gegner der Asengötter, Surturs Volk aus Muspilheim und
die Jetten unter Lokes Führung zum Kampf, von der andern kommen
die Asen heran, die Walküren und die Einherier aus Walhalla, Heimdal

---

[*] S. Zeitschrift f. bildende Kunst VI. S. 319 ff. (Dänische Kunst von H. Lücke) und
Kunstblatt 1841 S. 93 f.

stösst in das Gjallerhorn, und Odin und Thor sind schon im Kampf begriffen mit der Midgardsschlange und dem Fenriswolf. Den Anfang des Frieses bildet Alfader, der sich nach dem Ragnarök als die höchste Gottheit offenbart, den Schluss die Gruppe der trauernden Göttinnen, Frigga, Freia und Sif, und der drei Nornen am Urdasquell. Die Hauptgruppe der Komposition und ihr Mittelpunkt zeigt Heimdal auf der Götterbrücke Bifröst, dem Regenbogen, kniend, vor ihm seine neun Mütter wehklagend, mehrere schon von der Midgardsschlange umwunden, gegen welche Thor mit dem Hammer zum vernichtenden Schlage ausholt« [*]). Bei der Darstellung der Walhallarecken und der Jetten hielt sich Freund an nordische Typen, welche er mit energischer Charakteristik durchdrang. In Bezug auf die Gestaltung der Götter war er jedoch wie Fogelberg von den klassischen Vorbildern abhängig, und diesen Mangel hat bereits Oehlenschläger in seiner sonst sehr anerkennenden Besprechung des Frieses hervorgehoben. Es lag nicht in dem beschränkten Können Freunds, sondern in der Natur der Sache begründet. Alle Versuche, die Gestalten der skandinavischen und germanischen Mythologie dem Denken und Empfinden des Volkes nahe zu bringen, sind bis auf den heutigen Tag gescheitert, weil die moderne Bildung einen Weg eingeschlagen hat, welcher von jenem Vorstellungskreise weit abwärts führt. Wir müssten die Schätze der antiken Kultur aus unserem Bewusstsein herausreissen, die Menschheit müsste den langen Weg von Jahrhunderten zurückschreiten, um das Verständniss für jene Schöpfungen einer ungeheuerlichen, wild ausschweifenden Phantasie zu gewinnen, da der Zusammenhang zwischen der altnordischen Kultur und der gegenwärtigen durch das Aufnehmen klassischer Bildungselemente vollständig zerrissen worden ist. Man darf dabei auch billig die Frage aufwerfen, ob das zu Erreichende das aufwiegen würde, was man preiszugeben genöthigt wäre. Selbst einem Künstler von so genialer Kraft wie Richard Wagner ist es nicht gelungen, diese riesenhaften, alles künstlerische Maass überschreitenden Gestalten volksthümlich zu machen, obwohl der Musik noch ganz andere, tiefer zum Herzen dringende Mittel zu Gebote stehen als den bildenden Künsten. Wie Martin Wagner auf seinem Walhallafries hat auch Freund nur da Gebilde von überzeugender Lebenswahrheit schaffen können, wo er seine Kraft der Charakteristik einsetzen konnte. Aber selbst die grösste plastische Gestaltungskraft wird scheitern, sobald es sich um die Darstellung von allegorisch-mythologischen Wesen wie der Midgardsschlange handelt. In der Beurtheilung des Freundschen Frieses hatte Oehlenschläger übrigens

---

[*]) Eine ausführliche Beschreibung im Kunstblatt 1841 S. 229 ff.

den Künstlern den Weg gewiesen, auf welchem sie den Gestalten der nordischen Sage beikommen konnten, indem er in seinem »Prometheus« schrieb: »Stehen die Menschen des Südens wirklich an Schönheit über denen des Nordens, so ist dies vielleicht in der Entwicklung des Körpers, die nicht an dem nordischen Fett leidet. Das tiefe Gefühl und der Ernst des Nordens gibt ihnen einen von griechischer Schönheit verschiedenen Ausdruck. Freilich, in der nordischen Kunst muss mehr Sentimentalität als Naivetät sein; aber auch dies ist ein Grund mehr, sie zu bearbeiten. In Thorwaldsens Christus, in seinen Aposteln sehen wir einen guten Anfang: lasst das Genie auf ähnliche Weise das Sentimentale, das Tiefsinnige in der nordischen Mythologie erfassen.« Die nordischen Bildhauer vermochten sich solche Fingerzeige nicht zu Nutze zu machen. Einen neuen Aufschwung erhielten diese Versuche nur im Süden Deutschlands, wo Schwanthaler die vaterländischen Heldengestalten mit dem Geiste der Romantik erfüllte, den sein anfangs auch von Thorwaldsen beeinflusster Schüler Friedrich Wilhelm Engelhard später auf die Figuren der Edda übertrug, ohne jedoch trotz eines seine Vorgänger überragenden Kunstvermögens zu einem günstigeren Ergebniss zu gelangen. Hermann Wilhelm *Bissen* aus Schleswig (1798—1868), der Lieblingsschüler Thorwaldsens, welcher nach dem Tode Freunds mit der Ausführung der unvollendet hinterlassenen Werke des Meisters betraut wurde, passte wieder die Typen der griechischen Mythologie den Gestalten des nordischen Sagenkreises an, ohne über eine äusserliche Charakterisirung durch Attribute u. s. w. hinauszugehen[*]). Nachdem er seine Studien auf der Kopenhagener Akademie vollendet und das Reisestipendium für Italien erhalten hatte, begab er sich 1823 nach Rom zu Thorwaldsen, in dessen Atelier er zehn Jahre lang thätig war. Für Thorwaldsens Gutenbergdenkmal in Mainz führte er nach den Entwürfen des Meisters die Statue und die Reliefs aus. Nach seiner Rückkehr nach Kopenhagen begann er eine selbständige Thätigkeit, deren erste Frucht eine Walküre (1835) war, welche schon durch ihre phrygische Mütze und ihr griechisches Gewand auf die klassischen Neigungen ihres Schöpfers deutete. Auch in anderen Figuren aus der nordischen Mythe suchte er nicht nach origineller Gestaltung. Indem er sie anfertigte, kam er mehr den Neigungen seiner Auftraggeber entgegen. Seine eigene Befriedigung fand er in der sorgsamen Durchbildung der Formen, an welche er sich in Thorwaldsens Atelier gewöhnt hatte. Die künstlerische Ausschmückung des Christiansborger Schlosses nahm den grössten Theil seiner Thätigkeit in Anspruch.

[*] E. Plon, Le sculpteur danois W. Bissen (2. Aufl. Paris 1872).

Für dasselbe schuf er einen mehr als dreihundert Figuren umfassenden, den Triumphzug der Ceres und des Bacchus darstellenden Fries, eine Reihe von achtzehn weiblichen Statuen aus der nordischen und griechischen Mythe für die Königintreppe und andere dekorative Arbeiten, welche zum Theil bei dem Brand des Schlosses im Jahr 1884 zu Grunde gegangen sind. Ein gleiches Schicksal hat eine seiner besten Marmorarbeiten, Orestes von den Furien verfolgt (1851), gefunden. Von seinen übrigen Schöpfungen sind noch ein Narciss, ein Paris, ein Amor mit dem Pfeil, ein verwundeter Philoktet, eine Viktoria auf dem Thorwaldsenmuseum, die Statue eines Apollo Musagetes und einer Minerva in der Vorhalle der Universität in Kopenhagen (1843), eine kolossale Statue des Moses vor der Frauenkirche ebendaselbst (1859), die wohlgelungenen Portraitstatuen von Tycho de Brahe und Tordenskjöld und das bronzene Reiterstandbild Friedrich VII. auf dem Schlossplatz zu Kopenhagen zu nennen. Bei allen diesen Arbeiten unterstützte ihn sein an der Antike gebildeter Geschmack. Sowie er aber vor Aufgaben gestellt wurde, welche an seine Zeit anknüpften, verliess ihn der sonst erprobte Geschmack, und er erzielte bisweilen in dem Streben nach realistischer Auffassung eine humoristische Wirkung. Unter diesem Missgeschick leiden das Denkmal Ochlenschlägers in Kopenhagen, der »tappere Landsoldat« in Fridericia und der vielverspottete Flensburger Löwe, welcher bei dem Einzug der deutschen Bundestruppen in Flensburg 1864 zerstört wurde (eine Kopie am Wannsee bei Berlin). Seit 1850 war Bissen Direktor der Kunstakademie in Kopenhagen und in dieser Stellung hat er den Stil seines Meisters lebendig erhalten.

Der hervorragendste von der dänischen Gruppe Thorwaldsenscher Schüler war Hans Adolf *Jerichau* (1816—1883), welcher, auf der Akademie zu Kopenhagen ausgebildet, 1836 nach Rom kam und während der letzten Jahre von Thorwaldsens Aufenthalt in Rom noch dessen Unterricht genoss. Seine dort ausgeführten Arbeiten, ein grosser Fries, der die Hochzeit Alexanders mit Roxane darstellt und als ein ebenbürtiges Seitenstück zum Alexanderfries gepriesen wurde (im Schlosse Christiansborg), die Marmorgruppe »Herkules und Hebe« und eine Penelope schliessen sich eng dem in zarter Anmuth gipfelnden Klassizismus Thorwaldsens an. Nachdem Jerichau jedoch 1847 nach Kopenhagen zurückgekehrt war, wo er zwei Jahre darauf Professor an der Akademie wurde, begriff er, dass inzwischen ein neuer Geist in die Skulptur eingedrungen war. In Berlin war durch die umfassende Thatigkeit Rauchs eine Schule von Bildhauern emporgeblüht, welche im Gegensatze zu der passiven Ruhe Thorwaldsens nach dem vollen Ausdruck des Lebens, nach dramatischer Bewegung und

Tiefe der Empfindung strebten. Dieser Richtung schloss sich auch Jerichau in den Arbeiten an, welche er in Kopenhagen ausführte. Sein jugendlicher »Pantherjäger«, welcher einer Pantherin das Junge geraubt hat und zurückweichend den Jagdspiess gegen die ihn mit ihren Pranken umkrallende Mutter erhebt, findet in dem ganzen Werke Thorwaldsens keine Analogie. Mit grosser Frische war hier ein dramatischer Moment erfasst und dargestellt, und damit war zugleich jene Feinheit und Sorgsamkeit in der Ausführung verbunden, welche man an den Werken Thorwaldsens zu rühmen hatte. Das geistige Moment, welches bei letzterem ebenfalls zurücktrat, kam dann in der Gruppe »Adam und Eva nach dem Sündenfall« zum Ausdruck. »Eine schwere Melancholie und tiefe Trauer, die das Unheil aller kommenden Geschlechter vorauszuempfinden scheint, liegt in dem trüben Blick, der gebrochenen Haltung des Adam, ein niederdrückendes Schuldgefühl, an welchem Eva nur mit verhülltem Bewusstsein, mit dem Ausdruck einer gleichsam fragenden Bestürzung theilnimmt; ein Zug noch unerloschener Naivetät spielt um ihre Lippen, während auf dem Manne der ganze Schmerz des Bewusstseins lastet«[*]). In einem später ausgeführten Gegenstück zu dieser Gruppe »Adam und Eva vor dem Sündenfall« war, den Motiven entsprechend, mehr das idyllische Element betont. Eine gleiche Tiefe der Empfindung spricht sich in Jerichaus religiösen Schöpfungen aus, namentlich in einer kolossalen Christusfigur und in einer aus den Engeln der Auferstehung und des Todes gebildeten Gruppe. Endlich war Jerichau in seinem Denkmale des Physikers Oersted für Kopenhagen glücklicher als alle übrigen Künstler der Thorwaldsenschen Gruppe auf dem Gebiete der monumentalen Portraitplastik. Er gab der modernen Persönlichkeit auch ein modern-realistisches Gepräge in Tracht und Haltung und liess dem idealistischen Stile nur in den drei Sockelfiguren, welche Vorzeit, Gegenwart und Zukunft darstellen, sein Recht.

Auch unter der gegenwärtigen dänischen Bildhauerschule wirkt der Einfluss Thorwaldsens noch in einigen tüchtigen Künstlern nach. Eine andere Partei hat sich freilich bereits jenem Naturalismus angeschlossen, welcher sein Hauptziel in der möglichst treuen Wiedergabe des unmittelbaren, auf der Strasse beobachteten, durch keine stilistische Auffassung geadelten Lebens sieht. Franzosen und Italiener sind hier die Lehrmeister gewesen, namentlich die letzteren, mit welchen die jungen dänischen Künstler auf ihrer Romfahrt in Berührung kommen mussten. Heute gilt nur noch in sehr bedingtem Grade, was Falke 1873 nach seinen auf der

[*] H. Lücke a. a. O. S. 323.

Wiener Weltausstellung gemachten Beobachtungen über den Einfluss Thorwaldsens auf die dänische Kunst schrieb: »Dänemark hat das Glück gehabt, einen grossen Mann geboren zu haben, der seiner Zeit mächtige Impulse gegeben und die Kunst, die er übte, aus falschen Bahnen herausgerissen und zu neuer Höhe geführt hat. Das Andenken Thorwaldsens scheint wie ein Segen auf der Kunst und der Industrie seines Landes zu ruhen. Sein Einfluss hat nicht bloss die ganze Kunstthätigkeit Dänemarks emporgehoben, seine Nachwirkung scheint noch heute jede Arbeit zu adeln und ihr den ruhigen, vornehmen, maassvollen Charakter zu verleihen, der seine eigenen Arbeiten so auszeichnet.«

### 3. Buonaventura Genelli.

Ueber Thorwaldsen führen die Spuren, die von Carstens bis in unsere Zeit hineinreichen, zu Buonaventura *Genelli*. Das Haus der Genellis in Berlin war, wie wir schon oben gesehen haben, eine der ersten Pflanzstätten für die neuerwachte Liebe zum Alterthum und für die klassischen Studien. Der Stammvater des Hauses, ein Italiener von Geburt Namens Giuseppe Genelli, war von Kopenhagen aus, wo er als Kunststicker wirkte, durch Friedrich den Grossen nach Berlin berufen worden, weil der König die Gobelinweberei neu beleben wollte. Wir erfahren durch Schadow aus seinem Buche »Kunstwerke und Kunstansichten«, dass dieser Genelli bewunderungswürdige Blumen und Früchte auf Seide stickte, welche zu Roben für die Königin und die Prinzessinnen bestimmt war. Seine im Zeichnen geübten Söhne halfen ihm dabei. Schadow fährt dann fort: »Der älteste wurde Landschaftsmaler, der andere Architekt. Durch Trägheit und böse Zungen verdarben beide ihre trefflichen Anlagen und sind vergessen.« Wir können nicht beurtheilen, worauf sich die Bemerkungen Schadows gründen. Soviel steht aber fest, dass sich nur geringe Spuren von der Thätigkeit der Genellis erhalten haben, was sich freilich zum Theil aus den ungünstigen, der Kunst feindseligen Zeitverhältnissen erklären mag. Von der Hand des Janus Genelli, des Vaters von Buonaventura [*], be-

---

[*] Die Literatur über Genelli ist noch umfangreicher als die über Carstens, obwohl noch keine erschöpfende Monographie über den Meister vorliegt. L. v. Donop, dem wir einige schätzbare Mittheilungen verdanken, bereitet eine solche vor. An Quellen sind hauptsächlich zu nennen: H. Riegel, Deutsche Kunststudien, Hannover 1868, S. 291 ff. — M. Jordan, B. Genelli in der Zeitschr. f. bildende Kunst V. S. 1—19. — Riegel, Kunstgeschichtliche Vorträge und Aufsätze, Braunschweig 1877, S. 148—170. — L. v. Donop, Briefe v. B. Genelli und Karl Rahl, Zeitschrift f. bildende Kunst XII. S. 25 ff. XIII. S. 115 ff. Briefe von Schwind an Genelli ebd. XI. S. 11 ff. — F. Pecht, Deutsche Künstler des neunzehnten Jahrhunderts, zweite Reihe, Nördlingen 1879. S. 271—304. — A. F. Graf von Schack, Meine Gemäldesammlung, Stuttgart 1881. S. 9—40. — O. Berggruen, die Galerie Schack in München, Wien 1883. — O. Baisch, Einzelheiten aus Genellis Leben und Briefwechsel (Zeitschrift f. bildende Kunst XVIII. S. 257—262.

8

schreibt Jordan eine landschaftliche Komposition, »die ansteigendes
Hügelgefild mit üppigem Haine zeigt, in dessen Schatten Gruppen von
Jünglingen mit ihren Lehrern antik kostümirt in tiefem Sinnen sitzen
und wandeln, ein Eindruck, der an das Pädagogenland in Wilhelm Meister
erinnert; hoch oben auf dem Uferfelsen aber, der weit ins Meer hinaus-
schaut, ragt ein Tempel im Zwitterstil zwischen ägyptischem Pylonenbau
und damaliger Dorik, und im Giebelfelde dieses freimaurerischen Archi-
tekturstückes die Inschrift: Immanuel Kant.« Trotz der Unklarheit und
Verschrobenheit des der Komposition zu Grunde liegenden Gedankens
spricht aus ihr doch derselbe Geist, welcher die ausgeführten Werke und
Entwürfe eines Gentz (s. o. S. 10), eines Langhans, Gilly u. a. erfüllt.
Da der Vater in Beziehungen zur Kunstakademie stand, waren die Söhne
mit Unterstutzung der Akademie in Italien gewesen und hatten sich dort
mit der Antike praktisch befreundet. Wenn Hans Christian Genelli auch
keine Gelegenheit gehabt hat, seine Kenntnisse in baukünstlerischen
Schöpfungen zu erproben, so hat er doch seine Studien literarisch verwerthet und auf die geistige Richtung seines Neffen Buonaventura einen
entscheidenden Einfluss geübt. »Meiner Mutter«, so schreibt Genelli in
einer kurzen Selbstbiographie, »dann meinem Oheim, dem Architekten
Genelli, der Bibel, dem Don Quixote und den Gesängen Homers hab'
ich das etwaige Gute, was an mir als Künstler und Mensch ist, zu danken.« Genellis Mutter war eine Frau von seltener Schönheit und Anmuth, deren edle reine Züge uns in einem von der Hand des Sohnes
gezeichneten Bildnisse erhalten sind. Nach der Schlacht von Jena, als
der Umsturz aller Verhältnisse dem Vater den Unterhalt der Familie
unmöglich gemacht hatte, brachte er die Seinigen bei einem Freunde,
dem Gutsbesitzer von Schierstädt in Reichenwalde bei Frankfurt a. O.,
in Sicherheit, wo sie vier Jahre lang blieben. Hier entwickelte sich der
junge Buonaventura geb. am 28. September 1798 unter dem Einfluss der
Mutter, welche nicht müde wurde, die Phantasie der Kinder mit dem
Erzählen von Geschichten zu füllen. Sein Oheim, Hans Christian, gehört, wie ihn Jordan schildert, »in die Zahl der wundersamen Menschen
von passiver Genialität, deren dieses ringende Zeitalter manche aufweist.
Umfassendes Wissen, namentlich im Bereich der Alterthumskunde, allseitige Bildung, feinster Geschmack und grosser Adel der Gesinnung vereinigten sich in ihm, um ihn zu einem hervorragenden Menschen zu
machen, allein ihm fehlte das einseitige Talent, seinen Befähigungen der
Schwerpunkt, seinem idealen Wollen der entsprechende Ausdruck. Als
Baukünstler hat er sich wenig und, wie es scheint, nicht eben mit Glück
versucht. . . Erkenntniss und Empfindungsthätigkeit war ihm scheinbar

nur Genuss; alle seine Aeusserungen sind gelegentliche, und ängstlich
scheute er jede Art der Publizität, wie er denn am liebsten in ländlicher
Zurückgezogenheit weilte. . . . Die Wucht seiner ungewöhnlichen Persönlichkeit, die sich bei aller Aehnlichkeit der Gesinnung wie das nega-
tive Widerspiel Schinkels charakterisirt, lag im Umgang. Die Eindrücke
der Freunde und Angehörigen strahlen ein Bild von ihm zurück, das
einen sokratischen Geist bekundet. Varnhagen nennt ihn »genial bis zum
Dämonischen, von einer gewaltsamen, in jungen Jahren flotten Liebenswürdigkeit voll weichster Gutmüthigkeit gegen Uebereinstimmende, un-
barmherzig gegen Eitelkeit, Leerheit und Schwäche«, und Marwitz be-
theuert, er kenne keinen Mann, in dem der Kern des Menschen so ausgebildet, alles Einzelne so auf die höchsten Ideen bezogen wäre wie bei
ihm.« Nach den Traditionen der Familie und bei der Umgebung, in
welcher der junge Genelli aufwuchs, war es durchaus selbstverständlich,
dass auch er sich zum Künstler ausbildete. Anfangs leitete der Vater
seinen Unterricht. Als dieser aber 1812 starb, setzte der von jenem ein-
gesetzte Vormund, der Akademieprofessor Hummel, und besonders der
Portraitmaler Bury die künstlerische Erziehung fort. Die Oberleitung hatte
aber nach wie vor der Onkel Hans Christian, welcher dem Neffen seine
ganze Lebens- und Kunstauffassung gleichsam einimpfte. Aus einem Briefwechsel geht hervor, mit welchem Eifer, mit welcher Liebe der Oheim
jeden Schritt, jeden künstlerischen Versuch des begabten Neffen über-
wachte, leitete und mit ihm durchberieth. Anfangs war diese briefliche
Auseinandersetzung deshalb nöthig, weil sich Hans Christian auf dem
Gute Madlitz bei der Gräfin Karoline von Finkenstein, seiner und Buona-
venturas Beschützerin, aufhielt, später, weil der letztere 1822 nach Rom
gegangen war. Neben diesen Einflüssen der Lebenden wirkte aber auch
der Geist von Carstens schon in früher Jugend auf Genelli ein. Wir
haben gesehen, dass Carstens' Konkurrenzmodell für das Denkmal Friedrichs des Grossen sich im Hause der Genelli befand. Die Kinder spielten
darauf herum, bis es durch französische Einquartierung unkenntlich gemacht wurde. Genellis Mutter besass auch eine Zeichnung von Carstens,
die erste Fassung der unter dem Namen der »Geburt des Lichts« bekannten Komposition (jetzt im Museum zu Weimar, und es ist leicht
erklärlich, dass die grossartige Formenbehandlung, welche ihm hier zuerst
begegnete, auf den jungen Genelli einen tiefen Eindruck machte. Ueber
seine Jugendarbeiten erfahren wir nur einiges aus den Briefen des Oheims,
welcher jeden Entwurf kritisirte. Der junge Genelli beschäftigte sich bis
zu seiner Reise nach Italien, welche ihm durch ein Stipendium der Königin der Niederlande, einer preussischen Prinzessin, wahrscheinlich auf

Grund der Bemühungen seines Oheims ermöglicht wurde, mit Kompositionen zu Homer und Don Quixote, mit einer Federzeichnung Christi
in halber Figur und mit Portraits. Seine schöpferische Thätigkeit war
damals noch nicht sehr gross, und sie erlitt überdies auch dadurch eine
Unterbrechung, dass Genelli von 1818—1819 seiner Wehrpflicht bei den
Gardeschützen in Berlin genügen musste. Was er in der Zwischenzeit
bis zu seiner Abreise nach Italien, welche im Herbst 1822 erfolgte, getrieben, wissen wir ebenfalls nicht. Desto reichlicher fliessen die Quellen
mit seiner Ankunft in Rom. Es ist selbstverständlich, dass ein Mann,
welcher später den Grundsatz aufstellte: Der Fisch gehört ins Wasser,
der Künstler nach Rom. mit leidenschaftlicher Begierde zunächst alles
aufnahm, was Rom an Kunstwerken bot, und dass er unter dem Einfluss
überwältigender Eindrücke nicht sofort zu eigenem Schaffen gelangen
konnte. Einiges schuf er indessen doch, z. B. eine Auffindung des Moses,
eine Geburt Christi, eine Komposition mythologischen Inhalts, »Venus
und Bacchus mit Silenen und Amorinen«, wie wir dem Briefe eines
Freundes der Familie entnehmen, der zugleich bemerkt, dass Genelli
»enthusiastisch für Michelangelo eingenommen« sei. Bei weitem mehr
als über seine künstlerischen Produktionen erfahren wir über seine Neigungen, seine Lebensgewohnheiten und Studien. Als er in Rom eintraf,
befand sich trotz des Wegganges von Cornelius daselbst noch eine stattliche Phalanx geistesverwandter Künstler. Pecht zählt Männer wie Koch,
Reinhart, Wagner, Thorwaldsen, die Gebrüder Riepenhausen, Maler Müller,
Overbeck, Führich, Veit, Schadow, Vogel, Hess, Schnorr, Fohr, Olivier
auf* und fährt dann in der Schilderung des damaligen römischen Künstlerlebens nach eigener und fremder Erinnerung also fort: »Vor allem aber
eine wahre Unzahl von Originalen, da so ausgeprägte Menschenbilder
wie jene es waren, doch allen andern den Wunsch einflössten, auch etwas
eigenes zu besitzen, so dass sie sich daher durch alle möglichen Exzentrizi-
täten hervorzuthun suchten. Die herrschende Romantik wie die aufgeregte
burschikose Stimmung nach den Freiheitskriegen selbst, die Jahnsche Kraft-
meierei trugen dazu bei, eine Sucht nach dem Absonderlichen zu er-
zeugen, die sich überall kundgab und von der man heute absolut nichts
mehr bei den Künstlern findet, weil sie eben bereits wieder in den Ge-
sammtorganismus der Gesellschaft eingefügt sind, dem jene noch ganz
fremd gegenüberstanden. So bewohnte z. B. Andersag, ein Tyroler
Maler, im Thurm des Palazzo di Venezia ein Gemach ohne Fenster und

---

*) Pecht, Deutsche Künstler des neunzehnten Jahrhunderts. Zweite Reihe. Nördlingen
1870. S. 278 f.

lebte vom Fange wilder Tauben, die im Palast zu Tausenden nisteten. Seine Freunde behaupteten, er esse sie roh. Später soll er Jesuit geworden und in Amerika gestorben sein. Moosbrugger[*] u. A. hingen die grossen, mit Stroh umflochtenen Weinflaschen, die sie zu leeren pflegten, gleich den Skalpen erlegter Feinde an die Decke, dass ihre Ateliers wie Glashandlungen aussahen, und so hatte jeder wieder seine Extramarotte. Von Koch selber existiren unzählige Anekdoten dieser Art, die sich nur leider meist nicht mittheilen lassen. Martin Wagner, der Bildhauer, welcher eben unter unsäglichen Abenteuern die Aegineten aus Griechenland nach Rom gebracht, war ein geistreicher Cyniker wie er und zugleich von einer wahrhaft göttlichen Grobheit; Reinhart ein leidenschaftlicher Jäger, den man immer mit Gamaschen, die übers Knie reichten, sah, und der mehr in den pontinischen Sümpfen als an der Staffelei lebte.«[**] Nach den eigenen Aufzeichnungen Genellis waren es vornehmlich zwei Männer, welche in der ersten Zeit seines Aufenthalts einen bedeutenden Eindruck auf ihn machten: »der eine war der als Dichter bekannte Maler Müller[***]), dessen Idyllen mich entzückten, der andere war Asmus Carstens,

[*]) Friedrich Moosbrugger aus Constanz (geb. 1804) kam 1827 nach Italien und starb bereits 1830 in Petersburg, nachdem er sich mehr durch seine Genialität als durch seine Genrebilder aus dem römischen Volksleben bekannt gemacht.

[**]) Genelli hat in seiner gezeichneten Autobiographie »Aus dem Leben eines Künstlers« einige römische Genossen dargestellt, Reinhart, Rahl, Brugger u. a., welche mit ihm dem alten Koch zuschauen, der in possierlicher Weise den Saltarello tanzt. Zu den Genelli'schen Kreisen gehörte auch der Maler Joseph *Draeger* aus Trier (1800—1843), welcher in seinen biblischen und historischen Bildern das Kolorit der Venezianer zu erreichen suchte. Ein Denkmal seines Zusammenlebens und -Wirkens mit Genelli besitzt die Berliner Nationalgalerie in einem Gemälde »Moses am Brunnen«, zu welchem die Komposition von Genelli herrührt. Zu der Hauptfigur, dem Moses, hat letzterer nicht nur die Gesichtszüge, sondern auch seinen stattlichen Körper als Modell hergegeben. (Mittheilung von Dr. v. Donop).

[***]) Friedrich Müller aus Kreuznach (1749—1825), in der Literaturgeschichte unter dem von ihm selbst gewählten Namen »Maler Müller«, in der Kunstgeschichte unter dem Namen »Teufelsmüller« bekannt, welchen wir schon früher als einen der Gegner von Carstens kennen gelernt haben, gehörte als Maler und Zeichner noch ganz der Kunst des vorigen Jahrhunderts an. An der klassizistischen Bewegung hat er nicht Theil genommen, obwohl er seit 1778 bis zu seinem Tode in Rom lebte. Anfangs suchte er durch das Studium Michelangelos eine neue Basis für seine Kunst zu gewinnen. Aber es gebrach ihm an Kraft. Er gab schliesslich die Malerei ganz auf und fristete als Antiquar und Fremdenführer sein Dasein. Wenn Goethe ihm auch gelegentlich als Korrespondenten über römische Angelegenheiten das Wort gab, so war er doch nicht blind gegen Müllers Schwächen. »In der Wahl Ihrer Gegenstände,« schreibt er einmal, »scheint Sie auch mehr eine dunkle Dichterlust, als ein geschärfter Malersinn zu leiten.« Den Beinamen »Teufelsmüller« erhielt er von seiner Vorliebe für Kompositionen mit Teufeln. Die Richtigkeit des von dem alten Genelli über ihn gefällten Urtheils wird auch anderweitig bestätigt. Vergl. C. Seuffert, Maler Müller, Berlin 1871 u. Sauer in Kürschners „Deutscher Nationalliteratur" Bd. 81.

auf dessen Richtung früher mein Onkel so bedeutenden Einfluss geübt hatte und von dem ich damals nur wenig zu sehen bekam; dies wenige aber gefiel mir ungemein. Welch' ein Künstler wäre dieser Carstens geworden, wäre es ihm vergönnt gewesen, sich in der Schule eines Raffael zu bilden.« Onkel Hans Christian beeilte sich übrigens, nach seinen römischen Erfahrungen und Erinnerungen das Bild des Malers Müller, bei welchem sein Neffe zur Miethe wohnte, in einem Briefe richtig zu stellen. »Ein Mensch mit so trefflichen Anlagen«, schreibt er, »konnte wie ein Leitstern für seine Zeit glänzen, wenn er den Ernst und die Stätigkeit der Intention gehabt hätte, den nur der Glaube an etwas Wahres und Reelles gibt, und nicht die Eitelkeit sein einziges Lebenselement geworden wäre. Wäre er auch so vor dreissig Jahren gestorben, er lebte noch wohlthätig im Andenken vieler Menschen fort als eine gute und fruchtbare Erscheinung in der Zeit. So ist er jetzt zur reinen Lüge geworden: sein Menschenhass ist nur eine Lüge: er würde sogar die Niederträchtigsten lieben, wenn sie nur seiner Eitelkeit nicht so im Wege ständen; sein auffahrender Zorn ist ebenfalls eine Lüge. Von Natur ist er ebenso feige wie keck — und körperlich, was will er mit dem Grimme in diesem Alter anfangen? — Den ernsten Zorn gegen Unrecht, gegen das unedle und unheilige, der ihn allein noch ehren würde, kennt er gar nicht. . . . Es ist mir lieb, dass du dennoch der Theilnahme fähig bist gegen Schwächen des Alters an diesem morschen Denkmale eines Geistes, der der Wahrheit und Schönheit so ungemein fähig gewesen wäre, und eingedenk sein willst, dass er in früherer Zeit mir viel werth gewesen ist, als noch die Reste einer tüchtigen Kraft seinen Geist aufrecht erhielten, obwohl ich das Nichtige im Hintergrunde bemerkt, das wohl jetzt allein nur übrig geblieben ist.« Ein bezeichnendes Licht auf die Stellung der beiden Genellis zu den damals in Rom den Ton angebenden Nazarenern wirft die an Müllers Charakteristik geknüpfte Mahnung des Onkels, der Neffe möchte es nicht mit Müller zum Bruche kommen lassen, schon um der Nazarener willen, denen es »gelungen ist, hier glaublich zu machen, dass nur die Verführung dieses teuflischen Kerls dich von ihrem werthen Umgange abhalte,« während es in Wirklichkeit doch nur ihre »eigene Niederträchtigkeit« sei, »die dich von ihnen zurückhielt.« Trotz anfänglicher Begeisterung hielt es Genelli aber nicht lange bei Müller aus. »So hoch ich das Dichtergenie Mullers schätzte,« erzählt er später, »blieb ich doch leider nur kurze Zeit mit ihm in gutem Vernehmen, woran wohl beiderseitige Charaktereigenschaften schuld waren; er war sehr alt und ich sehr jung.« Als Künstler hätte Müller ohnedies keinen Einfluss auf ihn üben können.

Carstens war und blieb sein Leitstern, und ihn hat er auch auf einem
Blatte seiner gezeichneten Selbstbiographie in einer Art von Apotheose
so dargestellt, dass man ihn als verehrten und nachahmungswürdigen
Meister erkennt. Zwischen ihm und Carstens bildete der alte Koch,
dem sich Genelli in inniger Freundschaft anschloss, gewissermaassen
die lebendige Vermittlung. Mit Hilfe Kochs ist er erst tiefer in
Carstens' Bestrebungen eingedrungen.

Inmitten einer solchen Umgebung führte Genelli, in welchem etwas
von der ungebundenen Lebenslust und Sinnlichkeit der alten Hellenen
steckte, selbst das Leben eines um alle Konvenienz unbekümmerten
Kraftgenies. Eines der Parforcestücke, die er in Rom ausführte, berichtet
er selbst in einem Briefe. Bei Tische erzählte einmal ein Künstler von
Karl XII. von Schweden, dass er fünf Tage gefastet, dann eine Schüssel
mit Bohnen gegessen und auf einem Balle vor den Leuten durch gym-
nastische Uebungen Proben von seiner Kraft gegeben hätte. Als man
die Richtigkeit dieser Anekdote bezweifelte, erbot sich Genelli, den Beweis der Wahrheit anzutreten. Er vermaass sich, nachdem er fünf Tage
lang nichts gegessen und getrunken, um die Mauern Roms zu laufen.
»Sowie die Zeit um war,« so schreibt er, und man darf seiner Darstellung Glauben schenken, da ihm das Renommiren verhasst war, »lief ich
um das zwei deutsche Meilen im Umfang habende Rom in Zeit von
zwei und einer halben Stunde. Da man aber der Tiber wegen nicht
herum kann, ohne sich übersetzen zu lassen, musste ich, um doch immer
auf dem Lande zu bleiben, die Hälfte der Stadt zweimal zurücklegen
(nämlich von Porta del Popolo bis Porta S. Sebastiano, macht ungefähr
die Hälfte des Umfanges aus), ich merkte aber doch, dass man un-
gegessen etwas schlappfüssig ans Ziel kommt. Ein Pfund Weintrauben,
das ich mir am Thore kaufte, kam mir noch fünf Mal so süss schmeckend
vor, als sie sonst sind. Hinterher meinten alle, es sei eine Tollheit, vor
der man Respekt haben müsse.« Wenn Genelli seine Zeit mit solchen
Tollheiten ausfüllte, ist es erklärlich, dass er nicht zu der Ausführung
von Kompositionen kam, aus welchen seine Gönnerin und seine Angehörigen in der Heimath den Fortgang seiner Studien hätten entnehmen
können. Es hiess in Berlin, er hatte schon drei Bilder gemalt, auf die man
begierig war, dann aber auch, dass er in Unthätigkeit dahin lebte, und daraufhin schrieb er seinem Bruder entrüstet: »Ich bin nicht hergekommen, um
die Kunstmode zu studiren, wozu man freilich nicht viel mehr denn acht
Tage Zeit braucht, noch um eines dünnen Renommées wegen. Je mehr
ich jene grossen Werke kennen lerne, die wahrlich dazu geeignet sind,
Einen bedenklich zu machen, je mehr muss ich alles leere eitle Glänzen

verächtlich finden. Wenn ich schon so arm gewesen wäre, hier drei
Bilder malen zu können, es wäre ein Zeichen, dass ich Nichts an dem
zu sehen vermag, was hier zu sehen ist, und mein ganzes Hiersein wäre
nur das Spiel »Pfählchen verwechseln« im grösseren Stil. Ich werde
mich in meinem einmal vorgezeichneten Weg nicht irre machen lassen,
denn ich bin taub für allen dummen Ruhm, der angenommen mich
vielleicht je treffen könnte, und sollte selbst jene Königin, wenn sie sich
durch falsche, klein lautende Berichte über mich betrogen fühlen wird,
ihre mich bis jetzt haltende Hand zurückziehen, — immerhin, mein
guter Leichnam wirds ertragen, die nicht kranke, nur mit künstlerischen
Betrachtungen erfüllte Seele mit freudigem Bewusstsein auch allenfalls
hinter einem Pflug zu schleppen! Glaube aber nicht, ich sei wirklich
faul, wenn ich nicht gleich Etwas auf die Berliner Ausstellung schicke;
denn alle diejenigen, die in jetziger Zeit noch etwas Bedeutendes machen,
haben anfangs ebenfalls faullenzen müssen.« Die Königin der Niederlande entzog ihm wirklich seine Pension, und zwar wird diese Maass-
regel auf folgende, von Pecht mitgetheilte Geschichte zurückgeführt.
Genelli hatte »eine wahre Passion, den ganzen Sommer in seinem Atelier
den Adamiten zu spielen, und alle Protestationen der die Nachbarschaft
bewohnenden Forestieris halfen nichts, um so weniger als die Römer
selber in dieser Beziehung an allem eher als an Prüderie litten und ihrer-
seits nicht den geringsten Anstoss daran nahmen. Genelli hatte dazu
überdies noch den ganz besonderen Grund, dass er sich durch dies
Kostüm und den Besitz eines grossen Spiegels die nicht geringen Kosten
für Modelle auf die Hälfte reduzirte, da sein prächtiger Körper für alle
Helden und Götter wie Dämonen ausreichte. Seine Freunde und die
Modelle waren ohnehin daran gewöhnt, ihn nicht anders zu sehen, andere
Fremde trauten sich aber selten in die Höhle des als sehr grimmig ver-
schrieenen Löwen. Unglücklicherweise wollte es aber sein Unstern — wie
Fama erzählt —, dass gerade seine erhabene Gönnerin ihn einst unver-
sehens in diesem Kostüm traf, weil er auf ihr Klopfen, einen Freund
vermuthend, unbefangen »Herein« geantwortet hatte. Das soll ihm, von
Feinden, deren er genug in diesen Regionen hatte, als absichtlicher Uebermuth ausgelegt, Pension und Protektion zugleich gekostet haben. In
seiner gemalten Selbstbiographie lässt er indess statt der Königin einen
Kardinal entsetzt zurückfahren.« Aus dieser Gewohnheit, sich selbst Modell zu stehen, die später durch Genellis Armuth zur Nothwendigkeit
wurde, entspringt ein Theil der Mängel seiner Kunst: die Monotonie
der Köpfe, die übertriebene Bildung von Hand- und Fussgelenken,
die formale Leere in Arbeiten grossen Stils. Pecht hat diese Schatten-

seiten der Kunst Genellis, die aus seinem Eigensinn, aus seiner Verachtung aller technischen Kunstgriffe — genau wie bei Carstens — erwachsen
sind, stark, vielleicht etwas zu stark hervorgehoben. Nachdem er Genellis
Zusammenhang mit Carstens festgestellt, sagt er: »Die unbestreitbare,
oft zum Verwechseln grosse Aehnlichkeit rührt zum Theil auch daher,
dass er aus denselben Quellen schöpfte wie dieser, d. h. bei der Antike
und Michelangelo, Raffael und Giulio Romano. Dem fügt er aber einen
Cultus der eigenen schönen Persönlichkeit hinzu, wie er in dieser Art kaum
je wieder vorgekommen ist in der Kunstgeschichte, selbst nicht bei Rembrandt. Wir sehen Genelli selbst fast auf jedem Bilde, bald als Herakles,
bald als Jupiter oder selbst als Dämon. Merkwürdig und bedauernswerth
ist, dass sich auch kaum irgend eine andere Fortentwicklung bei ihm zeigt
als in der Erweiterung des Stoffkreises. . . . Weiter fällt uns auf, dass
Genelli dem Leben, der unmittelbaren Betrachtung der Natur verhältniss-
massig weniger als der anderer Kunstwerke verdankte, er giebt selten Kunst
aus erster Hand, und darum konnte sie auch niemals eigentlich lebendig
werden, fortzeugend wirken. Damit hängt zusammen, dass seine Menschen
fast alle possiren, kein Moderner hat der schönen Linie solch ungeheure Opfer
gebracht. Natürlich folgt daraus, dass sie selten so recht bei dem
sind, was sie gerade thun. . . . Durch die sorgfältige Austilgung alles
Individuellen, die ihm eigen, entsteht überdies eine ermüdende Monotonie in den Köpfen, wir bleiben da ewig auf ein halb Dutzend Masken
beschränkt, die beständig wiederkehren. Ohne Zweifel trug dazu Genellis
Armuth sehr viel bei; denn da dieser unbeugsame Charakter sich durch
sein schroffes Wesen˙ bald alle Hülfsquellen abgeschnitten, so besass er
auch nicht mehr die Mittel, um sich Modelle zu halten, und konnte die
Natur nur noch an sich oder im Fluge studiren. Dies verschuldet wohl
auch die Mangelhaftigkeit seiner artistischen Bildung; gleich Carstens
vermochte er nicht mehr, als in ziemlich kleinem Maassstabe schwach
modellirte und kolorirte Zeichnungen auszuführen; wie er ein grösseres
Format annimmt, wird er leicht leer, versteht die Formen nicht auszufüllen. Gemalt hat er offenbar selten oder gar nie nach der Natur, es
noch weniger gelernt, als alle seine deutschen Zeitgenossen.« Was Genelli aber über Carstens hinaushebt und ihn als eine höhere Entwicklungs-

---

*) Charakteristisch für die Schroffheit Genellis ist ein (noch nicht veröffentlichter) Brief
aus Rom an den Direktor der Berliner Kunstakademie G. Schadow. Die Akademie hatte ihm
für eine Zeichnung zwanzig Thaler übersandt, und voll Entrüstung über ein so armseliges Honorar
richtete er an Schadows Adresse eine Fülle von Grobheiten, indem er u. a. sagte, er würde die
zwanzig Thaler, um sich die Mühe des Zurücksendens zu ersparen, seinem Bartkratzer schenken.
(Mittheilung von Dr. von Donop.)

stufe dieser klassizistischen Richtung erscheinen lässt, das ist der grössere Reichthum an Phantasie, an poetischer Erfindungskraft, die Fähigkeit, eine grosse Anzahl von Figuren zu einer dramatisch bewegten, von edlen Linien begrenzten Komposition zu vereinigen, und ein höher ausgebildetes Schönheitsgefühl. Nicht Dionysos allein, auch Amor und die Grazien schweben über seinen Schöpfungen.

In Rom kam er freilich noch nicht dazu, seine Vorzüge öffentlich zu entfalten. Wohl schuf er eine grosse Anzahl von Entwürfen, die er zum Theil nachmals ausführte: an einer öffentlichen Ausstellung betheiligte er sich jedoch nur ein einziges Mal, im Jahre 1829, als die in Rom lebenden deutschen Künstler zu Ehren der Anwesenheit des preussischen Kronprinzen eine Ausstellung im Palazzo Caffarelli veranstalteten. Genelli war auf derselben mit einem Aquarell »Simson und Delila« vertreten, vermuthlich demselben, welches sich jetzt im Besitz des Herrn Dr. H. Brockhaus in Leipzig befindet. Es ist nach Jordans Beschreibung »eine figurenreiche Komposition voll dramatischen Lebens und reicher Charakteristik, von herber, stellenweise fast äginetischer Stilisirung und trockener ernster Farbe, eine Erscheinung, die wie eine Physiognomie fremder Race aus allem Gleichzeitigen herausschaut, jedenfalls aber trotz ihrer Mängel eine ungemeine Auffassung der Formen und ausgeprägten Sinn für die maassvolle Wirkung der Freskotöne bekundet.« Reicher als in Kompositionen war seine Produktivität in Karrikaturen, »die meist von lukianischer Kühnheit, immer aber geistreich, zündende Wirkung hervorbrachten.« Durch solche Karrikaturen soll er sich die Gunst König Ludwigs von Bayern, bei welchem sich Cornelius deshalb auch nicht für ihn verwenden wollte, und diejenige des preussischen Gesandten von Bunsen verscherzt haben. Wir haben aus seinen Aeusserungen gesehen, wie wenig sich Genelli aus Gunstbezeigungen machte, wenn er dafür seine Individualität unterdrücken sollte. Unter solchen Verhältnissen führte er in Rom ein armseliges Dasein. Aber die Armuth drückte ihn nicht, da seine Begeisterung ihm über alle Mühsale seiner Existenz hinweghalf. Anfangs ziemlich vereinzelt lebend, fand Genelli später in Rahl, Brugger, Preller[*] u. a. Gesinnungsgenossen, welche sein Streben zu schätzen wussten und mit denen er einen lebhaften Verkehr unterhielt. Preller, mit welchem er an seinem Lebensabende in Weimar wieder zusammentraf, sagt von ihm in seinen Aufzeichnungen: »Ganz in seine Darstellungen der griechischen Götter- und Heroenwelt versenkt, hielt er sich von der herrschenden Schule der christlichen Kunst fern und beschränkte Umgang

---

[*] O. Roquette, Friedrich Preller. Frankfurt a. M. 1883 S. 66.

und Neigung auf wenige jüngere Leute. Für Cornelius empfand er nie
eine rechte Sympathie. Genellis herrliche Kompositionen wurden schon
damals von Jung und Alt bewundert.« Zu den Bewunderern gehörte
auch Dr. H. Härtel, ein reicher Kunstfreund aus Leipzig, der sich in seiner
Vaterstadt ein Haus im römischen Stil erbaut hatte, in welchem, ganz
wie es zu Rom in der Casa Bartholdi geschehen, einige Räume künstlerisch ausgeschmückt werden sollten. In erster Linie wurden Koch und
Genelli dazu ausersehen. Während Dr. Härtel von ersterem nur Entwürfe
und Aquarelle erlangen konnte, begab sich Genelli auf seine Einladung
1832 nach Leipzig, um, wie es anfangs verabredet worden, einen Saal mit
Darstellungen aus der Odyssee auszumalen. Die Hoffnungen, welche von
beiden Seiten an diesen Auftrag geknüpft wurden, sollten sich nicht erfüllen. Der Auftraggeber hatte geglaubt, dass es nur einer grossen Aufgabe bedürfte, um Genellis glänzende Begabung zur Entfaltung zu bringen; aber an letzterem rächte sich der Mangel systematischer Schulung
und technischer Kunstübung ganz wie bei Carstens, und er kam trotz
der phantasievollsten Entwürfe nicht von der Stelle, sobald er sich an die
Ausführung im Grossen machte. Eine kleine Differenz, die aber durch
das Entgegenkommen Härtels beigelegt wurde, entstand schon von vornherein daraus, dass Genelli statt der Episoden aus der Odyssee eine Reihe
von Kompositionen ausführen wollte, welche Thaten der olympischen
Götter zum Gegenstand hatten. Derartige Kompositionen hatte er nämlich schon in Rom begonnen und ausgeführt, darunter einen »Raub der
Europa« und einen »Herakles Musagetes bei Omphale«, und diesen Cyklus
wollte er weiter fortsetzen. Da Härtel sich schliesslich damit einverstanden erklärte, entwarf Genelli ein Deckenbild, auf welchem Dionysos
unter den Musen dargestellt war, und eine Reihe anderer Skizzen. Bei
der Ausführung stellten sich ihm unerwartete Schwierigkeiten in den Weg,
die schliesslich zu einem Bruche mit Härtel führten. Nach brieflichen
Aeusserungen Genellis* hielt sich dieser frei von aller Schuld. In einem
Briefe vom Mai 1834, in welchem er Reinhart von dem Unterbleiben der
Arbeit in Kenntniss setzte, gab er als Ursache an, dass er dem Doktor
zu kostbar zu erhalten wäre. »Ich bot mich an, das Ganze unentgeltlich
zu malen; dies beleidigte den Stolz dieses Mannes: so ist denn kein
Mittel, als dass ich mich in Geduld füge.« Und in einem zweiten Brief
schreibt er voll Entrüstung: »Soviel nur, dass der ein Schurke oder
Uebelunterrichteter ist, der da glaubt, dass ich auch nur die allergeringste

---

*) Mitgetheilt von O. Baisch, Johann Christian Reinhart und seine Kreise. Leipzig 1882
S. 292. S. 295.

Schuld an diesem Zufall habe.« Nach anderen Mittheilungen wurde das Stocken durch äussere Ursachen, durch Genellis geringe Uebung in der Freskotechnik, durch den Mangel an geeigneten Modellen u. s. w. veranlasst. Der Besteller verlor schliesslich die Geduld und entzog dem Künstler seine Unterstützung, worauf Genelli klagbar wurde, schliesslich aber den Prozess verlor, weil das Recht nicht auf seiner Seite war. Indessen sollten die für Dr. Härtel angefertigten Entwürfe nicht ganz verloren gehen, da er einige derselben fünfundzwanzig Jahre später in veränderter Gestalt für den Grafen von Schack in Oel ausführte. Er musste nun wiederum in Leipzig durch Anfertigung von Zeichnungen einen mühevollen Kampf um seine Existenz führen, nur aufrecht erhalten durch die treue Liebe und hingebende Sorge einer schönen Frau, mit welcher er sich in Leipzig verheirathet hatte. Unablässig bestrebt, aus der ihm verhassten Stadt herauszukommen, machte er schliesslich einen Versuch, durch Cornelius' Vermittlung eine Bittschrift an König Ludwig gelangen zu lassen, von dem er sich eine Unterstützung erbat, um nach Rom zurückkehren zu können. Es heisst, dass Cornelius diese Bittschrift gar nicht an den König abgegeben hat, weil er die Erfolglosigkeit derselben voraussah. Dagegen scheint er Genelli eine Betheiligung an den Fresken in der Ludwigskirche angeboten zu haben, und daraufhin begab sich Genelli 1836 nach München, weniger in der Absicht, auf Cornelius' Anerbieten einzugehen — »das war nichts für mich!« äusserte er später — als in der Hoffnung, in dem lebhaften Kunstleben Münchens auch Raum für sich und Absatz für seine Schöpfungen zu finden.

Auch in dieser Hoffnung sollte er sich getäuscht sehen. Es war ein zwanzigjähriges Martyrium, welches er in München durchzumachen hatte. Mit König Ludwig soll er es gleich anfangs dadurch verdorben haben, dass er bei dem ersten Besuche des Königs in seinem Atelier auf dessen Frage, woran er arbeitete, geantwortet hätte: »An dem Leben eines Wüstlings.« Das hatte seine Richtigkeit; aber der König sah darin eine boshafte Anspielung auf seine Person. Der aus achtzehn Blättern bestehende Cyklus »Aus dem Leben eines Wüstlings« entstand im Jahre 1840, und wenig später (1842—1843) wurde auch die Bilderreihe »aus dem Leben einer Hexe« ausgeführt. Bei der Anfertigung dieser Cyklen scheint ihn der Gedanke an eine Vervielfältigung durch Stich oder Steindruck geleitet zu haben. Vielleicht hatten ihn die Kunstverleger, welchen

*) Eine unbefangene Betrachtung der Differenzen Genellis mit Dr. Härtel hat es wahrscheinlich gemacht, dass das Liebesverhältniss des Künstlers das meiste dazu beigetragen hat, dass er seine Arbeit vernachlässigte und schliesslich die Lust daran verlor. Soviel ist jedenfalls sicher, dass Genelli die Schuld an dem Bruche trug. (Mittheilung von Dr. von Donop.)

er Einzelblätter zur Reproduktion anbot, darauf aufmerksam gemacht, dass das Publikum grösseren Gefallen an cyklischen Kompositionen fände. Vielleicht hat ihn aber auch seine Beschäftigung mit den Illustrationen zu Homer und Dante, die noch in die römische Zeit zurückreicht, auf die epische Entwicklung eines Charakters geführt. Wenn man von der Abbildung der Komposition »Loth in Zoar« absieht, welche nach einem Aquarell Genellis 1839 in Marggraffs Jahrbüchern veröffentlicht wurde, und von einer Anzahl von Kompositionen verschiedenen Inhalts, welche 1840 in Stichen von Schütz herauskamen, sind die 1844 erschienenen »Umrisse zum Homer« das erste grössere Werk Genellis, das weiteren Kreisen bekannt wurde[*]. Sie zeigen am deutlichsten den Anschluss an Carstens, verrathen aber doch bereits, dass Genelli auf eine lebhaftere Bewegung, auf das Dramatische hinaus wollte. Wo er es nur vermochte, suchte er sich vom Dichter unabhängig zu machen, so sehr ihn auch die homerische Welt gefangen hielt. Es war ihm weitaus willkommener, wenn er sich von den Worten des Dichters entfernen und, in dessen Geiste weiter dichtend, seiner eigenen Phantasie folgen konnte. So erwuchs aus der Beschäftigung mit Homer eine Reihe von Kompositionen mythologischen und heroischen Inhalts, als deren Schlussstein man die figurenreiche Zeichnung »Homer dem griechischen Volke seine Gesänge vortragend« (Karton im Museum zu Weimar) bezeichnen darf, deren erster Gedanke in die römische Zeit (Federzeichnung in der Berliner Nationalgalerie) zurückreicht. Die Geberden sind leidenschaftlich bis zur Uebertreibung, und in den Zuhörern verschiedenen Alters und Geschlechts sind die Empfindungen, welche der Vortrag der Gedichte in ihnen erweckt, nicht nur mit grosser Schärfe zum Ausdruck gebracht, sondern gewissermaassen in einer statuarischen Pose versinnlicht. Offenbar durch Carstens angeregt, wollte Genelli beweisen, dass er durch seine überlegene Kunst der Komposition und Kraft der dramatischen Darstellung auch zu grösserer Wirkung gelangen konnte. Der Gedanke, einen durch Heldenkraft, Geist oder Kunst ausgezeichneten Mann auf eine Umgebung verschiedenartiger Geschöpfe wirken zu lassen, war ihm äusserst sympathisch. Für das Härtelsche Haus hatte er bereits einen Herakles Musagetes bei Omphale entworfen. Aus demselben Gedankengange erwuchsen später die zum Theil in Aquarell für Baron Sina in Wien ausgeführten Kompositionen »Aesop seine Fabeln erzählend«, »Sappho vor den Frauen« und »Apollo unter den Hirten singend«. Bei einer so mächtigen schöpferischen Begabung war Genelli daher auch weniger glücklich in Illustrationen zu

---

[*] Neue Ausgabe von E. Forster. Stuttgart 1866.

Dichtungen als in freien Schöpfungen, und dadurch erhebt er sich weit über Carstens, dem es nicht vergönnt war, sich vom literarischen Stoffe zu befreien. Genellis Illustrationen zu Dante (1847—1852), welche in neuer Ausgabe 1865 erschienen sind, beweisen trotz der rhythmischen Komposition und der Eleganz der Umrisslinien, dass Genelli ebenso wie Carstens zu tief in der antiken Anschauungsweise wurzelte, um der Gedankentiefe der »göttlichen Komödie« gerecht zu werden, wenngleich er ein leidenschaftlicher Bewunderer des Florentiners war. Dass Genelli wirklich eine hohe dichterische Kraft besass, erhellt aus den beiden Tragödien des Wüstlings und der Hexe, die sich zwar in ihrer Idee an Don Juan und Faust anlehnen, in den Einzelnheiten aber frei erfunden sind. In dem »Leben eines Wüstlings« wird nach dem bekannten Bibelspruche in einer Reihe ergreifender Schilderungen gezeigt, wie »die Sünde den Tod gebiert.« Der Künstler begleitet den Wüstling von Frevel zu Frevel, bis ihn endlich die Nemesis in Gestalt seiner schmählich misshandelten Frau erreicht und die Dämonen den Sünder zur Hölle führen. Das »Leben eines Wüstlings« war nicht von vornherein für die Vervielfältigung bestimmt. Die ersten Zeichnungen wurden 1841 vom Prinz-Gemahl Albert von England angekauft. Trotzdem Genelli in der klassischen Formen- und Ideenwelt lebte und webte, ist es ihm dennoch gelungen, auch den Geist der Romantik, wenigstens wie er damals verstanden wurde, in seine Kompositionen zu zwingen. Selbst in den Kostümen und Rüstungen der Männer hat er seinen klassischen Neigungen grosse Opfer gebracht, wenngleich man von ihm natürlich keine historische Treue im modernen Sinne erwarten darf. Blätter wie z. B. die Gefangennahme des Wüstlings und das frevelhafte Gelage beim Gewitter haben durchaus dasselbe romantische Gepräge wie die gleichzeitigen Historien- und Genrebilder der Düsseldorfer. Eine Wiederholung (1850—1856 entstanden) kam in den Besitz von Brockhaus in Leipzig, nach welcher 1866 achtzehn Lithographien von Koch erschienen, ein drittes Exemplar (nur noch 8 Blätter enthaltend) in das Städelsche Museum nach Frankfurt am Main und ein viertes, welches dem Brockhausschen als Vorbild gedient hat, in die Berliner Nationalgalerie. Das »Leben einer Hexe«, welches in Stichen von Merz und Gonzenbach 1847 erschien — die Originalzeichnungen befinden sich in der Berliner Nationalgalerie — ist nicht eigentlich die Schilderung der Unthaten einer Zauberin im mittelalterlichen Stile. Genelli hat auch diesen Stoff tragisch vertieft. Er erzählt, wie ein kleines Mädchen von einer Hexe geraubt, von dieser in allen Lastern aufgezogen, schliesslich aber, als sein besseres Selbst erwacht, durch wahre Liebe entsündigt und entsühnt wird. Ihr Geliebter, ein jüdischer Jüngling, findet

beim Schatzgraben seinen Untergang. Sie selbst wendet sich von dem sündhaften Treiben ab, und als nach ihrem Tode der Teufel und die alte Hexe, ihre Erzieherin, um ihren Besitz streiten, erscheint am Himmel ein Regenbogen zum Zeichen, dass die Entsühnte der Endlichkeit und dem Sündenpfuhl entrückt ist. Diese Hexe ist, wie sie Jordan treffend charakterisirt hat, »eine Art weiblicher Faust, die mit unbändigem Trieb geschlagene Seele, deren Geschick in der Poesie der Sünde aufgeht, ein Gebild mittelalterlicher Mythologie, in der Formensprache der Antike geläutert, durch die menschlich-christliche Idee der Liebe gelöst.« Der dritte bereits erwähnte Cyklus Genellis »Aus dem Leben eines Künstlers« erschien erst im Jahre seines Todes. Aeusserlich und innerlich Erlebtes, Schicksale und Empfindungen mit einander verbindend giebt diese Bilderreihe gewissermaassen eine Selbstbiographie Genellis, in welcher zugleich die Quintessenz seines künstlerischen Vermögens zusammengefasst wird und die Durchgangsstadien bis zum Höhepunkte seiner Entwicklung fein charakterisirt werden. Köstliche Genrebilder aus dem Familienleben, die noch an die gemüthvolle Kunst der letzten Zopfzeit, an Chodowiecki und ähnliches, erinnern, beginnen den Cyklus. Dann folgen die Lehrzeit bei Bury, dem der junge Genelli wegen seines schönen Körpers als Amor Modell stand, das Ringen nach dem Idealismus, wobei der Künstler die Rolle eines Herkules am Scheidewege spielt, die Studienjahre in Rom, während welcher Genelli an seinem nackten Körper mit der Ilias in der Hand studirte, und die Jahre in München, wo Genelli auch anatomische Studien trieb. Den Schluss des Cyklus bildet die schon erwähnte Apotheose der Idealisten: auf der einen Seite Carstens, Koch, Maler Müller als die Schutzpatrone des Genellischen Hauses, auf der andern die vier Genellis bis auf den jüngsten Camillo. Ein vierter und fünfter Cyklus, die Geschichte einer Feenkönigin und die verschiedenen Gattungen der Musik darstellend, sind nicht veröffentlicht worden. Sie befinden sich in dem künstlerischen Nachlasse Genellis, welchen die Wiener Kunstakademie auf Veranlassung C. von Lützows erworben hat. Vierunddreissig Genellische Kompositionen sind auch in dem Sammelwerke »Satura« 1871 reproduzirt worden.

Es ist schwierig, die Zeichnungen Genellis nach rein stilistischen Merkmalen chronologisch zu fixiren. Jordan hat bereits darauf hingewiesen, dass man bei der Betrachtung seiner Kompositionen, von denen etwa die Hälfte der Zeit des römischen Aufenthalts angehört, fast nur den Eindruck der Entwicklung in die Breite gewinnt, »so unverändert blieb sein künstlerisches Wollen sich selbst treu.« Nur sein Briefwechsel mit Rahl, welcher, soweit ihn L. v. Donop bekannt gemacht hat, die Jahre 1851—1865

umfasst, und die Erinnerungen des Grafen v. Schack geben einige Auskunft
über die Entstehungszeit von mehreren seiner Werke. Rahl war Ende
1848 nach München gekommen und hatte sich bald eng an seinen alten
Freund Genelli angeschlossen, mit welchem er schon in Rom intimen
Verkehr gepflogen hatte. Nach zweijährigem Aufenthalt in München
war Rahl nach Wien berufen worden, und damit hebt der Briefwechsel
an, aus welchem nicht nur die Misère heraustönt, mit welcher Genelli
in München unablässig zu kämpfen hatte, sondern auch der männliche
Muth, der ihn alles Elend ertragen liess. Durch Rahls Vermittlung suchte
Genelli in Wien Käufer für seine Kompositionen zu finden. Er schickte
an den Freund den Cyklus von achtzehn Zeichnungen zum »Wüstling«,
die beiden schon erwähnten Darstellungen des Homer und des Aesop im
Kreise ihrer Zuhörer, die heilige Familie auf der Flucht nach Aegypten,
»wo musicirende Hirten dem göttlichen Kinde ihre Adoration bezeigen«,
und eine »Ruhe auf der Flucht«, wo die Eltern in Schlaf versunken sind
und das Christkind von singenden Engeln unterhalten wird. Die beiden
letzteren Zeichnungen waren nach seiner eigenen Angabe die ersten »christlichen Kompositionen«, die er »bis dato machte«, und er war sehr erfreut,
als Rahls Urtheil darüber günstig ausfiel und nur einige perspektivische
Mängel rügte. Leider gelang es nicht, in Wien eine von den Zeichnungen
Genellis zu verkaufen, was ihm Rahl mit dem Bedauern meldete, »geboren
zu sein, zu einer Zeit, wo nur das Platte und Ordinäre regiert.« Obwohl
Genelli, wie er kurz vorher geschrieben hatte, verdammt war, »in ewiger
Geldverlegenheit zu leben«, wurde seine Schaffenskraft dadurch nicht
lahm gelegt. In das Jahr 1852 fallen »Sisyphus, der den Tod fesselt«,
»Sisyphus vom Todeshermes bei einem Gastmahl abgeholt«, »Ludwig
der Eiserne von Thüringen, wie er mit den vor einen Pflug gespannten
Adligen ein Feld umpflügt«, vier Kompositionen aus der Prometheusmythe,
»Bacchus entführt die Gattin Vulkans«, eine »Kentaurenfamilie«. Als
Genellis Noth immer grösser wurde und die Bemühungen seiner Freunde,
ihm auswärts ein Lehramt zu gewinnen, vergeblich waren[*], sah er sich
genöthigt, ältere Kompositionen für Kunsthändler neu zu bearbeiten und

[*] Im Jahre 1845 war eine Professur an der Akademie in Dresden frei geworden,
und deshalb verwendete sich M. von Schwind, auch ein Freund Genellis, sehr warm
für den letzteren bei dem Bildhauer Rietschel. »Es ist eine Schande für ganz Deutschland,«
schrieb er an ihn, »dass ein Mann von so unglaublichem Talent an der Grenze der äussersten
Noth hinleben muss. Hat das sollen sein angeborenes Uebermaass von Kraft, das sich oft wie
Unbändigkeit mag ausgenommen haben, in die Grenzen der Friedlichkeit und Liebenswürdigkeit
zurückführen, so konnte es jetzt immerhin ein Ende finden; denn von seiner sprudelnden
Jugend sprudelt nur mehr sein Talent, und das in der schönen Begrenzung des Studiums
und der Bildung.« Zeitschrift f. bildende Kunst Bd. XI. (1876, S. 21.

verkaufsfähig zu machen. Bis zu seiner Uebersiedelung nach Weimar ist
nur noch im Jahre 1857 einmal die Rede von »den Situationen aus dem
Leben eines Künstlers — eigentlich meine eigenen Erlebnisse«, an welchen Genelli damals arbeitete.

Graf Schack hat in dem fesselnden und an intimen Zügen aus dem
Leben des Künstlers reichen Buche, welches er über die Entstehung
seiner Gemäldegalerie geschrieben [*], erzählt, wie er durch den Landschaftsmaler Charles Ross aus Holstein († 1858) die Bekanntschaft Genellis machte,
von dem er bis dahin noch nichts gesehen, sondern nur überschwäng-
liches Lob seiner Freunde gehört hatte. »Ein schon bejahrter Mann von
stattlicher Figur und imposanten Gesichtszügen empfing uns und öffnete
uns bereitwillig seine übervollen Mappen. Schon die erste der Zeichnungen, welche sie enthielten, erregte mein Erstaunen, und dieses wuchs
mit jedem neuen Blatte, das ich betrachtete. Jedem der Blätter war
das Gepräge eines mächtigen Geistes unverkennbar aufgedrückt, und ich
konnte nicht zweifeln, der Künstler, welcher so bescheiden und anspruchs-
los in ärmlicher Umgebung vor mir stand, sei einer jener grossen Genien, wie sie selten im Laufe der Jahrhunderte erscheinen, und denen
man nur mit Ehrfurcht nahen darf. Aus seinen mythologischen Zeichnungen lachte mir ein ganzer Olymp von göttlichen Gestalten in himm-
lischer Lebensfülle entgegen, während seine biblischen Kompositionen
mich bald mit den Schauern göttlicher Erhabenheit erfüllten, bald mit
unwiderstehlichem Reize in die alttestamentliche Patriarchenwelt und
unter die heiligen Gestalten des Hirtenlandes Kanaan führten. Alles erschien mir als aus einem gewaltig schaffenden Naturgeist hervorgegangen,
der sich durch keine berechnende Kunst ersetzen lässt und die Pygmäen-
werke der Gegenwart, vor denen die Menge gaffend steht, so weit über-
ragt, wie der Riesentempel von Karnak einen modernen Backsteinbau.
Die Schöpfungen Genellis bemächtigten sich meiner in so wunder-
barer Weise, dass ich, überwältigt von dem ersten grossen Eindruck, geblendet von dem Reichthum der in ihnen sich aussprechenden Erfindungskraft, erst einiger Zeit bedurfte, mich zu sammeln. Wohl kam mir, als
die Mappen geschlossen waren und ich in den nächsten Tagen das Ge-
schaute ruhig in meinem Geist zu verarbeiten suchte, der Gedanke, ich
sei durch die erste Betrachtung zu einer Ueberschätzung fortgerissen
worden; allein bald, wie ich zu dem Meister wiederkehrte und meine
Besuche täglich erneuerte, bestätigte sich die erste Wahrnehmung nicht
nur, sondern steigerte sich noch in hohem Grade. Je häufiger und länger

*) A. F. Graf v. Schack, Meine Gemäldesammlung. Stuttgart 1881 S. 9. ff.

9

ich die schon gesehenen Kompositionen prüfte, desto mehr wuchs meine
Bewunderung, und als mir dann in unerschöpflichem Reichthum immer
neue herrliche Zeichnungen vor Augen traten, konnte ich für dieselben
kaum noch ein Maass finden. Zunächst drängte sich mir nun die Erwä-
gung auf, wie es doch möglich gewesen, dass von einem Manne, der so
Ausserordentliches hervorzubringen vermocht, bisher keine Kunde zu mir
gedrungen sei. Ich meinte, seine Produktionen, ja schon die jugendlich-
sten, unvollkommensten derselben hätten Aufsehen in ganz Deutschland
erregen, die Zuschauer auf den Ausstellungen hätten sich begierig um
dieselben drängen, die Kunstfreunde um deren Besitz wetteifern müssen.
Statt dessen erfuhr ich — aber nicht von dem Künstler selbst, denn er
war zu stolz, um zu klagen —, dass Genellis ganzes bisheriges Leben von
Verkümmerung, Entbehrung und traurigen Erfahrungen aller Art getrübt
gewesen sei. Kein Sonnenstrahl des Ruhms war auf dieses Haupt gefallen; das deutsche Volk hatte einen seiner edelsten und grössten Söhne,
auf den es hätte stolz sein müssen, nicht nur darben lassen, sondern ihm
in Spott und Verhöhnung den Schwamm mit bitterer Galle gereicht.
In einem kleinen, sehr engen Kreise allein war seinen Kompositionen
Anerkennung zu Theil geworden, jedoch der Ertrag hatte für ihn kaum
ausgereicht, um die elementarsten Bedürfnisse des Lebens damit zu bestreiten. Ross theilte mir mit, Genelli sei oft in solcher Armuth gewesen, dass es ihm an Mitteln gefehlt habe, sich Papier und Bleistift zu
kaufen.« Dieses Bild der Armuth wird noch durch einige von Pecht
mitgetheilte Züge vervollständigt. Genelli wohnte am Stadtgraben in
der Nähe des Sendlingerthores »in einer so ärmlichen Wohnung, dass
nur der Zauber seines Talents diese niederen und finsteren Räume aus-
lichten konnte. Vor sich die Bäume des Grabens, hinter ihnen die alten
Stadtmauern und ein paar Kirchthürme war der einsame Ort, fern von
allem Geräusch, doch sehr geeignet, sich in alte Zeiten zu versenken und
den Raum mit fremdartigen Gestalten zu bevölkern. Ein grosser tan-
nener Tisch war sein ganzer Apparat, die weissen Wände leer, das öde,
in so grenzenlosem Kontrast zu den heutigen, mit allem Raffinement
ausgestatteten Ateliers stehende Gemach erinnerte ganz auffallend an
Goethes Arbeitszimmer. Es harmonirte ganz und gar mit dem, was darin
entstund; denn gerade die malerischen Kontraste, der Reichthum von kleinen
Reizen, das Kolorit nicht nur, sondern auch die Spiele des Lichts sind
ja das, worauf man bei Genellis Kunst gänzlich verzichten muss. Bei
aller echten Grösse wird sie doch in jedem Sinne durch das Nackte
charakterisirt, so dass einem gar kein Widerspruch auffiel, wenn er seine
Mappen öffnete und die weissen Blätter auf den Tisch legte, während

der Reichthum moderner Ateliers die Armuth dessen, was auf der Staffelei steht, oft nur um so auffallender erscheinen lässt.« Genelli liess sich durch seine Armuth nicht zu Boden drücken. Im Verkehr mit dem Maler Gisbert Flüggen, mit dem Bildhauer Brugger, mit Paul Heyse, Emanuel Geibel und Julius Grosse widmete er sich gern dem Dienste des Sorgenbrechers Lyäos, den er in seinen Zeichnungen so oft verherrlicht hatte. Paul Heyse hat diesen fröhlichen Zusammenkünften in seiner Novelle »Der letzte Centaur« ein literarisches Denkmal gesetzt.

Indem Graf Schack seine Begeisterung für Genelli dadurch bethätigte, dass er ihm sofort einen Auftrag ertheilte, trat zum ersten Male eine glückliche Wendung in dem Leben des Künstlers ein, leider, wie er seinem Freunde Rahl klagte, »etwas zu spät«, aber immer noch so zeitig, dass er eine Reihe von Werken schuf, durch welche seine künstlerische Bedeutung für immer begründet worden ist. Graf Schack bestellte zunächst die Ausführung eines die »Vision Ezechiels« darstellenden Entwurfs in Aquarell, und schon dieser erste Versuch glückte dergestalt, dass Graf Schack bald darauf eine zweite Bestellung machte. In der That braucht Genellis Komposition den Vergleich mit Raffaels kleinem Gemälde im Palazzo Pitti zu Florenz nicht zu scheuen. Während Raffael seinem Gottvater den Typus eines heidnischen Jupiters verliehen, hat sich Genelli nach dem Vorbild Michelangelos enger an den alttestamentlichen Charakter Jehovahs angeschlossen. Bei Raffael, der sich an die Worte des Propheten hielt, hat die Komposition etwas gezwungenes und unklares. Diese Unklarheit hat Genelli glücklich dadurch vermieden, dass er auch die drei thierischen Symbole der Evangelisten anthropomorphosirte, d. h. dass er thierische Köpfe auf menschliche Leiber setzte. So hat die Komposition sowohl an Verständniss als an Einheitlichkeit gewonnen. Die vier Gestalten, welche den Wagen Jehovahs durch die Wolken tragen, erscheinen wie erhabene Dämonen, die über das Maass des Irdischen hinausgewachsen sind. Mit Recht hat Graf Schack darauf hingewiesen, dass es »eine ungeheure schöpferische Kraft erfordert, um die Thierköpfe mit den Menschenleibern so organisch zu verschmelzen, dass man von ihrer Existenz überzeugt wird.« Durch die Bildung von antiken Kentauren- und Satyrngestalten hatte Genelli eine gute Vorschule gehabt, um solches zu vollbringen. Schack ist auch weiter darin im Recht, dass er diese Komposition Genellis mit den »apokalyptischen Reitern« des Cornelius in eine Linie stellt. Obwohl jene zweite Bestellung »der Raub der Europa«, welche Graf Schack ebenfalls aus den vorhandenen Entwürfen und zwar zur Ausführung in Oel auswählte, so recht dem Geiste Genellis entsprach, überkam diesen doch bei der Arbeit Kleinmuth und

Niedergeschlagenheit. Die Technik der Oelmalerei war ihm stets fremd geblieben, und so verursachte ihm das Kolorit grosse Schwierigkeiten, die jedoch durch die guten Rathschläge seines Freundes Rahl gehoben wurden. Den Karton (im Besitz der Berliner Nationalgalerie) vollendete er bereits 1857, das Bild selbst Ende 1858. Angeregt durch eine Idylle des griechischen Dichters Moschus hatte er die Komposition so erweitert, dass Poseidon und sein ganzes Gefolge von Tritonen, Nereiden und Fabelthieren dem mit seiner Beute in die Fluthen springenden Stier das Hochzeitsgeleite geben. Vergebens streckt die Entführte die Hände nach den Gespielinnen aus, welche bestürzt die gesammelten Blumen fallen lassen oder am Ufer rathlos hin- und hereilen. Ueber ihnen sind auf einem Hügel die Gottheiten des Orts gelagert und blicken ernst auf das ausgelassene Getümmel zu ihren Füssen herab. Hymenäos und Eros führen den Stier, und ganz vorn schweben die Musen dem Zuge vorauf, um ihm den Weg zu zeigen. Die ganze linke Hälfte der Komposition nimmt Poseidon mit seiner sich lebhaft tummelnden Schaar ein. Er selbst steht mit feierlicher Miene auf seinem Muschelwagen. Desto wilder gebahren sich die Seinigen. Tritonen stossen mit aller Kraft in die Muschelhörner, die Nereiden schwingen sich in leidenschaftlicher Bewegung auf Seepferde und Seeleoparden, und mit ungezügelter Lust tobt das Bacchanal in den Fluthen. Wie bei allen grösseren Schöpfungen Genellis muss man auch bei dieser die Komposition als ein Ganzes betrachten und nicht die Details zergliedern. Wenn man letzteres thut, wird man finden, dass, wie schon früher erwähnt, die Figuren an einer grossen Monotonie leiden, was sich eben daraus erklärt, dass sich Genelli aus Armuth keine Modelle halten konnte und später, als er es vielleicht im Stande gewesen wäre, sich der Arbeit nach dem Modell völlig entwöhnt hatte. Er hatte den Blick dafür verloren und glaubte der Natur entbehren zu können, nachdem er sich eine grosse Fingerfertigkeit erworben hatte. Die Bildung seiner Figuren hat dadurch etwas Conventionelles erhalten, es kehren überall dieselben Gliederformen und dieselben Fehler wieder. So lange die Figuren noch nicht ein gewisses Maass überstiegen, wurden diese Fehler durch den Reichthum an poetischen Gedanken oder durch den dramatischen Schwung der Komposition verdeckt, zumal wenn wie bei dem »Raub der Europa« die Farbe hinzutrat und festliche Heiterkeit über das ganze Bild ergoss. Solche Fehler arteten aber zu Schwächen aus, als er in seinen letzten Lebensjahren eine eigenthümliche Vorliebe für lebensgrosse und sogar überlebensgrosse Figuren fasste. Hier traten die Mängel seiner Ausbildung so klar zu Tage, dass die Wirkung der Komposition dadurch gänzlich vernichtet wurde. Die »Verheissung der drei Engel an Abraham« in der Galerie Schack ist ein Beleg dafür. Hier kommt noch hinzu, dass die Färbung matt und eintönig ist, weil Genelli schliesslich meinte, ein glänzendes Kolorit »passte für seine Zeichnungen nicht«.

Man wird Genellis Kompositionen am besten würdigen, wenn man sie als Gedichte auffasst, die einer geistvollen Wiedergeburt des Alterthums entsprossen sind. Alle technischen Fragen muss man bei Seite lassen und sich ohne Rücksicht auf sie dem Genusse hingeben, welchen eine schöpferische Phantasie von seltenem Reichthum und ein von reinster Begeisterung erfüllter Idealismus gewähren können. Erst an seinem Lebensabend fand dieser Idealismus Genellis auch eine reale Stütze, welche ihn aller Sorgen enthob. Hatte schon das Vertrauen des Grafen v. Schack und der glückliche Erfolg der »Europa« sein Selbstgefühl gehoben, so wurde ihm auch eine äussere Anerkennung dadurch zu Theil, dass ihn der Grossherzog von Sachsen nach Weimar berief, damit er dort sorgenlos ohne eine Verpflichtung seinem Schaffen leben konnte. Der Grossherzog hatte beschlossen, in Weimar eine Kunstschule zu gründen. Genelli sollte aber seine Kraft nicht dieser Anstalt widmen, wozu er seiner ganzen Natur nach auch gar nicht geeignet gewesen wäre, sondern nur durch sein Beispiel und seine Thätigkeit dem Kunstleben, dessen Aufblühen man erwartete, einen höheren Glanz geben. So traf Genelli, als er im Frühjahr 1859 nach Weimar übersiedelte, wieder mit Preller, dem Freunde seiner Jugend, zusammen, der freilich auch der einzige ihm geistig verwandte Künstler in der neuen Heimath war. Für ihn war jedoch die Hauptsache, dass er eine Reihe von Aufträgen des Grafen Schack von München mit nach Weimar brachte. Einige andere von dem Baron von Sina in Wien hatte ihm sein Freund Rahl vermittelt. Es waren die Aquarellausführungen der schon erwähnten gleichartigen Kompositionen Homer, Aesop, Apoll und Sappho vor einem Zuhörerkreise. Die letzteren waren bereits im Herbst vollendet, und Genelli war sehr glücklich, als Rahl der einen derselben, der Sappho, welche vor einem Landhause sitzend ihren Freundinnen eine Ode vorsingt, volles Lob spendete. Graf Schack überliess für seine späteren Bestellungen die Wahl der Gegenstände dem Künstler selbst, und dieser griff nun auf jene Jugendarbeit zurück, welche ihn zur Rückkehr nach Deutschland veranlasst und ihm dann mehrere Jahre seines Lebens verbittert hatte. Die Skizzen, welche er für einen Saal des Härtel'schen Hauses entworfen, begann er nun für den Grafen Schack als Oelgemälde auszuführen. Das erste derselben war »Herkules Musagetes und Omphale«, welches er 1860 in Angriff nahm und bis 1862 vollendete. In der Komposition dieses

Gemäldes, welches eine ganze Bilderreihe umschliesst, spricht sich die ursprüngliche dekorative Bestimmung noch am deutlichsten aus. Das Hauptbild ist auf allen vier Seiten von Darstellungen umrahmt, welche den Gedanken der Liebe sowie des idealen und materiellen Lebensgenusses, der dem Cyklus zu Grunde liegt, illustriren. Genellis Phantasie und poetische Gestaltungskraft zeigen sich in diesen Kompositionen von einer so glänzenden Seite, dass man das Gemälde als den Höhepunkt seines Schaffens, soweit es sich in vollständig ausgeführten Arbeiten kundgiebt, bezeichnen muss. Wenn man von den durch den Mythus gegebenen Figuren und der Situation »Herakles bei Omphale« absieht, ist das Ganze eine freie Erfindung Genellis. Unter einem mit Weinlaub überzogenen Laubendache, welches von vier die Jahreszeiten personifizirenden Karyatiden getragen wird, sitzt der leierspielende Gott am Rande einer Fontaine. Rechts lauscht Omphale, in tiefes Sinnen verloren, von Amoretten und Satyrn umgeben, den Klängen, welche Herakles den Saiten entlockt. Dieser Gruppe entsprechen auf der andern Seite Bacchus und seine Begleiterinnen. Von draussen blicken bocksfüssige Satyrn und Kentauren herein, und hinter Herakles beugt sich eine Dryade von ihrem Baume herab. Ueberall sind Amoretten vertheilt, auch der Baumnymphe ist einer beigesellt, um darauf hinzuweisen, wie alles Lebende der Allgewalt der Liebe unterthan ist. Während idyllische Anmuth den Grundcharakter dieser Komposition bildet, erfüllt der ausgelassenste bacchantische Taumel den friesartigen Streifen. welcher sich unter dem Hauptbilde als Abschluss hinzieht. Zwei auf Muschelhörnern blasende Kentauren eröffnen den Hochzeitszug des Weingottes, hinter ihnen schweben die Musen, und dann folgt der von vier Kentauren gezogene Wagen des Brautpaars. Hinter ihm wiederum Kentauren und Satyrn, welche des Weines voll ihrem Uebermuth freien Lauf lassen. In diesen Neckereien und Scherzen giebt sich die ganze Fülle des Genellischen Humors kund. Eine köstliche Situation folgt der andern, und dabei sind die kleinen Figuren. die sich grau in grau von blauem Grunde abheben, so geistreich gezeichnet, wie man es bei Genelli nicht häufig findet. Ueber diesem Friese steigen rechts und links zwei ornamentirte, breite Pilaster auf, in deren Mitte sich Medaillons befinden, in welchen Pans ungestüme Liebeswerbungen dargestellt sind. Oben entspricht dem Friese eine Reihe von fünf Lünetten mit Eroten, welche vier Zwickel einschliessen, in welchen der Raub des Ganymed und sein Leben im Olymp geschildert ist. Wenn auch Genelli bei der Anordnung dieses Bildercyklus an Raffaels Deckenschmuck in der Farnesina gedacht hat, so ist er doch kein sklavischer Nachahmer des von ihm hoch verehrten Meisters gewesen. Nur die Eintheilung des die Kom-

position oben abschliessenden Streifens erinnert an die Dispositionen,
welche Raffael bei der Ausschmückung der von der Decke herabgehenden
Vouten befolgt hat. Im Uebrigen ist Genelli seine eigenen Wege gegangen, weil er den Unterschied zwischen einem Decken- und einem
Wandgemälde trotz seines unpraktischen Idealismus scharf und richtig
erkannt hat. Er hat die Kompostion wie einen Wandteppich behandelt
und die Stilforderungen eines solchen mit feinem Sinne respektirt. Vollkommen berechtigt ist daher, was Rahl an Genelli im Juli 1862 schrieb:
»Sie haben eine schwere Aufgabe in der Omphale famos gelöst, diese
verschiedenen Bilder so glücklich zu einem verschmolzen, Ruhe und Stimmung so harmonisch verschmolzen, ohne die Einheit zu gefährden, dass
ich mich unendlich freute, als ich es so zusammen vor mir sah. Wie
schlimm hätte das mit ein wenig Brutalität und sogenanntem verkehrten
Effekt werden müssen. Seit der Farnesina ist wohl schwerlich so etwas
Originelles gemacht worden.«

Im Sommer 1863 empfing Genelli in Weimar den lange erwarteten
Besuch seines Freundes Rahl, der zur Folge hatte, dass sich beide nur
enger aneinander schlossen. Genelli arbeitete damals an einem neuen
Oelgemälde für den Grafen Schack, der »Schlacht zwischen Lykurgos
und Bacchus«, welche nach einer schon früher angefertigten Zeichnung
bestellt worden war. Wenn man nicht wüsste, dass Genelli sich schon
längere Zeit mit dieser Komposition getragen, würde man glauben, sie
sei in der Absicht entstanden, einmal die bacchischen Schaaren, die er
auf dem Predellafriese des »Herakles Musagetes« bei fröhlichem Thun
geschildert, auch in Wirrwar, Entsetzen und Noth zu zeigen. Betrachtet
man die Lykurgosschlacht, so glaubt man, jener Triumphzug des Gottes
wäre durch den plötzlichen Ansturm des wilden Thrakerkönigs, auf dessen
Streitwagen neben ihm die Siegesgöttin als Wagenlenkerin steht, in plötzliche Verwirrung gerathen. Die Musen und Eros fliegen entsetzt dem
Gotte voran, der sich auf den Rücken eines Kentauren geschwungen
hat. Der Rossmensch nimmt seinen Weg zum Meere, aus welchem
Thetis und die Nereiden emporsteigen, um den Gott und seine flüchtigen
Begleiter schützend zu empfangen. Im Vordergrunde der Komposition
tobt die Schlacht. Bacchantinnen, thrakische Krieger und Kentauren walzen
sich in wüthendem Ringen auf dem Erdboden umher, dazwischen reiter-
lose Pferde und Panther -- ein gewaltiges Schlachtgetümmel, dessen
michelangeleske Kuhnheit durch die raffaelische Weichheit und Grazie
der Umrisse gemildert wird. Was dem einen oder dem andern entlehnt
ist, wird durch den einheitlichen Zug und den kraftvollen Schwung der
Komposition zusammengehalten. Um dieselbe Zeit arbeitete Genelli an

einem Karton aus der Sisyphosmythe, die ihn bereits früher beschäftigt. Hatte er dargestellt, wie es dem klugen Könige von Ephyra gelungen, durch seine List den zu ihm entsandten Todesgott zu fesseln, so dass eine Zeitlang keine Menschen starben, so behandelte er jetzt den Schlussakt des Dramas: die Entführung des Sisyphos durch den Todesgott, welchen Ares befreit hat. Von einem Gastmahle, aus dem Kreise fröhlicher Tischgenossen, welche jetzt von Trauer und Entsetzen erfüllt aufgesprungen sind, wird Sisyphos von dem geflügelten Jüngling mit der gesenkten Fackel, der ihn mit sicherem Griff am Handgelenke festhält, hinausgeleitet. Erschreckt greift der Ueberraschte mit der anderen Hand an die Stirn, noch einen letzten Blick auf die vor ihm in treuer Hingabe knieende Gattin, auf die schöne Welt, die er verlassen muss, werfend. Die poetische Kraft, die aus dieser Szene in den Aeusserungen von Trauer, Wehmuth und verhaltenem Schmerze zu uns spricht, ist wiederum so mächtig, dass wir darüber die formalen Mängel der Darstellung im Einzelnen vergessen.

Vor der Vollendung der Lykurgosschlacht, welche in das Ende des Jahres 1864 fällt, führte Genelli noch jenes bereits erwähnte Gemälde für den Grafen von Schack »Abraham und die Engel« aus. Zugleich reizten ihn aber schon andere Pläne. Rahl hatte in Weimar bei ihm die Anfänge einer grossen Komposition »Bacchus bei den Seeräubern« gesehen, welche gleichfalls für den Münchener Mäcen bestimmt war und die ihn schon in der römischen Zeit beschäftigt hatte, wofür ein aus derselben stammendes Aquarell zeugt, und aus Genellis Briefen geht ferner hervor, dass er an einem Entwurf zu einem Theatervorhang arbeitete, der nicht für einen praktischen Zweck bestimmt war, sondern nur als Staffeleibild für die Schacksche Galerie ausgeführt werden sollte. Da Rahl gerade um diese Zeit an dem Vorhang für das neue Opernhaus in Wien malte, so wurde der Briefwechsel der beiden Freunde dadurch doppelt angeregt. Genellis Theatervorhang zeigt in der Mitte ein von zwei Genien gehaltenes Tuch, auf welchem das Programm der allegorischen Darstellungen darüber und darunter in folgenden Versen ausgesprochen ist:

> Der Leidenschaften wüstes Heer, dem Schooss der alten Nacht entstammt,
> Die stille Schaar der Tugenden, vom Licht geboren, lichtumflammt,
> Der Nemesis, des Fatums Walten Ihr schauet hier in Traumgestalten.

Unterhalb dieser Devise sitzt die Nacht, eine ernste Frauengestalt mit entblösstem Oberkörper, welche ihre mächtigen Schwingen über die um sie herum gelagerten Personifikationen des Neids, der Wollust, der Schlemmerei und der Trägheit breitet. Zwei ornamentirte Streifen, in deren Mitte Medaillons mit der Muse der Schauspielkunst und dem Genius der

Natur zur Linken und mit den Figuren von Ernst und Scherz zur Rechten eingelassen sind, rahmen diese Komposition ein. Oberhalb der beiden das Tuch haltenden Genien schwebt der Tag, umgeben von den Tugenden, welche die lichte Seite des menschlichen Charakters repräsentiren, von Liebe, Glaube und Hoffnung, von Weisheit, Gerechtigkeit, Mässigung und Stärke, die man als die sieben Kardinaltugenden bezeichnet. Rechts und links von dieser Gruppe schweben, jener Devise entsprechend, die Nemesis und das Fatum. Nach unten hin wird die Komposition durch eine Predelle abgeschlossen, auf welcher nach einer dem »Don Quixote« entlehnten Idee ein Zug von Gestalten aus bekannten klassischen Bühnenwerken dargestellt ist. »Der Theatervorhang, so schrieb der Komponist Peter Cornelius, ein Neffe des Malers, ist Genellis Grabschrift, er ist sein jüngstes Gericht, er ist seine göttliche Komödie. Hier schiessen alle Strahlen dieses Genius in einen Brennpunkt zusammen. Die Schönheit der Linie, die ihm angeboren, die keusche Poesie der Farbe, die feinste Stilempfindung der Anordnung trifft hier zusammen mit einem erhabenen Geiste, mit einer allen Gipfeln und Untiefen des Lebens abgezwungenen Macht der Charakteristik, mit einer Reinheit der Seele und einer weihevollen poetischen Gerechtigkeit, welche allem Schönen und Grossen, was je gedichtet worden, die Hand reicht. Nacht und Licht als Mittelpunkt, Todsünden und göttliche Tugenden als ihre Sprossen und darunter in bunten Gestalten die Welt der Bretter, welche den Kampf zwischen beiden in poetischer Verklärung der Welt der Wirklichkeit zur Selbsterkenntniss und Läuterung als Spiegel vorhält: das ist der Inhalt eines Bildes, dessen Dichter das tiefste Mark seines Genius mit dem vollen Leben des Dramas durchdringen musste, ehe er dieses Werk zu schaffen vermochte. Im Anschauen dieses einzigen Bildes lösen sich denn auch alle bangen´ Fragen und das irdische Dasein dieses Genius in dem lauten Rufe des Enthusiasmus, welcher seinem unvergänglichen Fortleben gilt.«

»Bacchus unter den Musen« ist das letzte Gemälde, welches Genelli für den Grafen von Schack ausführte, seine letzte vollendete Schöpfung überhaupt. Die gesammte Anordnung deutet noch auf die ursprüngliche Bestimmung der Komposition, nämlich den Deckenschmuck in dem Saale des Härtelschen Hauses zu bilden. Das Gemälde gleicht einem Teppich, dessen vier Ecken, gleichsam als wären sie auseinandergezogen, nicht recht-, sondern spitzwinklig zulaufen. In der Mitte sitzt der jugendliche Gott, mit der ausgestreckten Linken die weingefüllte Schale erhebend. Zu seinen Füssen ruht sein Panther, und in zwei Gruppen umgeben ihn die neun pierischen Schwestern, vier auf dem Erdboden vor dem Gott gelagert, die andern fünf hinter ihm sitzend und stehend, jede durch Haltung, Gesichtsausdruck oder Geberde aufs feinste charakterisirt. Die erlesene Gesellschaft schaut einem Tanze zu, welchen der fettwanstige Silen und Amor ausführen, während der hinter ihnen schwebende Komos das Tamburin dazu schlägt. Ueber Bacchus ist zwischen zwei Bäumen ein Tuch wie eine Hängematte ausgespannt, und in ihr ruht Zephyr, der ebenfalls dem Tanze zuschaut. Ein Fries von elegant komponirtem Rankenwerk, welcher an den Ecken durch vier Grisaillen unterbrochen wird, umgiebt diese Darstellung. In den Grisaillen sieht man, wie Bacchus einen Triton erschlägt, der eine Jungfrau rauben will, wie der auf einem Kentauren reitende Weingott den Thrakerkönig Lykurgos mit einem Thyrsos niederstreckt, wie er seiner auf einem Panther reitenden Ariadne voraufschwebt und wie er den aus dem Olymp gestossenen Hephästos auf einem geflügelten Esel wieder emporführt. Eine Episode aus dem Bacchus- mythos war auch der letzte Vorwurf, an welchem er arbeitete. Nach der sechsten der unter dem Namen des Homer gehenden Hymnen wollte er »Bacchus unter den tyrrhenischen Seeräubern« darstellen und zwar den Moment, wo der auf dem Schiff gefangen gehaltene Gott seine Macht an den Räubern übt und diese als Delphine verwandelt in das Meer springen. Wie die meisten Schöpfungen des Künstlers reicht auch die Entstehung dieser im Aquarellentwurf bis in die römische Zeit zu- rück, welche für Genelli die Zeit des Einsammelns von Schätzen war, von denen er sein Leben lang zehren konnte. Zu dem ihm von Schack übertragenen Bilde hat Genelli nicht einmal den Karton beendigen können. Die unvollendete Arbeit befindet sich im Museum zu Weimar. Am 13. November 1868 rief ihn der Tod ab, nicht aber wie seinen Sisyphos vom Gastmahle, sondern von der Arbeit, in welcher der siebzigjährige Greis den einzigen Trost gefunden, nachdem ihm durch den plötzlichen Verlust seines hoffnungsvollen Sohnes Camillo eine tödtliche Wunde ge- schlagen worden war.

An schöpferischer Begabung, an Reichthum und poetischer Kraft der Phantasie darf sich Genelli mit dem vornehmsten Vertreter der neu-klassischen deutschen Kunst, mit Cornelius messen. Wenn er diesen nicht in seiner Wirkung erreichte, so lag der Grund davon in der Un- gunst der äusseren Verhältnisse. Die monumentale Malerei wäre das- jenige Gebiet gewesen, auf welchem sich sein Genie am freisten hätte entfalten können. Nachdem aber der erste dekorativ-monumentale Auf- trag, der ihm zu Teil geworden, zu keinem Ziele geführt, bot sich ihm kein zweiter. Mangel an technischer Fertigkeit trat hindernd in den Weg und dieser war es auch, der ihm nicht gestattete, durch ein anderes vielleicht noch wirksameres und gefälligeres Medium, durch die Oelmalerei, auf das Volk zu wirken. Und damit nicht genug. Sein Unstern hat es auch gewollt, dass seine cyklischen Kompositionen von Stechern reproduziert wurden, welche den Umrissen und der Modellirung seiner Figuren Harten und dem Ausdruck seiner Köpfe Uebertreibungen gaben, die in den Zeichnungen nicht vorhanden sind. Nur Georg Koch hat in den Lithographieen zu dem Leben eines Wüstlings den weichen Linienfluss Genellis, die bezaubernde Anmut und den sinnlichen Reiz seiner Formengebung erreicht. Nur nach seinen Originalzeichnungen kann man die unendliche Schönheitsfülle beurtheilen, welche den Inhalt von Genellis Schaffen gebildet hat. Von welchem Umfange dasselbe gewesen ist, hat erst sein künstlerischer Nachlass an den Tag gebracht, welcher, 284 Blätter umfassend, in den Besitz der Wiener Kunstakademie übergegangen ist und vornehmlich Detailstudien zu den Schackschen Gemälden enthält.

### 4. Friedrich Preller und die historische Landschaft.

Während die Carstenssche Richtung nach der einen Seite hin durch Genelli völlig abgeschlossen erscheint, hat sie auf einem anderen Gebiete, dem der historischen Landschaft, triebkräftige Wurzeln geschlagen. Carstens selbst hatte auf die landschaftlichen Hintergründe seiner Kompositionen bereits ein grosses Gewicht gelegt, und Joseph Anton Koch bildete im stilistischen Sinne und auf Grund eines eingehenden Naturstudiums weiter aus, was sich bei Carstens immerhin nur unentwickelt gezeigt hatte. Aber es gelang Koch, wie wir gesehen haben, nur selten, ein vollkommen ausgereiftes Kunstwerk zu Stande zu bringen. Bedeutender als seine künstlerische Thätigkeit war seine Einwirkung auf jüngere Maler, die in seine Fussstapfen traten und zu glücklicheren Ergebnissen kamen. Derjenige unter ihnen, welcher die historische Landschaft in unserem Jahrhundert zur höchsten Entwicklung gebracht hat, ist Friedrich *Preller*. Hinter ihm tritt selbst der gleichstrebende und gleichbegabte Carl Rottmann zurück, der sonst manche Vorzüge vor Preller besitzt, weil es dem letzteren gelungen ist, in seiner reifsten Schöpfung, den Odysseelandschaften, das figürliche und das landschaftliche Element zu einer das Heroenthum auf das vollkommenste versinnlichenden Einheit zu verschmelzen. Auf die Jugend Prellers[*]) fiel der Abglanz des Namens

---

*) Friedrich Preller. Ein Lebensbild von Otto Roquette. Frankfurt a. M. 1883 (Hauptquelle für die biographischen Daten). Mündliche Mittheilungen von Preller hat Fr. Pecht (Deutsche Künstler des neunzehnten Jahrhunderts, Nördlingen 1877, Bd. I S. 271 bis 289) aufgezeichnet. — R. Schöne, Friedrich Prellers Odysseelandschaften, Leipzig 1863. Diese gediegene Schrift enthält auch einen werthvollen Abriss der Geschichte der historischen Land-

und der Fürsorge Goethes. Geboren am 25. April 1804 in Eisenach
als der Sohn eines Zuckerbäckers, kam Preller schon im Jahre seiner
Geburt nach Weimar, wo der Vater in der Hofkonditorei Beschäftigung fand. Er besass eine hervorragende plastische Begabung, die
ihm nicht bloss für sein Handwerk von Nutzen war, sondern auch veranlasste, dass er später dem Erbprinzen Karl Friedrich Unterricht im
Modelliren gab. Der Sohn, auf welchen der künstlerische Trieb des
Vaters übergegangen war, profitirte natürlich auch von dessen Fähigkeiten, und schon als kleiner Knabe zeichnete er nach der Natur und
modellirte Frösche, Käfer, Fische und, was ihm sonst zu Gesicht kam,
in Wachs. So entwickelte sich in ihm ein lebhaftes Naturgefühl, welches
sich auch dadurch dokumentirte, dass er gern in den Wäldern herum-
streifte. Den ersten systematischen Zeichenunterricht erhielt er durch den
Hofrath Meyer, den sogenannten »Kunstmeyer«, welcher damals die
von Goethe gegründete »Freie Zeichenschule« leitete. Preller trat in
dieselbe 1814 ein und nahm bis 1821 am Unterricht Theil. Wenn
er auch durch denselben nicht erheblich gefördert wurde, weil Meyers
Methode nicht geeignet war, in jugendlichen Gemüthern Kunstbegeiste-
rung zu erwecken, so hatte Preller doch den Vortheil, dass Meyer auf
ihn aufmerksam wurde und schliesslich Goethe für ihn zu interessiren
wusste, welcher ihn eines Tages rufen liess. Es war ein ängstlicher
Moment, als der schüchterne Preller zum ersten Mal vor den Olympier
trat, welcher ihn so durchdringend ansah, dass »seine herrlichen Augen
Funken zu sprühen« schienen. »Ich fühlte, dass mir die Gedanken ver-
gingen. Seine Stimme, seine väterliche Anrede brachten mich ins Ge-
leise zurück. Er lobte mit wenigen freundlichen Worten meinen Fleiss
und ermuthigte mich, stets nach der Natur zu zeichnen.« Goethe beschäftigte sich damals mit meteorologischen Studien und hatte den jungen
Preller zu sich berufen, um von ihm eine Reihe von Wolkenbildungen
und Wolkenschichten zeichnen zu lassen, die in einer Broschüre be-
schrieben worden waren. Preller entledigte sich seiner Aufgabe zur Zufriedenheit Goethes, und daraus entspann sich ein Verkehr, der für

schaftsmalerei. Der Verfasser bemerkt gelegentlich, dass die Bezeichnung »Historische Landschaft« zuerst in Kochs »Moderner Kunstchronik«, also 1834, vorkommt, dass dieselbe aber
schon in den zwanziger Jahren in den römischen Künstlerkreisen gewöhnlich war. Dieser Aus-
druck ist umfassender und prägnanter als der früher übliche und auch von Goethe gebrauchte
»Heroische Landschaft.«) — L. v. Donop, Friedrich Preller (Abdruck aus der Weimarischen
Zeitung von 1878). — C. Ruland, Zur Erinnerung an Friedrich Preller, Weimar 1878. —
M. Jordan, Katalog der Preller-Ausstellung in der Berliner Nationalgalerie 1879. — A. Dürr,
Preller und Goethe (Zeitschrift für bildende Kunst XVII. S. 357–365).

Prellers künstlerische Ausbildung und Entwicklung von grösster Bedeutung werden sollte. Goethe wird ihm sicherlich aus seinen eigenen Kunstsammlungen manches zugänglich und ihn auf anderes aufmerksam gemacht haben. So hat er gewiss schon damals die vom Grossherzog angekauften Zeichnungen von Carstens zu Gesicht bekommen, aus denen ihm zum ersten Male eine aufs Grosse gerichtete Kunstauffassung entgegen trat. Auf diese Weise kam Preller frühzeitig mit jenem Geist in Berührung, von welchem er auch später noch manches in sich aufnehmen sollte. Weimar ward ihm aber bald zu eng. Er sehnte sich hinaus in eine Stadt, welche ihm ein reicheres Studienmaterial zu bieten hatte, und so wurde Dresden das erste und nächste Ziel seiner Wünsche. Er hatte sich durch Illuminiren von Kupferstichen eine kleine Summe erspart und begab sich nun, mit wirksamen Empfehlungsbriefen Goethes ausgestattet, im Sommer 1821*) nach Dresden, wo er zunächst zwei Kopien nach Ruisdaels Kloster und nach einem Thierstück von Potter in Angriff nahm. Ruisdael war es, auf den sein erster Blick fiel, dann übten Claude Lorrain und Poussin eine unwiderstehliche Anziehungskraft auf ihn. »So sonderbar es klingen mag, wenn ich Ruisdael mit Claude und Poussin zusammen nenne, erzählte er später, so fand ich doch eine gewisse Aehnlichkeit unter den drei grossen Meistern. Ein innerliches seelenvolles Leben, eine naturwahre Aussenseite, die jedoch aller und jeder peinlichen Nachahmung fern ist, fing an, mir verständlich zu werden. Mir schien, die Landschaftsmalerei habe in diesen drei Menschen ihre höchste Höhe erreicht. So wuchsen sie mir ans Herz, und sie haben ihren Platz noch darin.« Die beiden aus Dresden mitgebrachten Kopien gefielen Goethe so wohl, dass er sie für achtzig Thaler aus den Mitteln des Zeicheninstituts ankaufte. Preller ging noch zwei Sommer nach Dresden, während er im Winter zu Hause auf Goethes Rath Zeichnungen von Carstens kopirte. Endlich fühlte er sich auch zu einer selbständigen Arbeit angeregt und zwar zu einem Genrebild, welches eine Schlittenfahrt darstellte. Dieses Bild kam in die Jahresausstellung der Zeichenschule und erregte die Aufmerksamkeit des Grossherzogs. Nachdem dieser bei Goethe Erkundigungen eingezogen, beschloss er, den jungen

---

*) Wir folgen in den biographischen Angaben der Darstellung Roquettes. Dieselbe steht jedoch mit der Datirung der Prellerschen Kopien, welche sich jetzt im Museum zu Weimar befinden, im Widerspruch. Die Kopie des Potterschen Viehstücks trägt das Datum »Dresden 1823« und eine Kopie nach Ruisdael, Ansicht des Schlosses Bentheim (Original ebenfalls in Dresden), das Datum »Weimar 1825«. Im Jahr 1825 befand sich Preller nach Roquette in Antwerpen. Nach der Angabe des Katalogs des Weimarer Museums ist dann auch die Kopie nach Ruisdaels Kloster 1823 gemalt.

Preller auf seine Kosten ausbilden zu lassen, und nahm ihn im Mai 1824, da er gerade seinen zweiten Sohn in Gent besuchte, mit nach den Niederlanden. In Antwerpen vertraute er ihn der Fürsorge des damaligen Professors, späteren Akademiedirektors van Brée an, und unter dessen Leitung machte er zwei Jahre lang den regelrechten Akademieunterricht durch. Was er aber besonders suchte, Vorbilder für sein eigentliches Fach, für die Landschaftsmalerei, fand er in Antwerpen nicht. Das wenige, was ihm Antwerpen von Ruisdael und Everdingen bot, genügte ihm nicht recht. Die Niederländer erschienen ihm bereits als »Naturalisten«, wenn auch als solche »in der höchsten Bedeutung des Wortes«. Er vermisste an ihnen den »höheren Flug der Gedanken«, den er »in Verbindung mit einer grossartigen, ausdrucksvollen Form bei den beiden Poussin, bei Albani, Claude Lorrain und Tizian« kennen gelernt hatte. Nur das Kopiren nach Rubens half ihm vorwärts. Obwohl ihn für das Leben geknüpfte Herzensbande an Antwerpen fesselten, riss er sich dennoch los. Der Grossherzog gab seine Genehmigung zu einem Aufenthalte in Italien, der zunächst aber auf Mailand beschränkt werden sollte. Vorerst zog Preller jedoch im Juni 1826 auf kurze Zeit nach Weimar, wo er seine Studien Goethe vorlegte, der namentlich über die Figurenzeichnungen sehr erfreut war. Als Preller sich von ihm verabschiedete, gab ihm Goethe eine Reihe guter Rathschläge auf den Weg, aus denen hervorgeht, dass Goethe die geistige Richtung seines Schützlings bereits sehr klar erkannt hatte. Eckermann lässt Goethe darüber in seinen »Gesprächen« folgendes sagen, was auch mit den Aufzeichnungen Prellers übereinstimmt: »Als Reisesegen habe ich ihm gerathen, sich nicht verwirren zu lassen, sich besonders an Poussin und Claude Lorrain zu halten und vor allem die Werke dieser beiden Grossen zu studiren, damit ihm deutlich werde, wie sie die Natur angesehen und zum Ausdruck ihrer künstlerischen Anschauungen und Empfindungen gebraucht haben. Preller ist ein bedeutendes Talent, und mir ist für ihn nicht bange. Er erscheint mir übrigens von sehr ernstem Charakter, und ich bin fast gewiss, dass er sich eher zu Poussin als zu Claude Lorrain neigen wird. Doch habe ich ihm den letztern zu besonderem Studium empfohlen, und zwar nicht ohne Grund. Denn es ist mit der Ausbildung des Künstlers wie mit der Ausbildung jedes andern Talents. Unsere Stärken bilden sich gewissermaassen von selber, aber diejenigen Keime und Anlagen unserer Natur, die nicht unsere tägliche Richtung und nicht so mächtig sind, wollen eine besondere Pflege, damit sie gleichfalls zu Stärken werden. . . . Ich bin gewiss, dass Prellern einst das Ernste, Grossartige, vielleicht auch das Wilde ganz vortrefflich gelingen wird. Ob er aber im Heitern, An-

muthigen und Lieblichen gleich glücklich sein wird, ist eine andere Frage, und deshalb habe ich ihm den Claude Lorrain ganz besonders ans Herz gelegt, damit er sich durch Studium dasjenige aneigne, was vielleicht nicht in der eigentlichen Richtung seines Naturells liegt. Sodann war noch eins, worauf ich ihn aufmerksam gemacht. Ich habe bisher viele Studien nach der Natur von ihm gesehen. Sie waren vortrefflich und mit Energie und Leben aufgefasst; aber es waren alles nur Einzelheiten, womit später bei eignen Erfindungen wenig zu machen ist. Ich habe ihm nun gerathen, künftig in der Natur nie einen einzelnen Gegenstand allein herauszuzeichnen, wie einen einzelnen Baum, einen einzelnen Stein-haufen, eine einzelne Hütte, sondern immer zugleich einigen Hintergrund und einige Umgebung mit. Und zwar aus folgenden Ursachen. Wir sehen in der Natur nie etwas als Einzelheit, sondern wir sehen alles in Verbindung mit etwas andrem, das vor ihm, neben ihm, hinter ihm, unter ihm und über ihm sich befindet. Auch fällt uns wohl ein einzelner Gegen-stand als besonders malerisch auf; es ist aber nicht der Gegenstand allein, der diese Wirkung hervorbringt, sondern es ist die Verbindung, in der wir ihn sehen, mit dem, was neben, hinter und über ihm ist und welches alles zu jener Wirkung beiträgt. . . . Und dann noch dieses. Es ist in der Natur nichts schön, was nicht naturgesetzlich als wahr motivirt wäre. Damit aber jene Naturwahrheit auch im Bilde wahr er-scheine, so muss sie durch Hinstellung der einwirkenden Dinge begründet werden. . . . Wiederum aber würde es thöricht sein, allerlei prosaische Zufälligkeiten mitzeichnen zu wollen, die so wenig auf die Form und Bildung des Hauptgegenstandes als auf dessen augenblickliche malerische Erscheinung Einfluss hatten. Von allen diesen kleinen Andeutungen habe ich Prellern die Hauptsachen mitgetheilt, und ich bin gewiss, dass es bei ihm als einem geborenen Talent Wurzel schlagen und gedeihen werde.«

Diese goldenen Worte Goethes, der auch darin Recht behielt, dass Preller sich mehr Poussin als Claude Lorrain zuneigen würde, geleiteten den jungen Künstler nach Mailand, wo er in die Akademie eintreten sollte, welche damals unter der Leitung des Malers Cattaneo stand. Wie alle Künstler der klassizistischen Opposition, wie Carstens, Schick, Wächter, Genelli, war auch Preller von heftiger Abneigung gegen die Akademieen beseelt. Er musste sich aber doch bequemen, dem Befehle seines fürst-lichen Gönners Folge zu leisten und in der Akademie wenigstens nach dem lebenden Modelle zu malen und perspektivische Studien zu treiben. Nebenher machte er seine landschaftlichen Studien vornehmlich in der Umgebung des Comersees, in Monti di Brianza, in Bergamo und Brescia,

und die Ergebnisse derselben, einige Gemälde, die er nach Weimar schickte, befriedigten den Grossherzog so sehr, dass er die Mittel zur Verlängerung von Prellers Aufenthalt in Italien hergab und dieselben auch für den Fall seines Todes sicher stellte. Im Mai 1828 schickte Preller wiederum zwei Gemälde an den Grossherzog und etwa zweihundert Studienblätter an seinen Vater ab und verband damit die Bitte, der Grossherzog möchte ihn vor der festgesetzten Zeit nach Rom gehen lassen, da ihm die ebene und reizlose Umgebung Mailands nichts mehr böte. Die Sendung muss wiederum den Beifall des Grossherzogs gefunden haben, da die Genehmigung sehr bald eintraf: kurz darauf folgte die Trauerbotschaft von dem Tode des Grossherzogs, wodurch Prellers Reise aber nicht aufgeschoben wurde. Mitte September 1828 langte er in Rom an, hielt sich aber wegen der Hitze nicht lange daselbst auf, sondern begab sich ins Sabinergebirge, wo ihm zuerst diejenige Natur in ihrer Grossartigkeit aufging, welche seinen Neigungen am meisten entsprach. Er führte eine grosse Zahl von Studien und Zeichnungen in Oel, Bleistift, Feder und Tusche aus und begann in Olevano auch ein Gemälde mit dem barmherzigen Samariter als Staffage, welches er 1829 vollendete. Nach Rom zurückgekehrt, suchte er die Bekanntschaft der dortigen deutschen Künstler. Einen der ersten, die er kennen zu lernen wünschte, war der alte Koch, und der Besuch bei ihm wurde, wie uns Preller selbst berichtet, für sein ganzes Künstlerleben entscheidend. »Die strenge und dabei doch kindliche Weise der Kochschen Zeichnungen machte auf mich einen wunderbaren Eindruck. Bei aller Originalität war hier keine Spur von Manier, Alles aufs tiefste empfunden und durchlebt, Alles schön und voll Ausdruck, dass es mich wie eine herrliche Musik entzückte. So wurde mir denn, während ich im Anschauen dieser Arbeiten versunken war, das bisher nur dunkel geahnte Ziel, nach welchem ich zu streben hatte, immer klarer bewusst. Hier sah ich vor mir, was zu erreichen war, hier erkannte ich deutlich, wie viel mir noch dazu fehlte. Schon auf dem Heimwege stand der Entschluss in mir fest, das Alte von neuem vorzunehmen. Ich habe denn auch ein volles Jahr hindurch nur Contouren nach der Natur gezeichnet, wohl merkend auf den Ausdruck, auf die besondere Sprache eines jeden Gegenstandes, den ich nachbildete. An diesem Streben hatte Koch bei fortgesetztem Verkehr eine grosse Freude. Je mehr ich ihn verstehen lernte, desto bereiter zeigte er sich, mir Anleitung und Aufklärung zu Theil werden zu lassen, und mannigfache Förderung habe ich namentlich den Stunden zu verdanken, die ich in der Campagna neben Koch zeichnend verbrachte, wobei regelmässig beiden der nämliche Gegenstand als Vorwurf

diente. Hier lernte ich erkennen, worauf es ankommt, um einen Gegen-
stand in bester Weise zur Anschauung zu bringen. Denn Koch beschränkte sich nie auf ein genaues Kopiren der Natur, nur auf das
Wesentliche ging er ein. Zufälligkeiten dagegen von nicht bezeichnender
Art schienen für ihn nicht vorhanden. Deshalb tragen auch seine Zeichnungen stets einen klar ausgesprochenen Charakter an sich, während
sie zugleich vollkommen frei sind. Was man jetzt Meisterschaft des
Vortrages nennt, das hat er nie erlernt, weil er nie danach strebte.
Seine Arbeiten waren eben Erzeugnisse einer reinen und liebenswürdigen
Künstlernatur.«

Abgesehen von zwei Oelgemälden, welche nach Weimar gesandt
und später durch Goethes Vermittelung im sächsischen Kunstverein zu
Dresden ausgestellt wurden, wo sie jedoch eine ungünstige Beurtheilung
erfuhren, hat Preller in Rom nur Studien und Zeichnungen ausgeführt.
»Von der Aussichtsmalerei, von dem Portraitiren der Landschaft, so erklärte er später seine römische Thätigkeit, hatte ich mich grundsätzlich
fern gehalten. Ich hatte einen Widerwillen empfunden gegen das
Fabriziren von Bildern, wie es von zahlreichen sogenannten Künstlern
betrieben wurde, um den Geschmack des reisenden Publikums für ihre
Taschen auszubeuten. Solche italienische Landschaften, wie sie den
Reisenden vorzugsweise gefallen, also hübsch mit Pinien, Cypressen und
Orangen staffirt, mit schön blauer oder orangefarbiger Luft, womöglich
in Sonnenaufgangs- oder Untergangsbeleuchtung, Landschaften, wie man
sie am bequemsten im Albanergebirge oder in Tivoli findet, hatte ich
nie gemalt . . . meine Aufmerksamkeit war eben stetig auf die charakteristischen Züge und auf den organischen Zusammenhang in der Natur
gerichtet, für deren Beobachtung mir das weniger besuchte Olevano,
Civitella und Subiaco ein unerschöpliches Material bot. So mag es gekommen sein, dass meine Studien, so sehr sie mich selbst gefördert
hatten, doch bei dem Beschauer nur ein geringes Interesse erweckten.«
Diese letztere Bemerkung bezieht sich auf Goethe und Meyer. Als
Preller im Frühjahr 1831 nach Weimar zurückgekehrt war, verfehlte er
nicht, Goethe, dem er übrigens von Rom aus getreulich über den Fortgang seiner Studien Bericht erstattet, seine Zeichnungen vorzulegen. Obwohl ihm ein sehr freundlicher Empfang zu Theil wurde, vermochte
er, wie er selbst sagt, bei Goethe kein besonderes Wohlgefallen wahrzunehmen. Dass Goethe bei dem Empfang Prellers ernst und einsilbig
war, hatte, wie man vermuthen darf, einen tieferen Grund. Goethes
einziger Sohn August war wenige Monate zuvor, am 28. Oktober 1830.
in Rom plötzlich in Prellers Armen gestorben, und als der Zeuge dieses

Todes vor ihn trat, mag eine Fülle von schmerzlichen Erinnerungen den Geist des Greises bestürmt haben, von denen er allerdings mündlich keine Kunde gab. Wie sehr ihn aber diese Erinnerungen beschäftigten, zeigt am deutlichsten die Thatsache, dass Goethe sich Prellers Skizzenbuch geben liess, in welchem dieser seine römischen Freunde portraitirt hatte, und als Preller das Buch wieder erhielt, fehlte das Bildniss August von Goethes. Der Altmeister urtheilte denn auch andern gegenüber sehr anerkennend über Prellers weiteren Entwicklungsgang und nahm ihn auch gegen v. Quandt in Schutz, der sich über Preller und seine Abhängigkeit von Poussin allzu streng geäussert hatte. »Das einzig Bedenkliche finde ich, so schrieb er an Kestner nach Rom, dass er seiner eigenen Neigung zu sehr nachgegeben, die ihn ins Einsame, Wüste hintreibt, was er auch ganz wacker und tüchtig darstellt, was aber den gebildeten Menschen der neueren Zeit nicht gerade zusagt; und am Ende will denn doch der Künstler Abnehmer haben, auf deren Wünsche, die nicht immer ganz unvernünftig sind, er doch einige Rücksicht zu nehmen hätte.« Wenn Goethe also an Preller etwas zu tadeln hatte, so floss dieser Tadel nur aus einem Wohlwollen, welches den jungen Künstler auch materiell günstig gestellt zu wissen wünschte. Es war bei der damaligen Geschmacksrichtung des Publikums schwer, für ernste, düstere Landschaftsbilder mit grossen, einfachen Contouren und spärlichen Details, deren koloristische Reize auch nur karg waren, Käufer zu finden. Im Kreise der römischen Kunstgenossen — auch die in Berlin gebildeten Landschaftsmaler Franz *Catel* (1778—1856) und August *Ahlborn* (1796—1857) gehörten dazu — hatte sich Preller eine harte und trockene Färbung angeeignet. Erst in Weimar legte er, vermuthlich unter dem Einflusse heimischer Waldstudien, diesen Mangel wieder ab. Anders als seine Zeitgenossen betrachten wir die Zeichnungen, welche Preller von seiner ersten italienischen Reise heimbrachte. Mit der liebevollsten Wiedergabe der Natur verbindet sich bereits ein Adel und eine Grösse der Auffassung, welche zu jener Zeit eine völlig vereinzelte und darum auch befremdliche Erscheinung bildeten.

Wenn auch die Protektoren Prellers die Bedeutung dieser Studien nicht richtig erkannt haben, so hatte der Künstler doch mit ihnen ein unvergängliches Besitzthum in die Heimath genommen. Wie tief der Eindruck des Gesehenen in ihm wurzelte, lernen wir am besten aus den Empfindungen kennen, welche ein kurzer, in den Monaten Juli und August 1830 von Rom nach Neapel und dessen Umgebung unternommener Ausflug in ihm wachrief. Während dieser Reise entstand der erste Gedanke zu dem Werke seines Lebens, den Odysseelandschaften, und in Neapel traf er auch mit Dr. Härtel zusammen, der ihm später die Gelegenheit geben sollte, den damals gefassten Plan zum ersten Male auszuführen. Während Koch geäussert hatte, die homerischen Gedichte böten der künstlerischen Darstellung zu wenig Anregung und Stoff, wurde Preller im Angesichte dieser grossartigen Landschaft, in welche Sage und lokale Ueberlieferung den Schauplatz einiger Abenteuer des Odysseus verlegt haben, anderer Ansicht. Er »bevölkerte in Gedanken Felsen, Ufer und Meer mit den homerischen Gestalten. Von dieser Zeit an kam die Odyssee nicht mehr aus seinen Händen und blieb das Grundbuch seines künstlerischen Schaffens.« Vorerst kam er jedoch nicht zu der Gestaltung seiner Ideen. Dr. Härtel hatte zwar ein Bild bei ihm bestellt, bei dessen Ausführung er seinen Neigungen folgen konnte. Aufträge der Grossherzogin führten ihn aber zu dem, was er später »naturalistische Thätigkeit« nannte, die ihn jedoch »im Grunde nur halb befriedigte«. Er malte für die Grossherzogin nach und nach sechs thüringische Landschaften mit figürlichen Szenen, deren Motive der Geschichte des weimarischen Landes entnommen sind. Um nämlich Preller, welchem die kleinlichen Verhältnisse Weimars die Schwingen lähmten und der sich mit dem Plane trug, nach Dresden oder München überzusiedeln, an Weimar zu fesseln, wurde ihm nach dem Tode des Hofraths Meyer dessen Lehrstelle an der Zeichenschule übertragen, die freilich nur mit 120 Thalern dotirt war. Zur Verbesserung des Gehalts trug die Grossherzogin jährlich 200 Thaler aus eigenen Mitteln bei, wofür Preller die Verpflichtung übernahm, ihr jährlich ein Bild zu malen. Die sechs im Schlosse zu Weimar befindlichen Gemälde, deren letztes erst um die Mitte der vierziger Jahre vollendet wurde, behandeln folgende Motive: 1. Die Wartburg. Friedrich mit der gebissenen Wange schützt sein Kind, welches die Amme stillt, gegen die ihn bedrängenden Eisenacher. 2. Der Fürstenbrunnen bei Jena. Johann Friedrich der Grossmüthige, mit Cranach aus der Gefangenschaft heimkehrend, nimmt ein Mahl ein.) 3. Parforcejagd bei Ilmenau. Karl August und sein Gefolge. 4. Landschaft aus dem Forst von Tannroda. Wilhelm IV. thut den ersten Axthieb zum Bau des Schlosses. 5. Die Liboriuskapelle bei Kreuzburg. (Wallfahrtszug in der Erntezeit. 6. Einzug Karl Friedrichs mit seiner Gemahlin in das Schloss zu Weimar. Obwohl er die Ausführung dieser Bilder mit Fleiss und Gewissenhaftigkeit, welche stets die Richtschnur seines ganzen Thuns waren, betrieb, stand eine andere Aufgabe seinem Herzen ungleich näher. Härtel hatte bei ihm, wie erwähnt, ein Bild bestellt, und Preller wählte dazu ein Motiv aus der Campagna bei Torre di Quinto mit einer Staffage von Holz tragenden

und Feuer anzündenden Landleuten. Es war die letzte Schöpfung
Prellers, über welche Goethe sein Gutachten abgab. Wie Preller nach
Leipzig schrieb, freute ihn die Verbindung mit der Landschaft sehr und
er fand den Sinn des Ganzen »poetisch und gut«. Während er an
diesem Bilde arbeitete, genoss er mehr als früher des Vorzuges, im
Goetheschen Hause verkehren zu dürfen, und als Goethe starb, erhielt
er allein von der Familie die Erlaubniss, die Züge des grossen Todten
im Bilde festhalten zu dürfen. Preller behütete diese Zeichnung als
einen theuern Schatz, und erst kurz vor seinem Tode gestattete er eine
Vervielfältigung derselben zum Besten einer gemeinnützigen Stiftung.
Mit wenigen festen Strichen sind die Züge des Verblichenen meisterlich
wiedergegeben, wie Preller denn überhaupt eine grosse Fertigkeit im
Portraitiren besass, die er sein ganzes Leben hindurch übte. Wir besitzen eine lange Reihe von Bleistiftportraits, welche zum Theil bis in
die Antwerpener Zeit hinaufreichen und durchweg ebensosehr durch
geistvolle Auffassung und Schärfe der Charakteristik als durch Feinheit
der Zeichnung ein lebhaftes Interesse erregen.

Nach Goethes Tode schien es, als wäre Weimars guter Genius für
immer gewichen, und eine wahre Lethargie umfing die »Stadt des
grossen Todten«. Für einige Zeit fand Preller geistige Erhebung in der
Ausführung der Aufgabe, welche ihm Dr. Härtel aufgetragen hatte,
nachdem sein Gemälde Beifall gefunden. Zu Koch und Genelli sollte
sich Preller als Dritter im Bunde gesellen, um an der Ausschmückung
des Härtelschen Hauses Theil zu nehmen. Wir haben gesehen, dass
Koch wegen seines hohen Alters ablehnte, dass Genelli, nachdem er
nur Weniges vollendet, die Arbeit liegen liess. Nur an Preller sollte
der Besitzer Freude haben. Im Sommer 1832 ertheilte er ihm den
Auftrag, und im Jahre 1834 war die Arbeit vollendet. Bei der Beschränktheit des ihm angewiesenen Raumes musste sich Preller mit
sieben landschaftlichen Darstellungen begnügen, welche er in Tempera
ausführte. Jetzt fand er zum ersten Male Gelegenheit, »seinen Lieb-
lingsneigungen, wie er hocherfreut an Kestner nach Rom schrieb, ganz
Raum zu geben«. Was seine Phantasie am Golfe von Neapel geträumt,
sollte sich zum Bilde gestalten: das heroische Epos, die Odyssee! Die
Gemälde im Härtelschen Hause sind nur erst der Keim, aus welchem
das grosse Werk seines Lebens erwachsen sollte. Aber in ihnen sind
bereits die Grundzüge enthalten, welche den Prellerschen Stil bilden:
die harmonische Verschmelzung des figürlichen mit dem landschaftlichen
Element, woran schon Goethe seine Freude gehabt hatte, die weise Beschränkung auf das Wesentliche und Ewige, die Abstraktion vom Zu-

fälligen und das Herausheben der grossen und einfachen Linien, welche
sozusagen den Rhythmus der Landschaft, dasjenige darstellen, was in
der romantischen Landschaft die Stimmung ersetzt. Auch die Momente,
welche Preller aus der Odyssee auswählte, bilden die Grundlage für die
spateren, stark erweiterten Cyklen, wenn letztere auch in den Details
eine andere Gestaltung zeigen. Im Härtelschen Hause schilderte er den
Abzug aus der Höhle des Polyphem, die Rückkehr des Odysseus von
der Jagd auf der Insel der Kirke, die Ankunft des Hermes, welcher dem
Odysseus auf der Kirkeinsel das Moly bringt, Kalypso im Gespräch mit
dem am Meere sitzenden Helden, das Zusammentreffen desselben mit
Nausikaa, die Heimkehr des Schlafenden auf Ithaka und sein Aufenthalt
bei dem Sauhirten Eumaios, welcher dem ankommenden Telemach ent-
gegeneilt. An diesen einmal gewählten Momenten hielt Preller fest.
Abgesehen von der formalen Durchbildung und der geistigen Vertiefung
war sein Bestreben später nur darauf gerichtet, durch die Wahl von
gleich prägnanten Momenten die Lücken in der Erzählung auszufüllen.

Mehr als zwanzig Jahre sollten verstreichen, ehe Preller auf den
Odyssee-Cyklus zurückkam, zwanzig Jahre eifriger Thätigkeit, aber auch
der Unzufriedenheit mit sich selbst. Nur ein monumentaler Auftrag
wurde ihm in dieser Zeit zu Theil; aber der Charakter desselben stand
mit seinen Neigungen im Widerspruch. Die Grossherzogin Maria
Paulowna war ernstlich bestrebt, das Kunstleben Weimars wieder in
Fluss zu bringen. Sie unterstützte die Künstler, wie sie es vermochte,
kaufte ihre Bilder und liess sich schliesslich durch den zum Direktor
der Zeichenschule nach Weimar berufenen Kunstschriftsteller Ludwig
Schorn dazu bestimmen, mehrere in dem neuerbauten Flügel des
Schlosses befindliche Zimmer, welche den grossen Dichtern Weimars,
Goethe, Schiller, Herder und Wieland, gewidmet waren, malerisch ausschmücken zu lassen. Die gebrachten Opfer waren jedoch vergeblich.
Neher und Jager, die den Hauptantheil an den Malereien hatten, brachten nur wenige Monate des Jahres in Weimar zu, und ihre Arbeiten
fielen überdies nicht so aus, um einen bedeutenden Eindruck hervorzu-
rufen. Was sie leisteten, wird durch Prellers Wielandszimmer bei
weitem übertroffen, obwohl der Künstler mit Widerwillen an eine ihm
wenig zusagende Arbeit ging. Er gab nur der Ueberredung seiner Gönnerin Maria Paulowna nach, und lange genug (1834—1839) zog sich die
Ausführung der Malereien hin. Landschaften mit antiker Staffage waren
ihm lieber gewesen; indessen wählte er aus der romantischen Oberon-
dichtung solche Momente aus, deren Schauplatz er in eine Landschaft
verlegen konnte. In fünf Temperamalereien stellte er den gefesselten

Hüon, die Uebergabe des Zauberhornes an Hüon, die Ankunft des Schwanenwagens, die Befreiung von Hüon und Rezia und die glückliche Heimkehr der Liebenden dar. Für einen Friesstreifen gab Wielands Gedicht »Pervonte« die figürlichen Motive her. »An sein Wieland-zimmer, schreibt Roquette, mochte er nicht gern erinnert werden, zumal er das Bewusstsein hatte, dass ihm etwas Besseres gelungen wäre, wenn er seiner Neigung hätte folgen dürfen.« Er durfte es aber nicht, und so war diese Epoche trotz aufreibender Thätigkeit die verdriesslichste seines Lebens. Das Bewusstsein, dem höchsten Ziele seines Strebens für lange Zeit, vielleicht für immer entrückt zu sein, drückte ihn nieder und griff seine Gesundheit an. Statt der ersehnten Erholungsreise nach dem Süden musste er auf Anordnung des Arztes 1837 eine solche nach dem Norden antreten. Rügen wurde zum Reiseziel erkoren, und damit trat eine neue Natur in Prellers Anschauungskreis. Sympathisch war ihm dieselbe schon vorher dadurch geworden, dass er, den Ein-flüssen seiner verdüsterten Gemüthsstimmung nachgebend, sich mit der Lektüre der Ossianischen Gedichte und der Frithjofssage beschäftigt hatte. Trotz seiner anfänglichen Abneigung fesselte ihn diese Reise so sehr, dass er von derselben nicht nur eine Anzahl von Studien und Motiven zu Gemälden heimbrachte, sondern dass er sie auch im Jahre 1839, begleitet von seinem Schüler Karl Hummel, wieder-holte. Bei der Bearbeitung von nordischen Strand- und Dünenland-schaften mit Eichen, Hünengräbern, dunklen Gewitterwolken und stürmischem Meere trat wieder das »Einsame und Wüste, das Wilde, Grossartige und Ernste« in den Vordergrund, worin bereits Goethe die Eigenschaften Prellerscher Kunst erkannt hatte. Aus diesen Reisen ent-standen nachmals die Gemälde »Hünengrab auf Rügen« (1841), »Eichen im Sturm«, »Landschaft auf Rügen« (1845), »Rügensche Küste« (1849) und mehrere Kartons und Aquarelle. Noch reicheres Material für diese neue, naturalistische Richtung seiner Kunst gewann Preller durch eine Reise nach Norwegen, welche er im Jahre 1840 in Gemeinschaft mit Ferdinand Bellermann aus Berlin und seinen Schülern Hummel und Thon unternahm und durch welche er auch das Meer näher kennen lernte. Es ist begreiflich, dass die grandiose Erhabenheit der norwegischen Hochgebirgsnatur und die wilde Einsamkeit und Unwirthlichkeit der Küstenlandschaft seinen Geist noch mehr anregte als das in und um Rügen Gesehene. Wie fleissig er aber auch skizzirte, so hat er doch niemals die Ansichten so verwerthet, wie sie ihm die Natur bot. »Alles, was ich je gemalt, sagte er in späteren Jahren, war von der Natur ver-anlasst, doch niemals Portrait, weil ich das portraitartige Wiedergeben

der vorhandenen Natur als für die Künste von zu wenig Bedeutung finde. . . . . Was nützt alle Nachahmung der Natur? Erreichen können wir sie doch nie, wir müssen sie also als Material für Gedanken verbrauchen, die künstlerische Nachahmung und Darstellung wird das Werk natürlich vollkommen machen « Die Ausbeute dieser Reise war so gross, dass sie ihn bis gegen die Mitte der fünfziger Jahre beschäftigte. Nach seiner eigenen Angabe hätte er an hundert Bilder nach nordischen Motiven gemalt, und wenn auch die Zahl nicht genau zutreffen mag, so war dieselbe doch jedenfalls sehr gross. Ein Theil dieser Bilder ist nach Russland gekommen, weil die Grossherzogin Maria Paulowna dieselben gern zu Geschenken für ihre Verwandten in der Heimath ankaufte. Was davon in Deutschland geblieben ist, giebt uns einen hohen Begriff von diesen nordischen Landschaften Prellers. Seine Lieblingsmotive sind die Brandungen an den felsigen Küsten, Seestürme und herabstürzende Wasser. Drei Hauptbilder besitzt Weimar: die schwarze See bei Bergen, die Ansicht von Augene und die Felsenbrandung von Skudesnaes, eine »norwegische Küste« mit starker Brandung die Berliner Nationalgalerie und ein ähnliches Bild die Dresdner Galerie. In diesen Gemälden entfaltet Preller eine dramatische und zugleich koloristische Kraft, wie er sie auf seinen italienischen Landschaften, bei welchen ihm auch wohl das Kolorit Nebensache war, nicht wieder erreicht hat. Obwohl diese Schöpfungen ausserdem seinen Namen in weiteren Kreisen bekannt machten, unterschätzte er ihren Werth. Seine Gedanken waren zu ausschliesslich auf die ideale Landschaft gerichtet, als dass ihm diese »naturalistischen« Arbeiten in ihrer wirklichen Bedeutung hätten erscheinen können. Durch Reisen nach dem Riesengebirge, nach Holland, nach den bairischen Alpen und Tirol erweiterte er seine Naturanschauungen mehr und mehr, so dass es ihm während dieser »nordischen Epoche« seiner Kunst nicht an Motiven fehlte.

Seine Frau war die Veranlassung, dass er im Jahre 1855 wieder auf das Werk seiner Jugend und damit auf die heroische Landschaft zurückgriff. In der geheimen Absicht, ihn zu der Schöpfung anzuregen, mit welcher er sich schon lange im Stillen herumgetragen, sprach sie den Wunsch aus, Zeichnungen von den im Härtelschen Hause ausgeführten Odysseelandschaften zu besitzen, und zu Weihnachten 1855 beschenkte sie Preller mit sieben getuschten Zeichnungen. Als er dann im Sommer 1856 nach dem Seebade Düsternbrook reiste, »regte der Anblick der bewegten Wasserfläche die Gedanken an die homerische Welt wieder an,« und seine Frau nahm ihm das Versprechen ab, »den Cyklus von Odysseebildern noch einmal darzustellen«. Er machte sich nach seiner Rückkehr sofort an die Arbeit und vollendete bis zum Januar 1857 sieben

Kartons, von denen vier nach den Leipziger Bildern vollständig umkomponirt wurden. Während der Arbeit ward er inne, dass der Cyklus lückenhaft war. Es fehlten nach seiner Meinung drei Motive: »1. Der göttliche Schutz der Pallas, durch welchen Odysseus sein Werk vollbrachte. 2. Die Ursache, weshalb er bei den Phäaken nicht unterging, und dafür die Leukothea, die ihm auf dem Wrack den Schleier reicht, und 3. Weshalb er ohne seine Gefährten zurückkehrte. Die Ursache ihres Unterganges war der Frevel, den sie an den Rindern des Helios begingen.« Die sieben vollendeten Kartons wurden in Jena, Dresden und Berlin ausgestellt und fanden überall Verständniss und Anerkennung, besonders in Berlin, wo Wilhelm Lübke im »Kunstblatt« der Wortführer des sich immer mehr erweiternden Kreises wurde, welchem die Schönheit dieser Heroenwelt aufging. In Berlin war eine ganze Preller-Ausstellung veranstaltet worden, in welcher neben den Odysseelandschaften Kartons, Zeichnungen, Aquarelle und Oelgemälde nach nordischen Motiven vereinigt waren. Es ist kein geringes Verdienst Lübkes, dass er schon damals die eigenartige Bedeutung Prellers klar erkannte, und Preller war auch tiefgerührt vor Freude, zum ersten Male ein volles Verständniss seines Strebens gefunden zu haben. »In allen diesen Bildern,« schrieb Lübke über die nordischen Stoffe, »herrscht das Element einer gewaltig erregten Stimmung, spricht die Natur sich in ihrer Erhabenheit machtvoll ergreifend aus. Es sind nicht liebliche Idyllen, nicht ruhig verlaufende Epen, sondern stürmische Tragödien, die vor uns aufgerollt werden, und indem der Künstler den wilden Aufruhr der Naturkräfte vor unseren Augen daherführt, erwacht sympathisch Alles in uns, was an leidenschaftlicher Erregung in den Tiefen der Seele schlummert. Aber weil zugleich Alles einem geheimen Gesetze der Schönheit folgt, das sich im Kampf der schäumenden Wogen wie in den unbeweglich starrenden Felsmassen kundgiebt, erhält das Gemüth des Beschauers Ruhe und Gleichgewicht wieder und fühlt sich von den Offenbarungen eines ebenso tiefen als reichen Künstlergeistes mit derselben Harmonie berührt, wie von den Offenbarungen des göttlichen Geistes in der Natur.« Als den Grundcharakter der Odysseelandschaften hob Lübke die »plastische Schönheit« hervor. Dazu gesellt sich »eine Wärme und Tiefe der Auffassung, dass man aus den edlen Zügen der Linien überall die geheime Seele der Landschaft und die Grundstimmung der dargestellten Szene erkennt. Es ist der Odem einer romantischen Empfindung, der die klassische Form durchhaucht, dieselbe Verschmelzung der Gegensätze, denen wir überall da begegnen, wo das moderne Bewusstsein am tiefsten die antiken Stoffe erfasst und sich angeeignet hat. Für die Odyssee ist diese Stimmung eine um so besser entsprechende, da sie trefflich den mit romantischen, märchenhaften Zügen reich durchwebten Gang der Dichtung schildert.« Obwohl Preller von streng klassizistischen Grundsätzen und Anschauungen ausgegangen war, konnte ihm die romantische Auffassung auf die Dauer nicht fremd bleiben. Schon in seinen nordischen Landschaften treten romantische Elemente immer stärker hervor, was sich mit Nothwendigkeit aus dem Charakter der Natur ergab, und da sich Preller einmal mit den Wirkungen der Farbe vertraut gemacht hatte, konnte er später des effektvollen Moments der Stimmung nicht mehr entrathen. So schuf Preller gewissermaassen den Uebergang zu der durch und durch romantisch-koloristischen Auffassung der Antike und der heroischen Landschaft, welche später in Böcklin ihren vornehmsten Vertreter gefunden hat.

Lübkes Anerkennung spornte Preller derartig an, dass er sich sofort zu einer Erweiterung der Odysseelandschaften entschloss. Er glaubte anfangs mit fünf oder sechs Darstellungen auszureichen, dehnte sich aber schliesslich auf sechszehn aus, so dass die ursprüngliche Zahl mehr als verdoppelt wurde. Von den neuen Kartons stellte Preller zunächst sechs wiederum in Berlin aus, wo ihnen Lübke von neuem ein warmes Geleitwort gab, und von da gingen sie, inzwischen auf vierzehn angewachsen[*]), nach München, wo sie der grossen nationalen Kunstausstellung von 1858 einverleibt werden sollten. Mit dieser nach historischen Gesichtspunkten veranstalteten und angeordneten Kunstausstellung war vornehmlich die Absicht verbunden, in einem Gesammtbilde zu zeigen, was die moderne Malerei in Deutschland seit dem durch Carstens begonnenen Aufschwung zu Stande gebracht hat. Da der Schwerpunkt ihres Schaffens in monumentalen und dekorativen Arbeiten und in den Entwürfen für dieselben liegt, so waren es vornehmlich Kartons, Kohle-, Kreide- und Bleistiftzeichnungen, welche die ideale Kunst in München repräsentirten. Cornelius, Overbeck, Führich, Rethel, Schnorr, Schwind, Kaulbach, Steinle, Veit u. a. waren vertreten, und daraus erklärt es sich, dass Kleinere und Unbekannte, zu denen damals auch Preller noch gehörte, schlechte Plätze erhielten. Die unwiderstehliche Gewalt, welche aus den Odysseelandschaften sprach, drang aber dennoch siegreich durch. Pecht spricht sogar von einem »unermesslichen Erfolg«. »Auf der ganzen Ausstellung concurrirten damit nur die Schwindschen sieben Raben. Seit den Rottmannschen Arkadenfresken hatte die deutsche Landschaftsmalerei nichts so Durchschlagendes mehr zu Tage gefördert, grossen historischen Sinn nie

---

[*]) Nach einem von Roquette a. a. O. S. 169 mitgetheilten Briefe. Danach scheinen später noch zwei Kartons hinzugekommen zu sein, da dieser Cyklus zweiter Fassung sechszehn Kompositionen enthält.

mehr in gleicher Weise bethätigt. Die organische Verbindung von Landschaft und Figuren war aber vielleicht bisher überhaupt noch niemals
ähnlich glücklich gelungen.« Abgesehen davon, dass Prellers Ruhm nunmehr in weitere Kreise drang, hatte die Ausstellung für ihn noch einen
doppelten Erfolg. Baron von Schack bestellte die Ausführung derjenigen
Kartons in Oel, welche ihn am meisten angezogen hatten: den »Abschied
des Odysseus von Kalypso« und das Erscheinen der »Leukothea«, nach
Schacks Meinung die Perle der ganzen Reihe. Von grösserer Bedeutung
war aber ein Auftrag, der von seinem Landesherrn ausging. Grossherzog
Karl Alexander lernte bei seinem Besuche der Münchener Ausstellung
die Kompositionen Prellers richtig würdigen und fasste den Beschluss,
dieselben nach ihrer vom Künstler geplanten Bestimmung als Dekoration
eines Raumes ausführen zu lassen[*]. Damit war der erste Schritt zur Erfüllung von Prellers höchstem Lebenswunsche gethan, und eine frohe Zukunft breitete sich vor den Augen des Künstlers aus.

Um diese Zeit begann auch ein neuer Aufschwung in dem Kunstleben Weimars. Der Grossherzog hatte beschlossen, eine Kunstschule zu
gründen, und Preller wurde um seinen Rath gefragt. Preller wäre kein rechter
Vertreter der klassizistischen Kunst gewesen, wenn er nicht, wie schon bemerkt, mit Carstens, Koch, Schick und allen übrigen den Hass gegen die
Akademien getheilt hätte, den er bereits in Antwerpen eingesogen. Er
sprach sich entschieden gegen die Gründung einer Kunstschule aus, machte
aber den Vorschlag, dass durch die Berufung von frei schaffenden Künstlern,
denen etwa monumentale Aufträge zu ertheilen wären, der Versuch zu einer
Hebung des Kunstlebens gemacht werden möchte. Man ging auf seinen
Vorschlag insofern ein, als man Genelli nach Weimar berief, im Uebrigen
aber den Plan der Gründung einer Kunstschule nicht fallen liess. Da sich
Preller von vornherein gegen ein solches Institut ausgesprochen hatte,
nahm man bei der Besetzung der Lehrstellen keine Rücksicht auf ihn.
Bei Prellers leicht erregbarer, leidenschaftlicher Gemüthsart und seiner

---

*) Es ist auffallend, dass die Biographie eines Künstlers, welcher erst vor wenigen
Jahren den Lebenden entrückt worden ist, in manchen wesentlichen Punkten an Unklarheiten
leidet. Pecht giebt an, dass Schack bereits den Plan gefasst hatte, den ganzen Cyklus ausführen
zu lassen. Nach Schöne (a. a. O. S. 19) hätte dagegen die Grossfürstin Maria Paulowna schon
früher den Entschluss gefasst, und Grossherzog Karl Alexander hätte den Plan von ihr geerbt.
Auch über die Zahl der nach München gesandten Kartons gehen die Angaben auseinander.
Preller spricht in einem Briefe von vierzehn Kartons, Roquette giebt dagegen die Zahl auf
zwölf, Schöne auf fünfzehn und Dürr auf sechszehn an, und sechszehn Kohlzeichnungen besitzt
auch die Berliner Nationalgalerie, in welche diese zweite, von der dritten vielfach und
zum Theil sogar vortheilhaft abweichende Fassung gelangt ist. Vielleicht hat Preller in der
Zeit bis zu seiner Abreise nach Italien noch zwei weitere Kartons gezeichnet.

rücksichtslosen Derbheit blieben später Konflikte zwischen ihm und den
Lehrern der Kunstschule nicht aus, zumal Preller mit den meist realistischen Tendenzen derselben nicht einverstanden war. Seine ungünstige
Meinung über die Kunstschule sollte übrigens durch die Entwicklung der
Ereignisse gerechtfertigt werden. Nach einer kurzen Zeit der Blüthe hat
die Kunstschule, welche 1885 auf ein Vierteljahrhundert der Existenz
zurückblicken konnte, im Laufe der späteren Jahre den Hoffnungen nicht
entsprochen, welche ihr Stifter in sie gesetzt hatte. Es mag hauptsächlich
an der Enge der Verhältnisse und an dem Mangel an grossstädtischem
Verkehr liegen, dass diese Pflanze auf Weimars Boden nicht gedeihen
wollte.

Wir haben oben gesehen, dass Genellis Berufung nach Weimar vornehmlich durch Preller veranlasst worden war. Ausser dem Wunsche,
dem hart vom Schicksale geprüften Manne eine sorgenfreie Stätte zu
gewähren und den geistesverwandten Freund seiner Jugend in der Nähe
zu haben, scheint Preller dabei auch ein gewisses persönliches Interesse
gehabt zu haben. Auf seinen Odysseelandschaften war die figürliche Staffage zu immer grösserer Bedeutung herangewachsen, und obwohl Preller
in Antwerpen und Mailand fleissige Aktstudien gemacht hatte, fühlte er
sich doch nicht so sicher, dass ihm nicht der Beirath eines so erfahrenen
Stilisten und Komponisten wie Genelli von Nutzen gewesen wäre. In
der That ist denn auch der Einfluss Genellis in den Figuren des dritten
Cyklus unverkennbar. Gewisse Körperbildungen, Stellungen und Bewegungen, ja sogar gewisse Typen sind ganz genellisch.

Als Preller sich an die Ausführung der Zeichnungen für den dritten
Cyklus machte, wie er in einer projektirten Halle ausgeführt werden sollte,
ergab sich ihm die Nothwendigkeit einer neuen Reise nach Italien, zu
welcher ihm sein Landesherr grossmüthig die Mittel gewährte. Im September 1859 machte er sich mit seiner Frau und seinem Sohne Friedrich
auf den Weg, der ihn über den St. Gotthard nach Genua und Florenz
führte, wo ein längerer Aufenthalt genommen wurde. Das Entzücken,
von welchem Preller bei dem Wiedersehen Italiens ergriffen wurde, kommt
in seinen Tagebüchern über diese Reise zum lebhaften Ausdruck. Aber
obwohl er alles mit den Augen des gereiften Mannes ansah, machte sich
doch seine Begeisterung für Raffael, welcher bereits das Ideal seiner Jugend
gewesen war, in ungeschmälerter Frische, ja mit fast kindlichen Freuden-
bezeugungen Luft. Die feinsinnig und tief motivirte Bewunderung Raf-
faelischer Schöpfungen bildet gewissermaassen den Grundton seiner Stimmung, die ihn während seines ganzen, fast zwei Jahre währenden Aufenthalts in Italien nicht verliess. Neben dem »göttlichen Raffael« er-

schien ihm die »moderne Murillo-Vergötterung als eine Verirrung unserer Zeit«. Da man noch während der guten Jahreszeit in Olevano Studien machen wollte, blieb man in Rom nur wenige Tage. Erst als man beim Eintritt der Regenzeit in Rom Quartier nahm, wurde sich Preller der veränderten Wirkung bewusst, welche die Stadt jetzt auf ihn übte. »Durch eigene Erfahrung in der Kunst, durch vielfache Klarheit über meine Kräfte in dem und jenem ist mir vieles von hoher Bedeutung geworden, was ich früher für weniger wesentlich gehalten. Ich kehre zurück mit einer Aufgabe, für welche ich hier die ersten Muster suche und finde. Daher kommt es, dass ich über nichts hinwegsehe, alles mehr zu durchdringen strebe und daher erst in die Tiefen zu schauen beginne, die theils der Jugend verschlossen sind, theils für ihre Zwecke keinen Werth haben. Wie wenige Landschaftsmaler haben acht auf Ornamentik oder auf Schönheit der Verhältnisse in der Architektur, sie gehen einfach dahin, wo ihnen ein Muster in ihrem Fache oder eine Natur zu finden ist, die ihnen zusagt ... Mit welch' anderem Sinne werde ich jetzt nach den herrlichen Werken des Raffael in den Loggien und Stanzen wandern! Dort werde ich über alles Aufklärung finden, was mich im Dekorationsfach beschäftigen soll.« Wenn er in der Campagna seine Studien machte, stiegen die Erinnerungen an seinen Lehrer Koch in ihm auf. »Wie er als Schüler mit ihm in die Campagna gezogen, mit ihm gezeichnet, studirt, seinen Hinweisen gefolgt, so sass Preller jetzt mit seinen Schülern an denselben Plätzen, immer noch mit gleicher Freude an den unerschöpflichen Charakterformen und Linien der Landschaft und mit der gleichen Bewunderung für die Kunst des inzwischen verstorbenen Meisters.« Mit welchem Eifer sich Preller seinen neuen Studien hingab, beweist am besten eine Folge von zehn grossen in Blei ausgeführten Landschaftszeichnungen, welche in den Jahren 1860 und 1861 nach Motiven aus Olevano, der Serpentara, aus Sorrent und Capri entstanden sind und das ideale Streben Prellers am deutlichsten und freiesten offenbaren[*]. Neben diesen Gelegenheitsarbeiten vollendete er im Winter 1860 auf 1861 den Karton der Sirenen in der Grösse der auszuführenden Wandgemälde und zeichnete die Staffagen zu allen Kompositionen noch einmal um. Nachdem diese den Beifall des Cornelius, dem er sie in Rom vorgelegt, gefunden hatten, blieben ihm nur noch neue Landschaftsstudien übrig, welche er jedoch nur an der Küste von Neapel machen konnte. Im Mai 1861 machte sich Preller nach Neapel auf. Die Stadt und die

---

[*] Italienisches Landschaftsbuch. Zehn Originalzeichnungen von Fr. Preller. In Holzschnitt ausgeführt von H. Kaeseberg und K. Oertel. Mit erläuterndem Text von Dr. Max Jordan. Leipzig 1875. Die Zeichnungen befinden sich in der Berliner Nationalgalerie.

nahere Umgebung fesselten ihn nicht so sehr als die einfachere Schönheit der römischen Natur. Erst in Sorrento fand er, was er suchte: »Hier erst bekommen die Poesien der alten Dichter Leben und Wirklichkeit. ja man könnte sich wundern, dass uns nicht heut wie damals Sirenen und Nereiden locken und necken.« Bei seinem Studium des Meeres musste ihm der Unterschied zwischen der Nord- und Ostsee und den südlichen Meeren entgegentreten. »Die Nordsee in ihrem höchsten Ernst möchte ich mit einer Schicksalsgöttin vergleichen, die unaufhaltsam vernichtet, was ihrem Rathschluss entgegentritt. Neapels blaues Meer gleicht einer ernsten Muse, die ihren Gesang vorträgt. Im höchsten Affekt ist sie immer schön. Mit dem Schicksal hat sie nichts zu schaffen.« Nächst Sorrent war es dann ein längerer Aufenthalt in Capri, während dessen Preller eine reiche Ausbeute von Studien machte, die ihm vornehmlich die pittoreske Gestaltung der öden Felsen gewährte. Von da kehrten die Reisenden wieder nach Rom zurück, wo er fast noch ein Jahr verweilte.

Als Preller sich wieder in Weimar heimisch gemacht hatte, entwickelte sich die Angelegenheit der Odysseebilder nicht mit der erwünschten Schnelligkeit. Der böhmische Architekt Zitek, ein Freund seines Sohnes, mit welchem er auf Capri zusammengetroffen war, hatte den Entwurf für eine Halle zur Aufnahme der Odysseebilder gezeichnet. und dieser war nebst dem Karton der Sirenen nach Weimar geschickt worden, wo beides günstige Aufnahme fand. Indessen hatte man in Weimar einen anderen Entschluss gefasst. Als Ergänzung zu der Kunstschule sollte ein Museum begründet werden und die projektirte Halle einen Bestandtheil desselben bilden. Preller, der von diesen Verhandlungen nach seiner Rückkehr und später nur gelegentlich und nur Unsicheres erfuhr, gerieth in grosse Missstimmung, welche durch das ihm widerwärtige Treiben der Kunstschule noch gesteigert wurde. Nichtsdestoweniger führte er in ruhiger Arbeit die Kartons in folgender Reihe aus: Die Abfahrt von dem Lande der Cyklopen, die Rinder des Helios. Leukothea, Odysseus auf der Jagd (1861, Nausikaa, Kalypso, Eumäus, die Ankunft in Ithaka, die Unterwelt, Laertes, die Rettung aus der Höhle des Polyphem, die Kikonenschlacht, der Abzug von Troja (1862). die Gärten der Kirke mit dem Hermes, Kirkes Verwandlung der Gefahrten 1863. Wir haben schon oben darauf hingewiesen, dass Genellis Rath und Mitwirkung bei der Ausführung der Figuren von wesentlichem Einfluss war. Eine definitive Entscheidung erfolgte erst im Frühjahr 1862. nachdem der Landtag die Mittel zum Bau eines Museums bewilligt hatte. In der Bewilligung der Summe wurde von dem ständigen Ausschuss des Landtages ausdrücklich auf die Prellerschen Gemälde hingewiesen, »als ein unvergleichliches Monument, des Meisters und des Fürsten würdig, der es ins Leben gerufen, zu dessen Ausführung mit beizutragen der Ausschuss als eine des Weimarischen Landtags würdige Aufgabe erklärte.« Auf Prellers Wunsch und zu seiner grossen Freude wurde sein junger Freund Josef Zitek mit der Ausführung des Museumsbaues im Herbst 1863 beauftragt.

Da Preller die Vollendung desselben nicht abwarten, sondern seine Arbeit eher zum Abschluss bringen wollte, fand er einen angemessenen Ausweg. Nachdem er zunächst für die ganze Bilderreihe kleine Skizzen in Wachsfarben, die er dann mit Firniss überzog, ausgeführt, liess er in der Grösse der Bilder eiserne Rahmen machen, »die in Mitte der Rahmenstärke mit einem Drahtgitter versehen und von beiden Seiten mit Kalk ausgefüllt wurden. Diese Masse trug den Charakter der Mauer und hat sich als solche später bewährt.« Im Jahre 1865 begann er die farbigen Bilder auf diesen Rahmen in seinem Atelier in Wachsfarben zu malen, und zu Anfang des Jahres 1868 wurden die Rahmen in die Wände der für die Bilder bestimmten Galerie oder Loggia eingelassen, wo Preller sie noch einmal überarbeitete. Als Ergänzung zu den Bildern war später noch eine gleiche Reihe von Predellen oder Sockelbildern hinzugetreten. Da Preller die Motive zu den grossen Gemälden von seinem Standpunkte als Landschaftsmaler ausgewählt hatte, sollten die im Vasenstile (in rothen Figuren auf schwarzem Grunde) gehaltenen Predellen die Vorgänge im Palast des Odysseus, besonders also das Leben der Penelope, darstellen. Die Reihe dieser Kompositionen hat folgenden Inhalt. An der Ostwand werden die Heerden des Odysseus für die Schmausereien der Freier in die Stadt getrieben und geschlachtet. Die Predellen an der Südwand sind in vier Gruppen getheilt, deren jede drei Darstellungen umfasst. Die erste Gruppe enthält die Spiele der Freier im Hause des Odysseus, die Aufforderung des Telemach durch Athene in der Gestalt des Mentor, den Vater zu suchen, und die Bedrängung der Penelope durch die Freier, denen jene das angefangene Gewebe zeigt. Die zweite Gruppe schildert die Rüstungen des Telemach zu seiner Abreise nach Pylos, seinen Empfang bei Nestor und seine Abfahrt von Sparta sowie den tröstenden Traum der Penelope, welchen ihr Athene gesendet. In der dritten Gruppe sehen wir, wie Odysseus sich beim Sauhirten Eumäus seinem Sohne Telemach zu erkennen giebt, wie er auf dem Wege zur Stadt von dem Ziegenhirten Melantheus misshandelt wird, wie er sich als Bettler den Freiern naht und wie er von den Mägden verhöhnt wird. Die vierte Gruppe führt die Erkennung des Odysseus durch die alte Schaffnerin Eurykleia, den Freiermord, den Transport der Leichen aus der Halle und

die Bestrafung der ungetreuen Mägde vor. Die Darstellungen an der
Westwand schildern, wie Odysseus von Penelope erkannt wird und wie
Hermes Psychopompos die Seelen der erschlagenen Freier in die Unter-
welt geleitet[*]).

Die Predellen entsprechen genau der Disposition der Hauptbilder,
welche so erfolgt ist, dass die Reihe der Darstellungen im Anschluss an
die historische Folge der Ereignisse an der Ostwand mit dem Abzug von
Troja und dem Kampfe gegen die Kikonen, also mit den vollsten heroischen Accorden, anhebt und an der Westwand mit den Szenen endigt,
in welchen Odysseus seines Sohnes Telemach beim Sauhirten Eumäus
gewahr wird und dann, von tiefer Rührung bewältigt, seinen alten Vater
Laertes wiedersieht, den er bei der Feldarbeit trifft. In dieser Komposition klingt das Heldengedicht in einer friedlichen Idylle aus. Es sind
vier Schmalbilder; je zwei sind durch die Thüren an der Ost- und Westwand getrennt. An der Hauptwand ist die Eintheilung in vier Gruppen
derartig erfolgt, dass je zwei Schmalbilder immer ein Breitbild umgeben.
Von links nach rechts enthalten die vier Gruppen folgende Kompositionen: 1) den Abzug aus der Höhle des Polyphem, 2) die Abfahrt vom
Lande der Kyklopen, 3) Odysseus auf der Insel der Kirke von der Jagd
heimkehrend, 4) die Verwandlung der Gefährten durch Kirke in Thiere,
5) Odysseus erhält vom Hermes das Kraut Moly zum Schutze gegen
den Zauber der Kirke, 6) Odysseus empfängt in der Unterwelt den
Wahrspruch des Sehers Teiresias, 7) Odysseus fährt an der Sireneninsel
vorüber, 8) den Frevel der Gefährten des Odysseus gegen die Rinder
des Helios, 9) Odysseus wird von der Nymphe Kalypso in die Heimath
entlassen, 10) die Rettung des Helden durch Leukothea, 11) die Begegnung des Odysseus mit Nausikaa und 12) seine Ankunft auf Ithaka.

Es gehört zu den Traditionen der Schule, aus welcher Preller erwachsen ist, dass der Künstler, nachdem er durch die Schöpfung des
Dichters angeregt worden, dieser etwas eigenes und selbstständiges gegenüberstellte. Wir haben gesehen, dass Genelli diese Fähigkeit am höchsten
entwickelt hatte, und ebenso wusste sich Preller neben dem Dichter in
unabhängiger, selbstschaffender Thätigkeit zu bewegen. Mit feinem Takt
erkannte er, was für seine Kunst darstellbar war und was über die

---

[*]) Die Predellen-Kompositionen sind von Max Jordan herausgegeben worden: Friedrich
Prellers Figurenfries zur Odyssee. Sechszehn Kompositionen in 24 farbigen Steindrucktafeln.
Leipzig 1875. Die Kartons zu den Weimarer Gemälden einschliesslich der Predellen befinden
sich im städtischen Museum zu Leipzig, wo sie in dem Kuppelsaal einen würdigen Platz in
wirksamer Umrahmung gefunden haben. Vgl. auch Jordan, Die Odyssee in Prellers Darstellung, Leipzig 1873

Grenzen derselben hinauswuchs. In der Absicht, einen Cyklus zu geben, dessen einzelne Momente in logischer Causalität mit einander verknüpft sind, ergänzte er den Dichter, wo dieser lückenhaft war, oder er liess Episoden aus, welche ihm die knappe Entwicklung seiner Handlung gestört hätten. So brauchte er die Abreise von Troja, welcher der Dichter nur mit einem Verse gedenkt, als Ausgangspunkt seines Cyklus und schuf dazu ein vollkommen selbstständiges Bild, welches durch seine klare Schilderung eines jeden poetischen Kommentars entbehren kann. Andere Abweichungen von der homerischen Erzählung ergaben sich aus dem Bestreben des Künstlers, das Hauptgewicht stets auf die Landschaft zu legen. Deshalb liess er die Verzauberung der Gefährten des Odysseus nicht im Palaste der Kirke, sondern vor demselben vor sich gehen, wodurch er die figürliche Komposition zugleich bei weitem dramatischer gestalten konnte als er es vielleicht in der beengenden Halle des Palastes vermocht hätte. Durch den landschaftlichen Hintergrund wird auch der Eindruck des Phantastischen verstärkt, welchen das Zauberland der Kirke hervorrufen soll. Die Begegnung des Odysseus mit Telemach erfolgt auch nicht in der niedrigen Hütte des Eumäus, sondern auf dem freien Vorplatze derselben. Danach ist es selbstverständlich, dass sich Preller die Bewegungen, Stellungen und Actionen der Figuren im Einzelnen, auch wenn sie vom Dichter bestimmt vorgezeichnet waren, nach seinem eigenen malerischen oder vielmehr plastischen Gefühl zurechtlegte, welch' letzteres bei weitem stärker ausgebildet war als jenes. In seiner Jugend hatte Preller eine Zeit lang geschwankt, ob er Maler oder Bildhauer werden sollte, und die Neigung zur plastischen Kunst verliess ihn durch sein ganzes Leben nicht. Die Mehrzahl seiner Figuren auf den Odysseelandschaften ist durchaus plastisch gedacht, und ebenso tragen die Linien und Formen der Landschaft einen plastisch-monumentalen Charakter. Trotz einer reichen Fülle von Details strebte er nach der möglichsten Vereinfachung der dominirenden Linien, wobei er glücklich vermied, in das Extrem, in das Naiv-Kindliche zu gerathen. Davor schützte ihn die Gründlichkeit und Genauigkeit seiner Detailstudien, welche das Charakteristische wie das Zufällige so treu festhalten, dass seine Bleistiftzeichnungen ein werthvolles Unterrichtsmaterial bilden. Die Welt seiner Odyssee setzt sich aus den Bildungen der Erdoberfläche und der Vegetation zusammen, welche er während seines Aufenthalts in Olevano, Neapel, Sorrent und auf Capri kennen gelernt hatte. War ihm Olevano die unerschöpfliche Fundgrube für seine herrlichen Eichen, so bot ihm die wild zerklüftete Felsenküste von Capri die Naturanschauung für seine meerumbrausten Eilande, seine schroff emporsteigenden, seltsam zerrissenen

Vorgebirge und seine öden Hochebenen. Wie er Kleines zu Grossartigem steigern konnte, zeigt die Komposition der Unterwelt, deren schauerlich-geheimnissvoller, über einen See in eine gähnende Schlucht führender Eingang die blaue Grotte von Capri in die Erinnerung zurückruft. Was er aber von italienischer Natur verwerthet hat, das hat er aus der Sphäre des Individuellen zum Typischen erhoben, und darin liegt das Geheimniss jenes Vorgangs im künstlerischen Schaffen begründet, welchen man »stilisiren« nennt. Die Fähigkeit, die Zufälligkeiten des Naturportraits durch Idealisirung des Unzulänglichen und Missgestalteten so auszuglei-chen, dass ein Gebilde edelster Harmonie aus diesem im Geiste des Natur-schaffens sich bewegenden Umwandlungsprozesse erwächst, hat Niemand vor Preller im gleichen Maass besessen, und darin liegt seine historische Bedeutung. Seinem Odysseecyklus wird man aber, selbst wenn die ästhe-tischen Grundanschauungen einer Epoche von anderen Momenten beein-flusst werden sollten als von denen der historischen Kritik oder der auch auf die Kunst anwendbaren Entwicklungstheorie, auch die Bedeutung eines nach einer gewissen Richtung vollendeten Kunstwerkes zuerkennen müssen, was Schöne in seiner geistvollen Würdigung von Prellers Lebens-aufgabe dadurch begründet, dass er sagt: »Mit ganzer Seele der geistigen Erfassung und Durchdringung des Gegenstandes hingegeben, mit Strenge und Selbstverleugnung Alles abweisend, was nicht ihm dient, nach der individuellen Auffassung des Künstlers nicht von ihm gefordert wird, ist der Künstler zu einer immer reineren und höheren Einfachheit fortge-schritten und hat die genialen Erfindungen seiner schöpferischen Phantasie zu jener ‚reinen Höhe der Vollendung‘ geführt, welche dieselben erhebt über die wechselnden Interessen des Tages und in echt monumentaler Weise zu einem beharrenden Erbgut der Nation stempelt.«

Man muss es Weimar zur Ehre anrechnen, dass es dieses »Erbgut« schon, nachdem es fertig geworden, in seiner Bedeutung erkannt hat. Nach der Einweihung des Museums, welche am 27. Juni 1867 stattfand und bei der Prellers Gemälde sich zum ersten Male in dem vollen Glanze der Farbe zeigten, veranstaltete die Bürgerschaft Weimars dem Meister zu Ehren ein Fest: mit vollen Händen hatte der Schützling Karl Augusts und Goethes dem Musensitze zurückgegeben, was ihm sein hoher Gönner im Vertrauen auf seinen Willen und seine Kraft gespendet hatte. »Ich glaube, dass dieser Preller etwas ganz Ausgezeichnetes werden kann,« hatte Karl August am 19. April 1824 an Goethe geschrieben, und sein Glaube war nicht getäuscht worden. »Aus den Fenstern meines Hauses in der Belvedere-Allee,« so schrieb Preller im Jahre 1869, »sehe ich in den Park zum römischen Hause, wo Goethe und Karl August mir meine

11

Künstlerlaufbahn eröffneten. Dankbar erwäge ich den Kreislauf, hoffend, dass Arbeitslust und Arbeitsfähigkeit mir noch lange treue Gefährten sein mögen.« In dieser Hoffnung sollte er sich nicht irren. Es war ihm sogar noch zweimal, in den Jahren 1869 und 1875 vergönnt, Italien zu längerem Aufenthalte zu besuchen, und wenn er auch keine bestimmten Studienzwecke mit diesen Reisen verband, so brachte er doch eine ganze Reihe von landschaftlichen Motiven heim, die er noch zu einer stattlichen Zahl von Oelgemälden ausreifen lassen konnte, ehe ihn der Tod abrief. In Bildern wie den »tanzenden Satyrn« nach Motiven aus der Serpentara (1873), dem »Nymphenraub durch einen Kentauren« (1874, Dresdener Galerie), den »badenden Kentauren«, dem »Poussinthal« in der Campagna (1874), »Aktäon und Diana«, »Torre de' Schiavi« in der römischen Campagna (1870), den »Tempeln von Pästum« (1875) und in seinem Hauptwerke dieser Periode, der »Acqua acetosa bei Rom« (1874) fasste er noch einmal die künstlerischen Grundsätze zusammen, welche ihn bei der Komposition der Odysseelandschaften geleitet hatten, hier freilich dem Kolorit eine reichere Entfaltung gönnend, wobei es ihm aber nicht gelang, immer der unruhigen Tonstimmung der mit Detail zu sehr überhäuftem Vordergründe Herr zu werden. Während er noch an den Gemälden in der Museumshalle arbeitete, hatte ihm ein Leipziger Buchhändler den Auftrag ertheilt, zu einer Prachtausgabe der Odyssee seine Bilder für den Holzschnitt zu zeichnen. Preller nahm die Kompositionen der Predellen hinzu und fertigte auch eine Anzahl von Vignetten und Schmuckstücken neu an, so dass der Cyklus durch diese im Jahre 1872 erschienene Ausgabe der Odyssee eine fernere und letzte Erweiterung erhielt*). In demselben Jahre entstand auch während seines Aufenthalts in Karlsbad der »Genelli-Fries«, welcher zunächst für die Dekoration einer Loggia in seinem Hause bestimmt war und in dem er dem Andenken seines Freundes einen Tribut darbringen wollte. In acht Kompositionen, welche in ihrer Behandlung an die Figurenfriese unter den Odysseebildern erinnern, suchte er »einige Grundzüge aus dem Leben und der Kunstübung Genellis bildlich und zwar in dessen eigener Kunstsprache wiederzuspiegeln«, ähnlich wie es Genelli selbst in dem biographischen Cyklus aus dem Leben eines Künstlers gethan***). Wo Genelli auftritt, umgeben ihn Eroten und andere mythologische Figuren, welche zu seinen Lieblingsdarstellungen gehörten. Auch ein ganzer Bacchuszug ist in die Komposition verflochten worden. Dieselbe fand übrigens

*) Homers Odyssee. Vossische Uebersetzung. Prachtausgabe. Mit 40 Originalkompositionen von Friedrich Preller. Leipzig 1872. Volksausgabe mit Biographie von A. Dürr 1881.
***) L. von Donop, Der Genelli-Fries von Friedrich Preller in der Zeitschrift für bildende Kunst IX. S. 321 ff.

solchen Beifall, dass Preller sie in erweiterter Gestalt für einen Privatmann in Hamburg wiederholen musste. In die letzten Jahre seines Lebens
fällt noch der auf Bestellung eines Buchhändlers entstandene Versuch,
auch einen Cyklus von Kompositionen zur Ilias auszuführen, von dem
jedoch nur vier Blätter fertig geworden sind, weil Preller schliesslich einsah, dass das rein Figürliche ohne Verbindung mit der Landschaft doch
nicht das wahre Element seiner Kunst war. Schon auf seinen Landschaften aus den ersten siebenziger Jahren lassen sich die Schwächen der
figürlichen Staffage nicht übersehen. Dagegen vollendete er noch einen
Cyklus von Landschaften zum Buche Ruth, in welchem sich »der Stil
der Odysseebilder auf die alttestamentlichen Vorgänge übertragen« findet.

Preller starb zu Weimar am 23. April 1878. Anders als die Genellische Richtung fand die seinige mit seinem Tode nicht ihren Abschluss,
weil sie nach verschiedenen Seiten hin noch einer weiteren Entwicklung
fähig war. Zunächst konnte, im Einklang mit der ganzen Fortbildung
der Malerei in der zweiten Hälfte unseres Jahrhunderts, der historischen
Landschaft der Reichthum koloristischer Wirkung noch ganz anders erschlossen werden, als es durch Preller geschehen war. Dann konnte
ihr das Element der Stimmung zugeführt werden, und damit war der
Uebergang zur romantischen Auffassung, unbeschadet der stilisirenden
Formenbehandlung, geschaffen worden. So kam es, dass sich der Kreis
der Vertreter historischer Landschaftsmalerei in neuerer Zeit erheblich gegen früher erweiterte und dass die Jüngeren zum Theil grössere
Erfolge erzielt und im Verständniss des Volkes tiefer Wurzel gefasst
haben, als es die Glieder der älteren Generation vermocht hatten. Durch
Karl Rottmann in München und Johann Wilhelm Schirmer waren überdies noch andere Richtungen der historischen Landschaftsmalerei begründet worden, welche mit der Prellerschen in Berührung kamen.

Während Schirmer mit der Düsseldorfer Schule so eng verwachsen
ist, dass man eine Charakteristik seiner Kunst nicht von der Geschichte
der rheinischen Malerschule trennen darf, sind die übrigen Vertreter der
historisch-stilistischen Landschaftsmalerei meist durch innere oder äussere
Beziehungen mit einander verbunden. In letzter Linie führen immer ihre
Bestrebungen auf den alten Koch zurück, und da unsere historische Darstellung den Zusammenhang klargelegt hat, welcher zwischen ihm und
Carstens besteht, müssen wir an dieser Stelle auch die letzten Ausläufer
der aus dem Studium der Antike erwachsenen klassizistischen Richtung
bis auf unsere Zeit verfolgen. Wir begegnen hier zunächst den Schülern
Prellers und der Gruppe der römischen Landschaftsmaler, Dreber, E.
Fries, Bromeis, Willers u. a., um dann zu Rottmann, Böcklin und Feuer-

bach überzugehen, dem letzten grossen Stilisten unserer Zeit, der einem ähnlich tragischen Geschick zum Opfer gefallen ist wie Carstens, der Begründer der ganzen Richtung.

Prellers Schule hat sich vornehmlich in seinem Sohne und in Edmund Kanoldt lebendig erhalten. Friedrich *Preller* der jüngere (geb. 1838 zu Weimar hat das Glück gehabt, seine ersten Schritte unter der Leitung eines bewährten Meisters machen zu dürfen. Bereits mit einundzwanzig Jahren konnte er in Gesellschaft seines Vaters eine Studienreise nach Italien unternehmen, welche sich bis zum Jahre 1862 ausdehnte, und aus den Aufzeichnungen des Alten ersehen wir, welche Freude ihm der Sohn schon damals bereitete. Im beständigen Zusammenwirken mit seinem Vater entwickelte sich in dem jungen Preller eine gleiche Neigung, nur dass er das eigentliche Naturportrait nicht grundsätzlich ablehnte. Er gab bestimmte Gegenden in ihrer individuellen Erscheinung wieder, verfuhr aber bei der Wahl seiner Motive nach den Prinzipien der stilistischen Schule, indem er nur solche Stoffe behandelte, welche bereits den Charakter der historischen Landschaft besassen. Da er sich im Laufe seiner Studien reichere koloristische Fähigkeiten anzueignen wusste, konnte es nicht ausbleiben, dass er nach der technischen Seite seinen Vater übertraf. Wenn er bisher auch noch keine Gelegenheit gehabt hat, einen Cyklus von ähnlichem Umfange wie die Odysseebilder auszuführen, so hat er es doch verstanden, auch in der Wahl seiner Stoffe eine Ausdehnung über die von dem älteren Preller gesteckten Grenzen zu finden. Mit besonderer Vorliebe machte er Landschaften, welche durch historische Erinnerungen bedeutsam geworden sind, zum Gegenstande seiner malerischen Behandlung. Das »Hannibalfeld«, der »Golf von Bajae«, das »Forum Romanum«, das »Kloster der hl. Scholastika bei Subiaco« (1872. Dresdener Galerie und »Pieve di Cadore«, Tizians Heimath (1880), sind Beispiele für seine Art, in der gegebenen Natur die grossartigen Linien der historischen Landschaft zu finden und den erhabenen Ernst der Terrainbildungen durch eine entsprechende nachschaffende Kraft der Farbe zu steigern. Er machte sich die Erfahrungen seines Vaters, dass die Weimarer Atmosphäre der Entwicklung seiner Kunst nicht förderlich sein würde, bei Zeiten zu Nutze. Seines Vaters Blicke hatten sich in früher Jugend nach Dresden gerichtet, und dorthin siedelte der Sohn über, wo er wirklich einen weiteren Kreis der Thätigkeit fand. Er wurde an der Ausschmückung des neuen Hoftheaters zu Dresden und der Albrechtsburg in Meissen mit mythologischen und historischen Landschaften betheiligt und zum Professor der Landschaftsmalerei an die Dresdener Kunstakademie berufen, nur hierin seinem Vater unähnlich, weil

die Kunstakademien der Gegenwart den tyrannischen Charakter früherer Zeit verloren haben und das Wort »akademisch« nicht mehr seine frühere Nebendeutung hat. Die vormaligen Gegner der Akademie sind heute selbst Akademiker geworden, und wir wollen nicht hoffen, dass sie die üblen Gewohnheiten ihrer verhassten Vorgänger angenommen haben. Es scheint wenigstens jetzt, soweit man die inneren Verhältnisse der deutschen Akademien durchschauen kann, der Terrorismus geschwunden zu sein, welcher zu Ende und im Anfang dieses Jahrhunderts zu einer so leidenschaftlichen Opposition gegen die »Treibhäuser der Kunst« führte. Edmund *Kanoldt* geb. 1845 kam mit neunzehn Jahren zu Preller, unter dessen Leitung er vier und ein halbes Jahr lang arbeitete. Noch mehr wurde er in seiner Neigung zur stilistisch-historischen Landschaft durch Dreber bestärkt, welchen er in Rom kennen lernte, wohin er sich 1869 begeben hatte. Im Jahre 1872 zurückgekehrt, begab er sich 1874 zum zweiten Male nach dem Süden, um dort Zeichnungen zu einem Prachtwerke über Italien anzufertigen. Der heilige Hain der historischen Landschaft, der unter dem Namen »la Serpentara« bekannte Eichenwald, war auch Kanoldts vornehmstes Studienfeld, und als derselbe in Gefahr war, abgeholzt zu werden, wusste es Kanoldt dahin zu bringen, dass das deutsche Reich den Wald ankaufte und letzterer also durch seine Bemühungen den Künstlern erhalten blieb. Später nahm er seinen Wohnsitz in Karlsruhe, wo er in Ferdinand Keller das geeignete Vorbild fand, nach welchem er sein Kolorit zu Kraft, Reichthum und Wärme entfaltete. Auf Kanoldts Gemälden ist die den historischen Landschaften der älteren Generation mit Recht zum Vorwurf gemachte Trockenheit, Buntheit und Härte der Farbe einem leuchtenden Kolorit voll Schmelz und Harmonie gewichen. Anfangs suchte auch er bedeutsame landschaftliche Stätten, wie z. B. »Canossa«, den »Kyffhäuser«, ein »Hünengrab auf Rügen« nach historisch-stilistischen Grundsätzen zu behandeln. Mit einer heroischen Landschaft »Odysseus auf der Ziegenjagd«, welche den Ehrenpreis der Goethestiftung in Weimar erhielt, wandte er sich aber der von Preller ausgebildeten Richtung zu, die in der freien poetischen Erfindung der landschaftlichen Szenerie gipfelt. Die Staffage, zu welcher er die Motive meist aus der antiken Mythologie und Heroengeschichte entlehnte, spielt bei ihm nicht die bedeutende Rolle wie auf Prellers Odysseelandschaften. Sie giebt auf seinen Gemälden gewissermaassen nur den Ton für die Stimmung an, welche die landschaftliche Komposition durchdringt. Das Element der Stimmung ist es, durch welches Kanoldt die Prellersche Richtung bereichert hat, und dadurch sowohl als durch die Wahl der charakterisirenden Staffage haben seine Bilder eine romantische Physiognomie erhalten. Kanoldt sieht auch nicht durch das farbige Kleid der Erdoberfläche bis in den »nackten Organismus der Natur« hinein, sondern er lässt die ganze üppige Fülle der südlichen Vegetation mitwirken, um einen vollen Stimmungsakkord zu erzielen. Farbe, Licht und Stimmung vereinigen sich mit Grossartigkeit und Reinheit der Linie und mit Adel und Schönheit der Einzelformation. Wenn Iphigenie am Meere stehend sehnsuchtsvoll in die Ferne blickt, trauert mit ihr die Natur, und ein sanfter Hauch von Melancholie umspielt die Pinien und Cypressen, aus deren Dunkel weisse Marmorbilder hervorblinken. Mit der Verzweiflung der den Tod suchenden Sappho harmoniren die düsteren Wolken am Himmel und der wild am Gestade aufspritzende Gischt der erregten Wogen. Für »Echo und Narciss«, für »Thetis und Achilleus« hat die Landschaft mehr einen idyllischen Charakter angenommen. Bei »Dido und Aeneas auf der Jagd« war der Gewittersturm durch die Dichtung geboten, ebenso wie bei der den Leander erwartenden »Hero« das unruhig bewegte Meer und der düstere Himmel[*]. Noch reicher und vielseitiger als in diesen Schöpfungen hat sich Kanoldts poetische und malerische Gestaltungskraft in einem aus acht Bildern bestehenden Cyklus »Amor und Psyche« offenbart, welchen er in Oel für einen Salon des Herrn A. Ackermann-Teubner in Leipzig ausführte. Seinem Beruf als Landschaftsmaler entsprechend hatte er dabei — ganz wie Preller bei seinen Odyssee-Bildern — die Aufgabe, solche Motive auszuwählen, welche sich zur landschaftlichen Darstellung eignen. Nach dem ihm zur Verfügung gestellten Raume wurde der Cyklus in vier Schmal- und vier Breitbilder getheilt. Auf der ersten Komposition befiehlt Venus dem Amor, Psyche zu bestrafen, indem sie auf den Wohnsitz der Uebermüthigen weist, von welchem eine mit Statuen besetzte Terrasse sichtbar ist. Im Vordergrunde des zweiten Bildes sehen wir Psyche, wie sie nach ihrer Wanderung durch einen Hain die Arme vor Staunen ausbreitet über den Anblick des herrlichen, aus dem goldig leuchtenden Wasser emportauchenden Palastes, in welchem Amor herrscht. Das dritte Bild zeigt uns die Vorhalle dieses Palastes, von deren Stufen Amor vor der vorwitzigen Psyche entweicht; das vierte geleitet uns in lauschige Waldeinsamkeit, wo Pan die an einem Bache trauernde Psyche tröstet. Dann blicken wir in die wilde Schlucht des Styx, aus welchem

---

*) Acht mythologische Landschaften von Kanoldt (ausser den genannten noch Antigone an der Leiche des Eteokles und Kassandra) sind in photographischen Nachbildungen bei Velten in Karlsruhe erschienen; ebenda auch der Cyklus „Amor und Psyche". — Eine Anzahl landschaftlicher Kompositionen von hohem Stimmungsreiz und reichem poetischen Gehalt hat Kanoldt auch zu einer Prachtausgabe von Eichendorffs Idylle »Aus dem Leben eines Taugenichts« (Leipzig 1885) beigetragen.

Psyche das Wasser auf Befehl der Venus geschöpft hat, und im sechsten
Bild auf eine weite Landschaft, in welcher die aus der Unterwelt heimgekehrte Psyche über einem Abgrunde schlummert, während sich Amor
über die Schlafende beugt. Auf dem siebenten Bilde steht Venus im
Mittelgrunde einer bergigen Küstenlandschaft und weist gebieterisch auf
die wilden Schafe hin, deren Wolle Psyche herbeischaffen soll. In demuth-
voller Bescheidenheit sitzt sie auf dem letzten Bilde an der Pforte zum
Olymp, aus welcher Merkur heraustritt, um die Geprüfte und Geläuterte zu
dem hoch auf der Spitze des Berges emporragenden Palast der Götter zu
führen. Die Staffage ist, wie schon erwähnt, auf diesen Kompositionen
nicht so bedeutsam wie auf den Preller'schen Odysseelandschaften und auch
mehr nach malerischen als nach plastischen und zeichnerischen Grundsätzen
ausgebildet. Aber die poetische Kraft, welche aus den Elementen der
südlichen Natur diese stimmungsvollen Ideallandschaften wahrscheinlich
und greifbar gestaltet hat, ist darum nicht geringer zu schätzen. Zu
dem von Preller geschaffenen klassischen Typus der heroischen Landschaft des Alterthums hat Kanoldt den Typus für die lyrisch-idyllische
Seite der antiken Landschaft gesellt. Die üppige Pracht Unteritaliens
und Siziliens zur Blüthezeit der griechischen Kolonieen ist durch die
Phantasie des Malers belebt worden. Preller hat die jungfräuliche Natur
des heroischen Zeitalters geschildert, Kanoldt die reiche Fülle des Daseins in verfeinerter Kultur, die stolzesten Gebilde hellenischer Architektur
im Verein mit den schrankenlosen Gaben einer bis zum Uebermaass
verschwenderischen Natur. Der »nackte Organismus« hat durch Kanoldt
Fleisch und Farbe gewonnen.

Ein dritter Schüler Prellers, Karl *Hummel*, 1821 zu Weimar geboren, den wir bereits als Begleiter des Meisters auf seinen Studienreisen
nach Rügen, Norwegen u. s. w. kennen gelernt haben, hielt sich von
1842—1846 in Italien und Sizilien auf und brachte von dort zahlreiche
Motive zu idealen Landschaften heim. Er schloss sich anfangs an Claude
Lorrain an, also an denjenigen Meister der idealen Landschaft, zu welchem Preller selbst kein rechtes Verhältniss hatte finden können. In
diesem Geiste sind Landschaften wie die »Gärten der Armida« Schloss
zu Weimar) und der »Raub des Hylas« gehalten. Allmälig trat die
romantische Auffassung bei Hummel immer stärker in den Vordergrund,
und er wandte sich von der idealen Landschaft dem Naturportrait zu,
freilich stets nach dem Grossartigen und Bedeutenden strebend und durch
Beleuchtung und Kolorit dem mit feinem Sinn für das Schöne und Erhabene gewählten Motiv den vollen Zauber der Romantik verleihend.
Die »Ansicht des Brienzer Sees« (1858, Museum zu Leipzig), der »Garten

von Belriguardo«, der »Monte Rotondo auf Corsica«, »Capo di Sorrento«, »Civita Castellana« und der »Monte Soracte« sind seine Hauptwerke, denen sich in zweiter Reihe zahlreiche Ansichten von italienischen Inseln, von Oberitalien, aus Tirol und aus den Bergen und Waldungen seiner thüringischen Heimath anschliessen. Nach seinen malerischen Bestrebungen gehört Hummel bereits zu den modernen Koloristen, welche ihren Schwerpunkt auf farbige Wirkung legen, wobei Hummel freilich von strenger Zeichnung und poetischer Ausbeutung des Motivs ausgeht.

Weimar war im Norden nur eine ganz isolirte Pflegestätte der historischen Landschaft. Im Süden blieb es nach wie vor Rom, das auch ihre Wiege gewesen. In der Darstellung des literarischen Streits, dessen Mittelpunkt Koch und Reinhart bildeten, haben wir bereits einige der ältern Landschaftsmaler historischer Richtung, namentlich Franz *Catel* und J. M. von *Rohden* aus Kassel (1778—1868), erwähnt. S. 61.) Letzterer war mit einer Unterbrechung von 1827—1833 bis an sein Lebensende in Rom ansässig. Er betrieb die Naturstudien so eindringlich, dass Reinhart von ihm zu sagen pflegte, er zähle die Blätter auf den Bäumen, wusste jedoch seinen Landschaften (die Villa des Hadrian, das Kloster S. Benedetto bei Subiaco) das Gepräge einer gewissen Grösse und stilistischen Strenge zu geben. Einige jüngere Maler, welche sich mit noch stärkerem Bewusstsein von ihrer Aufgabe in der gleichen Richtung bewegten, Franz *Horny* aus Weimar (1798—1824), Karl Philipp *Fohr* aus Heidelberg (1795—1818), Heinrich *Reinhold* aus Gera (1789—1825) und Ernst *Fries* aus Heidelberg (1801—1833), starben in der Blüthe der Jugend, ehe sie zu hervorragenden Schöpfungen gelangt waren. Man lernt ihre Absichten daher mehr aus ihren Bleistiftstudien, Aquarellen und Sepiazeichnungen kennen als aus ihren Oelgemälden. Ernst Fries hatte seine Studien bei Friedrich Rottmann, dem Vater Karls, in Heidelberg begonnen und später in Rom fortgesetzt, wo er von 1823—1827 verweilend sich an Koch und die Gleichstrebenden anschloss. Seine Studien aus Rom, Albano, Civitella, Subiaco, Neapel und Süditalien tragen den Koch'schen Charakter, während seine Oelgemälde (drei davon in der Berliner Nationalgalerie) eine harte und trockene Färbung zeigen. Sein jüngerer Bruder Bernhard *Fries* (1820—1879) war ebenfalls ein Vertreter der idealen Landschaft. Er bildete sich vornehmlich während eines längeren Aufenthalts in Rom und Unteritalien 1838—1845) durch eingehende Studien der Natur und der alten Meister, welchen er sein Leben lang eine so hohe Verehrung zollte, dass er nichts Modernes neben ihnen gelten liess. Sein Hauptwerk war ein grosser Cyklus italienischer und sizilianischer Landschaften, in welchem

er die erhabene und reiche Natur Italiens in ihrem ganzen Umfange charakterisiren wollte und welcher deshalb vereinigt bleiben sollte. Der Verlust seines Vermögens zwang ihn jedoch, einzelne Stücke dieses Cyklus zu
verkaufen, und so gelangten zwei Gemälde, die »Ufer des Flusses Oreto
nebst der Admiralsbrücke bei Palermo« und die »Mamellen«, zwei Fels-
rücken zwischen Civitella und Subiaco, in die Schacksche Galerie. In
der Farbe wie in der stilistischen Behandlung erinnert Fries an Rottmann. »In allen seinen Werken, sagt Regnet [*], begegnen wir ausnahms-
los einem wahrhaft idealen Flug, einer hohen, echt poetischen Auffassung
der Natur und in Conception wie Gestaltung einem grossen Zuge, der
in dem zauberischen Glanze der Luft und in der kühnen Wolkenbildung,
in den reizenden Linien der Berge und Höhen, in den Einschnitten des
Meeres in das Land, in der klaren Darstellung des Terrains und in der
Schönheit der Baumgruppen gleichmässig zu Tage tritt.« Auch Fries
hat eine grosse Anzahl fein und geistvoll ausgeführter Detailstudien nach
der Natur hinterlassen, und mit vollem Rechte weist Schöne [**] darauf
hin, dass in diesem Drange, die Einzelformen der Natur festzuhalten,
ein gemeinsames, aus reifer Erkenntniss hervorgegangenes Merkmal der
historischen Landschaftsmalerei zu sehen ist. Indem der modernen
Landschaftsmalerei, sagt der genannte Schriftsteller, »die Augen aufgingen auch über die Detailformen der Natur«, lernte sie damit, »in
ihren Schöpfungen nie ins Allgemeine zu gehen, sondern überall eine
wahrhaft individuelle Gestaltung zu erstreben, die allein erst die allseitige
bis ins Letzte gehende Vollendung der Kunstwerke ermöglicht. Es
kann kaum eine Frage sein, dass, wie der Drang der Kunst zu einer
historischen Auffassung und Behandlung der Natur sein wissenschaftliches
Analogon hat an der geistvoll-mystischen Tiefe, mit der vor Allem
Goethe und mit ihm nicht wenige Vertreter der neueren Philosophie
die Gesetze der organischen Entwicklung aufgefasst und zum Verständniss
gebracht haben, so auch dieser Fortschritt im künstlerischen Verständniss
der Naturformen in einem innerlichen Bezuge steht zu den Fort-
schritten und der Ausbreitung wissenschaftlicher Naturerkenntniss. Dasselbe Interesse, welches die Wissenschaft zu immer und immer erneuter
Durchforschung nicht nur der Thier-, sondern auch der Pflanzenwelt und
der sogenannten anorganischen Natur antrieb, welches jede einzelne
Pflanzenform benannte wie die einzelnen zu Gattungen und Klassen zu-
sammenordnete, welches die Struktur der Felsarten untersuchte und ihrer

---

[*] Kunstchronik (Beiblatt zur Zeitschrift für bildende Kunst.) XIV. S. 64.
[**] Friedrich Prellers Odysseelandschaften. S. 41.

Bildungsgeschichte nachspürte: dasselbe Interesse schärfte auch das Auge des Künstlers und lehrte ihn, sich nicht an der allgemeinen Wiedergabe eines gewissen Naturlebens und allenfalls einer schematischen Andeutung der Einzelformen zu begnügen, sondern der Natur in all' ihrer individuellen Mannigfaltigkeit mit Liebe und Freude nachzugehen.«

Wir haben gesehen, welche Bedeutung Preller auf derartige Detailstudien legte, wie sie sein Leben von dem ersten Aufenthalte in Italien bis zu seinem letzten erfüllten, wie der Greis angesichts der italienischen Natur mit derselben Begeisterung zum Bleistifte griff wie der Jüngling. Nicht weniger eingehend und eifrig als die Zeichnungen von Preller sind diejenigen von Willers, Bromeis und Dreber. Es muss sogar gesagt werden, dass diese Zeichnungen den besten Theil ihres Wesens ausmachten. Man muss sich bei der Beurtheilung der neuern deutschen Kunst immer vergegenwärtigen, dass dieselbe aus der Kartonzeichnung erwachsen ist und dass sie die Fresko- und Oelmalerei gewissermassen erst neu erfinden musste. Die Opposition, welche der neu gefundene Stil gegen die Vergangenheit einflösste, erstreckt sich auch auf ihre technischen Mittel. Man sah geringschätzig auf die gewandte Oelmalerei der Akademieprofessoren herab und suchte einen Stolz darin, möglichst hart und trocken zu malen. Aus dieser unberechtigten Ablehnung des mit Vernunft und Fleiss Erworbenen erklärt es sich, dass die neuklassische Kunst nach einem glänzenden Aufschwung schnell wieder von der im Sturm genommenen Höhe herabsank und dass sie im Volke nicht feste Wurzeln fassen konnte, weil sie in strengem Eigensinn alle Errungenschaften der früheren Kunstepoche der formalen und abstrakten Schönheit opferte. Es ist eine grausame, aber tief begründete Nothwendigkeit, dass vollendete Kunstschöpfungen auch der vollkommensten plastischen oder malerischen Ausdrucksmittel bedürfen und dass der grossartigste poetische Gedanke nicht zu seiner Wirkung gelangt, wenn er mit Bleistift, Kreide oder Kohle auf Papier verkörpert wird.

Die Neigung der Neu-Klassiker in der deutschen Kunst zu Anfang unseres Jahrhunderts, das Papier der Malleinwand vorzuziehen, hat jedoch noch einen tieferen Grund. Zuerst waren es die Kriege gegen Napoleon, dann die spiessbürgerlichen Verhältnisse nach den Freiheitskampfen und das Elend der Kleinstaaterei, welche die Entwicklung einer nationalen Kunst hemmten. Wer etwas wollte oder konnte, wurde nach Rom gedrängt, wo man einerseits billig lebte und andrerseits die Aussicht hatte, bei dem immerwährenden Fremdenstrom seine Arbeiten loszuschlagen. Zahllose Künstler haben um dieser Aussicht willen Noth und Elend ertragen. Hatten sie doch die italienische Natur zum

Ersatz, die ihnen alle Trubsal des materiellen Daseins erleichterte. Um zu leben, war ein schneller Verkauf nöthig. Die kunstliebenden Fremden, namentlich die Engländer, welche sich von Lohndienern und Ciceronis durch die Ateliers schleppen liessen, wollten etwas auf der Staffelei sehen. Naturstudien konnten schneller zu gefälligen Kompositionen zurecht gemacht werden als sich Oelgemälde annehmbar machen liessen, und dadurch wurde die Kartonmalerei noch mehr begünstigt. In Briefen, Tagebüchern, gleichzeitigen Berichten und biographischen Aufzeichnungen lesen wir den immer wiederkehrenden Refrain, dass den Koryphäen der neueren deutschen Kunst die Oelmalerei nicht recht von der Hand gehen will und dass das unaufhörliche Drängen ihrer Auftraggeber nur selten zum Ziele führt. Zeichnungen waren dagegen immer vorhanden, und zwar in solcher Fülle, dass, trotz erfreulichen Verkaufes bei Lebzeiten, nach dem Tode der Urheber immer noch eine erstaunliche Menge von Zeichnungen aus ihren Mappen herauswuchs. Man kann freilich diese Massenproduktion, die im Verhältniss zu ihrem Umfange nur selten zu einem Ergebnisse von bleibender Bedeutung führte, so rechtfertigen, dass sie eine geschichtlich nothwendige Vorbedingung zu der Entwicklung der stilistischen Landschaftsmalerei war. Auf der andern Seite lässt sich aber die Annahme nicht von der Hand weisen, dass die Maler der neuklassischen Schule an der allgemeinen Impotenz ihrer Zeit litten, welche über Pläne und Entwürfe nicht hinaus kam, und dass sich auf diejenigen, welche längere Zeit oder ihr Leben hindurch im Süden blieben, der erschlaffende Einfluss Roms geltend machte. Bei grosser Bedürfnisslosigkeit und entsprechender Leichtigkeit, das Leben zu fristen, blieb ihnen der harte Kampf ums Dasein erspart, und die wilden Stürme, welche ab und zu die deutsche Heimath durchbrausten und die Thatkraft stählten und herausforderten, liessen nur leichte Wellen an die »Insel der Seligen« schlagen.

Der Direktor der Berliner Nationalgalerie, Max Jordan, einer der eifrigsten und erfolgreichsten Vorkämpfer und Dolmetscher der Künstler aus dieser Epoche, hat die Bekanntschaft von mehreren derselben erst nach ihrem Tode weiteren Kreisen vermittelt, so von Ernst Fries, Willers, Bromeis und Dreber. Ernst *Willers* aus Oldenburg (1802—1880) bildete sich anfangs in Düsseldorf unter Cornelius und Mosler, dann in Dresden bei J. Chr. Dahl und liess sich vorübergehend in München nieder. Seine Kunst erhielt aber erst eine bestimmte Richtung, als er sich 1837 nach Rom begab, wo ihn der alte Koch, Reinhart und v. Rohden in die Grundsätze der stilistischen Landschaft einweihten. Olevano, Civitella, Subiaco, Cervara, Arriccia, Albano und die Campagna wurden seine Studienfelder, aus

denen er eine grosse Zahl von Aquarellen, Bleistift- und Kohlenzeich-
nungen sowie von Oelstudien gewann, denen die grossartige Auffassung
der römischen Schule eigenthümlich ist. Es sind meist Baum-, Wald-
und Felsstudien, von denen die mit Kohle und Bleistift gezeichneten
den in Oel ausgeführten vorzuziehen sind. Später begann Rottmann auf
ihn einzuwirken, was sich vornehmlich in den zahlreichen Oelstudien
zeigt, welche er von zwei 1843 und 1857 im Auftrage seiner Regierung
nach Griechenland unternommenen Reisen heimbrachte. Im Jahr 1863
nahm er seinen Wohnsitz in München, wo er sich bis zu seinem Tode
mit der Ausführung von Bildern nach seinen Studien beschäftigte, die
meist nach Oldenburg gekommen sind. In noch höherem Grade legte
August *Bromeis* aus Wilhelmshöhe bei Kassel (1813—1881) seinen Schwerpunkt auf die Zeichnung. Nachdem er von 1831—1833 in München
studirt und sich dort namentlich an Chr. Morgenstern angeschlossen
hatte, begab er sich nach Rom, wo die Richtung seines Talentes durch
Koch bestimmt wurde. Den Umfang und den Charakter seiner Studien
bezeichnet eine Reihe grosser vollkommen bildmässig ausgeführter Kohlen-
zeichnungen, deren Motive aus der Campagna, den pontinischen Sümpfen,
Olevano, dem Sabinergebirge, Capri, Neapel und Sizilien entlehnt sind.
Diese Ausdrucksform wurde ihm so geläufig, dass er sie nach seiner
Rückkehr nach Deutschland (1848) auch auf heimische Motive übertrug.
Nachdem er eine Zeit lang in Frankfurt a. M. und dann zehn Jahre in
Dusseldorf gelebt, erhielt er 1867 einen Ruf an die Kunstakademie zu
Kassel, wo er bis zu seinem Tode noch eine Reihe von Oelgemälden
geschaffen hat.

Der bedeutendste dieser Gruppe ist Heinrich *Dreber* aus Dresden, nach
einem Verwandten Franz-Dreber genannt (1822—1875), welcher sich auf der
Akademie seiner Vaterstadt und unter Ludwig Richter bildete, an dessen
idyllisch-romantische Art er sich anschloss. Als er 1843 nach Italien kam
und sich in die Grossartigkeit der dortigen Natur versenkte, erfolgte unter
dem Einflusse seiner Studien in Olevano, im Sabinergebirge und in der
Campagna eine Umwandlung seines Stils zum Grossartigen und Feierlichen.
Nur in diesem Punkte ist er mit den Stilisten der Form verwandt. Im
Uebrigen schlug er eine neue Bahn ein, indem er der idealen, meist von
mythologischer Staffage belebten Landschaft die Tiefe seiner eigenen,
bald heiter-lyrischen, bald melancholischen Empfindung mittheilte. Deshalb legte er auf die malerische Erscheinung seiner Gemälde weit grösseren Werth als alle übrigen Vertreter der historisch-idealen Landschaft.
Sein Streben nach Reichthum und Glanz des Kolorits steigerte sich mit
den Jahren so, dass er sich zuletzt nach Art der modernen Naturalisten

mit der ungefähren Wiedergabe des farbigen Eindrucks begnügte und
den Hauptaccent auf die Stimmung legte. Eine nervöse, reizbare Natur,
durch Krankheit zur Melancholie und zur Einsamkeit geneigt, liess er
sich in seinem Schaffen durch Anfälle von Muthlosigkeit lähmen. Graf
Schack erzählt, dass Dreber sich nur durch das ermunternde Dazwischen-
treten Prellers bewegen liess, eine für Schack begonnene Landschaft
»Sappho am Meeresstrande« zu vollenden, weil er nach Jahre langer
Arbeit an der glücklichen Durchführung der Arbeit verzweifelt und dieselbe bei Seite geschoben hatte. Diese »Sappho«, zu welcher das land-
schaftliche Motiv der Felsenküste von Capri entlehnt ist, hat ihm eine
grosse Zahl von Studien gekostet, und aus dieser mühevollen Art des
Schaffens und aus seiner unablässigen Selbstkritik erklärt es sich, dass
Dreber nur eine geringe Zahl von Oelgemälden vollendet hat.   Die
»Sappho« ist eines seiner stimmungsvollsten und empfindungsreichsten.
Die Dresdner Gemäldegalerie besitzt eine felsige Landschaft im Charakter
des Sabinergebirges mit dem barmherzigen Samariter als Staffage, die
Berliner Nationalgalerie eine römische Berglandschaft mit einer „Hirsch-
jagd der Diana" und einem »Herbstmorgen im Sabinergebirge«. Ein
»Waldthal aus dem Sabinergebirge« mit Landleuten bei der Maisernte,
eine bewaldete Felsenküste mit dem Raube des Hylas, eine Frühlingslandschaft aus der römischen Campagna mit Pan und Amoretten, eine
Sommerlandschaft nach Motiven des Nemisees mit badenden Nymphen,
eine Herbstlandschaft mit einer Bacchusgruppe, eine Winterlandschaft aus
der Campagna mit Silen bei einer Bauernfamilie, eine Campagnalandschaft
im Hochsommer mit Ruth und Boas, eine Felsenlandschaft mit der
büssenden Magdalena, ein Seestrand mit Jphigenie, Odysseus am
Meeresufer sitzend und eine römische Sommerlandschaft mit blumen-
pflückenden Frauen und Kindern sind Drebers übrige Hauptwerke, die
sich sämmtlich in Privatbesitz befinden. Was Dreber mit seinen poetischen Erfindungen, welche die Mitte zwischen idealer und Stimmungs-
landschaft halten, eigentlich bezweckt, das hat uns einer seiner Freunde
in einer feinsinnigen Charakteristik des Künstlers enthüllt.   »Wenn
heute die Reflexion, schreibt derselbe*), schon das Dasein des Kindes ankränkelt, wenn sie uns vor der Zeit aus dem Paradiese der
Kindheit hinaustreibt, wenn die Unruhe und Hast das einzig Dauernde
ist, wenn zwischen Qual und Lust das Leben sich theilt, aber die Heiterkeit ein uns stets fremderer Gemüthszustand wird, so strebt in Momenten

---

*) Janitschek in der Kunstchronik (Beiblatt der Zeitschrift für bildende Kunst). XI.
S. 682 ff.

der Selbstbestimmung die Seele mit nur um so glühenderer Sehnsucht
einem verschollenen saturnischen Zeitalter zu, da der Mensch in seligem
Einssein mit der Natur noch ein ungebrochenes heiteres Dasein zu leben
vermochte, das den aufreibenden Zwiespalt zwischen Denken und Thun,
Wollen und Vollenden nicht kannte. Die meisten Schöpfungen Drebers
geben in ihrem geistigen Kerne dieser Sehnsucht Ausdruck und Erfüllung —
soweit dies eben in der Machtsphäre der Kunst liegt.« Hierin begegnet
sich also Dreber mit Carstens, zu dessen letzten Arbeiten eine Darstellung des goldenen Zeitalters gehörte, welches ihm der Gegenstand ewiger
Sehnsucht gewesen war. In dieser Komposition sah Carstens nach langer
Zeit zum ersten Male wieder auf die Natur, und Drebers ganze Thätigkeit bedeutet ebenfalls eine Rückkehr zur Natur, so dass er, trotz seiner
idealistischen Bestrebungen, als der Pantheist unter den Landschaftsmalern der historischen Schule bezeichnet werden darf. Janitschek hat
diese Sonderstellung Drebers richtig erkannt, und da der Künstler für
sich selbst so wenig gethan und das Meiste seinen Freunden überlassen
hat, welche mit seinen Absichten besser vertraut waren als die Draussen-
stehenden, lassen wir Janitscheks Worte über Drebers Stellung zur Natur
hier folgen: »Das Landschaftliche in den Dreberschen Bildern hat nichts
mit der Vedute zu thun und steht selbst der bestimmten stilisirten
Landschaft fern, und doch erscheinen seine Landschaften wahrer, wirklicher als die beste Vedute oder bestimmt stilisirte Landschaft. Sieht
man scharf zu, so bietet fast jede seiner Landschaften nicht ein Motiv,
sondern eine Mehrzahl von Motiven, und dennoch hat man einen streng
einheitlichen Eindruck. Die Erklärung für Dies und Jenes liegt in dem
mächtigen Naturgefühl, welches Dreber besitzt; wie seine Figuren un-
trennbar und unlösbar von der sie umgebenden Landschaft sind, so
scheint des Künstlers Seele Eins zu sein mit dem innersten Streben
und Walten des Naturgeistes selbst, aus welcher Einheit dann des Künstlers tiefstes Naturverständniss hervorgeht. Von der Struktur und Form
des Terrains bis zum Gefüge der Aeste und Zweige, ja jedes Grashalmes:
alles trägt den Charakter einer so stark wirkenden Lebenskraft, dass
man gleichsam das Lebenathmen der Natur selbst zu vernehmen meint.
Deshalb sagt man sich bei seinen Landschaften allerdings nur selten:
dies Motiv ist von dorther und jenes von daher entlehnt; aber so bekannt und befreundet erscheint uns jeder Fleck Boden, den er malt,
dass wir vermeinen, dort gewandert und geträumt zu haben. Der letzte
Grund, dass seine Landschaften so naturwahr und naturwirklich erscheinen,
liegt also in des Künstlers überströmendem Naturgefühl. Dazu kommt
dann allerdings der hohe Respekt vor der Wahrheit in Form und Farbe,

die Dreber stets bekundet. Bei allem hohen poetischen Gefühl ist er nie gewillt, die poetische Illusion auf Kosten der Wirklichkeit und Wahrheit, sei dies auch nur im geringsten Detail, zu erzielen.«

Wenn auch Dreber schliesslich in koloristischen Bestrebungen zum Ausdruck seiner Gemüthsstimmung aufging, so ist er immer noch ein Zweig des von Koch gepflanzten Baumes. Auch er cultivirte die ideale Landschaft, wenn auch in anderem Sinne als die Formenstilisten. Auf diese werden wir wieder geführt, wenn wir uns zu Rottmann wenden, welcher neben Preller das Haupt einer andern Richtung in der historischen Landschaftsmalerei unseres Jahrhunderts ist.

## 5. Karl Rottmann.

Obwohl Karl Rottmann auch zu denjenigen gehört, welche sich um den alten Koch zusammenfanden, brachte er die Neigung zur Idealisirung der Naturportraits bereits aus der Heimath nach Rom mit. Er war als der Sohn eines Zeichenlehrers, dessen wir schon in Verbindung mit E. Fries gedacht haben, am 11. Januar 1798 in Handschuchsheim bei Heidelberg geboren worden[*]. Sein Vater war als Zeichenlehrer an der Universität angestellt und ertheilte auch seinem Sohne den ersten Unterricht, gemeinschaftlich mit E. Fries, dessen Vater eine reiche Kunstsammlung besass, in welcher Rottmann, wie Pecht erzählt, die ersten Niederländer, Poussin und Claude Lorrain kennen lernte. Daneben wirkte auf ihn die Schlossruine Heidelbergs, welche ein dankbares Studienfeld bildete, der englische Landschaftsmaler Wallis, der den jungen Leuten das Verständniss für die Meister der idealen Landschaft vermittelte, und der als Restaurator der Boisseréeschen Gemäldesammlung in Heidelberg weilende Freund des Cornelius, Xeller. Dieser machte Rottmann nicht nur mit den altdeutschen Meistern bekannt, sondern er unterwies ihn auch in der Oelmalerei. Seine ersten malerischen Versuche galten der Ruine und der malerischen Umgebung Heidelbergs, von welchen er Ansichten in Aquarell und Oel anfertigte, die er jedoch nicht mehr in der Art gewöhnlicher Veduten behandelte. »Die Käufer verlangten von ihm, so charakterisirt Pecht diese ersten Versuche, ein

---

[*] F. Pecht, Deutsche Künstler des neunzehnten Jahrhunderts, Nördlingen 1879. II. S. 1—26. — A. Bayersdorfer, Karl Rottmann, München 1871. (Als Text zu einer polychromen Reproduktion von zwölf Arkadenbildern). Die Kartons dazu sind von Fr. Bruckmann in München photographirt, ebenso wie die in der Neuen Pinakothek befindlichen Kartons von 27 griechischen Landschaften, von denen nur 23 ausgeführt sind. — A. Teichlein, Zeitschrift für bildende Kunst, 1869 (IV.), S. 7 ff. und 72 ff. — C. A. Regnet in Dohmes »Kunst und Künstler des 19. Jahrhunderts« (Nr. 10).

Abbild dessen, was sie in der Natur entzückt hatte; sein Genie aber zeigte sich darin, dass er besser begriff als alle seine Vorgänger, was dies eigentlich gewesen, und dass er es mit sicherem Blicke aus der Menge verwirrender Details, in dem die gewöhnlichen Vedutenmaler untergehen, herausgriff und nur den grossen Eindruck, den solche reiche Naturszenen machen, wiederzugeben, nur ihren charakteristischen Moment festzuhalten, alles Unwesentliche und Unschöne schon sehr früh daraus zu entfernen strebte und so jede bestimmte Naturszene in ihr eigenes Ideal umschuf.« Daneben entwickelte sich frühzeitig in ihm eine phantastische Richtung, welche durch eine Reise nach dem Rhein und der Mosel noch neue Nahrung fand. Als er mit solchen Anschauungen nach München kam, konnten auf ihn bei dem Studium der Galerie nur die Geistesverwandten einige Anziehungskraft üben, vornehmlich der aus Antwerpen gebürtige Poussinschüler Francois Millet, dessen eigenthümliche Art der Beleuchtung ihn besonders fesselte, und neben jenen Rubens, von welchem die Pinakothek eine Anzahl vorzüglicher Landschaften besitzt, in denen die Phänomene des Sonnenlichtes mit souveräner Meisterschaft geschildert sind. Rottmann kopirte aber nichts von diesen Meistern, sondern eine Landschaft mit dem Opfer Noahs von J. A. Koch, mit welchem er auf solche Weise zum ersten Male in Berührung kam. In seinen selbstständigen Arbeiten gab sich seine Richtung auf das Erhabene und Grossartige bald deutlich zu erkennen. Sein »Klassizismus« sprach sich darin aus, »dass die plastische Form ihm die Hauptsache wurde, aber nicht etwa nur der Contour, sondern die gesammte Modellirung der Erdoberfläche, so dass ein Geologe förmlich ihre Geschichte darin ablesen kann.« Sein Streben war also ungefähr auf dasselbe Ziel gerichtet, welches Preller vor Augen schwebte, der nur den schmucklosen, nackten Organismus der Natur wiedergeben wollte, um die grossen einfachen Grundlinien der landschaftlichen Komposition zu gewinnen. Für Rottmann war Stil und Erhabenheit identisch, und auch darin begegnet er sich mit den römisch-deutschen Klassizisten. Wir erfahren dies aus einem seiner Briefe, welche er während seines ersten Aufenthalts in Italien in die Heimath schrieb. »Studien aus grosser Natur sind nöthig, sagt er darin, und einen erhabenen Charakter, der den Stil eines Bildes, wie ich es mir denke, ausmacht, muss man gesehen und begriffen haben, um die Studien des Details anwenden zu können.«

Während seiner ersten Münchener Periode entnahm Rottmann seine Motive mit Vorliebe den süddeutschen Gebirgen, namentlich der Umgegend von Berchtesgaden. Die in der Neuen Pinakothek in München befindlichen Gemälde »Brannenburg mit dem Wendelstein«, der »Eibsee

im bayrischen Hochgebirge«, der »Hohenstaufen in Schwaben« und der
»Untersberg«, ferner der »hohe Göll« bei Berchtesgaden fallen in diese
Zeit. Als er im Jahre 1826 seine Reise nach Italien antrat, hatte er
sich bereits einen geachteten Namen erworben. Cornelius, Klenze und
die Gebrüder Boisserée gehörten zu seinen Freunden. Rottmann besuchte Genua, Rom, Neapel und dessen Umgebung und ging dann, im
Auftrage des Königs, nach Palermo, von welcher Stadt er eine Ansicht
nach München schickte. Die Landschaften, welche er nach seiner Rückkehr ausführte, zeigten sich in Farbe und Formenbehandlung seinen
früheren Arbeiten so sehr überlegen, dass sie bald die allgemeine Aufmerksamkeit auf sich zogen. König Ludwig kaufte mehrere von diesen
Gemälden an, so die »Ansicht der Insel Ischia«, die »Ansicht von
Monreale bei Palermo«, die »Ansicht des Aetna von Taormina« und die
»Gräberstadt bei Syrakus« (sämmtlich in der Neuen Pinakothek). Je mehr
sich der König in diese Landschaften vertiefte, desto lebhafter wurde
ihm der Gedanke und die Absicht, auch Rottmann mit monumentalen
Aufgaben zu betrauen, welche ihm damals zur Unterstützung seiner grossartigen Baupläne am wichtigsten erschienen. Die Arkaden des Hofgartens waren gerade fertig geworden, und diese hielt der König für besonders geeignet, um von Rottmann mit Fresken ausgeschmückt zu
werden. Bevor dieser jedoch den Cyklus in Angriff nahm, fühlte er die
Nothwendigkeit, noch einmal zur Aufnahme der vom Könige gewünschten
Ansichten Ende 1828 nach Italien zu gehen, wo er bis zum Frühjahr
1829 verweilte. Im darauf folgenden Sommer machte er sich sofort
an die Arbeit und vollendete bis zum Jahre 1833 achtundzwanzig Landschaften in Fresko. Bei der Wahl der Motive hatte er keine freie
Hand. Der König hatte eine Anzahl von Distichen verfasst, welche
über den Landschaften angebracht werden sollten, und da dieselben
früher fertig waren, als die Kompositionen des Künstlers, musste sich
dieser bequemen, die Bilder dazu zu liefern. Pecht erzählt, dass der
König, wenn der Maler irgend einen andern Gegenstand vorschlug,
der seinem künstlerischen Gefühl mehr zusagte, alle Argumentationen
desselben mit den Worten abschnitt: »Glauben Sie denn, ich schüttle
meine Distichen aus dem Aermel?« Daraus erklärt es sich, dass die
Bilder auf die einzelnen Landschaften Italiens sehr ungleichmässig vertheilt sind, dass auf Oberitalien nur zwei und auf Unteritalien und Sizilien
vierzehn fallen. Immerhin hatte Rottmann Gelegenheit, einige seiner Lieblingsmotive, so z. B. das anmuthige Perugia, dann Terracina und Taormina von neuem zu behandeln. Grosse Schwierigkeiten bereitete ihm
auch die Freskotechnik, welcher er die gewünschten Wirkungen nicht

abzugewinnen wusste und die in der That auch nicht ausreicht, die feinen Abtönungen, die abgestuften Tinten eines Landschaftsbildes wiederzugeben. Während der Arbeit vervollkommnete er sich mehr und mehr, so dass die letzten Fresken den ersten technisch überlegen sind. Aber zu einer wohlthuenden Harmonie der Farbe gelangte er nicht. Wenn es ihm dennoch glückte, eine monumentale Wirkung zu erzielen, so lag das in seinem sicheren Stilgefühl, welches ihn darauf führte, die Kompositionen auf grosse Linien und plastische Formen anzulegen. Die Details vernachlässigte er freilich dabei. Auf naturalistische Durchbildung von Bäumen, Sträuchern und Felsen legte er keinen Werth. Es kam ihm nur darauf an, die Grösse, Erhabenheit und Lieblichkeit der italienischen Natur zu verkörpern, und deshalb verzichtete er auch mit wenigen Ausnahmen auf den Zusatz einer Staffage, was ihn schon von vornherein von Preller unterscheidet. Indem er nach möglichster Einfachheit strebte, haben manche Landschaften etwas Naives und kindlich Unbeholfenes bekommen, ein Eindruck, der noch durch die karge, reizlose Technik verstärkt wird. Man muss sich in die ganzen Verhältnisse und in die Grundstimmung jener Zeit versetzen, in welcher die Fresken entstanden, um die Begeisterung zu begreifen, welche sie nach ihrer Vollendung erregten. Es war die That eines Entdeckers, die entsprechend gefeiert wurde, und man sah in derselben den Beginn einer Epoche monumentaler Landschaftsmalerei, von der man so Grosses erwartete, wie von Cornelius und seiner Schule. Dass es uns nicht leicht wird, diesen Enthusiasmus zu verstehen, wird zum grossen Theil durch den heutigen Zustand der Fresken verschuldet. Theils durch klimatische Einflüsse, theils durch muthwillige Beschädigung kamen dieselben ihrem Untergange so nahe, dass man sich zu einer Restauration entschliessen musste, mit welcher man den Bruder des Meisters, Leopold Rottmann, betraute. Die Erneuerung, welche manches zu wünschen übrig liess, hielt nicht lange Stich, und so ist heute der alte Zustand wiedergekehrt. Die wirklichen Absichten Rottmanns muss man aus den Kartons ersehen, welche sich im Museum zu Darmstadt befinden*).

Ein besseres Schicksal hat ein zweiter Cyklus von Landschaften gehabt, mit welchem Rottmann noch im Jahre 1833 beauftragt wurde.

*) Die achtundzwanzig italienischen Landschaften bieten folgende Ansichten: Trient, die Veroneser Klause, Florenz, Perugia, Acqua acetosa bei Rom, Rom mit dem Colosseum, die Ruinen Roms, die Campagna di Roma, Monte Cavo, der Nemisee, Tivoli, der Monte Soracte, Terracina, der Lago d'Averno, der Golf von Bajae, Ischia, Palermo, Selinunt, Tempel der Juno Lucina, Girgenti, Syrakus, der Aetna, die Cyklopenfelsen, das Theater von Taormina, Messina, Reggio, Scylla und Charybdis, Kephalä.

In Folge der Wahl seines Sohnes Georg zum Könige von Griechenland hatte König Ludwig beschlossen, auch die klassischen Stätten von Hellas in einer Bilderreihe wiedergeben zu lassen, welche ihren Platz an der Nordseite der Arkaden finden sollte. Zur Verwirklichung dieses Planes begab sich Rottmann 1834 nach Griechenland, wo er fast anderthalb Jahre lang, oft unter grossen Entbehrungen, herumreiste und eine Fülle von Studien machte, die ihm auch über seinen nächsten Zweck hinaus bis zu seinem Tode reichlichen Stoff zur Ausführung von Oelgemälden boten. Während dieser Reise entwickelte sich in ihm die schon lange gehegte Neigung zum Romantischen und zum energischen Ausdruck der Stimmung immer mehr, wenn auch die grossartige Formenauffassung nicht darunter litt. Dadurch kam er zu der Ueberzeugung, dass er zur Ausführung der griechischen Landschaften eine Technik wählen müsste, die ihm eine reichere koloristische Wirkung gestattete als die verhältnissmässig arme Freskomalerei. Er wählte das Fernbachsche Verfahren, bei welchem Harz als Bindemittel angewendet wird, und malte auch nicht direkt auf die Wand, sondern auf Cementtafeln, welche später in die Mauer eingelassen werden sollten. Dieser Umstand bewahrte die griechischen Landschaften vor dem Schicksal der italienischen. Man wollte sie nicht ebenfalls auf das Spiel setzen, und noch bei Lebzeiten Rottmanns wurde beschlossen, zu ihrer Aufnahme einen Saal in der im Bau begriffenen neuen Pinakothek herzurichten. Die Anlage und Beleuchtung dieses Saales erfolgte noch nach den Angaben des Meisters, und wenn auch letztere zu raffinirt und künstlich ist, so macht doch der Cyklus einen imponirenden Eindruck. Sowohl seinem ganzen Charakter als seiner koloristischen Wirkung nach ist er von dem italienischen völlig verschieden. Selbst wo Rottmann eine präcise, stark ausgesprochene Stimmung ausdrücken wollte, wie z. B. bei dem Gewitter über den Ruinen von Selinunt, musste er sich mit den einfachsten Andeutungen begnügen, während ihm die veränderte Technik bei den griechischen Landschaften ganz andere Effekte gestattete. Wir sehen, wie sich über Brunia, einer Vorstadt von Nauplia, ein schwerer Gewitterhimmel mit Regenbogen spannt, wie die Sonne über dem Meere bei Epidaurus in rothglühender Pracht untergeht, wie über dem Zeustempel von Aegina der Mond in silbernem Glanze emporsteigt und wie das Fackellicht bei einem Hochzeitszuge (Ansicht von Paros) die Nacht durchdringt. Das Düstere und Melancholische überwiegt bei diesen griechischen Landschaften, und daraus ergiebt sich, wie Pecht richtig hervorhebt, eine gewisse Monotonie. Dieselbe ist jedoch nicht auf die Subjektivität des Malers zurückzuführen, sondern sie liegt im Charakter der griechischen Landschaft begründet.

was Rottmann auch selbst in seinen Briefen hervorgehoben hat. Auf den Trümmerresten lagerte Jahrhunderte alter Schutt. Auf der Erdrinde, welche sich allmälig über den Ruinen gebildet hatte, sprosste eine spärliche Vegetation. Alles hatte eine ernste, ärmliche und einförmige Physiognomie. Ueber die klassischen Stätten wehte der Hauch der Verwesung hin. Die damalige Erscheinung der griechischen Landschaft hielt Rottmann in ihrem Gesammteindruck fest, wenn er auch, seinem Stilgefühl treu bleibend, die Grundlinien zu vereinfachen und alles nach dem Erhabenen hin zu steigern suchte. Von diesem zweiten Cyklus vollendete er bis zu seinem Tode nur dreiundzwanzig Landschaften, welche der Reihe ihrer Aufstellung nach Nemea mit dem Empfange König Ludwigs durch die Griechen, Mykenae mit dem Löwenthor, Korinth mit der Akropolis, Brunia, den Kopaïs-See, die Insel Naxos, Chalkis, Aegina, Paros, Marathon, Epidauros, Aulis, die Insel Delos, das Gebirge von Sparta mit dem Taygetos, die Ebene von Sparta, das Thal von Olympia, Salamis, die Stadt Sikyon, Sikyon mit dem Parnass, die cyklopischen Mauern von Tirynth, die Ruinen von Theben, Eleusis und Athen darstellen.

Man hat in diesen Landschaften Rottmanns einen Abfall von der stilistischen Richtung seiner Jugend erkennen und daraus einen ungünstigen Schluss auf seine spätere Entwicklung, die durch seinen frühen Tod unterbrochen worden ist, ziehen wollen. In Wahrheit ist Rottmann nur seiner Zeit vorausgeeilt. Er hat früher als die meisten in seiner Münchener Umgebung eingesehen, dass der Maler muss malen können, und er hat mit Eifer danach gestrebt, alle nur irgendwie erreichbaren technischen Mittel in den Dienst seiner Ideen zu stellen, die darum nicht minder gross und erhaben blieben. Deshalb hat er auch auf die neuere Landschaftsmalerei in München, besonders auf Schleich, einen grösseren Einfluss ausgeübt, als sich bei der naturalistischen Richtung derselben annehmen lässt. Ohne der Idealität seines Strebens abtrünnig zu werden, suchte er die historische Landschaft nur durch das Element der Stimmung und die Ausbeutung der Lichtphänomene in der Natur zu bereichern und einer allseitigen Wirkung fähig zu machen. Ob er auf diesem Wege schliesslich in Verirrungen gerathen wäre, ist eine müssige Frage, deren Beantwortung der Historiker ablehnen muss, welcher sich nur auf die vorhandenen Urkunden stützt.

In der Zeit, während welcher Rottmann an den griechischen Landschaften arbeitete, hat er noch zahlreiche Oelbilder geschaffen, deren Motive auf der griechischen Reise gesammelt worden sind. Die Münchener Pinakothek besitzt die »Akropolis von Sikyon bei Korinth« und eine »Ansicht von Korfu«, die Berliner Nationalgalerie die geistvolle Skizze zu dem Marathonbilde in der Pinakothek, die Galerie Schack eine »Klippe aus dem ägäischen Meere«, eine »Ansicht der Quelle Kallirrhoë« und eine »Meeresküste im Sturm«.[*] Wenn Berggruen, der Herausgeber der »Galerie Schack«, letztere Arbeit ein »blendendes Virtuosenstück« nennt, welches »den Künstler schon auf bedenklicher Suche nach rein dekorativen Effekten« zeigt, so macht er sich nur zum Echo der Formen- und Stil- puristen, welche jede individuelle Regung des Kolorits und der Empfin- dung als einen Abfall vom heiligen Dogma verabscheuen. Graf Schack hat die Eigenart Rottmanns mit dem Instinkt des verwandten Genius viel richtiger erkannt, als der Herausgeber seiner Galerie, wenn er in dem Buche über seine Sammlung schreibt, die von ihm erworbenen Gemälde Rottmanns bekundeten seine »seltene, beinahe einzige Gabe, eine Land- schaft in ihren grossen Formen, den hervorstechenden Zügen ihrer Physiognomie plastisch aufzufassen, aber auch die andere glänzende Seite seines Genius, welcher ebenso, wie er die äusseren Gestaltungen der Natur prägnant hervorzuheben verstand, auch deren Sinn und Geist, der sich uns in gehobenen Momenten kundgiebt, in lyrischer Begeisterung auszudrücken wusste.« Mit der »lyrischen Begeisterung« hat Graf Schack das richtige Wort getroffen. Preller, das eine Haupt der historischen Landschaft, ist der Epiker, Rottmann der Lyriker, und aus der Verbindung Beider, welche das dritte Element, das Dramatische, von selbst ergiebt, ist Alles herausgewachsen, was heute noch auf die Be- zeichnung idealer oder historischer Landschaft Anspruch erheben kann. Bei der lyrischen Grundstimmung Rottmanns ist es erklärlich, dass Graf Schack die Regungen erfasst hat, welche die Seele des Künstlers er- füllten, als er die beiden griechischen Landschaften concipirte oder malte. »In der Ansicht der Quelle Kallirrhoë, schreibt der Dichter, entfaltet Rottmann seine ganze Virtuosität in Wiedergabe der Bodenformation jener vielzerklüfteten und zerrissenen Felsenschlucht, aus welcher die von den alten Dichtern hoch gefeierte Quelle in der Nähe des Jupitertempels bei Athen hervorsprudelt. Zugleich aber hat der tiefempfindende Maler die Melancholie, die ihn an dieser Stelle ergriffen, über sein Gemälde ergossen und weiss sie uns mitzutheilen. Wir fühlen mit ihm die Ver- ödung dieser Schlucht, wo ehemals ein prachtvoller Tempel ragte. Ver- stummt sind die Chorgesänge der Priester, die hier einst im Festzuge geschritten, und das Ohr vernimmt keinen andern Ton des Lebens als das Zirpen der dürstenden Cikade. In dithyrambischer Naturbegeiste-

[*] Letztere beiden sind in Radirungen wiedergegeben bei O. Berggruen, Die Galerie Schack, Wien 1883.

rung ist unseres Malers »Meeresküste im Sturm« entworfen . . . Das
hier vom wilden Sturmwind geballte, dort auseinanderstäubende Gewölk,
durch das man in einen dunkelblauen Himmel von unergründlicher Tiefe
hinausblickt, der vom Orkane gepeitschte, einsam dastehende Baum und
im Hintergrund die rollende Meerfluth zeugen von einer Meisterhand.
Nur wenige andere Landschaften wirken gleich überwältigend, nur in
wenigen möchte die äussere Erscheinung so lebendig aus der Anschauung und der Empfindung des Künstlers wiedergeboren sein. Wir fühlen
uns bei deren Anblick wie vom Athem der Naturgeister selbst durch-
schauert.«

Rottmanns letzte Lebensjahre waren durch Krankheit und Seelen-
qualen getrübt. Während er an den griechischen Landschaften malte,
zog er sich eine Augenkrankheit zu, welche mit Erblindung zu endigen
drohte. Durch diese Voraussicht wurde Rottmanns melancholisches
Temperament noch mehr verdüstert. Von Verzweiflung darüber, dass
er seinen griechischen Cyklus nicht würde vollenden können, übermannt,
wollte er seinem Leben durch einen Pistolenschuss ein Ende machen. Aber
er wurde noch rechtzeitig durch das Einschreiten seiner Frau verhindert,
seinen Entschluss auszuführen. Bald darauf holte ihn der Tod ungerufen.
Er starb am 6. Juli 1850. Obwohl er keine Schüler in eigentlichem
Sinne gehabt, hat er doch viele Landschaftsmaler beeinflusst, freilich
mehr durch das, was an ihm modern war, als durch seine stilistischen
Neigungen. Nur das Gefühl für Grösse und Erhabenheit hat er auf alle
diejenigen übertragen, die mit ihm in Berührung kamen. Sein Bruder
Leopold *Rottmann* (1812—1881) wählte seine Motive vornehmlich aus
dem bayrischen Gebirge und der Schweiz und bediente sich besonders
gern der Aquarelltechnik. Friedrich *Bamberger* (1814—1873), dessen
spanische Bilder ebenfalls von grossartiger Auffassung erfüllt sind und
vorzugsweise durch die romantische Beleuchtung hervorragen, Bernhard
*Fries*, den wir bereits kennen gelernt haben, Wilhelm *Klose* aus Karlsruhe (geb. 1830), welcher sich 1846—1851 in München bildete und dann
durch Studien in Rom, Olevano, Sizilien, Griechenland, Kleinasien und
Aegypten seine Neigung zu grossartiger, oft heroischer Auffassung vertiefte, und Karl *Lindemann-Frommel* aus Karlsruhe, ein Neffe des dortigen
Galeriedirektors Karl *Frommel* (1789—1863), dessen poesievolle, italienische
Landschaften im Geiste Claude Lorrains gehalten sind, stehen Rottmann
am nächsten. Lindemann-Frommel weiss in seinen italienischen Landschaften Grösse der Auffassung mit dem Sinn für koloristische Reize so
glücklich zu verbinden, dass seine Schöpfungen zu dem Vollendetsten
gehören, was die auf das Ideale gerichtete Kunst unserer Tage hervor-

gebracht hat. Auch entfernter stehende Künstler wie Albert Zimmermann, Heinlein und Christian Morgenstern wurden von Rottmann berührt, dessen Einfluss selbst insofern bis auf Schleich herabreicht, als dieser das von Rottmann eingeführte Stimmungselement bis zu höchster Stärke ausbildete.

Die vollständige Verschmelzung der idealen mit der romantischen Landschaft, des klassischen und romantischen Ideals gehört der neuesten Entwicklung der deutschen Kunst an. Nach heissen Kämpfen ist diese Versöhnung einem Künstler gelungen, der sich zwar auf allen Gebieten der Malerei versucht hat, dessen hauptsächliche Bedeutung aber in der Landschaft ruht, weshalb wir ihn hier im Zusammenhange mit den Vertretern der historischen Landschaft betrachten wollen.

## 6. Arnold Böcklin.

Der Name des schweizerischen Meisters, welcher seinem ganzen Wesen nach jedoch der deutsch-nationalen Kunst angehört, führt uns mitten in die noch nicht ausgefochtenen Kämpfe der Gegenwart hinein. Man nennt ihn gern mit Makart und Gabriel Max zusammen, weil um jeden dieser drei Künstler erbitterter Streit wie um keine andern getobt hat. Erst in den letzten Jahren hat sich Böcklin zu grösserer Ruhe abgeklärt und ist zu einer stärkeren Konzentration seiner poetischen Kraft gelangt. Wenn man Böcklin richtig beurtheilen und in seinen innersten Absichten erkennen will, muss man sich stets vergegenwärtigen, dass er in erster Linie Dichter ist, Naturphilosoph und Pantheist, dessen Anschauung im Ideenkreise der antiken Mythologie wurzelt. Alsdann liegt der Schwerpunkt seines künstlerischen Vermögens nicht in der Figurendarstellung, sondern in der Landschaftsmalerei. Nicht die Zeichnung und die Formengebung, die Komposition und der Gesichtsausdruck sind bei ihm das Bedeutsame, die Träger der Stimmungen und Empfindungen, sondern in der Farbe, in der koloristischen Haltung verkörpert sich seine Absicht, die Idee, welcher er Ausdruck und Gestalt verleihen wollte. Er ist ein Dichter in Farben, deren Töne sich etwa mit musikalischen Tönen vergleichen lassen, weil sie direkt an die Empfindung, an die Schwingungsfähigkeit der Seele appelliren. Neben mythologisch-landschaftlichen Kompositionen, welche gewöhnlich durch die groteske Bildung der menschlichen und thierischen Gestalten mehr abstiessen, als anzogen, sind dem Künstler während der letzten Jahre in glücklichen Stunden mehrere Schöpfungen gelungen, die nach Inhalt und Form das Gepräge reinster Harmonie tragen, zugleich aber in der malerischen Erscheinung zu den werthvollsten und gehaltreichsten Erzeugnissen der zeitgenössischen

Kunst gehören. In der einsam im Meere gelegenen, von Cypressen überragten »Todteninsel« ist es das Alles durchdringende elegische Element, welches mit ergreifender Macht zu uns spricht. Der »Gefesselte Prometheus« auf der sturmumbrausten Höhe des Kaukasus redet zu uns wie ein Homerisches Heldengedicht, während auf einigen Idyllen aus der antiken Mythe und der christlichen Legende eine schalkhafte, herzgewinnende Naivetät zu liebenswürdigem Ausdruck gelangt. Ein Künstler, der das heroische, sentimentale und naive Element der Poesie mit solcher Meisterschaft beherrscht, gehört zu den bedeutendsten Erscheinungen der modernen Kunstgeschichte. Einem Meister von so umfassender Kraft, von solcher Originalität darf man manche Verirrung, manche Bizarrerie zu gute halten, da er Misslungenes fast immer schnell wieder auszugleichen weiss.

Arnold *Böcklin* wurde am 16. Oktober 1827 in Basel geboren.*) Sein Vater, ein wohlhabender Kaufmann, liess ihm eine sorgfältige Erziehung angedeihen. Der Sohn besuchte das Gymnasium und lernte hier die klassischen Autoren kennen und lieben, die seiner beweglichen, auf das Romantische gerichteten Phantasie reichliche Nahrung boten und ihn fortan durch das ganze Leben begleiteten. Die pantheistische Naturanschauung der Griechen, welche in jeder Quelle, in jedem Baume belebte Wesen sah, kam der Grundstimmung seines Wesens entgegen. Nymphen, Satyrn und Kentauren wurden später die stereotype Staffage seiner Landschaften, aus denen sie oft bedeutsam und dramatisch wirkend in den Vordergrund traten. Die handel- und fabrikbetreibende Bevölkerung Basels hat für ausübende Künstler keinen Platz, für ihre Persönlichkeit und ihre Eigenart kein Verständniss. Was Erasmus vor mehr als dreihundert Jahren in seinem Empfehlungsbriefe für Holbein, der in Basel dem Verhungern nahe war, schrieb: »Hier frieren die Künste«, hat auch heute noch seine Giltigkeit. Wie in allen reichen Handelsstädten ist die Kunst hier nur eine Begleiterin des Luxus, das Kunstwerk ein Möbel, ein Schmuck der Wohnung, hinter welchem die Persönlichkeit des Künstlers zurücktritt. Indessen sind noch genug redende Zeugen aus einer ruhmvollen, künstlerischen Vergangenheit übrig, welche auf die Phantasie eines

---

*) F. Pecht, Deutsche Künstler des neunzehnten Jahrhunderts. II. Nördlingen 1879 S. 180—202. — O. Berggruen, Die Galerie Schack. Wien 1883. (Mit Radirungen von Gemälden, welche Böcklins ganzen Entwicklungsgang charakterisiren.) — Graf Schack, Meine Gemäldesammlung, Stuttgart 1881. S. 139—155. — Der in den »Grenzboten« 1879 I. S. 387 bis 397 veröffentlichte Artikel des Verfassers über Böcklin liegt nebst verschiedenen in der »Zeitschrift für bildende Kunst« und anderswo erschienenen Kritiken desselben der obigen Darstellung theilweise zu Grunde.

heranwachsenden Knaben wirken und den in ihm schlummernden Keim zur Entfaltung bringen können. Die reichen Schätze Holbeinscher Kunst, welche das Baseler Museum besitzt, die Gemälde Hans Baldung Griens haben sicherlich auf das Gemüth des Jünglings gewirkt. Das Selbstportrait von 1871, welches den Künstler mit der Palette in der Hand und hinter ihm den Tod darstellt, der ihm auf der Geige aufspielt, ist ohne Zweifel auf Grund jugendlicher Reminiszenzen an Holbeins und Baldung Griens Todesbilder gemalt. Es ist begreiflich, dass sich Böcklins Vater nur allmälig an den Gedanken gewöhnte, seinen Sohn der ungewissen Zukunft überlassen zu sehen, die einem Künstler in deutschen Landen droht. Endlich aber gab er seine Einwilligung, und es ist ihm dies um so höher anzuschlagen, als ihm der Verlust des grössten Theiles seines Vermögens Beschränkungen auferlegte. Böcklin bezog im Jahre 1846 die Düsseldorfer Akademie, welche damals auf der Höhe ihres pädagogischen Ruhmes stand. Der junge Schweizer schloss sich aber nicht an die Koryphäen der Historienmalerei an. Er trat in das Atelier des Landschaftsmalers Johann Wilhelm Schirmer ein; durch ihn wurde Böcklin zuerst in die Geheimnisse des französischen Kolorismus eingeweiht, bei ihm eignete er sich die Vorliebe für die heroische, die stilisirte Landschaft an, und unter seiner Leitung wurde ihm das Verständniss für die Tonstimmungen der Landschaft erschlossen. Schirmer hatte mehrfach Studienreisen nach Frankreich, besonders nach der Normandie gemacht, und seinem Rathe folgend, lernte Böcklin die französische Kunst bald auch an der Quelle kennen. Nachdem er ein halbes Jahr in Brüssel gelebt, dort aber weniger bei den lebenden Vertretern des belgischen Realismus als in der Galerie studirt hatte, begab er sich im Frühling 1848 nach Paris. Er kam kurz vor dem Ausbruche der Revolution dort an und wurde somit Augenzeuge der Greuelszenen, die sich während derselben und später noch einmal während des Juniaufstandes ereigneten. Wie Pecht erzählt, machte das Erlebte »einen unauslöschlichen Eindruck auf sein jugendliches Gemüth, und ihm haben wir wohl jenes Element des Schauerlichen, von Mord und Gewaltthat, von grellen Dissonanzen aller Art in Stoff wie der Form zu verdanken, das bei ihm ab und zu mit einer gewissen Wildheit auftaucht.«

Nachdem er in Basel seiner Militärpflicht genügt, wanderte er im Frühling 1850 nach Rom und kam dort bald in einen Kreis, welchem Dreber, Gunkel, Oswald Achenbach und Flamm angehörten. Dreber darf, was die Wahl seiner Stoffe und den Charakter seiner Kunst anlangt, als ein Vorläufer Böcklins betrachtet werden, soweit es sich um Landschaften mit antiker Staffage handelt. Während seine Genossen in der Umgebung

von Rom, namentlich in dem an Reizen unerschöpflichen Olevano fleissig
Studien machten, schweifte Böcklin nach Pechts Darstellung »unaufhörlich in der Gegend umher, um zu schauen, ohne je direkt nach der
Natur zu arbeiten. Vielmehr sitzt er zurückkehrend auf seinem Zimmer
und malt ein ganz selbst komponirtes, nur den allgemeinen Charakter
der Gegend, diesen aber höchst prägnant, ja grandios wiedergebendes
Bild, das alle seine Genossen entzückt.«

Aus dieser Vernachlässigung des Naturstudiums erklären sich manche
Schattenseiten der Böcklinschen Art. Mit welchem Eifer, mit welcher
Treue hat Dreber nach der Natur studirt! Als man nach seinem Tode
die Studienmappen des Verblichenen öffnete, kamen fast unermesslich
reiche Schätze an das Licht, die uns zeigten, wie sich die idealen Landschaften des Künstlers aus Motiven der römischen Natur in seiner Umgebung aufgebaut hatten. Böcklin ignorirte dagegen die Form und suchte
die Kenntniss derselben, die er nur durch eingehende Studien erlangt
haben würde, durch die schöpferische Kraft seiner Phantasie und durch
den berückenden Zauber seines Kolorits zu ersetzen. Da Böcklin den
Eingebungen seiner Laune freien Lauf liess und sich um den Geschmack
der Bilderkäufer wenig kümmerte, führte er in Rom ein ärmliches Dasein,
dessen Sorgen noch erhöht wurden, als er sich 1853 mit einer schönen
Römerin vermählte. In der Unbefangenheit, mit welcher er seine Motive
wählte und behandelte, erinnerte er an Genelli, und es konnte daher
nicht ausbleiben, dass er mit seinen Auftraggebern in Konflikt gerieth.
Er liebte es schon damals, seine Landschaften mit Nymphen, Satyrn
und Kentauren zu bevölkern, und gab sich keine Mühe, die Naturtriebe
dieser wilden Gesellschaft irgendwie zu bemänteln. Als ihm eine reiche
deutsche Dame einst ein Bild bestellte, ohne ihm ein bestimmtes Motiv
vorzuschreiben, wählte er dazu »die Entführung einer Nymphe durch
einen braunen Faun« und führte das Motiv, wie Pecht erzählt, »mit so
recht heidnischer Unbefangenheit prachtvoll energisch durch, wie er seine
schöne Beute durch's Wasser trägt, dass die Gönnerin, dadurch unange-
nehm berührt, das Bild um keinen Preis acceptiren wollte, ja nur viel
später mit Mühe dazu gebracht ward, ein anderes zu nehmen.«

Böcklin ist in vielen Punkten mit Carstens und Genelli verwandt.
Seine geniale Laune, sein Eigensinn und seine Bizarrerie waren oft genug
die Triebfedern seiner Handlungen. Ihnen zu Liebe setzte er bisweilen
seine Existenz aufs Spiel, ihnen brachte er künstlerische und materielle
Opfer, welche seinem persönlichen Behagen wie seiner geistigen Entwicklung gleich gefährlich waren. Da er sich in Rom nicht auf die
Dauer erhalten konnte, kehrte er nach Basel zurück, fand aber auch hier

keine genügende Thätigkeit. Doch machte er hier die Bekanntschaft des Consuls Wedekind aus Hannover, der ihm den Auftrag ertheilte, einen Saal seines Hauses mit einem Cyklus von Bildern zu schmücken. Böcklin begab sich nach Hannover und führte dort fünf Gemälde in Leimfarben auf Leinwand aus, welche die Beziehungen des Menschen zum Feuer durch Landschaften mit Figuren versinnlichen. Diese jetzt in einer Villa des Besitzers in Kassel befindlichen Kompositionen »enthalten auf der ersten Wand eine Nymphe im Wiesengrund als Repräsentantin der Urzeit, dann den gefesselten Prometheus, endlich Adam und Eva. Auf der zweiten Wand in einem grossen Bild: die Zeiten der Cultur. Am Fusse eines felsigen Bergzuges, auf dem eine antike Ortschaft gelegen, bestellen Landleute das Feld, gehen Frauen zur Quelle, Wasser zu schöpfen, und stehen im Vordergrund Hirten betend um ein Opferfeuer, das sie vor einem Tempelchen angezündet haben. Die dritte Wand zeigt eine brennende Villa auf steiler Felsenküste: vorn Leute, die voll Schrecken herzulaufen.« Mit diesen Bildern erging es Böcklin wie Genelli mit den Malereien im Härtelschen Hause: der Besteller war mit den Darstellungen nicht zufrieden, vermuthlich weil Böcklin seiner Sucht nach Bizarrerien zu schrankenlos nachgegeben hatte, und es entspann sich ein langwieriger Prozess, der freilich zu Gunsten des Malers endigte, ihn aber doch für längere Zeit in grosse Verlegenheit brachte. Böcklin hatte sich inzwischen — es war im Jahre 1856 — nach München begeben und zog bald durch eine seiner phantasievollen Landschaften, welche den »grossen Pan« zur Mittagszeit am Ufer eines Flusses in einem Schilfdickicht die Flöte spielend darstellte, die Aufmerksamkeit der Künstler und Kunstfreunde auf sich. Das Bild wurde für die Pinakothek angekauft und damit die augenblickliche Noth Böcklins beseitigt. Zugleich wusste Paul Heyse auch den Grafen von Schack für den jungen Künstler zu interessiren, und der edle Mäcen griff fortan auf jede Weise helfend und fördernd in das Leben Böcklins ein, wobei er manche seiner Launen geduldig mit in den Kauf nahm, aber auch in den Besitz der poesie- und harmonievollsten Schöpfungen des Künstlers gelangte. Die erste derselben führte Böcklin in Weimar aus, wohin er 1858 als Lehrer an die neubegründete Kunstschule berufen worden war. Es ist der »panische Schreck«, wiederum eine Landschaft, welche offenbar aus der vorher genannten erwachsen ist. Hier erscheint der grosse Pan plötzlich zwischen den Spitzen einer Felsenreihe zum Schrecken eines Ziegenhirten, der, seine Kürbisflasche über dem Haupte schwingend, das Antlitz von Todesangst erfüllt, in rasendem Laufe davonstürmt, gefolgt von seinen Widdern und Ziegen, denen der Schreck ebenfalls die Glieder beflügelt hat. In diesem Bilde hat sich Böcklins bizarre Laune zu reinem Humor geläutert, dem zugleich aber eine so vollkommene Naivetät als Basis dient, dass der antike Charakter des Gegenstandes, wenn auch innerhalb einer romantischen Naturauffassung, gewahrt worden ist. Als Landschaftsmaler ist Böcklin stets ein Romantiker, mag er nun die idyllische oder die heroische Seite einer Landschaft und in der letzteren das feierlich-erhabene, das düster-tragische oder das leidenschaftlich-erregte Element betonen. Steigert er bei heroischen oder biblisch-historischen Motiven die Figuren über die Staffage hinaus zu selbständiger Bedeutung, so geräth er freilich sehr oft ins Groteske und verdirbt damit seine poesievollsten und grossartigsten Gedanken. Einerseits steht ihm nicht eine genügende Formenkenntniss zu Gebote oder nicht die ausreichende Dosis von Geduld, um einen menschlichen Körper sorgfältig durchzubilden, andrerseits ist er zu sehr Phantast, zu sehr Farbenpoet, um das Missverhältniss zwischen Landschaft und Figuren zu empfinden. Er lässt sich von der Phantasie, von der Erfindung meist so sehr hinreissen, dass er gar nicht gewahr wird, wie er sich gegen den guten Geschmack versündigt und das jedem anders und regelmässiger organisirten Geiste innewohnende Formengefühl durch seine Misshandlungen menschlicher und thierischer Körper verletzt. Selbst Graf von Schack muss diese Verirrungen Böcklins zugeben und erzählt aus seinen eigenen Erfahrungen, dass er nach einer schönen Farbenskizze eine Quelle des Frühlings mit einer Nymphe und zwei Faunen bei ihm bestellte, die aber in der Ausführung so sehr missrieth, dass der Besteller das Bild im eigenen Interesse des Künstlers nicht aufzuhängen wagte. Eine ebenso schlechte Erfahrung hat später die Berliner Nationalgalerie gemacht, welche ebenfalls nach einer vielversprechenden Farbenskizze ein Gemälde »Die Insel der Seligen« bei ihm bestellte, das nach seiner Vollendung eine bittere Enttäuschung hervorrief. Ueber den Gemälden Böcklins, welche sich in öffentlichen Sammlungen befinden, schwebt überhaupt, wie bereits Graf Schack hervorgehoben hat, ein Unstern. Auch die grosse, im Museum zu Basel befindliche »Jagd der Diana« mit ihren Nymphen, welche ebenfalls in Weimar gemalt wurde, gehört zu den verunglückten Schöpfungen Böcklins, weil ihn wiederum der grosse Maassstab der Figuren genirte. Dagegen zeigte sich die in romantischer Empfindung wurzelnde Begabung Böcklins wieder von ihrer besten Seite in dem »Schlosse am Meer«, welches von maurischen Seeräubern überfallen worden ist, die Frauen und Schätze den steilen Felsenpfad zur See hinabschleppen. Im Jahre 1873 behandelte er dasselbe Motiv, nur noch mit dem Zusatze, dass das Schloss in Flammen steht, welche ihren

grellen Schein über die erhabene Landschaft und das Treiben der Piraten werfen.

Ein Künstler, dessen Phantasie ihre Nahrung nur im italienischen Boden findet, konnte trotz grosser Gedächtnisskraft in der kleinen thüringischen Residenz nicht auf die Dauer Befriedigung finden. Er sehnte sich nach den Elementen zurück, aus welchen er seine romantischen Landschaften komponirte, und so gab Böcklin im Jahre 1861 seine Lehrthätigkeit an der Weimarer Kunstschule auf, um sich wieder nach Rom zu begeben und von da einen Ausflug nach Neapel und Pompeji zu machen. Indem er sich hier noch tiefer in das Alterthum versenkte, bevölkerten sich in seiner Phantasie Villen, Häuser und Gärten mit den Gestalten klassischer Zeiten, und so entstanden jene Bilder für die Galerie Schack, in welchen das antike Element mit dem romantischen am engsten verschmolzen ist und in denen zugleich die Stimmung mit den Figuren am reinsten harmonirt. Es sind die »Villa am Meeresufer« mit den vom Sturm gepeitschten Cypressen und der in schwarze Schleier gehüllten, weiblichen Gestalt im Vordergrunde, eine seiner erhabensten Kompositionen, die »Liebesklage des Hirten« nach einer Idylle des Theokrit, in der Schwermuth der Auffassung an gleichartige Bilder Feuerbachs erinnernd, die »altrömische Weinschenke«, in welcher Böcklin dem Geiste des Alterthums am nächsten gekommen ist, die »italienische Villa im Frühling«, die »Hirtin auf dem Hügel« u. a. m. Wie sehr sich Böcklin aber auch durch solche Thätigkeit befriedigt fühlte — der materielle Erfolg dieser und anderer Bilder war nicht ausreichend, um damit die Bedürfnisse des Lebens zu bestreiten. Böcklin sah sich daher genöthigt, 1866 nach Basel zu gehen, wo man ihm Aussicht gemacht hatte, das Treppenhaus des Museums zu dekoriren. Er erhielt diesen Auftrag auch wirklich und vollendete innerhalb dreier Jahre ebensoviele Kompositionen in Fresko, welche den aus dem Wasser geborenen Geist der Natur, eine »blühende weibliche Figur, von Tritonen getragen, während Genien die Wolken der Finsterniss zerreissen«, die über die Erde hinschwebende Flora mit ihren Kindern und Apollo auf seinem Viergespann darstellen, also gewissermaassen das pantheistische Glaubensbekenntniss Böcklins enthalten. Neben manchen schönen Einzelnheiten waren genug barocke Auswüchse vorhanden, so dass man es den Auftraggebern des Künstlers nicht verargen kann, dass sie mit seinen Arbeiten unzufrieden waren. Indessen hielt sich Böcklin noch mehrere Jahre in Basel, da er auch im Hause des Rathsherrn Sarrasin einige Fresken auszuführen und von Graf von Schack mehrere Bestellungen erhalten hatte. Für den letzteren wiederholte er u. a. eine der Sarrasinschen Fresken in Oel, den »Gang nach

Emmaus«, eine düstre Abendlandschaft von tief ergreifender Stimmung
mit dem Heiland und den beiden Jüngern im Vordergrunde und einzelnen
Häusern auf einem rechts oben steil emporsteigenden Felsen, dem Ziele
der Wanderer. Böcklins Stimmung muss damals eine trübe gewesen
sein, da auch in andren Kompositionen ein düstrer, tieftragischer Grundzug
dominirt, so besonders in der Sturmlandschaft mit dem Mörder, vor
welchem die Furien stehen, um sich an seine Fersen zu heften, und in
der schaurigen Herbstlandschaft bei Sturm und Regen, durch welche der
Tod auf einem nachtschwarzen Rosse reitet. Neben dieser tragischen
Stimmung nahm damals auch das dämonisch-phantastische Element Böcklinscher Kunst zum ersten Male Gestalt an und zwar in jener seltsam-
abenteuerlichen »Drachenhöhle«, welche sich gleich den drei zuletzt genannten Landschaften in der Schackschen Galerie befindet. Angeregt
durch die Goetheschen Verse »Das Maulthier sucht im Nebel seinen
Weg, in Höhlen wohnt der Drachen alte Brut,« komponirte er eine
enge Felsenschlucht, durch welche ein schmaler Pfad über eine Brücke
führt, im Charakter des St. Gotthardpasses und der Teufelsbrücke.
»Reisende, die eben des Weges dahin ziehen, stürzen in wilder Flucht
davon, weil gerade ein Drache, ein scheussliches Ungethüm, seinen
langen Hals aus der Höhle hervorstreckt und auf sie herabzuschiessen
im Begriff ist.«

Solche Fabelthiere sowie jene halb menschlichen, halb animalischen
Wesen, mit welchen die Phantasie der Griechen das Meer, die Gewässer,
Wald und Flur bevölkert haben, reizten fortan Böcklins Darstellungs-
kraft in einem Maasse, dass sie bis jetzt seine Lieblingsgegenstände
geblieben sind, und in der That hat Böcklins Gestaltungsfähigkeit in der
Vorführung von Kentauren, Satyrn, Nereiden, Tritonen, Seeschlangen
u. s. w. einen ganz ungewöhnlichen Reichthum offenbart. Weit entfernt,
diesen Gebilden etwas Sentimentales oder Romantisches zu geben, stattet
er sie vielmehr mit allerlei realistischen Neigungen, mit schrankenlosen
Naturtrieben aus und sucht, wo er es vermag, dem Motiv eine burleske,
groteske, selbst brutale Seite abzugewinnen, welche den Reiz der poetischen Erfindung oft genug zerstört. Nicht die Kritiker, welche die
Launen und Grillen Böcklins bekämpfen, sind seine schlimmsten Gegner,
sondern er selbst, der mit einer fast dämonischen Vernichtungswuth gegen seine
poesievollsten Konzeptionen, seine bezauberndsten Farbengedichte kämpft.
Das romantische Element dieser Darstellungen liegt nämlich in der Farbe
und in der Stimmung. In den »Meeresidyllen«, wie man wohl diese Gruppe
von Bildern bezeichnen darf, hat Böcklin den ganzen Zauber seines Kolorits
am reichsten und wirkungsvollsten entfaltet. Dieses Kolorit ist zwar

etwas einseitig, da fast immer ein tiefes Blau von stärkster Leuchtkraft und vollkommener Durchsichtigkeit, das »Böcklinsche Blau«, den Grundton und den das Ganze beherrschenden Ton bildet. Aber dieses mannigfach variirte Blau ist von so einschmeichelnder Wirkung, dass sich selbst derjenige, welcher sonst an den Ausschweifungen Böcklinscher Laune schweren Anstoss nimmt, dem blauen Zauber nicht entziehen kann. In der Landschaft des Künstlers tritt an die Stelle des Blau oder gar neben dasselbe ein sattes, emailartiges Grün, wodurch ein sehr harter Kontrast hervorgerufen wird, der sich aber bald, nachdem sich das Auge an diese bizarre Zusammenstellung gewöhnt hat, in eine kräftige Harmonie auflöst. In diesem Farbenzauber liegt das Geheimniss Böcklinscher Wirkung. Ihm zu Liebe giebt er die Form preis: er denkt und schafft nur malerisch, nicht plastisch, und deshalb erreicht er nur sehr selten das Ziel seines Strebens, das klassische Ideal mit dem romantischen zu einem neuen Ideal zu verschmelzen. Um übrigens jene Tiefe und Leuchtkraft des Kolorits zu gewinnen, durch welche Böcklin so ausserordentliche Wirkungen erreicht, bedient er sich nicht der Oel-, sondern der Firnissfarbe.

Die erste der »Meeresidyllen« malte Böcklin für den Grafen von Schack in München, wohin er 1871 übergesiedelt war. Auf einer einsamen Klippe mitten im Gebrause des Meeres liegt eine Nereide auf dem Rücken und streichelt mit der herabhängenden Linken den Kopf einer gewaltigen Seeschlange, deren Körper in mächtigem Bogen halb aus dem Wasser emportaucht. Hinter der Nymphe sitzt ein zottiger Triton, welcher mit vollen Backen in ein Muschelhorn stösst, als wollte er die gesammte Bevölkerung des Meeres zum Stelldichein laden. »Es herrscht ein wilder Jubel in dieser Szene,« sagt Graf Schack, »man glaubt, das Sausen und Wehen des Naturgeistes, das Jauchzen der Elementargötter im Kampfe der entfesselten Mächte des Meeres und der Lüfte zu vernehmen.« Der poetische Inhalt und der koloristische Zauber des Gemäldes erscheinen dem Besitzer stark genug, dass man darüber die Verzeichnungen an dem Körper der Nymphe vergessen könnte. Aber diese Verzeichnungen traten in den folgenden Bildern immer starker hervor, während die koloristische Wirkung keineswegs gesteigert oder verfeinert wurde. Im Jahre 1874 malte Böcklin ein Seitenstück zu diesem Bilde. Die Szenerie ist wiederum ein Felsen im Ozean, auf welchem sich ein Seekentaur und eine Nymphe befinden, die nach einer wilden Fahrt von dem Rücken des ersteren herabgeglitten ist. Das struppige, flachsfarbene Haar des Kentauren hängt in wirren Strähnen um sein Antlitz, aus welchem ein Paar unheimlich glotzender, von sinn-

licher Gluth erfüllter Augen in die Weite starrt. Man hat das Gefühl, als ob ein frevler, gewaltthätiger Gedanke das Hirn des Halb-
menschen durchzuckte. Sein nackter, bronzefarbener Oberkörper ragt
aus dem Wasser empor, während er mit dem Fischschwanz das feuchte
Element peitscht, dass der weisse Schaum in die Höhe spritzt. Vorn
auf der Klippe liegt die Nereide, deren Körper von einer bei Böcklin
ungewöhnlichen Schönheit ist, und lässt in wonniger Lust die weissen
Glieder von der kosenden Fluth umspülen. Die linke Hand hängt in
das Meer hinab, aber der Alabaster der Haut leuchtet nicht, wie es
sein sollte, durch das Azurblau des Wassers hindurch, sondern Hand
und Unterarm sehen aus, als ob sie mit Ultramarin gefärbt wären. An
dieser Schwierigkeit ist Böcklin trotz seiner Virtuosität im Kolorit gescheitert. Der Körper der Nereide ruht zum grösseren Theile auf ihrem
linken Beine, welches in starker, aber leidlich gelungener Verkürzung
ganz sichtbar ist, während sich das rechte Bein nur bis zum Knie zeigt,
dafür aber von unverhältnissmässiger Länge ist. Es giebt schlechterdings keine Böcklinsche Figur, welche in Bezug auf Zeichnung und
Formengebung eine strenge Analyse verträgt. Um das rechte Bein und
den rechten Arm, der auf der Stirn der Nymphe ruht, ist ein grünlich-
gelber, ganz durchsichtiger Schleier gewunden, auf dem goldene Lichter
spielen. Das schöne, von rothblonden Locken umwallte Haupt ist zu-
rückgesunken, das Auge in wollüstigem Schauer halb geschlossen und
der Körper ganz der Wohlthat des kühlenden Elements hingegeben.
Ueber die See, auf deren Spiegel weissköpfige Wellen tanzen, spannt
sich ein düsterer Abendhimmel, dessen tiefe Grundstimmung nur hie
und da von einer lichten Stelle unterbrochen ist. Himmel und Meer
werfen graue und bläuliche Reflexe auf den weissen Körper der Nereide.
Das grosse Raffinement, welches in der Gegenüberstellung so grundver-
schiedener Gestalten liegt, wird noch erhöht durch die malerischen Kontraste: hier das bläulich angehauchte Weiss des menschlichen Körpers,
dort das fahle Gelbgrau des Thierleibes, und beide Kontraste wieder
durch Blau und Grau, durch Meer und Himmel zu einer Art von Farben-
concert zusammengestimmt, dessen berauschende Pracht die Wirkung
Böcklinscher Gemälde auf empfindsame Gemüther begreiflich macht.
Auf der anderen Seite fehlt es aber auch nicht an Personen, welche sich
durch die brutale Naivetät, die nackte Sinnlichkeit Böcklinscher »Natur-
poesie« abgestossen und verletzt fühlen. In der Schilderung der unge-
stümen Triebe solcher Elementargeister ist Böcklin nachmals noch weiter
gegangen, so namentlich in der grotesken »im Spiel der Wellen« genannten Phantasie, auf welcher ein durch die Wogen jagender See-

kentaur in seinem Laufe in komischer Ueberraschung plötzlich inne hält, weil ihm eine sich in üppigem Uebermuth herumwälzende Nymphe Reize offenbart, auf welche er nicht gefasst war. In die sehr umfangreiche Kategorie dieser Bilder gehören noch der wild bewegte »Kentauren-kampf«, der Kampf eines Ritters mit einem Drachen um eine Frau und der »Kampf zwischen einem Kentauren und einer Frau« (1883, auf welch' letzterem Bilde die Formlosigkeit und die Willkür des Künstlers ihren Höhepunkt erreicht haben. Böcklin produziert ausserordentlich rasch, und diesem Umstand mögen manche Fehler seiner Zeichnung zuzuschreiben sein. Die Mehrzahl derselben fliesst jedoch aus seiner Laune, aus seinem Temperament, welches das Einzelne über der Wirkung des Ganzen rücksichtslos preisgiebt.

Das grösste Aergerniss hat die Willkür Böcklins durch einige Ge-mälde religiösen Inhalts erregt. Schon auf der Wiener Weltausstellung von 1873 sah man eine »Pieta« jetzt im Museum zu Basel), von wel-cher selbst Pecht nichts besseres zu sagen vermag, als dass sie in »allen sieben Regenbogenfarben« koloriert ist. Noch schlimmer verging sich Böcklin an dem verehrungswürdigen Motiv in einer »Kreuzabnahme auf Golgatha«, welche 1876 in Florenz entstand, wohin der Künstler kurz zuvor übergesiedelt war und wo er noch gegenwärtig seinen Wohnsitz hat. Hier widmete er sich dem Studium der italienischen Meister des fünf-zehnten Jahrhunderts, die ihn so fesselten, dass er beschloss, auch einmal in ihrer Weise zu malen. Das erste grössere Ergebniss dieses Experi-ments war jene »Kreuzabnahme«. Der Abend hat sich auf den Kreuzes-hügel herabgesenkt. Im Hintergrunde blicken weisse Mauern aus dem Halbdunkel, tief unten liegt die Stadt, und rechts vom Beschauer strecken die drei Kreuze ihre Arme aus. Die beiden Schächer hängen noch am Marterholze, der eine ruhig und gefasst, wie er gestorben ist, der andere in konvulsivischen Verrenkungen, die nach den Traditionen der bildenden Kunst den Ungläubigen charakterisiren sollen. Das mittlere Kreuz ist leer. Das Opferlamm, welches der Welt Sünde trägt, liegt entseelt am Boden, halb aufrecht gehalten von dem greisen Joseph von Arimathia, der ein Linnentuch über den Felsboden gebreitet hat. Nikodemus beugt sich von der andern Seite über den Todten, dessen Körper Böcklin als ein Objekt betrachtet hat, um daran seine Virtuosität in der Erfindung von Missbil-dungen zu erproben. Die Beine des Leichnams sind bis zur Krüppel-haftigkeit verkürzt, der Körper ist molluskenartig bis zur Formlosigkeit aufgeschwemmt — ein Künstler hat ihn mit einem mit nassem Sand aus-gestopften Handschuh verglichen —, und auf dem missgestalteten Leibe sitzt ein hässlicher Kopf mit langen rothen Haaren. Selbst die Realisten

13

der altflandrischen und kölnischen Malerschulen haben sich in ihrer Einfalt niemals zu einer so ungeheuerlichen Karrikatur verstiegen. Man würde über einen Maler, der seine Gaben in solchem Grade missbraucht, ohne weiteres den Stab brechen, wenn derselbe nicht die Laune hätte, neben Partieen von abschreckender Hässlichkeit Beweise eines ungewöhnlichen Schönheitsgefühls zu liefern. Ein solcher findet sich auch auf diesem Bilde in dem Kopfe der von Johannes getrösteten Magdalena, den man als eine Offenbarung der Schönheit bezeichnen muss, wie sie nur einem echten Genie zu Theil wird.

Aus dem Studium der alten Florentiner Meister erwuchsen noch mehrere Landschaften mit einer Muse, einer Flora, mit tanzenden, musicirenden, singenden und lustwandelnden Frauen und Mädchen, vor allem aber jene seltsame Dichtung, welche, 1878 gemalt, unter dem Namen »Gefilde der Seligen« den Maler nicht zu seinem Vortheil in der Berliner Nationalgalerie vertritt. Man hat den Versuch gemacht, die Figurenstaffage durch eine Szene im zweiten Theile des Faust, der »klassischen Walpurgisnacht«, zu erklären, wo der Kentaur Chiron dem Faust erzählt, dass er einst auch Helena über den Fluss Peneios getragen[*]. »Chiron und Helena, die Würde vereint mit der Anmuth, steuern geradeswegs aufs Elysium zu, unbeirrt durch die Lockungen der Sirenen, die mit verführerischen Geberden sie aufzuhalten suchen.« Aber wie geistvoll dieser Erklärungsversuch auch ist, so rettet er dennoch das Gemälde nicht. Die Landschaft zwar mit der Felsengrotte zur Rechten, von deren Höhe ein Quell in ein tiefblaues Gewässer herabstürzt, mit der blumigen, von schlanken Pappeln bestandenen Wiese im Mittelgrunde und der leuchtenden Ferne zeugt von echt poetischer Erfindung. Aber sie steht in der Ausführung nur theilweise auf der Höhe des koloristischen Vermögens, welches der Künstler sonst entfaltet hat. Namentlich ist das Wasser undurchsichtig und hart in der Farbe. Geradezu verletzend ist die Nachlässigkeit, mit welcher die Figuren behandelt sind: die wie aus Holz geschnittenen Schwäne auf dem Fluss, die beiden Sirenen und ganz besonders die auf dem Rücken des Kentauren sitzende, nackte Schöne, welche sehnsüchtig den Gefilden der Seligen entgegenstrebt, die ganz im Hintergrunde um einen Altar versammelt sind. Wiederum hat sich Böcklin einen schönen, für unsere Zeit seltenen Gedanken durch Launenhaftigkeit und unberechtigte Willkür verdorben.

Ein gleicher Zwiespalt geht auch durch die zahlreichen Bilder Böck-

[*] Dr. Guido Hauck, Arnold Böcklins Gefilde der Seligen und Goethes Faust. Berlin 1884. Mit einer Abbildung des Gemaldes.

lins, welche seit 1878 entstanden sind. Ausser dem bereits erwähnten grotesken Rendezvous der Meeresbewohner »Im Spiel der Wellen« und dem Raub einer Frau durch einen Kentauren sind vornehmlich »Die Quelle«, eine römische Frühlingslandschaft mit Satyrn und Nymphen, »Pan im Schilfe«, das »Winzerfest«, »Odysseus und Kalypso«, das »Heiligthum des Herakles« (Museum zu Breslau), die Krieger »vor dem Heiligthum« (1886), die Befreiung einer von einem Drachen bewachten Frau, das »Drama« und der »Kampf vor der Burg« zu nennen. In letzterem Bilde, einer Reminiscenz an die Drachenschlucht bei Schack, überwiegt bereits der landschaftliche Theil, und drei Landschaften aus dieser letzten Zeit sind es auch gewesen, in welchen sich die künstlerische Individualität Böcklins am reinsten und unanfechtbarsten ausgeprägt hat. Diese drei Werke, die »Burg am Meer«, »die Todteninsel« und »Prometheus« sind zugleich die höchsten Offenbarungen, welche die romantisch-idealistische Landschaftsmalerei in unserer Zeit hervorgebracht hat. Die »Burg am Meer«, eine mit Bäumen und Schlingpflanzen bewachsene Ruine, deren Mauern aus dem Meere emporzusteigen scheinen, ist ein Stimmungsbild von düsterer Romantik. Noch ergreifender ist derselbe Stimmungsaccord in der »Todteninsel« angeschlagen, weil hier die menschliche Empfindung stärker berührt wird und die Reflexion die koloristische Wirkung steigert. Mitten im Wasser erhebt sich ein Eiland, welches auf drei Seiten von thurmhohen, altersgrauen Mauern umgeben ist, so dass man von der vierten, offenen, dem Beschauer zugekehrten Seite in ein Kastell hineinzublicken glaubt. Diese Mauern umschliessen einen mit Cypressen bestandenen Friedhof, auf welchen ein Boot mit einem neuen, für die Todteninsel bestimmten Bewohner langsam zusteuert. Mit grosser Kraft hat Böcklin, hier so recht ein »Symphoniker der Farbe«, alle Lokalfarben zu einem einzigen, schwermüthigen Accord zusammengestimmt. Es ist, als ob das Kolorit einen Trauerflor angethan hätte, welcher sich über das Meer, über den Himmel und über die Bäume breitet. Die ewige, erhabene Harmonie des Todes hat in der ernsten und doch feierlich-glanzenden Tonstimmung ein ergreifendes Symbol gefunden. Ueber das Menschliche hinaus zum Heroischen gesteigert ist die Stimmung im »Prometheus«. Es ist eine wilde Gebirgslandschaft am Meere, zu welchem das Felsgestein in schroffer Wand abfallt. Hoch oben, auf dem Rucken des Kaukasus, liegt die Riesengestalt des gefesselten Titanen, von Nebel und Wolken umgeben, welche die Umrisse der Figur so verhullen, dass man diese selbst für eine Wolke halten möchte. Ein wüthender Sturm, unter dessen Macht sich die Wälder beugen, umtobt das aus dem schwarzblauen Meere zu dem düsteren Himmel emporwachsende Gebirge. Diese

Prometheuslandschaft bezeichnet, wie gesagt, nicht nur den Höhepunkt von Böcklins Schaffen, sondern zugleich auch den Gipfel, zu welchem die heroische oder ideale Landschaft im Bunde mit dem modernen Kolorismus geführt werden konnte. Was der Klassizismus in gleicher Vereinigung auf dem Gebiete der Historienmalerei, der Malerei grossen Stils zu erreichen vermochte, wird durch die Künstlergestalt Anselm Feuerbachs verkörpert.

## 7. Anselm Feuerbach.

Das Leben des letzten Ausläufers der klassischen Richtung war wie dasjenige ihres Begründers eine Tragödie, eine Kette von Verhängnissen, welche diesen glänzenden Geist frühzeitig brachen und zur Verzweiflung an einer besseren Zukunft trieben. Nicht bloss in Feuerbachs Werken lesen wir die einzelnen Phasen seines tragischen Schicksals, seines unablässigen Kämpfens und Ringens: seine hinterlassenen Aufzeichnungen, die unter dem Titel »Ein Vermächtniss« nach seinem Tode herausgegeben wurden, liefern einen beredten Kommentar zu seiner künstlerischen Thätigkeit. Sie gewähren uns einen Einblick in einen edlen, nach den höchsten Zielen strebenden Geist, aber auch in ein zerrissenes, früh verdüstertes Gemüth, welches den Stürmen des Lebens nicht lange Trotz zu bieten vermochte[*]).

Anselm Feuerbach wurde am 12. September 1829 in Speyer geboren. Sein Vater, Professor am dortigen Lyceum, war ein geistvoller Philolog und Archäolog, der sich namentlich durch sein feinsinniges Buch über den »vatikanischen Apollo« in der gelehrten Welt bekannt gemacht hat. Die Lieblingsbeschäftigung des Vaters erweckte schon frühzeitig in dem Sohne die leidenschaftliche Liebe für das klassische Alterthum, die ihn später ganz beherrschte. Er konnte sich keinen verständnissvolleren Führer wünschen, als den begeisterten Gelehrten, dem sich der Genius des Griechenthums so voll und ganz erschlossen hatte. Durch den Vater wurde der junge Feuerbach zuerst mit den plastischen Schöpfungen der Antike vertraut, die der fertige Künstler in Farbe und Leben umzu-

---

*) Ein Vermächtniss von Anselm Feuerbach. Zweite Auflage. Wien, 1885. Vergl. dazu F. Pecht, Deutsche Künstler des neunzehnten Jahrhunderts. I. Nördlingen 1877. S. 238—268. — Katalog der Ausstellung des künstlerischen Nachlasses in der Berliner Nationalgalerie mit Biographie von Dr. M. Jordan. Berlin 1880. — Graf von Schack, Meine Gemäldesammlung. Stuttgart 1881. S. 93—116. — O. Berggruen, Die Galerie Schack in München. Wien 1883. Mit Radirungen nach Feuerbachs besten Werken in der Galerie Schack. — Der obigen Charakteristik liegen Aufsätze und Kritiken des Verfassers in den »Grenzboten« und in der »Zeitschrift für bildende Kunst« zu Grunde.

setzen versuchte. »So wurde mir recht eigentlich, schreibt er in seinen
Erinnerungen, die Klassizität mit der Muttermilch eingetränkt: eine
Klassizität auf menschlich Wahres und Grosses gerichtet, die denn auch
nicht verfehlte, mein Leben zu einem hoffnungslosen Kampfe gegen meine
Zeit zu gestalten.« Als sich sein Talent offenbarte und die Familie über
seine Zukunft berathschlagte, wurden Zeichnungsproben nach Düsseldorf
an Lessing und Schadow geschickt. Lessing antwortete: »Der junge
Mensch soll sein Gymnasium absolviren und dann weiter sehen.« Schadow
schrieb, der junge Feuerbach »könne nichts anderes werden als Maler
und möge sogleich kommen.« Dieser Zwiespalt der Meinungen begleitete ihn sein ganzes Leben hindurch. Während die einen ihm hartnäckig jedes Talent absprachen, hoben ihn die andern, freilich die Minori-
tät, in den Himmel. Recht gehabt hat vielleicht Lessing. Im Gegensatz
zu dem alten Schadow, der als Direktor der Berliner Akademie bei der
Aufnahme von Schülern äusserst rigoros verfuhr, konnte Wilhelm Schadow
der Sohn, um den Glanz der Düsseldorfer Akademie, wie er glaubte,
sein er Schöpfung, zu heben, nicht genug Schüler heranziehen, um die er
sich später, wenn sie da waren, nicht mehr kümmerte. Feuerbach
charakterisirte ihn kurz und scharf, aber gerecht: »Seinem durch und
durch aristokratischen Wesen wird er die Direktion der Akademie zu
danken haben; als Maler zählte er nicht.« Und da sollte Feuerbach
durch ihn gefördert werden? Er, dessen Geist frühzeitig mit den Idealen
der antiken Kunst angefüllt worden war und der jetzt nur darnach
strebte, für dieselben auch den farbigen Ausdruck zu finden? Ueberdies
behagte dem Enthusiasten für die Antike der streng kirchliche Geist
nicht, der damals in der rheinischen Kunststadt herrschte. Gelegentlich
ging Feuerbach auch zu Lessing, den er hochschätzte. Aber dieser hatte
von vornherein eine Antipathie gegen alle, die von Schadow protegirt
wurden, und in diesem Falle eine doppelte, da Feuerbach gegen seinen
Rath nach Düsseldorf gekommen war. Stärker fühlte sich Feuerbach
durch Alfred Rethel angezogen. Einen bedeutsamen Einfluss hat dieser
auf den jungen Maler jedoch nicht ausgeübt, soweit sich wenigstens aus
zehn Kompositionen zu Shakespeares »Sturm« erkennen lässt, welche
Feuerbach 1847 in Düsseldorf ausführte. Er billigte nur nachträglich
Feuerbachs Entschluss, die Akademie zu verlassen, die ihm nichts bieten
konnte. »Jehen Sie nach Paris zu Delaroche, sonst wird nischt aus
Ihnen« — das waren Schadows letzte Worte zu Feuerbach. Hätte er
nur diesen Rath befolgt! Wenn er auch nicht zu Delaroche ging, dessen
ganzes Wesen dem seinigen schroff gegenüberstand. Denn die Kleider-
und Theatermalerei war ihm gründlich verhasst. Wir finden in seinen

Aufzeichnungen der zornigen Worte genug, deren Spitzen unverkennbar gegen Piloty und Makart gerichtet sind. Aber nach Paris hätte er gehen sollen. Er ging zunächst nach München, wo er wiederum keinen Anknüpfungspunkt fand, und abermals zwei Jahre nutzlos verstrichen. Dann folgte ein Jahr des Studiums an der Antwerpener Akademie unter Wappers, das ihn auch nicht besonders förderte. Endlich im Frühjahr 1851 ging er nach Paris als einer der ersten deutschen Maler, welche durch den Glanz der französischen Schule dorthin gezogen wurden. Anfangs war er auf sich selbst angewiesen. Sein erstes grösseres Bild »Hafis in der Schenke« (im Besitz des Herrn von Harder in Karlsruhe) darf als das Resultat der Studien angesehen werden, die er an französischen Bildern in seiner Umgebung machte. Wäre er doch bei dieser gesunden, frischen, lebhaften und doch harmonischen Farbengebung geblieben! Erst Ende 1852 oder Anfang 1853 trat er in Coutures Atelier ein, der damals und auch für die nächste Zeit der gesuchteste Lehrer in Paris war. Feuerbach spricht mit grosser Begeisterung von ihm. »Nicht genug danken kann ich dem Meister, welcher mich von der deutschen Spitzpinselei zu breiter pastoser Behandlung, von der akademischen Schablonenkomposition zu grosser Anschauung und Auffassung führte.« (Vgl. Band I. S. 168.) In dem Abschnitte des »Vermächtnisses« über Paris befindet sich auch eine Stelle, die insofern bemerkenswerth ist, als sie den Zweck kennzeichnet, welchen Feuerbach mit der Veröffentlichung seiner Aufzeichnungen im Auge gehabt hat. »Ich wünsche Verständigung mit meinen Zeitgenossen. Die Anweisung auf die Nachwelt ist kein Ersatz für den lebendigen Pulsschlag verwandter Herzen und für liebevoll ermunterndes Eingehen und Aufnehmen, dessen der Künstler für sein Schaffen bedarf, wie die Pflanze das Licht der Sonne zum Wachsen. Ich habe mich bis jetzt vergeblich darnach gesehnt. Jeder Accord, den ich anschlug, und von dem ich glaubte, dass er richtig und rein sei, ist zum Missklang geworden, sowie er über den Atelierraum hinausdrang.« Paris wurde, wie er selbst bekennt, der Wendepunkt seines Künstlerlebens, das Fundament seiner künstlerischen Bildung. Er lernte hier einsehen, welchen Werth die Franzosen auf die Behandlung und Durchbildung der Form legten, und er gab sich mit Eifer dem Studium der Natur und der alten Meister, besonders Tizians, hin, unter dessen Einflusse er auch eine »Grablegung Christi« malte.

Nach seiner Rückkehr in die Heimath wurde er bald das Opfer kleinlichster Chikane. Mit seinem »Hafis in der Schenke« hatte er etwas geleistet, was unter allen Umständen einer ernsthaften Beachtung werth war. In Karlsruhe nahm man keine Notiz davon. Er malte sodann im Geiste

der Venetianer den »Tod Aretinos« (1854, im Besitz des Hofkapell-
meisters Levi in München), ebenfalls ein Bild von genialem Wurfe und
fesselndem Kolorit. Nach einer historisch nicht ganz verbürgten Tradition soll Aretino bei einem Gelage, welches er gleichgesinnten Freunden
gab, über die Erzählung eines Liebesabenteuers einer seiner Schwestern
so heftig gelacht haben, dass er vom Stuhle fiel und dadurch seinen Tod
fand. Es war eine Art geistigen Seitenstücks zu Coutures grossem Bilde,
den »Römern der Verfallzeit«; doch war die Abhängigkeit von dem
Franzosen nur eine äusserliche. Viel schärfer trat hier der auch schon
stofflich bedingte Einfluss der Venezianer, insbesondere Paul Veroneses,
hervor, und zum ersten Male zeigten sich auch bereits die Spuren jener
mit grauen und grünlichen Tönen operirenden Malweise, an welcher
Feuerbach bis kurz vor seinem Tode festgehalten hat. Diese grauen,
sich oft zum Grünlichen neigenden Töne umspielen die Konturen und
hüllen die Lokalfarben in einen dämpfenden Schleier. Sie dominiren oft
so sehr, dass sie den Grundton des ganzen Gemäldes angeben. Freilich
wird die Stimmung dieses und jenes elegisch oder melancholisch gefärbten Bildes durch den grauen Gesammtton noch gehoben. Aber auf die
Dauer wurde diese Vorliebe für graue Abtönungen zu einer leidigen
Manier, welche den meisten Bildern Feuerbachs den Stempel des Greisenhaften aufdrückte. Es scheint, als ob die Absicht des Malers dahin ging,
dem kühlen Geiste der Antike durch Dämpfung der Farben möglichst
nahe zu kommen und die Augen des Beschauers von den Reizen des
Kolorits ab- und ausschliesslich auf die Plastik der Formen und die Linien
der Komposition zu lenken, welche er den griechischen Reliefs abgesehen
hatte. Wenn die Komposition des Aretinobildes auch der Geschlossenheit
und des echt dramatischen Lebens entbehrte, so war die Erfindung
und Auffassung ungemein geistreich. Trotzdem wurde es von der Kom-
mission, welche über die Ankäufe für die grossherzogliche Galerie in
Karlsruhe zu entscheiden hatte, zurückgewiesen. Feuerbach sah übrigens
die Mängel der Komposition später selbst ein. Aus dem Jahre 1877
existirt ein Entwurf in Aquarell, auf welchem einige klaffende Lücken
der ersten Ausführung durch Einfügung neuer Figuren sehr geschickt
ausgefüllt worden sind. Ohne durch jenen Misserfolg entmuthigt zu sein,
machte sich der Künstler von neuem an die Arbeit und malte ein Bild,
das er »Versuchung« nannte: ein junger, betender Mönch in einer Wald-
schlucht, dem eine holde Frauengestalt als Versucherin naht. Das Gemälde war für die Pariser Weltausstellung bestimmt: aber es wurde von
der Karlsruher Jury abgelehnt, und Feuerbach erhielt vom Ministerium
den Bescheid, »dass man des Gegenstandes wegen Anstand nehme, das

Bild nach Paris zu schicken.« In seinem Unmuth zerriss er seine Arbeit und übergab die Stücke dem Feuer. »Es ist dies der erste Ring in der langen Kette von Missverständnissen und Begriffsverwirrung, schreibt er, die meinem Künstlerleben zum Fluch geworden sind. Ein kräftiger Arm, der mich über die kleinen Sorgen des Lebens hinweggehoben hätte, und ich würde in einem Freudensturm den Gipfel erreicht haben, auf den meine Natur sich erheben konnte. Aber die Hilfe kam immer zu spät und immer nur halb. So habe ich zehn Jahre, die für die Kunst entscheidenden, verloren, ein Verlust, der nie zu ersetzen ist.« Ein Hoffnungsstern leuchtete ihm dennoch. Der damalige Prinzregent von Baden ertheilte ihm den Auftrag, freilich unter karg zugemessenen Bedingungen, eine Kopie von Tizians »Himmelfahrt Mariä« in Venedig anzufertigen. Mit seinem Einzug in Venedig, den er in Gemeinschaft mit Viktor Scheffel hielt, that Feuerbach einen zweiten entscheidenden Schritt: die grossen Venezianer, die er endlich an der Quelle studiren durfte, wurden die Vorbilder für die nächste Periode seines Schaffens. Die Kopie der »Himmelfahrt« in halber Grösse des Originals gelang so vorzüglich, dass selbst seine Gegner in Karlsruhe in das allgemeine Lob einstimmten. Der Akademiedirektor Schirmer schrieb sogar einen Brief voll warmer Anerkennung an die Hofräthin Feuerbach, die zweite Mutter des Künstlers, welche sein ganzes Leben mit aufopfernder Fürsorge begleitet hat. Aus Dankbarkeit malte nun der Künstler für die bevorstehende Verlobung des nachmaligen Grossherzogs ein Bild nach Art des Palmavecchio, eine hohe Frauengestalt, welche die musikalische Poesie darstellen sollte. Aber dieses Bild bewirkte das Gegentheil des gehofften Eindrucks. Feuerbachs Bitte um Fortsetzung der Pension wurde rundweg abgeschlagen und das Bild in eine Rumpelkammer verbannt, aus der es erst später in die grossherzogliche Galerie kam, zugleich mit dem 1859 angekauften »Dante in Ravenna«, wider Willen des Galeriedirektors K. Fr. Lessing, der, sonst ein Mann von lauterer und ehrenhafter Gesinnung und wohlwollendem Charakter, sich in allem, was Feuerbach betraf, ablehnend verhielt. »Lessing, schreibt Feuerbach, trat mit seinem Gewicht zwischen den fürstlichen Herrn und mich. Er konnte mir nicht verzeihen, dass ich einst glaubte, in Düsseldorf nicht genug lernen zu können. Als zehn Jahre nachher ein Münchener Kunstmäcen (Schack ist gemeint) mir seine Aufmerksamkeit zuwendete, gereichte ihm dies zu grösster Verwunderung. Nur ein Mecklenburger Baron könne Solches thun, meinte er.«

Auch die Entziehung der Pension raubte Feuerbach noch nicht den Muth zu weiterem Vorwärtsstreben. »Obgleich durch diese unvorgesehene Ungnade fast aller Mittel bar, so berichtet Pecht, liess sich der Künstler

im Vollgefühl seiner Kraft und seines Berufes doch nicht abschrecken und wanderte mit hundert Franken in der Tasche nach Rom (Mai 1856. . . . Er hatte den Muth, lieber die Dornenkrone langjähriger Misshandlung auf sich zu nehmen, als seine künstlerischen Ueberzeugungen zu verleugnen.« Die Reise nach Rom führte ihn über Florenz, und hier fesselten ihn die Kunstwerke der Tribuna dergestalt, dass er seinen Aufenthalt bis zum September 1856 ausdehnte. Als er zum ersten Mal die Tribuna betrat, kam eine Empfindung über ihn, »die man in der Bibel mit dem Wort Offenbarung zu bezeichnen pflegt. Die Vergangenheit war ausgelöscht, die modernen Franzosen wurden Spachtelmaler, und mein künftiger Weg stand klar und sonnig vor mir . . . . Das erste römische Bild, Dante, und die ganze Reihenfolge der bei aller Strenge doch weichen Werke ist nur der Nachklang jener ersten Empfindung in der Tribuna.« Wie sich diese Eindrücke, die venezianischen Erinnerungen und die ersten römischen Studien nach Raffael in Feuerbachs Phantasie zu einem Ganzen verschmolzen, zeigt jenes Dantebild, welches unter dem Titel »Dante in Ravenna« 1857 vollendet wurde. In der Abenddämmerung lustwandelt der Dichter der göttlichen Komödie, auf dessen linke Schulter sich, in tiefes, schmerzliches Sinnen verloren, seine Tochter Beatrice lehnt, in einer Landschaft, deren Horizont von Bergen umsäumt wird. Zu seiner Rechten schreitet eine edle Frau im Stile der Venezianerinnen eines Veronese oder Paris Bordone und lauscht aufmerksam den Worten des Dichters, der seine Rechte in sprechender Geberde erhebt. Eine andere Frau, deren voller Oberkörper und deren Hinterhaupt in einen durchsichtigen Schleier gehüllt ist, geht der Gruppe vorauf, den Kopf nach links gekehrt und die Augen auf den Sänger gerichtet, der sich zur Seite wendet, wo ihm zwei andere vornehme Frauen folgen. Die eine reicht ihm mit der erhobenen Rechten einen Lorbeerzweig. Wie die »Poesie« sind auch diese Figuren mehr plastisch als malerisch gedacht, namentlich die Gruppe der drei mittleren Figuren, die in ihrer statuarischen Ruhe trotz der modernen Gewandung den Geist der Antike athmen. Aber aus dem Bilde weht uns ein seltsam erkältender Hauch entgegen, welcher der Begleiter aller Schöpfungen Feuerbachs geblieben ist. Es ist in erster Linie stets der Verstand, welchen die Bilder Feuerbachs beschäftigen, und nicht die Phantasie. Seine Gestalten sind in dem stolzen Fluss ihrer prachtvollen Gewänder majestätisch und imponirend; aber es fehlt ihnen die Seele, das innere Feuer, welches ihnen ihr Schöpfer trotz heisser Bemühungen nicht einzuhauchen vermochte. Zwei Jahre lang musste der Dante warten, bis er in dem Grossherzog von Baden einen Käufer fand. Es waren Jahre harter Entbehrungen für

Feuerbach, und seine Lage wurde auch nur vorübergehend gebessert. Er war genöthigt, alle grossen Gedanken, welche seine Seele erfüllten, zurückzudrängen und Madonnenbilder, Kindergruppen und Portraits zu malen. Schon damals beschäftigten ihn die grossen Kompositionen des »Gastmahls des Plato« und der »Amazonenschlacht«; aber sie kamen vorläufig nicht über die Skizzen hinaus. Dennoch gelang es ihm, zwei bedeutsame Werke grossen Stils, eine »Iphigenie« und eine »Pietà«, in den Jahren 1862 und 1863 zu vollenden. Von der letzteren, welche nach München auf die Kunstausstellung geschickt wurde, datirt ein entscheidender Umschwung in Feuerbachs Leben. Die »Pietà« wurde nämlich von dem Freiherrn von Schack angekauft. Es entspann sich daraus ein engeres Verhältniss zwischen dem Künstler und dem edlen Mäcen, welcher bis zum Jahre 1868 fast sämmtliche hervorragenden Arbeiten Feuerbachs ankaufte und ihm damit die Möglichkeit sorgenfreien Schaffens gewährte.

Die »Pietà« schliesst sich in Komposition und Stilbildung noch eng an das Dantebild an: derselbe düstre, schwermüthige Ton, hier wie dort durch den Abend und die Stimmung bedingt, dieselbe Gruppirung zu drei und zwei Figuren und dieselbe Anordnung der nach der Antike drapirten Gewänder, die verhältnissmässig grosse Flächen des Bildes einnehmen, ohne dem entsprechend durch das Kolorit und das Spiel des Helldunkels belebt zu sein. Feuerbach verschmähte absichtlich jeden starken Farbeneffekt und begnügte sich mit der statuarischen Wirkung seiner Gestalten. Ueber den langausgestreckten Leichnam des Erlösers, der auf einem felsigen Bette am Eingange einer Grotte liegt, hat sich die Schmerzensmutter geworfen, mit der Rechten das Antlitz bergend. Hinter ihr knieen betend die drei Marien, edle Frauengestalten in rhythmischer Gruppirung mit verschiedener Profilstellung. Die mittlere im profil perdu ist eine prächtige Vollblutrömerin, welcher wir fortan öfter auf den Bildern des Künstlers begegnen. Auch ihr Bildniss — sie war die Frau eines Schuhmachers und stand dem Herzen Feuerbachs nahe findet sich in der Galerie Schack. Dort heben sich die energischen Linien des schönen Angesichts und das reiche, blauschwarze Haar von einem grünen Vorhang ab, der nicht verfehlt, die beliebten graugrünen Schatten auf den gelben Teint der Römerin zu werfen, aus deren Augen eine merkwürdig fesselnde Schwermuth spricht. Der herrliche Kopf und die majestätische Gestalt dieser Frau haben Feuerbach ein Jahrzehnt lang gewissermaassen seine Formensprache diktirt und sind von bestimmendem Einfluss auf die Bildung seines Stils gewesen. Wir finden sie auch als Iphigenie, als Eurydice, die Orpheus aus der Unterwelt emporführt, als Minerva auf dem Parisurtheil, als Medea, die sich zur

Flucht rüstet, die über Mordgedanken brütet und an der Urne ihrer Kinder trauert.

Die grandiose Einfachheit der Silhouette und das schöne, schwungvolle Linienspiel, das wir auf der »Pietà« bewundern, hat Feuerbach nur noch einmal wieder gefunden, auf seiner »Iphigenie in Tauris«, die schon etwas früher, 1861—1862, entstand, die er aber nach zehn Jahren noch einmal für die Stuttgarter Galerie wiederholte.

Auf dem ersten Exemplar im Besitz des Dr. C. Fiedler in München entfaltete der Künstler eine Farbenfrische, einen Reichthum voller, ungebrochener Töne, welche gleichsam die gehobene Stimmung reflektiren, die damals seinen Geist erfüllte. Iphigenie sitzt, das volle Profil dem Beschauer zukehrend, auf einem kleinen Hügel am grünen Strande und blickt nachdenklich in die Ferne. Die ruhige Meeresfläche mit ihrem wundervollen Blau in verschiedenen Abstufungen giebt eine wirksame Folie für die hehre Gestalt. Das lichte Weiss ihrer Gewandung wird durch einen um Schooss und Knie geschlungenen Purpurmantel unterbrochen. Hat diese erste Iphigenie noch einen stark romantischen und sogar etwas sentimentalen Zug, den Feuerbach damals, als er an dem Bilde malte, selbst nicht herausfand, so darf die zweite Iphigenie als die vollendetste Verschmelzung des klassischen und romantischen Stils gelten, welche der modernen deutschen Kunst gelungen ist. Mit einer Virtuosität, die auch Feuerbach nicht wieder erreicht hat, ist hier ein statuarischer Typus in das rein Malerische übersetzt worden, ohne dass die leiseste Disharmonie zwischen der plastischen Erfindung und der malerischen Durchführung übrig geblieben ist. Auf diesem zweiten Bilde sitzt die Priesterin der Artemis, »das Land der Griechen mit der Seele suchend«, am Meeresstrande auf einer Steinbank, hinter der sich eine steinerne Brüstung erhebt, auf welche die Sehnsüchtige den Arm stützt. Das schöne Angesicht ist nur im tiefen Profil sichtbar; von der Seele, die sich im Antlitze spiegeln soll, sieht man also nur wenig. Der Hauptaccent ist offenbar auf das Statuarische gelegt, auf das kunstvoll angeordnete Gewand, dessen grossartiger Faltenwurf an die Skulpturen der höchsten griechischen Kunstbluthe gemahnt. Die grauen Halbtöne in den Falten und im Inkarnat des Angesichts und der Hände dürfen hier als charakteristisch für die trübe, von der Sehnsucht beherrschte Stimmung Iphigeniens gelten. Mit der »Pietà« gehört die Iphigenie in beiden Exemplaren zu denjenigen Schöpfungen Feuerbachs, vor denen sich der Beschauer einem reinen Genusse hingeben kann.

Das Thema, welches er im »Dante« angeschlagen, wandelte er später noch zweimal in erheblich schwächeren Variationen ab: Ariosto mit schönen Frauen im Parke zu Ferrara, und Petrarka, der in der Kirche

zu Avignon zum ersten Male seine Laura erblickt. Auf beiden Bildern versuchte der Künstler, von seinem zum rein plastischen Ideale führenden Wege abzuweichen und einmal reichere koloristische Akkorde anzuschlagen: aber beide Experimente missglückten ihm. Ariosto, bunt und unruhig in der koloristischen Haltung, fesselt wenigstens durch interessante Einzelheiten, durch eine gewisse heitere Stimmung und durch die Charakteristik der Figuren. Das Petrarkabild hingegen ist kalt und kreidig im Ton, zerfahren in der Komposition und oberflächlich in der Charakteristik. Feuerbach verzichtete bald auf solche Farbenexperimente und fand sich selber wieder in Dantes berühmtem Liebespaar, Francesca von Rimini und Paolo Malatesta (1864, ebenfalls wie die vorigen in der Schackschen Galerie. Die süsse, holdselige Sentimentalität der Liebenden, welche bei der Lektüre des Lanzelot-Romans ihre Gefühle verrathen, ist freilich nicht so fesselnd zum Ausdruck gebracht, dass man darüber den etwas eintönigen Faltenwurf der Gewänder übersähe. In geistiger Beziehung höher steht die Darstellung eines anderen berühmten Liebespaares, Romeos und Juliens, die aus dem Jahre 1873 stammt. Da sich der Künstler hier einer grösseren Enthaltsamkeit in der Anwendung der grauen Töne befleissigt hat, so gehört das Bild nach der Seite des Kolorits zu seinen erfreulicheren. Doch ist die Auffassung der beiden Figuren befremdend. Statt uns das romantische Liebespaar vorzuführen, welches uns vom Theater her und aus zahllosen sentimentalen Bildern genugsam bekannt ist, hat Feuerbach — es ist die Balkonszene dargestellt — ein paar Typen aus dem italienischen Volke herausgegriffen, wie sie alle Tage anzutreffen sind. Sein Romeo ist ein Jüngling, der eben dem Knabenalter entwachsen ist. Aber gerade bei solchen Naturen, die noch in einem halb traumhaften Dasein befangen sind, bricht die Leidenschaft mit vulkanischer Heftigkeit hervor, und diese Charaktereigenthümlichkeit hat Feuerbach mit unleugbarem Glück verwerthet. Wie Funken unter der Asche, die bei dem leisesten Hauche auflodern, glüht es in dem gebräunten Gesichte. Und dementsprechend hat der Künstler auch die Julia, getreu den Worten des Dichters folgend, als vierzehnjähriges Mädchen in der ersten Blüthe der Jungfräulichkeit dargestellt.

Hier reihen wir am besten Feuerbachs Bilder aus dem Kinderleben an, in welchen sich eine bei dem ernsten Stilisten auffallende Naïvetät, sogar ein leises Hinneigen zum Humor ausspricht. Aber die fatalen grauen Töne lassen auch vor diesen sonst so gefälligen Darstellungen kein rechtes Behagen aufkommen*). Am empfindlichsten leidet darunter

*) Feuerbach selbst begründete diese Hinneigung zum Grauen damit, dass er absichtlich bei dem Uebergang in die grosse Historie um des plastischen Vortrags willen einen etwas

eine Komposition von fünf Figuren: eine Mutter, die von vier Kindern
in verschiedenem Alter umgeben in einer Landschaft vor einem reich-
skulpirten Brunnen sitzt (1866, bei Schack). Die grauen, ins Violette
spielenden Töne sind hier zwar äusserlich durch den grauen Himmel,
der den weiten Horizont bedeckt, und die Abenddämmerung motivirt;
aber man begreift nicht recht, warum das blühende Leben der rosigen
Kinderleiber durch diese Schleier abgedämpft wird. Die tiefe, schwermüthige Stimmung des Ganzen kontrastirt auffällig mit den fröhlichen,
offenen Kindergesichtern, die durch die Laune des Malers einen unangenehmen greisenhaften Zug erhalten haben. Bei Schack befinden sich
auch noch eine Kinderschaar, die in einem kleinen Gewässer badet, ein
die Guitarre spielender Knabe mit einem Mädchen an einem Wasserfall
sitzend und zwei musizirende Kinder von einer Nymphe belauscht, mit
dem See von Nemi im Hintergrunde 1864. Eine Madonna mit dem
Kinde von einigen musizirenden Engeln umgeben, ein Rundbild im Stile
der älteren Venezianer, ebendaselbst, ist wohl nur ein Versuch, der auch
nicht über das Stadium der Skizze hinausgekommen ist. Endlich gehört
noch zu dieser Gruppe von Bildern ein singender Knabe und ein Mädchen,
ähnlich den oben erwähnten von einer Waldnymphe belauscht, in Basel.
Sie alle sind ein Beleg für das unablässige Studium und die Durchbildung
der Form, denen sich Feuerbach mit seltenem und desto rühmenswertherem
Eifer hingab. Freilich vermochte er sich vor einer mit dem eifrigen
Naturstudium verbundenen Gefahr, nämlich der, in eine zu grosse Abhängigkeit von seinem jeweiligen Modell zu gerathen, nicht immer zu
schützen. Die mittlere Periode seines Schaffens wird mit dem liebenswürdigen und anmuthig, frisch und klar kolorirten Bilde beim Grafen
v. Schack »Hafis am Brunnen« (1866) abgeschlossen. Drei junge Mädchen
und zwei Kinder lauschen an der Fontaine den Worten des Sängers,
während ein viertes Mädchen, eine schöne Gestalt von statuarischer Haltung, mit dem gefüllten Wasserkruge auf dem Haupte die in den Fels
gehauenen Stufen einer Treppe emporsteigt, die in mehrfachen Windungen
durch Gebüsch zum Dorfe hinaufführt.

Die Gemälde der Schack'schen Galerie, die der Künstler nach den
Weisungen und unter dem materiellen Zwange eines feinsinnigen Kunst-
freundes malte, sind die reifsten, vollendetsten und auch in der Farbe
erfreulichsten seiner Schöpfungen. Graf Schack ist kein Mäcen gewöhnlichen Schlages, der die Künstler nach den Eingebungen einer flüchtigen
Laune behandelt. Selbst ein Künstler, verstand er es, das Selbstgefühl

knapperen Ausdruck in der Farbe gewählt habe, »welcher jedoch in der Behandlung dem
Gegenstand ganz auf den Leib gepasst war.«

der Künstler und auch wohl ihren Eigensinn zu schonen. Aus seinem
Buche über seine Gemäldesammlung erfährt man, mit welchem Gefühle
innigster, reinster Freude und Dankbarkeit er gerade die Feuerbach gewidmeten Seiten des Buches geschrieben hat, die zu einer beredten
Apologie des viel angefeindeten Künstlers geworden sind. Und dagegen
halte man die folgenden, auf Schack bezüglichen Worte Feuerbachs: »Es
war meine schlimmste Periode, und ich hatte alle Ursache, sehr dankbar
zu sein. Dass dies sich so verhielt, war freilich auch wieder ein eigenthümliches Zeichen für unsere Zeit. In den Tagen der Kunstblüthe war
die Dankbarkeit zwischen dem Künstler und Besteller getheilt.«

Schon seit dem Ende der fünfziger Jahre trug sich Feuerbach mit
dem Gedanken, gewaltige Kompositionen im Stile Michelangelos auf die
Leinwand zu werfen. Zuerst war es die »Amazonenschlacht« (1857), der
das »Gastmahl des Plato« (1860) folgte. Beide bot er später dem Baron
von Schack an. Auf das »Gastmahl« ging letzterer ein, aber nur unter
der Bedingung, dass das Bild in Drittellebensgrösse ausgeführt würde.
Die »Amazonenschlacht« dagegen lehnte er ab, weil er, wie er selbst
sagt, der Ansicht war, dass »derartige grosse bewegte Kompositionen
nicht das ihm durch sein Talent angewiesene Feld seien.« Schack glaubt,
dass Feuerbach deshalb auf dieses Feld der Verirrung gerathen sei, weil
seine bisherigen Bilder in Deutschland nicht die gebührende Anerkennung
gefunden hätten, und weil er nun mit Gewalt durch staunenerregende
Kompositionen sich Ruhm und Ansehen erzwingen wollte. Diese Meinung Schacks trifft nicht das Richtige, wie Feuerbachs Aufzeichnungen
klar angeben. Der »Drang seines Talentes« führte ihn dazu. Fast aus
jedem Briefe spricht die Sehnsucht nach grossen figurenreichen Kompositionen, nach einer grossen Leinwand, auf der er sich nach Herzenslust
austoben könnte. Nicht also die Kritik hat ihn auf Irrwege getrieben,
sondern sein eigener Genius. »Die Bilder für Herrn von Schack, schreibt
er im Juni 1864, sind nahezu vollendet. Ich arbeite doch mit grosser
Liebe daran; es sind künstlerisch schöne Aufgaben.... Wäre das Gastmahl nicht, so könnte ich glücklich sein: aber es macht sich breit und
drängt sich vor und verengt in mir das Denken. Es nährt sich von
meinem Herzblut und greift mir ins innerste Leben. Wenn ich an das
Machen auf der Leinwand denke, so ist das die pure Seligkeit. Soll ich
mich nochmals an Herrn Baron von Schack wenden? Todtschlagen kann
ich das Bild nicht; denn ich träfe mich selber.« Da Schack, wie oben
erwähnt, nur das Gastmahl in einer reduzirten Ausführung annehmen
wollte, erfolgte der Bruch zwischen beiden, den Feuerbach bereits vor-
ausgesehen hatte. Er schreibt darüber in seinen Aufzeichnungen sehr

kühl: »So kam denn endlich nach längerem stillen Kampfe der Moment, wo unsere Wege auseinandergingen. Herr Baron von Schack war in seinem vollen Rechte als Kunstliebhaber; ich war es auch im Drange meines Talents. Von meinen Bildern für die Schack'sche Galerie waren die in den ersten Jahren eingelieferten die besten und freudigsten. Dies ist bezeichnend. Ich denke mit ungeschmälerter Anerkennung und uneigennützigem Bedauern an diese Vorgänge zurück, doch ohne Reue. Ich konnte nicht anders.«

Das »Gastmahl des Plato«, welches 1869 auf der Münchener Kunstausstellung zuerst erschien, ging, schon wegen der reicheren Komposition, über die erste Iphigenie hinaus und bezeichnete für die damalige Zeit zugleich den Inbegriff seiner künstlerischen Prinzipien. In diesem Bilde kam er seinem Ideale, der Verschmelzung des hellenischen Geistes mit dem modernen, der Uebertragung der plastischen Formensprache der Griechen in die malerische Ausdrucksweise der Modernen wiederum einen grossen Schritt näher. Zwar war ihm gerade hier die malerische Haltung mehr verunglückt als je zuvor, dergestalt, dass selbst seine intimsten Verehrer ein Schreck durchfuhr, als sie die riesige, ganz in Grau getauchte Leinwand zu Gesicht bekamen. Wie Pecht erzählt, war nämlich das »Gastmahl« anfänglich neben »lauter stark naturalistisch gewürzte Meisterstücke der Piloty'schen und anderer moderner Münchener Schulen« gekommen, neben denen es sich ausnahm »wie ein Stück Eismeer, das sich ungebeten in einen Parfümerieladen drängt.« Als man das Bild später neben die Kartons plazirte, konnte man es unbefangener würdigen. Das Bild wurde, wie Feuerbach selbst berichtet, durch »eine kunstverständige Dame (die Malerin Fräulein Röhrs aus Hannover) aus der Meute aufgeregter Kritikerschaaren mit wohlthätiger Hand« errettet, und er selbst »aus schwierigen, bedenklichen Verhältnissen.« Doch muss er am Ende auch nicht mit dem Gemälde zufrieden gewesen sein, da er es später mit Veränderungen wiederholte. Zuvor entstanden jedoch noch einige grosse Bilder aus der antiken Sage »Orpheus und Eurydice« (1869, im Besitz des Professors Bluntschli in Zürich), »Medea« 1870. Neue Pinakothek in München), »Urtheil des Paris« 1870. Kunsthalle in Hamburg) und die bereits erwähnte zweite »Iphigenie«, welche auf der Wiener Weltausstellung von 1873 erschien und für Feuerbach, der kurz zuvor auf Veranlassung des Direktors des österreichischen Museums für Kunst und Industrie, Eitelberger von Edelberg, einen Ruf als Lehrer an die Kunstakademie in Wien erhalten hatte, ein gutes Vorurtheil erweckte. Die Geschichte der Medea hat Feuerbach sehr lebhaft beschäftigt, wie wir aus folgenden Briefstellen vom Oktober und November 1869 entnehmen:

»Ich bin in Arbeit an einem grossen Bilde, welches ich bereits seit sechs Jahren in der Seele trage und das sich durch verschiedene Perioden seines Daseins in meinem Kopfe allmälig bis zur Reife hindurchgearbeitet hat, nachdem es eine Reihe von Skizzen in Kreide, Aquarell und Oel glücklich passirt ist . . . . Medea vor der That, Medea nach der That, Medea auf der Flucht am nächtlichen Meeresstrande, Medea als liebende Mutter, als mörderische Furie, im Schlaf, im Wachen, in Reue und Leid! . . . . Am meisten dramatisch wirkt, glaube ich, unter all' diesen Versuchen eine Skizze, auf der Medea als Flüchtende dargestellt ist, in Nacht und Sturm am Meeresufer, die aufgelösten Haare im Winde flatternd und einen Knaben an der Hand führend.« Eine Reihe von Skizzen und Studien illustrirt diese Briefstelle. Er schwankte mehrfach, ob er die Kolchierin stehend oder sitzend darstellen sollte, ob vor oder nach dem Morde. Wir besitzen eine Medea mit dem Dolche, den sie zu tödtlichem Stosse gegen die Kinder zückt, und eine träumende Medea mit der Urne. Das Hauptbild ist aber die »Medea zur Flucht gerüstet« in der Münchener Pinakothek. Links vom Beschauer sitzt die Unheil brütende Mutter mit dem jüngsten Kinde auf ihrem Schoosse, während sie den älteren Knaben, welcher neben ihr steht, mit der Rechten umfasst. Im Mittelgrunde hockt die in dunkle Gewänder gehüllte Amme und birgt trauernd ihr Haupt in die Hand. Ganz rechts sind sieben kräftige Matrosen bemüht, das Boot vom Strande in die Meeresfluth zu stossen. In Porto d'Anzo hat Feuerbach die treflichen Studien für das Meer und die stimmungsvolle Wolkenbildung gemacht.

Der Künstler hatte schon früher Einladungen zu einer Lehrthätigkeit nach Karlsruhe, Weimar und München erhalten. Dass er sich schliesslich für Wien entschied, war eine unglückliche Wahl. Der stille, schon von Natur zur Melancholie geneigte und durch seine Misserfolge verbitterte Mann passte nicht in das Treiben einer genusssüchtigen Weltstadt, in den bureaukratischen Organismus einer Akademie, eines Staatswesens, in welchem er nur als »Beamter« betrachtet wurde. Das Missgeschick, welches ihn sein Leben lang nicht verlassen hatte, verfolgte ihn auch nach Wien, wo er neben der nunmehr in Grossem ausgeführten »Amazonenschlacht« auch das zweite Exemplar des »Gastmahls des Plato« in neu erwachter Schaffenslust sehr schnell vollendete. Als er diese beiden Bilder zuerst in Wien ausstellte, brach, wie er selbst sagt, ein Sturm über ihn los. »Ich setzte mich nicht zu Tische, ohne Spott- und Hohnkarrikaturen — leider waren sie immer schlecht — neben meinem Kouvert zu finden, und ich legte mich nicht zu Bett, ohne von den Dachtraufen meine Niederlage erzählen zu hören . . . Man sagte mir, dass vom Professor

bis zum Hausknechte herab sich alle über mein schlechtes Bild (die Amazonenschlacht ist gemeint) lustig machten.« Beide Bilder wurden auch an anderen Orten, besonders in Berlin, ausgestellt, fanden aber auch dort nicht eine bessere Beurtheilung. Das »Gastmahl des Plato« ist später in den Besitz der Berliner Nationalgalerie gelangt, wo es an der Wand des Treppenhauses einen Platz erhalten hat, auf welchem es bei der dämmerhaften Beleuchtung nur seine grossen plastischen Vorzüge entfalten kann, ohne dass der Beschauer durch die graue Grundstimmung gestört wird. In einer marmornen Halle, welche sich in der Mitte auf einen Garten öffnet, ist die geistvolle Gesellschaft versammelt, die Plato in seinem Symposion unsterblich gemacht hat und die Feuerbach selbst einmal ironisch »Thé dansant chez Mr. Agathon in Griechenland« nannte. Auf den Klinen lagern die Gäste des Agathon, der seinen Tragödiensieg feiert, Aristophanes, Phädros, Sokrates, Glaukon und die andern. Sie werden in ihrer Unterhaltung durch den geräuschvollen Eintritt des Alkibiades unterbrochen, welcher nach durchschwärmter Nacht bei Morgengrauen halbtrunken unter die Festgenossen tritt. Er stützt sich auf eine Tänzerin, die gerade unter keinem Uebermaass von körperlichen Reizen leidet, eine zweite mit einer Fackel begleitet ihn, und eine dritte mit einer Handpauke, von drei bakchantisch aufgeputzten Knäblein umringt, eilt ihm vorauf. Noch halb in der Thür wird ein Mohr sichtbar, welcher die Fackel über seinem Gebieter erhebt. Dem Eintretenden schreitet Agathon in einem gemusterten, goldumsäumten, weissen Gewande entgegen. Ein goldener Lorbeerkranz, der Preis des Sieges, beschattet sein feines Angesicht, welches dem Beschauer im Profil zugekehrt ist, und mit der Rechten bietet er dem Ankömmling die goldene Schale zum Willkommengruss. Diese edle Gestalt bildet den Glanzpunkt des ganzen Bildes. Wenn man dieses Angesicht betrachtet, glaubt man, der Künstler habe darin die tiefe Melancholie, die stille Trauer um die verlorene Grösse, welche die untergehende Sonne des Griechenthums begleitet, widerspiegeln wollen. Derselbe wehmüthige Hauch lagert über der ganzen Gesellschaft, auf dem lachenden Antlitz des Aristophanes wie auf den ernsten Zügen des Sokrates. Aber noch ruht auf ihnen zugleich der letzte Abglanz perikleischer Herrlichkeit, in den sich schon die Schatten mischen, welche der nahende Untergang vor sich wirft. Und Alkibiades, der in seliger Trunkenheit eintritt, ist gerade dazu ersehen, eine bedeutsame Rolle in dieser Tragödie zu spielen. Leider hat der Künstler uns in dieser Figur nichts weniger als den »Liebling der Grazien« vor Augen geführt. Ein Zug gemeiner Frivolität verzerrt sein Gesicht zu einem grinsenden, widerlichen Lachen. Seine Begleiterinnen ent-

14

behren, wie schon angedeutet, jedes persönlichen Reizes. Auch hat der Fleischton der Körper jenen fatalen Stich ins Karmoisinrothe erhalten, der bei Feuerbach ebenso stereotyp ist wie die grauen Töne. Die Komposition erinnert in ihrer Uebersichtlichkeit und Klarheit an die eines antiken Reliefs. Auch das Kolorit ist, abgesehen von dem dämpfenden Schleier, harmonisch und kräftig. Der trotzdem noch starke Gebrauch von Grau hat die sonst wohlgelungene Charakteristik der Köpfe etwas beeinträchtigt, da sich bei dem gleichmässig trüben Fleischton die verschiedenen Altersstufen der Männer zu wenig von einander unterscheiden. Um die ganze Darstellung hat Feuerbach einen goldenen Rahmen gemalt, welcher mit Stierschädeln, Satyrmasken, Muscheln und reichen Fruchtgehängen verziert ist. Der Rahmen ist in koloristischer Beziehung besser durchgeführt als das Bild. Nur hat er dem Maler zu einer stillosen Bizarrerie Veranlassung gegeben. An der Kline vor dem Speisetische steht nämlich ein Gefäss, von dem ein prächtiges blaues Tuch auf den Rahmen herabfällt. Ebenso hängen von der oberen Seite des Rahmens Fruchtschnüre in das Bild hinein. Weniger günstig gestaltet sich auch heute noch das Urtheil über die »Amazonenschlacht«, eine Leinwandfläche von etwa vierundzwanzig Fuss Länge und fünfzehn Fuss Höhe, die von mehr als dreissig überlebensgrossen Figuren belebt ist. Hier verdirbt das unglückselige Grau, welches überall dominirt: in den Halbtönen, in den Gewändern, in den Schatten, im Fleischton, so dass man eher einen Karton als ein Gemälde zu sehen glaubt, die Freude an den wuchtig komponirten und wahrhaft dramatisch beseelten Einzelkämpfen, in welche sich die ganze Komposition auflöst. Das Gewühl der Kämpfenden im Vordergrunde, die Sterbenden, die sich in den Mähnen der dahinjagenden Rosse einkrampfen, die Verwundeten, die aus dem Kampfe fortgetragen werden, die todt dahingestreckten Riesenleiber — es ist ein wirres Durcheinander, das wie eine unheimliche Fiebervision auf den Beschauer wirkt. Im Mittelgrunde des Bildes liegt links vom Beschauer eine brennende Stadt, daran schliessen sich weitere Gruppen von Kämpfenden, Verwundete, die sich mühsam aus dem Kampfe geschleppt haben, um an einsamer Stelle in Ruhe zu sterben, eine Amazone auf einem sich hochaufbäumenden Rosse, ein reiterloses Pferd, das in sausendem Galopp fortstürzt, und dahinter dehnt sich weithin das düstere Gefilde aus bis zur fernen Meeresküste, deren schäumende Wellen am Horizonte glänzen. Wenn man das Bild aus einiger Entfernung auf sich wirken lässt, so dass sich die feineren Einzelheiten dem Auge entziehen, muss man der Komposition eines Künstlers, der sich bis dahin fast ausschliesslich auf lyrisch-epischem und kontemplativem Gebiete bewegt hatte, hinsichtlich ihres dramatischen Gehalts

volle Anerkennung zollen. Die energische Charakteristik der Köpfe, das Feuer, die Furia der Bewegungen und die Gewalt der erregten Leidenschaften sind meisterhaft zum Ausdruck gebracht. Leider hält das Bild in seinen Einzelheiten einer näheren Prüfung nicht Stand. Feuerbach hatte sich allzu sklavisch an seine Modelle, besonders an die weiblichen, gehalten und die Natur nebst allen ihren Zufälligkeiten und Bildungsfehlern mit ängstlicher Treue wiedergegeben. Schwächliche Oberkörper sitzen auf hünenhaften Unterkörpern, und hie und da begegnet man sogar gewissen Missbildungen, die nur eine Folge der modernen Kleidung, des Tragens von Strumpfbändern, Corsets u. s. w. sind. Also auch hier eine zu grosse Abhängigkeit vom lebenden Modell. Abgesehen von diesen Ausstellungen wird man gegen die formale Durchbildung der Körper nichts einzuwenden haben, mehr wiederum gegen die Pferde, die merkwürdig steif, hölzern und vernachlässigt sind. Wie einige andere Hauptwerke Feuerbachs hat übrigens auch die »Amazonenschlacht« auf dem Wege von der ersten Skizze bis zur definitiven Ausführung viel verloren. Während sich jetzt die Komposition in einzelne Gruppen auflöst, von denen keine die andere recht beherrscht, war auf einem um 1870 gemalten Entwurfe ein dominirender Mittelpunkt in einem Knäuel von Kämpfern geschaffen, dem von beiden Seiten Sukkurs zueilt, während sich die übrigen Gruppen jenem Centrum unterordnen. Nach der rechten Seite war die Komposition noch dadurch reicher gestaltet, dass sich der Kampf bis ans Meer fortsetzt, in welches ein Fahrzeug hineingestossen wird, vermuthlich um den Unterliegenden das Entkommen zu ermöglichen. Feuerbach strich diese ganze Partie, wahrscheinlich weil das Motiv mit der »Flucht der Medea« übereinstimmte, auf welchem Bilde auch eine Barke von Ruderern ins Meer geschoben wird. Die zahlreich vorhandenen Studien zur »Amazonenschlacht«, namentlich eine Reihe herrlicher Frauenköpfe, welche in ihrer erhabenen Formenschönheit an die Iphigenien erinnern, und die mit grosser Bravour gezeichneten Akte lassen eine ungleich werthvollere Leistung erwarten, als sie uns das vollendete Bild vor Augen führt. Besonders unbegreiflich ist, wie der grossartige, heroische Ausdruck in den Amazonenköpfen bei der Ausführung so völlig verschwinden und bis zum Trivialen und Gemeinen herabsinken konnte. Dass es Feuerbach an dramatischer Kraft nicht fehlte und dass nur die Reflexion oder vielleicht die für ihn maassgebenden Stilgesetze zwischen Skizze und Ausführung gleichsam wie erkältend traten, beweist eine gleichzeitig mit dem ersten Entwurfe zur »Amazonenschlacht« entstandene Oelskizze, welche Amazonen auf der Wolfsjagd darstellt. Hier hat der Künstler eine wahrhaft Rubens'sche Kraft

entfaltet, eine Furia, welche an die Löwen-, Baren- und Eberjagden des
vlämischen Meisters erinnert.

Obwohl Feuerbach mit frohen Hoffnungen im Sommer 1873 nach
Wien gekommen war und ihm auch anfangs seine Lehrthätigkeit grosse
Freude bereitete, stellten sich bald Unbehagen und Verstimmung ein.
Zunächst, wie schon erwähnt, in Folge der Ausstellung der »Amazonenschlacht« und des »Gastmahls des Plato«. Dazu kam Feuerbachs
Melancholie und Menschenscheu, welche sehr bald auch in dem geräuschvollen Treiben der lustigen Stadt zum Durchbruch gelangte. Eine
Freundin seiner Mutter in Wien, Frau von Gerold, hat eine interessante Schilderung von Feuerbachs zurückhaltendem Wesen, wie es sich
damals in Wien gab, und zugleich von seiner bezaubernden Persönlichkeit entworfen. Nachdem sie geschildert, welche Vorsicht er geübt, wenn
er Abends zu Besuch kam und zunächst die bereits vorhandene Gesellschaft rekognoscirte, fährt sie fort: »Und doch wäre ihm Liebe und Anerkennung zugeströmt, wenn er sich nur ein wenig unter die Menschen
gewagt hätte. Denn er war voll Geist und Herzensgüte und von wunder-
barer Schönheit: wer einmal dies feine blasse, traurigfreundliche, gute
Gesicht sah mit den tiefen, milden, stahlblauen Augen, der weit hervor-
stehenden, herrlichen, reinen Stirne und der reichen Fülle schwarzer,
gelockter Haare darüber, der wird es nie mehr vergessen. Aber er hatte
einen eigenthümlichen Hang zur Einsamkeit, eine seltsame Scheu vor dem
Zusammensein mit Menschen, was aussah wie Schüchternheit, aber es,
bei seiner hohen geistigen Ueberlegenheit, doch nicht sein konnte. Kam
er aber einmal mit Menschen zusammen, so brach das Liebevolle, Ge-
müthswarme, Kindliche seines Wesens siegreich hervor, und er war der
anregendste, liebenswürdigste Gesellschafter, konnte sogar heiter werden,
fröhlich jedoch oder gar lustig hat ihn in Wien Niemand gesehen. Er
floh die Menschen und suchte nicht ihre Liebe, noch ihren Antheil. Die
ganz wenigen Ausnahmen, die sich seiner Freundschaft und Herzlich-
keit erfreuen durften, drangen niemals in sein Inneres ein«[*]).

Nach dem Misserfolge der Amazonenschlacht und des Gastmahls
wurde Feuerbach durch den Auftrag, den glyptischen Saal der im Bau
begriffenen, neuen Kunstakademie mit Deckengemälden zu schmücken,
wieder in seinem Selbstvertrauen gehoben. Aber wie Alles in seinem
Leben sollte auch dieses anscheinend so verheissungsvolle Unternehmen
zu seinem Unheil ausschlagen. Als die Verträge abgeschlossen waren,
glaubte die Wiener Steuerbehörde zuerst ihren Vortheil daraus ziehen

[*]) Citirt von O. Berggruen, Die Galerie Schack.

zu müssen und belastete den Künstler mit einer jährlichen, auf ein Jahr zurückwirkenden Steuer von nahezu 2000 Gulden. Da Feuerbach nicht zahlen wollte oder konnte, wurde er mit wöchentlichen Exekutionszetteln und Strafandrohungen geplagt. Schliesslich nahm dieses Verfahren eine so unangenehme Wendung, dass Feuerbach für geisteskrank ausgegeben wurde. »Es ist das schlimmste,« schreibt er, »was man einem ehrlichen Menschen zufügen kann.« Erst 1876 wurde die Steuerforderung durch Ministerialverfügung kassirt und nach Feuerbachs Tode die eingezahlte erste Rate zurückerstattet, weil inzwischen das österreichische Ministerium einen Theil der fertigen Bilder abgelehnt und die Bestellung auf die noch fehlenden Bilder für den Plafond zurückgenommen hatte. Berggruen nennt mit Recht diesen Konflikt mit der österreichischen Steuerbehörde einen »tragikomischen, den bei seinem Entstehen jeder Rechtsanwalt ohne weitere Behelligung des Künstlers geordnet haben würde.« Aber Feuerbachs nervöse, reizbare Natur war solchen Kleinlichkeiten des täglichen Lebens nicht gewachsen. Er passte in den bureaukratischen Organismus der Akademie nicht hinein, und überdies hatte er verschiedene Misshelligkeiten wegen der Deckenbilder mit dem den Bau leitenden Architekten. Er wollte in der Mitte den »Sieg der Kultur über die rohen Naturkräfte« darstellen und wählte dazu den »Titanensturz«. Das war ein Vorwurf, um aus der Fülle der Phantasie zu schöpfen und zugleich in der gewaltigen Komposition, in dem dramatischen Pathos mit Michelangelo und Giulio Romano zu wetteifern. Dazu sollten sich noch mehrere Seitenbilder gesellen, von denen vier: »Gäa mit einem geflügelten Genius über der Erde schwebend«, »der gefesselte Prometheus von den Okeaniden beklagt«, der »schwebende Uranos« und »Venus Anadyomene in einer Muschel von Amoretten umgeben«, in der Ausführung schon ziemlich weit vorgeschritten waren, als der Auftrag auf den »Titanensturz« beschränkt wurde.

Aufs tiefste verletzt und überdies körperlich durch die klimatischen Verhältnisse Wiens verstimmt, verliess Feuerbach im April 1876 die österreichische Hauptstadt, in welche er nicht mehr zurückkehren sollte. Er liess sich zunächst für den Sommer in Nürnberg nieder, wo er den Auftrag erhielt, für den Saal der Handelskammer im Justizpalast ein grosses Gemälde »Kaiser Ludwig der Bayer empfängt die Huldigung der Nürnberger« auszuführen. Mit diesem Auftrage und der Skizze des »Titanensturzes« begab er sich im Herbst nach Venedig, wo er bis zum nächsten Herbst blieb und den Entwurf zu seiner letzten Schöpfung, dem »Concerte«, begann. Dann ging er über Bologna und Florenz nach Rom, wo er das Nürnberger Bild in Angriff nahm. Die Vollendung des-

selben erfolgte im März 1878. Obwohl dieses Gemälde zu den in der
Farbe erfreulichsten des Künstlers gehört, befand er sich damals schon
in einer überaus trostlosen, pessimistischen Stimmung. Todesahnungen
beschlichen ihn, und er schlug für sein Grab folgende Inschrift vor:

Hier liegt Anselm Feuerbach,
Der im Leben manches malte,
Fern vom Vaterlande — ach —
Das ihn immer schlecht bezahlte.

Das Bild für Nürnberg fand denn auch den vollen Beifall seiner Auftraggeber. Er hatte einem spröden historischen Stoff zu echt monumentaler Wirkung verholfen und auch in den Kostümen einen ganz ungewöhnlichen Reichthum des Kolorits entfaltet. Desto trüber sollte sich das
Schicksal derjenigen Schöpfung gestalten, an welcher seine ganze Seele
hing, des »Titanensturzes«. Wie stets bei Feuerbach, war der erste
Entwurf geistvoll und von hoher poetischer Schönheit. Er selbst hat
die Beschreibung desselben in folgende Worte gefasst: »Oben in Gold
und Purpur schleudert Zeus seine Blitze, beschirmt von allen streitbaren
Göttern des Olymps. Kampf des obersten Titanen mit dem Adler.
Jaher Sturz kopfüber auf der linken Seite; rechts thürmen die Titanen
Felsblöcke über einander. Unten nächtliches, anbrausendes Meer, kla-
gende Weiber, Todte, Verwundete, im Wasser Leichen, ungeheuerliche
Fische mit aufgesperrten Rachen, rechts Poseidon mit wild sich auf-
bäumenden Rossen und jugendlichem Wagenlenker, erlegt eine Hydra
mit dem Dreizack; Hermes, der lachende Götterbote, bringt Botschaft
von oben. Dunkler Himmel, Rauch, Brand an allen Ecken. Der leib-
haftige Hesiod.« In der Ausführung zeigen sich manche Abweichungen
von diesem ersten Entwurfe, da Feuerbach den Gedanken tiefer fasste
und den »Titanensturz« zu einem Symbol des »Siegs der Kultur über
die rohe Naturgewalt durch die Macht des Geistes und der Schönheit«
erhob. Neben Poseidon erscheint die Göttin der Liebe auf einem von
Delphinen gezogenen Wagen, hier in der Bedeutung des Prinzips alles
irdischen Seins, und betritt den festen Boden, welcher aus dem Kampfe
der wilden Naturmächte erwachsen ist. Zeus wölbt den Regenbogen als
Zeichen des Friedens nach Sturm und Sturz, und Nike verkündet den
Sieg des neuen Göttergeschlechts, der neuen Ordnung.

Dass Feuerbach bei der Ausführung dieses Riesengemäldes über
alles Maass hinausging, dass er vor den schlimmsten Gewaltsamkeiten in
Verdrehung der Glieder nicht zurückschreckte und dass er Geschmack-
losigkeiten in der Anordnung der Glieder der Stürzenden und Gefallenen
beging, erklären wir heute — nach seinem Tode — aus seiner Nervosität,

aus seiner überreizten Gemüthsstimmung. Die Kritik, welche sich dem
Werke eines Lebenden gegenüber, der sich bis dahin in verbissenes und
abstossendes Stillschweigen gehüllt hatte, nicht in eine feine Analyse
seiner psychischen Verfassung einlassen konnte, hat ehrlich ihre Meinung
gesagt, ehrlich und schroff, und sie durfte es, weil Niemand voraussehen
konnte, dass Feuerbach sich diese Kritik so zu Herzen nehmen würde,
dass sie zur Veranlassung seines Todes werden konnte. Die aus seinem
Nachlass herausgegebenen Briefe und Aufzeichnungen lassen keinen Zweifel
darüber aufkommen, dass die allgemeine Verurtheilung seines »Titanensturzes« ihm die letzte Lebenskraft geraubt hat. Es bedurfte übrigens
nur noch eines kleinen Stosses, um diese haltlose Natur vollends aus
dem Gleichgewicht zu bringen. Seine Gemüthsstimmung war schon seit
dem Herbste 1876 so verdüstert, dass kein äusserer Erfolg ihm hätte
aufhelfen können. Um diese Zeit kam ihm der Gedanke zu einem
freundlichen Genrebilde. »Ein Quartett oder Concert«, wie er es nannte.
Er trug diesen Gedanken mehrere Jahre mit sich herum, und er hatte
das Bild bis »auf die letzte Hand« vollendet, als ein trauriger Zwischen-
fall seine Stimmung von neuem trübte. Die Musikgesellschaft, welche
ihm als Modell zu diesem Bilde diente, ertrank bei einer nächtlichen
Lustfahrt auf dem Lido. Dieser Unglücksfall machte auf Feuerbach einen
so tiefen Eindruck, dass er keine Modelle mehr zu den Figuren nahm.
Das Gemälde ist, trotz der Andeutung in seinen Briefen, unfertig nach
seinem Tode vorgefunden worden und später in den Besitz der Berliner
Nationalgalerie gelangt. Er starb am 4. Januar 1880 vereinsamt in einem
Hotel Venedigs. Niemand ist in seiner Todesstunde zugegen gewesen
und hat den letzten Schlag seines Herzens gehört. In der Kunst wie im
Leben hatte er sich über seinesgleichen emporgehoben, eine geheimnissvolle, ideale Faustnatur, in welche man trotz seiner Memoiren nur spär-
liche Einblicke gewinnt. Keine Todtenklage ist edler als diejenige,
welche ihm Graf von Schack gewidmet hat, der kurze Zeit nach
Feuerbachs Tode dessen Atelier in Venedig besuchte. Er schreibt:
»Freudig und gerührt zugleich sah ich, wie er in seinen letzten Arbeiten
ganz wieder zu sich, zu seinem eigensten Selbst zurückgekehrt war. Vor
Allem schien mir das Gemälde, bei dem ihn der Tod überraschte und
das deshalb noch unfertig dastand, singende Jungfrauen im Chor einer
Kirche (das Concert), nicht hinter dem Besten, was er und seine Zeit
geschaffen, zurückzustehen. Wie viel herrliche Früchte würde dieses
reiche Talent noch seinem Vaterlande getragen haben, wenn letzteres
ihm das günstige Terrain zu seinem vollen Gedeihen gewahrt hätte! Nun
beginnt es, ihm die Kränze in das Grab nachzuwerfen, die es dem Leben-

den versagt hat.« Und mit Rücksicht auf das letzte Werk, an welchem
er arbeitete, das »Concert«, schliesst Jordan seine Lebensbeschreibung
des Künstlers mit folgenden warm empfundenen Worten: »In diesem
Gleichniss höherer Harmonie ist sein Geist verklungen .... War ihm versagt, das höchste Ziel auf seiner dornenvollen Lebensbahn zu erreichen,
so gehört er zu denen, welche dies verdient hätten. Der Nachwelt wird
es Pflicht sein, durch liebevollen Glauben und redliches Verständniss zu
ersetzen, was ihm die Zeitgenossen schuldig geblieben sind.« Feuerbach
selbst hatte eine gleiche Empfindung über sein Schaffen. Er hat ihr
Ausdruck gegeben in der »letzten Aufzeichnung«, welche sein literarisches »Vermächtniss« so herb und bitter abschliesst, dass man daraus
einen Schluss auf die Stimmung seiner letzten Lebenstage ziehen möchte.
»Viel heiter Belehrendes, schreibt er, habe ich meinem Vaterlande in
meiner Kunst geboten. Es hat mich nicht aufgenommen und ist anderen
Künsten nachgegangen. Nicht meine Schuld ist es, wenn die Blüthe
meiner Kunst nicht voll und freudig in das Dasein getreten ist. Was
die gütige Natur mir in die Seele legte, das hat die Härte und das Un-
verständniss meiner Zeitgenossen in seinem Wachsthum aufgehalten und
verkümmert. Dieses wollte ich sagen, nicht um meiner selbst willen —
was würde es mir jetzt noch nützen? — aber um der Wahrheit willen
und für künftige Zeiten. Denn die Gerechtigkeit wohnt in der Geschichte, nicht im einzelnen Menschenleben.«

Wir haben in unserer Charakteristik des Künstlers gesehen, wie viel
von diesen Anklagen auf ihn selbst zurückfällt. Unter den Vertretern
des Klassizismus, die wir bisher betrachtet haben, war Feuerbach die am
grossartigsten angelegte und genialste Natur. Demnach waren auch seine
Tugenden und Fehler grösser und schärfer ausgeprägt. Um so grösser
waren sein Eigensinn, seine Hartnäckigkeit, um so stärker war der Zwiespalt in seiner Brust, der den tragischen Ausgang eines Lebens voll
harter Kämpfe beschleunigte. Wenn er selbst auch unzufrieden aus dem
Leben schied, so muss ihm die Geschichte das Zeugniss geben, dass er
in einigen seiner Schöpfungen, vornehmlich in den beiden »Iphigenien«
und dem »Gastmahl des Plato«, zur Höhe des klassisch - romantischen
Ideals emporgestiegen ist.

### 8. Cornelius' erstes Auftreten in Deutschland und Rom.

Während Feuerbach der letzte Ausläufer einer Richtung war, die
wir ein ganzes Jahrhundert hindurch verfolgt haben, lässt sich die künstlerische Persönlichkeit des Cornelius nicht in gleichem Maasse historisch
klassifiziren. Cornelius war sein Leben lang eine isolirte Erscheinung,

die plötzlich, ohne merkbaren Zusammenhang mit der Kunstentwicklung
ihrer Zeit, auftauchte und nach jahrzehntelanger, glänzender Wirksamkeit
verschwand, ohne mehr zu hinterlassen als ein rühmliches Andenken, einen
über die Maassen gefeierten Namen. Sein künstlerisches Wesen hat eine
Reihe von Metamorphosen durchgemacht. Der Bewegung seiner Zeit war
Cornelius immer ein Stück voraus, er übersah alle, die um ihn herum künstlerisch thätig waren, und als er bei der letzten Phase seiner Entwicklung
angelangt war, hatte er ebenso sehr das Verständniss für seine Zeit verloren wie seine Zeit das Verständniss für ihn. Wir werden im Verlaufe
unserer Darstellung sehen, wie auch hier der individuelle Charakter das
Verhältniss des Cornelius zu seinen Zeitgenossen bedingte und wie Cornelius selbst die Hauptschuld daran trägt, dass seinem Wirken die höchste
Vollendung versagt geblieben ist und dass sein Schaffen keine festen und
keimfähigen Wurzeln fassen konnte, weder innerhalb einer Künstlergeneration, welche die Kunstgeschichte durch ihre Thaten macht, noch
im Volke. Immer kleiner wird die Gemeinde, welche noch in gläubiger
Verehrung an dem grossen Meister hängt, immer weiter entfernt sich die
Fortentwicklung der modernen Kunst von seinen Bahnen, immer mehr
verflüchtigt sich die Wirkung seiner Schöpfungen, und bald wird man
von Cornelius nur noch sagen können: Stat nominis umbra! Nur der
Name bleibt bestehen. Die Geschichtsschreiber der Kunst werden dagegen stets Veranlassung haben, sich mit ihm eingehend zu beschäftigen,
weil sich eine ganze Periode der deutschen Kunst unseres Jahrhunderts,
die sogenannte neudeutsche Richtung, an seinen Namen knüpft.

Cornelius selbst war, wie gesagt, von dieser Richtung unabhängig
Anfangs Romantiker und Nachahmer der altdeutschen Meister, verliess
er diese Bahn, als die Romantik in Deutschland zur Herrschaft zu gelangen begann. Als er nach Rom kam, schloss er sich an die Nazarener
an, um sich auch von ihnen wieder zu trennen, sobald die Gemeinde
derselben sich vergrösserte. In den Fresken der Münchener Glyptothek
vollzog sich dann sein Uebergang zur Antike. »Ich war damals noch
so, was man Nazarener nennt, so äusserte er sich am Ende seines Lebens, hatte erst ein wenig Scheu, aber bald schmeckte es. Nun gewann
aber erst die Antike wirkliches Leben .... Im Griechenthum werden wir
immer unser Licht und unsere Leuchte suchen müssen; aber die Tiefe
der Ideen ist jetzt eine grössere, die Anschauungen sind richtigere.«
Doch war auch dieses Verhältniss zum Alterthum nur ein vorübergehen-
des. In dem jüngsten Gericht in der Ludwigskirche ist bereits der
»christliche Maler« zu voller Reife gediehen. So bezeichnete er selbst
die letzte Phase seines Schaffens. »Ich bin christlicher Maler und stehe

dem klassischen Alterthum fern: ihm habe ich in der Glyptothek für immer genug gethan.«

Peter *Cornelius* wurde am 23. September 1783 in Düsseldorf als der Sohn des Malers und Galerie-Inspektors Aloys Cornelius geboren[*]). In der berühmten Galerie und im Atelier seines Vaters aufwachsend, dem er schon seit seinem fünften Jahre Handreichungen bei der Staffelei leisten, Pinsel und Palette reinigen musste, konnte der junge Cornelius keinen andern Gedanken fassen, als selbst ein Maler zu werden, wie bereits sein älterer Bruder Lambert zum Maler ausgebildet wurde. Aus seinem täglichen Umgang mit den Schätzen der Düsseldorfer Galerie, die jetzt bekanntlich den Hauptbestandtheil der Münchener Pinakothek bildet, erklärt es sich, dass Cornelius in seinen ersten Arbeiten so schwankend und unentschieden war, dass man sogar ernstlich an seinem künstlerischen Berufe zweifeln durfte. Seltsam genug lautet die Erzählung, nach welcher Cornelius, der später eine so gründliche Verachtung gegen Landschafts- und Genremalerei zur Schau trug, sein erstes Probestück als Maler in der Verbesserung einer fremden Kopie nach einem Ruisdaelschen Wasserfall abgelegt haben soll. Uebrigens that der Vater, der als Maler für seine Zeit ganz Verdienstliches leistete, alles Mögliche, um der künstlerischen Thätigkeit seines Sohnes von vornherein eine ernste Richtung zu geben. Er liess ihn Umrisse nach Kupferstichen von Marc Anton auf der Schiefertafel zeichnen, um seinen Formensinn

---

[*]) Die gesammte Literatur über Cornelius zu citiren, würde sich zu einem bibliographischen Essay ausdehnen, da es kaum einen hervorragenden Kunstschriftsteller gibt, der nicht über Cornelius geschrieben hätte. Wir führen daher nur die Quellenschriften und einige durch ein selbstständiges Urtheil ausgezeichnete Aufsätze an. Noch bei Lebzeiten des Künstlers erschien unter dem Titel »Cornelius der Meister der deutschen Malerei« (Hannover 1866) ein panegyrikus von H. Riegel, dessen Werth in zwei Aufsätzen von A. Teichlein (Zeitschr. f. bildende Kunst 1867 S. 128 ff., S. 189 ff.), welche als grundlegend für eine ruhige und objektive Beurtheilung des Künstlers gelten können, auf das richtige Maass zurückgeführt wird. Einen wesentlich panegyrischen Standpunkt nehmen auch zwei Aufsätze von Herman Grimm in »Zehn ausgewählte Essays zur Einführung in das Studium der neueren Kunst« (2. Aufl. Berlin 1883) ein. Werthvolles Material an Briefen und Urkunden hat E. Forster, ein Schüler des Künstlers, in »Peter Cornelius. Ein Gedenkbuch aus seinem Leben und Wirken« (Berlin 1874, zwei Bände) geliefert, welches durch H. Riegel in »Peter Cornelius. Festschrift zu des grossen Künstlers hundertstem Geburtstage« (Berlin 1883) noch stark bereichert worden ist. Zur Beurtheilung seiner Persönlichkeit und seiner Kunst- und Lebensanschauungen sind Riegels Mittheilungen aus seinem persönlichen Umgang mit Cornelius in dem zuletzt genannten Buche und die »Gespräche mit Cornelius« von Max Lohde (in der Zeitschrift für bildende Kunst 1868) von Wichtigkeit. Vgl. ferner A. Woltmann, Aus vier Jahrhunderten niederländisch-deutscher Kunstgeschichte S. 208—259 (Berlin 1878). Fr. Pecht, Deutsche Künstler des 19. Jahrhunderts Bd. I. S. 1—56 (Nördlingen 1877). M. Carrière im »Deutschen Plutarch« (Bd. VII.). V. Valentin in Dohme's »Kunst und Künstler des neunzehnten Jahrhunderts« (Leipzig 1883—85).

zu schärfen. Doch machte sich schon damals in dem jungen Cornelius die Neigung geltend, mehr seiner eigenen Phantasie als fremden Vorbildern zu folgen, und er zeichnete Jagden und Schlachten nach eigener Erfindung. Als er nach Vollendung seines zwölften Lebensjahres in die unter Leitung Peter Langers stehende Akademie eintrat, vermochte er sich nicht in die akademische Disciplin hineinzufinden, weshalb er bald mit dem Direktor in Konflikt gerieth. Man hat Langer engherzig und beschränkt gescholten, weil er nicht in Cornelius das künftige Genie erkannte, sondern sich sogar soweit verstieg, dass er nach dem Tode des alten Cornelius (1799) der Wittwe den Rath gab, ihren Sohn »wegen offenbaren Mangels an Talent für die Kunst« von der Akademie zu nehmen und ihn ein Handwerk lernen zu lassen. Reber hat mit Recht darauf hingewiesen, dass Langer durchaus in gutem Glauben gehandelt hat, und dass er auch später noch, als Cornelius bereits zum Direktor der Düsseldorfer Akademie berufen worden war, sein Urtheil auf Grund dessen, was er von Cornelius gesehen, nicht ändern konnte. Er sagte nämlich in München zu seinen Schülern mit Bezug auf Cornelius, »er habe einst einen Schüler gehabt, der nicht ohne Anlagen und Fähigkeiten gewesen: der habe ihm aber nicht gefolgt und so sei nichts aus ihm geworden.« Langer mag einerseits durch die Ruhmrednerei des jungen Mannes, dessen Leistungen zu seinen grossen Worten im Missverhältniss standen, andererseits durch die Hartnäckigkeit verletzt worden sein, mit welcher Cornelius alle gut gemeinten Lehren in den Wind schlug. Er wird schon damals seine Abneigung gegen alles Technische, namentlich gegen die Maltechnik, nicht verhohlen haben. Wie Carstens hatte er frühzeitig seine Phantasie durch die Lektüre der Bibel, der antiken Mythen und der modernen Dichter mit grossartigen Vorstellungen erfüllt, denen er Gestalt zu geben verlangte. Darüber vernachlässigte er, ebenfalls wie Carstens, die unerlässlich nothwendige technische Vorbildung, und diese Vernachlässigung hat sich später oft genug an ihm gerächt. Als Direktor Langer eines Tages ironisch zu ihm sagte: »Sie wollen am Ende noch gar ein Raffael werden!« gab er zur Antwort: »Aut Caesar, aut nihil!« Zu einer solchen Antwort war er aber damals und noch geraume Zeit später weder durch sein Können, noch durch sein Streben berechtigt. Selbst noch im Jahre 1803, als Cornelius also bereits zwanzig Jahre alt war, hatte er noch so geringe Klarheit über das Ziel seines Strebens erreicht, dass er dasselbe in einem Briefe dahin formulirte, »Raffaels Stil und Komposition durch Correggios liebliche Schattenabstufung wichtiger, gefälliger und anlockender zu machen und durch des Tizian lebhafte Carnation der Farben gleichfalls ganz zu beleben «

Wenn ihn seine unruhige, phantastische Natur am strengen, ent-
sagenden Studium hinderte, so gesellte sich noch ein anderer Umstand,
der ihn zu eigenem Schaffen drängte, bevor seine Ausbildung vollendet
war, hinzu. Nach dem Tode seines Vaters war er genöthigt, mit seinem
Bruder für den Unterhalt der Familie zu sorgen. Er zeichnete Kalender-
bilder, malte Kirchenfahnen, Bildnisse u. dgl. m. Keinen Auftrag, der
ihm Geld einbringen konnte, schlug er aus. Dadurch kam schon frühzeitig
etwas Hastiges und Unausgereiftes in seine Schöpfungen, und diese Eigenthümlichkeiten sind ihm bis zuletzt geblieben. Er konnte sich mit einem
eingehenden Naturstudium nicht befassen, sondern er verliess sich auf
sein grosses Formengedächtniss, welches sich allmälig so ausbildete, dass
er schliesslich auf das Modell ganz verzichten zu dürfen glaubte und auf
alle verächtlich herabsah, die sich der Modelle bedienten. Auch in den
Aktstudien, welche von ihm erhalten sind, schloss er sich niemals eng
an die Natur an, wie es selbst Raffael gethan, sondern er stilisirte bereits die Natur und reduzirte das Modell auf diejenigen Linien, die ihm
für seinen Zweck brauchbar erschienen. Cornelius hat sich selbst über
seine Methode beim Modellstudium zu seinem Schüler Lohde geäussert.
»Durch das Studium des menschlichen Körpers, sagte er, haben Sie
das Studium der Form überhaupt .... Aber wenn Sie etwas zeichnen,
immer dabei ans Auswendiglernen denken! Wenn Sie einen Akt zeichnen, thun Sie's höchstens in der Grösse von vielleicht einem Fuss, mit
scharfem, hartem Blei, nie mit dem Wischer! So haben es Michelangelo und Raffael ³) gemacht, und ich habe danach die kolossalsten
Figuren ausführen können. Haben Sie einen Akt fertig, zeichnen Sie
ihn noch einmal aus dem Kopf .... Die Akademieen pflegen bloss die
Handfertigkeit der Nachahmung, aber nie die Kraft des Gedächtnisses.
Daher sind die armen Künstler nachher aufs Modell angewiesen, weil
sie nicht genug Stoff im Kopf haben .... Mit dem Gebrauch des Modells habe ich es immer so gehalten. Selten zeichne ich den ganzen
Körper, ich zeichne die Bewegung aus meiner Idee, wie nach meiner
Ansicht die Natur es in ihrer Spontaneität machen würde; dann zeichne
ich die einzelnen Glieder nach dem Modell, gebrauche diese dann aber
so, dass man es nicht ahnt.« Aus diesem System des »Auswendig-
lernens« erklären sich zum Theil die zahlreichen Inkorrektheiten der Form,
die sich in allen Schöpfungen des Cornelius finden, in seinen frühesten
wie in seinen reifsten.

Die verschwommenen Kunstanschauungen, welche er in dem oben
erwähnten Briefe ausgesprochen hat, spiegeln sich auch in seinen Erstlingswerken. Er schwankte zwischen der Antike, der akademischen Ma-

nierirtheit und den klassischen Italienern hin und her, ohne sich einer Richtung so entschieden anzuschliessen, dass man über sein eigentliches Wollen ins Klare kommen konnte. Das zeigte sich sowohl in seinen Oelgemälden und Wandmalereien, von denen besonders zwei grau in grau gemalte Figuren des Apollo und der Diana (im Blumbergerschen Hause in Neuss), die vierzehn Nothhelfer (im Oratorium der barmherzigen Schwestern zu Essen) und die Figuren der Evangelisten, Apostel und Kardinaltugenden im Chore des Doms zu Neuss (1865 übertüncht hervorzuheben sind, als in seinen Zeichnungen theils biblischen, theils mythologischen Inhalts. Vier seiner mythologischen Kompositionen »Odysseus und Polyphem« (1803), das »Menschengeschlecht vom Elemente des Wassers bedrängt« (1804) und eine Szene aus dem Leben des Herkules (in doppelter Bearbeitung) verdanken ihre Entstehung dem Preisausschreiben der »Weimarer Kunstfreunde«. Cornelius betheiligte sich drei Male hinter einander an dieser Konkurrenz, durch welche Goethe und seine Freunde die deutsche Kunst ihrer Zeit zu heben und in richtige Bahnen zu lenken gedachten, aber ohne einen anderen Erfolg, als dass ihm jedes Blatt eine in der Form zwar maassvolle, aber in der Sache scharfe Kritik aus der Feder Goethes eintrug. Die von richtigen ästhetischen Prinzipien ausgehenden Bestrebungen der »Weimarer Kunstfreunde« haben das Missgeschick gehabt, dass nicht ein einziger der mit Preisen ausgezeichneten Künstler nachmals eine hervorragende Rolle in der Kunst gespielt hat. Riegel bemerkt * mit Recht, dass die Kunstfreunde, sobald sie den Boden ihrer Theorie, die grundsätzlich mit den Prinzipien der Carstensschen Kunst übereinstimmt, verliessen und zu praktischen Urtheilen über gegebene Kunstwerke übergingen, den Maassstab dieser Urtheile unmittelbar den Leistungen von Mengs und dessen Nachahmern, bewusst und unbewusst, entnahmen. Goethe nahm besonders Anstoss an den vielfachen Unrichtigkeiten in der Zeichnung, den Verhältnissen und der Perspektive. Sein feiner, an der Antike gebildeter Formensinn fühlte sich durch solche Unbeholfenheiten der Darstellung verletzt. Daraus erklärt es sich, weshalb er auch später, als sich Cornelius' Eigenart in den Faustzeichnungen schon deutlicher offenbart hatte, dem jungen Künstler nicht mit einer lebendigen Theilnahme entgegenkommen konnte.

Gleichwohl bezeichnen diese Illustrationen zu Goethes Faust nicht nur einen Markstein in Cornelius' eigener Entwicklung, sondern sie sind

---

*) In der ›Geschichte des Wiederauflebens der deutschen Kunst‹ (Hannover 1876), wo die Versuche der Weimarer Kunstfreunde auf S. 187—193 treffend charakterisirt sind.

auch ein bedeutsames Ereigniss in der Geschichte der neueren deutschen Kunst. Sie sind keineswegs besonders geniale oder vollendete Schöpfungen, ja nicht einmal anziehend im gewöhnlichen Sinne. Aber sie haben insofern eine historische Bedeutung, als sie damals wirklich eine nationale That waren oder doch wenigstens von einer kleinen Gemeinde einsichtsvoller Patrioten als eine Kriegserklärung gegen die Herrschaft der Franzosen betrachtet wurden. Cornelius selbst war von der Bedeutung seines Schrittes durchdrungen, als er, angeregt durch die Bekanntschaft mit den Erzeugnissen der niederrheinischen Schule und namentlich durch das Studium Dürerscher Kupferstiche und Holzschnitte, in seinen Faustzeichnungen der strengen, herben Formenanschauung der altdeutschen Meister zum Siege über den hohlen Manierismus der Franzosen verhelfen wollte. Aber für ihn war eine solche Parteinahme, wie sich aus seiner späteren Entwicklung nur zu deutlich ergiebt, nicht Herzenssache, sondern der Ausfluss eines revolutionären Geistes, welcher seine Befriedigung nur in der radikalen Opposition oder in unumschränkter tyrannischer Herrschaft finden konnte. In allen Zwischenstadien war Cornelius ein unzufriedener, grämlicher Mann, der nur selten seines Lebens froh wurde.

Auf die altdeutschen Bilder war er durch die Bekanntschaft mit Sulpiz Boisserée gerathen, welcher ihn im Jahre 1803 besuchte. Sulpiz und Melchior Boisserée hatten in Gemeinschaft mit ihrem Freunde Bertram aus aufgehobenen Klöstern und verfallenen Kirchen eine beträchtliche Anzahl von Gemälden der niederrheinischen und flandrischen Schulen zusammengebracht, welche damals noch wenig beachtet wurden. Cornelius fühlte sich durch diese Bilder eigenthümlich angezogen. Er nahm an der unbeholfenen, gebundenen Darstellungsweise, welche der seinigen glich, keinen Anstoss, sondern er gab sich mit vollem Verständniss der aus diesen Schöpfungen sprechenden Tiefe und Aufrichtigkeit der Empfindung hin. Dann wurde auch der patriotische Zug in seinem Wesen durch den Anblick dieser Bilder bestärkt. Wenn er auch später als reifer Künstler einmal die Aeusserung that: »Vom spezifisch Nationalen hab' ich nichts!« so trieb ihn damals sein Hass gegen das Franzosenthum und seine Opposition gegen alles Akademische zur Behauptung eines schroff nationalen Standpunktes. Aber weit entfernt, diese Bilder nachahmen zu wollen, hatte er sich aus ihrem Studium ein Ideal zurechtgemacht, welches er »Dürersche Art« nannte. Wir entnehmen dies einem an ihn gerichteten Briefe seines Freundes, des Malers Mosler, welcher ihm im September 1809 zur Antwort schrieb: »Ich bin begierig, zu sehen und zu wissen, was Du unter »Dürerischer Art«, nach welcher,

wie Du sagst, Dein Bestreben seine Richtung nimmt, verstehst. Glühend
und strenge — willkommen! Das bedürfen wir gegen die laulich-lieder-
liche Nachlässigkeit! so geziemts dem Deutschen!« Bald darauf verliess
Cornelius Düsseldorf, an welches ihn nach dem 1809 erfolgten Tode
seiner Mutter nichts mehr fesselte. Er begab sich zunächst nach Frankfurt a. M., wie Förster annimmt, weil der Fürst-Primas des Rheinbundes
Karl Theodor Anton Maria von Dalberg, welcher als Vorsitzender der
Bundesversammlung in Frankfurt residirte, als hochherziger Mäcen der
Wissenschaften und Künste galt. Hier hoffte Cornelius so viele Aufträge zu finden, um sich ein Stück Weges weiter zu arbeiten, wohin
wusste er nicht bestimmt, da er damals noch zwischen Paris und Rom
schwankte. Es traf sich auch wirklich, dass Cornelius zu dem Fürsten
Primas in Beziehungen trat. Er führte auf Bestellung des letzteren eine
»heilige Familie« aus (jetzt im städtischen Museum in Frankfurt) und
aus Anlass seines Geburtsfestes, welches durch eine Illumination gefeiert werden sollte, drei Entwürfe zu einem Transparent. Doch lastete
der Zeitgeschmack, vielleicht auch die persönliche Neigung des Fürsten
noch so schwer auf Cornelius, dass er weder in diesen Arbeiten, noch
in einigen dekorativen Malereien mythologischen Inhalts für ein Privat-
haus wagte, dem altdeutschen Stil, der »Dürerischen Art«, zum Durchbruch zu verhelfen. Und doch trug er sich schon damals mit den Kompositionen zum »Faust«, welcher, nach einigem Schwanken zwischen
Shakespeare, Herders Cid und Goethe, seine nachbildende Phantasie am
meisten gereizt hatte. Jene Brodarbeiten — anders kann man sie nicht
bezeichnen — tragen immer noch den Stempel einer Mischung aus
Studien nach der Antike und nach Raffael. Je mehr sich aber Cornelius
in die Kompositionen zu Goethes »Faust« vertiefte, desto lebhafter
wurde seine Abneigung gegen den Kunstgeschmack des Fürsten. Die
Zeit, in welcher Goethes »Faust« spielt, brachte ihn auf den Gedanken,
an diesen Zeichnungen zum ersten Male seine »Dürerische Art« zu erproben. Neben der nationalen Absicht, dem Anschluss an den grössten
deutschen Meister, trat das archäologische Interesse in den Vordergrund.
Er wollte die Szenen des Goetheschen Gedichts so darstellen, wie sie
sich etwa im Anfang des sechszehnten Jahrhunderts ereignet haben
konnten, und Dürers Kupferstiche und Holzschnitte boten ihm nicht nur
für Trachten, Waffen, Geräthe, Architektur ein reichhaltiges Material, sondern er lehnte sich auch in der realistischen, durch kein Stilgesetz, durch
keine Rücksicht auf Linienschönheit bedingten Komposition und in der Charakteristik der Figuren an seine Vorbilder an. Der Reichthum der letzteren
wurde um diese Zeit 1810 noch dadurch vergrössert, dass eine litho-

graphische Nachbildung der Randzeichnungen Dürers zum Gebetbuch
Kaiser Maximilians erschien, welche von Cornelius ebenfalls als Studienmaterial benutzt wurde. »Albrecht Dürers Randzeichnungen, so schrieb
er später an Goethe, habe ich von dem Tage an, da ich mein Werk
begann, in meiner Werkstätte. Damals, da ich das Wesen dieser Kunst-
gattung zu ergründen strebte, schien es mir nöthig, in einer Zeit, wo
man so gerne alle Höhen und Tiefen ausgleichen möchte, nicht im min-
desten mit dieser schlechten Seite unseres Zeitgeistes zu capituliren,
sondern ihm streng und mit offener Stirn den Krieg anzukündigen, zumal da Ew. Excellenz dieses in der Poesie mit dem besten Erfolg gethan und uns die herrlichsten Blüthen der Menschheit aller Zeiten aufs
reinste vorgeführt.« Bei der Auswahl seiner Kompositionen liess sich
Cornelius auf den philosophischen Inhalt des Goetheschen Gedichts, also
auf den eigentlichen Kern, gar nicht ein, sondern er löste das epische
Moment, die Gretchentragödie, heraus. So entstanden zunächst in Frankfurt am Main sechs Blätter: Auerbachs Keller, Fausts erste Begegnung
mit Gretchen, der Spaziergang im Garten, Gretchen im Gebet vor der
Madonna, Valentins Tod und die Walpurgisnacht. Bei der grossen Verehrung, welche Cornelius vor Goethe empfand, war es dem Künstler
besonders darum zu thun, dem Dichter seine Kompositionen zu Gesicht
zu bringen und ihn zu einem Urtheile zu veranlassen, um so mehr, als
er sich bewusst war, nach dem ungünstigen Ausgang seiner Bewerbungen
um den Weimarischen Preis erhebliche Fortschritte gemacht und überdies einen neuen Weg gefunden zu haben. Die Gelegenheit bot sich
dadurch, dass Sulpiz Boisserée nach Weimar zu Goethe reiste. Er
nahm die oben erwähnten sechs Bilder mit und legte sie Goethe vor.
Aus den Briefen Boisserées geht hervor, dass sich Goethe durchaus
wohlwollend über die Zeichnungen äusserte. In einem Briefe jedoch, welchen der Altmeister an Cornelius selbst schrieb, hat er nicht mit Ausstellungen zurückgehalten, die freilich in die feinste und verbindlichste
Form gekleidet sind. »Die von Herrn Boisserée mir überbrachten Zeichnungen, so schrieb er am 8. Mai 1811, haben mir auf eine sehr angenehme
Weise dargethan, welche Fortschritte Sie, mein werther Herr Cornelius,
gemacht, seitdem ich nichts von Ihren Arbeiten gesehen. Die Momente
sind gut gewählt und die Darstellung derselben glücklich gedacht, und
die geistreiche Behandlung sowohl im Ganzen als Einzelnen muss Bewunderung erregen. Da Sie sich in eine Welt versetzt haben, die Sie
nie mit Augen gesehen, sondern mit der Sie nur durch Nachbildungen
aus früherer Zeit bekannt geworden, so ist es sehr merkwürdig, wie Sie
sich darin so rühmlich finden, nicht allein was das Kostüm und sonstige

Aeusserlichkeiten betrifft, sondern auch der Denkweise nach: und es ist keine Frage, dass Sie, je länger Sie auf diesem Wege fortfahren, sich in diesem Elemente immer freier bewegen werden. Nur vor Einem Nachtheile nehmen Sie sich in Acht. Die deutsche Kunstwelt des 16. Jahrhunderts, die Ihren Arbeiten als eine zweite Naturwelt zu Grunde liegt, kann in sich nicht für vollkommen gehalten werden. Sie ging ihrer Entwicklung entgegen, die sie aber niemals so, wie es der transalpinischen geglückt, völlig erreicht hat. Indem Sie also Ihren Wahrheitssinn immer gewähren lassen, so üben Sie zugleich an den vollkommensten Dingen der alten und neuen Kunst den Sinn für Grossheit und Schönheit, für welchen die trefflichsten Anlagen sich in Ihren gegenwärtigen Zeichnungen schon deutlich zeigen.« Nachdem er dann noch den Künstler auf das Gebetbuch Dürers aufmerksam gemacht, welches Cornelius jedoch bereits benutzt hatte, fährt er fort: »Lassen Sie ja die gleichzeitigen Italiener, nach welchen Sie die trefflichsten Kupferstiche in jeder einigermaassen bedeutenden Sammlung finden, sich empfohlen sein; und so werden Sie Sinn und Gefühl immer glücklicher entwickeln, und Sie werden im Grossen und Schönen das Bedeutende und Natürliche mit Bequemlichkeit auflösen und darstellen.«

Die Faust-Zeichnungen sollten Cornelius die Möglichkeit gewähren, die Italiener an der Quelle zu studiren und damit das nächste Ziel seines Strebens erreicht zu sehen. In dem Kunsthändler Wenner in Frankfurt a. M. fand er einen Verleger, welcher sich erbot, den auf zwölf Blätter berechneten Cyklus in Kupferstich herauszugeben. Cornelius griff mit Freuden zu, stellte aber die Bedingung der Vorausbezahlung des auf hundert Louisd'or festgesetzten Honorars, weil er die noch fehlenden Blätter in Italien vollenden wollte. Da Wenner auf diese Bedingung einging, war Cornelius in den Stand gesetzt, Ende August, begleitet von seinem Freunde, dem Maler und späteren Gemälderestaurator Christian Xeller (1784—1872), die Reise nach Italien anzutreten.

Um hier die Beziehungen zwischen Goethe und Cornelius zum Abschluss zu bringen, citiren wir noch eine Stelle aus einem Briefe Goethes an den Baron von Reinhard, in welchem der Dichter schreibt: »Der junge Mann .... hat sehr geistreiche, gut gedachte, ja oft unübertrefflich glückliche Einfälle zu Tage gefördert, und es ist daher wahrscheinlich, dass er es noch weit bringen wird, wenn er nur erst die Stufen gewahr werden kann, die noch über ihm liegen.« Dieses Urtheil ist durchaus treffend und in vollem Umfange durch den späteren Entwicklungsgang des Künstlers bestätigt worden, welcher sich sehr bald von der strengen »altdeutschen Art« emancipirte und zu einem neuen

Ideal emporstieg. Die Cornelius-Enthusiasten und die Goethe-Fanatiker sind über die Berechtigung des Goetheschen Urtheils in Streit gerathen. Der Historiker, welcher in der Mitte steht und jedes Urtheil, jede Meinung, jeden Erfolg vorsichtig abzuwägen hat, muss die Summe aus Urtheilen, Meinungen und Thatsachen dahin ziehen, dass Cornelius die Stufe der »altdeutschen Manier« mit äusserster Schnelligkeit überwunden und schon in den letzten Kompositionen zum »Faust« den Einfluss italienischer Formen- und Gruppenbildung bekundet hat. Goethe, dessen Urtheil in Sachen der bildenden Künste sonst sehr schwankend und einseitig ist, hat in diesem Punkte Recht gehabt. Die Faustzeichnungen waren nur ein Durchgangsstadium.

Ueber Cornelius' Reise nach Rom liegen Berichte vor, welche in verschiedenen Punkten auseinandergehen. Die Reise war mit mannigfachen Widerwärtigkeiten verknüpft. Da Cornelius und Xeller der Landessprache nicht mächtig waren, blieben die damals üblichen Prellereien und sonstigen Verdriesslichkeiten nicht aus. Weil sie von Mailand aus einen Vertrag mit einem Vetturino abgeschlossen hatten, der sie unmittelbar nach Rom führen sollte, blieb ihnen keine Zeit übrig, sich unterwegs aufzuhalten und Studien zu machen. Nur in Florenz war mit dem Vetturino ein Rasttag verabredet worden, welchen Cornelius nach Kräften ausnutzte. »Und den einzigen Tag, den ich in Florenz zubrachte, schrieb Cornelius später an Wenner nach Frankfurt a. M., gäb' ich nicht für viele Jahre meines Lebens hin. Hier thaten sich mir zum ersten Male alle Herrlichkeiten Italiens auf. So habe ich mir ganz das alte Florenz gedacht, in allem gross, ernst und schön. Die Menge der köstlichsten Kunstschätze ist unzählig, aber zwei kleine Bildchen von Raffael kommen nie aus meiner Seele; hätte er nur diese gemacht, so wäre er schon der erste Maler der Welt.« Bald nach der Abreise von Florenz wurde Cornelius durch einen heftigen Blutauswurf genöthigt, eine kurze Rast zu machen. Er wurde so missmuthig, dass er nach Florenz, nach der Heimath zurück verlangte. Aber er gab der Bitte des Freundes nach und setzte die Reise fort. Er selbst schrieb an Wenner: »Der Weg von Florenz nach Rom war ebenfalls sehr traurig. Der Theil der Apenninen, den wir passirten, war sehr öd' und unfreudig. Unsere Reisegesellschaft war ein französischer Offizier, ein zwölfjähriger Bub' und ein Schneider; letzterer hat gewöhnlich so nach Knoblauch gestunken, dass wir ihn verschiedene Male aus dem Wagen warfen. Unser Vetturino war ein solcher Lümmel, dass wir beide und der Offizier ihm beständig mit den Stöcken in den Händen Edukation beibrachten. Und endlich standen wir immer in der Erwartung, wir möchten Mitglieder der letzten

Gesellschaft Jesu antreffen, die uns von allem Irdischen befreien oder gar ins Himmelreich spediren möchten.« Xeller vervollständigte dieses Stimmungsbild, indem er schrieb: »Jean Pauls begeisterte Beschreibung von Italien und Rom ist ausserordentlich schön und wahr. Aber — Deutschland über Alles! Einen Rhein, einen Neckar hat Italien doch nicht! Hier fehlt die Alles belebende, erquickende Wasserquelle. Cornelius denkt und fühlt in diesem Punkt mit mir!«

Von den Bestrebungen der deutschen Künstler in Rom, welche Cornelius bei seiner Ankunft daselbst kennen lernte, entwirft der bekannte Kunstfreund Freiherr von Uexküll in einem von D. F. Strauss' mitgetheilten Briefe aus dem Jahre 1811 ein treffendes Bild. »Es haben sich hier, schreibt er, ein halbes Dutzend, ja jetzt acht oder neun Künstler von seltenen Talenten vereinigt, beinahe ausschliesslich nur heilige und Legendengeschichten zu malen. Alles muss streng sein: nur die alten Künstler zwischen Giotto und Raffael sind die wahren Adepten der Kunst; alte Deutsche vor 1520 lassen sie auch mit ankommen: selbst Raffaels Art zu malen aber, als er die von P. Perugino verliess, ist eine Verirrung dieses grossen Mannes, den Giulio Romano sehen einige schon nicht mehr an. Sie thun Verzicht auf die Vortheile der Oelmalerei, malen damit wie mit Wasserfarben, haben scharfe Umrisse, dass man glaubt, ein Gemälde aus den alten Missalen zu sehen. Linien- und Luftperspective werden absichtlich vernachlässigt, denn die Alten haben sie auch nicht. Das Kolorit ist oft grell und die Figuren häufig platt. Goldgründe, goldene Glorien, Goldsäume an den Röcken, und die Röcke selbst cangiante, Engel mit goldenen Haaren und Schwingen, auf goldenen Harfen spielend, gehören zum Voreinquecentistenapparat, auch fehlen nicht, wie bei Dürer und Breughel, im Vordergrunde Kräuter, Schmetterlinge, Kröten, Eidechsen und derlei quantum satis, Blumen ungerechnet.« Diese an sich vollkommen gerechtfertigte Kritik hinderte Uexküll nicht, den wirklichen Talenten dieses Kreises Gerechtigkeit widerfahren zu lassen. »Ein herrlicher junger Mann ist hier, schrieb er schon im Jahre 1810 an Wächter, aus Lübeck, Namens Overbeck. Er arbeitet an einem Bilde mit sehr vielen Figuren, Christi Einzug in Jerusalem. Es ist voll Geist, Leben und Ausdruck. Er scheint sich Lucas von Leyden und den Benozzo Gozzoli zum Vorbild genommen zu haben. (Den hat eine Luft aus dem Campo Santo zu Pisa angewehet, sagt er ein andermal von ihm. Indem ich letzteren nannte, wollte ich damit auch sagen, dass man ihm Härte in den Umrissen und Vernachlässigung von Luft- und Linienperspective dereinst wird zum

*) Kleine Schriften, Leipzig 1862, S. 200—202.

Vorwurf machen können, wenn er sich hier nicht ändert. Aber ein
herrliches Bild wird es, einzig in der Empfindung. Der Mann ist noch
jung, und ich denke, er wird grosse Fortschritte machen.« Uexküll
besass auch Weltblick und Scharfsinn genug, um einzusehen, worin das
Verkehrte dieser Richtung lag, welche in der Kunstgeschichte den Namen
»Nazarenerthum« erhalten hat. Er wies auf die Gefahr von Abwegen
hin und gab diesen Künstlern dreierlei zu bedenken. »Erstlich dass,
kämen Orcagna, Masaccio, Pietro Perugino wieder auf diese Erde und
wollten malen oder fänden zu malen, so würden sie als richtig fühlende,
unaffektirte Menschen solche Gegenstände wählen, wie die Sitte und
Denkart des neunzehnten Jahrhunderts es erfordern. Die Wahl der
Gegenstände aber fiel in ihrer Zeit nur deswegen ausschliesslich auf
heilige Mythen, weil man damals nichts Anderes kannte, und nur selten
und ausnahmsweise ein einzelner Mensch etwas von Geschichte und
heidnischer Mythologie wusste. Dagegen waren jenes currente, allgemein
bekannte Geschichten; ein Orcagna, ein Gaddi malten also deutlich für
ihre Zeit, während, wer im neunzehnten Jahrhundert solche Dinge malt,
undeutlich und folglich unwirksam malt oder gar etwas, das uns Unsinn
ist. Zweitens würden jene alten Maler, wenn sie heute wiederkämen.
gewiss alle die Fortschritte sich zu Nutze machen, die, seit sie das erste-
mal da waren, in der Technik gemacht worden sind. Sie würden sich
derselben in Kolorit, Beleuchtung, Geschmack gewiss sehr freuen. Ein
Gleiches würden in ihrem Fache auch die Minnesänger, wenigstens die
besseren Köpfe unter ihnen, auch der Verfasser der Nibelungen, thun.«
Dann deutete Uexküll »auf den gefahrdrohenden Zusammenhang dieses
Kunstmysticismus mit dem litterarischen warnend hin, worüber er, wie
er versichert, Bücher gesammelter Thatsachen schreiben könnte«, und
kam am Ende zu folgendem, noch heute unanfechtbarem Schlussurtheil:
»Es ist das sichere Symptom der sinkenden Kunst, wenn man bedingten
Mustern nachzuahmen strebt, während die steigende nach weiterer Voll-
kommenheit ringt, und die findet man einzig in der Natur. Weder Fra
Angelico, noch Ghirlandajo, noch Perugino suchten je einzelnen Mustern
nachzuahmen, sie hatten die Natur allein zur Führerin.«

Es ist bei so entschieden ausgeprägten, auf einem völligen Bruch
mit der Vergangenheit basirten Idealen begreiflich, dass sich Cornelius
und Xeller mit Begeisterung diesem Kreise anschlossen, der schon seit
einiger Zeit eine feste Organisation besass. Die immer stärker hervortretende Neigung dieser Künstler kam auch dadurch zum Ausdruck, dass
sich Overbeck, Pforr, Hottinger und Vogel in dem Gebäude des aufgehobenen Klosters von San Isidoro zu Anfang des Jahres 1810 nieder-

liessen. Später traten Wilhelm und Rudolf Schadow und Joseph Wintergerst hinzu, und als Hottinger abtrünnig wurde und Rom verliess, wurde
Cornelius an dessen Stelle in den Bund der »Klosterbrüder« aufgenommen. Die Künstler wohnten in Zellen und hatten überdies das ehe-
malige Refektorium zu einem gemeinsamen Arbeitsraum umgewandelt,
in welchem sie nach Modellen Figuren- und Gewandstudien machten.
Das ernste Streben, welches diese Gemeinschaft von Künstlern erfüllte,
imponirte Cornelius so sehr, dass er ihnen in einem Briefe aus dem
März 1812 folgendes Zeugniss ausstellte. »Die Klosterbrüder, schreibt
er darin, sind eine Gesellschaft ganz vorzüglicher Menschen, die sich für
die Kunst und alles Gute verbrüdert haben und musterhaft sich lieben
und einander anhängen.« Er charakterisirt dann die Einzelnen in ihrem
Können und Wollen und sagt dabei von Overbeck treffend, er sei
»derjenige von ihnen, der durch die Milde seiner Seele und die Kraft
seines edlen Geistes die Andern alle um sich versammelt und für alles
Herrliche entflammt hat.« Overbeck ist denn auch neben Cornelius
der einzige von den »Klosterbrüdern«, dessen Andenken sich in der
Kunstgeschichte erhalten hat und der, bis an sein Lebensende in Rom
thätig, unverbrüchlich an den Idealen seiner Jugend festhielt. Die
übrigen Mitglieder des Bundes sind theils früh gestorben, theils un-
produktiv gewesen. Franz *Pforr* (geb. 1788 in Frankfurt a. M.) war
mit Overbeck aus Wien nach Rom gekommen, starb aber bereits 1812
in Albano, ohne mehr zu hinterlassen, als einige Zeichnungen nach
Motiven aus der Bibel und aus Götz von Berlichingen und ein unvoll-
endetes Oelgemälde »Rudolf von Habsburg schenkt sein Ross einem
Geistlichen« (Frankfurt a. M., Städelsches Institut). Ludwig *Vogel* aus
Zürich (1788—1879) blieb nicht lange auf dem Pfade der Nazarener.
Nachdem er 1813 Rom verlassen und sich anderthalb Jahre in Florenz
aufgehalten, kehrte er in die Heimath zurück und widmete sich dort
dem Studium der vaterländischen Geschichte, das ihn fortan zu historischen Gemälden (Zwingli bei Kappel, Karl der Kühne bei Granson,
Winkelried bei Sempach, am Abend vor St. Jakob) und zu Genrebildern
aus dem Volksleben, meist Kirchweihszenen, trieb. Joseph *Wintergerst*
(1783—1867) nahm 1813 eine Stellung als Zeichenlehrer an der Kan-
tonalschule zu Aarau an und wurde später Professor an der Akademie zu
Düsseldorf, wo er als Inspektor der Galerie starb. Seinen historischen
und Genrebildern (Versöhnung Ludwigs des Bayern mit Friedrich dem
Schönen) gab er ein romantisches Gepräge, während er sich in biblischen
und mythologischen Kompositionen (Pandora vor Prometheus) mehr an
die älteren italienischen Meister anschloss.

Was diesen Künstlern sowie der Mehrzahl der späteren Vertreter des Nazarenerthums nicht gelingen wollte, sich eine bestimmte Individualität zu schaffen, erreichte Overbeck. Da sich sein Leben ohne tiefgreifende Ereignisse auf römischem Boden vollendete, müssen wir die Schilderung von Cornelius' künstlerischem Entwicklungsgang an dieser Stelle unterbrechen, um Overbeck und die ihm nahestehenden oder von ihm beeinflussten Künstler zu betrachten.

Friedrich *Overbeck* wurde am 3. Juli 1789 in Lübeck als der Sohn des Bürgermeisters Overbeck geboren, welchen wir schon früher in seinen Beziehungen zu Carstens kennen gelernt haben[*]. Da der Vater für Kunst und Poesie ein lebhaftes Interesse besass und auch selbst dichterisch thätig war[**], wurde der junge Overbeck frühzeitig mit allen Schätzen der Poesie, welche die literarischen Kreise damals beschäftigten, bekannt gemacht. Bereits kämpfte in der Literatur die Romantik mit dem Klassizismus einen harten Kampf, und Overbeck neigte sich um so lieber der ersteren zu, als seine geistige Richtung schon in früher Jugend in mystischer Schwärmerei aufging. Seine nähere Umgebung scheint dagegen mehr klassizistisch gestimmt gewesen zu sein, wie aus einem Briefe Overbecks aus dem Jahre 1810 hervorgeht, in welchem er sagt: »Ob ich gleich in einer Familie aufgewachsen war, in der ich nur Liebe und Freundlichkeit gefunden hatte, und überhaupt unter Menschen lebte, die nicht unempfänglich für das Schöne wie für das Gute waren, so hatte doch meinem Herzen immer noch etwas Wichtiges gemangelt — die wahre Kunst, die ich in Lübeck vergebens gesucht hatte. Ach, und ich war so voll davon, meine ganze Phantasie war ausgefüllt mit Madonnen und Christusbildern, ich trug sie mit mir herum und hegte und pflegte sie, aber es war nirgends Widerklang.« Die »wahre Kunst«, wie er sie sich dachte, sollte Overbeck auch in Wien nicht finden, wohin er sich 1806 begab, nachdem er sich für die Malerei entschieden hatte. In Lübeck hatte seine ersten künstlerischen Schritte ein Nachahmer von

---

[*] Eine treffliche Charakteristik Overbecks hat A. v. Zahn in der »Zeitschrift für bildende Kunst« 1871 S. 217—235 veröffentlicht.

[**] Christian Wolf Overbeck (1755—1821) war während seiner Studienzeit in Göttingen mit den Mitgliedern des Hainbundes in Verkehr getreten, hatte sich später jedoch, ganz wie Carstens in seinen poetischen Versuchen, an Klopstock angeschlossen. Eines seiner Lieder die Schifffahrt (»Das waren mir selige Tage!«), welches den weichen, empfindsamen Geist Höltyscher Lyrik athmet, hat sich im Volksmunde erhalten. Abgedruckt in dem »Liederbuch für altmodische Leute« auf S. 210. (»Als der Grossvater die Grossmutter nahm«, Leipzig 1886.)

Mengs geleitet, Jean Peroux (1771—1849), dem jedoch Feinheit und Innigkeit der Empfindung und eine gewisse Neigung zur Romantik nach-gerühmt werden[*]. In Wien sollte Overbeck auf der Akademie, welche unter der Leitung Fügers stand, nicht einmal diese Vorzüge finden. Auch Füger war ein Anhänger des Mengsschen Systems, und gerade gegen dieses richteten sich Alle, die damals zur Opposition gehörten. Overbeck fand denn auch bald einen Kreis gleichgesinnter Genossen, die in ihrem Widerstand gegen die Akademie durch Wächter bestärkt wurden. Alle Neuerer, die klassizistischen wie die romantischen, fanden sich in der Abneigung gegen das akademische Treiben, und selbst der stille, träumerische Overbeck liess sich durch den energischen Franz Pforr mit fortreissen. Wie es um diese Zeit mit Overbeck bestellt war, erfahren wir aus einem Briefe, welchen er im März 1810 an Kestner richtete. »Ersparen Sie es mir, schreibt er darin, es Ihnen ausführlich zu schildern, wie die ersten Jahre meines Hierseins verstrichen, wie ich unter Men-schen, die ich weder achten noch lieben konnte, in dumpfer Betäubung fortvegetirte und was ich für ein Alltagsmensch ward auf dieser schul-ähnlichen Akademie, wie jedes edlere Gefühl, jeder bessere Gedanke unterdrückt und zurückgescheucht wurde, und wie ich nahe daran war, für Kunst und Menschheit verloren zu gehen, wenn nicht zu rechter Zeit sich noch ein Freund, ein edler Mensch gefunden hätte (es ist Pforr gemeint), der den letzten ersterbenden Funken wieder anfachte und nach und nach mich wieder zu mir selbst zurückführte.« Einigen Trost bot den Freunden die im Jahre 1810 wieder eröffnete Belvedere-Galerie, in welcher ihnen die Bilder der altitalienischen Schulen zuerst die Träume verwirklichten, die ihnen aus der Lektüre des Breviers dieser roman-tischen Nazarener entsprossen waren. Wenn uns auch kein bestimmtes Zeugniss darüber vorliegt, so kann es doch keinem Zweifel unterworfen sein, dass die im Jahre 1797 von Tieck herausgegebenen und mit einer Vorrede versehenen »Herzensergiessungen eines kunstliebenden Kloster-bruders« von Wilhelm Heinrich Wackenroder im Verein mit den 1799 erschienenen, von beiden gemeinsam verfassten »Phantasien über die Kunst für Freunde der Kunst« und der Malernovelle Tiecks »Franz Sternbalds Wanderungen« (1798)[**] nicht nur die ganze Richtung der

---

[*] H. Riegel, Geschichte des Wiederauflebens der deutschen Kunst (Hannover 1876, S. 241).

[**] Eine neue Ausgabe der beiden letzteren Schriften findet man in der »Deutschen Nationalliteratur«, herausgegeben von Joseph Kürschner (Bd. 145. Tieck und Wackenroder, herausgegeben von J. Minor). Es gab auch Wiener Nachdrucke dieser Kunstschriften, die, wie Ludwig Richter in seinen Lebenserinnerungen erzählt, noch im Anfang der zwanziger

Nazarener, sondern auch ihr äusseres Leben bestimmt und sie zu einem Ideale geführt haben, das sich schliesslich als falsch erwies und die Entwicklungsfähigkeit des Nazarenerthums unmöglich machte. Dieses Ideal war anfänglich die Nebeneinanderstellung und die gegenseitige Durchdringung von Religion und Kunst, dann die Identifizirung von Religion und Kunst, und zuletzt spitzte sich diese Theorie zu dem Satze zu, dass die wahre Religion und mithin auch die wahre Kunst nur im Katholizismus zu finden sei, zu welchem alle echten Künstler zurückkehren müssten. Man ging in diesem Terrorismus, von welchem sich selbst Cornelius in der ersten Zeit seines römischen Aufenthalts gefangen nehmen liess, so weit, von Raffael nur diejenigen Bilder gelten zu lassen, welche in seiner peruginesken Manier gemalt sind. Die feinste Verführung, die hier zu finden ist, schrieb Cornelius im März 1812 aus Rom, ist »in Raffael selbst. In dieser liegt das grösste Gift und der wahre Empörungsgeist und Protestantismus, mehr als ich je gedacht. Man möchte blutige Thränen weinen, wenn man sieht, dass ein Geist, der das Allerhöchste gleich jenem mächtigen Engel am Throne Gottes geschaut, dass ein solcher Geist abtrünnig werden konnte.« So weit waren nicht einmal Tieck und Wackenroder gegangen, denen Raffael immer der »göttliche« blieb. Tieck hatte sogar seinen »Wanderungen Franz Sternbalds« das Porträt des »göttlichen Raffael« voraufgeschickt.

Wackenroders Verdienst besteht darin, dass er neben dem klassischen Ideal, welches aus der antiken Kunst als der Normalkunst geschöpft war, ein neues, das romantische, aufstellte und vertheidigte. Schon vor ihm hatte Goethe in seiner berühmten Verherrlichung des Strassburger Münsters auf die Erhabenheit und Mannigfaltigkeit der mittelalterlichen Kunst hingewiesen. Aber innerhalb der Goetheschen Kunstanschauung war diese romantische Neigung nur vorübergehend gewesen. Zu einem neben der Antike gleichberechtigten Kunstsystem hat erst Wackenroder die romantisch-mystische Empfindungs- und Ausdrucksweise des Mittelalters erhoben. »Warum verdammt ihr den Indianer nicht, so fragt er in seiner ersten Schrift, dass er indianisch und nicht unsere Sprache redet? Und doch wollt ihr das Mittelalter verdammen, dass es nicht solche Tempel baute wie Griechenland? ... Nicht bloss unter italienischem Himmel, unter majestätischen Kuppeln und korinthischen Säulen — auch unter Spitzgewölben, kräusverzierten Gebäuden und gothischen Thürmen wächst wahre Kunst hervor ....

Jahre dieses Jahrhunderts von den Künstlern als eine Quelle neuer Offenbarung betrachtet wurden.

Die Kunst ist die Blume menschlicher Empfindung zu nennen. In ewig
wechselnder Gestalt erhebt sie sich unter den mannigfaltigen Zonen der
Erde zum Himmel empor .... ihm (Gott) ist der gothische Tempel so
wohlgefällig wie der Tempel der Griechen; und die rohe Kriegsmusik
der Wilden ist ihm ein so lieblicher Klang als kunstreiche Chöre und
Kirchengesänge.« Das ist die eine Seite dieses neuen Systems; die
andere Seite gipfelt darin, dass die Kunst zu einer heiligen Offenbarung
und die Beschäftigung mit ihr zu einer Art von Gottesdienst erhoben
wird. »Die Kunstbeschäftigung ist über dem Menschen: wir können die
herrlichen Werke ihrer Geweiheten nur bewundern und verehren und,
zur Auflösung und Reinigung aller Gefühle, unser ganzes Gemüth vor
ihnen aufthun.« Es liegt auf der Hand, dass Kunstschöpfungen wie
die aus dem gemeinen Leben herausgegriffenen Genrebilder der Niederländer in diesem System keinen Platz finden konnten. Neue Wege den
Künstlern zu zeigen, vermochte Wackenroder freilich nicht. Er predigte
nur eine Ein- und Umkehr, eine Reaktion, die auch darin ihren Ausdruck fand, dass der phantastische Schwärmer zur Nachahmung rieth.
»Die besten späteren Meister bis auf die neuesten Zeiten, sagt er, haben
alle kein anderes Ziel gehabt, als irgend einen der ersten Ur- und
Normalkünstler oder auch gar mehrere zusammen nachzuahmen und sind
auch nicht leicht auf andere Weise gross geworden, als indem sie vortrefflich nachgeahmt haben.« Auch darin folgten dem Propheten seine
gläubigen Jünger, und sie trugen auch kein Bedenken, auf die Richtigkeit
seiner Lehre zu schwören, als Wackenroder das Dogma proklamirte,
dass Kunst und Religion identisch seien. Das geschah in einem Auf-
satze, welchen Tieck nach dem Tode seines Gesinnungsgenossen in den
»Phantasien über die Kunst für Freunde der Kunst« herausgab. Nachdem Wackenroder das Leben und die Gesinnung der alten deutschen
Künstler gepriesen, fährt er fort: »Die Religion aber war den Menschen
das schöne Erklärungsbuch, wodurch sie das Leben erst recht verstehen
und einsehen lernten, wozu es da sei und nach welchen Gesetzen und
Regeln sie die Arbeit des Lebens am leichtesten und sichersten voll-
führen könnten. Ohne Religion schien das Leben ihnen nur ein wildes,
wustes Spiel, — ein Hin- und Herschiessen mit Weberspulen, woraus
kein Gewebe wird. Die Religion war bei allen grossen und geringen
Vorfällen beständig ihr Stab und ihre Stütze; sie legte ihnen in jede
sonst gering geachtete Begebenheit einen tiefen Sinn; sie war ihnen eine
Wundertinktur, worin sie alle Dinge der Welt auflösen konnten: sie
verbreitete ihnen ein mildes, gleichförmiges, harmonisches Licht über
alle verworrenen Schicksale ihres Daseins, — ein Geschenk, welches wohl

das Kostbarste für menschliche Wesen genannt werden mag. Ihr sanfter
Firniss brach der grellen Farbe wilder Ausgelassenheit die scharfe Spitze ab,
— aber er warf auch über die trockene, schwarze Erdfarbe des Unglücks
einen glänzenden Schimmer . . . . . . . . So waren die Menschen in vorigen
frommen Zeiten beschaffen. Warum muss ich sagen: sie waren? Warum,
— wenn ein sterbliches Wesen also fragen darf, — warum hast du die
Welt entarten lassen, allgütiger Himmel?« Nachdem Wackenroder sodann eine Charakteristik von Dürers häuslichem Leben und seiner religiösen Kunst gegeben, kommt er zu dem Schluss, »dass, wo K u n s t
und R e l i g i o n sich vereinigen, aus ihren zusammenfliessenden Strömen
der schönste Lebensstrom sich ergiesst. So wie aber diese zwei grossen
göttlichen Wesen, die Religion und die Kunst, die besten Führerinnen
des Menschen für sein äusseres, wirkliches Leben sind, so sind auch für
das innere, geistige Leben des menschlichen Gemüths ihre Schätze die
allerreichhaltigsten und köstlichsten Fundgruben der Gedanken und Gefühle, und es ist mir eine sehr bedeutende und geheimnissvolle Vorstellung, wenn ich sie zweien magischen Hohlspiegeln vergleiche, die
mir alle Dinge der Welt sinnbildlich abspiegeln, durch deren Zauber-
bilder hindurch ich den wahren Geist aller Dinge erkennen und verstehen lerne.«

Die letzte Konsequenz aus seinem philosophischen, halb religiösen,
halb ästhetischen Glaubensbekenntniss zog Wackenroder selbst noch
nicht. Daran hinderte ihn ein früher Tod. Aber diejenigen thaten es,
die sich von seinen Lehren begeistern liessen, indem nämlich die protestantischen Künstler unter ihnen, Overbeck und mehrere andere mit
ihm, zum Katholizismus übertraten, dem sie allein die Berechtigung zu-
gestehen wollten, sich die wahre Religion nennen zu dürfen. Bei solchen
Anschauungen ist es begreiflich, dass Overbeck und seine Gesinnungsgenossen sich in Wien sehr unbehaglich fühlten. Die stille Opposition
gegen das an der Akademie herrschende Lehrsystem machte sich schliesslich in einer Demonstration Luft, welche dahin führte, dass eine Anzahl
von Anhängern der neuen Kunstanschauung Anfangs 1810 von der Akademie verwiesen wurde. Vier von ihnen, Overbeck, Pforr, Vogel und
Hottinger, begaben sich nach Rom, wo sie sich, wie wir oben erwähnt
haben, zu der Vereinigung der »Klosterbrüder von San Isidoro« zu-
sammenthaten und bald mit Cornelius und Xeller in Berührung kamen.

Cornelius konnte bereits auf eine Reihe von Arbeiten, sogar auf
eine bedeutungsvolle That, die ersten Faustbilder, zurückblicken, als er
in Rom eintraf. Nicht so Overbeck, der von Wien nur die Zeichnung
zu einer grösseren Komposition mitbrachte, zu dem »Einzuge Christi in

Jerusalem«, welcher jedoch erst ein Jahrzehnt später unter dem Einflusse
der römischen Studien vollendet wurde. Während Overbeck auch noch
in Rom eine Zeit lang unsicher umhertastete und in den Jahren 1812
bis 1815 nur zwei grössere Gemälde »Christus bei Martha und Maria«
und die »Anbetung der Könige« zu Stande brachte, welche ganz im
Geiste der alten umbrischen Schule, Fiesoles und der ersten peruginesken Periode Raffaels gehalten sind, daneben aber auch die persönlichen Vorzüge Overbecks, eine vollendete Reinheit der Zeichnung, hohen
Adel der Formengebung und fein gegliederte und abgewogene Komposition, offenbaren, entfaltete Cornelius eine sehr umfangreiche Thätigkeit,
deren Ergebnisse den Eindruck seiner Studien zeigen. Schon von den
ersten Jahren in Rom kann gelten, was Cornelius später mit Bezug auf
die ganze Periode seines römischen Aufenthalts schrieb: »Die Bahnen
von Jahrhunderten wurden durchkreist.« Wir haben bereits erwähnt, dass
die in Rom vollendeten Faustzeichnungen, der »Spaziergang«, der »Tod
Valentins«, »Vorüber am Rabenstein«, »Gretchen im Kerker«, »Widmung« und das besonders geistvolle und gehaltreiche »Titelblatt« in der
grösseren Durchbildung und Abrundung der Komposition sowie in einzelnen Gestalten deutlich den Einfluss der italienischen Studien zeigen.
Während Cornelius noch an diesen Zeichnungen arbeitete[*], beschäftigte
ihn bereits ein anderer Stoff. Bald nach seiner Ankunft in Rom veranstaltete Dr. Schlosser aus Frankfurt am Main vor einem Kreise von
Künstlern Abendvorlesungen, in welchen er das Nibelungenlied und
Dantes Göttliche Komödie in deutscher Uebersetzung vortrug und er-
läuterte. Das altdeutsche Heldengedicht machte auf Cornelius einen so
tiefen Eindruck, dass er den Entschluss fasste, den Kern des Epos, die
Geschichte von Siegfried und Chriemhilde, in einem ähnlichen Cyklus
von Kompositionen darzustellen wie die Gretchentragödie. Bei diesem
Stoffe war er durch keinerlei Rücksichten gebunden. Er konnte sich
die alte Reckenwelt aus seiner Phantasie herauskonstruiren und dabei
voll aus dem Borne der Romantik schöpfen, da er sich nicht an
die äussere Erscheinungsform einer bestimmten Geschichtsepoche anzuschliessen brauchte. Er ging mit grosser Begeisterung an die Arbeit,
und noch mehr als bei den Faustzeichnungen beherrschten ihn nationale
Gesichtspunkte. »Es soll ein Werk werden, schrieb er am 10. Januar
1812, worin sich die ganze Herrlichkeit der alten Zeit, vorzüglich aber
die unseres Vaterlandes spiegeln soll; da ich diese Welt mehr kenne,

---

[*] Der Faustcyklus erschien mit einer von Cornelius verfassten Widmung an Goethe
1816 bei Wenner in Frankfurt am Main. Bis auf den von Thäter gestochenen Spaziergang
rühren die Stiche von Ruscheweyh her.

als ich im Faust niederzulegen im Stande war, da ich vor Eifer brenne, alles, was nur in meinen Kräften steht, beizutragen, dass sich unsere Bildung wieder an die gediegene der alten Zeit anschliesst, so werden Sie mir glauben, dass dieses Werk den Faust in mancher Beziehung übertreffen wird.« In der That stellen sich die Nibelungen als eine bei weitem freiere und reifere Schöpfung dar. Ein grosser Theil der technischen Unbeholfenheiten ist überwunden, wenngleich die für Cornelius charakteristische Strenge und Herbigkeit des Stils, namentlich in der Bildung der Frauengestalten, geblieben ist. Wie Michelangelo, an dessen kühne, stets auf den dramatischen Moment zugespitzte Kompositionsmanier verschiedenes in den »Nibelungen« erinnert, war es auch Cornelius versagt, für weibliche Anmuth und Schönheit einen entsprechenden Ausdruck zu finden. An dem Lieblichen und Reizenden ging er vorüber, weil seine Phantasie nur in der Darstellung des Hoheitsvollen, Unnahbaren und Erhabenen ihre Befriedigung erreichte. Diese Eigenthümlichkeit, die sich bei den Faustzeichnungen als Mangel offenbart hatte, wurde bei dem Nibelungencyklus zu Vorzügen. Für Brunhild und Chriemhild passte das Maass, welches Cornelius an seine Frauengestalten anlegen zu müssen glaubte. Die im Jahre 1818 erschienenen Stiche, zu welchen sich die Originalzeichnungen im Städelschen Institut zu Frankfurt a. M. befinden, stellen die Ankunft der Brunhilde zu Worms, den Abschied Siegfrieds von Chriemhilde, die Ueberlistung der Chriemhilde durch Hagen, die Szene mit dem gefangenen Bären, der das Jagdgesinde erschreckt, die Ermordung Siegfrieds und die Auffindung der Leiche Siegfrieds dar. Zu diesen Blättern, von denen die beiden letzten die bedeutendsten sind, weil Cornelius' Begabung für das Tragisch-Dramatische in ihnen zu voller Entfaltung gelangen konnte, kam noch das Titelblatt. In architektonischer Einfassung sind hier einige Momente geschildert, welche eine für das Verständniss des Zusammenhangs nothwendige Ergänzung der Hauptblätter bieten, die Herbeiführung der gefangenen Könige der Sachsen und Dänen, Brunhilds Brautnacht, die Vermählung Siegfrieds mit Chriemhilde, Chriemhildes Rache und die Klage Etzels an den Leichen. Dann kommt noch einmal die Ermordung Siegfrieds in anderer Fassung vor. Wie die Darstellung des Anmuthigen und Lieblichen lag auch das Komische und Humoristische ausserhalb der Domäne des Künstlers. Alle Beurtheiler stimmen darin überein, dass er bei dem Versuch, humoristisch zu werden, häufig in die Karrikatur geräth, wofür die Szene in Auerbachs Keller und Siegfried auf der Bärenjagd mit Recht als Beispiele angeführt werden. Cornelius scheint auch selbst zu dieser Einsicht gelangt zu sein. Denn er gab sehr bald eine

dritte Aufgabe, die er in ähnlicher Weise wie den »Faust« und die »Nibelungen« ausführen wollte, eine Reihe von Illustrationen zu Shakespeares »Romeo und Julia«, wieder auf.

Neben diesen cyklischen Kompositionen entstanden während des ersten Aufenthalts in Rom mehrere Oelbilder, in welchen sich noch altdeutsche Erinnerungen mit den Einflüssen Peruginos und Raffaels kreuzen, so die anmuthige »Flucht nach Aegypten« Galerie Schack in München), deren Anmuth jedoch ganz von den Italienern entlichen ist, mit einem landschaftlichen Hintergrunde von Koch, die »klugen und die thörichten Jungfrauen« (städtische Galerie zu Düsseldorf, die »drei Marien am Grabe Christi« und die »Grablegung« Thorwaldsen-Museum zu Kopenhagen. Aber alle diese Schöpfungen bedeuten nichts im Vergleich mit der ersten monumentalen That, zu der Cornelius mit Overbeck, Veit und Wilhelm Schadow durch den preussischen Generalkonsul Bartholdy berufen wurde. Von den Freskomalereien, mit welchen die vier Künstler die im dritten Stocke der Casa de' Zuccheri auf dem Monte Pincio gelegene Miethswohnung des Konsuls ausschmückten, datirt die neuklassische deutsche Kunst. Ihre Bedeutung liegt, wie wir heute nach dem Abschluss ihrer Entwicklung zu sagen genöthigt sind, in der Wiederbelebung der Freskomalerei und der Illustration. Diese beiden Zweige der Malerei, welche nach dem damaligen Kunstbegriff den Anfangs- und den Höhepunkt künstlerischen Strebens bezeichneten, fanden sich doch in dem Ziele zusammen, unmittelbar auf das Volk zu wirken. Die Freskomalerei hat diese Wirkung trotz der heissesten Bemühungen ihrer Vorkämpfer nicht erreicht, theils weil ihre Ausdrucksweise nicht volksthümlich und national genug war, theils weil die nordische Heimath bei ihren klimatischen Verhältnissen nicht offene Hallen, Versammlungsplätze, Kirchen, Klöster, Rathhäuser und Museen genug hergeben kann, damit die monumentale Malerei durch eine weite Ausdehnung ihrer Thätigkeit auch ihr höchstes Ziel, die Sitten und Lebensanschauungen des Volkes zu veredeln und zu heben, erreichen kann. Die monumentale Malerei ist bei uns ausschliesslich auf die Dekoration von Innenräumen angewiesen, welche natürlich nur so selten und dann auch nur zu bestimmten Zwecken besucht werden, dass von einer Einwirkung solcher Schildereien auf das Volk gar nicht die Rede sein kann. Die vereinzelten Versuche, welche bei uns mit der Ausmalung von Museums- und Palastfaçaden, von offenen Hallen und Höfen gemacht worden sind, haben im Verlauf von fünfzig Jahren vor den Einflüssen der nordischen Witterung so wenig Stand gehalten, dass nach solchen Erfahrungen diese Frage eine endgültige Antwort erhalten hat. Wir citiren als warnendes Beispiel nur die Rott-

mannschen Fresken in den Arkaden des Münchener Hofgartens, die Kaulbachschen Fresken an der Neuen Pinakothek zu München und die nach Schinkels Entwürfen ausgeführten Fresken in der Säulenhalle des Berliner Museums. Wenn man in Betracht zieht, dass auch in Italien die Erzeugnisse der Freskomalerei im Laufe von drei und vier Jahrhunderten durchweg — auch ohne Zerstörung durch Menschenhand und Vernachlässigung — so stark gelitten haben, dass heute schon ein hoher Grad von kunstwissenschaftlicher Bildung nöthig ist, um gewisse Fresken ihrem Inhalte und ihrer Bedeutung nach zu entziffern, so wird man zu der Ueberzeugung gelangen, dass die Freskomalerei überhaupt ein technischer Irrthum war und dass nach einem weit stärkeren und wetterfesteren Bindemittel gesucht werden muss, um die Farben an der Wand haftbar zu machen, wofern man sich nicht ganz auf die Ausmalung der Innenräume beschränken und die künstlerische Dekoration der öffentlichen Plätze, Höfe und Hallen der Plastik überlassen will.

Was die monumentale Malerei während der Zeit des herrlichsten Aufblühens der neuen deutschen Kunst nicht vermochte, erreichte die Illustration, die wahrhaft volksthümlich wurde und es bis auf den heutigen Tag geblieben ist. Und überall wollte es das Verhängniss, das allen Bestrebungen der Grossmeister hindernd in den Weg getreten ist, dass nicht Cornelius, nicht Overbeck, nicht Veit, nicht Schadow hier wenigstens dem Herzen des Volkes nahe gekommen sind. Andere, minder geachtete schlugen diesen Weg ein, um sich aller Welt verständlich zu machen: Schnorr, Führich und vor allen Ludwig Richter sind diejenigen, welche die reifsten Früchte aus der Verbindung zwischen Romantik und Klassizismus, zwischen Stil und Natur gepflückt haben.

Als Bartholdy den Künstlern seine Behausung öffnete, geschah freilich eine grosse That, wenngleich dieselbe mit sehr beschränkten Mitteln ausgeführt werden musste. Bartholdy war sich der Tragweite und der Bedeutung seines Unternehmens wohl bewusst. Denn er, nicht Cornelius, hat die Initiative dazu nach einem klar vorgezeichneten Plane ergriffen. Valentin* hat die Daten gesammelt, welche den Antheil des Auftraggebers an diesem Werke feststellen. Es genügt, eine Stelle aus einem Briefe anzuführen, welchen Bartholdy am 6. Februar 1817 an einen Verwandten nach Berlin geschrieben hat. »Als ich hierher (nach Rom) kam, heisst es darin, fand ich viele deutsche und preussische Künstler von entschiedenen Anlagen und Talenten, jedoch ohne Gelegen-

* In Dohmes Kunst und Künstler des neunzehnten Jahrhunderts. Nr. VII. S. 40 ff.

heit, sie auszuüben — keine Arbeit, keine Bestellung als miserable Buch-
händlerzeichnungen und hin und wieder ein Portrait, oder bei denen, die
es drängte zu schaffen, eine kleine, halbvollendete Komposition oder ein
Gemälde in Oel. Hieraus entstand nicht nur das Uebel, dass man jene
Künstler nicht kannte, sondern auch das vielleicht grössere, dass sie sich
selbst nicht kannten, welches bei einer gewissen Schwärmerei und Einbildungskraft oft die Wirkung hervorbrachte, dass sie sich selbst über-
schätzten. Mich jammerte der Zustand, indem ich zugleich die Hilf-
losigkeit und Unbehilflichkeit dieser Leute einsah. Auf offiziellem Wege
war nichts zu thun, mein Einfluss, etwas der Art zu bewirken, unzu-
reichend. Auch hätte ich nicht gewusst, was zu fordern, und mich bei
der Barbarei, die für die Kunst zu Berlin herrscht, verständlich zu machen.
Also musste ich mich selbst Aufopferungen unterziehen und auch wohl
Kränkungen, die bei keinem Unternehmen, was mehr oder weniger ins
Ganze greift, zu vermeiden sind, gewärtigen, und dazu habe ich mich
denn mit Freude und Muth entschlossen, sowie mich mein Vaterland
immer bereit finden soll, wenn ich ihm nützlich sein zu können glaube.
Die Freskomalerei war die schicklichste, alle Zwecke zu vereinen: 1 ein
bleibendes Denkmal der Arbeit, wenn sie geriethe, und zwar zu Rom, dem
Mittelpunkt der Künstlerwelt, wo die Wahrheit, ob etwas mittelmässig,
trefflich oder schlecht, sich bald entdeckt: 2 das Mittel für die Künstler,
sich selbst kennen zu lernen, und zwar in einem Genre von Arbeit, die
eine gewisse Schnelligkeit erfordert und nicht ewige Retouchen im Denken
und Grübeln zulässt; 3) Grösse der Figuren und Gemälde, die Fehler
und Schönheiten aufdeckt: 4 Zusammenarbeiten von mehreren jungen
Künstlern, wo einer bei dem anderen wenigstens keine palpabeln Schnitzer
durchlassen wird und die Emulation sie anspornt; 5 endlich Brod, um
ein Jahr lang ihrem Fache zu leben. Das Lokal ist schön, hell, heiter,
mit einer grossen Aussicht über Rom. Weder in den Sujets Wahl und
Anordnung), noch in irgend etwas, was die Kunst betrifft, habe ich meine
Künstler genirt; beim Vorlegen der Skizzen jedoch habe ich ihnen
meine Kritiken freimüthig gesagt, von denen die meisten angenommen
worden sind.« Mit nicht geringerem Scharfblick als der Baron von Uexküll hatte Bartholdy die Schwächen der jungen Künstler durchschaut,
welche sich vermaassen, eine neue Epoche der deutschen Kunst eröffnen
zu wollen. Zugleich fand er aber auch das richtige Mittel, sie zu
einer Bethätigung ihrer Kräfte, die sich meist in leerer Prahlerei auf-
rieben, zu veranlassen. Die Freskotechnik war so lange Zeit ausser
Uebung gewesen, dass sie gewissermaassen von neuem erfunden oder doch
wenigstens ohne die Vermittlung von Praktikern den alten Italienern ab-

gelernt werden musste*). Indem noch der grosse Maassstab der Figuren hinzutrat, wurden die Maler, welche bis dahin den Schwerpunkt
auf die Gedankenarbeit gelegt hatten, durch äusseren Zwang auf die
Ausbildung ihrer technischen Fähigkeiten und die Erweiterung ihrer
technischen Mittel geführt. Wenn die erste Aufgabe auch nach unseren
Begriffen eine sehr bescheidene war, so bildet sie doch den Ausgangspunkt einer geschichtlichen Entwicklung, welche bis in unsere
Tage reicht, obgleich gegenwärtig die reine Freskomalerei für Wand-
dekoration durch andere Techniken, welche den koloristischen Anforderungen der Gegenwart besser entsprechen, fast ganz verdrängt
worden ist.

Wenn einer von den jungen Künstlern, welche Uexküll und Bartholdy so richtig beurtheilt hatten, die Fähigkeit der Selbsterkenntniss
besass, so war es nur Cornelius, der einzige unter ihnen, der zugleich
ein energischer Charakter war. Seinem hellen Blicke war im täglichen
Verkehr mit den monumentalen Schöpfungen der italienischen Meister
die Ueberzeugung aufgegangen, dass auch die deutsche Kunst zur Wiederbelebung ihrer Kräfte da anfangen müsse, wo die italienische ihre Sprache
gelernt. Er hatte diese Ueberzeugung bereits in einem Briefe vom 3. November 1814, also noch vor Bartholdys Ankunft in Rom, ausgesprochen,
und dieser Umstand sichert ihm doch die Priorität vor Bartholdy, wenn-
selbst letzterer durch eigenes Nachdenken zu einer gleichen Anschauung
gelangt ist. Das kräftigste und unfehlbare Mittel, welches der deutschen
Kunst ein »Fundament zu einer neuen, dem grossen Zeitalter und dem
Geist der Nation angemessenen Richtung« geben konnte, war damals
nach Cornelius' Meinung »die Wiedereinführung der Fresko-Malerei, so
wie sie zu Zeiten des grossen Giotto bis auf den göttlichen Raffael in
Italien war . . . Seit ich die Werke dieser Zeit gesehen, schreibt er in dem
genannten Briefe, mich mit ihnen vertraut und mit denen unserer Vorfahren verglichen, so muss ich zwar gestehen, dass letztere Kunst eine
zum wenigsten ebenso hohe, reine und wahre, vielleicht noch tiefere
und gewiss eigenthümlichere Intention hat; aber in Hinsicht der erstern
muss ich denen beipflichten, die der Meinung sind, dass solche sich in
ihrer Natur freier, vollkommener und grösser entwickelt hat. Nebst der

*) Nach A. Hagen, Die deutsche Kunst in unserem Jahrhundert, Berlin 1857, I. S. 131,
soll der aus Neustrelitz gebürtige Maler Karl *Eggers* (1790—1863) durch Erkundigungen bei
älteren italienischen Malern und bei einem alten Maurer und durch mechanische und che-
mische Untersuchung alter Fresken das Verfahren der alten Meister wieder entdeckt haben.
Mit Veit stand Eggers in Verbindung, und Veit war auch der erste, welcher einen praktischen Versuch machte und die Freunde dadurch ermuthigte.

ausserordentlichen und wahren Aufmunterung, welche die Kunst durch
die lebhafte Theilnahme der ganzen Nation genoss, und nebst anderen
äusserlichen Ursachen halte ich die Ausübung der Freskomalerei für die
erste, die dieses bewirkte. Natürlich setze ich innere voraus: denn ist
der Geist Gottes nicht mit der Kunst, so helfen alle anderen Mittel
nichts, und die grössten Anstrengungen und Aufmunterungen sind nichts
mehr als Tand. Diesen Geist also vorausgesetzt, ist die Freskomalerei
so recht geeignet, alle Elemente der Kunst aufs freieste und grösste in
sich aufzunehmen, und statt auf dem Weg des Eklektizismus bloss un-
vereinbare Aeusserlichkeiten vereinen zu wollen, zieht sie wie in einem
Brennpunkte die von Gott ausströmenden Lebensstrahlen zu einem glühenden Brande zusammen, der wohlthätig die Welt erleuchtet und erwärmt.« Cornelius und Bartholdy begegneten sich also auf demselben
Wege, nur dass Cornelius damals noch in den Anschauungen der »Klosterbrüder« befangen war, deren Gemeinschaft sich übrigens im Laufe des
Jahres 1813 gelockert hatte, und dass er demgemäss die Religion mit
der Kunst identifizirte.

Die Fresken, welche in der fortan sogenannten »Casa Bartholdy«
von Cornelius, Overbeck, Veit und Schadow ausgeführt wurden, stellen
in sechs grösseren Bildern und zwei Lünetten die Geschichte Josephs
von seinem Verkauf bis zu seiner Wiedererkennung durch die Brüder
dar, und zwar vertheilten sich die acht Kompositionen auf die vier
Künstler folgendermaassen. An der dem Eingang gegenüberliegenden
Wand malte Overbeck links vom Fenster den Verkauf Josephs durch
die Brüder, rechts davon über einer Thür auf erheblich kleinerem Raume
Veit Joseph und die Frau des Potiphar. An der nach Norden gelegenen
Wand, durch welche man eintritt, stellte Schadow zur Rechten des Eintretenden die Auffindung von Josephs Rock und Joseph im Gefängniss
dar. An der Ostwand befindet sich links von einer Thür das Fresko
von Cornelius, die Traumdeutung, und darüber, zugleich die Thür über-
spannend, in einer Lünette die Symbolisirung der sieben fetten Jahre
von Veit, welche durch Kinder und Thiere dargestellt werden, die, in
heiterem Ueberfluss, im Genusse von Früchten und Wein schwelgend,
um eine unter einer Palme sitzende Frau gruppirt sind. Dieser Komposition entspricht auf der Westseite eine Lünette mit der Darstellung der
sieben mageren Jahre durch Overbeck: ebenfalls sieben Kinder, die sich
um Nahrungsmittel streiten oder eine trauernde Frau um Hilfe anrufen.
Ein hungriger Wolf und ein verschmachtendes Pferd bilden rechts und
links den Abschluss dieser Komposition. Unterhalb derselben, neben
der Thür, hat Cornelius die Wiedererkennung Josephs durch die Brüder

gemalt *). Wenn Cornelius um diese Zeit von seinen Freunden wegen seines energischen Charakters, seines muthvollen und patriotischen Auftretens und seiner unverwüstlichen Zuversicht auf eine ruhmvolle Entwicklung der deutschen Kunst »der Hauptmann der römischen Schaar« genannt wurde, so hatte er nunmehr auch in der Stanza Bartholdy durch seine künstlerische Ueberlegenheit über alle seine Genossen die Berechtigung zu diesem Ehrentitel nachgewiesen. Nicht so in der »Traumdeutung«, deren Komposition noch zu sehr abhängig von Raffaels Predigt des Paulus in Athen und deren Charakteristik noch zu allgemein gehalten ist, als in der »Wiedererkennung«. Auch sie zeigt freilich, wie die nächsten Arbeiten des Künstlers, das Studium Raffaels. Aber Cornelius begann bereits das also Gewonnene zu seinem geistigen Eigenthum zu machen, nach ähnlicher Grösse der Auffassung des Stils zu trachten und die Härten und Unbeholfenheiten seiner an altdeutschen Mustern gebildeten Darstellungsweise abzuschleifen. Das offenbart sich namentlich in der freien und grossartigen Anordnung der Gewänder, die nicht mehr so kleinliche, knittrige Brüche zeigen, wie auf den Faust- und Nibelungenzeichnungen. Daneben bricht sich auch die eigene Individualität des Künstlers Bahn. Die Bewegungen sind lebhaft und beredt, alle Personen nehmen einen lebendigen Antheil an der Handlung, das Mienenspiel ist mannigfaltig und ausdrucksvoll und die Komposition in den Linien äusserlich geschlossen, in ihrem geistigen Gehalt bedeutsam und den Gegenstand erschöpfend. Minder gelungen ist Overbecks Fresko, in welchem der Künstler noch streng an den italienischen Vorbildern, an Fiesole und Perugino, festhält. Hie und da wird man an die gedrungenen, fast vierschrötigen Gestalten Francias erinnert. Einen völlig italienischen, nach alten Gemälden komponirten Charakter trägt auch die Landschaft. Doch wird man die gewissenhafte Zeichnung und sorgsame Durchbildung der Formen anerkennen müssen. Weitaus günstiger gestaltet sich das Urtheil über die Lünettenkomposition, welche in der energischen Formengebung deutlich den Einfluss des älteren Freundes verräth, weshalb Cornelius auch noch gegen Ende seines Lebens diese Schöpfung Overbecks als ein Werk von ausserordentlichem Werthe

*) Einen Plan der Stanza Bartholdy, welcher die Vertheilung der noch wohlerhaltenen Fresken veranschaulicht, hat Riegel, Geschichte des Wiederauflebens der deutschen Kunst, S. 288 gegeben. Friedrich Wilhelm IV. hatte die Absicht, die Fresken anzukaufen, von der Wand ablösen und nach Berlin bringen zu lassen. Der mit Veits »Joseph und die Frau des Potiphar« gemachte Versuch fiel aber nicht derartig aus, dass man die Absicht des Königs verwirklichen konnte. Neuerdings angebahnte Verhandlungen in Betreff des Ankaufes der Casa Zuccari durch die preussische Regierung haben bisher zu keinem Resultate geführt.

rühmte und bedauerte, dass Overbeck nicht bei dieser Richtung geblieben. Mit Bezug auf die »sieben mageren Jahre« sagt A. von Zahn treffend: »Hier ist das Motiv des Hungers in allen Stadien des Ringens um die Nahrung bis zur völligen todesartigen Erschlaffung in einer Weise dargestellt, die als innerstes Ergreifen des unbewussten, naturwahren Ausdrucks der körperlichen wie seelischen Bewegung erscheint. Mit einer später kaum wiederkehrenden Freude an der energischen Zeichnung hat der Künstler hier seinen überaus individuellen Gestalten den schärfsten Ausdruck der Situation verliehen.« Philipp *Veit*, den wir schon oben (S. 60) kurz erwähnt haben, wusste sich mit der seiner beschaulichen Natur und seiner inbrünstigen Frömmigkeit widersprechenden Aufgabe, eine immerhin bedenkliche Verführungszene darzustellen, gar nicht abzufinden, während er in den sieben fetten Jahren eine liebliche Idylle voll heiterer Anmuth und voll feiner, dem Leben abgelauschter Züge schuf. Ein Sohn des jüdischen Bankiers Veit und der Tochter des Philosophen Moses Mendelssohn, war er nach der Trennung der Ehe seiner Eltern von dem zweiten Mann seiner Mutter, Friedrich von Schlegel, im Geiste mittelalterlicher Romantik und Mystik erzogen worden, so dass ihn der 1810 erfolgte Uebertritt vom Judenthum zum Katholizismus nicht das Opfer einer bereits gewonnenen religiösen Ueberzeugung kostete. In späteren Jahren verfiel auch er dem Verhängniss der Konvertiten, zum unduldsamen Fanatiker zu werden. Der Verlauf seiner Jugendzeit war gar nicht darauf angelegt. Nachdem er mit seinem älteren Bruder Johannes († 1852), der sich später ebenfalls in der Overbeckschen Richtung bewegte, ohne jedoch ein Werk von hervorragender Bedeutung zu schaffen, in Dresden und Wien Kunststudien gemacht, trat er 1813 als Freiwilliger ein und hielt sich in mehreren Schlachten und Gefechten so tapfer, dass er nicht nur zum Lieutenant befördert wurde, sondern auch später das eiserne Kreuz erhielt. Im November 1815 kam er nach Rom, wo er sich den Nazarenern, wie man die Klosterbrüder nach der in Folge der Ereignisse von 1813 erfolgten Auflösung ihres Bundes nannte, mit voller Begeisterung anschloss. Wenn auch das Wenige von schöpferischer Kraft, was Veit besass, durch seine strenge religiöse Richtung in der vollen Wirkung geschmälert wurde, so war er doch in der Freskomalerei ein tüchtiger Techniker. Von Wilhelm *Schadow*, dem am 5. September 1789 zu Berlin geborenen Sohne des Bildhauers Gottfried Schadow, kann man nicht einmal dieses sagen. Bevor er nach Rom kam 1810), hatte er den Unterricht seines Vaters und des Malers F. G. Weitsch genossen, der zeitweilig Rektor der Berliner Akademie gewesen war. Seine Vorbildung war eine überwiegend for-

male. Gleichwohl liess er sich von der romantisch-katholischen Strömung so sehr hinreissen, dass er 1814 mit Overbeck zum Katholizismus
übertrat. Der Wechsel des Bekenntnisses scheint jedoch nicht der Ausfluss inneren Bedürfnisses gewesen zu sein. Schadow hatte in Berlin
durch das Beispiel seines Vaters, der immer auf die Natur als die
Lehrerin aller Dinge hinwies, und durch Kopiren alter Bilder in den
königlichen Sammlungen bereits einen soliden technischen Grund gelegt.
Er hatte sich sogar als Portraitmaler schon einen gewissen Ruf erworben,
da Henriette Herz vor Schadows Abreise nach Rom von ihm schreiben
konnte: »Den jüngsten Schadow sah ich beim Abschiede von Berlin als
einen zierlichen jungen Weltmann und eleganten Portraitmaler, der durch
einige ähnliche Portraits vornehmer Personen schon eine Art von Ruf hatte,
der ihn über Gebühr eitel machte.« Die Richtigkeit dieses Urtheils hat
sich durch den späteren Lebenslauf Wilhelm Schadows bestätigt. Im Jahre
1819 charakterisirte ihn Karl Wach folgendermaassen: »Er ist jetzt ganz
lustig, stutzerig und auffallend arrogant in Gesellschaft, mit untermischter
Demuth, die beinahe noch unerträglicher ist. Ich glaube nicht, dass der
Mensch böse ist; aber er ist so ungleich, so charakterlos und dabei doch
etwas intriguant . . . Das Christenthum auf der Zunge treibt mir am
meisten die Galle ins Blut.« Diese Urtheile über Schadow stehen nicht
vereinzelt da. Er war eine unsympathische und unzuverlässige Persönlichkeit, ein Mantelträger und auch in seiner künstlerischen Ueberzeugung
schwankend und haltlos. Die Oelmalerei war ihm bequemer und dank-
barer als die Freskotechnik, und deshalb sind seine Arbeiten in der
Stanza Bartholdy auch nur von geringer Bedeutung. Seine Hauptthätigkeit in Rom erstreckte sich auf Bildnisse und einige Madonnenbilder, in
welchen er sich als einen so geschickten Oelmaler bewährte, dass man
ihn schon 1819 auf Grund seiner technischen Fertigkeiten als Professor
an die Berliner Kunstakademie berief. Was er in Berlin und später in
Düsseldorf geleistet, hat für die Kunstgeschichte nur Interesse, weil er
zugleich eine umfangreiche Lehrthätigkeit entwickelt hat.

Die Malereien in der Stanza Bartholdy zogen sich, durch mannigfache Schwierigkeiten, durch die Geldnoth des Bestellers und die dadurch
veranlasste Unlust der Maler unterbrochen, bis zum Jahre 1819 hin.
Aber die früher vollendeten Cartons sowohl als die angefangenen oder
zum Theil ausgeführten Arbeiten hatten einen so tiefen Eindruck gemacht, dass nicht nur die Spötter zum Schweigen gebracht wurden,
sondern dass auch ein neuer Auftrag für die betheiligten Künstler daraus
erwuchs. Der preussische Gesandte B. G. von Niebuhr, welcher 1816
nach Rom gekommen war und bis 1823 in unermüdlicher, aufopferungs-

voller Thätigkeit für die Interessen der deutschen Künstler daselbst
wirkte. hatte sich vergeblich bemüht. den aufstrebenden Kunstjüngern,
deren Bedeutung er ebenso klar erkannt hatte, wie Bartholdy, ein neues
Feld der Thätigkeit mit Hilfe seiner Regierung zu eröffnen. Preussen
hatte damals andere Sorgen, und überdies entfaltete sich dort bald darauf ein so umfassendes und bahnbrechendes Schaffen auf den Gebieten
der Bau- und Bildhauerkunst. dass man die damalige Zurückhaltung der
preussischen Regierung, wenn sie auch aus mangelhaftem Verständniss
und aus geistigem Marasmus, wie die Gegner behaupten, entsprossen
sein sollte, nicht als einen unverzeihlichen Fehler bezeichnen darf. Der
richtige Zeitpunkt, wo die Früchte römischer Studien zu ernten waren,
kam Preussen doch zu Nutze, jene Zeit, »wo, wie Friedrich Eggers in
seiner Biographie Rauchs sagt, alle Kraft, die Deutschland und der Norden nach Rom gesandt hatte, erfüllt von dem Kunstsegen des dortigen
Aufenthalts, wieder zurückströmte, um hier das bereits Keimende an
heimathlicher Sonne sich entfalten zu lassen.«

Zunächst war es ein Italiener, der Marchese Massimi, welcher.
durch den Anblick der Malereien in der Stanza Bartholdy veranlasst,
den deutschen Künstlern ein Stück Weges weiter half. Im Oktober
1817 wurde der Kontrakt mit Cornelius und Overbeck abgeschlossen.
Der erstere klagte darüber, dass die Bezahlung gering sei und dass
auch nichts im Voraus bezahlt wurde. Aber Niebuhr trat mit seinen
Mitteln ein, so dass Cornelius ohne Sorge an die Arbeit gehen konnte.
Der Marchese hatte ursprünglich nur die Absicht, zwei Zimmer im Ka-
sino seiner dem Lateranpalast gegenüberliegenden Villa mit Szenen
aus Dante und Tasso ausschmücken zu lassen. Veit war damals mit
einem Fresko im Braccio nuovo des Vatikans. der auf den Ruinen des
Kolosseums triumphirenden Religion, beschäftigt, und Schadow war zu
einem zweiten Versuche in der ihm unbequemen Freskomalerei nicht zu
bewegen. So blieben nur Cornelius und Overbeck übrig. Der erstere
wählte den ihm congenialen Dante, während sich sein Freund für die
ritterliche Romantik Tassos entschied. Erst später wurde der Plan dahin erweitert, dass noch ein drittes Zimmer mit Darstellungen aus Ariosto
versehen werden sollte. Cornelius machte sich mit Eifer und vollster
Begeisterung an die Arbeit. Er begann mit fünf Entwürfen in Wasserfarben, auf welchen die für die vier Wände und die Decke bestimmten
Kompositionen angegeben wurden. und führte auch die Kartons aus.
von denen einer in das städtische Museum zu Leipzig gekommen ist.
Er ist das Hauptdenkmal von Cornelius' Betheiligung an dieser Arbeit.
welche so verheissungsvoll begonnen hatte. Zur Ausführung seiner Ent-

würfe kam er nicht, da ihm im Anfange des Jahres 1818 durch den Kronprinzen Ludwig von Bayern eine grössere, seiner Begabung würdigere Aufgabe gestellt worden war, die Ausmalung der im Bau begriffenen Glyptothek in München, welche seine Uebersiedlung nach der bayerischen Hauptstadt im Herbst 1819 zur Folge hatte. Immerhin bezeichnet jener Karton, welcher in zwei durch einen Feston geschiedenen Gruppen links Dante und Beatrice vor Petrus, Paulus und Johannes, rechts Adam, Stephanus, Paulus und Moses darstellt, einen bedeutsamen Moment in Cornelius' Entwicklungsgang und den ersten geglückten Versuch in der Verschmelzung des Raffaelschen Stils mit demjenigen Michelangelos, die erste völlig freie Bewegung in jener erhabenen Formensprache, welche für die Fresken in der Glyptothek charakteristisch ist, zu denen er den Plan und die ersten Kartons noch in Rom begonnen hatte.

Bevor wir ihm nach München folgen, müssen wir die Darstellung der weiteren Entwicklung des Nazarenerthums und der Romantik, so weit sich die letztere auf römischem Boden vollzog, zum Abschluss bringen. An Cornelius' Stelle in der Villa Massimi trat Philipp Veit, der inzwischen frei geworden war. Er führte jedoch nur die Decke aus, welche er so eintheilte, dass er um ein ovales Mittelbild, die neunte Sphäre, welche den heil. Bernhard zeigt, der den Dichter der heil. Jungfrau empfiehlt, damit er die Dreifaltigkeit schauen könne, vier den Wänden entsprechende Gewölbefelder gruppirte, in denen die Hauptpersonen der acht übrigen Sphären des Paradieses mit den Planetenzeichen dargestellt sind. »Dem Inhalt aller dieser Gruppen, so urtheilte bereits Schorn im Kunstblatt von 1825 (S. 102), welcher eine Zusammenstellung ruhiger Linien erforderte, kam die Eigenthümlichkeit des Künstlers zu Statten, der, wie uns dünkt, in allen seinen Kompositionen das Stille und Ruhige liebt. Anmuth, zartes Gefühl, schöne Gruppirung und Drapirung sind die Eigenschaften, wodurch sich diese Gemälde auszeichnen . . . .« Die Ausschmückung der vier Wände wurde später dem bewährten Illustrator Dantes, Joseph Anton Koch, übertragen. Wir haben schon früher (S. 62) kurz erwähnt, dass der alte Mann einer solchen Aufgabe nicht mehr gewachsen war, um so weniger, als er sich die Freskotechnik nicht mehr aneignen konnte und seine an und für sich geistreich erfundenen Kompositionen daher nur sehr unvollkommen zur Ausführung gelangten. Das Dantezimmer, welches nach den Entwürfen des Cornelius die schönsten Hoffnungen erregt hatte, ist durch dieses Zusammentreffen ungünstiger Umstände am wenigsten befriedigend ausgefallen. Koch stellte zunächst an der Wand neben und über der Eingangsthür aus dem Ariostozimmer die Szene

aus dem ersten Gesange der göttlichen Komödie dar, wo der Dichter, von reissenden Thieren verfolgt, Virgil begegnet. In der Gestaltung der Landschaft konnte sich der Meister der stilistischen Landschaftsmalerei wenigstens in seinem gewohnten Fahrwasser bewegen. Die drei andern Wände enthalten das Bild der Hölle mit dem Todtenrichter Minos, das Fegefeuer mit den sieben Todsünden und den Vorraum zum Fegefeuer mit dem Nachen der zur Reinigung ankommenden Seelen.

Auch Overbeck brachte die ihm übertragene Ausschmückung des Tassozimmers nicht zu Ende. Es scheint doch, dass Cornelius' Einfluss auf ihn so mächtig gewesen ist, dass seine Thatkraft in der Ausübung der Freskomalerei nachliess, nachdem Cornelius sich von der gemeinsamen Arbeit zurückgezogen und Rom verlassen hatte. Overbeck ging dann auch in seinen Kompositionen auf die zahme und energielose Formensprache zurück, welche seinem Wesen besser entsprach, als die dramatische Ausdrucksweise seines älteren Freundes. Gleichwohl hat er später nichts Anmuthigeres, nichts Feineres und Poesievolleres zu Stande gebracht, als die vier Kompositionen der Decke »Sofronia und Olindo auf dem Scheiterhaufen«, »Erminia bei den Hirten«, »Rinaldo in den Zaubergärten der Armida« und »Taufe der sterbenden Klorinde durch Tankred«, welche um die allerdings sehr schwächlich, ausdrucks- und bedeutungslos charakterisirte Personifikation des befreiten Jerusalems gruppirt sind. Ausserdem rühren von Overbeck noch folgende Kompositionen an den Wänden her: Gottfried von Bouillon wird durch den Engel Gabriel zur Befreiung Jerusalems aufgerufen; Peter von Amiens im Kriegsrathe Gottfrieds; Tod der Gildippe. Vollendet wurde die Dekoration des Tassozimmers erst durch Joseph *Führich* (geb. 1800 zu Kratzau in Böhmen), welcher 1827 nach Rom gekommen war und sich dem Kreise der ihm geistig verwandten Nazarener zugesellte. Er malte die drei grossen Bilder, »Armida erscheint dem Rinaldo im Walde«, »Tankred im verzauberten Walde« und »der Besuch des heil. Grabes durch die Kreuzfahrer«. Führich hat auch die meisten der unter den Hauptbildern vorhandenen Grisaillen auf Goldgrund, zum Theil nach Overbecks Entwürfen, ausgeführt.

Der Marchese Massimi hatte anfangs, wie gesagt, nur die Absicht gehabt, die rechts und links von dem Mittelzimmer belegenen Räume mit Fresken ausschmücken zu lassen. Erst später liess er sich dazu bestimmen, den Mittelraum dem Dritten im Bunde der grossen italienischen Epiker, Ariosto, zu widmen. Es war, der Eintheilung des Raumes entsprechend, die grösste der drei Aufgaben, und sie fiel einem jungen Künstler zu, der, wie keiner seiner damaligen Genossen, zu der Lösung dieser roman-

tischen Aufgabe befähigt war, Julius *Schnorr*. Mit ihm tritt eine neue
Persönlichkeit in den Kreis der römisch-deutschen Künstler, welche nicht
bloss in ihren Kunstanschauungen zwischen Klassizismus, Nazarenerthum
und Romantik schwankten, sondern sich auch wegen religiöser und gesellschaftlicher Differenzen lebhaft befehdeten. Kaum hatten die Jahre
1813 bis 1815 unter den deutschen Künstlern in Rom eine nationale
Bewegung und Einigung zu Gunsten des gemeinsamen Vaterlandes hervorgerufen, als auch schon der Rückschlag erfolgte, der nur ein Echo
der Zustände in der nordischen Heimath war. Romantik, Reaktion,
Demagogenverfolgung, Pietismus, Mysticismus sind für die historische
Betrachtung leider unzertrennliche Erscheinungen, und es ist dem Geschichtsschreiber schwer, das für die damalige Zeit Zweckentsprechende
und das Allgemeingültige aus dem trüben Wust herauszufinden, zumal
die zu jener Zeit aufgetauchten Gegensätze in ihren geistigen Elementen
noch heute thatkräftig sind. Indessen hat der Kunstgeschichtsschreiber
doch eine leichtere Aufgabe als der Universalhistoriker. Der letztere
hat mit Gedanken zu rechnen, die sich in ihren zahllosen Verzweigungen
am Ende gar nicht mehr fassen lassen. Die Kunstgeschichte findet zwar
auch einen grossen Reiz in der Darstellung der Entwicklung eines künstlerischen Individuums. Aber sie hat zuletzt nur Thatsachen, d. h. vollendete Schöpfungen vor sich, an denen sie ihren Faden weiter spinnt.
Aus diesen Gründen darf uns die Rücksicht auf die idealen Bestrebungen
der deutschen Künstler, welche damals eine neue Richtung mit einer
leidenschaftlichen, wenn auch einseitigen Begeisterung zu begründen
suchten, nicht abhalten, ihre Thaten historisch abzuwägen. In stetigem
Fortschritt hatten sie nach einer reinen, idealen Kunst gestrebt. Von
nationaler oder landschaftlicher Beschränkung waren sie zu der Universalität Raffaels und Michelangelos emporgestiegen. Wie in der Formensprache waren sie aber auch in den Motiven von der Ueberlieferung
abhängig gewesen: die Bibel, die antiken Klassiker, die italienischen
Dichter waren ihre Rathgeber. Erst später traten Shakespeare, Goethe,
die Nibelungen hinzu. Die unmittelbare Anschauung des sie umgebenden Lebens diente ihnen nur als Mittel zum Zweck, indem sie gelegentlich Modelle aus ihm herausgriffen, nach denen sie zeichneten.
Man würde sie auf eine Stufe mit den italienischen Eklektikern stellen
können, welche sich ihr ästhetisches Glaubensbekenntniss aus Leonardo,
Raffael, Michelangelo, Correggio, Tizian und Giulio Romano kombinirten,
wenn sie auch nur eine annähernd gleiche Fertigkeit der Technik besessen hätten. Die Tradition setzte Mengs fort. Aber dieser war den
Neuerern ganz besonders als die Verkörperung des Akademikerthums

verhasst, und deshalb wäre die Revolution nur einseitig gewesen, wenn die jugendlichen Stürmer und Dränger irgend eine technische Lehre von Mengs angenommen hätten. Dieser Hochmuth rächte sich bitter. Wenn wir heute das weite Feld überschauen, welches die Vertreter der neu-deutschen oder neuklassischen Kunst bebaut haben, haben wir einerseits von der Ungunst des Klimas hart mitgenommene oder ganz zerstörte Wandmalereien, andrerseits wohlgemeinte, sauber ausgeführte, mit tiefer Empfindung, selbst mit grossartigem Pathos erfüllte Kartons und Zeich-nungen vor Augen. Geistvolle Gedanken, die idealsten Wünsche und Bestrebungen sind in diesen Schöpfungen niedergelegt worden: aber ihren Urhebern hat Kraft, Gelegenheit und Wille gefehlt, ihren Gedanken eine Erscheinungsform zu geben, welche, wie die Schöpfungen eines Raffael und Michelangelo, eines Rubens und Rembrandt, den Angriffen von Jahrhunderten widerstehen kann. Einen grossen Theil der Schuld an diesem Ergebniss, welches in keinem Verhältniss zu dem Aufwand an grossen Gedanken und grossen Worten steht, trägt die zum Dogma erhobene Abneigung gegen die Oelmalerei, gegen die Tafelmalerei, was wir im einzelnen nur an der künstlerischen Entwicklung von Cornelius nachweisen wollen. Was die andern »Gedankenmaler« betrifft, so wird es für den Historiker genügen, ihre Thaten zu richten, welche freilich nur einen schwachen Abglanz ihrer den Himmel stürmenden Ideen geben.

Auch die Fresken, welche Schnorr im Ariostozimmer der Villa Massimi ausführte, sind von dem allgemeinen Mangel aller deutschen Kunstschöpfungen jener Zeit nicht frei. Noch weniger als Cornelius und Overbeck wusste Schnorr die Freskotechnik zu beherrschen, obwohl er nach dem Zeugnisse Ludwig Richters[*], der ihm bisweilen bei der Arbeit zusah, ausserordentlich schnell malte. Eines der Bilder vollendete er in zehn Tagen. »Diese Leichtigkeit des Schaffens erhielt ihn frisch und fröhlich, und er wurde darob von allen Künstlern bewundert.« Schnorr blieb übrigens die technische Unvollkommenheit seiner Arbeiten nicht verborgen. Im Anfang der vierziger Jahre äusserte er in Bezug auf die Fresken der Villa Massimi zu Ludwig Richter: »Wir hatten damals vollauf zu thun, nicht allein die Prinzipien, die Grundanschauungen der alten grossen Meister des fünfzehnten Jahrhunderts zu erforschen und festzustellen, sondern wir mussten nach denselben auch selbst schaffen und arbeiten lernen. Da die alten Grundlagen verloren gegangen waren,

---

[*] Lebenserinnerungen eines deutschen Malers. Selbstbiographie von Ludwig Richter. Herausgegeben von Heinrich Richter. Frankfurt a. M. 1886. S. 186.

kehrten wir zu den Quellen zurück, in deren Verlauf so Grosses, Voll-
kommenes entstanden war. Es war uns unmöglich, Alles auf einmal zu
leisten, und wir glaubten, die Weiterführung, namentlich die Ausbildung
der Technik in demselben Geiste, den Nachkommenden überlassen zu
können.« Selbst Herman Riegel, der eifrigste Vorkämpfer für die von
der neudeutschen Kunst vertretenen Prinzipien, muss zugeben, dass die
»malerische Behandlung« der Schnorrschen Fresken »sehr ungleich und
selbst in den besten Fällen nicht ganz ohne Mangel ist.« Er fährt dann
fort: »Viele der Lokaltöne sind erdig und schwer, besonders verstimmt
ist das Blau. Andres dagegen ist wieder ganz vortrefflich, wie namentlich das grosse Wandbild vom rasenden Roland und überhaupt die landschaftlichen Theile der Malereien, die fast durchweg sehr schön sind.
Doch erreicht Schnorr nirgends die ausgezeichnete malerische Feinheit
und Stimmung, die Overbeck in seiner »Gildippe« sehr vorzüglich gelang.« Die Absichten Schnorrs sind denn auch in den Kartons, die sich
in der Kunsthalle zu Karlsruhe und im städtischen Museum zu Frankfurt a. M. befinden, besser zu erkennen als in den ausgeführten Malereien, deren technische Mängel im Laufe der Zeit noch durch den Einfluss der Feuchtigkeit vergrössert worden sind. Die Gliederung der Decke
durch vier Stichkappen und die dadurch bedingte Eintheilung der Wände
machen das Ariostozimmer zu dem am reichsten dekorirten Raum. Die
Decke allein enthält vierzehn Kompositionen, deren Mittelpunkt das
Siegesfest Kaiser Karls und die Vermählung des Ruggiero und der Bra-
damante bildet. Dazu kommen noch fünf grosse und vier Schmalbilder
an den Seitenwänden. Bei der Wahl seiner Motive ist Schnorr mit reif-
licher Ueberlegung und scharfem Einblick in das Wesen des Gedichts
zu Werke gegangen, worüber er im Kunstblatt von 1828 ausführlich
Rechenschaft abgelegt hat. Er konnte denn auch mit Genugthuung
sagen, dass »die Art, wie er dieses wunderliche, weitschweifige Gedicht
zu einer solchen gedrungenen Darstellung aufgefasst habe, grossen Beifall erhalten.« Durch die Liebenswürdigkeit seines Wesens, die Lauterkeit seiner Gesinnung, die ideale Begeisterung in seinem Streben und
die ruhige, harmonisch abgeklärte Festigkeit seines Charakters übte
Schnorr nach Cornelius' Abreise einen grossen Einfluss auf die römischen Kunstgenossen aus. Er war es, der in die Stellung des »Haupt-
manns der römischen Schaar« trat, da Overbeck nicht die nöthige Energie
besass, um sich allein, ohne Cornelius' Beihülfe, zur Geltung zu bringen
oder sich gar zum Haupte einer Schule aufzuwerfen. Schnorr hatte sich
freilich noch nicht zu einer künstlerischen Persönlichkeit von bestimmter
Individualität herausgebildet. Er war theils von Overbeck, theils von

Cornelius abhängig, die er auch nach seiner eigenen Versicherung stets
als seine Lehrmeister betrachtete. Erst später gelang es ihm, die Eigenthümlichkeiten beider zu einer neuen Harmonie zu verschmelzen. Wie
sehr aber seine Kompositionen im Ariostozimmer den Beifall der Zeitgenossen fanden, so vermochten auch die letzteren schon zu erkennen,
dass der Schwerpunkt von Schnorrs Begabung nicht im Heroischen und
Dramatischen, sondern im Idyllischen lag. Ohne in religiöser Beziehung
ein Asketiker zu sein, verband er echte Frömmigkeit mit der Empfäng-
lichkeit für die heiteren Seiten des Daseins. In der letzteren wurzeln
seine besten Schöpfungen, was schon Ludwig Richter klar heraus-
fühlte. Während Schnorr noch an den Malereien in der Villa Massimi
thätig war, beschäftigte er sich zugleich mit einer neuen Aufgabe, deren
Ausführung ihm der Kronprinz Ludwig von Bayern in Aussicht gestellt
hatte. Er sollte einige Säle in dem neuen Residenzschlosse in München mit Darstellungen aus der Odyssee schmücken, und gerade für
dieses Gedicht war Schnorrs Begabung vorzüglich geeignet. »Das Anmuthige und Phantasiereiche, schreibt Ludwig Richter, war doch sein
Bereich der Poesie, seine eigenste Natur, und welchen Anlass zu den
köstlichsten Landschaftsbildern würde gerade dieser Stoff ihm dargeboten
haben, wozu er ja ein Talent besass, wie kein zweiter deutscher Maler,
und welches bedeutend zu verwenden ihm niemals eine Gelegenheit geboten wurde.«

Bevor wir den früheren Bildungsgang Schnorrs charakterisiren und
seine spätere Entwicklung weiter verfolgen, haben wir uns noch mit
jener Gruppe von Künstlern zu beschäftigen, welche man »Nazarener«
nennt. Aus den Klosterbrüdern von San Isidoro erwachsen, haben die
Nazarener keinen Einfluss auf den Fortschritt der künstlerischen Produktion geübt und auch keine Werke hinterlassen, welche einen Markstein in der Kunstgeschichte bilden oder die in den dauernden Besitz
des deutschen Volkes übergegangen sind. Wo es ihnen gelang, zu einer
reinen Formensprache hindurchzudringen, trat die religiöse, bis zum
Fanatismus getriebene Unduldsamkeit in den Weg, um eine gleichmässig volle Wirkung auf eine in konfessioneller Beziehung zwiespaltige
Bevölkerung zu ermöglichen.

### 9. Die Nazarener.

Obwohl Cornelius durch Geburt und Erziehung ein eifriger Katholik
war und es auch sein Leben lang blieb, stand er den Empfindungen
seiner Kunstgenossen, welche das protestantische Bekenntniss ihrer Väter
mit einem andern vertauscht hatten, keineswegs sympathisch gegenüber.

Innerlich hatte er sich schon sehr bald wieder von den Klosterbrüdern von San Isidoro getrennt, und es fehlte auch, so lange er noch in Rom war, nicht an Aeusserungen, welche diese Trennung andeuten sollten. So geschah es einmal, dass Niebuhr bei einem Feste im Angesichte des am Himmel hellglänzenden Jupiter Thorwaldsen aufforderte: »Lass uns die Gesundheit des alten Jupiter trinken!« worauf Thorwaldsen erwiderte: »Von ganzem Herzen gern!« Da auch Cornelius diesem Trinkspruche zustimmte, betrachteten ihn die Konvertiten bereits als einen Ketzer. Seit dem Uebertritte Overbecks im Jahre 1813 mehrten sich die Konversionen in so bedenklicher Weise, dass Niebuhr in ernste Sorgen gerieth. »Sie haben nicht gewusst, was sie thaten,« schrieb er an Savigny, und an einer andern Stelle: »Von denen, die den Katholizismus angenommen haben, ist Overbeck ein Schwärmer und ganz unfrei; ein sehr liebenswürdiges Gemüth und begabt mit herrlicher Phantasie, aber von Natur unfähig, durch sich selbst zu stehen, und keineswegs so verständig, wie er poetisch ist. Ihm ist das Joch angewachsen, in welches ein Anderer (wahrscheinlich ist W. Schadow gemeint), der den nämlichen falschen Schritt gethan hat, sich immer wieder hineinschieben muss, weil es von ihm zurückweicht. Bei Cornelius dagegen, der im Katholizismus, aber ohne alle Bigotterie aufgewachsen, hat er bei aller Festigkeit nichts Beengendes; er geht bei ihm im Grunde nicht weiter als der Glaube der Protestanten.« Noch schärfer urtheilte Niebuhr in einem Briefe vom Jahre 1818, wo er wiederum Cornelius »eine glorreiche Ausnahme« nennt. »Das ist der Goethe unter den Malern und in jeder Hinsicht ein frischer und mächtiger Geist, frei von aller Beschränktheit.« Und mit Bezug auf die Nazarener sagte er: »Dies ganze Leben der Künstler hier taugt nichts, es ist grundverderblich. Ihre ganze Lage ist falsch, sie machen hier einen vornehmen Stand aus, sie werden blind und schief über alle Verhältnisse der Welt, so dünkelvoll und eitel. Um Gotteswillen denke man daran, keinen zu lange hier zu lassen. Nur in einer mannigfach und reich geordneten bürgerlichen Gesellschaft kann ein Künstler, der nicht ein Wunder ist wie Cornelius, ein gesunder Mensch bleiben.« Ein gleiches gilt auch von Schnorr, der sich in dem protestantischen Bekenntniss seiner Väter durch die Frömmelei seiner römischen Umgebung nicht beirren liess, weil er eine klare, glaubensfeste Natur war.

Mit dem Weggange von Cornelius und Schnorr verlor die deutsche Schule in Rom ihre Bedeutung. Overbeck versank gänzlich in einen hie und da an Beschränktheit und Stumpfsinn grenzenden Religions-Fanatismus und stellte seine Kunst ganz in den Dienst der Kirche, was er auch

in seinen Briefen deutlich aussprach. Er bekannte, »dass ihm die Hoffnung, durch seine Werke eine Seele in Glauben und Andacht gestärkt
zu haben, weit mehr gelte als aller Ruhm.« Doch war Overbecks ursprüngliche Begabung so gross und so unverwüstlich, dass nur ein Theil
seiner späteren Schöpfungen unter dem Grundirrthum seines Lebens und
seiner Kunstanschauung litt. Zu letzteren gehören besonders das grosse
Oelgemälde »der Triumph der Religion in den Künsten« (1840, Frankfurt a. M., städtisches Museum), eine in der Erfindung wie in der Ausführung völlig verunglückte, gewaltsam verschrobene und die Grenzen
der bildenden Kunst weit überschreitende Komposition, und ein Tempera-
gemälde in einem Zimmer des Quirinals, die »Entweichung Christi aus
den Händen seiner Verfolger«, eine symbolische Verherrlichung der
Flucht Pius IX. aus Rom im Jahre 1848. Was er zu erreichen im Stande
war, wenn er sich ohne tendenziöse Nebenabsichten ausschliesslich in
seinen Stoff vertiefte, lehren am deutlichsten die »Klage um den Leichnam Christi« (1840, Marienkirche zu Lübeck) und seine grossen cyklischen Kompositionen, vierzig Zeichnungen zu den Evangelien, die Passion in vierzehn Stationen und die sieben Sakramente, welche durch
Stich, Farbendruck und Holzschnitt weite Verbreitung gefunden haben.
am meisten die sieben Sakramente, in welchen die Kunst des Nazarenerthums das Höchste erreicht hat, was ihr zu erreichen beschieden war*),
immer freilich in dem Sinne der bedingungslosen Unterordnung der
Kunst unter die Satzungen eines asketischen Katholizismus. Die im
Jahre 1861 vollendeten »sieben Sakramente« sind grosse Kartonzeich-
nungen, deren Hauptdarstellung auf allen vier Seiten durch friesartige
Kompositionen so umrahmt wird, dass diese Einfassung einen architektonischen Charakter erhält. So ist z. B. über dem Abendmahle im
oberen Fries der Sündenfall dargestellt, auf der linken Seitenleiste in
einer aufsteigenden Komposition das Wunder zu Kana und zwischen
Rankenwerk eine Weinlese und das Keltern des Weines, auf der rechten
Seitenleiste die Vermehrung der Brode in der Wüste und zwischen Arabesken Ernteszenen, endlich auf dem abschliessenden Sockel der Tod
der Erstgeburt, die Stiftung des Osterlamms und die Spendung des
Mannas in der Wüste. Auch von diesem Hauptwerk Overbecks, welches
der siebenzigjährige Greis noch in voller Jugendfrische schuf, gilt die
Charakteristik A. von Zahns, der die »innerste Befriedigung und eigent-

---

*) Die von Gaber ausgeführte Holzschnittausgabe der »sieben Sakramente« erschien
1865 (Leipzig und Dresden), in zweiter Auflage 1871. — Eine unter Overbecks Leitung von
seinen Schülern Karl Hoffmann und Ludwig Seitz zu Rom in grüner Erde in Oel getuschte
kleinere Wiederholung der Originale befindet sich in der Berliner Nationalgalerie.

liche Schaffensfreude des Künstlers in zwei Richtungen« fand: dem Gebiete des Gefühlslebens, den empfindenden, leidenden, weiblichen Seelen-
vorgängen auf der einen, dem »Rhythmus der Anmuth« in Linien und
Formen auf der andern Seite. Für die erste dieser Richtungen sind die
»Klage an dem Leichnam Christi« in Lübeck und die trauernden Mütter
des »Kindermords« in der Zeichnung zu den Evangelien (1843), für die
andere die ungemein lebendig gezeichneten, ab und zu von köstlicher
Anmuth und Naivetät erfüllten, an Fiesole erinnernden Randleisten zu
den Sakramenten bezeichnend.

Overbeck starb am 12. November 1869 zu Rom. Schüler im
engeren Sinne, das heisst solche, die seine Richtung fortpflanzen,
weiter ausbilden und späteren Generationen triebkräftig hätten hinterlassen können, hat er nicht gehabt. Wohl hat sich aber eine ganze
Reihe von gleichaltrigen oder wenig jüngeren Künstlern von ihm so beeinflussen lassen, dass sie mit ihm eine gemeinsame Gruppe bilden.
Doch muss die Overbeck'sche Richtung in Wahrheit keine entwicklungs-
fähigen Keime enthalten haben, da es keinem dieser Künstler gelungen
ist, über seine Zeit hinaus zu wirken oder Schöpfungen zu hinterlassen,
die einen eigenthümlichen Geist verrathen. Es genügt daher zumeist,
nur Namen zu nennen, wie Friedrich *Olivier* (1791—1859) und Johann
*Scheffer* von Leonhartshoff (1795—1822), welche in Wien kurze Zeit
ähnlich wie Overbeck und seine Genossen gleiche Prinzipien gegen den
akademischen Zwang vertheidigten, dann Karl *Vogel* von Vogelstein
(1788—1868), ein Konvertit, welcher ein Menschenalter hindurch als Professor an der Dresdener Kunstakademie thätig gewesen war, ohne als
Künstler und Lehrer Bedeutendes erreicht zu haben, Karl *Eggers* (1790
bis 1863), der nur noch wegen seiner Verdienste um die Wiederbelebung
der Freskotechnik genannt wird, Johann Anton *Ramboux* (1790—1866),
dessen Name mit einer Sammlung von Aquarellkopien nach alten italienischen Meistern verknüpft ist, welche als Lehr- und Anschauungs-
material in der Düsseldorfer Kunstakademie benutzt wird, und Gustav
Heinrich *Naecke* (1786—1835). Auch Philipp *Veit* (1793—1877), den
wir schon mehrfach erwähnt haben, vermochte seit 1830, wo er als Direktor des Städelschen Instituts nach Frankfurt a. M. berufen wurde, für
seine und Overbecks Richtung in dem neuen Wirkungskreise keinen
Boden zu finden, obwohl er vielfach Altarbilder und Fresken für Kirchen
malte. Trotz seiner Entfernung von Rom nahm seine Bigotterie und
die einseitige Betonung seines katholischen Standpunktes immer mehr
zu. Als im Jahre 1842 das Gemälde Lessings »Huss vor dem Konzil
zu Konstanz« von der Verwaltung des Städelschen Instituts ohne seine

Zustimmung angekauft wurde, legte er aus konfessionellen Bedenken sein Amt nieder, ohnehin verstimmt durch das Ueberhandnehmen der ihm tief verhassten koloristischen Richtung und der Genremalerei, welche man durch die Berufung Jakob Beckers im Jahre 1841, ebenfalls gegen seinen Willen, zu stark bevorzugt hatte[*]. Seine Schöpfungen, unter denen das Fresko im städtischen Museum zu Frankfurt a. M. »Einführung der Künste durch das Christenthum in Deutschland« mit Italia und Germania, das Altarbild für den Dom »Mariae Himmelfahrt« und der Freskencyklus für den Messchor des Doms zu Mainz, wohin Veit im Jahre 1853 übergesiedelt war und wo er die Gemäldesammlung verwaltete, hervorzuheben sind, wurden immer strenger, trockener und ausdrucksloser. Da der Glanz seines Namens, Dank der publizistischen, brieflichen und mündlichen Agitation aller gebildeten Geister, welche in den ersten dreissig Jahren unseres Jahrhunderts Rom überflutheten, um ihre Erlebnisse und Erinnerungen in Studien, Briefen und Reisebeschreibungen niederzulegen, sich bereits über ganz Deutschland, besonders aber in Berlin und Frankfurt a. M. verbreitet hatte, strömten ihm bei Beginn seiner Lehrthätigkeit zahlreiche Schüler zu. Aber nur zwei von ihnen haben es zu Ruhm und Ansehen gebracht: Alfred *Rethel*, der jedoch erst zu einem energischen Ausdruck seiner Persönlichkeit gelangte, nachdem er sich von Veit emancipirt hatte, und Eduard *Steinle*[**]. Letzterer ist das Echo Veits, soweit es sich um die Werke seiner Jugend und seines Mannesalters handelt. Am 2. Juli 1810 zu Wien geboren, ging er nach erlangter Vorbildung im Atelier des ebenfalls zur Richtung der Nazarener gehörigen, namentlich von Fiesole beeinflussten Malers Leopold *Kupelwieser* (1796—1862), der sich besonders durch Fresken in der Altlerchenfelder Kirche in Wien und im Empfangssaal der Statthalterei daselbst bekannt gemacht und Jahre lang gemeinsam mit Führich für die Förderung der religiösen Kunst gewirkt hat, im Jahre 1828 nach Rom. Hier fand er bei Overbeck und Veit liebevolle Förderung seiner Studien, die er mit kurzer Unterbrechung bis zum Jahre 1834 fortsetzen durfte. Dann kehrte er nach Wien zurück, wo er drei Jahre blieb, und begab sich darauf nach Frankfurt a. M., wo er u. a. den Auftrag erhielt, die Schlosskapelle auf Burg Rheineck, der Besitzung des Herrn von Bethmann-Hollweg, mit der Bergpredigt und ihren acht Seligpreisungen in Fresko auszuschmucken. Steinle nahm seine Aufgabe so gewissenhaft, dass er sich zunächst auf mehrere Monate

[*] V. Valentin in der Zeitschrift für bildende Kunst 1880, XV., S. 75 ff.
[**] C. von Wurzbach, Ein Madonnen-Maler unserer Zeit, Wien 1879

nach München begab, um sich unter Cornelius' Leitung in der Ludwigskirche daselbst in der Freskotechnik zu üben. Die Ausführung der
Wandmalereien in Rheineck fällt in die Jahre 1838—1842. Dann liess
er sich von neuem in Frankfurt nieder, wo er zunächst einige Oelbilder
wie die Tiburtinische Sibylle (1848, Frankfurt, Städelsches Institut), den
heil. Lukas die Madonna malend, Eva und Abel, die Hochzeit zu Kana
u. a. m. schuf. In dieselbe Zeit fallen auch die in Fresko ausgeführten
neun Engelchöre im Chore des Kölner Doms (1843—1846). In diesen
ersten Werken hielt er sich ganz an Veit, mit welchem er überdies
durch Bande der Verwandtschaft — er wurde sein Schwiegersohn —
verknüpft war. Nur strebte er nach einer reicheren koloristischen Wirkung und liess dem übertrieben Asketischen einen weit geringeren Spielraum. Er bevorzugte mehr das Anmuthige und Liebliche und kehrte
am Ende zu der Quelle, von welcher die Nazarener ausgegangen
waren, zur Romantik, zurück. Er beschränkte sich auch nicht mit ten-
denziöser Ausschliesslichkeit auf religiöse Stoffe, und dass ihm selbst
der Humor nicht fremd blieb, zeigt u. a. das liebenswürdige Aquarell
der Berliner Nationalgalerie, welches eine Szene aus Shakespeares »Was
ihr wollt«, die Anmeldung der als Page verkleideten Viola bei Olivia,
darstellt (1868). Immerhin setzte er auch durch seine Lehrthätigkeit am
Städelschen Kunstinstitut, zu welcher er im Jahre 1850 berufen wurde,
die Traditionen der Nazarener fort, zumal er nebenher fast ununterbrochen grosse Freskenaufträge erhielt. Im Jahre 1857 begann er die
Ausmalung der Aegidienkirche zu Münster. Von 1860—1863 führte er
die Fresken im Treppenhause des Wallraf-Richartz-Museums zu Köln
aus, vier figurenreiche Kompositionen, welche die Hauptabschnitte der
Kultur- und Kunstgeschichte der Stadt, die römische und die romanische
Periode, das Mittelalter, die Renaissance und die neuere Kunst und
den Ausbau des Kölner Doms darstellen. An den beiden letzteren
Kompositionen scheiterte seine Kraft, da ihr Thema ganz ausserhalb der
Grenzen seiner Begabung lag. Insbesondere ist das Ceremonienbild, die
Aufziehung der Kreuzblume am südlichen Domportal in Gegenwart Fried-
rich Wilhelm IV., völlig missglückt. Den Boden, in welchem seine Kraft
wurzelte, betrat er dann wieder 1865 mit der Ausmalung der sieben
Chornischen in der Marienkirche zu Aachen. Es folgten 1867 der Schmuck
der fürstlich Löwensteinschen Kapelle zu Heubach, die Kartons zu den
Glasfenstern der Liebfrauenkirche zu Trier und im Dom zu Frankfurt a. M.,
1875 monumentale Malereien im Münster zu Strassburg und in neuester
Zeit die Entwürfe zur Ausmalung des Frankfurter Doms. Mit Overbeck
hat Steinle den Vorzug gemeinsam, dass ihm geistige Frische und tech-

nische Gewandtheit bis in sein Greisenalter hinein erhalten geblieben
sind. Dafür spricht u. a. ein 1884 vollendeter Cyklus von Aquarellen,
die, in Form eines Altarbildes mit Predella und vier Seitenflügeln, den
Hauptinhalt des Parzival von Wolfram von Eschenbach in durchaus
romantischer Weise erzählen. Wenn Steinle auch in der Formengebung
und Charakteristik der Figuren auf seinen Fresken seiner streng-kirch-
lichen Richtung Ausdruck gab, so huldigte er doch in Staffeleibildern
der Romantik, wobei er sogar hie und da an Schwind streifte. Besonders charakteristisch für diese Richtung seiner Kunst ist eine Reihe
von Gemälden, deren Motive seinem Lieblingsdichter unter den neueren,
Clemens Brentano, entlehnt sind, dann mehrere Aquarelle mit Szenen
aus Shakespeares »Sommernachtstraum«, »Kaufmann von Venedig« und
»Zähmung der Widerspänstigen«, sowie drei Oelgemälde der Schackschen
Galerie in München, »Loreley«, der »Thürmer« und der »Violinspieler«,
von denen die beiden letzteren auch von einem Reize der Farbe sind,
welchen man bei einem Nazarener nicht zum zweiten Mal findet. An
diese romantische Richtung Steinles schliesst sich auch sein bedeutendster
Schüler, Leopold *Bode*, an, welcher, am 11. März 1831 zu Offenbach geboren, anfangs den Unterricht von Jakob Becker und Passavant[*] am
Städelschen Institut genossen, seit 1850 aber in Steinle den ihm zusagen-
den Meister gefunden hatte. Seine Erstlingsarbeiten, eine Szene aus der
Geschichte der Ruth (1856), eine »Heimsuchung Mariä« in einer badischen
Dorfkirche und einige Bilder nach der »Chronika eines fahrenden Schülers« von Clemens Brentano, schlossen sich in Form und Inhalt ganz an
Steinle an. Nachdem er eine Studienreise durch Bayern und Tirol ge-
macht, half er seinem Meister an der Ausführung der Fresken im Kölner
Museum. Eine Frucht jener Reise war die »Alpenbraut« 1864, in der
Galerie Schack zu München), welche den an einer Felsenwand empor-
klimmenden Jäger durch ihre verderbliche Umarmung in die Tiefe hinab-
reisst. Das Bild ist so gleichzeitig mit Steinles »Loreley« entstanden,
dass eine gegenseitige Beeinflussung unzweifelhaft erscheint, zumal sich
Bode auch sonst durchaus abhängig zeigt, theils von Steinle, theils von
Schwind. Graf Schack berichtet, dass letzterer bei dem Anblick der
»Alpenbraut« gesagt hat: »Das ist ja gerade, als ob ich es gemacht

---

*) Johann David *Passavant* (1787—1861) darf in einer Geschichte der deutschen Kunst
nicht vergessen werden, wenngleich er als Maler keine Bedeutung erlangt hat. Ein begei-
ster-ter Anhänger von Cornelius, Schnorr und den Nazarenern, hat er sowohl durch seine hie
und da grundlegenden kunstschriftstellerischen Leistungen wie durch seine Verwaltungs-
thätigkeit als Inspektor des Städelschen Instituts in Frankfurt a. M. sehr viel gewirkt, um das
Verständniss für die Bestrebungen der neudeutschen Kunst im Vaterlande zu wecken.

hätte: nur dass ich nicht so gut malen kann.« Bodes Illustrationen zu
Schillers »Glocke«, zu Scheffels »Ekkehard«, zu Shakespeares »Winter-
märchen« sind in demselben Geiste gehalten. Mehr zu Steinle neigt
sich die dreitheilige Darstellung der Sage von Pipin und Bertha, den
Eltern Karls des Grossen, in der Galerie Schack, während der Aquarellen-
cyklus zu De la Motte-Fouqués »Undine« eine Nachahmung von Schwinds
»Melusine« ist.

Die Wiege des Nazarenerthums stand in Wien. In Wien war
auch Steinle geboren, welcher in Westdeutschland die ganze Schule von
Cornelius und Schadow überlebt oder doch in den Schatten gestellt hat,
und in Wien sollte auch die Thätigkeit desjenigen Nazareners ihren Abschluss finden, welcher die Grundsätze der Schule am erfolgreichsten,
freilich auch auf dem günstigsten Gebiete, vertheidigt hat. Wir haben
Joseph *Führich* schon als Genossen und Helfer Overbecks an den Fresken
in der Villa Massimi kennen gelernt, wo er freilich, zum Theil durch
die Verhältnisse eingeschränkt, zum Theil aus Mangel an Uebung und
Erkennung seines Wesens, noch keine Probe einer hervorragenden Begabung abgelegt hat. Joseph Führich war am 9. Februar 1800 zu Kratzau
in Böhmen als der Sohn eines Malers geboren worden[*]. Nachdem sich
sein Talent frühzeitig Bahn gebrochen und er in dem Grafen Clam Gallas
einen Protektor gefunden, der ihn durch Geld unterstützte, siedelte er
1819 mit seinem Vater nach Prag über, wo er an der Kunstakademie
studirte, nebenbei aber auch für Buchhändler Illustrationen, u. a. zu
Schillers Werken, zu Kotzebues und Spindlers Romanen zeichnete. Da
der Direktor der Prager Akademie, Bergler, gleichwie sein Wiener Kol-
lege Füger dem Davidschen Klassizismus und der Mengsschen Richtung huldigte, wenngleich er übrigens nebenbei auch für die altdeutschen
Meister ein gewisses Interesse hatte, konnte Führich unter einer solchen
Leitung keine grosse Förderung erhalten. Schon damals war nämlich
bei ihm jene Neigung zum Durchbruch gekommen, welche für seine
spätere Entwickelung entscheidend werden sollte, die Neigung zur Romantik
in der Literatur sowohl als in der Kunst. Die Romantik in der letzteren
wurde ihm zuerst durch die Faustzeichnungen des Cornelius verständlich.
»Wohlthätig, wie ich glaube, so sagt er in seiner Selbstbiographie, wirkte
auf mich die Bekanntschaft mit den Werken der neueren (romantischen)

*) Selbstbiographie in der »Libussa«, Prag 1844 (später wiederholt abgedruckt und
benutzt, besonders in der Biographie seines Sohnes). R. Zimmermann in der Zeitschrift für
bildende Kunst 1868 S. 181 ff. F. Pecht, Deutsche Künstler des neunzehnten Jahrhunderts.
III. Nördlingen 1881. S. 64—108. Lucas v. Führich in den Graphischen Künsten. VIII.
S. 1 ff. mit zahlreichen Abbildungen.

Dichterschule. . . . Der Richtung dieser Bewegung der Dichtkunst begegnete ich auf dem Gebiete der bildenden Kunst zuerst in den Kompositionen zu Goethes »Faust« von Cornelius. Sie machten einen grossen
Eindruck auf mich. Es war, als träte mir in ihnen der feste, tastbare
Kern jener oben erwähnten Poesie, die ich von älteren, rationalistisch-
gesinnten Leuten mit Achselzucken hatte »Mystik« schelten hören, entgegen.
Solche Aeusserungen waren mir übrigens schon damals nicht gefährlich.
Ich hatte eine sehr bestimmte Ahnung von der Plattheit dieser Vernünf-
tigkeit, die mir diese Klippen unschädlich machte.« In der That schwebte
Führich schon in früher Jugend ein freilich noch unsicheres und verschwommenes Ideal vor Augen, welches mit demjenigen der Klosterbrüder
und späteren Nazarener vollkommen identisch war. »Religion, Kunst und
Natur, sagt er, flossen in meinem Gemüthe in unbestimmten, poetischen
Schwingungen in ein Ganzes zusammen.« Es ist das Overbecksche Programm, welches bei Führich nur deshalb nicht so scharf und abstossend
wirkt, weil letzterer ein Katholik von Geburt und Ueberzeugung war und
seine spätere, wenn auch bis zum Aeussersten getriebene, asketisch-
pietistische Richtung sich daher nicht als etwas künstlich Gemachtes,
sondern als etwas wirklich Empfundenes darstellt. Wenn Cornelius den
ersten Grundstein zu seinem künstlerischen Glaubensbekenntniss legte, so
fügte Overbeck, von welchem Führich während eines kurzen Studienaufent-
halts in Dresden ein Werk kennen gelernt, den zweiten hinzu. »Einfluss
nahm auf mich, so erzählt er, in ganz eigener Weise ein Karton von Overbeck, den Quandt in Dresden besass. Er stellte »Olind und Sophronie«
auf dem Scheiterhaufen aus Tassos »befreitem Jerusalem« dar. Der ruhige
Geist, die effektlose Würde dieser Konzeption drangen tief in mein Inneres.
Was ich von Cornelius gesehen, floss mit dieser anderen Eigenthümlichkeit in mir zu einem Ganzen zusammen, aus dem mir einigermaassen klar
wurde, was die neuere Kunstrichtung, von der ich schon gehört und gelesen, anstrebe.« Der Zufall fügte es, dass Führich, wie wir oben gesehen
haben, an der Vollendung der Overbeckschen Tassodarstellungen in der
Villa Massimi mitarbeiten sollte. Der dritte seiner Lehrmeister war
Dürer, zu welchem ihn das Brevier der Nazarener, Wackenroders »Herzensergiessungen eines kunstliebenden Klosterbruders« führten. Man sieht aus
diesen Einzelnheiten, welche Samenkörner von der Literatur in die Kunst
übertragen wurden und wie die Bestrebungen eines Cornelius und Overbeck auf die in Deutschland und Oesterreich aus dem Dunkel empor-
tastende Künstlergeneration wirkten. Ausser Führich haben nur wenige,
darunter Ludwig Richter, Zeugniss dafür abgelegt. Gleichwohl muss die
Wirkung eine sehr ausgedehnte gewesen sein. Nur die Ungunst der Zeit-

verhältnisse hat es verschuldet, dass sehr wenige Samenkörner auf fruchtbaren Boden fielen und zur Entwicklung kamen.

Führich gehörte zu diesen Befruchteten. Mit vollem Bewusstsein bildete
er seinen kirchlich-nationalen Stil, seine romantische Kunstanschauung an den
Studien nach jenen drei Meistern allmälig weiter. »Der Ideengang, sagt er,
den ich in Novalis, Tieck, Schlegel und was zu jener Schule gehörte, verbunden mit dem Wenigen, was ich von Cornelius und Overbeck gesehen, entdeckt zu haben glaubte, weckte in mir den Drang nach einer bestimmten
Richtung, die meinen Bestrebungen Halt und Festigkeit zu geben im Stande
wäre. Dürer und was mir zu jener Zeit noch von altdeutscher Kunst zu Gesicht kam, verstärkte diesen Drang. Es war die Sehnsucht nach etwas Blei-
bendem, Positivem. Was von älterer bildender Kunst mir bekannt geworden,
erklärte mir nun auch die Baukunst jener Zeit, und Prag bot mir in dem
Vielen, was es von deutscher Baukunst noch hat, eine Anschauung mehr
von dem tiefsinnigen und gewaltigen Geiste unseres christlich-deutschen
Alterthums. . . Alle diese Eindrücke und Anschauungen einigten sich in
mir zu einem Bilde des starken, frommen Mittelalters. Jene grosse, schöne
Zeit zu feiern und in der Mitwelt dadurch eine Sehnsucht nach jener
alten Herrlichkeit zu erwecken, erschien mir jetzt als die Aufgabe der
Kunst. Ich war Romantiker in diesem Sinne.« Die letzte Reife erhielt
Führichs Kunstanschauung in Italien, wohin er im Januar 1827 aufbrach.
Durch das Studium Raffaels und Michelangelos, »der beiden grossen Lichter«,
wurde die Einseitigkeit seiner romantischen Neigung wohlthätig beschränkt
und auf das richtige Maass zurückgeführt. Von Michelangelo und Overbeck lernte er, wie man biblische Stoffe zu behandeln hätte. Einen lebendigen
Kommentar lieferten ihm zu den Erzählungen der heiligen Schrift die
Italiener in den entlegenen Theilen Roms und in den Gebirgen, die er
»so handeln und sich bewegen« sah, wie er sie in der Bibel geschildert
fand. Seine aus der Heimath mitgebrachten Ansichten änderte er nach
seiner eigenen Erklärung im Wesentlichen nicht; aber sie erweiterten sich
»durch den Anblick und Ueberblick aller Kunstperioden«. Ueberdies gewann er dadurch einen Einblick in die monumentale Technik, dass ihn
Overbeck bereits ein halbes Jahr nach seiner Ankunft zu den Fresken
des Tassozimmers in der Villa Massimi heranzog. Wie wir schon oben
erwähnt haben, führte der junge Künstler nach eigenen Entwürfen drei
Gemälde aus, »Rinaldo und Armida«, »die Entzauberung des Waldes«
und die »Besitznahme der Grabeskirche durch Gottfried von Bouillon und
die Kreuzfahrer.« Wie seine in der Heimath geschaffenen Arbeiten, zeigen
auch diese das volle Gepräge der Romantik, ohne dass sich der Einfluss
Raffaels bedeutsam äussert. Erst in Prag, wohin er Ende 1829 nach

längerem Aufenthalte in Florenz, Perugia und Venedig zurückkehrte, verarbeitete er die gewonnenen Eindrücke. Das zeigte sich zuerst in einer Sepiazeichnung »die erste Begegnung Jakobs mit Rahel«, welche dem 1836 ausgeführten Oelgemälde, einer der reifsten und von einseitigem Konfessionalismus freiesten Schöpfungen Führichs, zu Grunde liegt (im Belvedere zu Wien), in einem Cyklus von fünfzehn Radirungen zu Tiecks „Genovefa", welche in Führichs künstlerischer Entwicklung denselben bedeutsamen Platz einnehmen, wie die Faustzeichnungen bei Cornelius, und in dem »Triumph Christi«, einer Reihe von Radirungen in Form eines friesartig fortlaufenden Zuges. Im Jahre 1834 siedelte Führich nach Wien über, wo er durch den Fürsten Metternich eine Anstellung als zweiter Kustos an der jetzigen akademischen Galerie erhalten hatte. Die Stelle war nur mässig dotirt, und er musste sich mühsam durch Anfertigung von Staffeleigemälden durchschlagen. Führich hatte sich um diese Zeit bereits eine solche Harmonie seiner geistigen und seelischen Kräfte errungen, dass er sich die sorgfältige Ausführung seiner Gemälde trotz der geringen Bezahlung nicht nehmen liess. Das bezeugt die schon erwähnte »Begegnung Jakobs mit Rahel«, welche in der Bildung der Figuren und der Landschaft etwas Venezianisches hat, während das Kolorit ganz licht gehalten ist, wie es einem so idyllischen Gegenstande zukommt. Ein gleiches mit Bezug auf die sorgfältige Ausführung gilt von dem »Gang Mariens über das Gebirge«, welcher sich ebenfalls im Belvedere befindet, von »Boas und Ruth«, von »Christus in der Vorhölle« und einer »heil. Gudula«, welche sämmtlich in den ersten Jahren von Führichs Aufenthalt in Wien entstanden sind. Daneben führte er eine Reihe von Illustrationen aus, in welchen seine einseitige, katholisch-mystische Richtung immer mehr zum Durchbruch kam. Das Ueberwuchern derselben, die Sucht, alle Dogmen der katholischen Kirche, auch die anfechtbarsten und unverständlichsten, zu künstlerischer Anschauung zu bringen, hat die Wirksamkeit Führichscher Kunst, welche in manchen Punkten selbst derjenigen von Cornelius überlegen war, stark beeinträchtigt. Es kam am Ende dahin, dass Führich mehr Theologe als Maler wurde und dass er kein Bedenken trug, seine Kunst in den Dienst des Ultramontanismus zu stellen und auch durch Lehre und Schrift für den letzteren zu wirken. Daraus erklärt es sich, dass Führich ein spezifisch katholischer Maler geblieben ist, während Cornelius eine gläubige Gemeinde aus beiden Konfessionen um sich versammeln konnte, weil er sich trotz seines Katholizismus eine gewisse Unabhängigkeit des Geistes, eine Selbstständigkeit der Kritik gewahrt hat.

Erst im Jahre 1843 wurde ein langgehegter Wunsch Führichs,

die in Italien gewonnene Fertigkeit in der Freskomalerei auch in der
Heimath bethätigen zu können, erfüllt. Er erhielt den Auftrag, in der
neuerbauten Johanniskirche die sogenannten Stationen des Weges nach
Golgatha in den Seitenschiffen und unter dem Musikchor auszuführen.
Mit grossem Eifer vollendete er diese Arbeit trotz ungünstiger Beleuch-
tungsverhältnisse — er musste beim Malen eine brennende Kerze in der
Linken halten — in den Jahren 1844—46. Dieser erste Versuch auf
dem Gebiet der monumentalen Malerei, an welchem sich noch in gleichem
Geiste wie Führich der schon erwähnte Kupelwieser und Leopold Schütz
(1804—1873), ein Schüler von Cornelius und Schnorr, betheiligten, blieb
vorläufig noch vereinzelt, obwohl er sehr günstig ausgefallen war. Die
politischen Unruhen, welche Oesterreich Jahre lang erschütterten, hemmten alle öffentlichen Kunstunternehmungen, und erst im Anfang der fünfziger Jahre wurde mit der Ausschmückung der Altlerchenfelder Kirche
ein umfangreicher Plan gefasst, mit dessen Aufstellung und Durch-
arbeitung im Einzelnen Führich betraut wurde. Die Ausführung wurde
dagegen auf verschiedene Künstler vertheilt, die in ihren Anschauungen
und in ihrem Stil nicht durchweg übereinstimmten. Die Bemühungen
Führichs, eine gewisse Einheit herbeizuführen, waren daher vergeblich,
und es ist nur zu erklärlich, dass sie es waren. Denn nur wenige Künstler
bekannten sich zu dem von Führich mit rücksichtslosem Fanatismus vertheidigten Grundsatz: Die Würde der bildenden Kunst besteht nicht in
ihrer Existenz als Selbstzweck, sondern »dass sie diene im Hause Gottes,
aber wieder nicht als Schmuck und Dekoration, sondern als eine Lehr-
form, die das geheimnissvolle Glaubensleben, welches in der Kirche wirkt,
durch die Sinne dem Gemüthe zuführt.« Der Künstler begnügte sich
nicht, diese einseitige Doktrin durch seine Thaten und durch Vorlesungen
an der Akademie zu vertreten, sondern er gab auch Broschüren und eine
Art Kunstlehre heraus, von welcher der Wiener Kritiker Ranzoni mit
Recht sagt, »um Führichs Meisterwerke unbeeinträchtigt geniessen zu
können, darf man seine Schrift von der Kunst nicht gelesen haben.«
Auf Führichs Antheil fiel die Ausschmückung des Sanctuariums und der
beiden untern Stirnwände des Seitenschiffs, für welche letztere er die
Darstellungen des »Engelsturzes« und des »jüngsten Gerichts« bestimmte.
Die Anfertigung der Kartons nahm ihn so sehr in Anspruch, dass er die
Ausführung in Fresko Engerth und Kupelwieser überliess. Die Wirkung
der grossartig gedachten und geistvoll erfundenen Kompositionen wird
durch das mangelhafte Kolorit erheblich abgeschwächt, und es ist unter
diesen Umständen nicht zu beklagen, dass die monumentale Thätigkeit
Führichs, seiner Schüler und der ihm geistig verwandten Künstler mit

der Ausmalung der Altlerchenfelder Kirche, die 1861 vollendet wurde, ihren Abschluss fand. Nachdem sich Führich selbst von der technischen Mitarbeit zurückgezogen, hätte nichts Erspriessliches mehr geschaffen werden können, und die ganze Richtung wäre wie diejenige des Cornelius im Kartonzeichnen verlaufen. Zudem wurde durch den Tod Kupelwiesers dem Kreise die bedeutendste technische Kraft geraubt. Als dann Rahl an Stelle des Verstorbenen zum Lehrer an der Wiener Kunstakademie berufen wurde und eine umfangreiche Thätigkeit in dekorativer und monumentaler Malerei entfaltete, wurden die Nazarener und ihr Anhang vollends aus der mühsam errungenen Position verdrängt. Führich wusste sich dagegen mit bewunderungswürdiger geistiger Energie und Frische ein neues Feld des Schaffens zu erobern. Wohl führte er in den letzten fünfzehn Jahren seines Lebens noch eine Reihe von Staffelei- und Altarbildern, von denen wir nur die »Madonna im Grünen« für die Kirche in Kratzau, die »Verbreitung des Christenthums unter den Germanen« und »die Auffindung der Leiche Johanns von Nepomuk« in der Galerie Schack zu München, die »Begegnung Rudolfs von Habsburg mit dem Priester« erwähnen wollen, sowie Kartons für Glasfenster und Fresken aus. Aber seine Hauptthätigkeit erstreckte sich auf die Illustration. Im Auftrag und auf Anregung eines Leipziger Verlegers schuf er eine Reihe von cyklischen Darstellungen, die meist in Holzschnitt reproduzirt worden sind und zum Theil auch Eingang in protestantische Kreise gefunden haben. In diesen Illustrationen liegt der Höhepunkt seines Schaffens. Hier wusste er die Naivetät, Innigkeit und energische Charakteristik Dürers, dem er auch die Art des markigen Vortrags absah, mit der Anmuth, der hoheitsvollen Formengebung und dem Schönheitsgefühl Raffaels zu verschmelzen. Die Hauptwerke dieser Gattung sind der Weihnachtscyklus »der bethlehemitische Weg« in zwölf Blättern, der Ostercyklus »Er ist auferstanden« in fünfzehn Blättern, die Illustrationen zu der »Nachfolge Christi« von Thomas a Kempis, zum Buche Ruth und zum Psalter, unter welchen letzteren sich einige Blätter befinden, die in der Gemüthstiefe und· naiven Objektivität der Darstellung an Ludwig Richter erinnern. Dazu kommen noch mehrere Cyklen, die erst nach Führichs Tode veröffentlicht worden sind, wie ein Marienleben in achtundzwanzig Blättern, acht Blätter zur Parabel vom verlorenen Sohn, eine Passion und die Legende vom heil. Wendelin in dreizehn Blättern. Fast bis an sein Lebensende ununterbrochen thätig, starb Führich am 13. März 1876. Auch ihm blieb der Schmerz nicht erspart, mit anzusehen, wie sich die neuere Kunst immer weiter von den Idealen seiner Jugend entfernte und wie auch die Verhältnisse des öffentlichen Lebens

eine Gestalt annahmen, welche seinen strengen Anschauungen widersprach.

## 10. Julius Schnorr von Carolsfeld.

Obgleich Schnorr Overbeck und Cornelius seine Lehrmeister nannte, hat doch der erstere nur einen vorübergehenden Einfluss auf ihn gewonnen. Wie für Cornelius war auch für Schnorr das Nazarenerthum nur ein Durchgangsstadium, eine Stufe der Leiter, auf welcher er allmälig zur Reife und Vollendung seines Stils emporstieg. Schnorr bildete in den verschiedenen Momenten seiner künstlerischen Entwicklung nach mehreren Richtungen eine Ergänzung zu dem strengen, herben, sich gegen fremde Einflüsse immer mehr abschliessenden Cornelius. Sein mildes, nachgiebiges Temperament neigte von vornherein mehr dem Romantischen und Poetischen zu. Die Herbheit der Formen, in welchen Cornelius später den vollkommensten Ausdruck seines Kunstideals sah, blieb ihm fremd. Er besass einen empfänglichen Sinn für weibliche Schönheit und bildete anmuthige Frauen, wo Cornelius ernste, jedes menschliche Begehren abweisende Heroinen schuf. Der Auftrag, jene Fresken zu Ariostos rasendem Roland in der Villa Massimi auszuführen, entsprach nicht nur seinem innersten Empfinden, sondern gab auch seinem späteren Schaffen die Richtung. Er war der berufene Interpret der ritterlichen Romantik, der vor Allem nach dem Ausdruck idealer Schönheit strebte. Daneben fehlte ihm keineswegs der Sinn für das Erhabene und die Fähigkeit, es darzustellen. Seit Dürer hat es kein deutscher Meister verstanden, die Majestät Gottes in so verehrungswürdiger Glorie und doch so echt menschlich zu verkörpern, wie es Schnorr in seinen Illustrationen zur Bibel gelungen ist. Wo Cornelius den unerbittlichen, zürnenden Richter zur Erscheinung bringt, lässt uns Schnorr die verzeihende Gnade des himmlischen Vaters leuchten. Wenn auch das idyllische Element der Poesie seinem Charakter am nächsten lag, so wusste er sich auch, wo es der Stoff erforderte, wie bei den Nibelungenbildern, zu dramatischer Gestaltungskraft zu erheben. Nur der antike Klassizismus blieb seinem durch und durch romantischen und innerlichen Wesen fremd.

Schnorrs Vater, dessen Familie den Adelsnamen von Carolsfeld nach dem gleichnamigen Orte bei Schneeberg im sächsischen Erzgebirge führte, war Lehrer an der Leipziger Kunstakademie, als ihm am 26. März 1794 ein Sohn, unser Maler, geboren wurde [*]. Hans Veit Schnorr, der

*) M. Jordan, Aus Julius Schnorrs Lehr- und Wanderjahren (Zeitschrift für bildende Kunst, 1867, S. 1 ff.). — H. Riegel, Kunstgeschichtliche Vorträge und Aufsätze, Braun-

1803 zum Direktor der Akademie ernannt wurde, war selbst kein hervorragender Künstler, aber von entscheidendem und förderlichem Einfluss auf seine Kinder, die sich sämmtlich der Kunst widmeten. Julius Schnorr ging im Jahre 1811 nach Wien, um an der dortigen Akademie seine Ausbildung zu vollenden. Auch nach dem Weggange Overbecks und seiner drei Freunde war ein Kreis von Gesinnungsgenossen zurückgeblieben, der sich um die Brüder Friedrich und Ferdinand von Olivier schaarte und in den der junge Schnorr eintrat. Auch er sah bald ein, dass die auf der Akademie maassgebende Richtung nicht die seinige werden konnte. Das hohle, theatralische Pathos eines David und die verschwommene Farbensinnlichkeit eines Mengs waren dem jungen Künstler in gleicher Weise antipathisch. Wie früher Overbeck wandte auch er sich bald in bewusster Opposition gegen die Kunst des achtzehnten Jahrhunderts zuerst der deutschen und niederländischen, dann der italienischen Malerei des Quattrocento zu, deren fromme Innigkeit, deren naives Verhältniss der Natur gegenüber seinem eigenen Naturell entsprachen. Bei Gelegenheit eines Künstlerfestes in München im Jahre 1844 hat Schnorr im Kreise seiner Schüler und Freunde eine später von Riegel veröffentlichte Rede gehalten, in welcher er gewissermaassen sein künstlerisches Glaubensbekenntniss ablegte und zugleich ein interessantes Streiflicht auf die Kunstverhältnisse seiner Jugend fallen liess. »Unsere Führer, sagte er, erkannten die Wahrheit in des Wortes tiefster Bedeutung, sie kannten auch das Element der Farbe, des der Malerei allein eigenthümlichen und nur ihr zugewiesenen Trägers des allgemeinen Kunstgeistes, wenn sie dieses Darstellungsmittel auch nicht beherrschten. Sie kannten die alten Meisterwerke und verstanden namentlich die noch immer unerreichten Leistungen der venezianischen Schule, die neben der Farbe noch durch eine das gesammte Kunstgebiet durchdringende und belebende schöpferische Kraft getragen werden. Wo aber hätten sie die Werkstätte finden können, in welcher ihnen das gelehrt worden wäre, was man allerdings lernen muss, wenn man ein Maler werden will? In den Kunstakademien gewiss nicht . . . . . Leben, Geist, Wahrheit, Ernst, Tiefe und Innigkeit der Empfindung, nicht weniger als alles andere war abhanden gekommen. Kalte Nachahmung antiker Formen oder gemeine Modellwahrheit sammt dem leeren Schlendrian der Kunstschulen musste niedergeworfen werden, um zum Leben durchzudringen. Und als der rechte Ankergrund gefunden war, fand man ihn da, wo für alles Leben,

schweig 1877, S. 210—248. — M. Jordan, Ausstellung von Werken Julius Schnorrs in der Berliner Nationalgalerie, 1878. — V. Veit in Dohmes Kunst und Künstler des neunzehnten Jahrhunderts«.

nicht bloss für das Leben in der Kunst, allein fester Grund und Sicherheit gefunden wird, in der Erkenntniss des Verhältnisses des Menschen dem Ewigen gegenüber. Nur von da aus versteht der Mensch die Geschichte, das Leben, von da aus begreift sich das Sehnen des Menschen nach etwas Höherem, das Bedürfniss seines Herzens und Geistes. Da wurzelt auch alle Begeisterung, Poesie und jegliche Kunst.«

Ein eigenthümlicher Zufall hat es gefügt, dass Schnorrs erstes Oelgemälde ein Motiv aus Ariostos »Rasendem Roland« behandelte, den »Sechskampf auf der Insel Lipadusa« 1816. Doch war nur das Thema romantisch; die Art der Behandlung war noch zwischen altdeutschen und italienischen Vorbildern schwankend. Enger an die ersteren schloss er sich in dem 1817 ausgeführten »Besuch der Eltern des Johannes bei der heiligen Familie« an, während der »heilige Rochus, Almosen spendend« 1817, städtisches Museum zu Leipzig wiederum eine Nachahmung der in statuarischer Steifheit befangenen italienischen Maler des fünfzehnten Jahrhunderts ist. Der Verkauf dieser beiden Bilder ermöglichte es Schnorr, zu Ende des Jahres 1817 einer Einladung von Cornelius und seinen Freunden nach Rom Folge zu leisten. Es scheint, dass diese Einladung durch die Absicht veranlasst worden war, Schnorr zur Betheiligung an den Fresken in der Villa Massimi heranzuziehen. Noch reger als bisher folgte Schnorr in Rom den Spuren der Meister des fünfzehnten Jahrhunderts. Dafür legt besonders das erste der in Rom vollendeten Gemälde »die Hochzeit zu Kana« (1819) Zeugniss ab. In demselben kreuzen sich so vielfache Einflüsse, dass von einer Selbstständigkeit nicht die Rede sein könnte, wenn uns nicht die meisterhafte Raumeintheilung und Komposition bewiese, dass hier ein origineller Geist die verschiedensten Strahlen einer Kunstepoche in sich vereinigt hat. Fiesole, Orcagna, Perugino, vor allen Benozzo Gozzoli haben hier vorbildlich auf den Künstler eingewirkt. Als er kaum die Vorarbeiten zu den Ariostofresken in der Villa Massimi begonnen hatte, befiel ihn eine schwere Krankheit, welche ihn zwang, seinen Aufenthalt in Rom mit einem gesünderen zu vertauschen. In dieser Zeit unfreiwilliger Musse entstand eine grosse Anzahl landschaftlicher Skizzen, die zwar von grosser Naivetät der Auffassung sind, aber ein warmes, lebendiges Naturgefühl verrathen. Da reine Landschaftsstudien um diese Zeit im Kreise der jungen deutschen Künstler wieder seltener geworden waren, machten diese Zeichnungen einen bedeutenden Eindruck. Ludwig Richter erzählt, dass dieselben ihm »Aufschluss gaben und als Wegweiser dienten, wie ein edler Stil mit charakteristischer Naturwahrheit zu verbinden sei, oder mit andern Worten, wie der Künstler mit fein ausgebildetem Schönheitssinn die Natur zu erfassen und dabei das Wesentliche von dem Unwesentlichen zu scheiden habe.« Später setzte Schnorr die ihm lieb gewordene Beschäftigung mit den Reizen der italienischen Natur fort, und so entstanden gegen hundert sauber in Feder, Sepia und Tusche ausgeführte Landschaftsbilder fast aus allen Theilen Italiens, von Florenz bis Taormina, welche den Zeitraum von 1819—1827 umfassen*). Eine besondere Vorliebe widmete Schnorr dem Albanergebirge und den Sabinerbergen mit Olevano. Der Hauptvorzug dieser anmuthigen Landschaften liegt auf der Seite des Architektonischen, das Schnorr mit ausserordentlichem Scharfblick für das Charakteristische der Formen wiederzugeben wusste. Diese architektonischen Studien waren späterhin für ihn von grossem Nutzen. Auf seinen reifsten Schöpfungen zeigt er sich als selbstständig erfindender Architekt von hervorragender Begabung. Eine andere Frucht seines italienischen Aufenthalts war eine Serie von Bildnissen aus den Jahren 1818—1824. Mit den einfachsten Mitteln — Bleistift, Feder und Sepia — erreichte Schnorr eine Lebendigkeit, eine Frische, in der ihm keiner von den Mitstrebenden auf dem Gebiete des Bildnisses gleichkam. Cornelius fehlte der Sinn für das Individuelle, Persönliche bekanntlich ganz. In Schnorr tritt uns ein Bildnissmaler entgegen, der alle Eigenschaften eines solchen in vollem Maasse besitzt und der es namentlich versteht, die geistigen Qualitäten des dargestellten Individuums auf das deutlichste und verständlichste zum Ausdruck zu bringen. Es sind meist Künstler und Schriftsteller, die er portraitirt hat: Thorwaldsen mit seinem ehrfurchtgebietenden Jupiterkopf, den vornehmen Karl Begas, Overbeck, Rückert, Wilhelm Müller, den Dichter der Griechenlieder, dann seinen Gönner den Marchese Massimi, den Freiherrn von Stein u. a. m.

Die Ausführung der Ariostofresken nahm Schnorr während der Jahre 1820—1826 in Anspruch. Der Zeitraum war lang genug, dass er während desselben alle Schwankungen überwinden konnte, welche seinem Stile bis dahin anhafteten. Er fühlte daher das Bedürfniss, nach Abschluss der Arbeiten noch einmal die geistige Erhebung, welche er aus dem Gedichte geschöpft, bei völlig gereiftem Können in einem Cyklus von sechs Federzeichnungen »Angelika und Medoro« 1827. Leipzig, im städtischen Museum zum Ausdruck zu bringen. Auch in seinen letzten Lebensjahren wurde die Erinnerung an die erste ruhmvolle That seiner Jugend wach, indem er 1869 denselben Cyklus in Sepia wiederholte.

---

*) Fünfundzwanzig dieser landschaftlichen Studien, deren Motive Frascati, Genzano, Albano, Ariccia, Nemi, Castel Gandolfo, Olevano, Palestrina, Sorrent, Neapel, Taormina und Agrigent entnommen sind, hat Max Jordan 1878 (Berlin) in Lichtdrucken veröffentlicht.

Schnorr gehörte zu denjenigen Künstlern, welche der Kronprinz von
Bayern während seines Aufenthalts in Rom für seine Zukunftspläne
geworben hatte. Er sollte, wie wir schon oben erwähnt haben, einige
Säle im Königsbau der königlichen Residenz in München mit Darstellungen aus der Odyssee schmücken, und er machte sich noch in Rom
an die Arbeit. Es lag in seiner Absicht, der Landschaft einen grossen
Raum zu lassen, und zu diesem Zwecke dehnte er seine Studienreisen
bis nach Neapel und Sizilien aus. Er kam jedoch nur dazu, eine Komposition, Odysseus und Nausikaa, in Sepiazeichnung zu vollenden, weil
König Ludwig, wie es scheint, durch die Ariostofresken veranlasst, inzwischen auf einen anderen Gedanken gekommen war. Auch die Kunstanschauungen des Königs folgten den Entwicklungsstadien, welche die
deutsche Kunst selbst durchmaass. Aus dem Verehrer klassischer Kunst
und klassizistischen Stils wurde allmälig ein Romantiker, und am Ende
floss die Neigung zur romantischen Poesie in die Vorliebe für realistische
Historienmalerei, wie man sie in den dreissiger und vierziger Jahren
verstand, über. Schnorr erhielt den Auftrag, jene Säle des Königsbaus
mit Fresken aus dem Nibelungenliede auszumalen, und er begann diese
Arbeit bald nach seiner Uebersiedlung nach München, wo er zugleich
auf Cornelius' Veranlassung ein Lehramt an der Akademie erhielt. Diese
Nibelungenfresken sollten die Arbeit seines Lebens werden. Sie beschäftigten ihn bis 1867, vierzig Jahre hindurch, und dabei ist noch der
fünfte Saal, der Saal der »Klage«, unvollendet geblieben, beziehungsweise
von Schülerhänden ausgeführt worden. Während er noch an den Kartons arbeitete, erhielt er einen zweiten Auftrag, dessen sofortige Ausführung dem Könige mehr am Herzen lag, die Dekoration von drei
Räumen des Festsaalbaus mit Darstellungen aus der Geschichte Karls
des Grossen, Friedrich Barbarossas und Rudolfs von Habsburg. Sechszehn grosse und eine Reihe von kleineren Bildern wurden in acht Jahren
vollendet, zum Theil auf Kosten sorgfältiger Detailausführung. Schnorr
musste mehrere Schüler zu Hülfe nehmen. Er selbst zeichnete die
Kartons und führte eigenhändig nur ein Bild »Rudolfs von Habsburg
Begegnung mit dem Priester« aus, welches durch die Schönheit der
Landschaft eine bevorzugte Stellung vor den übrigen einnimmt. Er
hatte nicht die Zeit, die einzelnen Kompositionen ordentlich ausreifen
zu lassen, und so vermochte er trotz seiner grossen Begabung für rhythmische Anordnung der Massen, namentlich auf den Darstellungen von
Schlachten, des wilden Getümmels nicht Herr zu werden. Dagegen ent-
faltete er in festlichen Repräsentationsstücken, wie in der Kaiserkrönung
Karls und in der Zusammenkunft Barbarossas mit Papst Alexander III.

in Venedig, wo das bunte Treiben der Menge durch eine prächtige
Architektur noch fesselnder gestaltet wird, seine volle Meisterschaft.
Wenn diese Wandgemälde gleichwohl nur eine geringe Wirkung aus-
üben, so liegt das an der angewendeten Technik, der enkaustischen
Malerei. Dieses Verfahren stand damals erst in den Anfängen seiner
Ausbildung, und die Gehülfen Schnorrs bewegten sich nur unsicher und
tastend in demselben. Ueberdies kam noch der Uebelstand hinzu, dass,
wie Schnorr selbst angiebt, die Malereien »zum Theil auf noch nassen
Mauern« übereilt ausgeführt werden mussten. Er war denn auch der
Meinung, dass »die Kartons zu den Kaisersälen bald eine grössere Bedeutung erlangen könnten, als die Malereien«, und er hat sich darin
nicht getäuscht. Auch ihm blieb das Verhängniss nicht erspart, welches
alle monumentalen Schöpfungen der neudeutschen Schule verfolgt hat,
dass nämlich die Ausführung immer hinter den ursprünglichen Absichten
zurückgeblieben ist oder dieselben gar völlig in das Gegentheil umgewandelt hat. Auch Schnorr hat sein Bestes in der Kartonmalerei und
in der Illustration gegeben.

Auf die Nibelungenfresken konnte Schnorr eine grössere Sorgfalt
wenigstens hinsichtlich der Vorbereitungen verwenden. Aus seinem Nachlass ist neben Entwürfen, Feder- und Sepiazeichnungen, Aquarellen und
ausgeführten Kartons eine grosse Anzahl von figürlichen Naturstudien
bekannt geworden, welche ihn als einen Meister der Zeichnung offenbaren, der bei vollkommener Beherrschung des anatomischen Details der
Natur mit der Unbefangenheit und Naivetät eines altitalienischen Künstlers gegenüberstand. Mit den einfachsten Mitteln wusste er die zartesten
Formen des Körpers wiederzugeben und diesen Formen zugleich, bei
der strengsten naturalistischen Durchbildung im Einzelnen, eine Noblesse
zu verleihen, die weitab von der gemeinen Modellwahrheit liegt. Zum
Gegenstande eines besonders liebevollen Studiums machte er die Hand.
Er war unablässig bestrebt, männliche und weibliche Hände in den verschiedensten Bewegungen und Lagen darzustellen, was ihm mit erstaunlicher plastischer Kraft und mit grosser Sicherheit gelang. In den Fresken
sind die meisten Feinheiten verloren gegangen, welche die Vorstudien
erwarten liessen. Erst neunzehn Jahre nach dem Beginn der Entwürfe
wurde die Ausführung in Angriff genommen, bei welcher die inzwischen
veränderten Kunst- und Formenanschauungen, welche mit der ursprünglichen romantischen Erfindung im Widerspruch standen, immer deutlicher hervortraten. In fünf Sälen sind neunzehn grosse Bilder und
zahlreiche kleinere in den Lünetten zur Ausführung gelangt. Wie bei
den Ariostofresken war auch hier dem Künstler die Möglichkeit gewahrt,

eine zusammenhängende Illustration des ganzen Gedichts zu bieten. Er schloss sich deshalb weit enger an den Text an, als es Cornelius in seinem Cyklus gethan, und hat in Wahrheit eine Nachdichtung des Epos in Formen und Farben gegeben. Cornelius griff aus dem Liede diejenigen Szenen heraus, welche ihm für die dramatische Entwicklung und den Verlauf der Tragödie charakteristisch erschienen. Schnorr folgte dagegen dem Dichter auf allen seinen Wegen und liess keine Figur unverkörpert, die zu irgend einer bedeutsamen Handlung berufen ist. Deshalb konnte er auch die Mehrzahl seiner Kompositionen zu einer im Jahre 1843 erschienenen illustrirten Ausgabe des Nibelungenliedes in Pfizers Bearbeitung benutzen, deren künstlerische Wirkung übrigens einheitlicher ist als die der Fresken. Während Cornelius seine Helden in eine sagenhafte Vorzeit versetzte, umgab sie Schnorr im Anschluss an die Entstehungszeit des Gedichts mit der ritterlichen Romantik des Mittelalters und gestaltete danach Trachten, Waffen und Architektur. Im Laufe der Zeit trat freilich zu dieser romantischen Grundstimmung der Apparat realistischer Historienmalerei hinzu, wodurch ein Zwiespalt in die Darstellungen kam. Den ruhigeren unter ihnen wird man auch hier den Vorzug geben müssen. Wo es sich um die Schilderung gewaltiger Leidenschaften handelt, muss oft die Schönheit der Komposition den Mangel inneren Lebens und innerer Wahrheit ersetzen, und nicht selten schlägt das Pathos ins Theatralische um. Doch stehen alle Darstellungen unter dem Einflusse eines geläuterten Schönheitssinnes, der sich niemals in das Hassliche oder Geschmacklose verliert.

In die Münchener Zeit fällt von grösseren Arbeiten Schnorrs noch ein Cyklus von Federzeichnungen zu den Homerischen Hymnen, nach welchen enkaustische Gemälde in dem Servicezimmer des Königs im Königsbau von Johann Georg Hiltensperger ausgeführt wurden. Da die Szenen inmitten reizvoller Landschaften spielen, konnte Schnorr seiner ersten Neigung, die ihn sein ganzes Leben hindurch begleitete, in unbeschränktem Maasse huldigen. Wenn es ihm auch nicht an Aufträgen fehlte, so entsprach doch das Leben in München nicht den frohen Erwartungen, mit welchen er seine Lehrthätigkeit und sein künstlerisches Schaffen begonnen hatte. Das Verhältniss zu Cornelius gestaltete sich durch die Schuld des letzteren immer kühler. Cornelius sah mit Ingrimm auf alle Künstler herab, welche an der Ausschmückung der Residenz betheiligt waren, weil der König alle Versuche des Akademiedirektors, dieses umfangreiche Unternehmen in seine tyrannische Machtsphäre zu bekommen, abgelehnt hatte. Während Schnorr nach wie vor mit grosser Verehrung an dem älteren Freunde hing, nahm der letztere »von Schnorrs

Arbeiten systematisch keine Notiz«\*). Als nach Cornelius' Weggange im Frühjahr 1841 der Architekt Gärtner zum Direktor der Akademie ernannt wurde, fühlte sich Schnorr durch diese Uebergehung seiner Person so gekränkt, dass er kein Bedenken trug, im Jahre 1846 einem Rufe als Direktor der Gemäldegalerie und Professor an der Akademie nach Dresden zu folgen, wo er eine warme Aufnahme fand und bis ans Ende seines Lebens in hohen Ehren gehalten wurde. Mit München blieb Schnorr übrigens in stetem Zusammenhang. Er widmete einen Theil seiner Zeit der eigenhändigen Ausführung der Nibelungenfresken, die sich bis zum Jahre 1867 hinzog, und im Jahre 1869 vollendete er für das Maximilianeum in München ein grosses Oelgemälde »Luther in Worms«, eine Aufgabe, die freilich über seine bereits erlahmte Kraft hinausging. Mit technischer Virtuosität wusste Schnorr nur den Zeichenstift, die Feder und die Reisskohle zu handhaben. Dagegen wurde er der Fresko- und Oelmalerei niemals Herr. Die bedeutendste Schöpfung seiner Dresdener Periode war denn auch ein Cyklus von Zeichnungen, 240 Illustrationen zur Bibel, welche er in den Jahren 1852—62 ausführte und in denen sich sein Künstlergeist am reinsten und freiesten zeigt. Im Gegensatz zu Cornelius und Führich stellte sich Schnorr auf den spezifisch protestantischen Standpunkt und schälte aus den heiligen Geschichten den rein menschlichen Kern heraus. Die Würde des religiösen Stoffes vollkommen wahrend, verstand er es zugleich, namentlich in den Illustrationen zum alten Testament, die lieblichsten Bilder eines idyllischen Familienlebens mit der keuschen Naivität eines Dürer zu entwerfen. Einen grossen Theil seiner Thätigkeit widmete er der ihm unterstellten Galerie, deren Uebersiedlung in den Semperschen Neubau unter seiner Leitung erfolgte. Er starb am 24. Mai 1872, nachdem er schon im Jahre zuvor unter dem Druck des Alters seine Aemter niedergelegt hatte. Wenn er auch nicht mit so vielen Bitternissen zu kämpfen gehabt, wie Cornelius, so sollte doch auch die Saat, die er ausgestreut, keine Früchte tragen.

## II. Cornelius in Düsseldorf und München.

Als Cornelius im Herbste 1819 in München eintraf, um die Fresken in der Glyptothek, zu welchen er bereits einige Kartons mitgebracht hatte, in Angriff zu nehmen, waren die Bemühungen Niebuhrs, den Künstler für Preussen zu gewinnen, zu einem erfreulichen Abschluss

---

\*) Reber, Geschichte der neueren deutschen Kunst. Bd. II. S. 52.

gediehen. Cornelius sollte zum Direktor der Düsseldorfer Kunstakademie
ernannt und überdies an der Dekoration des Berliner Schauspielhauses
betheiligt werden, damit neben seiner Lehrthätigkeit auch die schöpferische nicht unbefriedigt bliebe. Doch sah Cornelius bald ein, dass ihm
in der Glyptothek ein ruhmvolleres Feld des Schaffens winkte, und da
er deshalb das Verhältniss zum Kronprinzen Ludwig nicht lösen wollte,
ging das preussische Ministerium in bereitwilligstem Entgegenkommen
auf die von dem Künstler gestellten Bedingungen ein. Das Ministerium,
so heisst es in dem betreffenden Dekret, »ernennt Sie hiermit zum Direktor der Kunstakademie in Düsseldorf ...... und ertheilt Ihnen die
Erlaubniss, in den Sommermonaten der nächsten zwei Jahre 1820 und
1821 nach München zu reisen, um die dort übernommenen Freskomalereien zu vollenden; erwartet aber, dass Sie während Ihrer Abwesenheit
von Düsseldorf für die nöthige Ordnung des Unterrichts und der Aufsicht in der gedachten Kunstanstalt sorgen, auch nach Ihrer Erklärung
die fähigen Schüler zu ihrer Ausbildung an Ihren Arbeiten in München
werden Antheil nehmen lassen.« Zugleich wurde Cornelius aufgefordert,
nach Berlin zu kommen, um daselbst mit dem Ministerium über die Organisation der Akademie zu berathen, und mehrere von seinen Kartons
und Zeichnungen mitzubringen. Das geschah im Januar 1820. Obwohl
Cornelius in Berlin in einem engen Kreise gleichgesinnter Freunde begeisterte Aufnahme fand und drei Monate daselbst verweilte, war dieser
Aufenthalt doch ohne Einfluss. In Bezug auf die Akademie kam es zu
keiner definitiven Entscheidung und die Ausstellung seiner Arbeiten
machte keinen grossen Eindruck. »Der leicht entzündliche Enthusiasmus
des Berliner Publikums, schreibt Ernst Förster, welcher damals in Berlin
studirte, wollte von diesen farb- und effektlosen Zeichnungen (es waren
die Kartons zu Dantes Paradies und zu einigen Deckenbildern des Göttersaales der Glyptothek) nicht Feuer fangen. Wie brannte er lichterloh
auf, als kurz danach Begas mit seiner Ausgiessung des heil. Geistes,
diesem Zauberstrahlenregen, von Paris kam, oder als noch später die
belgischen Bilder von Gallait und de Biéfve sinnverwirrend selbst auf
die Besonnensten wirkten!« So ist es auch später geblieben. Das Berliner Publikum ist auch später nicht, als Cornelius nach der preussischen
Hauptstadt übersiedelte, zu dem Künstler in engere Beziehungen getreten, und bis auf den heutigen Tag ist in Berlin das Verständniss für
Cornelius' Schöpfungen nicht erwacht, obwohl dieselben in der Nationalgalerie, wo sie die beiden grössten und vornehmsten Säle füllen, täglich
zur Verständigung einladen. Eigentlich populär ist Cornelius aber auch
nicht in Düsseldorf und München geworden. Wie in Berlin hat ihm

ebenso in· den anderen Kunststädten der Umstand geschadet, dass er nicht malen konnte oder wollte.

Die Organisation der Düsseldorfer Akademie schritt so langsam vorwärts, dass Cornelius erst im Oktober 1821 nach Düsseldorf gehen konnte, wo sich bald eine kleine Zahl von Schülern um ihn sammelte. Karl *Stürmer* (1803—1881) und Hermann *Stilke* (1804—1860) waren die ersten, die aus Berlin zu ihm nach München gekommen waren und sich bereits bei der Ausführung der Fresken in der Glyptothek bewährt hatten. Zu ihnen traten in Düsseldorf Joseph *Götzenberger* (1800—1866), welcher Cornelius' Lieblingsschüler wurde, Wilhelm *Röckel* (1801—1843), Karl *Hermann* (1802—1880), H. *Anschütz*, Chr. *Ruben*, Ernst *Förster* u. a. hinzu. Bei der Uebernahme des Direktorats in Düsseldorf dachte Cornelius nur daran, die Akademie zu einer Ausbildungsschule für die Freskomalerei zu machen. Sie war ihm das Endziel aller Kunst, und alle übrigen Fächer, soweit sie nicht zur Erreichung dieses Zieles dienen konnten, wurden von der Akademie verbannt. Da er selbst ausreichend mit der Anfertigung der Kartons für die Glyptothek beschäftigt war, musste er darauf sehen, seinen Schülern ein Feld zur praktischen Be·thätigung in der Freskomalerei zu eröffnen. Es gelang ihm, zunächst von der Regierung zwei Aufträge zu erwirken und dann auch mehrere reiche Privatleute zu Bestellungen heranzuziehen. Aber über allen diesen Erstlingsversuchen hat ein Unstern gewaltet. Zur Vollendung gelangten nur die Personifikationen der von ihren Vertretern umgebenen vier Fakultäten in der Aula der Bonner Universität, welche von Hermann (Theologie) und Götzenberger (Jurisprudenz, Philosophie und Medicin) unter Beihülfe von Förster und Kaulbach ausgeführt worden sind. In der Komposition abhängig von den Fresken Raffaels in der Stanza della Segnatura, welche Cornelius selbst als Vorbilder empfohlen hatte, vermögen die Darstellungen trotz ihres Figurenreichthums nicht den weiten Raum zu füllen, zumal die Decke ohne Dekoration blieb. Aber es ist nicht die Ungunst äusserer Umstände allein, welche diese, wie die meisten übrigen Schöpfungen der Corneliusschüler, nicht zu voller Wirkung gelangen lässt. Seine Technik, seine Formengebung, seine Kompositionsmanier, selbst seine eigenthümliche Art, die Gegenstände der Aussenwelt anzuschauen und aufzufassen, konnte der Meister wohl seinen Schülern mittheilen, und er hat dies bis zu einem solchen Grade erreicht, dass die Arbeiten seiner Schüler ein gemeinsames Stilgepräge tragen. Das Feuer des Genius, welches ihn selbst durchglühte, vermochte er jedoch nicht auf andere zu übertragen, denen die Natur eine gleiche Mitgift versagt hatte, und ein widriges Geschick hat es gefügt, dass sich unter den Corneliusschülern nicht eine einzige wirklich geniale Natur befand, welche sich mit dem Meister hätte messen können. Der einzige, welchem ein gewisses Maass von Genialität nicht abzusprechen ist, Kaulbach, wurde von Cornelius als abtrünnig erklärt. Ein zweites grosses Unternehmen, welches den Corneliusschülern in den Rheinlanden übertragen wurde, die Ausmalung der Decke des Assisenhofes in Coblenz mit einer Darstellung des jüngsten Gerichts durch Stilke und Stürmer, kam nicht zum Abschluss. Die Gründe dieser Unterbrechung sind nicht recht klar. Als äusserer Vorwand galt die Wahrnehmung, dass die Akustik des Saales unter den Arbeiten litte. Von anderer Seite wurde dagegen behauptet, dass man in der katholischen Stadt Anstoss daran genommen hätte, dass die Maler den Ketzer Luther in den Himmel versetzt. Letzteres war, wie Förster hervorhebt, mit Cornelius' voller Zustimmung geschehen, welche sich auch darauf erstreckte, »dass in Hermanns Freskobilde der Theologie in der Aula zu Bonn der protestantischen Theologie mit allen Reformatoren von Petrus Waldus und Wicklef bis auf Luther, Melanchthon, Zwingli, Calvin u. s. w. derselbe Umfang eingeräumt wurde, als der katholischen, und der Gedanke einer Ausgleichung beider durch die Wissenschaft und das Christenthum klar hervortreten durfte.« Diese Toleranz behauptete Cornelius, wie sich aus den Gesprächen mit Lohde und Riegel ergiebt, sein ganzes Leben hindurch. Namentlich zollte er der historischen Persönlichkeit Luthers stets volle Hochachtung. Nur gelegentlich war er in seinem späten Alter ultramontanen Anwandlungen unterworfen, welche jedoch den Kern seiner religiösen und philosophischen Anschauungen nicht berührten.

Von den Privataufträgen, welche man der jungen Schule ertheilte, wurde nur einer wirklich in Angriff genommen: ein Freskencyklus für den Baron von Plessen in dessen Schlosse bei Düsseldorf. Doch gelangten nur zwei Kompositionen, Apollo unter den Hirten und das Urtheil des Midas, durch Peter App und Wilhelm Röckel zur Ausführung. Weitere Aufträge des Freiherrn von Stein und des Grafen Spee gediehen nicht über die Vorverhandlungen hinaus. Was in des letzteren Schlosse Heltorf bei Düsseldorf später zu Stande kam, trägt trotz der Betheiligung Stürmers vollständig den Charakter der von ganz anderen Grundsätzen beherrschten Schule Schadows, welche sehr bald die Erinnerung an Cornelius' Wirken in Düsseldorf bis auf die letzte Spur in Vergessenheit brachte. Als der Direktor der Münchener Kunstakademie Peter von Langer im August 1824 starb, that Kronprinz Ludwig sofort alle Schritte, um Cornelius das Direktorat zu übertragen und ihn so ganz an München zu fesseln. Er brannte vor Ungeduld, alle Hindernisse zu beseitigen, und fasste seine Wünsche in die schnsucht-

vollen Worte zusammen: »Ganz, ganz unser, wenn dieses Cornelius ist,
dann ist's fürtrefflich!« Der Kronprinz konnte damals nicht ahnen,
welch' einen herrschsüchtigen, eigenwilligen und tyrannischen Mann er
mit so vielen Opfern und Bemühungen an sich zu fesseln bestrebt war.
Der begeisterte Fürst hatte nur die ideale Seite des Verhältnisses vor
Augen, er dachte immer in erster Linie an den Künstler, nicht an den
Lehrer und das Schulhaupt, welches seine ehrgeizigen Machthaberpläne
verfolgte. Die preussische Regierung, welche längst das Unzuträgliche
von Cornelius' Doppelthätigkeit eingesehen haben mochte, nahm das
Entlassungsgesuch des Akademiedirektors kühler auf, als dieser erwartet
hatte. Sie bereitete ihm keine Schwierigkeiten, lehnte aber auch seine
Vorschläge in Betreff einer Besetzung der Direktorstelle durch Schnorr
ab. Diese Ablehnung wird in einem Schreiben des Ministers von Alten-
stein sehr treffend folgendermaassen motivirt: »Da Seine Majestät sich
nicht dafür habe erklären wollen, dass bei der dortigen Kunstschule nach
Ihrem Abgange die Malerei al fresco als Hauptstudium betrieben werde,
und da aus diesem Grunde der Maler Julius Schnorr ... nicht näher berücksichtigt, mir vielmehr aufgetragen ist, bei der Wahl eines neuen Direktors
nur die allgemeine Tüchtigkeit so in Betracht zu ziehen, dass die Rücksicht
auf die Al fresco-Malerei als untergeordnet berücksichtigt werde, so wird
die vollständige Ausführung Ihrer Vorschläge nicht einzuleiten sein ....
Sie würden mich .. sehr verbinden, wenn Sie mir .... Ihre Meinung
darüber äussern wollten, welchem Berliner oder anderen einheimischen
Künstler Sie wohl zutrauen, dass er neben der Oelmalerei das Studium
der Malerei al fresco am zweckmässigsten in Ihrem Sinne fortführen
möchte.« Es scheint, dass Cornelius, welchem hier zum ersten Mal die
unangenehme Mahnung an die gleiche Berechtigung der Oel- und Freskomalerei entgegentrat, keine weiteren Vorschläge gemacht hat, und mit
schwerem Herzen musste er sehen, dass mit Wilhelm Schadow, welchen
er spottend den »königlich preussischen Raphael« nannte, ein neuer, von
dem seinigen völlig verschiedener Geist in die Düsseldorfer Akademie
einzog.

Bald nachdem Cornelius gänzlich nach München übergesiedelt war,
begann er mit einer Reform der Akademie, bei welcher sich wiederum
die schroffe Einseitigkeit seiner Kunstanschauung zeigte. Auch die
Münchener Akademie hätte er gern zu einer Schule für Freskomaler
umgestaltet, wenn nicht sein fürstlicher Beschützer, der inzwischen den
Königsthron bestiegen hatte, ab und zu seinen sich auf das Verwaltungs-
gebiet erstreckenden Uebergriffen entgegengetreten wäre. »Einen Lehr-
stuhl der Genre- und Landschaftsmalerei, so schrieb er im Dezember 1825

an den König, halte ich für überflüssig. Die wahre Kunst kennt kein abgesondertes Fach; sie umfasst die ganze sichtbare Natur. Die Gattungsmalerei ist eine Art von Moos oder Flechtengewächs am grossen Stamme der Kunst.« Die Genremaler, hatte er einmal zu seinen Schülern gesagt, »sind immer ein Zeichen des Verfalls der Kunst und behalten nur einigen Werth, insofern sie sich auf die wahre, allumfassende Kunst stützen, wie die Niederländer; sonst sind sie mir immer langweilig.« An dieser Geringschätzung der Genremalerei hielt Cornelius mit der ihm eigenen Zähigkeit sein Leben lang fest; sie wuchs sogar in dem Maasse, als seine eigenen Schöpfungen in Vergessenheit geriethen und die allgemeine Anerkennung stieg, deren sich die Werke der neueren Genremaler Vautier, Knaus, Menzel u. a. zu erfreuen hatten. Auf Cornelius' Veranlassung wurden Schnorr, Heinrich *Hess* (1798—1863) und Carl Schorn, letzterer für das Lehrfach der Kunstgeschichte und Aesthetik, an die Akademie berufen. Von hervorragender Bedeutung ist jedoch nur die Thätigkeit von Heinrich Hess geworden, welcher der Cornelius - Overbeckschen Richtung angehört und der Begründer der religiösen Malerei in München wurde. Viel erheblicher als die Wirksamkeit der Akademie war die künstlerische Produktion, welche Cornelius und seine Schüler unmittelbar nach der Thronbesteigung des Königs, der sich mit den umfassendsten Plänen trug, entfalten durfte.

Der Göttersaal der Glyptothek, der im Oktober 1823 vollendet wurde, war das erste Werk auf vaterländischem Boden, durch welches der Meister das in ihn gesetzte Vertrauen rechtfertigte. Diejenigen Vorzüge seines Genius, die sich bereits in seinen Illustrationen zum Faust und den Nibelungen offenbart hatten, traten auch hier zunächst in den Vordergrund. Als Illustrator strebte er danach, sich von dem Dichter unabhängig zu machen. »Es taugt nicht, den Dichtern nachzudichten, hatte er einmal zu seinen Schülern gesagt. Unsere Kunst ist frei und muss sich frei gestalten. Erwärmen sollen wir uns an der Begeisterung der Dichter; das ganze Leben muss von ihnen durchdrungen sein; aber wo wir dichten, sollen wir selbst dichten und nicht für uns dichten lassen . . . . . Szenenmalerei ist Nachdruck; die freie Kunst muss sich dessen schämen. Ich habe sie freilich einst selbst ausgeübt; aber nur weil es der einzige Weg war, dem Leben sich zu nähern, welchem Dichter und Tonkünstler näher stehen als Maler. Nun aber ist die Bahn gebrochen. Wir sind dem Leben keine fremde Erscheinung mehr: nun müssen wir uns die Freiheit erhalten, die auch die alte Kunst so hoch erhoben!« Mit vollkommener Selbstständigkeit schuf sich Cornelius für den ersten Saal der Glyptothek ein organisch gegliedertes, durch einen

gemeinsamen Gedanken zusammengehaltenes Götterreich. Diesen Gedanken bot ihm die Theogonie Hesiods: »die ewige Liebe, die aus dem
Chaos die Elemente bildet.« Aber weit entfernt, abstrakte Begriffe durch
allegorische Wesen darzustellen, gab er den theosophischen Symbolen die
plastische Erscheinung der höchsten Kunstblüthe. Doch trat er auch hier
mehr schöpferisch als nachbildend auf, indem er die von der antiken
Kunst überlieferten Typen von dem Strome romantischer Empfindung
durchziehen liess und indem er jede Gestalt individuell beseelte. Durch
diese persönliche Auffassung unterscheidet er sich vornehmlich von der
Antike, welche anderen Zeitgenossen, wie z. B. Thorwaldsen, als das
höchste Ziel künstlerischen Strebens erschien. Dass Cornelius in dem
Bilde der »Oberwelt« Thorwaldsens »Ganymed mit dem Adler« kopirte,
war wohl mehr eine feine Schmeichelei für den dänischen Künstler, als
das Geständniss, dass in dem schwachen Abglanz der Antike, wie ihn
Thorwaldsen vertrat, bereits das Höchste erreicht sei. Cornelius ist denn
auch instinktiv der Universalität des antiken Geistes, soweit wir letzteren
gegenwärtig begreifen, bei weitem näher gekommen als Thorwaldsen.
Der Vertreter der ewigen Liebe konnte seiner plastisch schaffenden
Phantasie nur Eros selber sein. Er erscheint in der Mitte des in vier
Felder getheilten Kreuzgewölbes als Bändiger der vier Elemente, denen
sich im nächsten Kreise die vier Jahreszeiten und im dritten die vier
Tageszeiten anschliessen, immer durch Gottheiten versinnlicht, deren
Einzelmythen noch durch Nebenbilder erzählt werden. Die Kompo-
sitionen, welche von dem geistig und räumlich den Mittelpunkt bildenden
Eros strahlenförmig nach unten sich erweitern, gipfeln in drei grossen
Lünettenbildern an den Wänden: der Oberwelt, dem Wasserreich und
der Unterwelt. Da die vierte, die Fensterwand, einen gleichen Raum
nicht bot, war Cornelius der Nothwendigkeit überhoben, dem Reich der
Lüfte eine ähnliche Komposition zu widmen, was ihm um so willkommener sein musste, als die antike Mythologie nur von einer Dreitheilung
der Götterwelt weiss. Ein so dramatisch veranlagter Geist wie Cornelius
konnte sich mit einer einfachen Götterversammlung nicht begnügen,
sondern er legte jeder Darstellung eine bedeutsame Handlung, einen be-
ziehungsvollen Moment unter, wobei das Heroische und das Menschliche
in die Regionen der Götter hineinreicht. Für die Oberwelt wählte er
als Motiv die Aufnahme des Herakles in den Olymp, für das Wasserreich Arion auf dem Delphin, dessen Gesang Poseidon und Amphitrite
mit ihrem zu einem Triumphzug gruppirten Gefolge lauschen, für die
Unterwelt das Erscheinen des um Eurydike bittenden Orpheus vor dem
Throne des Hades, welcher von finsteren Gottheiten und von den Todten-

richtern umgeben ist[*]). Was wir bei den Nibelungenbildern über den
Umfang und den Schwerpunkt von Cornelius' eigenthümlicher Begabung
gesagt haben, wäre hier zu wiederholen. Die Grenzen dieser Begabung
verschoben oder erweiterten sich in dem ferneren Entwicklungsgange
des Künstlers nicht wesentlich. Nur seine Vorzüge traten schärfer hervor, machten sich energischer geltend, womit natürlich auch seine
Schwächen in ein helleres Licht gerückt wurden. So gelang es ihm in
den Glyptothekfresken nur selten, zu jener freien Schönheit und naiven
Anmuth hindurchzudringen, welche für die Jünglings- und Frauengestalten
des griechischen Olymps bezeichnend sind. Es ist daher durchaus natürlich, dass ihm das finstere Reich des Beherrschers der Unterwelt am
besten glückte. In der Bildung der von dem Saitenspiele des Orpheus
eingeschläferten Erinyen, in der herben Charakteristik der Todtenrichter
liegen bereits die Keime, aus welchen sich später eine so gewaltig-
dämonische Komposition wie die der »vier apokalyptischen Reiter« entwickeln konnte.

Da die Glyptothek die vom Kronprinzen und späteren Könige gesammelten Schätze antiker Kunst aufzunehmen bestimmt war, sollte der
Inhalt der Bildersäle »in die antike Götter- und Heroensage, als den
Quell der antiken Plastik, einführen.« Die beiden Säle, welche Cornelius
ausmalte, liegen jedoch nicht an der gegenwärtigen Eingangs-, sondern
an der Rückseite des Gebäudes. Es war nämlich, wie Reber den Sachverhalt klarlegt, ursprünglich die Anlage eines doppelten Eingangs ge-
plant worden. Von der durch eine Auffahrtsrampe ausgezeichneten Rückseite sollten vornehme Besucher die Kunstsammlung betreten, und zu
ihrem Empfange waren die rechts und links von der Eingangshalle belegenen Räume mit den Fresken des Cornelius, der Götter- und Heroensaal, bestimmt. Auch die Eingangshalle wurde mit drei Gemälden aus
der Prometheus- und Epimetheussage dekorirt. Als Bildner der Menschen-
gestalt war Prometheus der erste Künstler: »aber seelenlos bleibt seine
Schöpfung ohne das Geschenk der Pallas, die Psyche. Die schöpferische
Kraft des Künstlers, die ihn den Göttern gleich macht, verfällt dem
Verderben und — wie Epimetheus erfahren -- einer ohnmächtigen Reue,

---

[*] Eine eingehendere Analyse der Gemälde des Göttersaales und ihres symbolischen
Zusammenhangs findet man bei Forster a. a. O. Bd. I. S. 282 ff. und bei Valentin a. a. O. S. 102 ff.
Letzterer tadelt mit Recht an der ›Oberwelt‹ die dreimalige Verwendung desselben Motivs,
der Begrüssung durch den Becher, und die Einfügung genrehafter Züge in die monumentale
Schilderung. So lässt Cornelius z. B. den Hephästos ›sich in seinen Becher vertiefen, damit
Ares mit Aphrodite charmiren kann.« Indessen hat sich Cornelius auch hier nur durch seinen
Grundgedanken, die Allgewalt der Liebe zu versinnlichen, leiten lassen.

wenn sie den von Pandora aus der verhängnissvollen Büchse entlassenen
Uebeln der Geldgier, der Eitelkeit, der Lüsternheit u. s. w. Gewalt über
sich einräumt. Den gefesselten Prometheus befreit Herakles, den vom
Schicksal in Bande geschlagenen Künstler nur Heldenmuth und Helden-
stärke.« So deutet Förster die drei Kompositionen, indem er hinzu-
fügt, dass »in diesen drei Bildern zugleich das künstlerische Glaubensbekenntniss von Cornelius« zu erkennen sei, »dem er sein Leben lang
unverbrüchlich treu geblieben ist.« Als der Göttersaal vollendet war,
übersah man über der Grossartigkeit der Erfindung und Gestaltenbildung
die Mängel und Unbeholfenheiten des Kolorits, die übrigens mit der Zeit
nur noch greller hervorgetreten sind. Cornelius liess seine Schüler bei
der Ausführung der Fresken nach Belieben schalten und walten. Weit
entfernt, auf eine einheitliche Haltung und Zusammenstimmung des Kolorits hinzuwirken, freute er sich, wenn einem seiner Gehülfen ein Stück
in der malerischen Darstellung besonders wohl gelungen war. Unter
diesen Umständen lässt sich heute die Bedeutung dieser Schöpfungen
nur noch aus den Kartons erkennen, welche sich zum grössten Theile,
übersichtlich geordnet, in der Berliner Nationalgalerie befinden. Hier
lernt man die gewaltige Formensprache des Cornelius aus der Quelle.
Hier tritt uns freilich auch das Erkältende und Niederdrückende seines
über menschliches Durchschnittsmaass erhobenen Wesens am nächsten
entgegen.

Unmittelbar nach der Vollendung des Göttersaals nahm Cornelius den
Heroensaal in Angriff, in welchem die trojanische Heldensage zur Darstellung kam. Die architektonische Gestaltung der Decke und der Wände
war dieselbe wie im Göttersaal. Im Scheitel der Decke brachte Cornelius als Rundbild die Hochzeit des Peleus und der Thetis an, aber nur
das Liebespaar selbst und die den Apfel hineinwerfende Eris, während
die zwölf Götter als Reliefs um die Mittelszene gruppirt wurden. War
so der erste Grundstein zu dem Kampfe um Troja in den Mittelpunkt
gerückt, so entwickelten sich nunmehr in chronologischer Reihenfolge
die zunächst daraus erwachsenen Ereignisse in vier kleinen, grau in grau
gemalten Bildern: das Urtheil des Paris, die Vermählung des Menelaos
und der Helena mit dem Schwur der Freier, die Entführung der Helena
durch Paris und das Opfer der Iphigenie in Aulis. In den sich an die
Grisaillen anschliessenden vier Doppelfeldern hielt Cornelius nicht weiter
an der historischen Folge der Ereignisse fest. Gleichwohl gab er damit
nicht die innere Einheit seines Gedankenganges auf. Wie in der Behandlung und Motivirung der einzelnen Szenen blieb er auch hier in der
künstlerischen Komposition des Ganzen der mit seinem Stoffe frei schal-

tende Dichter. In den acht Feldern liess er, nachdem die epische Erzählung durch jene fünf Expositionsszenen genügend vorbereitet worden,
die Persönlichkeiten in den Vordergrund treten, die acht Haupthelden der
Iliade, deren jeder in einer bedeutsamen, für den Gang der Ereignisse
mehr oder minder entscheidenden Handlung dargestellt wird: Odysseus,
wie er den Achill bei den Töchtern des Diomedes entdeckt, Diomedes
im Kampf mit Ares und Aphrodite, Agamemnon, welchem Nestor im
Traume erscheint, Menelaos im Kampfe mit Paris, Ajax der Telamonier
im Zweikampf mit Hektor, Nestor im Zelte des Diomedes, Hektors Abschied von Andromache und Astyanax, Achilles, welchen Priamos um
den Leichnam des Hektor bittet. Je zwei Bilder sind durch eine von
Eugen Neureuther u. a. ausgeführte, reizvoll komponirte Arabeske geschieden, deren jede mehrere Darstellungen aus anderen griechischen
Heldensagen in kleinen Figuren enthält. Nachdem so die Hauptacteure
der grossen Tragödie vorgeführt worden, wurde diese selbst in drei
grossen Phasen geschildert, die man mit dem retardirenden Moment, mit
der Peripetie und der Katastrophe des Dramas vergleichen kann. Das
erste der drei grossen Lünettenbilder stellt den Zorn des Achilles um
die entführte Briseis dar, eine Komposition, in welcher Cornelius auf
seinen Hauptvorzug, die Entwicklung dramatischen Lebens, verzichten
musste. Wo er gezwungen war, Leidenschaften, welche in Momenten
äusserer Ruhe des Menschen Brust durchwühlen, im Antlitz widerzu-
spiegeln, gerieth er oft in Uebertreibungen des Ausdrucks, die sich bis
zur Verzerrung, bis zur Grimasse steigerten, oder die Köpfe nahmen etwas
Starres, Maskenartiges an. Bei weitem mehr kam die zweite Lünettenkomposition, der Kampf um die Leiche des Patroklos, seinem Naturell
entgegen. Hier gelang ihm die Verkörperung griechischen Heldenthums
in seinem naiven Pathos am besten, und überdies wird die Einheitlichkeit
der schwungvollen Schilderung noch durch die treffliche Ausführung in
Fresko gehoben, welche diesem Bilde äusserlich vor allen übrigen den
Vorrang sichert. Den tiefsten und nachhaltigsten Eindruck macht jedoch
das dritte Lünettengemälde, der Fall Trojas, in welchem der Tragiker
Cornelius das erste Wort reden konnte. Im Mittelpunkte steht die
heroische Gestalt der Kassandra, die so recht dem Maasse cornelian-
scher Heldenweiber angepasst ist, den Fluch gegen das Geschlecht der
Atriden ausstossend, woran sie Agamemnon vergebens zu hindern sucht.
Um sie herum sind mit wenigen, aber prägnanten Zügen die Opfer der
erschütternden Katastrophe, die Todten wie die Ueberlebenden, gruppirt:
die in dumpfen Schmerz versunkene, gleichsam zu einem Steinbild er-
starrte Hekabe, wiederum eine Schöpfung von echt cornelianischem Ge-

präge, die an ihre Brust geflüchtete Polyxena, welche Ajax, der Sohn
des Oileus, an sich reissen will, die ohnmächtig zusammengesunkene
Andromache, vor welcher Neoptolemos steht, im Begriff, den kleinen
Astyanax von der Zinne herabzuschleudern, der Leichnam des Priamos
und hinter ihm, auf den Fuss einer Säule gelehnt, ein sterbender Sohn!
Links deutet die Versammlung der um die Kriegsbeute loosenden Heer-
führer neues Unheil an, während zur Rechten der mit Anchises und As-
kanios fliehende Aeneas in eine ruhmvolle Zukunft weist. Als Cornelius
dieses Bild vollendete, stand er im Vollgenuss freudigsten und hoff-
nungsreichsten Schaffens, und es ist daher begreiflich, dass sein künstlerisches Vermögen hier seinen Gipfelpunkt erreichte. Vor diesem Bilde
wurde ihm auch die höchste äussere Anerkennung zu Theil, indem ihm
der König, welcher namentlich von der Gestalt der Kassandra entzückt
war, am 31. Dezember 1825 das Kreuz des Civilverdienstordens der bayc-
rischen Krone mit den Worten: »Man pflegt Helden auf dem Schauplatz
ihrer Thaten zu Rittern zu schlagen!« an die Brust heftete und ihn
damit in den Adelsstand erhob. Die von da ab stetig wachsenden Missverständnisse und Misshelligkeiten zwischen dem Künstler und seinem
Mäcen mögen auf die Ausführung der meisten übrigen Fresken lähmend
und nachtheilig eingewirkt haben, mehr aber noch der Umstand, dass
die Ausführung wiederum verschiedenen Händen anvertraut wurde und
daher noch ungleichmässiger ausfiel als die Malereien im Göttersaal.
Fortan wurde der schon früher gegen Cornelius erhobene Vorwurf,
er könne nicht malen, immer lauter. Sein Schüler Ernst Förster, welcher mit den Details der Arbeiten in der Glyptothek genau vertraut
war, muss zugeben, dass dieser Vorwurf im Hinblick auf die Glyptothekfresken begründet erscheinen konnte, behauptet aber, dass Cornelius
trotzdem sehr gut hätte malen können, wie z. B. das »Gemälde des
Falls von Troja« bewiese. Er sucht die schroffen Gegensätze in der
koloristischen Behandlung der Fresken daraus zu erklären, »dass Cornelius über seine malerischen Anlagen nicht vollkommen im Klaren war
und fremden Eindrücken darauf einen Einfluss gestattete, wie unter gar
keiner Voraussetzung auf Komposition und Formengebung.« Nachdem
Förster dann als Beispiel für die koloristische Befähigung von Cornelius
das Fresko in der Stanza Bartholdy »Joseph und seine Brüder« citirt,
fährt er fort: »In gleich maass- und stilvoller Weise sind die beiden
Eros mit Adler und Kerberos im Göttersaal, mit denen er sein Werk in
München begann, ausgeführt; und wäre er dabei geblieben und hätte auf
diesem Wege auf seine Gehülfen eingewirkt, so wäre der Zuruf »ein
Maler muss malen können!« nie als Vorwurf an sein Ohr gedrungen.

Nun aber traf es sich, dass seine beiden Mitarbeiter, Schlotthauer und Zimmermann, eine andere malerische Behandlung sich angeeignet hatten: Schlotthauer eine sehr zarte, aquarellartige, Zimmermann eine akademisch-naturalistische. Mochte nun Cornelius seine Weise nicht für ausreichend halten, dagegen mit Nachdruck zu protestiren, oder war er überhaupt dadurch ins Schwanken gekommen: kurz, er verfiel in den nächsten Bildern in ein unklares, braunes Kolorit und gewann nur an einzelnen Stellen und somit wieder vorübergehend den ursprünglichen Ton, so dass eine Unsicherheit und ein steter Wandel in der malerischen Behandlung eintrat, der ihn in Vieler Augen um den ursprünglichen Ruhm als »Maler« brachte!« Wenn wir nach diesen Auseinandersetzungen Försters auch glauben wollen, dass Cornelius malen konnte, so geht daraus zugleich hervor, dass ihm das Gefühl für Farbenharmonie, also eine der Grundlagen malerischen Könnens, fehlte. Aus anderen Aeusserungen des Meisters wissen wir aber auch, dass Cornelius nicht besser malen wollte. Als er im Jahre 1858 in Rom das Atelier August Riedels, des Lehrers von Piloty, mit welchem die spezifisch koloristische Richtung der Münchener Schule anhebt, besuchte und Riedel ihn um seine Meinung über ein von ihm gemaltes, von der Sonne beschienenes Mädchen im Bade fragte, gab Cornelius ihm die brüske, aber für seinen eigenen Standpunkt bezeichnende Antwort: »Sie haben vollkommen erreicht, was ich mein Leben lang mit grösster Anstrengung vermieden habe.« Cornelius war damals schon so weit gekommen, dass ihm die Kartonmalerei nicht mehr ein Hülfsmittel, sondern Endzweck war.

Zum Unglück fielen auch die ersten Arbeiten, welche Cornelius für seine Schule ausgewirkt hatte, malerisch nicht besser aus. In dem neu erbauten Arkadengange des Hofgartens, in welchem später auch Rottmanns italienische Landschaften ihre Stelle fanden, sollten auf Cornelius' Vorschlag sechszehn Darstellungen aus der bayerischen Geschichte in Fresko ausgeführt werden. Der König genehmigte nicht nur diesen Vorschlag, sondern bekundete sein lebhaftes Interesse an den Arbeiten auch dadurch, dass er hie und da genaue Vorschriften machte, die sich auf Kostüme, Uniformen, Waffen u. dergl. bezogen. Förster bemerkt mit Recht, dass dieser an sich erfreuliche Auftrag für die Fortentwicklung der Schule im Geist des Cornelius verhängnissvoll wurde und schliesslich den Boden vorbereiten half, aus welchem die realistische Historienmalerei im Sinne eines Carl Schorn und Piloty emporwachsen sollte. »Historische Genauigkeit war das letzte, worauf Cornelius in seinen Werken und Lehren einen Werth gelegt. Sie kam bei den ausschliesslich von ihm behandelten christlichen, mythologischen oder poetischen Gegen-

ständen nicht in Betracht . . . . . Historischer Wahrheit zu Liebe wurde dagegen bei den Arkadenbildern der Stil, wenn nicht vernachlässigt, doch minder beachtet, in der Schilderung der Neuzeit natürlich geradezu verleugnet. So musste es kommen, dass, während der Meister in der Glyptothek mit homerischen Göttern und Helden den Weg der idealen Kunst uns vorzeichnete, wir nothgedrungen und naturgemäss davon entfernt gehalten wurden, um in Rüstkammern und Trachtenbüchern historische Wahrheit von Helmen, Panzern, Lanzen und Schwertgriffen, Waffenröcken, Galakleidern und Uniformen, geistlichen und weltlichen, männlichen und weiblichen Bekleidungen zu suchen.« Bei der Ausführung der Fresken herrschte dieselbe Willkur und Unsicherheit wie in der Glyptothek. Hier waren die Schüler noch mehr sich selbst überlassen, und ein Jeder gab seiner Individualität freien Spielraum. Cornelius wollte eine Schule von Freskomalern begründen; aber da er selbst die Freskotechnik nur mangelhaft beherrschte, gelang es ihm auch nur, eine Schule von Kartonmalern ins Leben zu rufen. Ueberdies waren die an den Arkadenbildern betheiligten Maler, welche ausser den sechszehn historischen Gemälden auch dreizehn allegorische Figuren auszuführen hatten, bei denen sie sich enger an Cornelius anschliessen konnten, fast durchweg untergeordnete oder wenig erprobte Kräfte, die mit den zum Theil sehr ungünstigen Aufgaben nicht viel anzufangen wussten. Endlich sind die Fresken durch die Einflüsse der Witterung und durch muthwillige Hände so hart mitgenommen worden, dass sie gegenwärtig einen traurigen Eindruck machen. Sie sind nur noch ein geschichtliches Denkmal edler, auf die Hebung der monumentalen Kunst gerichteter Bestrebungen, welche nicht zu dem erhofften Ziele führten. Von Corneliusschülern haben sich an denselben die schon genannten Ernst Förster, W. Röckel, C. Stürmer, C. Hermann, H. Stilke, ferner G. Hiltensperger. W. Lindenschmit, Ph. Schilgen, G. Gassen, Ad. Eberle (1806—1826), Ph. Foltz, G. Sipmann (1790 bis 1866), C. Schorn und Chr. Ruben betheiligt. Ausser ihnen waren noch Clemens Zimmermann, der Genosse und Mitarbeiter von Cornelius, und Dietrich Monten, ein Schüler von P. Hess, in den Arkaden thätig. Nur wenige von diesen Künstlern haben später noch durch eigene Schöpfungen die Erinnerung an die alte Zeit flüchtigen Glanzes wachgerufen. Ernst *Förster* (1800—1885) hat noch 1833 an der Ausmalung des neuen Königsbaus einigen Antheil gehabt und mehrere Portraits gemalt. Im Uebrigen wendete er seine Thätigkeit ausschliesslich der Kunstschriftstellerei zu, welche er in patriotischem Geiste und stets im Hinblick auf Cornelius als den Höhepunkt der neueren deutschen Kunst kultivirte. Jahrzehnte hindurch galt er auf diesem Gebiete als eine Autorität, bis

ihn die neue, historisch-kritische Richtung der Kunstwissenschaft in den
Schatten stellte. Karl *Stürmer* (1803—1881), der früher an den Fresken
aus der Geschichte Friedrich Barbarossas in Schloss Heltorf betheiligt
gewesen und in den Arkaden zwei historische Gemälde und zwei Allegorieen ausführte, half seinem Meister später an den Fresken in der
Ludwigskirche und folgte ihm auch nach Berlin, wo er in der Vorhalle
des Museums nach Cornelius' und eigenen Entwürfen im Verein mit
andern die Thaten des Herkules und Theseus, ebenfalls mit unglücklicher Farbenwirkung, und in der Schlosskapelle einige Prophetenfiguren
malte. Ein eigentlich produktives Talent war er ebensowenig wie Carl
*Hermann* (1802—1880), dessen spätere Laufbahn durchaus nicht den verheissungsvollen Anfängen in Bonn entsprach. Es fehlte ihm ebensosehr
an Beweglichkeit der Phantasie als an der Behendigkeit des Schaffens,
weshalb die wenigen, später von ihm ausgeführten Arbeiten, wie die
Himmelfahrt Christi an der Decke der protestantischen Kirche in München und die Darstellung der Gralssage aus dem Parzival in der Münchener
Residenz, leblos in der Komposition und trocken im Vortrag sind. In Berlin,
wohin ihn Cornelius zur Leitung der Freskomalereien in der Vorhalle des
Museums berufen hatte, führte er nur vierzehn Figuren von Erzvätern, Propheten, Evangelisten und Aposteln in der Klosterkirche und die zwölf
Apostel in der Schlosskapelle aus. In den fünfziger Jahren beschäftigte er
sich mit einem Cyklus von Illustrationen zur deutschen Geschichte, nach
dessen Vollendung seine Produktion fast ganz erlosch. Stilke fiel im
Anfang der dreissiger Jahre von Cornelius ab und wandte sich der Düsseldorfer Romantik zu, in deren Geiste er sentimentale Genrebilder aus den
Kreuzzügen und aus dem Leben der Jungfrau von Orleans sowie sechs
Wandgemälde in Schloss Stolzenfels schuf, in welchen er durch Vorführung historischer Momente die ritterlichen Tugenden versinnlichte.
Ebenso ging die durch die Arkadenbilder ausgestreute Saat historisch-
romantischer Realität bei Lindenschmit und Foltz auf. Wilhelm *Lindenschmit* sen. (1806—1848) hat sich besonders durch Szenen aus Schillers
Werken, die er mit Foltz im Arbeitszimmer des Königs in der Residenz
ausführte, durch Wandmalereien in Hohenschwangau und durch Darstellungen aus der germanischen Vorzeit bekannt gemacht, Philipp *Foltz*
(1805—1877) durch romantische Genrebilder wie des »Sängers Fluch«,
durch idyllische Szenen aus dem Jäger- und Fischerleben und durch
zwei historische Gemälde für das Maximilianeum in München, die Blüthe
Griechenlands und die Demüthigung Friedrich Barbarossas vor Heinrich
dem Löwen. Seit 1867 zum Direktor der bayerischen Gemäldegalerieen
ernannt, entsagte er fortan der künstlerischen Thätigkeit. Nur bei einem

einzigen aus dieser Gruppe der Corneliusschüler, bei Chr. *Ruben* 1805 bis 1872', liegt der Schwerpunkt seiner kunstgeschichtlichen Bedeutung in der zweiten Halfte seines Lebens, wo er als Leiter der Akademieen in Prag und Wien eine einflussreiche Wirksamkeit entfaltete, freilich nicht im Geiste des Cornelius, sondern mehr im Anschluss an die Farbenprinzipien und die Stoffgebiete der Düsseldorfer Schule, welche aller Orten siegreich vordrang und die Cornelianer zum Schmerze des Meisters in ihr Lager hinüberzog. Nur diejenigen Schüler blieben dem Meister treu, welche, wie Eberle, Wilhelm *Röckel* (1801—1843' und später Max Lohde aus Berlin, in jungen Jahren vom Tode ereilt wurden.

Besser als die Arkadenbilder entsprach ein zweiter, gleichzeitig ertheilter, aber nicht so umfangreicher Auftrag dem Geiste der Schule: die Ausmalung der Decke des Odeonsaales mit drei mythologischen Darstellungen, Apollo und den Musen, Apollo unter den Hirten und dem Urtheil des Midas, welche von W. Kaulbach, Eberle und Hermann *Anschütz* (1802—1880) ausgeführt wurden. Letzterer gehört ebenfalls zu jenen »Veteranen aus König Ludwigs Zeit«, welche in einem langen, thatenlosen Alter von dem Ruhme der Vergangenheit zehren mussten. Während diese Arbeit gleich den Arkadenbildern unter der ausschliesslichen Leitung des Cornelius stand, wurden die folgenden Unternehmungen des Königs auf dem Gebiete der monumentalen und dekorativen Malerei der Einwirkung des Meisters entzogen. Man hat bisher den gegen Cornelius gerichteten Bestrebungen des bei dem Könige hoch angesehenen Hofbauintendanten Leo von Klenze einen grossen Theil der Schuld daran beigemessen, dass Missverständnisse und Irrungen schliesslich zum Bruche führten und Cornelius' Thätigkeit in München mit einer schrillen Dissonanz schloss. Aber Klenze würde bei seinem königlichen Herrn nicht ein so geneigtes Ohr gefunden haben, wenn nicht die Thatsachen, welche gegen Cornelius anzuführen waren, zu Gunsten seiner Ankläger gesprochen hätten. Cornelius war, wie wir schon hervorgehoben haben, eine herrische Natur, die alles unter ihren Willen beugen wollte. Dem Könige war aber alles Anmaassende, alles, was in seine eigene Machtsphäre eingriff, verhasst, und er hatte schon mehrfach die Uebergriffe des Meisters zurückweisen müssen. Während es ihm darum zu thun war, seine Unternehmungen schnell gefördert zu sehen, musste er bald inne werden, dass Cornelius' grosse Worte und Plane nicht seinen und seiner Schüler Thaten entsprachen. Klenze war dagegen ganz der Mann, der den Wünschen des Königs entgegen kam und alles schnell, wenn auch ohne Genialität und maschinenmässig, zum Ziele führte. Der König kam schliesslich zu der Meinung, dass es Cornelius an geschäft-

licher und technischer Erfahrung mangele, um umfangreiche Unternehmungen in abschbarer Zeit zum Abschluss zu bringen, und dieser
Umstand, nicht allein die Intriguen Klenzes, mag den König veranlasst
haben, die Ausmalung der Loggien in der Pinakothek, für welche Cornelius die Entwürfe gezeichnet hatte, der Leitung Clemens Zimmermanns
anzuvertrauen. Wenn aber auch wirklich diese Wahl in Folge von klugen
Machinationen Klenzes erfolgt sein sollte, so ist dieser bis zu einem gewissen Grade zu entschuldigen, da sich Cornelius zuerst in verletzender
Weise in die Angelegenheiten der Hofbauintendanz einmischte und dadurch den ehrgeizigen Klenze zu stiller Abwehr reizte, die sich schliesslich zu offener Feindseligkeit steigerte. Vergeblich waren daher Cornelius' Bemühungen, einen Einfluss auf die innere Dekoration der Zimmer
des neuen Königsbaus zu gewinnen, und da die ihm übertragene Ausmalung des Goethe- und Schillerzimmers ihn in ein abhängiges Verhältniss zu Klenze gebracht haben würde, überliess er die Ausführung der
Malereien seinen Schülern Kaulbach, Lindenschmit und Foltz. Nur noch
einmal fand einer seiner Vorschläge günstige Aufnahme, das Projekt
einer monumentalen Wiederherstellung des Isarthors in München. Unter
der Leitung des ebenfalls von Cornelius empfohlenen Architekten Friedrich Gärtner, der bald eine ähnliche Vertrauensstellung beim Könige
erlangen sollte, wie Klenze, wurde die Restauration vollzogen, und zwei
Schüler von Cornelius, Bernhard *Neher* und *Kögel*, durften die Mauer-
flächen mit einigen Fresken, dem Einzuge Ludwigs des Bayern nach
der Schlacht bei Ampfing, einem Madonnenbilde und Heiligenfiguren,
schmücken. »Es war dies das letzte schwache Zugeständniss, so schreibt
Förster in wehmüthiger Erinnerung, welches Cornelius vom König für
die Pflege der monumentalen Malerei durch die von ihm gegründete
und bis dahin geleitete Schule erhielt. Die Schule bestand, wenigstens
in der bisherigen Weise der unmittelbaren Verbindung mit dem Meister
und unter sich zu gemeinsamem Thun für Zwecke des öffentlichen Lebens, nicht mehr. Ein jeder der Schüler schlug seine eigenen Wege ein.
Stilke, Eberle u. a. gingen nach Italien, Stürmer zunächst nach Berlin,
Schorn nach Belgien, Hermann übernahm ein Freskobild für die neu
erbaute protestantische Kirche in München u. s. f. Kaulbach hatte einen
Auftrag von Klenze übernommen, einen Saal in dem Palast des Herzogs
Maximilian auszumalen. Es war ein bedeutungsschwerer Abschluss im
Leben des Meisters, der sich von einer Wirksamkeit geschieden sah, die
er von jeher als eine wichtigste mit seinem Künstlerberuf verbundene
Lebensaufgabe betrachtet hatte.« Auch der oben erwähnte Bernhard
Neher (1806—1886), aus Biberach in Württemberg gebürtig, welcher

seine Studien bei Dannecker und Hetsch begonnen, sodann bei Cornelius
in München fortgesetzt hatte und schliesslich vier Jahre lang in Rom
gewesen war, führte nur jenes eine Werk am Isarthor, den Einzug Ludwigs, unter der Leitung oder doch unter den Augen des Meisters aus.
Nach der Vollendung desselben wurde er durch die Grossherzogin von
Sachsen-Weimar, welche ihn, wie wir schon früher beiläufig erwähnt
haben, mit der Ausmalung von zwei Dichterzimmern im Weimarer Schlosse
betraute, zeitweise aus der Corneliusschen Richtung gebracht. Im Goethe-
zimmer führte er 28, im Schillerzimmer 34 Fresken aus, deren Motive
den Dichtungen des Dioskurenpaars entnommen sind. Es sind illustra-
tionsmässige, in der Farbe etwas flaue Arbeiten, welche nicht durch
Originalität der Charakteristik, sondern nur durch das gegenständliche
Interesse reizen. Die religiöse Malerei in der hohen Auffassung des
Cornelius, deren herbe Strenge er jedoch durch weiche Anmuth und ein
voll entwickeltes Schönheitsgefühl milderte, war das eigentliche Gebiet
seiner Kunst, und für sie wirkte er auch durch eine langjährige Lehrthätigkeit, welche in Leipzig, wo er fünf Jahre lang Direktor der Kunstakademie war, begann und in Stuttgart, wohin er 1846 als Lehrer an
die Kunstschule berufen wurde, ihren Abschluss fand. Von 1854 bis
1879 war er Direktor der Kunstschule und somit einer der letzten Corneliusschüler, denen es beschieden war, bis in die neueste Zeit eine
maassgebende Stellung zu behaupten. Eine Schule freilich, die an seinen
oder des Cornelius Prinzipien festgehalten hätte, hat er nicht heran-
blühen sehen, wiewohl er in Stuttgart auch künstlerisch sehr produktiv
gewesen ist. Unter den dort von ihm ausgeführten grösseren Oelgemälden sind eine »Kreuzigung« in der Kirche zu Ravensburg (1850),
eine »Kreuzabnahme« im Museum zu Stuttgart, »Noahs Dankopfer«
(1861), »Christus segnet die Kinder« und »Abrahams Fürbitte für die
Gerechten in Sodom« (1872) zu nennen. Noch zahlreicher sind seine
Kartons für Glasfenster in der Stiftskirche, der Leonhardskirche, der
Schlosskapelle und der neuen Johanniskirche in Stuttgart. Alle diese
Kompositionen athmen Hoheit und edle Würde. Aber es fehlt ihnen die
Wärme des Genius, des aus dem Innern schöpfenden Geistes. In unserer
Zeit vermögen sich nur bahnbrechende Talente auf die Dauer Geltung zu
verschaffen, vorübergehende Beachtung und die Gunst der Menge auch diejenigen, welche dem Geschmack des Tages huldigen. Da sich dieser von
der idealen Richtung des Cornelius weit entfernt hat, sind die letzten Vertreter derselben noch bei Lebzeiten vergessen worden, zum Theil freilich
durch eigene Schuld, weil nur wenige von ihnen sich entschliessen konnten,
mit der vorwärtsschreitenden Zeit ebenfalls weiter zu schreiten.

Für Cornelius hatten sich inzwischen die Verhältnisse in München immer hoffnungsloser und unerfreulicher gestaltet. Schon hatte er den Entschluss gefasst, Bayern zu verlassen und in sein Vaterland zurückzukehren. Er hatte bereits einflussreiche Freunde in Bonn und München dafür interessirt, als ein Ereigniss eintrat, welches seinen leicht entzündlichen Geist mit neuen, überschwänglichen Hoffnungen erfüllte. Der König hatte den Entschluss gefasst, eine neue Kirche zu erbauen und den Bau durch den früher von Cornelius empfohlenen Friedrich von Gärtner ausführen zu lassen. Cornelius sollte das Innere ganz mit Malereien dekoriren, und voll Freude ging dieser auf einen Antrag ein, der ihm ein neues, lang ersehntes Feld künstlerischer Thätigkeit eröffnen sollte. »Denken Sie sich mein Glück! schrieb er im Januar 1829 an eine Freundin, ich soll nach Vollendung der Glyptothek eine Kirche ausmalen. Schon seit 16 Jahren trage ich mich herum mit einem christlichen Epos in der Malerei, mit einer gemalten Commedia divina, und ich hatte häufig Stunden und ganze Zeiten, wo es mir schien, ich wäre dazu ausersehen. Und nun tritt die himmlische Geliebte als Braut mir in voller Schönheit entgegen. Welchen Sterblichen soll ich nun noch beneiden? Das Universum öffnet sich vor meinen Augen. Ich sehe Himmel, Erde und Hölle: ich sehe Vergangenheit, Gegenwart und Zukunft: ich stehe auf dem Sinai und sehe das neue Jerusalem; ich bin trunken und doch besonnen.« Auch vor dieser Aufgabe regt sich in Cornelius zuerst der Dichter, dem es nur darauf ankommt, eine poetische oder religiös-philosophische Konzeption zum Ausdruck zu bringen. An die malerische Ausführbarkeit derselben dachte er nicht, wohl aber der König, welchem darum zu thun war, dieser neuen Unternehmung ein bestimmtes Ziel zu stecken. Bald nachdem Cornelius den umfangreichen Plan seines »christlichen Epos« entwickelt hatte, entschied sich der König für eine wesentliche Reduktion desselben. Er verzichtete auf die ganze Ausmalung der Kirche und wollte nur den Chor und das Kreuzschiff mit Fresken ausgeschmückt wissen. Auch in dieser Beschränkung hielt Cornelius an einer cyklischen Darstellung fest, welche den Triumph der heiligen Dreieinigkeit zur Anschauung bringen sollte. Die Gewölbe der Chornische sollten den Gott des alten Bundes als Schöpfer des Himmels und der Erde vorführen, umgeben von den sieben Chören der Engel, welche zugleich die göttlichen Eigenschaften, Heiligkeit, Allgegenwart, Allwissenheit, Allmacht, Allweisheit, Gerechtigkeit und Vorsehung symbolisiren. Die drei grossen Wandflächen, welche sich an der Ostseite des Chors und an der Nord- und Südseite des Querschiffs darboten, wurden für Christus bestimmt. An der Nordwand

sollte die Geburt des jungen Heilands, dem die Könige und die Hirten ihre Verehrung zollen, an der Südwand die Kreuzigung des Erlösers und an der Ostwand das jüngste Gericht dargestellt werden, auf welches letztere als den Höhepunkt des ganzen Cyklus Cornelius von vornherein das Schwergewicht legte. In den Gewölben des Querschiffs sollte das Walten des heiligen Geistes geschildert werden, wie es sich »in der Gemeinschaft der Heiligen und deren lebendiger Fortwirkung in der Kirche offenbart«, weshalb dort »die Patriarchen und Propheten, die Apostel und Märtyrer, die Evangelisten und Kirchenväter, die Kirchenlehrer und Ordensstifter, die Verbreiter und Beschützer des Christenthums und die heiligen Jungfrauen« versammelt wurden.

Bevor Cornelius die Kartons in Angriff nahm, fühlte er das Bedürfniss, an der Quelle der monumentalen Kunst, in Rom, im Verkehr mit Raffael und Michelangelo neue Kraft zu schöpfen. Er erhielt einen erheblichen Vorschuss und einen so ausgedehnten Urlaub, dass er ein Jahr lang in Rom verweilen durfte, wo er bald nach seiner Ankunft im August 1830 die Arbeiten für die Ludwigskirche mit dem Karton der »Kreuzigung« begann. Im Frühjahr 1833 wurde ihm ein zweiter Urlaub bewilligt, welchen er zu dem Zwecke gewünscht hatte, den Karton zum »Weltgericht« in Rom ausführen zu dürfen. Da sich der Ausführung der Fresken in der Kirche Hindernisse entgegenstellten, war Cornelius in der Lage, diesen zweiten Aufenthalt in Rom auf zwei Jahre ausdehnen zu können. Erst im Juni 1836 war der Bau so weit gefördert, dass der Meister mit seinem Freund und Schüler Hermann und einigen jüngeren Akademieschülern, Moralt, Lacher, Halbreiter, Kranzberger u. a., die Malereien beginnen konnte. Cornelius behielt sich selbst die eigenhändige Ausführung des Hauptbildes, des »jüngsten Gerichts«, vor, welches er sofort in Angriff nahm, vielleicht in der Absicht, durch die malerische Darstellung einer Komposition, welche als solche bei der Ausstellung des Kartons allgemeine Bewunderung erregt hatte, die Stimmen derer zum Schweigen zu bringen, welche behaupteten, Cornelius könne nicht malen. Mit dem »jüngsten Gericht« trat der Meister in Wetteifer mit zwei der grössten künstlerischen Geister der Geschichte, mit Michelangelo und Rubens. Was den letzteren betrifft, so war für Cornelius nicht die geringste Gefahr, mit dem glühenden Koloristen, mit dem »Maler des Fleisches« in Berührung zu kommen. Anders in Betreff Michelangelos, dessen Formensprache der seinigen ungleich verwandter war, von welchem er dieselbe zum Theil sogar abgeleitet hatte. Um auch nach dieser Richtung jede Annäherung zu vermeiden, entschloss sich Cornelius zu einer herben und knappen Formengebung, die hie und

19

da bis zur Härte, bis zur asketischen Uebertreibung gesteigert ist. In fernerem Gegensatze zu Michelangelo stellte Cornelius nicht ein bestimmtes historisches Ereigniss, einen Dies irae, dar, sondern er fasste das jüngste Gericht symbolisch auf als eine beständige Mahnung an jeden Einzelnen, sich auf den jüngsten Tag vorzubereiten und nach Christi Vorbild zu leben. Dazu kamen noch andere Abweichungen von den typischen Darstellungen des »jüngsten Gerichts«, bei welchen zum Theil auch Cornelius' persönliche Anschauungen zum Ausdruck kamen. So hat er z. B. neben dem Verräther Judas auch den Verräther Deutschlands an die Römer, Segesthes, unter den Verdammten dargestellt. In der Gruppe der Heuchler befindet sich auch die Gestalt eines protestantischen Geistlichen, welche allgemein für Luther gehalten wurde. Als Hermann und Förster, welche sich als Protestanten dadurch verletzt fühlten, den Meister um eine Erklärung ersuchten, bestritt Cornelius ganz entschieden, dabei an Luther gedacht zu haben. Förster erwiderte ihm darauf, dass, wenn für die Protestanten kein Platz neben Katholiken im Himmel wäre, sie auch die Hölle den katholischen Sündern allein überlassen müssten, worauf Cornelius zur Antwort gab: »Sie haben Recht! Ich muss auch unter die Seligen einen Protestanten bringen; ich werde den Jakob Böhme zu ihnen gesellen.« Es muss hervorgehoben werden, dass Cornelius seine Zusage nicht hielt. Wenn man ihn auch nicht für einen Diener und Förderer ultramontaner Bestrebungen halten darf, so war er in seinen dogmatischen Kompositionen doch ein treuer Sohn seiner Kirche, und diesen hat er weder in dem »jüngsten Gericht«, noch in den cyklischen Kompositionen für den Camposanto in Berlin verleugnet.

Gerade der Freskencyklus in der Ludwigskirche, auf welchen Cornelius die grössten Hoffnungen auf Wiedergewinnung der königlichen Gunst gesetzt hatte, und insbesondere das »jüngste Gericht« sollte den Bruch mit dem Könige vollkommen machen. Da sich Cornelius bei Ausführung der Fresken verschiedener Gehilfen bedienen musste, konnte natürlich wie in der Glyptothek eine Ungleichheit der malerischen Behandlung nicht ausbleiben. Am meisten aber richtete sich die Kritik gegen das »jüngste Gericht«, welches Cornelius selbst ausführte. Diese Kritik drang auch zu den Ohren des Königs, und es scheint, dass Gärtner, der Architekt der Ludwigskirche, der sich durch Cornelius verletzt glaubte, das Seinige dazu gethan hat, um den König noch mehr gegen Cornelius einzunehmen. Nach dem Berichte Försters hat er dem König das grosse Fresko gezeigt, bevor noch das Gerüst völlig beseitigt war, sodass der König einen ungünstigen Eindruck empfangen musste. Ferner soll das

Gemälde eine nachtheilig wirkende Einfassung auf Anordnung Gärtners erhalten haben. Um das Maass der Kränkungen voll zu machen, wurde Cornelius, als er bei einem Besuche des Königs in der Kirche demselben folgen wollte, von dem Thürsteher der Eintritt auf Befehl des Königs verweigert. Die Behandlung, welcher Cornelius während seiner letzten Jahre in München von Seiten desselben Königs ausgesetzt war, der ihn zuvor maasslos vergöttert hatte, lässt sich in keiner Weise rechtfertigen. Auch in seinem Verkehr mit den Künstlern zeigte sich Ludwig als den Autokraten, der keinen Widerspruch duldete und unter welchem der hochherzige Kunstmäcen oft genug verschwand. Ein Mann, welcher den Grundsatz vertrat: »Ich, der König, bin die Kunst von München;« konnte auf die Dauer nicht mit einem Künstler zusammenwirken, der ähnliches von sich dachte. Wenn man demnach das Benehmen des Königs im Allgemeinen verurtheilen muss, so hatte er doch mit seinen speziellen Beschwerden über die Fresken in der Ludwigskirche Recht. Als malerische Leistung betrachtet, ist das »jüngste Gericht« allerdings kein Werk, welches Cornelius zur Ehre gereicht. Mit unseren heutigen Begriffen von malerischer Technik dürfen wir an das Gemälde überhaupt nicht herantreten, zumal da die koloristischen Schwächen desselben durch die Veränderung der Farben noch krasser zu Tage gekommen sind. Aber auch damals stand schon das allgemeine Niveau der malerischen Leistungsfähigkeit beträchtlich über demjenigen, auf welchem sich Cornelius noch immer bewegte. Der König sah ein, dass auf dem Wege, an welchem Cornelius mit zäher Beharrlichkeit festhielt, nicht weiter zu kommen war, und er machte deshalb keinen Versuch, den Meister zurückzuhalten, als dieser, einem Rufe König Friedrich Wilhelm IV. folgend, im März 1841 seine Entlassung als Direktor der Akademie forderte.

Mit dem Scheiden von Cornelius verlor sich auch bald die Spur seines Wirkens innerhalb der Münchener Schule, die ganz andere Wege einschlug und sich dabei das Postulat des Königs »der Maler muss malen können!« zur Richtschnur nahm. Nach einem kurzen Interregnum ging in Piloty ein neuer Leitstern auf.

## 12. Cornelius in Berlin.

Am 15. August 1840, also unmittelbar nachdem ihm jene Kränkung widerfahren, schrieb Cornelius an den kurz zuvor zum Throne gelangten König Friedrich Wilhelm IV. von Preussen und bot ihm seine Dienste an. Der Brief, der durch Bunsens Vermittlung in die Hände des Königs kam, ist ein Denkmal der echt männlichen Gesinnung von Cornelius. Auch in einem bedeutungsvollen Momente, der über seine ganze

Zukunft entscheiden sollte, erniedrigte er sich zu keiner unwürdigen Schmeichelei, sondern er führte die Sprache des Mannes, der weiss, was er werth ist. »Ich selbst, heisst es in dem Briefe, habe (seit der Düsseldorfer Zeit) Erfahrungen gesammelt und mich auf meine Weise ausgebildet. Diese neuen Erfahrungen, alle meine Fähigkeiten, mein Talent, alles, was ich kann und bin, biete ich Ew. königlichen Majestät mit freudiger Zuversicht an, mit der Zuversicht, dass wenigstens die Reinheit meiner Absicht nicht verkannt werden wird. Dass in Ihrer begeisternden Nähe unter Ihrem intelligenten und männlichen Volke meine Kunst erst ihre wahre Stelle, Weihe, Vollendung und Würdigung finden wird, ist meine feste Ueberzeugung.« Cornelius konnte damals nicht ahnen, dass keine Stadt Deutschlands eine so ungeeignete Stelle für die Entfaltung seiner Kunst war als gerade Berlin, wohin er mit so grossen Hoffnungen übersiedelte. Der für alles Edle und Grosse schwärmerisch begeisterte König freilich, dessen romantische Weltanschauung nicht frei von katholisirenden Tendenzen war, pries sich glücklich, zu dem glänzenden Doppelgestirn Schinkel und Rauch als ebenso ruhmvollen Vertreter der dritten Kunst Cornelius zu gewinnen. Die Bewunderung, welche er dem Künstler zollte, wurde durch keine Laune beeinträchtigt. Solange Friedrich Wilhelm IV. die Regierung führte, wurde Cornelius im Genusse einer von jeglicher amtlichen Verpflichtung freien Stellung mit höchster Auszeichnung behandelt, und dieselbe gnädige Gesinnung bewahrte ihm der Prinzregent und spätere König Wilhelm, obwohl dieser seiner ganzen geistigen Richtung nach zu den entschiedensten Bekennern des Protestantismus gehört. Auch eine Gemeinde feingebildeter, verständnissvoller Verehrer, welche ihm bis zu seinem Tode treu blieb, sammelte sich um den Meister. Aber sein Streben, sein Ehrgeiz wurden dadurch nicht befriedigt. Er wollte auf die Allgemeinheit der Künstler, er wollte unmittelbar auf das Volk wirken, und beides gelang ihm nicht, wozu äussere wie innere Verhältnisse beitrugen.

Zunächst war die Stimmung der Berliner Künstler für Cornelius keine günstige. Der König hatte, nach Försters Angabe, sich »unmuthig uber den nach seiner Ansicht schlechten Ausfall der Kunstausstellung gegen einige der Maler geäussert« und dabei bemerkt: »Ich werde Euch Herren den Cornelius auf den Hals schicken!« Dadurch wurden die Erwartungen auf das Höchste gespannt, und man war nach dem glänzenden Empfange, der Cornelius zu Theil geworden, äusserst begierig, was denn der gepriesene Meister zu leisten im Stande wäre. Die Berliner Kunstverhältnisse wie die Anschauungen des grossen Publikums hatten sich schon damals so gestaltet, dass man weniger auf den Flug hoher

Gedanken, auf das kühne Wollen als auf das Können sah. Während Cornelius in München nach den höchsten Idealen rang, hatte sich in Düsseldorf die Schule des »Realismus«, wie man ihn damals verstand, zu hoher Blüthe entwickelt und unter den Künstlern wie im Publikum begeisterte Anhänger gefunden. Auch in Berlin begann man die Historien-, Genre- und Landschaftsmalerei in Düsseldorfer Art zu kultiviren, und als vollends im Spätherbst 1842 die Gemälde der Belgier Gallait und de Biéfve in Berlin erschienen, vollzog sich der Umschwung zu Gunsten des modernen, in der realistischen Kunstanschauung begründeten Kolorismus mit solcher Entschiedenheit, dass von einer weiteren, nach allen Seiten Frucht tragenden Entwicklung und Einwirkung seiner künstlerischen Persönlichkeit, auf welche Cornelius gehofft hatte, nicht mehr die Rede sein konnte. Was er selbst schuf, kam entweder zu mangelhafter äusserer Erscheinung oder traf auf unzureichendes Verständniss oder gar auf absichtliches Verkennen. Wie hoch man aber auch Neid und Missgunst, mit denen Cornelius zu kämpfen hatte, veranschlagen mag, so lässt sich doch heute aus der Summe seiner in Berlin entstandenen Schöpfungen, aus seinen brieflichen und mündlichen Aeusserungen und aus Berichten unbefangener Zeitgenossen so viel feststellen, dass der Hauptgrund, weshalb er in Berlin keine Wurzeln fassen konnte, in seiner eigenen bereits völlig abgeschlossenen Persönlichkeit lag, welche zu dem Berliner Volksthum und Wesen in schroffstem Widerspruch stand. Bei der hohen Meinung, welche er von seiner Kunst hatte, fühlte er sich auf Schritt und Tritt verletzt. Während er beschäftigt war, die höchsten Dogmen der christlichen Lehre zu einem religionsphilosophischen Epos zu gestalten und ein erhabenes Gebilde an das andere reihte, einen Gesang dem andern folgen liess, zogen sich Künstler und Publikum immer mehr von ihm zurück, um völlig entgegengesetzte Bahnen einzuschlagen, und es blieb nur eine kleine Gemeinde übrig, welche Cornelius in treuer Verehrung anhing. Ihre Begeisterung vermochte Cornelius nicht für die mangelnde Volksgunst zu entschädigen. Seine Verbitterung, sein Gefühl der Vereinsamung wuchs immer mehr, und im September 1859, als seine im Besitz der preussischen Regierung befindlichen Kartons zur Glyptothek und zum Camposanto in Berlin ausgestellt werden sollten, während er in Italien war, schrieb er in heftigstem Ingrimme an einen Freund: »Du bist begierig auf den Eindruck, den die Ausstellung meiner Kartons in Berlin machen wird; ich hoffe, sie werden durchfallen. Diesem vertrakten, gottverlassenen Volke verlange ich nicht zu gefallen.« Am Schlusse desselben Briefes giebt er sich jedoch wieder eine Blösse, welche für sein Streben nach dem Erfolge vor der Oeffentlichkeit und

nach der Volksgunst charakteristisch ist. »Lass mich auf jeden Fall
etwas über die Ausstellung wissen: es ist für Berlin auf jeden Fall ein
ganz tolles Kuriosum. Der grosse Nicolai wird sich im Grabe um-
drehen.«

Seine Abneigung gegen Berlin und die Berliner war nicht etwa das
Ergebniss seiner letzten Lebensjahre. Von Beginn seiner Thätigkeit
wurden ihm Bitterkeiten bereitet, die freilich durch seine Arbeiten her-
ausgefordert worden waren. Der König hatte ihn ersucht, die Ausführung
der von Schinkel komponierten Entwürfe für die Vorhalle des Museums zu
leiten, weil er annahm, dass Niemand in der Freskotechnik besser bewandert sein werde als Cornelius. Diesem war aber eine solche Aufgabe
unsympathisch, und er überliess die Zeichnung der Kartons sowie die
Ausführung in Fresko Künstlern, die nur zum geringeren Theile aus
seinen Schülern bestanden, der Mehrzahl nach aber aus Malern, denen die
Freskotechnik nicht geläufig war. Das war ein schwerer Fehler, da man
den späteren Ruin der Fresken ihm selbst zur Last gelegt hat. Nach
seiner eigenen Aussage hatte er sich um die Angelegenheit wenig be-
kümmert. »Auf Wunsch des Königs, so äusserte er sich später zu seinem
Schüler Max Lohde, hatte ich dann und wann einmal nachgesehen und
angeordnet. Man sollte aber kaum glauben, dass ein Architekt das kom-
poniert habe! Es ist doch gar zu wenig architektonisch, gar keine rechte
Gliederung.« Bei der unumwundenen Offenherzigkeit, welche zu den
besten Charaktereigenschaften von Cornelius gehörte, war es nur natürlich, dass er sich schon bald nach seiner Ankunft in Berlin über
die Kompositionen Schinkels geäussert hatte, und da diese in ihrer
durch und durch malerischen Haltung den Tendenzen des Cornelius schnurstracks zuwiderliefen, fiel das Urtheil des letzteren geringschätzig aus.
Damit verletzte er aber die Anschauung der tonangebenden Berliner Kreise,
welche in Schinkel mit Recht einen Reformator der Kunst verehrten.
Dazu kam noch, dass er seine ablehnenden Urtheile gegen andere nicht
durch eigene, bessere Thaten zu begründen wusste. Seine Komposition
für den sogenannten »Glaubensschild«, das Pathengeschenk des Königs
Friedrich Wilhelm IV. für den Prinzen von Wales, fand zwar zuerst allgemeine Anerkennung; aber nach der Vollendung des Werkes durch den
Modelleur, den Silberschmied und den Edelsteinschneider, denen keine
technischen Nachlässigkeiten vorgeworfen werden konnten, stellte sich doch
heraus, dass es der Komposition an Einheitlichkeit gebrach. Und in der
That lässt es sich nicht rechtfertigen, dass Cornelius in dem äusseren Rund-
friese des Schildes Vorgänge wie den Einzug Christi in Jerusalem, den
Verrath des Judas, die Grablegung und die Auferstehung mit der An-

kunft und dem feierlichen Empfange des Königs in England in Verbindung brachte.

Das erste Oelbild aber, welches Cornelius in Berlin im Herbst des
Jahres 1843 ausstellte, untergrub dort sein Ansehen für immer. Was
der alte Akademiedirektor Gottfried Schadow zu Varnhagen äusserte:
»Cornelius komponire kühn, aber ein Maler sei er nicht gewesen,« war
noch äusserst milde, wenn man sich vergegenwärtigt, dass Schadows
Sohn das Haupt derjenigen Schule war, welche die Erbschaft der corne-
lianischen angetreten hatte. Andere Urtheile, selbst die der maassvollsten
Kritiker, waren viel schärfer. Es handelt sich um das Bild »Christus in
der Vorhölle«, welches sich jetzt als Bestandtheil der Raczynskischen
Sammlung in der Berliner Nationalgalerie befindet. Cornelius hatte ur-
sprünglich die Komposition für die Ludwigskirche entworfen; aber der
König hatte das Bild ausgeschieden. Graf Raczynski veranlasste den
Meister, den Entwurf für ihn in Oel auszuführen, sprach jedoch den
Wunsch aus, dass Cornelius sich von keinem andern Künstler in der
malerischen Ausführung helfen lassen sollte. Cornelius handelte danach,
kam aber zu einem vollständigen Fiasco, da ihm die Oeltechnik inzwischen
ganz fremd geworden war und er nicht mehr that, als die Umrisse der
Zeichnung mit dünnen, harten Lokalfarben auszufüllen. In der Erfindung
war die Komposition dagegen geistvoll, gedankenreich und originell,
wie das fast immer bei einem Werk von Cornelius der Fall ist. Ueber
den typischen, überlieferten Inhalt des Themas hinausgehend, gab er eine
durchaus selbstständige Auffassung, die er durch individuelle Züge be-
reicherte. Neben Adam und Eva, den Erzvätern und Propheten liess er
unter denen, welche durch den in einer Engelsglorie erscheinenden Sieger
über Tod und Hölle befreit werden, auch die Mutter der Makkabäer und
die Mütter der bethlehemitischen Kinder mit diesen selbst figuriren. Aber
man sah in Berlin zu sehr auf das technische, als dass eine so sinnreiche
Erfindung hätte zur Geltung kommen können. Man wollte die letztere
sogar nicht einmal als solche anerkennen, wie aus einer sehr eingehenden Analyse des Bildes von M. Unger im Kunstblatt[*] hervorgeht, in
welcher es u. a. heisst: »Aus dem Bilde des Cornelius ist die For-

---

[*] Jahrgang 1844 S. 5 ff. — Ueber das Verhältniss des Cornelius zu Berlin vgl. auch
des Verfassers Schrift »Die Berliner Malerschule« (Berlin 1879, Wasmuth) S. 97—118. Für die
damals in Berlin herrschende Stimmung, die übrigens bis heute dieselbe geblieben, ist auch
eine beiläufige Bemerkung Kuglers charakteristisch, welcher bei Besprechung eines Kupfer-
stichs nach der »Wiedererkennung Josephs« von Cornelius (Kunstblatt 1843 S. 311) sagt, dass
Berlins »Kunstbetrieb und Kunstinteresse im Allgemeinen eine solche Richtung nicht sonderlich
zu begünstigen scheinen.«

derung ersichtlich, dass man auf eine der Hauptsachen, auf die äussere
malerische Behandlung Verzicht leisten soll; also auf die feineren
Aeusserungen der Form und Materie, sonach auch auf die Färbung.
Natürlich muss auf diese Weise die Erwartung entspringen, dass der
Künstler gewiss durch Entwicklung eines grossen Sinnes in Form und
Gedanken schadlos hält. Man findet sich jedoch hierin sehr getäuscht.
Bei Ausführung des Gemäldes scheint die Hülfe der Natur fast gänzlich
verschmäht, und durch die so entstandenen Fehler in der Zeichnung und
Modellirung fühlt man sich um so unsanfter nach jenen äusseren gemachten
Ideen hingedrängt, die hier ihres Werthes verlustig gehen, weil sie nicht
durch das Ursachliche in der Form, das man vergebens sucht, dazu ge-
langen. Bevor man weiss, was das Bild eigentlich vorstellt, glaubt man,
die Absicht des Künstlers sei die gewesen, einen Christus vorzustellen,
wie er, der Erde entrückt, den Abgeschiedenen seine Wunden zeigt.
Das besagt ohngefahr die Bewegung und Geberde des Christus, und der
Ausdruck der meisten übrigen Figuren ist kein anderer, als der einer
ziemlich materiellen Theilnahme. Die Charakterisirung der einzelnen
Personen lässt vieles zu wünschen übrig. In Ermangelung einer individuellen psychologischen Formenausprägung werden statt derselben jene
ausgeklügelten Zeichen geboten, die nur geeignet sind, die Figuren,
welche dadurch sprechen sollen, ausser Verbindung zu setzen und die
Einheit der Grundidee zu stören. Indem das Bedürfniss einer charakteristischen Bezeichnung der Personen sich durch diese Zeichen kund
giebt, sieht man den Künstler in einer um so grösseren Verlegenheit
befindlich als nur wenige dieser Charaktere typisch festgestellt waren.«
Zum Schlusse heisst es dann: »Aufrichtig muss man bedauern, dass es
uns nicht möglich ist, den würdigen Meister, welchem die neuere Kunst
so viel verdankt, und dessen Herberufung uns daher mit wahrhafter
Freude erfüllt hat, in diesem ersten Werke seines neuen Wirkungskreises,
das so sehr von seinen übrigen Leistungen abweicht, recht so begrüssen
zu können, als wir es gewünscht haben.« Diese einschneidende, eigentlich in allen Punkten für Cornelius ungünstige Kritik ist um so bemerkens-
werther, als sie in dem von Ernst Förster, dem treuesten Corneliusschüler,
geleiteten oder doch stark beeinflussten Cottaischen »Kunstblatte« Aufnahme gefunden hat. Sie verliert auch dadurch nichts an ihrem Werthe,
dass man etwa einwenden könnte, sie sei aus den Gefühlen augenblick-
licher Enttäuschung oder gar aus einseitiger Parteinahme gegen Cornelius
geschrieben worden. Im Gegentheil hat sich der abstossende Eindruck,
den »Christus in der Vorhölle« bei seinem ersten Erscheinen machte, im
Laufe der Jahre verstärkt, und noch nach fünf Jahren schrieb Franz Kugler

in demselben »Kunstblatt« (1848) über das unglückliche Bild: »Ein Schrei
des Unwillens zuckte durch die Stadt und machte sich selbst in einzelnen
sehr beissenden Aeusserungen in den Zeitungen Luft. Sollten diese
harten, schweren, zum Theil unvermittelten Farben für Zeichnung und
Plastik, diese seltsam zurückgewundenen Augen für Ausdruck gelten?
Sollte dies zum Theil gänzlich apathische, zum Theil allerdings leidenschaftlich angeregte Zusammensitzen und Stehen eines Kreises von
Personen, in dessen Mitte ein mangelhaft organisirter Mann mit aus-
gebreiteten Händen stand, die Befreiung der Seelen des alten Bundes,
die ihrer Erlösung Jahrtausende entgegengeharrt, vorstellen? Auch diejenigen, die sehr wohl wissen, worin bis dahin Cornelius Grösse bestand, mussten schmerzlich das Haupt schütteln.« Mit zwei andern Oelgemälden, die Cornelius während seiner Berliner Epoche ausführte, hat er
kein grösseres Glück gehabt. Auch auf das im Jahr 1859 in Rom gemalte,
romantische Bild »Hagen versenkt den Nibelungenhort« (Berlin, Nationalgalerie) passt die obige Charakteristik: übertrieben im Ausdruck der
Figuren, mangelhaft in Zeichnung und Modellirung, trocken und ohne
Empfindung in der malerischen Durchführung, welche auf der niedrigen
Stufe des Kolorirens steht. Welche naiven Anschauungen Cornelius von
der Oelmalerei hatte, beweist am besten das zweite Bild, die Wiederholung einer Gruppe aus den Camposantobildern in Oel: »Selig sind, die
da hungert und dürstet nach der Gerechtigkeit.« Nach seinem Karton
liess er von seinem Schüler Franz Schubert die Untermalung auf einer
ebenfalls von letzterem ausgeführten Verkleinerung grau in grau ausführen,
und diese graue Untermalung deckte er mit bunten Farben. Nach diesem
Sachverhalt lässt sich die Legende, dass Cornelus auch ein grosser Maler
gewesen, nicht mehr aufrechterhalten. Aber ebensowenig wie die Maltechnik beherrschte er während seiner Thätigkeit in Berlin die Korrektheit und Sicherheit der Zeichnung, und alle Ausstellungen, welche in Bezug auf letztern Punkt von der damaligen Kritik gegen seine Kartons
gemacht worden sind, lassen sich heute angesichts derselben als vollkommen begründet nachweisen. Es leuchtete damals den Künstlern nicht
ein und will ihnen heute noch nicht einleuchten, dass ein Meister, wie
gross er auch sein mag, das Recht haben darf, gegen die Regeln der
Zeichenkunst zu verstossen. »Wenn Sie malen, sagte Cornelius zu seinem
Schüler Lohde, malen Sie um Himmels Willen nicht auf den Pinsel hin!
Der Pinsel ist der Verderb unserer Kunst geworden, er führte von der
Natur ab zum Manierismus. Sehen Sie die alten Meister an! Sehen Sie
da den Pinsel? Nein, die Natur! Wenn Sie malen, malen Sie nur Ihre
Gedanken und die Natur.« Bei einer so einseitigen, schiefen Beurtheilung

der Malerei — als ob man bei Raffael, Tizian, Rubens und Rembrandt
keine Pinselstriche sähe! — kann es nicht Wunder nehmen, dass die
Oelgemälde von Cornelius so ausgefallen sind, dass man dem Meister
keinen Platz unter den grossen Malern einräumen darf.

Das Missgeschick verfolgte ihn auf Schritt und Tritt. Eine noch
herbere Verurtheilung als der »Christus in der Vorhölle« erfuhren die
Entwürfe für ein Maskenfest nach Motiven aus Tassos »Befreitem Jerusalem«, welches im Februar 1844 bei Hofe stattfand. Cornelius hätte sich
damit zufrieden geben sollen, dass diese Zeichnungen ihren vorübergehenden Zweck erfüllt hatten. Aber sein Ehrgeiz trieb ihn dazu, diese
flüchtigen Improvisationen noch durch den Stich vervielfältigen zu lassen.
»Und kehrte uns ein Raffael wieder, schrieb Kugler in dem bereits citirten
Artikel des »Kunstblattes«, und wollte uns Arbeiten der Art unter der
Autorität seines Namen aufdrängen, ich würde sie mit Entrüstung von
mir weisen.« Inzwischen hatten aber die grossen Pläne des Königs eine
feste Gestalt gewonnen. Wie dieselben in die Erscheinung treten sollten,
ist am besten und übersichtlichsten von Max Jordan in dem Kataloge der
Berliner Nationalgalerie dargestellt worden, in welcher die Kartons, denen
die Ausführung nicht beschieden war, ihre letzte Ruhestätte gefunden
haben. Diese Darstellung, welche uns ein Bild dessen vor Augen bringt,
was erreicht werden sollte, lautet folgendermaassen: »Als Abschluss der
an Stelle des gegenwärtigen Berliner Doms beabsichtigten grossartigeren
Kirchenanlage sollte die Gruft der Hohenzollern durch einen monumentalen Hallenbau mit vier gleichen Seiten von je 180 Fuss Länge um-
friedigt werden, und zwar in der Art mittelalterlicher Kreuzgänge: nach
Innen offen, nach Aussen geschlossen. Die Wände der Umfassungsmauern
innerhalb dieses durch Bögen gegliederten Umgangs waren zur Aufnahme
der Freskomalereien bestimmt. Wenn von vornherein feststand, dass der
Inhalt dieser Bilder an der Schwelle des Jenseits nicht aus der Absicht
einer Verherrlichung irdischen Fürstenthums, sondern aus dem Gedanken
der Demüthigung des Menschen vor dem Schicksal zu entnehmen sei,
so war hier eine Aufgabe gestellt, die den grössten Künstler, den besten
Christen und den erleuchteten Sohn der Zeit heischte, der im Stande
sein musste, durch Tiefe und Grösse seiner Gedanken, durch Weisheit
und Reichthum ihrer Formgebung die Geschichte der christlichen Heils-
offenbarung nicht bloss in Gestalt der biblisch-historischen Vorgänge ab-
zuschildern, sondern ihre Bedeutung gleichsam neu zu predigen in einer
Sprache, die der modernen Mitwelt verständlich war. Cornelius, von
Bekenntniss Katholik, fand die zutreffende Auffassung, indem er seine
Gestaltungen in diejenige Höhe erhob, in welcher alles Kirchliche zum

Erhaben-Menschlichen, alles Dogmatische zum rein Religiösen wird. Der
Bilder-Cyklus, wie er in den von Cornelius in den Jahren 1844 und 45
abgeschlossenen Entwürfen niedergelegt ist, behandelt die bedeutendsten
Stoffe aus der Urgeschichte der Menschheit, das Walten der göttlichen
Gnade in der Offenbarung und Erlösung, endlich die letzten Schicksale
der Welt derart, dass die tiefsten Gedanken christlicher Religion, die
Ueberwindung des Todes und das Heil der Seele, zur Anschauung kommen.
Die Vertheilung der Darstellungen auf den Wänden der Halle war in
der Weise beabsichtigt, dass auf der östlichen und westlichen die Erscheinung des Heilands auf Erden und seine Gewalt über Sünde und Tod,
auf der südlichen die Thaten und Schicksale der Kirche Christi nach
der Apostelgeschichte geschildert werden sollten, während die nördliche
Wand zur Aufnahme der Gegenstände bestimmt war, die sich auf die
letzten Geschicke des Irdischen und die vom Seher Johannes in der
Apokalypse erschaute Zukunft beziehen. Unter sich verbunden waren
diese vier Haupttheile durch grosse statuarisch behandelte Gruppen,
welche, je zwei an jeder Wand, die acht Seligpreisungen der Bergpredigt
als die Grundlehren des vollendeten Menschenthums versinnlichen, und
zwischen ihnen und den erzählenden Bildergruppen war ein reiches System
von Ornamenten gedacht, welches, in edler Anmuth der Motive an den
Stil der italienischen Renaissance sich anschliessend, mit seinen figürlichen
Beziehungen bis in die antike Welt zurückgreifend, einen Nachklang von
der Schönheit vorchristlicher Anschauungen in diesen Friedhof übertragen sollte, der im Geiste des Künstlers zu einem Tempel der Humanität
werden sollte. Wie die Grundanschauung dieser monumentalen Versinnlichung des Heilsgangs der Menschheit in der Sphäre des Urchristenthums
liegt, so war für die Gliederung der einzelnen Stoff-Gruppen die älteste
Form des Altarbildes gewählt: die Dreitheilung in Hauptgemälde, Sockel
(oder Predelle) und Bogenfeld (oder Lünette). Der Inhalt dieser drei
zusammengehörigen Bestandtheile steht fast durchgehends derart in Verbindung, dass in dem Hauptbilde die geschichtliche Thatsache auf Grund
der evangelischen Urkunde, in der Predelle der alttestamentliche Vorgang dargestellt, welcher in prophetischer Beziehung zu derselben steht,
in der Lünette meist der symbolische Gehalt angedeutet wird. Bei der
Wahl der Gegenstände folgte Cornelius den Grundsätzen einer selbst-
verarbeiteten Theologie und schuf einen Kosmos religiöser Vorstellungen,
der als eine Mythologie der Offenbarung bezeichnet werden darf. Auch
der vierte Theil des grossen Bildergedichtes ist vom Meister in den kolossalen Maassstab übertragen worden, welchen die Wandgemälde erhalten
sollten, aber es ist dasjenige Stück, welches in sich selbst ein Ganzes

bildet und gleichzeitig den Charakter des Friedhof-Schmuckes am eigent-
lichsten ausspricht, indem es die letzten Dinge, das Verhältniss des Menschen zum Jenseits behandelt.« Zur Vervollständigung dieser Schilderung,
welche zugleich die Bedeutung des gewaltigen Werkes treffend charakterisiert, führen wir die einzelnen Kartons in der Reihenfolge ihrer Entstehung auf: 1) Die apokalyptischen Reiter 1846 ; 2) Gefangene besuchen,
Trauernde trösten, Verirrte geleiten, Sockelbild und 3) die sieben Engel
mit den Schaalen des Zorns, Bogenfeld zu Nr. 1 (beide 1847) ; 4) Hungrige
speisen, Dürstende tränken, Sockelbild zu dem folgenden (1848); 5) Herab-
kunft des neuen Jerusalem (1849); 6) Satans Sturz, Bogenfeld zu dem
vorigen 1849 ; 7) Selig sind, die da hungert und dürstet nach der Gerechtigkeit. Nischengruppe (1848); 8) Auferstehung des Fleisches (1851);
9) Untergang Babels (1852); 10) Christus als Weltrichter, Bogenfeld, und
11) Nackte kleiden, Obdachlose beherbergen, Sockelbild zu Nr. 9 (beide
1857); 12) Erscheinung Gott Vaters, Bogenfeld zu Nr. 8 (1859 60);
13) Kranke pflegen, Todte bestatten, Sockelbild zu Nr. 8 (1859 60);
14) Selig sind, die um der Gerechtigkeit willen verfolgt werden, Nischengruppe (1860 61); 15) Parabel von den klugen und thörichten Jungfrauen
1862 63 ; 16) Thomas' Unglauben, Nischengruppe (1863—65); 17) Ausgiessung des hl. Geistes (1865 66[*]).

Seinem leidenschaftlichen, aufs Dramatische gerichteten Naturel gemäss begann Cornelius die Reihe mit dem Karton der »apokalyptischen
Reiter«, welchen er während der Jahre 1845 und 1846 in Rom ausführte,
wo seiner Meinung nach die Wurzeln seiner Kraft lagen. »Ich habe mich
nie so zusammengenommen,« schrieb er von dort im September 1845,
»denn nie stand die Sache so auf der Kippe wie jetzt. Es ist nichts
leichter, als sich aufs hohe Pferd setzen und mit grundsätzlichen Redens-
arten und sonstigen Aeusserlichkeiten auch die würdigste und heiligste
Sache über die Säulen des Herkules hinaus zu schanden zu reiten; aber
irgend etwas Rechtes und Tüchtiges ins Menschenleben hineinzupflanzen,
dass es Wurzel fasst, — dazu gehört mehr, dazu gehört virtus; ich
habe kein deutsches Wort dafür.« Die Begeisterung, welche damals Cornelius im Vollgefühl seiner Freude über die grosse Aufgabe beseelte, hat
sich auch auf den Karton der apokalyptischen Reiter übertragen, welcher
allein von den Camposantobildern, freilich zumeist durch den Stich von

---

[*] Eine Darlegung des Gedankenganges, welchem Cornelius bei den Camposantobildern
folgte, findet sich bei Förster a. a. O. II. S. 240—244. Dazu vergleiche man V. Valentin
a. a. O. VIII. S. 96 ff. Die von Cornelius in den Jahren 1844 und 1845 gezeichneten Entwürfe für den ganzen Cyklus, die sich im Museum zu Weimar befinden, sind von Thäter in
Kupfer gestochen worden.

Julius Thäter, eine gewisse Popularität erlangt hat. Selbst ein Mann von so hoher dichterischer Begabung wie Cornelius konnte sich in dieser Komposition nicht unabhängig von dem Holzschnitte Dürers machen, um so weniger, als er in seinem innersten Wesen mit Dürer verwandt war. Die vier Reiter, welche Tod und Verderben bringend über das Menschengeschlecht dahinstürmen, sind nur ins Klassizistische übertragene, etwas wilder bewegte, hie und da übertriebene Wiederholungen der Typen Dürers, der instinktiv den unheimlichen, alttestamentlichen Charakter der judenchristlichen »Offenbarung Johannis« herausgefühlt hat. Während aber bei Dürer die geschlagene Menschheit sich widerstands- und willenlos dem Fatum unterwirft, lässt Cornelius die Opfer sich erheben und sich mit abwehrenden Händen den gespenstischen Reitern entgegenwerfen. Während bei Dürer der Engel des Zorns über den Reitern schwebt, sind es bei Cornelius die Geister der Gefallenen, die den Unheilbringern rachedurstend folgen. So ist bei Cornelius das dramatische Element durchweg stärker betont, die Komposition einheitlicher gestaltet und die Illustration auf die Höhe des monumentalen Stils emporgehoben worden.

Das Missgeschick, welches alle in Berlin entstandenen Schöpfungen des Cornelius verfolgte, sollte jedoch auch diesem Werke, das uns wenigstens als die Krone des ganzen Camposantocyklus erscheint, nicht erspart bleiben. Cornelius hatte eine gewisse Vorahnung von dem Schicksale, welches bereits seinen ersten Karton in Berlin erwartete. »Wenn ich an meine Rückkehr nach Berlin denke,« schrieb er am 2. März 1846 an seinen Schwager, »so befällt mich oft eine gewisse Schwermuth: es ist mir, als erwartete mich dort viel Widerwärtiges und ein kalter Empfang; ich mache mich auf alles gefasst.« Und er sollte die Bestätigung seiner Ahnung erfahren, als er im Sommer 1846 in seiner neuen Werkstatt den Karton der »apokalyptischen Reiter« ausstellte. »Von Rom aus,« schreibt Förster, »war ihm der Ruf der grossartigsten und in allen Theilen vollendetsten Schöpfung der neuen Kunst vorausgegangen; übereinstimmend hatten sich die dortigen Künstler aller Nationen in Bewunderung desselben ausgesprochen; unmöglich schien es, dass er nicht denselben Eindruck auf jeden nur irgend empfänglichen Menschen machen müsste. Berlin machte das Unmögliche möglich!« Diese Aeusserung Försters bezieht sich auf eine erst im »Kunstblatt« von 1848 unter dem Titel »Berliner Briefe« erschienene Artikelreihe, die dort nur mit den Initialen T. L. S. bezeichnet ist. Sie enthalten Rückblicke auf das Berliner Kunstleben während der letzten Jahre und geben auch eine zusammenhängende Charakteristik von Cornelius' Thätigkeit seit seiner Ankunft in Berlin. Sie sind nicht bloss deshalb bedeutungsvoll, dass sich nachmals ein Mann von so besonnenem und maassvollem Urteil wie Franz Kugler als Verfasser derselben bekannt hat, sondern auch, weil man annehmen darf, dass sie die Meinung der überwiegenden Mehrheit der gebildeten Gesellschaft Berlins über Cornelius widerspiegeln. Was Kugler vor vierzig Jahren geurtheilt hat, hält auch vor der heutigen Kritik noch in allen Punkten Stich. Der Historiker von heute, der keine gleiche Rücksicht zu nehmen braucht wie der Tageskritiker von damals, muss sogar die schonungsvolle Pietät anerkennen, mit welcher Kugler Wahrheiten gesagt hat, gegen welche sich nur blinder Enthusiasmus verschliessen konnte. »Es gilt, so heisst es in der Einleitung, einen Cornelius in Berliner Briefen zu behandeln. Schon bei diesen Worten sehe ich gar manche Ihrer süddeutschen Freunde sich mit Unwillen abwenden. Berlin, dies Symbol von Hochmuth und Selbstgefälligkeit, Berlin, das seinen Schinkel nicht einmal verstanden, Berlin, das es nur zu seinen schlechten »Witzen« und höchstens zu einer Hegelschen Philosophie gebracht hat, will es sich anmassen, über einen Meister ein Urtheil zu fällen, der nur mit Entäusserung aller Subjectivität aufgefasst, nur mit voller Hingabe der Kräfte des Gemüthes begriffen werden kann? Es mag immerhin so sein. Aber Cornelius ist einmal in Berlin; er hat den Ruf hierher angenommen, er hat für uns zu schaffen angefangen, — ich glaube, es hat also auch die Stimme des Berliners ein Recht, über ihn gehört zu werden. Diejenige persönliche Pietät, die wir für einen Mann empfinden, an den wir bei langjährigem Zusammenwirken durch die verschiedenartigsten Bande geknüpft sind, eine Pietät, wie sie für Cornelius in München noch bewahrt werden mag, können wir für ihn hier natürlich nicht haben . . . Auch hat es sich Cornelius nicht eben angelegen sein lassen, seinerseits zu uns in ein näheres Verhältniss zu treten.« Nachdem Kugler sodann den »Christus in der Vorhölle«, die Kompositionen zu Tassos befreitem Jerusalem und den Glaubensschild einer treffenden Kritik unterzogen, aus der wir schon oben einige Stellen mitgetheilt, kommt er auf die im Stiche erschienenen Entwürfe zu den Fresken für den Camposanto zu sprechen, die er im allgemeinen sehr günstig beurtheilt. Er hebt hervor, »dass der Meister in diesen Entwürfen wieder ganz auf der Höhe seiner Kunst steht, wenigstens was die Komposition an sich und diejenigen Elemente derselben, die in der kleinen Umrisszeichnung ersichtlich werden, betrifft. Es ist eine Grösse und Energie in diesen Darstellungen, die der Grundrichtung entspricht, welche ihm von früh an eigen war, die aber hier das Gewaltsame und Uebertriebene, was in seinen früheren Werken oft störend entgegentritt, zumeist sehr glücklich überwunden hat. Es ist eine Sicherheit und charaktervolle Bestimmtheit darin, die jeder Szene eine Wirkung von schlagend dramatischer Kraft gibt. Es verbindet sich damit, trotz des Skizzenhaften der Behandlung, ein sehr edles stilistisches Gesetz, das in dem Rhythmus der Gruppen und Gestalten sowohl als in der Behandlung der Gewandung, welche letztere in Cornelius späteren Werken bis dahin nicht gar selten einen etwas schlaffen Charakter angenommen hatte, überall vorherrscht. Es sind endlich, neben der freien und selbstständigen Auffassung bekannter Szenen auch deren, und zwar vorzüglich bedeutende, vorhanden, die dem Kunstgebiet ganz neue Anschauungen zuführen.« Nur gegen den »tiefen, geistigen, gewissermaassen dogmatischen Zusammenhang, den diese Arbeiten haben sollen, erhebt Kugler mehrere Bedenken, welche er in seiner ruhigen Art maassvoll begründet. Er weist darauf hin, dass der Meister selbst in dem »Bereiche der Ideen«, welche seine Darstellungen entwickeln sollen, einen »eigenthümlichen Vorzug« derselben gesucht habe. Kugler muss dagegen gestehen, dass er »das ganze Prinzip für misslich und bedenklich« hält. »Die Kunst kann am Ende doch nur Thatsächliches darstellen, und es wird einzig darauf ankommen, ob das einzelne Thatsächliche so gross gefasst und die Folgereihe desselben so folgerichtig ist, dass sich uns darin unwillkürlich das Gesetz einer höheren Weltordnung darlegt. Ich kann, wenn ich nach alledem doch mein Haupt vor der Meisterschaft dieser Kompositionen beuge, auf sie auch nur das beliebte Parceque und Quoique anwenden; sie haben ihre künstlerische Bedeutung, nicht weil sie, sondern obgleich sie als eine philosophische Doktor-Dissertation gelten sollen.« Er geht dann auf das »eigentlich Künstlerische« der Entwürfe ein, hebt in gerechter Abwägung ihre Vorzüge und Schattenseiten hervor, wobei er auf die offenbaren Fehler in der Zeichnung zu sprechen kommt, und fasst sein Gesammturtheil in folgende Sätze zusammen: »Die Entwürfe bestehen aus Umrisszeichnungen, mit vollständiger Angabe der Motive in der Umrisslinie, ohne irgendwelche Schattenandeutung. Cornelius hat offenbar, für den ersten Moment wenigstens, keine Nothwendigkeit gefühlt, weiter zu gehen, er hat die Darstellungen nach diesen linearen Gesetzen konzipirt, ja, sehen wir näher zu, so überzeugen wir uns, dass überhaupt kein weiteres Bedürfniss vorliegt, dass nichts unverständlich bleibt und vielmehr die architektonische Rhythmik des Baues der Kompositionen in diesen linearen Umzeichnungen durchaus vollendet ist. Es sind nicht Skizzen, es sind in ihrer Art abgeschlossene Kunstwerke. Zu einem Kunstwerk lässt sich aber so wenig hinzuthun, wie davon hinwegnehmen. Ich habe also die begründete Ueberzeugung, dass die weitere Ausführung dieser Entwürfe im grossen Maassstabe ihnen nicht zum Vortheil gereichen wird. Weiter ausbilden lässt sich dieses oder jenes Motiv natürlich, sofern dabei nur

das Gesetz der natürlichen Organisation gleichmässig festgehalten wird;
wo aber ein bestimmtes rhythmisches Gesetz, wie hier das lineare, abgeschlossen und also ausschliesslich vorliegt, da können andere rhythmische Gesetze, wie das der Modellirung in Schatten und Licht und das
der Farbengebung, nur zur Störung der Gesammtharmonie hereingeführt
werden.« In dem damals vollendeten Karton der apokalyptischen Reiter
sah Kugler bereits eine Bestätigung seiner Vorhersage. „Gewiss war in
dieser grossen Arbeit, schreibt er, vieles mehr spezialisirt als in dem
kleinen Entwurf; doch war der Eindruck für mich keineswegs so erfreu-
lich. Das in dem letzteren Enthaltene hatte vollständig hingereicht, meine
Phantasie mächtig anzuregen, die derbere Gegenständlichkeit der grossen
Gestalten erreichte diese Wirkung nicht. Die Gesammtharmonie war beeinträchtigt, manches verändert, wohl der volleren Realität zu Liebe, ohne
doch die schlagende Kraft des wahrhaft Realen zu erreichen, ja, bei längerem Hinsehen traten mir aufs Neue so manche Widersprüche gegen
das organische Gesetz der Natur und der Erscheinung entgegen, dass mir
die Erinnerung an die Tasso-Kompositionen allzu lebhaft ward.« Dann
äusserte Kugler noch materielle Bedenken gegen die Ausführbarkeit
der Riesenaufgabe, da 20000 Quadratfuss mit wirklicher Malerei zu be-
decken, also auch noch vorher ebensoviel Quadratfuss Kartons auszu-
arbeiten seien, wozu die beiden Arme des schon alternden Meister nicht
ausreichen würden, und schloss mit den prophetischen Worten: »Die Zeit,
zumal die nächste, will mich bedünken, als ob sie, selbst auch im Kunst-
gebiete Anderes fordern möchte.«

Als Kugler solches schrieb, konnte er noch nicht wissen, dass der
Umschwung der Zeitverhältnisse bereits begonnen hatte, seinen lähmenden
Einfluss auf das Werk des Cornelius zu üben. Die Schwierigkeiten, die
sich zunächst der Ausführung in den Weg stellten, waren finanzieller
Natur. Die Einführung einer konstitutionellen Verfassung hatte dem
Könige, welcher durch die Ereignisse von 1848 auf das tiefste erschüttert
und in allen seinen hochfliegenden Plänen gehemmt worden war, auch
in materieller Beziehung die Hände gebunden. Seine Kunstunternehmungen
wurden zuerst davon betroffen, und er musste den Befehl zur Sistirung
der Camposanto-Arbeiten ertheilen. Cornelius wurde dadurch in hohem
Grade erregt, und da seine Eingaben und Anträge an der neuen Sach-
lage nichts änderten, liess er sich in einem Schreiben vom 16. Juli
1850 an den Generaldirektor der Museen v. Olfers, der mit den Verhandlungen betraut war, zu folgender Aeusserung hinreissen: »Ich bin
aus glänzenden Verhältnissen zu dieser Arbeit hierher berufen worden,
bin aber weit entfernt, mich und meine Kunst da aufzudrängen, wo sie

mit argen Demüthigungen zurückgewiesen wird.« Wenn man auch, den
leicht erregbaren, zu Uebertreibungen geneigten Künstlernaturen manches
zu Gute halten muss, so darf die Nachsicht nicht so weit getrieben werden, dass man ihnen thatsächliche Unwahrheiten hingehen lässt. Cornelius
war nicht »aus glänzenden Verhältnissen« nach Berlin berufen worden,
sondern aus drückenden, für ihn unerträglich gewordenen, so dass er
seine Berufung nach Berlin in überströmender Dankbarkeit als eine Erlösung betrachtete. Er ist auch nicht, wie er behauptet, nach Berlin
»berufen« worden, sondern er hat sich durch Vermittlung seiner Freunde
angeboten. Es war eine ausserordentliche Rücksicht der vorgesetzten
Behörden, dass eine solche Behauptung nicht die gebührende Zurück-
weisung erhielt. Wenn man den Verlauf der Ereignisse erwägt, muss
man doch zu der Ansicht kommen, dass einem Cornelius gegenüber ein
Autokrat von despotischen Neigungen besser am Platze war als ein nach-
giebiger Mäcen. König Ludwig hat mit weit geringeren Opfern ungleich
mehr erreicht, als es Friedrich Wilhelm IV. möglich war.

Erst im Jahre 1856 erhielt Cornelius, der inzwischen an den Cartons
unverdrossen fortgearbeitet hatte, die amtliche Aufforderung, die Arbeit
wieder aufzunehmen. Er befand sich damals in Rom, wohin er sich im
Mai 1853 begeben hatte, um dort den Entwurf für das vom Könige ge-
plante Fresko »die Erwartung des jüngsten Gerichts« anzufertigen, welches
in der Apsis des neuen Doms ausgeführt werden sollte. Der König hatte
sich schon im Jahre 1845 damit beschäftigt und einen gleichen Auftrag
Overbeck, Veit und Steinle ertheilt, um »zwischen den Auffassungen so
bedeutender Männer« Vergleiche anstellen zu können. Overbeck war
nicht darauf eingegangen, und die in den Jahren 1846 und 1847 ausgeführten Entwürfe von Veit und Steinle hatten nicht den Beifall des Königs
gefunden. Um so mehr liess er Cornelius drängen, der sich indessen
nicht allzusehr beeilte, da ihm die Aufgabe nicht sympathisch war, weil
er nach einem von dem Könige aufgestellten, ziemlich eingehenden Programm arbeiten musste. Hie und da gestattete er sich wohl einige Abweichungen im künstlerischen Interesse; aber er konnte dem Ganzen keine
Lebenskraft, keine innere Wahrheit, keine dramatische Bewegung geben,
was er auch selber fühlte. Als man ihn fragte, welches Bild er höher
halte, das jüngste Gericht in München oder die Erwartung desselben für
Berlin, gab er zur Antwort: „Das erste war die Stärke meiner Jugend,
das andere ist das Uebergewicht der Reflexion des Alters!« Der König
nahm den sorgfältig in Deckfarben gemalten Entwurf mit liebevollem
Verständniss, mit warmer Begeisterung auf, und einen gleichen Enthusiasmus erregte das Bild in der kleinen Gemeinde, welche nach wie vor treu

zu Cornelius hielt. Erheblich kühler war die Beurtheilung, welche die Komposition im »Deutschen Kunstblatte« fand. Der ungenannte Verfasser — es scheint wiederum Kugler gewesen zu sein — deckt die Schwächen des Werkes mit unerbittlicher Logik auf und weist auch zum Schlusse auf das entscheidende Moment hin, welches der Popularität von Cornelius in Berlin hinderlich war und am Ende sehr wesentlich dazu beigetragen hat, dass seine Entwürfe niemals zur Ausführung gelangt sind. »Viele werden finden, sagt er, dass die Komposition allzu katholisch sei, und in gewissem Sinne können wir dieser Rüge nicht ganz widersprechen. . . . Der projektirte Dom soll der grösste Tempel der evangelischen Christenheit werden, in der bedeutsamen Nähe des von ihm überragten königlichen Schlosses wird er gewissermaassen als das Symbol der Macht und Festigkeit unserer Kirche erscheinen. Das projektirte Bild, in kolossalen Dimensionen und innerhalb der Altarnische ausgeführt, soll das bedeutendste Werk der darstellenden Kunst in demselben werden; es hat daher die Aufgabe, die Bestimmung des ganzen Monumentes gleichsam in deutlicheren Worten, als es die Architektur vermag, auszusprechen. Für diesen Zweck aber genügte, dünkt uns, diese allgemeine und neutrale Haltung nicht; gerade hier und vielleicht nur hier scheint uns ein Gemälde nicht an seiner Stelle, welches ebenso sein könnte, wenn die Reformation an den Grenzen der Mark Brandenburg vorübergegangen, wenn Friedrich Wilhelm IV. nebst allen seinen Vorfahren in den Wegen Joachims I. gewandelt wäre. Gerade hier scheint uns der Ort, Zeugniss für unsere Kirche in ihrer Eigenthümlichkeit und Selbstständigkeit abzulegen.«

Mit richtigem Instinkt hatte der Verfasser dieser Kritik herausgefühlt, dass die Ausführung von Cornelius' Entwürfen unter den sich mehr und mehr verändernden Verhältnissen Berlins und des preussischen Staates unmöglich geworden war. Den katholisirenden Bestrebungen des Königs, dessen erschütterter Gesundheitszustand im Jahre 1856 Niemandem mehr verborgen sein konnte, trat immer schärfer das Element des brandenburgisch-preussischen Staates, der Protestantismus, gegenüber. Die Ehrfurcht vor dem Könige hatte die Opposition lange Zeit im Schach gehalten. Als der König aber durch andere Sorgen in Anspruch genommen wurde und der Gedanke an Dom und Camposanto in den Hintergrund trat, wurde auch die Opposition immer lauter. Nur kurze Zeit schien es, als ob Cornelius sich doch noch nicht jeder Hoffnung zu entschlagen hätte. Sein Freund und Verehrer von Bethmann-Hollweg war Kultusminister geworden und nahm sich mit Wärme des bei Seite gelegten Planes wieder an. Sein Enthusiasmus, welcher Cornelius für die Gleich-

gültigkeit der Berliner entschädigen sollte, hat freilich dazu beigetragen, das ohnehin schon starke Selbstgefühl des Meisters noch zu steigern. In amtlichen und nicht amtlichen Briefen that jener Aeusserungen, welche Cornelius' Abneigung gegen Berlin nur noch steigerten. Als von einer permanenten Ausstellung seiner Kartons die Rede war, versicherte ihn der Minister seiner vollsten Bereitwilligkeit. »obgleich freilich ,dies ehebrecherische Geschlecht' (die Berliner sind gemeint), was Gott ihm verliehen, weniger zu schätzen weiss, als Franzosen und Belgier.« Als im Jahre 1859 sämmtliche im Besitz des preussischen Staates befindliche Kartons von Cornelius in der Akademie ausgestellt worden waren, schrieb v. Bethmann-Hollweg an den damals in Rom weilenden Künstler: »Es ist eine erfreuliche Aussicht, dass Ihre in den Sälen der Akademie zum ersten Male vereinigten Meisterwerke, welche auf Künstler und Laien gleich erhebend und belehrend wirken, einen dauernden Einfluss auf unsere Kunstzustände ausüben werden.« Auch im Publikum schien sich um diese Zeit ein Umschwung zu Cornelius' Gunsten zu vollziehen. Die Ausstellung seiner Kartons in der Akademie fand grossen Zulauf. »Der Erfolg deiner Ausstellung, schrieb ihm sein Schwager nach Rom, ist ein wahrhaft grandioser. Alles staunt und bewundert die Grösse der Konzeption, die vielen Schönheiten im Einzelnen und den bewundernswürdigen Fleiss des Künstlers.« Der Minister knüpfte an diesen Erfolg die Hoffnung, dass Cornelius in der einen damals im Rohbau vollendeten Seite der Halle, über welche das ganze Werk bis auf den heutigen Tag nicht hinausgekommen ist, mit der Ausführung seiner Fresken werde beginnen können. »Fahren Sie fort, schrieb er ihm, einem entarteten Geschlecht das Gericht des Herrn, aber auch die Vollendung seines Heilsplanes für die Menschheit vor die Augen zu malen. Die Ausstellung Ihrer herrlichen Kartons, die nach dem ersten Zudrang der neugierigen Menge noch täglich sinnige Beschauer um sich versammeln, wird ihren bleibenden Eindruck nicht verfehlen. Viele Zeugnisse der Edelsten und Besten kamen mir darüber zu. Und giebt es einen andern Weg, als zunächst diese kleine Gemeinde, dann durch ihr Beispiel die Masse des Volkes zu einer höheren Stufe der Erkenntniss und Sitte heranzubilden? Nur der Wunsch bleibt, dass diese erhabene Bilderpredigt nicht bloss vorübergehend und im Entwurf, sondern in dauernder, künstlerischer Vollendung für alles Volk aufgestellt würde.«

---

*) Ueber diese Ausstellung der Kartons — es waren so ziemlich alle diejenigen, welche sich heute in der Berliner Nationalgalerie befinden — vgl. Herman Grimm, Zehn ausgewählte Essays, Berlin 1883, S. 275—314. — Cornelius hat übrigens Bethmann-Hollweg gegenüber nicht Gleiches mit Gleichem vergolten. Im Jahre 1864 urtheilte er, wie Riegel (Peter Cor-

Es blieb bei dem Wunsche und bei der kleinen Gemeinde. Während Cornelius sich auf der Rückreise von Italien nach Berlin befand, um dort die Ausführung seiner Fresken in Angriff zu nehmen, erfuhren die politischen Verhältnisse in Preussen eine so gründliche Umgestaltung, dass Niemand mehr an den Camposanto dachte. Alle finanziellen Kräfte des Landes wurden angespannt, um das Schwert Preussens zu schärfen, und die Künste des Friedens fanden geraume Zeit hindurch keine staatliche Unterstützung. Nichtsdestoweniger arbeitete Cornelius unermüdlich an seinen Kartons fort. Bis zum letzten Moment hielt er an der Hoffnung fest, dass der Plan des Camposanto nicht definitiv aufgegeben sei. So äusserte er sich noch im Frühjahr 1866 zu Herman Grimm, »dass das Camposanto wieder im Hintergrunde spuke«. Von einem kleinen Kreise treuer Freunde umgeben, lebte er still für sich hin. Es ist begreiflich, dass in dieser immer mehr zunehmenden Vereinsamung auch seine Verbitterung wuchs. Seine politischen und religiösen Ansichten wurden immer extremer, und über die modernen Kunstbestrebungen, namentlich über das Anschwellen der realistischen Richtung, sprach er sich mit herber Geringschätzung aus. Förster berichtet von einem Gespräch, welches er mit Cornelius in seinen letzten Lebensjahren führte. »Er sprach mit Bitterkeit über den engherzigen Pietismus der Berliner, mit Ironie über die »unsichtbare Kirche« der Protestanten und pries dagegen die umfassende Grösse, den reichen Gehalt, das Christenthum in seiner Ganzheit im Katholizismus. Es schien mir nicht ohne Beziehung auf mehrfache frühere Aeusserungen von ihm, — namentlich auf eine rückhaltlose Zustimmung, als ich ihn einst im Gespräch über den Unterschied der Konfessionen für einen der besten Protestanten erklärt hatte, — dass er seine Bemerkung mit der Aeusserung schloss: ‚Ich bin wieder ganz katholisch geworden.'« Ein gleiches wird auch von Cornelius' ältestem Freunde, Geheimrath von Ringseis, bestätigt, welcher, durch Försters Buch veranlasst, 1878 schrieb: »Je länger, je mehr häufen sich die Zeugnisse von Katholiken und Protestanten, dass Cornelius je länger, je mehr das Stehen auf dem Felsen Petri im vollen Werthe erkannt und betont habe... Gern warf er sich an die Brust der treuen Mutter (der katholischen Kirche) und suchte Erwärmung und Stärkung in ihren Heilsmitteln.«

Als der Nimbus, der die Persönlichkeit des unermüdlich thätigen Nestors umschwebte, nach seinem Tode, der am 6. März 1867 zu Berlin erfolgte, allmälig verflog, konnte der überwiegend katholische Inhalt

nelius, Festschrift, Berlin 1883 S. 25) erzählt, über den Mann, welcher seinen Arbeiten das liebevollste Verständniss und die heiligste Begeisterung entgegengebracht hatte, „er sei zu schwankend und ihm fehle der tiefe Ernst für die Kunst."

seiner »Bilderpredigt« Niemandem mehr verborgen bleiben. Er trat nur
noch schärfer in dem Grade hervor, als die Idee eines protestantischen
Kaiserthums festere Gestalt gewann, und als dieselbe in der ruhmvollsten
Form verwirklicht wurde, war damit auch das letzte Wort über die Aus-
fuhrbarkeit der Kartons von Cornelius gesprochen. In pietätvoller Achtung vor dem verstorbenen König Friedrich Wilhelm IV. erwies man
ihnen die Ehre, sie in dem vornehmsten Saale der nach einem Gedanken
des Königs erbauten Nationalgalerie aufzustellen. Dort stehen sie, nicht
als Hilfs- und Vorarbeiten, sondern als selbstständige Kunstwerke, die
aber als solche im Hinblick auf die Geschichte der Kunst, die nur mit
Thaten, nicht mit Absichten rechnen kann, ein verfehltes Dasein führen.
Ein anderes Ergebniss lässt sich aus Cornelius' Thätigkeit in Berlin nicht
gewinnen, und selbst die ganze Arbeit seines Lebens hat nicht den Erfolg gehabt, welcher der Bedeutung seines Genies entspräche. Es ist
heute immer noch ein Wagniss, eine solche Ueberzeugung auszusprechen,
weil die um Cornelius geschaarte Gemeinde in dem Grade, als sie an
Zahl abgenommen, an Fanatismus zugenommen hat und eine unbefangene
Würdigung von Cornelius mit dem Fluche der Pietätlosigkeit oder gar
banausischer Rohheit belegt. Unter solchen Verhältnissen ist es um
so wohlthuender, dass selbst ein so warmer Verehrer des Meisters, wie
V. Valentin, am Schlusse seiner Charakteristik die Summe in folgenden
Sätzen zieht: »Wie alle Neubeginner ist er einseitig gewesen. Um die
verlorene nothwendige Seite einer tüchtigen Malerei, die gute und sorgfältige Zeichnung wieder in ihr Recht einzusetzen, um den für jede Kunst
nothwendigen, bedeutsamen Inhalt wieder zu finden und zu schaffen, hat
er in diesen Aufgaben nicht eine wesentliche, sondern die wesentliche
Aufgabe der Malerei geglaubt erkennen zu müssen und hat demgemäss
alles Gegentheilige mit unentwegter Entschiedenheit verworfen. Die
höchste Stufe wäre jedoch ein Ausgleich dieser nothwendigen und berechtigten Seite mit den nicht minder nothwendigen und berechtigten
eines alle Anlagen der Farbengebung verwerthenden Kolorites gewesen:
diesen Schritt hat er nicht gethan, und eben deswegen hat er die Stufe
der Klassizität nicht erreicht, und die beliebte Gleichstellung mit Goethe
ist ungerechtfertigt. Aber ebenso ungerechtfertigt ist die von mancher
Seite ungescheut ausgesprochene Verwerfung: Cornelius war nicht nur
eine nothwendige Stufe in der Neuentwicklung der Malerei, über die man
wegschreitet und die man nicht weiter beachtet, wenn man über sie weg-
geschritten ist: er hat seine bleibende Bedeutung darin, dass er eine Seite
der Malerei in grossartiger Weise zur Geltung gebracht hat, die stets
und unaufhörlich für die Malerei von entscheidender Bedeutung sein wird:

den Werth der Zeichnung. Wo irgend die Erkenntniss Platz greift, dass
sie ein wesentlicher Bestandtheil des malerischen Werkes sei, wird Cornelius in Ehren stehen. Wo diese Erkenntniss fehlt, da wird die Geringschätzung eintreten, damit aber auch der feste Boden für die Malerei
verloren gehen. . . . Wird man daher berechtigt sein, die Einseitigkeit
des Meisters als nicht nachahmenswerth zu kennzeichnen, so darf andererseits behauptet werden, dass Cornelius mit seinem Kreis ein bleibend
fortwirkendes, weil bleibend nothwendiges Element in der Kunst der
Malerei darstellt und dass, wenn die koloristische Einseitigkeit ausgekostet
ist, eine entschiedene Rückkehr zu seinen Grundsätzen stattfinden wird,
nicht in dem Sinne, dass er einfach nachgeahmt würde, sondern so, dass
das Werthvolle bei ihm als lebendig wirkende Kraft erkannt und als mit-
bestimmendes Element aufgenommen wird.«

Die letzten Behauptungen und Schlussfolgerungen Valentins sind
von ihrer Verwirklichung augenblicklich noch sehr fern, und es ist um
so fraglicher, ob sie sich jemals bewahrheiten werden, als die moderne
Malerei inzwischen auf einem ganz anderen Wege zu der erneuten Werthschätzung der Zeichnung gelangt ist. Dürer und Holbein, der grosse
Idealist und der grosse Naturalist des sechszehnten Jahrhunderts, sind
die Vorbilder gewesen, welche zu dieser Erkenntniss geführt haben. Man
ist also direkt an die Quelle gegangen, ohne sich des Cornelius als Weg-
weisers zu bedienen. Da letzterer in Berlin zu einer praktischen Thätigkeit auf dem Gebiete der monumentalen Malerei nicht kam, hat er auf
die Entwicklung der Berliner Kunst so gut wie gar keinen Einfluss gehabt. In den letzten Jahren seines Lebens arbeitete ein junger begabter
Künstler, Max *Lohde*, bei ihm, der, wie es schien, die Kraft und Begeisterung in sich hatte, in Cornelius' Geiste weiterzuarbeiten. Aber er starb
bereits 1868, dreiundzwanzigjährig, auf einer Studienreise in Italien, nachdem er nur zwei grössere Werke geschaffen, sich aber mit ihnen als
Bahnbrecher auf einem neuen Gebiete der Technik erwiesen hatte. Auf
einer Reise in Schlesien hatte er in alten Burgen Reste von Sgraffitomalereien aus der Renaissancezeit kennen gelernt, deren Technik er wieder
belebte und vervollkommnet bei der Ausmalung des Treppenhauses im
Sophiengymnasium zu Berlin mit vier Bildern aus der griechischen Mythe
und in der Reitbahn des Kriegsministeriums anwendete, in welcher er
den Kampf der Centauren und Lapithen bei der Hochzeit des Peirithoos
und ein Pferderennen in Olympia, geschickt in Giebeldreiecke eingeordnet,
darstellte. Diese Kompositionen offenbarten ein Gefühl für monumentale
Würde, welches damals in Berlin sehr selten war. Ein zweiter Corneliusschüler aus der Berliner Zeit, Karl Gottfried *Pfannschmidt* geb. 1819 zu

Mühlhausen in Thüringen ist noch heute mit unerschöpfter Kraft thätig.
Er ist sogar der einzige Corneliusschüler, der, seinem Meister gleich, noch
in hohem Alter Werke von edelster Harmonie und vollendeter Technik
geschaffen hat, welche die Ueberlieferung der neudeutschen Schule bis
auf unsere Zeit lebendig erhalten haben. Nachdem er im Jahre 1835
nach Berlin gekommen war, erhielt er seine erste Ausbildung bei Eduard
Daege, schloss sich aber sofort nach Cornelius' Ankunft an diesen an
und arbeitete an den Wandmalereien in der Vorhalle des alten Museums
mit. Wie allen Corneliusschülern schwebte auch ihm die monumentale
Malerei als höchstes Ziel vor Augen, und er hatte darin mehr Glück als
der Meister selbst, weil er eine grössere Harmonie der Farbe erreichte,
weil seine Zeichnung bei weitem reiner und korrekter ist und weil er
als Protestant dem protestantischen Bewusstsein seines Volkes sympathischer war. Zu seinem ersten grösseren Versuch, der Ausmalung der
Apsis im Mausoleum zu Charlottenburg, hatte Cornelius den Entwurf
geliefert, welchen Pfannschmidt jedoch nur als Grundlage für eine eigene
und selbststandige Zeichnung benutzte. Das Fresko stellt den König
Friedrich Wilhelm III. und die Königin Luise vor dem Throne Christi
kniend dar, um ihre Kronen vor demselben in Demuth niederzulegen.
Zu der Würde des monumentalen Stils kommt hier die Tiefe und Schlichtheit der religiösen Auffassung und die Wärme andächtiger Empfindung.
Diese Eigenschaften charakterisiren auch seine späteren Wand- und Altargemälde, unter denen das Abendmahl in der Altarnische der Berliner
Schlosskapelle, die Wandgemälde in der Schlosskirche zu Schwerin, die
Auferstehung in der Marienkirche zu Bath in Pommern, die Altargemälde
für die Paulskirche in Schwerin, Christus in Gethsemane für die Gott-
hardskirche in Brandenburg, die Bestattung Christi für die Kirche von
Bethanien in Berlin und die Grablegung und die Frauen am Grabe Christi.
zwei lünettenförmige Kompositionen (1886), hervorzuheben sind. Die Oelgemälde Pfannschmidts, namentlich die zuletzt genannten, sind freilich von
den modernen koloristischen Bestrebungen weit entfernt. Durch die bunte
Farbung, welche eigentlich nur ein Aneinanderreihen von Lokaltönen ist,
wird sogar der Ernst und die Eurhythmie der Komposition beeinträchtigt,
und deshalb erscheint die Eigenart des Künstlers viel reiner und un-
getrübter in seinen Zeichnungen und cyklischen Kompositionen biblischen
Inhalts, welche durchweg von jener feierlichen, abgeklärten, erhabenen
Ruhe erfüllt sind, die für die edelsten Schöpfungen Führichs charakteristisch ist. In diesen Zeichnungen, deren bedeutendste das »Wehen des
Gerichts«, die »Weckstimmen«, »die klugen und die thörichten Jungfrauen«
1877, die Geschichte des Propheten Daniel 1878, Berliner National-

galerie) und das Vaterunser (1884) sind, ist Pfannschmidt viel mehr mit Führich als mit Cornelius verwandt, dessen strenge Herbigkeit bei ihm einer edlen Anmuth gewichen ist. Auch in diesen kleinen Kompositionen ist besonders der Faltenwurf der Gewänder von einer grossartigen Schönheit, von einem edlen Stilgefühl, welche bei Cornelius nur zu oft vermisst werden. Dafür fehlt es Pfannschmidt an tragischem Pathos und an dramatischer Gewalt. Letztere beiden für Cornelius charakteristischen Eigenschaften sucht ein erst neuerdings bekannt gewordener Maler nachzuahmen, den man nach seinen bisherigen Leistungen als einen Epigonen von Cornelius bezeichnen muss. Friedrich *Geselschap* (geb. 1835 zu Wesel) bildete sich anfangs auf der Dresdner Kunstakademie und dann bei Mintrop in Düsseldorf in der dekorativen Malerei aus. Als er sich 1866 nach Italien begab, richtete er sein Augenmerk vornehmlich auf die Wandmalereien der Renaissance, und im Studium Raffaels und Michelangelos gewann er ein Gefühl für monumentale Grösse, welches ihm für die höchsten Aufgaben dekorativer und monumentaler Kunst zu befähigen schien. Nach seiner Rückkehr aus Italien liess er sich in Berlin nieder, wo er mit dekorativen Malereien für Privathäuser begann, die glückliche Erfindung mit gefälliger Färbung verbinden. Als man ihm dann die Ausmalung der Kuppel und der vier Schildbogenfelder in der Herrscherhalle des Berliner Zeughauses übertrug, nahm er mit der Darstellung eines römischen Triumphzuges in der inneren Kuppelwölbung einen verheissungsvollen Anlauf. Wenn auch die Figuren im Wesentlichen auf Raffael zurückgingen, so war doch auch den Anforderungen des monumentalen Stils genügt und damit eine Schöpfung idealer Kunst ins Leben getreten, wie sie Berlin seit den Tagen des Cornelius nicht mehr gesehen hatte. Die Personifikationen von vier Tugenden in grossen Medaillons schliessen sich noch enger an das Raffaelische Vorbild an. In den beiden bis jetzt (Ende 1886) vollendeten Kompositionen der Schildbogenfelder hat sich Geselschap jedoch als Nachahmer von Cornelius erwiesen. Er steht hier theils unter dem Einfluss der Fresken in der Glyptothek, theils unter dem der Camposanto-Kartons, auch darin mit Cornelius verwandt, dass er sich über das Maass der Färbung noch nicht im Klaren ist. Die grosse symbolische Darstellung des Krieges ist nur eine wortreiche Umschreibung der vier apokalyptischen Reiter von Cornelius. Auf einem von den Rachegöttinnen gezogenen Wagen, der aus einem Thore herauskommt, stürmt Bellona, umgeben von den Personifikationen der Kraft und der Gerechtigkeit, durch die Lüfte. Rechts und links jagen die vier apokalyptischen Reiter, unter denen doch einer ebenfalls eine Personifikation des Krieges ist, der Göttin vorauf, wilde Heroen und vielköpfige Drachen vor sich niederwerfend. Abgesehen davon, dass diese Allegorie, welche an bedeutsamer Stelle zum Volke sprechen soll, selbst für den Gebildeten schwer verständlich ist, abgesehen davon, dass der Maler sehr einseitig verfahren ist, indem er nur die zerstörende Seite des Krieges hervorgekehrt hat, entbehren auch Komposition wie Formengebung der Originalität. Die Kunst kann wieder an Cornelius anknüpfen; wenn sie aber über seinen Formenkreis nicht hinauskommt, sondern auch seine Schwächen und Uebertreibungen wieder auffrischt, ist ihre Arbeit für geschichtliche Weiterentwicklung vergeblich. Ein Gesammturtheil über die Schöpfungen Geselschaps wird sich übrigens erst nach der Vollendung der ganzen Dekoration fällen lassen.

Es ist eine merkwürdige Fügung des Schicksals, dass sich gerade derjenige Schüler von Cornelius, der sich am weitesten von seinen Wegen entfernte und den der Meister als einen Abtrünnigen verdammte, die grösste Volksthümlichkeit erworben hat, freilich eine Volksthümlichkeit, die ebenso schnell verschwunden ist als sie emporwuchs. Noch weit weniger als Cornelius wirkt Kaulbach in der Gegenwart nach, und selbst seine ehemals populärsten Werke sind so schnell der Vergessenheit anheimgefallen, dass die Kunstgeschichte ihre Erinnerung erhalten muss.

### 13. Wilhelm von Kaulbach.

Noch als Cornelius an der Düsseldorfer Akademie lehrte, that sich unter seinen dortigen Schülern Wilhelm *Kaulbach* aus Arolsen (geb. 15. Okt. 1806) trotz seiner Jugend durch Energie und Strebsamkeit hervor[*]. Nachdem er von seinem Vater, der Goldschmied und Stempelschneider war, den ersten Zeichenunterricht erhalten, begab er sich 1821 nach Düsseldorf, wo ihn Cornelius bald an den monumentalen Arbeiten der Schule Theil nehmen liess. Er half an der Ausmalung der Bonner Aula, zeichnete selbstständig einen Karton mit den Manna sammelnden Israeliten in der Wüste, malte ein Altarbild für eine westfälische Kirche und führte in der Kapelle des Irrenhauses zu Düsseldorf Engelfiguren mit Festons aus. Doch in diesen Schöpfungen zeigte sich noch kein originaler Geist, was bei der grossen Jugend Kaulbachs auch nicht anders zu erwarten war. Seine Eigenart lag auf einem ganz anderen Gebiete, und nichts kann für dieselbe bezeichnender sein als die Thatsache, dass er zur Zeit, wo er ideale Figuren für ein Irrenhaus malte, nebenbei unter

*) Vgl. A. Teichlein, Zur Charakteristik W. v. Kaulbachs (Zeitschrift f. bildende Kunst 1876 S. 257—264. — A. Woltmann, Aus vier Jahrhunderten niederländisch-deutscher Kunstgeschichte, Berlin 1878 S. 288—316. — Fr. Pecht, Deutsche Künstler des 19. Jahrhunderts, II. S. 54—109. (Nördlingen 1879.)

den Wahnsinnigen physiognomische Studien machte, welche er in so
sicherer Erinnerung behielt, dass er ein Jahrzehnt später daraus seine
Karrikatur »Das Narrenhaus« gestaltete. Denn anders kann man diese
Zusammenstellung von fratzenhaften Idioten nicht nennen. Kaulbachs
geistige Beweglichkeit wuchs bald über den Rahmen der Schule hinaus,
und wenn er sich zeitweilig demselben noch unterordnete, so lag es nur
daran, dass sein technisches Können dem Fluge seiner Ideen noch nicht
gehorchte. Er folgte auch nicht sogleich dem Meister, als dieser nach
München übersiedelte, sondern erst, als er im Jahre 1826 wegen Gewalt-
thätigkeit gegen einen Mitschüler von der Düsseldorfer Akademie verwiesen wurde, wusste er keine andere Zuflucht zu finden, als dort wo
ein neues Kunstleben erwacht war. Was Cornelius an Lebensklugheit
mangelte, besass er in hohem Grade, und er hat sich Zeit seines
Lebens in München wohl gefühlt, weil er sich immer zu den gebietenden
Mächten gut zu stellen wusste. Anfangs zu Cornelius, von welchem alles
abhing. Dieser liess ihn an den Arbeiten in den Arkaden des Hofgartens
theilnehmen, wo Kaulbach fünf allegorische Gestalten, die der Bavaria
und der fünf Hauptflüsse Bayerns, ausführte. Kaulbach war so klug, sich
ganz eng an Cornelius anzuschliessen, — »Exercitien in der Manier von
Cornelius ... schablonenhaft« nennt Woltmann mit Recht diese Fresken —,
und der Meister liess sich durch diese Unterwürfigkeit so sehr bestechen,
dass er im Jahre 1831 vor diesen Arbeiten die Zustimmung Overbecks,
der ihn damals besuchte, durch die Frage herausforderte: »Nicht wahr,
das ist Etwas, das Stand hält?« Auch an den grossen Deckenbildern
im Odeon nahm Kaulbach noch unter Cornelius' Leitung Antheil. Sobald er aber merkte, dass man in München auch ohne Cornelius Aufträge bekommen konnte, zog er sich langsam von den Genossen zurück.
Er malte nacheinander im Tanzsaale des Herzog-Max-Palais sechszehn
Bilder aus dem Mythus von Amor und Psyche, in den Gemächern der
Königin im neuen Königsbau Bilder nach Dichtungen von Klopstock und
Goethe und entwarf Kompositionen zu Wieland, welche von anderer Hand
ausgeführt wurden. Doch befriedigte ihn diese Thätigkeit keineswegs
»Ich tauge nicht für eure monumentale Kunst!« hatte er bisweilen zu
seinen Genossen aus der Corneliusschule gesagt. Er wollte im Gange
seiner Gedanken wie in der Formengebung von Cornelius unabhängig
sein und strebte deshalb mit Eifer danach, seine Technik höher auszubilden und ein anderes Stoffgebiet zu finden. Seine Abneigung gegen
den Meister wuchs mit der Zeit so sehr, dass er oft sagte: »Nichts habe
ich von ihm gelernt, er konnte nichts lehren, weil er selber nichts gelernt hatte!« Zunächst stellte er sich zu der Schule in Gegensatz durch

die schon erwähnte Zeichnung »Das Narrenhaus« und durch zwei Blätter zu Schillers Erzählung »Der Verbrecher aus verlorener Ehre.« In diesen Zeichnungen offenbarte sich zuerst die eine Seite seiner zwiespältigen Natur: der schneidige Sarkasmus und seine Grundlage, das reflektirende Element. Die andere Seite ist keine geistige, sondern nur eine technische. Er führte die schöne rhythmische Linie nicht nur in die Komposition, in die äusseren Umrisse derselben, sondern in die einzelnen Figuren ein, und mit dieser Neigung für schöne Konturen steht sein Hang zur sinnlichen Formenbildung, der sich bisweilen zum Frivolen und Obscönen steigerte, in enger Verbindung.

Diese beiden Seiten seines Kunstvermögens traten sofort in derjenigen Schöpfung zu Tage, die nicht bloss seine eigenartige Richtung begründete, sondern zugleich auch den Höhepunkt derselben erreichte, in der »Hunnenschlacht«. Die Anregung zu dieser Komposition hatte er von dem Architekten Klenze erhalten, also von einer Persönlichkeit, welche dem Cornelianischen Kreise so fern als möglich stand und deren kühl berechnender Kunstcharakter mit demjenigen Kaulbachs verwandt war. Klenze hatte ihm eine Sage erzählt, welche von Damascius, einem Schriftsteller des 6. Jahrhunderts nach Christo, berichtet wird und nach welcher die Erbitterung in der grossen Hunnenschlacht auf den catalaunischen Feldern so stark gewesen sein soll, dass sich zur Nachtzeit die Geister der Erschlagenen von der Wahlstatt erhoben und den Kampf in den Lüften fortsetzten. Mit diesem Stoffe wurde Kaulbach auf ein neues, von Cornelius vernachlässigtes Gebiet, auf das der realen Geschichte geführt. Er konnte sich von der ihm unsympathischen »Gedankenmalerei« abwenden und den Gegner auf einem anderen Felde schlagen, wobei er eines Beifall klatschenden Publikums gewiss war. Der Boden war für diese Art von Geschichtsmalerei, die auch etwas Gedankenhaftes in sich hatte, welches sich nachmals zum »Geschichtsphilosophischen« erweitern sollte, bereits genügend vorbereitet. Bei aller Bewunderung vor cornelianischer Hoheit und Gedankentiefe wollte man etwas leicht fassliches haben, und diesem Wunsche kam Kaulbach, dessen Formensprache dem grossen Publikum keinen Unterschied von der des Cornelius zu haben schien, mit dem 1834 ausgeführten Entwurfe der »Hunnenschlacht« entgegen. »Da die Streiter gefallen waren und nun die Leiber von einander abliessen, so erzählt Damascius, da setzten die Seelen den Kampf noch drei Tage und Nächte fort und fochten mit gleicher Wuth wie im Leben. Man sah und hörte die Schattenbilder auf einander losstürzen und mit den Waffen zusammentreffen.« Da die Hunnenschlacht das Schicksal Roms entschied, verlegte die Sage den Schauplatz von den catalaunischen

Feldern vor die Thore Roms. Mit bewunderungswürdiger Kunst hat
Kaulbach die spärlichen Züge der Ueberlieferung zu einer Komposition
von gewaltigem Schwunge ausgedehnt und mit besonderem Glück das
dämonische Element hervorgehoben, ohne dabei, wie es bei Cornelius so
oft geschah, die Grenzen der Schönheit zu überschreiten. Trotz des
furchtbaren Kampfs, welcher in den Lüften tobt, stört nirgends ein herber,
krasser Zug den Rhythmus der Linien. Zwischen den Kämpfern und
den Erschlagenen auf dem Felde bilden die aus ihrer Mitte sich Erheben-
den und Emporsteigenden eine harmonische Verbindung, »anfangs langsam, schattenhaft und willenlos, wie Woltmann treffend die allmälige Belebung der Geister charakterisiert, bis dann in der Höhe Leidenschaft
und Leben über sie kommen und nun die Schaaren in wilder Erbitterung
gegen einander stürmen, die Könige in der Mitte.« Was Geschlossenheit der Komposition anbelangt, war hier alles übertroffen, was Cornelius
bis dahin geschaffen hatte, und auch in Bezug auf dramatischen Ausdruck
blieb Kaulbach nicht hinter dem Meister zurück. Wurde das Publikum
ferner durch den Reiz des Vorganges gefesselt, so that Kaulbach noch
ein Uebriges, um auf die Menge einzuwirken. Unter den Erschlagenen
auf dem Schlachtfelde fehlt es nicht an Frauen, welche, aus dem Todes-
schlafe erwachend, trotz ihres Wehklagens es nicht vermeiden, üppige
Reize zu enthüllen. Diese Spekulation auf die Sinnlichkeit war fortan
die stete Begleiterin Kaulbachscher Kompositionen, soweit sie nicht in
das Gebiet der Satire oder der Karrikatur fallen, und auch sonst blieb
die »Hunnenschlacht« für seine späteren Schöpfungen typisch. Seine
grossen historischen Kompositionen gliederte er stets in zwei Figuren-
reihen übereinander; aber niemals glückte es ihm wieder, zwischen dem
oberen und unteren »Geschoss«, wie man diese beiden Reihen nannte,
eine so einheitliche und wohlmotivirte Verbindung herzustellen wie in
der »Hunnenschlacht«. Auch in der Detailausführung gab er hier sein
Bestes. Die Zeichnung ist so korrekt und gediegen, wie damals nur
irgend ein Corneliusschüler zeichnen konnte. Das Knochengerüst ist nicht
zur Phrase geworden oder unter Fettpolstern verschwunden, wie es später
der Fall war, und die schöne Linie ist nicht zum kalligraphischen Schnörkel
herabgesunken.

Kaulbach errang sich durch die »Hunnenschlacht« nicht nur einen
berühmten Namen, sondern er befestigte auch seine äussere Stellung in
München. In der »Zeitung für die elegante Welt« war ein Artikel erschienen, welcher eine scharfe Kritik an den »Privilegirten«, d. h. an den
vom Könige mit monumentalen und dekorativen Arbeiten bedachten
Malern übte und der in letzter Linie auch gegen Cornelius gerichtet war.

Nach Förster soll Kaulbach selbst der Verfasser dieses Artikels gewesen sein, nach anderen soll er ihn nur inspirirt haben. Genug, man hatte nach den schonungslosen Aeusserungen, welche der bitter-ironische Kaulbach über seine Kunstgenossen gethan, hinreichend Ursache, ihn dafür verantwortlich zu machen. Der König, der sich ebenfalls verletzt fühlte, soll in Folge dessen bereits den Beschluss gefasst haben, Kaulbach aus München auszuweisen, als der Erfolg der »Hunnenschlacht« ihn anderen Sinnes machte. Nach Pecht soll der König jedoch erst auf Cornelius' Fürbitte von der Ausweisung Abstand genommen haben. Jedenfalls dauerte die Ungnade nicht lange, da Kaulbach bald darauf ein kleines Jahrgehalt und ein Atelier erhielt, weil der König ihn an München fesseln wollte, da der Künstler einen Ruf nach Dresden erhalten hatte. Eine Bestellung zur Ausführung der »Hunnenschlacht«, auf welche Kaulbach rechnete, sollte ihm freilich von anderer Seite kommen. Der Berliner Kunstfreund Graf Raczynski gab ihm den Auftrag, eine vergrösserte Wiederholung für 3000 Thaler in Oel auszuführen. Während dieser Arbeit kam Kaulbach, der damals schon Schüler um sich versammelte, zu der Ueberzeugung, dass er mit den Mitteln seiner in der Corneliusschule erlernten Oeltechnik nicht ausreichte, und er suchte sich durch neue Studien weiter zu helfen. »Während wir in einem Seitengemache des grossen Ateliers, erzählt A. Teichlein, einer seiner damaligen Schüler, nach Gips, Modell und Gliedermann zeichneten, hatte sich der Meister der Hunnenschlacht im entgegengesetzten Zimmer eingeschlossen, um in aller Stille ein paar einer Privatsammlung entlehnte Köpfe zu kopiren und nach vertrauten Freunden emsig Kopfmodell zu malen.« Trotz solcher Anstrengungen wurde aus der farbigen Ausführung der Hunnenschlacht nichts. Als Graf Raczynski das Werk (1837) in einer braunen Oeluntermalung sah, nahm er es in dieser Gestalt mit sich nach Berlin, weil er der Ansicht war, das der Künstler seine Absicht genügend zum Ausdruck gebracht hatte. Es war eine neue Art der Kartonmalerei auf Leinwand.[,]

Gleichwohl gab Kaulbach seine Versuche, sich in der Oeltechnik zu vervollkommnen, nicht auf. Graf Raczynski hatte noch eine zweite Wiederholung in Farben bestellt, und dazu entstand auch eine Oelskizze. Ferner beschäftigte ihn bereits eine neue Komposition, mit welcher er zuerst das Gebiet des »weltgeschichtlichen Epochenbildes« betrat — die »Zerstörung Jerusalems«. Da auf eine Fresko-Ausführung des in ihm sich

---

* Das Gemälde ist mit der Raczynskischen Sammlung in die Berliner Nationalgalerie gekommen. Vgl. L. v. Donop, Verzeichniss der Raczynskischen Kunstsammlungen. Berlin 1886, S. 97.

immer mächtiger entfaltenden Gedankens nicht zu rechnen war, sah er sich auf die Oelmalerei angewiesen. Durch unablässige Studien wurde jedoch seine Gesundheit erschüttert, und als ihm der Arzt im Jahre 1838 den Rath gab, zu seiner Kräftigung nach Italien zu gehen, verband er mit dieser Reise die Hoffnung, in Italien, in Rom die gewünschte Sicherheit in der Oelmalerei zu erlangen. Ueber seinen dortigen Aufenthalt berichtet uns der oben citirte Gewährsmann, welcher Kaulbach nach Italien begleitete. »Die Kunstschätze Italiens, sagt Teichlein, sind kaum jemals an einem Künstler spurloser vorüber gegangen als an ihm.« Nur selten gönnte er sich einen Spaziergang oder einen Besuch der Museen, von Studien nach alten Meistern oder nach der Antike ganz zu schweigen. Unablässig sass er in seinem Atelier und malte mit Bienenfleiss sechs Monate lang Studienköpfe und Kostümfiguren nach römischen Modellen. In der That eignete er sich auf diesem Wege eine malerische Technik an, welche in der Corneliusschule vereinzelt dasteht. Ein interessantes Beispiel dafür ist der »italienische Hirtenknabe« der Raczynskischen Galerie, der in seiner breiten, flotten Behandlung ungefähr auf der Stufe der damaligen französischen Leistungen steht. In dieser anziehenden, gemüthvollen Schöpfung liegt auch mehr individueller Reiz, als in seinen späteren Portraits, obwohl dieselben den Corneliusschülern so sehr imponirten, dass Förster von ihnen schrieb: »Bildnisse, wie er sie sprechend ähnlich gezeichnet, und mehr noch, wie er sie gemalt, hätte Cornelius nie zu Stande gebracht.« Da er Rom also nur als eine Uebungsstätte für koloristische Studien betrachtete, litt es ihn nicht länger in Italien, nachdem er die Gesundheit wiedergewonnen und auch in den Besitz eines ausreichenden Könnens gelangt zu sein glaubte. »Dass der Mann der Zeit, in welchem bereits die ganze Weltgeschichte gährte, es noch über sich vermocht hat, in Rom ein volles Halbjahr lediglich Studienköpfe zu malen, ist im Grunde viel erstaunlicher, als dass er bei aller nachmaligen Fülle seiner Produktion schon von der Hunnenschlacht abwärts im Wesentlichen nicht mehr fortschritt und dass selbst der Einfluss einer italienischen Reise keinerlei Umschwung seiner Kunstanschauung bewirkt hat.«

Während in der »Hunnenschlacht« die in der Luft schwebenden Figuren mit den unteren in einem logischen Zusammenhange stehen und die Komposition von realer und idealer Einheit ist, gerathen auf der »Zerstörung Jerusalems« beide Elemente mit einander in Konflikt. Unten realistische Spuren von Kampf, Selbstmord, Zerstörung und Triumph der Sieger, vermischt mit Figuren, welche wie die abziehende Christenfamilie und der ewige Jude Ideen symbolisieren, oben übersinnliche Erscheinungen,

Propheten und Engel, deren Beziehungen zu den geschichtlichen Vorgängen nur durch eingehende Erläuterung verständlich sind, an welcher
es Kaulbach auch nicht fehlen liess. Nach den gedruckten Erklärungen,
die er ausgab, hat man seine ganze künstlerische Richtung »Programm-
malerei« genannt, und darin erschöpft sich auch wirklich Kaulbachs Bedeutung. Die Naivetät des künstlerischen Schaffens ging Kaulbach vollständig ab. Nicht die Phantasie, sondern die Reflexion war das bewegende
Moment seiner Schöpfungen, und da er nur nach der Verkörperung geistreicher Gedanken strebte, genügte ihm eine Formensprache von oberflächlicher Eleganz, deren beschränkte Phraseologie und Seelenlosigkeit man
treffend als »Kalligraphie« bezeichnet hat. Gleichwohl hatte die »Zerstörung Jerusalems« bei dem grossen Publikum, für welches der bezie-
hungsreiche Inhalt der Darstellung damals den Reiz der Neuheit hatte,
einen noch bedeutenderen Erfolg als die »Hunnenschlacht«. Die Ausführung in Oel erwarb der König von Bayern für die Neue Pinakothek.
Zugleich hatte Friedrich Wilhelm IV. eine Wiederholung bestellt. Da
Kaulbach jedoch lieber ein anderes Thema behandeln wollte, dehnte der
König seinen Auftrag dahin aus, dass er ihm die Ausmalung des Treppenhauses in dem im Bau begriffenen Neuen Museum übertrug. Die »Hunnenschlacht« und die »Zerstörung Jerusalems« sollten hier von neuem verewigt und zwar als entscheidende Momente in der kulturgeschichtlichen
Entwicklung der Menschheit aufgefasst werden. Das sind sie nun aber
keineswegs, da weder die Zerstörung Jerusalems auf den Gang der Weltgeschichte einen nennenswerten Einfluss geübt hat, noch die Hunnen,
nachdem sie das Werk der Vernichtung vollbracht, eine bedeutende politische Rolle gespielt haben. Auf die vier anderen Kompositionen passt
die Bezeichnung als »kulturgeschichtliches Epochenbild« ungleich besser.
Mit dem »Falle des babylonischen Thurmes«, der Racen- und Sprachen-
trennung, kommt die Weltgeschichte überhaupt erst in Fluss. Die »Blüthe
Griechenlands«, die freilich als künstlerische Erfindung am wenigsten befriedigt, weil der Komposition kein bestimmtes Ereigniss zu Grunde liegt,
charakterisiert doch die antike Welt in ihrer höchsten Schöpferkraft.
Die »Ankunft der Kreuzfahrer« vor Jerusalem sucht unter dem Vor-
wande eines historischen Ereignisses die treibenden Ideen des romantischen
Mittelalters zu symbolisiren und entspricht damit vollkommen dem Programm. Doch bleibt auch hier die Ausführung hinter der Absicht zurück.
Ein gleiches lässt sich von dem sechsten und letzten Bilde, dem »Zeitalter der Reformation«, sagen, welches Kaulbach nur nach schweren
Kämpfen durchgesetzt hatte, da im Programm nur ganz allgemein eine
Darstellung der »modernen Zeit« gefordert worden war. Kaulbach hat

auch hier das Richtige gefühlt, da die Reformation und der mit ihr ver-
bündete Humanismus die Faktoren sind, welche die neue Zeit herauf-
führen halfen. Für uns, die wir gesehen haben, dass in dem aus der
Reformation erwachsenen Protestantismus die Wurzeln jener Kraft liegen,
welche uns das deutsche Reich geschaffen hat, ist es schwer verständlich, dass Kaulbachs Absicht auf Hindernisse stiess. Indessen muss man
sich erinnern, dass damals in Preussen katholisirende Tendenzen in den
maassgebenden Kreisen vorherrschend waren, dass in diesen Kreisen
Cornelius über alles gehalten wurde. Die Hauptschuld an der Ver-
zögerung, welche die Ausführung des Reformationsbildes betraf, wird
dem damaligen ultramontan gesinnten Generaldirektor der königlichen
Museen von Olfers beigemessen. Wenn dies thatsächlich der Fall war,
so hat Herr von Olfers dadurch für das Bild gegen seinen Willen Pro-
paganda gemacht. Im grossen Publikum erhob sich für dasselbe eine
leidenschaftliche Parteinahme, welche dem künstlerischen Werthe der Komposition keineswegs entsprach. Was man Cornelius an Gunst und Beifall
entzogen hatte, wurde Kaulbach in überreichem Maass zu Theil, vielleicht
nur, weil er etwas zu Stande brachte, während Cornelius grollend in Ab-
geschlossenheit sass, und weil er leichtfassliche Ideen in einer für jene
Zeit glänzenden Technik veranschaulichte. Für uns ist es unbegreiflich, wie diese schwache und planlose Nachahmung der »Schule von
Athen« ein so grosses Maass von Begeisterung und Erbitterung hervorrufen konnte. Die schroffste Behandlung wurde Kaulbach durch Cornelius zu Theil, als er, zur Vollendung jenes Gemäldes in Berlin eingetroffen, nach seiner Gewohnheit einen Besuch bei dem Meister machte.
»Ich will von Ihrem Reformationsbild nichts wissen! rief ihm Cornelius
entgegen, ich bin Katholik!« Mit diesem Worte ist die Kluft zwischen
Kaulbach und Cornelius am besten charakterisiert. Der Gegensatz zwischen beiden lag nicht etwa in einer verschiedenartigen Formenbehandlung
und Ausdrucksweise begründet, sondern nur in dem weltgeschichtlichen
Widerspruch des Protestantismus gegen den Katholizismus, also nur in
dem Inhalt und der Tendenz ihrer Darstellungen. Mit Rücksicht auf
sein Verhältnis zu Cornelius hat Niemand Kaulbachs Stellung in der
Kunstgeschichte besser präcisirt als Teichlein. »Ein wie glänzendes Phänomen unser Meister am modernen Kunsthimmel auch gewesen sei, sagt
derselbe, so ist doch jedenfalls auch er eine isolirte Erscheinung geblieben, welche im kunstgeschichtlichen Zusammenhang nicht etwa eine
neue Stufe der allgemeinen Bewegung, sondern nur den Niedergang der
bisherigen, den Auflösungsprozess der Cornelius'schen Schule bedeutet,
und bezeichnender als sein fünfundzwanzigjähriges Direktorat der Mün-

chener Akademie ist für seine kunstgeschichtliche Stellung in dieser Hinsicht der Umstand, dass er nachmals seinen eigenen Sohn der Piloty-
Schule überliess. Wie immer man über Kaulbach urtheilen möge, wird
man doch nicht bestreiten können, dass er seine Herkunft wenigstens
insofern nicht verleugnet hat, als er immerhin auf dem Boden der monumentalen Ideenmalerei, also im Grunde doch auf Cornelius'schem Boden
stehen geblieben ist.«

Es ist nicht unwahrscheinlich, dass Cornelius' Abneigung gegen
Kaulbach gerade durch die Wahrnehmung bestärkt worden ist, dass
Kaulbach auf seinen Bahnen, ohne jedoch seine religiösen Grundanschauungen zu theilen, mit stetig wachsendem Erfolge vorwärts schritt,
während Cornelius selbst immer mehr in den Hintergrund trat. Nach
der Darstellung Försters ist die Spannung zwischen Kaulbach und Cornelius nicht auf Rivalität, sondern auf die Fresken zurückzuführen, mit
welchen Kaulbach die Oberwände der Neuen Pinakothek an drei Seiten
dekorirt hatte, wozu ihn König Ludwig bald nach dem Berliner Auftrage bestimmt hatte. Förster stellt die Sache so dar, dass Kaulbach,
da die Aufgabe gestellt worden war, das von König Ludwig hervor-
gerufene Kunstleben in einer Bilderfolge zu schildern, »die Begründer der
neuen deutschen Kunst nicht nur lächerlich, sondern sogar verächtlich gemacht, indem er diesen Männern … die niedrigsten Motive von Eigennutz und Gier nach äusseren Ehrenzeichen untergeschoben.« Diese
Absicht lässt sich Kaulbach jedoch schlechterdings nicht nachweisen.
Viel natürlicher ist die Erklärung, welche Reber[*] für das Misslingen
dieser Fresken giebt, zu deren Ausführung Kaulbach von dem unge-
duldigen Könige »unausweichlich gedrängt« worden war. »Mit der äussersten Unlust, schreibt Reber, ging der Meister an die Arbeit, welche
durch die modernen Erscheinungen mit Porträts und im Beinkleider-
kostüm seiner Formfreude nicht entgegenkam und nach persönlichen
Erfahrungen selbst inhaltlich nicht sympathisch war. Im Verlauf der
Arbeit immer weniger angeregt durch die Aufgabe, immer mehr abgestossen durch die mangelnde Gelegenheit der Formenschönheit den Tribut
zu zollen und bei weiterer Vertiefung in den Gegenstand immer mehr
des ränkevollen und eifersüchtigen Getriebes bewusst, welches an dem
Spinnengewebe des letztvergangenen Künstlerlebens die schwankenden
Fäden zog, fand er keinen anderen Gehalt, als die Würze für die ihm
ganz undankbare Aufgabe aus seiner reichen Schatzkammer von Spott
und Ironie zu holen und damit die gewollte Verherrlichung der neuen

---

[*] Geschichte der neueren deutschen Kunst. II. S. 73.

deutschen Kunstentwicklung ins Gegenteil zu verkehren«. Es ist leicht verständlich, dass sich eine so unruhige Natur wie Kaulbach mit Hülfe der Ironie von einer ihm unbequem gewordenen Aufgabe zu befreien suchte. Es ist aber auch bezeichnend für seinen geringen künstlerischen Ernst, dass er eine so satirisch-genrehafte Behandlung im monumentalen Stile für zulässig hielt. Die strengsten Richter über seine Verirrungen sind die Zeit und das Münchener Klima gewesen, welche seine Schildereien so gründlich vernichtet haben, dass heute nur noch schwache Umrisse und unzusammenhängende Farbenflecke zu erkennen sind. Es hat übrigens den Anschein, als ob auch die von Kaulbach im Neuen Museum zu Berlin in Stereochromie oder »Wasserglasmalerei« ausgeführten Gemälde der Zeit nicht allzulange Stand halten werden, da sie bereits mit immer stärker werdenden Rissen über und über bedeckt sind und deshalb die Gefahr des Herabfallens einzelner Teile nicht ausgeschlossen ist.

Auch Kaulbachs ganze Art war auf den Karton und die Illustration hingewiesen, und er hat nach dieser Richtung hin seine Kunst weit besser ausgebeutet als Cornelius. Während er mit der Ausführung der »Zerstörung von Jerusalem« in Oel beschäftigt war, entstand eine Reihe von Illustrationen zu Goethes »Reineke Fuchs«, welche 1846 in Stichen und erst in den späteren Ausgaben in Holzschnittreproduktion erschienen. Dass zwei so heterogene Aufgaben zu gleicher Zeit einen Künstler beschäftigen konnten, ist für Kaulbachs geistige Richtung bezeichnend und mehr noch der Umstand, dass die satirischen Illustrationen, in welchen er politische und soziale Gebrechen seiner Zeit unter der Thiermaske persiflirte, künstlerisch wertvoller sind als die gleichzeitig und später entstandenen idealen Schöpfungen des Meisters. Die Zeichnungen zum »Reineke Fuchs« sind übrigens auch von denjenigen gepriesen worden, welche schon frühzeitig die theatralische Hohlheit und Unwahrheit des Kaulbachschen Pathos durchschaut haben. Indessen lässt sich heute nicht mehr verkennen, dass selbst diese Werthschätzung übertrieben gewesen ist; bis auf den heutigen Tag ist sie ohne weitere Prüfung nachgebetet worden. Nur Woltmann hat die Schwächen auch dieses Kaulbachschen Werkes richtig erkannt, indem er darauf hinwies, dass Kaulbach den »naiven und volksthümlichen Charakter der Dichtung nicht beachtet« hat und dass »ein Zug des Absichtlichen« nicht vermieden worden ist. Auch die Zeichnung hat bereits das Gepräge jener charakterlosen, weichlichen Eleganz, welche für alle Schöpfungen Kaulbachs typisch ist, und selbst das seiner Zeit gerühmte Naturstudium kann sich neben den Leistungen der modernen Thiermaler, die doch ganz anders in die thierische

Individualität eindringen, nicht mehr behaupten. Endlich fehlt, was ebenfalls bereits von Woltmann nachgewiesen worden ist, den Kaulbachschen Zeichnungen die Eigenschaft der Originalität. Sie sind nicht bloss in der ganzen Idee, sondern auch in einzelnen Motiven eine Nachahmung der »Scènes de la vie privée et publique des animaux« von dem französischen Karrikaturisten Grandville. Nichtsdestoweniger überragen diese Illustrationen bei weitem Kaulbachs spätere Schöpfungen ähnlicher Art, und ihre Popularität ist verdienter als die der Goethe- oder Schillergalerie.

Die Fresken der Pinakothek veranlassten in Gemeinschaft mit den Zeichnungen zum Reineke Fuchs Cornelius, seinen ehemaligen Schüler bei einem Tischgespräch zu Rom im Jahre 1855 den »Heine der Malerei« zu nennen. Wie sehr er mit dieser Bezeichnung Recht hatte, beweist sowohl die Thatsache, dass Kaulbach gelegentlich zu Kompositionen schmutzigsten Inhalts wie der berüchtigten »Wer kauft Liebesgötter?« hinabstieg, als seine unwiderstehliche Lust, die Wirkung idealer Schöpfungen durch witzige Arabesken abzuschwächen, also wie es Heine mit Vorliebe that, sich selbst zu ironisiren. Dies geschah auch bei den sechs grossen Wandgemälden im Berliner Museum, welche er mit einem grau in grau gemalten Arabeskenfriese umgab, in dessen Ranken sich Kinder und Genien tummeln, welche die grossen Darstellungen glossiren. Durch ein solches Spiel wird die monumentale Würde der letzteren aufgehoben, und wenn auch die Kinderfiguren, welche berühmte Männer der Weltgeschichte versinnlichen, mit geistreichen Zügen ausgestattet sind, so sind sie an einem Orte, an welchem den Besuchern die Katastrophen und Epochen der Weltgeschichte vor Augen gebracht werden sollen, ein ungehöriges Beiwerk, ein leichtfertiges Spiel, um so mehr, als sich die kleinen Figuren in ihrer monotonen Färbung genauerer Besichtigung entziehen. Der monumentale Schmuck des Treppenhauses ist mit diesen Kinderfriesen und den grossen Hauptbildern nicht erschöpft. An den Fensterwänden sieht man die Personifikationen der Architektur, Skulptur, Malerei und graphischen Kunst als schwebende Frauengestalten. Anfang und Ende der Südwand bilden die Personifikationen der Sage und Geschichte, denen auf der gegenüberliegenden Wand Wissenschaft und Poesie entsprechen. In den Feldern, welche die Hauptdarstellungen trennen, erscheinen vier Gesetzgeber. Moses und Solon. Karl der Grosse und Friedrich der Grosse, und über ihnen Isis, die Hauptgötttin Aegyptens, und Venus Urania, das Symbol hellenischer Schönheit, Italia mit den Abzeichen des Papstthums und Germania mit Schwert und Buch den Sinnbildern von Kraft und Gesetz. Was unter den Hauptgemälden die Hunnenschlacht, ist unter den Nebenbildern die Sage: eine Schöpfung von grossartiger Erfindung (um 1850 entstanden), in welcher der cornelianische Geist zum letzten Male zum Durchbruch kommt, um dann für immer aus Kaulbachs Thätigkeit zu verschwinden.

Gleichwohl ist dieser Bildercyklus, welchem Kaulbach zwanzig seiner besten Jahre (1847—1866) widmete, ein Denkmal der cornelianischen Richtung, wenn auch das Haupt dieser Richtung sich gegen Inhalt und Form der Gemälde gleich ablehnend verhielt, und wie zahlreich und triftig auch die Einwände sind, welche sich gegen das Werk erheben lassen, so muss man doch rückhaltslos die Energie bewundern, mit welcher Kaulbach, nur unterstützt durch die Maler Detmers, Echter und Muhr, die Riesenarbeit zu Ende führte. Selbst ein so scharfer Kritiker des Künstlers wie Fr. Pecht muss anerkennen, dass »das Ganze einen überaus imponirenden Eindruck macht und, wenn auch ohne allen koloristischen Reiz, es doch wenigstens nicht beleidigt, wie die haltungslosen cornelianischen Bilder.« Im Gegensatz zu dem starrsinnig an seinen Prinzipien festhaltenden Cornelius war Kaulbach ein Sohn seiner Zeit, welcher klug alle Strömungen benutzte, um nicht im Hintertreffen zu bleiben. Als der Kolorismus Pilotys immer mehr Anhänger fand, verschloss sich auch Kaulbach nicht seinen berechtigten Forderungen. Pecht macht darauf aufmerksam, dass bereits in der Komposition des Kartons zur »Reformation« die neuen koloristischen Bestrebungen in der Anordnung der Massen, in der grösseren Belebung und in der Anwendung des Helldunkels reflektiren und dass darin schon ein Gegensatz zur cornelianischen Schule liege. Cornelius empfand dies auch richtig heraus, indem er einst sagte, ein grösseres Gewirr als auf dem Reformationsbilde sei ihm noch nicht vorgekommen.

Aus der geistigen Beweglichkeit und leidenschaftlichen Antheilnahme, mit welcher Kaulbach alle Ereignisse seiner Zeit verfolgte, erklären sich die Schwächen seiner grossen Werke, welche nach der Vollendung der Treppenhausbilder entstanden, wenn auch zum Theil schon früher konzipirt worden sind. Daraus erklären sich aber auch ihre Erfolge bei dem Publikum. In der »Schlacht von Salamis«, welche Kaulbach nach seinem Karton für das Maximilianeum zu München in Oel ausführte, wollte er den napoleonischen und russischen Despotismus bekämpfen, und auch der braun in braun auf Leinwand ausgeführte »Nero« inmitten seines liederlichen Hofs, zu dessen Füssen die Christen hingemartert werden, soll eine Satire gegen die Hetärenwirthschaft des zweiten Kaiserreichs sein. In beiden Schöpfungen kehrt das alte Kompositionsprinzip, die Theilung in zwei Geschosse, wieder, in der ersten sogar ein ähnliches Motiv, wie in der »Hunnenschlacht«, da hier über den für ihre Freiheit kämpfenden Hellenen die Schatten ihrer Heroen in den Wolken erscheinen. Es kehrten aber auch die alte Phraseologie, die nichtssagende Spielerei mit schönen, aber charakterlosen Formen und die Neigung zu sinnlichen Wirkungen wieder, welche letztere dadurch erzielt werden, dass Kaulbach die Reize der mit ihrem Schiffe untergehenden Frauen des Xerxes in seiner faunischen Art enthüllt. Pecht erzählt, dass er nur selten »Studien für die einzelnen Theile, Köpfe, Hände und Füsse, nackte Körper u. s. w.« zeichnete, weshalb seine Formenbehandlung etwas Monotones, auswendig Gelerntes hatte. »Selbst wenn er ein Modell benutzte, so zeichnete er selten eine Studie danach, sondern brachte es der Zeitersparnis halber lieber gleich aufs Bild selbst und meist sehr oberflächlich.« Zu seinen Tendenzbildern, welche die Leidenschaften der Menge aufreizten und scharfe Angriffe aus dem entgegengesetzten Lager hervorriefen, gehört auch der 1870 entstandene »Peter Arbues«, welchen Kaulbach voll Entrüstung über die Heiligsprechung des blutdürstigen Ketzerrichters inmitten seiner barbarischen Thätigkeit darstellte. Wie jedes Tendenzbild hat auch dieses nur eine vorübergehende Wirkung auf eine kurze Zeit ausgeübt. Heute, nachdem der Zorn über jenes Ereignis verflogen und dieses selbst vergessen ist, vermag man sich den ungeheuren Erfolg jener Schöpfung kaum zu erklären. Für uns ist nur eine bis zur Fratzenhaftigkeit gesteigerte Karrikatur übrig geblieben, die bloss einen ästhetischen Widerwillen, aber keinen moralischen erregt.

Die Geschichte ist mit einer unheimlichen Schnelligkeit über Kaulbach hinweggegangen. Während er noch, als ihn am 7. April 1874 plötzlich die Cholera hinwegraffte, auf der Höhe seines Weltruhmes stand, gehört er heute zu den vergessenen Grössen. Das in seinem Atelier errichtete »Kaulbachmuseum« hat keinen Bestand gehabt, und die Versuche eines Kunsthändlers, durch eine Wanderausstellung seiner berühmtesten Werke, des »Nero«, der »Schlacht von Salamis«, des »heiligen deutschen Michels«, eines Erinnerungsblattes an den Krieg von 1870 und 1871, und der vier Todtentanzbilder, den verblassten Ruhm des Meisters aufzufrischen und die öffentlichen Kunstsammlungen zum Ankauf dieser meist so maasslos gefeierten Arbeiten zu bewegen, sind missglückt. Kaulbach muss sich damit begnügen, bei Lebzeiten eine Stellung errungen und behauptet zu haben, wie sie bisher nur den Künstlern der klassischen Epoche, einem Tizian, einem Rubens, einem van Dyck, beschieden gewesen war. Wenn er auch in den Mitteln, welche ihn zu diesem Ziele geführt, nicht wählerisch gewesen, wenn er auch krankhaft auf seinen Ruhm bedacht war und »das Nehmen im gemeinen Leben dem Geben entschieden vorzog«, so stehen doch diesen Schattenseiten seines Charakters auch glänzende Eigenschaften gegenüber; seine stolze Unabhängigkeit gegen Höhergestellte und seine Aufrichtigkeit und Ueberzeugungstreue »im Kampf für die Freiheit und gegen jede Art von Despotismus.«

### 14. Moritz von Schwind.

Während Kaulbach die praktischen Konsequenzen der cornelianischen Richtung auf dem Gebiete der historischen Monumentalmalerei und zum Theil auch auf dem der Illustration zog und die Grenze aufrichtete, jenseits welcher ein Fortschritt nicht mehr möglich war, pflückte Moritz von *Schwind* die reifsten Früchte in dem ebenfalls von Cornelius angelegten Garten der Romantik. Wenn M. v. Schwind auch kein eigentlicher Schüler des letzteren war, so hat er doch in der Zeit seines Werdens entscheidende Eindrücke von ihm erfahren und nannte sich stets seinen dankbaren Schüler. Auch Schwind war einer von jenen Meistern, welche sich zum Ausdruck ihrer Gedanken der einfachsten Darstellungsformen bedienten, aber trotz der Beschränkung ihrer äusseren Mittel auch im Kleinsten Strenge und Würde des Stils hochhielten. Aus Wien gebürtig, wo er am 21. Januar 1804 das Licht der Welt erblickte, brachte er zugleich neue Elemente, eine leichte, geistige Beweglichkeit, eine tiefe, musikalische Empfindung, einen unerschöpflichen Humor und eine frische Naivetät, die sich auch in hohem Alter nicht verlor, in die spröde, norddeutsche Kunst hinein und erwarb sich durch diese köstlichen Gaben eine Volksthümlichkeit, welche auf solideren Grundlagen erbaut und deshalb dauerhafter ist als diejenige Kaulbachs[*]).

Schwinds künstlerischer Entwicklungsgang war im Wesentlichen der eines Autodidakten. Sein Talent brach sich von selbst zwischen den Schulstudien Bahn und wurde weniger durch künstlerische Vorbilder als durch musikalische und poetische Genüsse gefördert. Im Hause seiner Mutter verkehrten Bauernfeld, Lenau, Anastasius Grün, die Brüder von Spaun, Franz Schubert u. a. Letzterer war der Genius, der den mit romantischen Ideen erfüllten Kreis beherrschte. Der junge Moritz war selbst ein leidenschaftlicher Musikfreund und ein tüchtiger Geiger,

---

[*]) Vgl. L. v. Führich, Moritz v. Schwind. Eine Lebensskizze, Leipzig 1871. — A. W. Müller, Moritz von Schwind, Eisenach 1871. — H. Holland, M. von Schwind, Stuttgart 1873. — F. Pecht, Deutsche Künstler des neunzehnten Jahrhunderts, Nördlingen 1877. I. S. 195 bis 231. — O. Berggruen, Die Galerie Schack, Wien 1883. Mit Radirungen nach Schwindschen Gemälden und Zeichnungen. — Graf A. v. Schack, Meine Gemäldesammlung, Stuttgart 1881. S. 41—73.

und diese Liebe zur Musik hat ihn sein ganzes Leben nicht verlassen. Sie reflektirt in seiner Kunst, im Rhythmus der Linien, im Schwung der Komposition wie in der Wahl seiner Stoffe. Illustrationen zu Opern und Liedern nehmen in der grossen Zahl seiner Werke einen breiten Raum ein. Eine Reihe von Zeichnungen zu Beethovens »Fidelio« gehörte zu den ersten Schöpfungen des Jünglings. Als derselbe, achtzehn Jahre alt geworden, die Universität beziehen sollte, um sich für die Beamtenlaufbahn vorzubereiten, fühlte er bereits genug moralische Kraft in sich, um sich ganz der Kunst zu widmen. Bei seiner Mittellosigkeit konnte er jedoch keine regelmässigen Kurse an der Akademie durchmachen, sondern er besuchte in den Jahren 1821—1823 nur gelegentlich die Antikenklasse und die Ateliers von Ludwig Schnorr, dem älteren Bruder Julius Schnorrs, und von Peter Krafft. Er musste auf Erwerb denken, und da er bereits eine grosse Sicherheit und Schärfe im Strich mit Feder oder Bleistift erreicht hatte, verdiente er durch Zeichnungen für Buchhändler, Neujahrskarten, Bilderbogen, Portraits, Bücherillustrationen u. s. w. seinen Unterhalt. Doch wusste er diesen handwerksmässigen Arbeiten einen künstlerischen Anstrich zu geben, und es gelang ihm, durch fünfzehn Vignetten zu den Märchen aus »Tausend und eine Nacht« den Beifall Goethes zu erringen, der sich über dieselben in »Kunst und Alterthum« also ausliess: »Wie mannigfaltig bunt die Tausend und eine Nacht selbst sein mag, so sind auch diese Blätter überraschend abwechselnd, gedrängt ohne Verwirrung, räthselhaft, aber klar, barock im Sinn, phantastisch ohne Karrikaturen, wunderlich mit Geschmack, durchaus originell, so dass wir weder dem Stoff noch der Behandlung nach etwas ähnliches kennen.« Wenn der Altmeister auch in die Kompositionen des jungen Künstlers mehr »hineingeheimnisst« hat, als in ihnen gesteckt, so giebt sein Urtheil doch ein lebhaftes Interesse ohne denjenigen Zwang zu erkennen, den sich Goethe Cornelius gegenüber auferlegt hatte. Neben diesen Brotarbeiten fand Schwind noch Zeit zu eigenen Kompositionen, zu jenem schon erwähnten Fidelio-Cyklus, den Beethoven noch selbst gesehen haben soll, zum »Freischütz«, zum »Barbier von Sevilla«, zu »Figaros Hochzeit«, also zu jenen Opern, mit deren Illustration er vierzig Jahre später seine Thätigkeit in Wien abschliessen sollte.

Einen entscheidenden Umschwung in seinem Leben führte jedoch erst eine im Sommer 1827 unternommene Reise nach München herbei. Dort wirkte Cornelius, der »göttliche Meister«, so stark auf ihn, dass er sich entschloss, im Herbt 1828 ganz nach München überzusiedeln, wo er sich allmählich so einlebte, dass seine Persönlichkeit von der neuklassischen Kunst in München unzertrennlich ist. Julius Schnorr, der

Bruder seines Lehrers, und Cornelius empfingen ihn mit Wohlwollen, letzterer zwar »wie gewöhnlich etwas kaiserlich, nahm sich aber Schwinds thätlich an.« Doch musste dieser sich auch in München seinen Unterhalt durch Bücherillustrationen erwerben, bis es ihm gelang, einen Karton »David und Abigail«, welcher Cornelius' Beifall gefunden, in Oel auszuführen und für 275 Gulden zu verkaufen. Damit war das Eis gebrochen. Bald darauf 1832) erhielt er den Auftrag, sich an den dekorativen Arbeiten im neuen »Königsbau« der Residenz mit der Ausmalung des Tieckzimmers zu betheiligen, und nachdem er in Wien die Kartons dazu gezeichnet und einen viermonatlichen Aufenthalt in Rom genommen, welcher jedoch auf seine spezifisch deutsch-romantische Richtung keinen Einfluss gewann, führte er seine Aufgabe im Jahre 1834 mit solchem Erfolge durch, dass sich weitere Aufträge daran knüpften. Die Fertigkeit im Zeichnen, welche er sich bei der Ausführung seiner Brodarbeiten erworben, kam ihm jetzt zu Statten. Im Laufe weniger Jahre schuf er im Habsburgsaal der Residenz einen figurenreichen Fries, welcher durch einen von Kindern gebildeten Festzug aller Stände die Blüthe des deutschen Reiches unter Rudolf von Habsburg versinnlichte, dann über fünfzig Entwürfe zu Wandmalereien aus der Edda, der deutschen Heldensage, aus Tassos befreitem Jerusalem u. s. w., die von anderen Händen im Schlosse zu Hohenschwangau ausgeführt wurden, zweiundvierzig Kompositionen zu einem »Almanach von Radirungen«, der jedoch erst 1844 erschien, eine Anzahl von Federzeichnungen und Aquarellen, unter denen besonders »Ritter Kurts Brautfahrt« nach Goethe hervorzuheben ist, welche 1838 in Oel ausgeführt wurde Kunsthalle zu Karlsruhe). Bei einer so vielseitigen Thätigkeit konnte es nicht ausbleiben, dass Schwind die verschiedenen Gebiete und die verschiedenen Techniken nicht auseinanderhielt. Die Noth des Lebens hatte ihn gezwungen, den Reichthum seiner Phantasie, seiner Empfindung und seines Humors frühzeitig in der kleinen Münze der Illustration auszugeben, und dadurch hatte sein künstlerisches Schaffen in den entscheidenden Jahren seiner Entwicklung eine Abgrenzung erfahren, welche er nicht ungestraft überschreiten durfte. Feder- und Bleistiftzeichnung, Radirung und Aquarell waren ihm die geläufigsten Ausdrucksmittel, und daraus ergiebt sich schon, dass das Monumentale ausserhalb seiner Begabung lag. Die Technik der Freskomalerei, die in ihrer Wirkung der des Aquarells nahe kommt, hatte er sich nothdürftig zu eigen gemacht. Mit der Oelmalerei konnte er sich aber sein Lebenlang nicht befreunden, obwohl er eine beträchtliche Anzahl von Oelbildern geschaffen hat, von denen die Galerie Schack allein vierunddreissig besitzt. Im Grunde genommen herrscht in seinen Oelgemälden

dasselbe koloristische Prinzip wie in seinen Aquarellen. Unter Aquarell-
malerei verstand man damals nur das Ausfüllen gezeichneter Umrisse
mit dünnen Lokalfarben. Eine Stimmungs- oder Tonmalerei kannte man
zu jener Zeit in Aquarell noch nicht, und auch in der Oelmalerei begann
sich ein Streben nach Tonwirkung erst unter den Münchener Genre-
und Landschaftsmalern, welche von den Mitgliedern des Cornelianischen
Kreises nach dem Beispiele ihres Meisters über die Achsel angesehen
wurden, schüchtern zu regen. Auf Schwind übten diese Bestrebungen
keinen Einfluss. Auch in seinen Oelgemälden setzt er Lokalfarbe hart
und bunt neben Lokalfarbe, ohne nach ausgleichenden Mitteltönen zu
suchen [*]. In allen seinen Schöpfungen liegt der Hauptaccent auf der
romantischen Erfindung, auf der Komposition, auf der rhythmischen Behandlung der Umrisse und auf der Anmuth der Formengebung. Eine
andere Beschränkung seines Könnens liegt in der Charakteristik. Seine
Köpfe drücken zwar gewisse Empfindungen und seelische Regungen aus;
aber die Einfachheit der aufgewendeten Mittel lässt in den Empfindungen
Stärke und Tiefe vermissen. Das Dramatische und Tragische gelang ihm
nicht und hätte auch zu der märchenhaft-phantastischen Grundstimmung
seiner Kompositionen nicht gepasst. Aus diesen Gründen sind seine
Figuren in monumentalem Maassstab im Ausdruck leer und in den Umrissen oft steif und unbeholfen. Wo es sich um historische Motive handelte,
trat noch die Realität des Kostüms hinzu, welche Schwinds freier Phantastik Unbequemlichkeiten verursachte, und überdies ging ihm die Fähigkeit ab, dramatisch bewegte Szenen übersichtlich anzuordnen und energisch zu gliedern.

Von diesem Gesichtspunkte aus sind Schöpfungen wie die Fresken in der Kunsthalle und im Sitzungssaale der ersten Kammer in
Karlsruhe, wo Schwind sich von 1839—1844 aufhielt, das grosse Oelgemälde des Vaters Rhein (um dieselbe Zeit im Karton entstanden, aber
erst 1848 ausgeführt, jetzt in der Raczynskischen Sammlung in Berlin)
und der »Sängerkrieg auf der Wartburg« zu beurtheilen, welchen Schwind
für das Städelsche Institut in Frankfurt am Main ausgeführt hat, wohin
er im Frühjahr 1844 übergesiedelt war. Ganz in seinem Element zeigte
er sich dagegen in einer Anzahl kleinerer Bilder, welche derselben Epoche
angehören, vor allem in der köstlichen »Hochzeitsreise« in der Galerie
Schack um 1842, einem Tagebuchblatte aus der Geschichte seines jungen
Eheglücks, und dem »Falkensteiner Ritt« 1843, im städtischen Museum

[*] Er selbst bezeichnet sein Kolorit als „das harmonische Nebeneinanderstellen der
Farben innerhalb der accentuirten Konture.“

zu Leipzig. Jene »Hochzeitsreise« ist das bedeutendste unter den Genrebildern, welche Schwind dem modernen Leben entnahm, zugleich typisch
für eine bestimmte Richtung seiner Kunst. Wie auf Dürers Blättern aus
seinem »Marienleben« oder auf jenen Kupferstichen und Holzschnitten,
welche das idyllische Beisammensein der heiligen Familie schildern, hat
hier die schlichte, innige Poesie einer jungen Ehe und das Kleinleben
eines alterthümlichen Landstädtchens eine Verkörperung empfangen, in
welcher sich Naivetät der Empfindung und mittelalterliche Romantik verschmelzen. So tief wie bei Dürer ist die Empfindung freilich nicht und,
wie schon oben erwähnt, nicht so mannigfaltig und allumfassend. In
solchen Schilderungen aus dem kleinbürgerlichen Leben begegnet sich
Schwind mit seinem Freunde Ludwig Richter, der ebenfalls seine einfache und doch so fesselnde Ausdrucksweise an Dürer gebildet hatte.
Ein anderes Element dieser Gattung Schwindscher Bilder ist die liebevolle Darstellung mittelalterlicher Architektur wie überhaupt des landschaftlichen Hintergrundes. Solche Abbilder mittelalterlicher Städte,
ihre von Linden überschatteten Plätze und engen Strassen, im Dämmer-
licht des Morgens oder Abends oder in phantastischer Mondbeleuchtung,
hat ein von Schwind beeinflusster Maler, Karl *Spitzweg* (1808—1885), zu
einer Spezialität ausgebildet. zu welcher er aus eigenem Vermögen eine
romantische Staffage von Rittern, Jägern, Mönchen und Klausnern oder
humoristischen Gestalten aus der neueren Zeit, Stadtsoldaten, Nacht-
wächtern, Krämern, bizarren Junggesellen u. dgl. m. hinzufügte. Wie sehr
aber Spitzweg in seinem Stoffe noch der Romantik angehörte, so wuchs
er doch in seinem Kolorit, welches nach starker Betonung des Stim-
mungselementes strebte, über diese Richtung hinaus.

Wenn jenes Bild, dessen Ausführung Schwind nach Frankfurt am
Main übersiedeln liess, auch seine Kräfte überstieg und seinem Ruhme
keinen Zuwachs brachte, so lenkte es doch auf ihn zuerst die Aufmerksamkeit eines Mannes, der ein eifriger Freund seiner Schöpfungen wurde
und durch seinen Sammeleifer ihm wie manchem anderen Meister der
neueren deutschen Kunst zu endlicher Anerkennung verholfen hat. Der
»Sängerkrieg auf der Wartburg« machte auf den Grafen Schack einen
»gewaltigen Eindruck«, der später noch vertieft wurde, als der feinsinnige
Kunstfreund die Elisabeth-Fresken auf der Wartburg sah. Um die Mitte
der fünfziger Jahre, als Graf Schack mit Schwind bekannt wurde, war
derselbe noch »durchaus nicht in seiner Bedeutung gewürdigt worden,
und er sprach sich hierüber in unverhohlenem Unmuthe aus. Seine beissenden, oft überaus witzigen Ausfälle gegen Künstler, die von dem urtheils-
losen Haufen vor ihm bevorzugt wurden, liefen von Mund zu Mund. Da

sich seine Sarkasmen noch höher verstiegen, so verscherzte er hierdurch auch die Wohlgeneigtheit desjenigen, von dessen Aufträgen Ruhm und ausserer Vortheil der Künstler im damaligen München abhing.« Damit ist König Ludwig gemeint, der freilich in seinen letzten Regierungsjahren seine Gunst den bildenden Künsten fast völlig abgewandt hatte und anderen Sternen nachging. Schwind erzählt selbst, wodurch er sich den Unwillen des Königs zugezogen. Als er an dem »Vater Rhein« malte, wollte der König an Stelle von Volkers Fiedel, auf welcher der schwimmende Flussgott spielt, eine Lyra sehen. Da Schwind auf seinem Stück beharrte, wandte ihm der König den Rücken. Doch liegen die Gründe der Abneigung des Königs tiefer. Dieser war im Grunde seines Herzens ein Freund der altklassischen Kultur, welcher der Romantik, mochte sie nun durch Cornelius, Schnorr oder Schwind vertreten sein, kein Verständniss entgegenbrachte. Nach den Leistungen Schwinds auf dem Gebiete der monumentalen Malerei haben wir übrigens deshalb, dass es ihm an derartigen Aufträgen mangelte, keinen allzugrossen Verlust zu beklagen. Ungleich werthvoller ist, was Graf Schack seit Mitte der fünfziger Jahre bis zum Tode des Meisters nach und nach in seinen Besitz brachte. Wenn wir von den grossen Cyklen, den Elisabethsfresken im Kapellengang der Wartburg, dem »Aschenbrödel«, den »sieben Raben« und der »schönen Melusine« absehen, geben die Bilder der Schackschen Galerie eine vollständige Charakteristik von der Eigenart und dem Werthe Schwinds, ein treues Konterfei seiner Vorzüge und liebenswürdigen Eigenschaften. Was die romantische Volkssage und die romantische Kunstpoesie an schönsten Blüthen gezeitigt, hat hier eine Darstellung gefunden, welche den vollen Duft, die ganze Zartheit der »blauen Blume« bewahrt hat. »Der Graf von Gleichen«, das figurenreichste dieser Bilder, ist von dem Zauber mittelalterlicher Romantik übergossen. Nur die vollkommene Naivetät und der feine, diskrete Humor eines Schwind vermochten einer Szene, wie der ersten Begegnung des Grafen von Gleichen mit seiner daheimgebliebenen Frau im Beisein der zweiten, aus dem Morgenlande mitgebrachten Gattin, das Bedenkliche und Peinliche, selbst den Schein der Lächerlichkeit zu nehmen. Die liebevoll durchgebildete Landschaft mit der Burg im Hintergrunde giebt den Charakter des Thüringer Waldes mit feiner Empfindung für das Wesentliche wieder. Diese Liebe zur Natur bildet einen bedeutsamen Zug Schwindscher Kunst, in welchem er sich mit seinem Freunde Ludwig Richter begegnete. »Wann Einer an ein schön's Bäumle sein Lieb und Freud hat, äusserte er einst zu diesem, so zeichnet er all' sein Lieb und Freud mit, und 's schaut ganz anders aus, als wenn ein Esel etwas schön abschmiert ... Ach, es gehört ein gar feiner, ein gar keuscher, guter Sinn dazu, um das Geheimniss aller Schönheit und aller Wunder der Natur aufzuschliessen« Nur ein so inniges, auf eindringliches Studium gegründetes Verhältniss zur Natur und ihren Einzelbildungen setzte Schwind in den Stand, freie, phantastische Landschaften zu komponiren, welche mit den Figurenmotiven in engem Zusammenhang stehen und dieselben gewissermaassen erläutern. Für den Knaben, welcher in der Waldeinsamkeit das Wunderhorn bläst, für den Teufel, den St. Wolfgang Steine zum Kapellenbau karren lässt, für den grotesken Berggeist Rübezahl, der einsam durch den wilden Gebirgswald streift, wie für seine Einsiedler erfindet er landschaftliche Umgebungen und Hintergründe, welche gleichsam das Echo der Figuren und ihrer Handlungen bilden. In dieser eingehenden Behandlung der Landschaft, die hie und da auch etwas Schematisches hat, ist, wie schon angedeutet, ein weiterer Zug der Verwandtschaft Schwinds mit Dürer zu erkennen. A. v. Zahn hat bereits darauf hingewiesen, indem er in seiner geistvollen Charakteristik der Schwindschen Formensprache, die er als »Stilisirung in der Fläche« bezeichnet, schreibt: »Im höchsten Grade theilt Schwind jenes Gefühl für das Organisch-Lebendige in Bodenbildung und Vegetation, durch welches die Stiche und Holzschnitte Dürers sowohl den bunten Reichthum farbig schöner Einzelheiten der Flandrer wie das Typische der Landschaften im italienischen Quattrocento bedeutsam übertreffen. In Stämmen und Wurzeln mit einem wahren Behagen am »knorrigen Gesicht« des Holzwerkes, im Laub nicht ohne Manier, die dem locker schwebenden Geäst der Buchen die Silhouette flackernder Flamme giebt, wahr und anmuthig in allem Pflanzendetail des Vorgrundes und vor Allem schön im Bau des Terrains und der Fernen, hat Schwind die Landschaft immer zu einem bedeutsamen, oft zum anziehendsten Theil seiner Kompositionen gestaltet¹).« Ausser den oben in ihren Motiven angedeuteten Bildern der Schackschen Galerie liefern die »Rast auf der Wanderschaft«, eine Komposition voll Eichendorffscher Romantik, die »Waldkapelle« und »der Rosse tränkende Einsiedler« einen beredten Kommentar zu der Charakteristik A. v. Zahns.

In das Märchenhafte der Romantik führt uns eine zweite Gruppe Schwindscher Bilder in der Schackschen Galerie, zu welchen der »Erlkönig«, der »Elfentanz«, die »Nixen in der Quelle«, die »Elementargeister«, die »nächtliche Erscheinung«, der »Ritter und die Nixe«, der »Traum des Gefangenen« sowie die Allegorien und Personifikationen, die vier

¹) Zeitschrift für bildende Kunst 1873. S. 263.

Rundgemälde der Tageszeiten, Rhein und Donau und die »Jungfrau«, als
Geist auf dem Gipfel des gleichnamigen Berges thronend, gehören. Diese
Allegorien haben nichts Frostiges und Gequältes, weil sie nicht auf blosse
Figuren beschränkt sind, sondern in innige Beziehungen zu einer landschaftlichen Umgebung treten. Besonders geistreich ist dieser Zusammenhang auf dem Bilde der »Jungfrau« veranschaulicht, wo die Königin des
Berges wie eine Steinfigur und doch lebendig, die Nebelschleier um sich
webend, aus dem Felsen, der ihren Thron bildet, emporgewachsen zu
sein scheint.

Im Frühjahr 1847 siedelte Schwind als Nachfolger seines Freundes
Schnorr an der Akademie wieder nach München über, und wenn auch
seine Lehrthätigkeit keine besonders erspriessliche war, da das, was ihn
selbst zum grossen Künstler gemacht hatte, nicht auf Schüler übertragen
werden konnte, so hatte er doch den für seine Kunst günstigeren Boden
wieder gefunden. Da es ihm, wie schon erwähnt, geraume Zeit hindurch
an öffentlichen Aufträgen mangelte, stellte er seine Kunst in den Dienst
des Tagesbedürfnisses. Er malte religiöse Bilder für Kirchen und zeichnete
Illustrationen für den Holzschnitt, welche theils durch die »Münchner
Bilderbogen«, theils durch die »Fliegenden Blätter«, denen er bis zu seinem
Tode ein treuer Mitarbeiter war, eine grosse Popularität gefunden haben.
Geist- und humorvolle Erfindungen wie »der gestiefelte Kater«, der »Bauer
und der Esel«, »Herr Winter« und die »akrobatischen Spiele« verdanken
ihre Entstehung der Noth des Lebens, welche Schwind ebensowenig erspart blieb als seinem Freunde Genelli. Nur König Otto I. von Griechenland ertheilte dem Künstler einen grösseren Auftrag, indem er die Oel-
ausführung einer figurenreichen Komposition, die Versinnlichung des In-
haltes einer Beethovenschen Symphonie, bestellte, welche später in die Neue
Pinakothek gekommen ist. Doch scheint inzwischen der »Sängerkrieg
auf der Wartburg« in Frankfurt a. M. für Schwind von neuem günstig
gewirkt zu haben, da der Grossherzog von Sachsen-Weimar sich nach
längeren Verhandlungen 1853 entschloss, dem Meister die Ausmalung
von drei Räumen auf der restaurirten Wartburg zu übertragen. Im Frühjahr 1854 begann Schwind die Arbeit in dem Landgrafenzimmer, in
welchem er einen Fries mit neun Darstellungen aus der Thüringischen
Sage und Geschichte malte. Diese Kompositionen, zu welchen meist die
thüringische Waldromantik den Hintergrund bildete, entsprachen ganz
seiner mehr epischen als dramatischen Richtung, seinem liebenswürdigen
Erzählertalent, welches das Sagenhafte mit dem Geschichtlichen eng zu
verschmelzen wusste, mehr noch aber die im Jahr 1855 ausgeführten sechs
Fresken aus dem Leben der heiligen Elisabeth, zwischen denen er in

Medaillons die sieben Werke der Barmherzigkeit grau in grau malte. Da er von vornherein auf koloristische Wirkungen verzichtete, sondern nur die Konturen farbig ausfüllte, trat seine vollendete Kunst in der anmuthsvollen, rhythmischen Gestaltung der Umrisslinien, in dem edlen Faltenwurf der Gewänder, in der maassvollen Bewegung, der linearen Schönheit am reinsten zu Tage. Indem er den Hintergrund der einzelnen Fresken mit einem aus Blättern und Zweigen entwickelten, stilisierten Flachornament teppichartig überzog, hob er das Ganze aus der realistischen Historie in eine ideale Sphäre, in welcher selbst das Tragische seine Schrecknisse verliert. Wenn man diese Fresken mit den Schöpfungen des Cornelius vergleicht, kommt man zu dem Ergebniss, dass Schwind auf dem Gebiete der monumentalen Malerei, welches die Darstellung der romantischen Legende umfasst, zu jenem Höchsten gelangt ist, dessen Erreichung Cornelius auf den verschiedenen Gebieten seiner Kunst versagt blieb. Nach dieser Richtung bildet Schwind einen Höhepunkt der neuklassischen deutschen Kunst, über welche hinaus eine weitere Entwickelung ausgeschlossen zu sein scheint.

Im Dramatischen war er auch auf der Wartburg unglücklich. Die Darstellung des Sängerkrieges war für den Meister, der sich schon in Frankfurt an diesem Stoffe versucht hatte, nicht zu umgehen. Innerhalb zweier Monate malte er im Minnesängersaale eine grosse Komposition, die ebensowenig befriedigt wie das Frankfurter Bild. Halb Repräsentationsbild, halb das Aufeinanderplatzen leidenschaftlicher Geister schildernd, bringt das Gemälde weder das eine noch das andere Element zu voller Geltung. Die geschlossene figurenreiche Schilderung eines scharf zugespitzten Momentes war Schwinds Sache nicht. Er war ein Märchenerzähler, der seine romantischen Phantasieen gern zu behaglicher Breite ausspann, und deshalb waren ein langer Fries, ein ausgedehntes Nacheinander von Gestalten oder eine ganze, durch Ornamentik und Rahmenwerk zusammengehaltene Bilderreihe seine liebsten Darstellungsformen. In ihnen sollte er auch seine reifsten Gedanken zum Ausdruck bringen. Schon im Jahr 1830 hatte sich Schwind mit der Absicht getragen, das Märchen von den sieben Raben und der treuen Schwester in mehreren Kompositionen zu behandeln. Aber erst anderthalb Jahrzehnte später war er soweit gekommen, dass er sich einen Plan zurecht gemacht, und zugleich beschäftigte ihn eine cyklische Darstellung des Märchens vom Aschenbrödel. Letztere gelangte zuerst und zwar im Jahre 1854 in Oel zur Ausführung *). Die Komposition besteht aus vier Hauptbildern, die

---

*) Vgl. Aschenbrödel. Bildercyklus von M. von Schwind. Holzschnittausgabe nach den Thäter'schen Stichen. Mit einem erläuternden Texte von Dr. H. Lücke, Leipzig 1873.

von einem reichen ornamentalen System, einer Verbindung aus pompe-
janischen und Renaissancemotiven, umschlossen werden, in welches noch
eine Anzahl kleinerer Darstellungen eingeflochten ist. Schwind hielt sich
in seiner Erzählung nicht streng an den Inhalt des Märchens, sondern er
schaltete hie und da noch frei erfundene, nur im Geist und in der Stimmung
des Ganzen gehaltene Szenen ein. Auch fügte er das antike Prototyp
des deutschen Märchens, den Mythus von Amor und Psyche hinzu, der
ihm seines romantischen Charakters wegen schon von jeher sympathisch
gewesen war. In der Wahl des Stoffes leitete Schwind sicherlich eine
tiefere Absicht als die Lust an einem Spiel mit anmuthigen Gestalten,
und Fr. Pecht hat gewiss Recht, wenn er den geistigen Inhalt der Hauptwerke Schwinds in folgenden Worten charakterisirt: »Das liebliche
Märchen von der Aschenbrödel ist in Schwinds Händen zu einer Verherrlichung der jungfräulichen Demuth und Anspruchslosigkeit, der Mädchen-
haftigkeit überhaupt geworden, wie die sieben Raben zu einem Ruhm
der weiblichen Treue, die schöne Melusine zu einem solchen der ehelichen
und mütterlichen Zärtlichkeit, während er in der heiligen Elisabeth endlich
die weibliche Religiosität in der Form der Ergebung und Sanftmuth und
der werkthätigen Menschenliebe künstlerisch verherrlichte. Alle zusammen
bilden sie aber eine Apotheose des Frauenherzens und der Frauentugend,
des Liebes- und des Familienlebens, wie sie nicht anmuthiger und seelen-
voller gedacht werden kann.«

Durch die 1855 erfolgte Ausstellung des »Aschenbrödel« wurde
Schwinds Name eigentlich zuerst in weiteren Kreisen bekannt. Von da
ab wuchs aber sein Ruhm mit jedem neuen Werke, zunächst durch den
Cyklus von Szenen aus dem Märchen von den sieben Raben, welche eine
zusammenhängende Erzählung in vierzehn Momenten bilden, zu denen sich
gewissermaassen als Titelblatt oder Vorrede eine Darstellung der
Personifikation des Märchens gesellt, die einem Kreise aufmerksamer
Kinder die wundersame Begebenheit erzählt. In einem Arkadenfriese
über ihrem Haupt wird in sechs Bildern die Vorgeschichte berichtet, an
welche sich die Hauptdarstellungen, beginnend mit der Jagd des Königs-
sohnes und ebenfalls von romanischen Arkaden überhöht, anschliessen.
Das Ganze ist so gedacht, als ob sich Arkaden an einer Mauer entlang
zögen, und deshalb hat Schwind auch über den Bögen das Gemäuer angedeutet und in den Bogenzwickeln Medaillons mit Portraitköpfen seiner
Freunde angebracht *. Als das Werk 1858 zuerst auf der Kunstausstellung
in München erschien, rief es einen Sturm der Begeisterung hervor, und

---

* Die »sieben Raben« sind nebst der schönen Melusine zuletzt unter dem Titel
deutsche Märchen« in Photographielichtdruck bei Neff in Stuttgart erschienen.

diese Begeisterung hat bis auf den heutigen Tag nicht nachgelassen, weil
Schwind mit dieser Schöpfung so tief in die deutsche Volksseele eingedrungen ist, wie es bis dahin nur Dürer gelungen war. Selbst Cornelius
bekannte, dass dieses Werk ihm bei weitem das liebste auf der ganzen Ausstellung gewesen war, und er, der sich sonst nur schwer zu unumwundener
Anerkennung verstand, schrieb noch im Jahre 1862 an Schwind: »Sie
haben aus einer einfachen Volkssage ein so wunderbares Werk zu schaffen
gewusst, das für die deutsche Nation für immer ein wahrer Schatz bleiben
wird. Bei Wahrheit, Natur und Leben athmet Alles Anmuth und Seele,
und was ich am Höchsten dabei schätze — es ist Alles mit wahrem Stil
durchgeführt. Das zeigt sich auch bis ins Geringste dieser Arbeit, in
jeder Haarlocke, in jeder Falte der Gewandung.« Cornelius hat recht
behalten: das »Märchen von den sieben Raben« ist bis auf den heutigen
Tag ein Schatz für das deutsche Volk geblieben. Das Werk bezeichnet
den Höhepunkt und zugleich den harmonischen Abschluss der romantischen Strömung in unserem Jahrhundert, nicht jener falschen Romantik,
welche in der Wiederbelebung eines missverstandenen, sentimental aufgefassten Mittelalters das Heil der Kunst suchte, sondern der poetischen
Verherrlichung des deutschen Volksthums durch Symbole von ewiger
Bedeutung. Der Cyklus ist von seinem Käufer, dem Grossherzoge von
Sachsen, dem Museum zu Weimar überlassen worden, so dass das thüringische Land zwei Perlen Schwindscher Kunst umschliesst.

Bevor sich der Meister an die »schöne Melusine« machte, welche
die Arbeit seines Lebens krönen sollte, hatte er noch einige grössere
Aufgaben zu erledigen, welche jedoch neben seinen Hauptwerken eine
untergeordnete Rolle spielen, weil sie unter seiner Unfähigkeit leiden,
grosse Figuren mit vollem Leben zu erfüllen. In den Jahren 1858—1863
entstand das Historienbild »Kaiser Rudolphs Ritt zum Grabe«, eine Reihe
farbiger Cartons für Glasfenster im Dome zu Glasgow, elf Bilder für den
Hochaltar und vier Flügel für die beiden Triptychen an der Presbyterien-
treppe in der Münchener Frauenkirche, Darstellungen auf Goldgrund, ein
Cyklus von Fresken in der Pfarrkirche zu Reichenhall, eine zehn Meter
lange Zeichnung, welche in launiger Weise die Biographie des Kapell-
meisters und Komponisten Franz Lachner erzählt, zahlreiche Gedenk-
und Titelblätter ähnlicher Art und Entwürfe für die Kunstindustrie, in
Summa eine erstaunliche Produktion, welche in denjenigen Arbeiten, die
seinem Naturell entsprachen, wie z. B. in der Zeichnung für den Musiker,
den Meister in voller Beherrschung seiner leicht und anmuthig schaffenden
Phantasie zeigen. In die folgenden Jahre 1864—1867 fällt wiederum die
Ausführung einer grösseren monumentalen Aufgabe, welche den Meister

um so mehr befriedigen musste, als sie einen Traum seiner Jugend erfüllte. Ende 1863 erhielt er den Auftrag, in der offenen Loggia und dem anstossenden Foyer des neuen Opernhauses zu Wien eine Reihe von Szenen aus deutschen Opern und anderen Tonschöpfungen darzustellen. Die Entwürfe zeichnete er selbst, und von seiner Hand rührt auch die Ausführung der zur »Zauberflöte« gehörigen Fresken in der Loggia her. Schon in früher Jugend hatte er sich mit dem Gedanken getragen, dieses nach seiner Meinung köstlichste Werk Mozarts, eine Vorliebe, die er übrigens mit Beethoven theilte *), zum Gegenstande eines Cyklus von Darstellungen zu machen, und deshalb liess er keinen der Schüler, welche die Fresken im Foyer ausführten, Hand an die umfangreiche Dekoration der Loggia legen. Als er den Auftrag erhalten hatte, äusserte er sich sofort: »In die Loggia, die gleichsam das Titelblatt des Opernhauses bildet, gehört nur Mozart hin und sein grösstes Werk »Die Zauberflöte«; sie passt in die Architektur wie gegossen.« Die Loggia öffnet sich durch fünf Bogen nach der Ringstrasse, welcher an der Innenseite fünf in das Foyer führende Thüren entsprechen. Dadurch ist die Eintheilung der Decke und der drei für die Dekoration verfügbaren Räume gegeben. In zwei grösseren Lünetten an den Seitenwänden stellte Schwind links die Königin der Nacht mit ihren drei Damen dem Tamino erscheinend, rechts den Empfang Taminos und Paminas nach bestandener Feuerprobe durch Sarastro und den Chor der Priester und Jungfrauen dar. Die fünf Bilder über den Thüren schildern die Prüfungen und die endliche Vereinigung Taminos und Paminas, und in den zwanzig Gewölbezwickeln werden die Abenteuer Papagenos in humoristischer Weise erzählt. Die fünf Medaillons endlich in den Kreuzungen der Gewölberippen sind mit vier allegorischen Figuren und dem kleinen Mozart auf dem Schoosse der Kaiserin Maria Theresia ausgefüllt. In dem Foyer ist Schwind noch einmal auf die »Zauberflöte« zurückgekommen. Er widmete ihr das Mittelbild einer der vierzehn Lünetten, und hier ist es wiederum das nach Schwinds Ausdruck »idealste und feierlichste aller Liebespaare«, welches durch Feuer und Wasser schreitend dargestellt ist. Die Motive zu den übrigen, meist in drei Theile gegliederten Kompositionen haben Glucks »Armida«, Haydns »Schöpfung«, »Doktor und Apotheker« von Dittersdorf, Beethovens »Fidelio« und Egmontmusik, »der häusliche Krieg«, der »Erlkönig« und der »Fischer« von Franz Schubert, der »Wasserträger« von Cherubini, die »Vestalin« von Spontini, Spohrs »Jessonda«, Webers »Frei-

---

*) Operncyklus im Foyer des k. k. Opernhauses in Wien. Vierzehn Kompositionen, ausgeführt von Moritz von Schwind. Mit Text von Dr. Eduard Hanslick. München 1880, Bruckmanns Verlag. S. 29—31.

schütz«, »Hans Heiling« von Marschner, Rossinis »Barbier von Sevilla«, »die weisse Dame« und das »Rothkäppchen« von Boieldieu und
Meyerbeers »Hugenotten« geboten. Man hat auch an diesen Kompositionen in der Ausführung die Leere der grossen Figuren und un-
plastische, flache Art der Modellirung getadelt. Aber in den photographischen Reproduktionen nach den Kartons verschwinden diese Mängel
der Technik, indem sich das Ganze mehr concentrirt und die reizvollen
Einzelnheiten sich vom Auge besser überschauen lassen. Da enthüllt
sich demselben eine Fülle von Schönheiten, die fast auf alle Blätter
gleichmässig vertheilt sind. Schwach und unbefriedigend ist eigentlich
nur eines, die Krönung des Feldherrn Licinius durch die Vestalin Julia
zu Spontinis Oper. Auch hier wieder giebt sich zu erkennen, dass die
Antike und speziell das heroische Element nicht Schwinds Sache war.
Auch die Schlussszene zu Meyerbeers »Hugenotten« hat etwas Theatralisches, das an Kaulbachsche Hohlheit erinnert. Dagegen ist Schwind in
allem Romantischen ebenso sehr Meister wie im Humoristischen. Die
Komposition zu »Armida« steht auf gleicher Höhe mit den besten Partieen
aus den »sieben Raben« und der »Melusine«, und das Blatt zu Haydns
»Schöpfung« ist von jener naiven Schönheit und Anmuth erfüllt, welche
für die sogenannte Bibel Raffaels charakteristisch sind.

Unmittelbar nach Vollendung der Wiener Fresken begann er die
Arbeit an einer »langen Geschichte«, wie er sich selbst ausdrückte, an
der »schönen Melusine«, und in diesem Werke, welches sein letztes sein
sollte, offenbarten sich noch einmal alle Lichtseiten seines Talents. Es
ist bezeichnend für den Meister, dass er bei der Komposition eine Ausführung im Grossen plante. Er wollte die »lange Geschichte« nicht auf
die Aquarelle beschränkt wissen, die sich jetzt im Belvedere zu Wien
befinden, sondern er dachte sich dieselben als Vorlagen für Freskomalereien, die im Innern der Kuppel einer an den Seiten offenen, von Säulen
getragenen Brunnenhalle friesartig ausgeführt werden sollten. Pecht
erzählt, dass sich Schwind, wie viele Künstler, über die Grenzen seiner
Begabung im Unklaren war und dass er seine schwächsten Bilder — die
religiösen und die historischen — in eigensinniger Verblendung für die
besten hielt. Der Tod, der seinem Leben am 8. Februar 1871 ein Ziel
setzte, hinderte ihn an der Ausführung des nicht glücklichen Gedankens.
Vielleicht mag er auch im eigenen richtigen Empfinden noch selbst davon
zurückgekommen sein, nachdem er gesehen, welchen Enthusiasmus das
Werk seit seiner ersten Ausstellung zu München im Januar 1870 überall
erregte. Dieser Erfolg ist dem »Schwanengesang« des Meisters, dem
letzten Scheidegruss der erlöschenden Romantik in der neueren deut-

schen Malerei auf allen folgenden Wanderausstellungen bis zu der internationalen in München (1883) treu geblieben. Die neue Kunstform, die der cyklischen Darstellung, welche Schwind begründet, hat er zugleich in ihrem Wesen erschöpft. Das Unkünstlerische, welches in diesem mit der dichterischen Schilderung, mit dem Nacheinander der erzählenden Chronik wetteifernden Genre liegt, hat er durch die beredte Anmuth seiner Formengebung, durch das Zusammenfliessen der landschaftlichen und architektonischen Hintergründe und durch die vollendete Einheit des malerischen Stils überwunden.

Schwind hat mehrere Schüler herangebildet, aber keinem ist solches in gleichem Maasse gelungen. Auch von ihm gilt, wie von jedem Genie, dass das Beste, das Ewige, das Ureigene seines Könnens und Seins nicht lehr- und übertragbar war. Künstler wie Julius *Naue* (geb. 1835 zu Köthen), Karl *Mossdorf* aus Altenburg, Otto *Donner* (geb. 1828 zu Frankfurt a. M.) waren auch mehr seine Gehülfen bei Freskoausführungen als Atelierschüler im eigentlichen Sinne. Sie sowohl wie Eduard *Ille* (geb. 1823 zu München), der sich besonders durch seine Zeichnungen für die »Fliegenden Blätter«, für die »Münchener Bilderbogen« und durch Kompositionen zu deutschen Märchen bekannt gemacht hat, lebten sich freilich in die Anschauungs- und Darstellungsweise Schwinds hinein; aber der romantische Ton quoll nicht aus einer reichen Phantasie hervor und fand auch in der sich mehr und mehr dem Realismus hinneigenden Zeit keinen Widerhall. Die monumentalen und dekorativen Arbeiten dieser Künstler sind meist in Privathäusern verborgen und daher so gut wie wirkungslos geblieben. Otto Donner hatte überdies französische Einflüsse erfahren. Er hatte bei Couture gelernt, war aber nicht zu einer reichen Ausbildung seines Kolorits gelangt. Seine flaue Malweise schadete insbesondere seinen während eines zehnjährigen Aufenthalts in Rom ausgeführten Genrebildern aus dem italienischen Volksleben und aus der antiken Welt. Moritz von *Beckerath* (geb. 1838 zu Krefeld) war bis zum Jahre 1859 Schüler Joseph Kehrens gewesen, ehe er seine Ausbildung bei Schwind in München fortsetzte. Seine historischen Staffeleigemälde tragen auch mehr den Charakter der Düsseldorfer Schule. Wie die Mitglieder der letzteren hat er mit Vorliebe Motive aus dem Mittelalter und aus den Werken der klassischen Dichter gewählt, gelegentlich auch in das Gebiet der modernen Geschichte hinübergegriffen, wie z. B. in der Flucht Napoleons aus Moskau und in einer allegorischen Darstellung, welche die Darbringung der deutschen Kaiserkrone durch König Ludwig II. von Bayern zum Gegenstande hat. Von seinen Gemälden aus der Sage und der frühmittelalterlichen Geschichte sind

der Karton »Wittekind ruft die Sachsen zum Kampf«, eine »Episode aus
der Cimbernschlacht«, die »Bestattung Alarichs« und ein Cyklus von
Zeichnungen aus der Geschichte der Brunhilde hervorzuheben. Dagegen
hat er in einem 1884 ausgeführten Cyklus von Sgraffitomalereien im Lichthofe der technischen Hochschule zu Charlottenburg-Berlin, welche die dort
gelehrten Künste und Wissenschaften in geistreicher Weise symbolisiren,
hinsichtlich der Komposition und des vornehmen Stilgefühls einen engeren
Anschluss an Schwind gewonnen[*].

### 15. Ludwig Richter.

Schnorr hatte die klassizistisch angehauchte Romantik auf die
deutsche Heldensage übertragen, Schwind hatte die Romantik des deutschen Märchens. ungefähr wie sie sich im Zeitalter der Kreuzzüge loka-
lisirt hat. erschöpft: es blieb noch übrig, die Romantik des Bürgerthums,
des »schlichten Volksthums«, zu erwecken, wozu Schwind bereits einige
Schritte gethan, die aber nicht weiter führten als bis zu den höheren
bürgerlichen Klassen der dreissiger, vierziger und fünfziger Jahre dieses
Jahrhunderts. Adrian Ludwig *Richter* hat diese Aufgabe bis zur äussersten Grenze, bis zu dem Kleinleben der Bauern und des spiessbürgerlichen Philisterthums erfüllt. Der Illustrator und Maler der deutschen
Familie gehört trotz der schlichten Radirungen und Holzschnitte, welche
seinen Ruhm begründet haben. in den Kreis der Meister Cornelius, Overbeck, Schnorr, Schwind und Führich. Die Schöpfungen der drei ersteren
Männer bildeten die künstlerische Nahrung seiner Entwicklungsjahre, und
im Geiste zählte er sich zu ihnen. Sie waren die Leitsterne seiner
Kunst, obwohl dieselbe in jenen Gebieten wurzelte, die Cornelius am
geringsten schätzte, in der Landschaft und im Genre. Ludwig Richter
wurde Landschaftsmaler oder vielmehr Zeichner und Radirer von Veduten, Prospekten und Landschaften, weil sein Vater Landschaften
in Kupfer stach und ihm den ersten Unterricht ertheilte. Es verstand sich ganz von selbst, dass der Sohn in der Kunst sein Nachfolger wurde. Am 28. September 1803 zu Dresden geboren[**], verlebte

---

[*] M. v. Beckerath, die Zwickelfiguren im Lichthofe der kgl. technischen Hochschule
zu Berlin. Berlin 1885, E. Wasmuth.

[**] Jos. F. Hoff, Adrian Ludwig Richter, Maler und Radirer. Verzeichniss und Beschreibung seiner Werke mit biographischer Skizze von H. Steinfeld. Dresden 1871. — F.
Pecht, Deutsche Künstler des neunzehnten Jahrhunderts. I. Nördlingen 1877. S. 57—79. —
J. E. Wessely, A. L. Richter zum achtzigsten Geburtstage. Ein Lebensbild. Wien 1883. (Mit
zahlreichen Abbildungen.) — A. Springer in der »Zeitschrift für bildende Kunst« 1883.
S. 377—386. — Lebenserinnerungen eines deutschen Malers. Selbstbiographie nebst Tage-
buchniederschriften und Briefen von Ludwig Richter. Frankfurt a. M. 1885. J. Alt.

Richter eine glückliche, nur durch die Kriegsereignisse von 1813 getrübte Jugend. Das »bürgerliche Kleinleben«, welches sich besonders in dem Kramladen seines Grossvaters abspielte, regte frühzeitig seine Phantasie an, und die damals gesehenen Typen und Szenen blieben in seinem Gedächtniss haften. »Das kleine Müllerlädchen, schreibt er in seinen Erinnerungen, mit seiner Kundschaft, die in einem armen Stadtviertel eine meist bunt-charakteristische ist, hat gewiss auf mein künstlerisches Gestalten in späteren Jahren viel Einfluss gehabt, unbewusst tauchten diese Geister alle auf und standen mir Modell.« Daneben entwickelte sich in dem Knaben frühzeitig eine warme Liebe zur Natur, die sich freilich an das Einzelne hängte, an die Blumen und Früchte des Gartens, an Bäume und die Vögel in ihren Zweigen, was später zu einer Eigenthümlichkeit Richters wurde. Mit zwölf Jahren trat er in die Werkstatt des Vaters, dem er bei seinen Kupferstichen half, die jener für Kalender und andere buchhändlerische Unternehmungen anfertigte. Im Winter besuchte er die Gypsklasse der Akademie, wo er nach der Antike zeichnete; im Uebrigen aber bildete er sich durch Kopiren von Kupferstichen und Radirungen älterer Meister. Bald wurde ihm auch ein grösserer Auftrag zu Theil, nämlich eine Reihe von malerischen Ansichten von Dresden und seiner Umgebung zu radiren, zu welchen er die Zeichnungen nach der Natur aufzunehmen hatte. Aber die von dem Verleger vorgeschriebene Auffassung widerstrebte seinem malerischen Gefühl: »denn man suchte meistens weite Aussichten, die mehr Landkarten als in malerischen Formen abgeschlossenen Bildern ähnelten.« Ende 1820 kam in das ewige Einerlei des Vedutenzeichnens und Kopirens eine Abwechslung hinein. Richter wurde gegen ein Jahrgehalt von hundert Dukaten bei freier Station von dem russischen Fürsten Narischkin als Begleiter auf einer Reise nach Frankreich, England und Italien engagirt, um während derselben Skizzen nach der Natur anzufertigen. Die Reise führte jedoch nur durch das südliche Frankreich bis nach Paris und dauerte nur sieben Monate. Richter wurde auch nicht künstlerisch durch dieselbe gefördert, abgesehen davon, dass er einige südfranzösische Motive heimbrachte, die er in einer weichen, verschwommenen, sentimentalen Manier in Oel und Sepia ausführte. Erst in der Heimath, wo er eine neue Folge von Prospekten aus der Umgebung Dresdens für den Kunsthändler Arnold begann, fühlte er sich wieder wohl. Die Radirungen des Idyllenmalers Salomon Gessner und Daniel Chodowieckis waren um diese Zeit die künstlerischen Vorbilder, an denen er sich weiter entwickelte. »Die landschaftliche Naturauffassung Salomon Gessners, sagt er in seinen Erinnerungen, und Daniel Chodowieckis schlichte, innerlichst wahre Darstellung der Menschen seiner Zeit sind doch mit sehr wenig Ausnahmen das Einzige, was man noch von den Kunstschöpfungen jener Periode geniessen kann; ihr Talent brachte deshalb Lebendiges hervor, weil sie die Dinge, die sie schilderten, innerlich erlebt und mit leiblichen Augen gesehen hatten, während Andere konventionellen Kunstregeln folgten.« Noch schärfer als hier hat er seinem ersten Biographen Otto Jahn*) gegenüber den Einfluss betont, den Chodowieckis Radirungen auf ihn übten, und in der That knüpfte Ludwig Richter in den Illustrationen seiner Meisterjahre an den Kupferstecher an, welcher im Gegensatze zu der frivolen Galanterie der französischen Kunst, eigentlich seit Dürers Zeiten zum ersten Male, wieder den Schatz von Gemüth und echter Poesie gehoben hatte, der im Schoosse der deutschen Familie ruht. Doch bedurfte es noch geraumer Zeit, bis Richter dahin gelangte.

Das nächste grosse Ereigniss in seinem Leben war eine im Sommer 1823 unternommene Reise nach Italien, welche dem jungen Künstler durch eine auf drei Jahre berechnete Unterstützung seines Wohlthäters, des Kunsthändlers Arnold, ermöglicht worden war. Aus dem Umstand, dass das erste Bild, welches Richter in Rom malte, eine Ansicht des »Watzmann« bei Salzburg war, hat man geschlossen, dass Italien keinen wesentlichen Einfluss auf seine Kunstanschauungen geübt hat. Das Irrige dieser Auffassung ergiebt sich aus seinen »Erinnerungen«. Nur der zufällige Umstand, dass er auf seiner Hinreise einen längeren Aufenthalt in Salzburg nahm, hatte ihn bewogen, Motive aus der Umgegend zu zeichnen und dieselben später in Rom auszuführen. Ein völliger Umschwung zur Romantik vollzog sich bei ihm bereits unterwegs. In Innsbruck waren ihm während eines unfreiwilligen Aufenthalts die oben S. 231 ff. charakterisirten Schriften von Wackenroder und Tieck nebst Fr. Schlegels Buch über christliche Kunst in die Hände gefallen, und aus ihnen gewann er erst das Verständniss für die Bestrebungen der Romantiker, die er nur dem Namen nach gekannt hatte. »Bisher schien mir die neuere Richtung vorzüglich in der Rückkehr aus dem Manierismus zur Natur zu bestehen: ich sah nun, dass noch ein drittes dazu kam, der Geist der Poesie, welcher aus der bloss materiellen Natur dem empfänglichen Sinne des Künstlers entgegentritt und das Gewöhnliche in Form und Gedanken zum Bedeutenden hinaufhebt. Der Weg zu dieser Erkenntniss soll nun durch das Studium der alten, bisher unbeachteten grossen Meister geöffnet und gleichsam zur Quelle zurück-

---

* O. Jahn im »Richteralbum« und in den »Biographischen Aufsätzen«, Leipzig 1867.

gelenkt werden, um wieder in reine Bahnen zu gelangen . . . . . Ich brannte vor Begierde, eine lebendige Anschauung von diesen Dingen zu gewinnen durch Betrachtung alter und neuer Kunstwerke dieser Art. Hier am Thore des Südens bekam ich gleichsam den Schlüssel in die Hände gedrückt, der mir den Schatz erschliessen sollte.« Schon unterwegs liess die »eingesogene Romantik ihre Wirkung spüren«, indem Richter sich Entwürfe zu Bildern notirte, in welchen Klausner, Mönche und Bettler eine Rolle spielten. Von altitalienischen Kunstwerken machte ein Altarbild des auch als Miniaturmaler bedeutenden Girolamo dei Libri in San Giorgio zu Verona den ersten entscheidenden Eindruck auf ihn. »Die Art dieses Meisters zu sehen und zu empfinden, sein Stil wirkten tief und bleibend, berührten mich sympathisch: ja, dieser alte, liebe Maler und Illustrator ist so eigentlich mein Schutzpatron gewesen und hat mir zuerst die Pforten für das innere Heiligthum der Kunst erschlossen.« Nachdem er noch kurz die Bekanntschaft der alten florentinischen Meister gemacht, traf er Ende September 1823 in Rom ein, wo er im Verkehr mit gleichstrebenden Kunstgenossen bald Anregung zu eigenem Schaffen fand. Beim Durchblättern seines Skizzenbuches fiel sein Blick auf den Watzmann, und diesen beschloss er, nur aus dem Grunde, weil er noch keine anderen Naturstudien in Rom gemacht hatte, als Oelgemälde auszuführen. Seine Technik war noch sehr ungelenk, und deshalb waren ihm die Rathschläge des alten Koch, der sich des jungen Künstlers liebreich annahm, sehr werthvoll. Unter seiner Beihülfe vollendete Richter sein Bild, welches allgemeinen Beifall, auch den seines um neun Jahre älteren Landsmannes Julius Schnorr fand, an welchen er sich fortan eng anschloss. »Kochs Kunstart suchte mehr das Grosse und Gewaltige in pathetischen Formen auszudrücken, und obgleich ich dies gar wohl nachempfinden, ja davon entzückt werden konnte, so erwuchs solches doch weniger auf meinem eigenen Grund und Boden, wogegen die Schönheit und Anmuth, die blühende Phantasie und der ganze Zauber der Romantik, der damals in Schnorrs Schöpfungen waltete, gerade das Element waren, in welchem auch meine Vorstellungen sich mit Lust bewegten.« Julius Schnorrs italienische Landschaften wiesen Richter den Weg, und seine aus italienischen Motiven entstandenen Bilder tragen auch meist den Charakter der Schnorrschen Arbeiten, nur noch mit grösserer Liebe in der Detailausführung. Mitgebracht hatte er sie schon aus der Heimath: aber die technischen Mittel, diese Liebe praktisch zu bethätigen, gewann er erst in Rom. Durch Passavant war dort eine Art von Privatakademie gegründet worden, in welcher die Künstler Abends nach dem lebenden Modell zeichneten, und

hier lernte Richter den »Respekt vor der Natur und ihren consequenten Bildungen«, den man in der Dresdener Akademie nicht gekannt hatte. »Hier zeichnete man mit der grössten Sorgfalt, mit unendlichem Fleiss und grosser Strenge in der Auffassung der Individualität.« Es haben sich Bleistiftstudien Richters erhalten, die an Schärfe und Sicherheit des Strichs und an Feinheit der Modellirung mit ähnlichen Zeichnungen Overbecks, Schnorrs, Veits und anderer Künstler wetteifern. Diese Sauberkeit der Zeichnung brachte er als die werthvollste Errungenschaft seines römischen Aufenthalts in die Heimath, wo er sie später durch das Studium Dürers noch weiter ausbildete. Dasselbe Prinzip wurde auch auf die landschaftlichen Studien, welche Richter zunächst im Albaner- und Sabinergebirge begann, übertragen. »Der Bleistift konnte nicht hart, nicht spitz genug sein, um die Umrisse bis ins feinste Detail fest und bestimmt zu umziehen. Gebückt sass ein Jeder vor seinem Malkasten, der nicht grösser war als ein kleiner Papierbogen, und suchte mit fast minutiösem Fleiss auszuführen, was er vor sich sah. Wir verliebten uns in jeden Grashalm, in jeden zierlichen Zweig und wollten keinen ansprechenden Zug uns entgehen lassen. Luft- und Lichteffekte wurden eher gemieden als gesucht. Kurz, ein Jeder war bemüht, den Gegenstand möglichst objektiv, treu wie im Spiegel wiederzugeben.« Diese Studien förderten auch ein anderes, charakteristisches Element seiner Kunst, das auch erst später zur Reife gelangte, die Naivetät. »Ohne die Grundlage reifster Naturerkenntniss, sagt Springer treffend, wäre Richter niemals so naiv und überzeugend in seinen Schilderungen geworden. Dass Ludwig Richter die naive Anschauung wieder zu Ehren gebracht, im Gegensatz zur klassisch-monumentalen Kunst, welche doch nur in einzelnen auserlesenen Kreisen sprach, im Anschluss an die Romantik, diese von allem Phantastischen und Willkürlichen befreiend, der volksthümlichen Kunst bei uns die Bahn gebrochen, darauf beruht wesentlich seine Bedeutung und sein Ruhm.«

Zu jener Zeit freilich war sein Ehrgeiz noch auf ein anderes Gebiet, auf die »historische Landschaft« gerichtet, und selbst die Bekanntschaft mit Dürerschen Kupferstichen, welche er durch Veit in Rom machte, änderte nichts an seiner Richtung, obwohl ihm die drei grossen Blätter Hieronymus, Ritter, Tod und Teufel und die Melancholie »tief in die Seele gingen . . . . . es war ein ungehobener Schatz, welcher nach einer Reihe von Jahren, als die äussere Gelegenheit dazu aufforderte, seine Früchte brachte.« Im Charakter der historischen Landschaft waren denn auch die Bilder gehalten, welche dem »Watzmann« folgten und in denen sich das »Vedutenhafte« mehr und mehr verlor: das Motiv von

»Rocca di Mezzo« und der »Blick auf den Meerbusen von Salerno« (beide im städtischen Museum zu Leipzig, für welches letztere Schnorr die von Richter erfundene Staffage in Bezug auf Richtigkeit der Zeichnung korrigirt hatte. Mit der Ueberzeugung, dass die »ideale. sogenannte historische Landschaft diejenige Richtung sei, auf welche er aus innerster Neigung hinsteuerte«, schied Richter auch im April 1826 aus Rom. »Die landschaftlichen Zeichnungen von Schnorr waren es ganz besonders, die mir Aufschluss gaben und zum Wegweiser dienten, wie ein edler Stil mit charakteristischer Naturwahrheit zu verbinden sei; oder mit anderen Worten, wie die Künstler mit fein ausgebildetem Schönheitssinne die Natur zu erfassen und dabei das Wesentliche von dem Unwesentlichen zu scheiden haben.« Schnorr seinerseits dachte ebenso hoch von Richters Persönlichkeit und seinem Streben. Er spricht in seinen Briefen aus Italien öfter von ihm und stellt ihm das Zeugniss aus, dass ihm unter seiner Genossenschaft »noch kein liebenswürdigerer Mensch vorgekommen, und was seine Kunst anbetrifft, so steht er gewiss mit unter den talentvollsten der jüngeren Landschaftsmaler.« In Bezug auf die in Rom gemalte Landschaft Richters »Motiv von Rocca di Mezzo« schreibt er in einem andern Briefe: »Diese enthält besonders in Hinsicht der Ausführung ganz vorzügliche Sachen. Die Wahl des Gegenstandes verräth mehr Neigung, das Gefühl durch etwas Pikantes anzusprechen, als durch Schönheit den stillen Genuss zu bereiten, der so vorzugsweise durch die Landschaft gewährt werden kann. Ich glaube aber in Richter die Art des Talents zu erkennen, die in den ersten Arbeiten sich auf diese Weise Luft machen muss, dann aber beruhigter durch die edelsten Früchte erfreut *.«

Es sollte noch geraume Zeit dauern, bis Richters Kunst diese Ruhe und Sammlung fand und damit ihren eigentlichen Charakter gewann. Wie die Kunst seines Freundes Ernst Friedrich *Oehme* 1797—1855. der gleichzeitig mit ihm in Italien studirt hatte, wurzelte auch die seinige in der Heimath. Ende 1826 war Richter in seine Vaterstadt zurückgekehrt und machte sich bald an die Ausarbeitung seiner italienischen Studien, zunächst an ein Gemälde »der Abend und die Heimkehr der Landleute nach Civitella«. Obwohl um diese Zeit wenig

---

*) Briefe aus Italien von Julius Schnorr von Carolsfeld, geschrieben in den Jahren 1817 bis 1827. Ein Beitrag zur Geschichte seines Lebens und der Kunstbestrebungen seiner Zeit. Gotha, 1886. Leider konnte diese sehr gehaltreiche, von Franz Schnorr von Carolsfeld herausgegebene Briefsammlung für unsere Charakteristik des Meisters nicht mehr benutzt werden.

Aussicht auf Begründung einer sicheren Existenz war, hatte Richter doch den Muth, sich im November 1827 zu verheirathen, und im Anfang des nächsten Jahres ging ihm auch ein bescheidener Glücksstern auf, indem ihm eine Anstellung als Lehrer an der Zeichenschule zu Meissen, einer Filiale der Dresdener Kunstakademie, mit zweihundert Thalern Gehalt zu Theil wurde. Wenn er diese Berufung auch als eine Gunst des Schicksals zu betrachten hatte, so waren die Jahre 1828 bis 1835, die er bis zur Aufhebung der Zeichenschule zubrachte, doch in jeder Beziehung für ihn unerquickliche. Unter drückenden Verhältnissen, von Krankheit und Sorgen geplagt, musste er sich einer Lehrthätigkeit widmen, welche ihn wenig befriedigte. Dazu kam ein Zwiespalt in seinem Innern, der sich immer mehr vergrösserte. Blind gegen seine Umgebung, malte, zeichnete und radirte er italienische Landschaften, welche nicht immer willige Abnehmer fanden und deren geringer Erfolg ihn beinahe an seiner Kunst verzweifeln liess. In jener Zeit entstanden zwölf Radirungen von Landschaften aus Salzburg und Italien, ferner die Oelgemälde »Gebirgslandschaft von Rocca Canterano«, »Morgen im Volskergebirge«, »Waldweg bei Ariccia«, »Gewittersturm am Monte Serone« 1830, Frankfurt a. M., Städelsches Museum», »Brunnen bei Grotta Ferrata«, die »Serpentara«, »Erntezug in der römischen Campagna« (1833, Museum zu Leipzig), eine Komposition von der Art Claude Lorrains nach Motiven vom Lago d'Averno und dem Cap Miseno. Dazu kamen noch Aquarelle, Zeichnungen, Illustrationen zu dem historischen Bildersaal von Textor und ähnliche Brodarbeiten. Seine geistige Erfrischung während der »Meissener Lehrjahre«, die er auch »die sieben mageren Jahre Pharaos« nannte, war ein Exemplar von Dürers Marienleben, welches er trotz seiner bedrängten Lage für zweiundzwanzig Thaler zu erstehen gewagt hatte. »Die Summe war für meine Verhältnisse eine bedeutende. Aber sie hat reiche Zinsen getragen ... Vor allen anderen Werken Dürers hat gerade dieses zu aller Zeit eine produktiv anregende Wirkung auf mich geübt.« Um die Mitte der Meissener Zeit trat ein Ereigniss ein, welches seinem Schaffen eine entscheidende Wendung zum Nationalen gab. »Bisher hatte ich, so erzählt er, ausschliesslich italienische Landschaften gemalt. Mein Herz war in Rom, in seiner Campagna, in dem mir so lieben Sabiner- und Albanergebirge. Das Heimweh, ich kann es nicht anders nennen, nach dieser ideal schönen und grossartigen Natur steigerte sich fast zum Krankhaften, und dies vielleicht um so mehr dadurch, dass ich bei meinen beschränkten Verhältnissen gar keine Aussicht hatte, jemals diese in meiner Idee verklärten Gebiete wieder zu betreten. Die Natur in meiner nächsten Umgebung

erschien mir dagegen arm und formlos, und ich wusste Nichts aus ihr
zu machen.« Da ward ihm eine Aussicht, das Ziel seiner Sehnsucht
doch noch zu erreichen. Er erhielt den Auftrag, für einen Revaler
Kunstfreund eine italienische Landschaft zu malen, wozu er ein Motiv
von der Tiber bei Acqua acetosa wählte. Mit dem Erlös konnte er eine
Reise nach Oberitalien wagen, wo er am Gardasee Studien machen
wollte, um neue Motive zu sammeln. Doch der Plan wurde durch eine
schwere und kostspielige Erkrankung seiner Frau vereitelt. Es kam nur
im September dieses Jahres zu einer Reise durch das Elbthal in das
böhmische Mittelgebirge bei Teplitz, und diese Reise führte jenen Umschwung herbei, der Ludwig Richter der Heimath wiedergegeben hat.
»Ich war überrascht von der Schönheit der Gegenden, so berichtet er,
und als ich an einem wunderschönen Morgen bei Sebusein über die Elbe
fuhr und die Umgebung mich an italienische Gegenden erinnerte. tauchte
zum erstenmale der Gedanke in mir auf: Warum willst du denn in weiter
Ferne suchen, was du in der Nähe haben kannst? Lerne nur diese
Schönheit in ihrer Eigenart erfassen, sie wird gefallen, wie sie dir selbst
gefällt .... Bald griff ich zur Mappe und zum Skizzenbuch und ein
Motiv nach dem andern stellte sich mir dar und wurde zu Papier gebracht .... Nach Aussig zurückgekehrt, zeichnete ich mehreres am
Schreckenstein. Als ich nach Sonnenuntergang noch am Ufer der Elbe
stand, dem Treiben der Schiffsleute zusehend, fiel mir besonders der
alte Fährmann auf, welcher die Ueberfahrt zu besorgen hatte. Das Boot,
mit Menschen und Thieren beladen, durchschnitt den ruhigen Strom, in
welchem sich der goldene Abendhimmel spiegelte. So kam unter anderen
auch einmal der Kahn herüber, mit Leuten bunt angefüllt, unter denen
ein alter Harfner sass, welcher statt des Ueberfahrtskreuzers Etwas auf
der Harfe zum Besten gab. Aus diesen und anderen Eindrücken entstand nachher das Bild »die Ueberfahrt am Schreckenstein« (jetzt in der
Dresdener Gemäldegalerie), der erste Versuch, in welchem ich die Figuren zur Hauptsache machte.« Dieser »Ueberfahrt« gingen jedoch noch
einige Bilder vorauf: der »Schreckenstein bei Aussig« (1835. Museum
zu Leipzig), die Friedhofskirche zu Graupen in Böhmen 1836). Gegend
bei Aussig (1837.

Inzwischen war Richter, im Frühjahr 1836, wieder nach Dresden
übergesiedelt, wo er bald eine Anstellung als Lehrer des Landschafts-
zeichnens an der Akademie erhielt. Die Landschaftsmalerei blieb jedoch
nicht mehr lange seine ausschliessliche künstlerische Beschäftigung. Er
befasste sich überhaupt nur noch ein Jahrzehnt mit der Oelmalerei, in
welcher er sich niemals mit völliger Freiheit zu bewegen lernte. Seine

Manier war eine so überwiegend zeichnerische, dass seine Oelgemälde bisweilen unter einer gewissen Aengstlichkeit in der Wiedergabe der Details, oft auch unter Härte und Buntheit des Kolorits leiden. Der romantisch-poetische Inhalt bildet die Hauptanziehungskraft der Richterschen Landschaften, von denen noch folgende hervorzuheben sind: Bergsee im Riesengebirge (1838); Pilger am Brunnen (1838); Landschaft aus dem Riesengebirge (1839, Nationalgalerie zu Berlin); Genovefa im Walde (1841); Abendandacht (1842, Museum zu Leipzig); der Dorfgeiger (1845); Mondscheinabend (1845); an der Teufelsmauer im Harz; Mädchen am Baum im Frühling (1846); der Brautzug im Frühling (1847, Gemäldegalerie zu Dresden)*). Die Bekanntschaft mit dem Leipziger Verlagsbuchhändler Georg Wigand führte seine Betheiligung an dem von letzterem herausgegebenen Sammelwerke »Das malerische und romantische Deutschland« herbei, für welches er zunächst 25 Zeichnungen für die »romantische Wanderung durch die sächsische Schweiz« lieferte und später Studienreisen nach dem Harz, dem Riesengebirge und Franken machte, deren Früchte in der obigen Landschaftenreihe bereits erwähnt worden sind. Diese Zeichnungen wurden, wie er selbst sagt, die Brücke zu seinen späteren Kompositionen für den Holzschnitt. Die Reihe derselben eröffnen die Illustrationen zum »Landprediger von Wakefield«, die Richter nach seiner eigenen Angabe bereits selbst auf den Holzstock zeichnete. Diese Thätigkeit Richters, welche mit der Zeit zu einer grossen Ausdehnung gelangte — sie erstreckte sich auf rund dreitausend Blätter —, hat auf den deutschen Holzschnitt einen bedeutenden Einfluss geübt, denselben sogar eigentlich erst entwickelt. Die Holzschneidekunst war in Deutschland völlig untergegangen. Nur in Berlin führte sie durch die Anstrengungen von F. W. Gubitz ein vorerst noch bescheidenes Dasein. Wigand kam daher auf den Gedanken, sich Holzschneider aus England kommen zu lassen, wo Thomas Bewick eine Schule begründet hatte, die freilich ihren Schwerpunkt in einem Wetteifer mit dem Stahlstich suchte**). Die Engländer Nichols, Benworth und Allanson waren vorübergehend in Leipzig thätig. Sie setzten, wie Richter sagt, »ihren

---

*) Nach der Zusammenstellung von W. Rossmann im Text zu der Publikation: Kupferstiche nach Werken neuerer Meister in der königl. Gemäldegalerie zu Dresden« (zweite Lieferung).

**) Näheres findet man in dem Werke »Die vervielfältigende Kunst der Gegenwart« (Wien 1886), herausgegeben von C. von Lützow. Bewicks Hauptverdienst bestand darin, dass er an die Stelle des alten Schneidemessers den Stichel setzte und das faserige Langholz durch das kernige, widerstandsfähigere Hirnholz verdrängte. Auch wurde statt des Birnbaumholzes fortan Buchsbaumholz benutzt.

Stolz in höchste Eleganz der Strichlagen und Tonwirkungen.« Das war
aber nicht nach Richters Geschmack, dem »charakteristischer Ausdruck
Herzenssache« war. Ihm schwebte im Anschluss an die alten Meister
eine ganz andere, dem Material entsprechende Technik vor, die er nur
auf Grund der inzwischen vervollkommneten Werkzeuge reicher entwickeln wollte. »Obwohl ich die Einfachheit der alten Zeichnungsweise
möglichst beibehielt, schreibt er selbst darüber, erlaubte ich mir doch
grössere Freiheiten in Verwendung der Strichlagen und suchte hauptsächlich grosse Luft- und Schattenmassen zu gewinnen; zu weitgehende
Ausführung der Modellirung durch Mittellinien aber vermied ich, weil
sie dem Holzschnitt leicht etwas Trübes gaben: überhaupt war es mein
Bestreben, den Charakter des Holzschnitts, seinen durch das Material
bedingten Stil, zu bewahren und weder zur Nachahmung der Alten noch
zum Wetteifer mit dem Kupferstich zu ge- oder missbrauchen. Wenn
späterhin in Besprechungen meiner Holzschnittbilder hervorgehoben wurde,
dass sie Etwas wie Sonnenschein an sich trügen, so verdanke ich dieses
Lob nicht ganz allein meiner Komposition, sondern dem oben angedeuteten Verfahren. Denn kräftige Tiefen gegen eine grosse Licht-
masse hingestellt bringen immer eine gewisse sonnige Wirkung hervor.
Ich ging überhaupt nicht auf malerische Toneffekte aus, sondern auf
Reichthum der Motive, klare Anordnung und Schönheit der Linienführung.« Es bedurfte noch einiger Zeit, bis sich unter der Anleitung
Richters Holzschneider heranbildeten, welche seine Gedanken zu immer
vollkommenerer Ausführung brachten. Ritschel von Hartenbach und
W. Georgy waren die ersten deutschen Holzschneider, welche nach
Richter arbeiteten. Ihnen folgten Flegel, Gaber, Hugo Bürkner und
dessen Schüler, und allmälig stieg die Zahl der Holzschneider, welche
Richtersche Zeichnungen in seinem Geiste wiedergegeben haben, auf 108.

Bei weitem besser als die Illustrationen zum »Landprediger von
Wakefield« entsprachen die folgenden Aufträge der Naturanlage des
Künstlers, die Zeichnungen zu den »deutschen Volksbüchern«, zu den
Märchen von Musäus (1842) und zu den »Alten und neuen Studenten-
und Volksliedern« (1843—45)[*]. Besonders die letzten sind aus dem
vollen Borne der Romantik geschöpft und versinnlichen in der zartesten
Form die Figuren und Gedanken, welche die Lieder eines Eichendorff,
Uhland, Arndt, Schenkendorf, Körner, Hölty u. a. erfüllen. Die Ritter-
gestalten eines Julius Schnorr werden uns hier so zu sagen menschlich

---

[*] Neue Ausgabe unter dem Titel »Aus der Jugendzeit« (Leipzig 1875) und »Deutsche
Art und Sitte. Herausgegeben von G. Scherer« (Leipzig 1876).

nahe gebracht, und deutlich können wir sehen, wie bald das Vorbild
Dürers (z. B. in dem Ritter ohne Zagen, der über den Lindwurm reitet,
wie der Ritter zwischen Tod und Teufel), bald die feine Zeichnung Holbeins (wie z. B. in dem Auszug der Krieger als Vignette zum »Vater-
landslied«) auf Richter eingewirkt haben. Dazu kam noch eine grosse
Zahl von Illustrationen zu den Märchen, Volks- und Jugendschriften von
W. O. von Horn, Bechstein, Nieritz, Auerbach, Volbeding, Claus Groth
u. a., zu Goethes »Hermann und Dorothea« und der Cyklus von Kompositionen zu Schillers Glocke. »Mit diesen Arbeiten erst, so schreibt
Rossmann, wurde Richter der allgemein bekannte und genannte Meister:
jedes neue Werk mehrte seinen Ruhm und, was mehr sagen will, seine
Liebe unter allem Volk: kein Maler vor ihm hat so das Herz seiner
Nation besessen, wie er. Die neudeutsche Schule mit ihrem grossartigen Pathos hatte nur für Kirchen und Schlösser zu schaffen verstanden, die Düsseldorfer strebten vor allem danach, die Galerien für
ihre romantischen Historien zugänglich zu machen und die gebildeten
ästhetisirenden Kreise anzuregen: hier aber erblühte im schlichtesten
Gewande eine Kunst, die Jeden erquickte und die Jeder für ein Geringes
in sein Haus ziehen konnte, eine bescheidene und gleichwohl echt vornehme Kunst für Alle. Mit wahrem Heisshunger griff man nach »»diesen
lieblichen, anspruchslosen Holzschnittbildchen, die in so einzig poetischer
Weise die stillen Stunden unseres Volkes, seine süssen Erinnerungen
und die unvergänglichen Träume darstellen, in denen wir Alle glücklich
sind, die des Menschen Thun und Treiben an dem Punkte erfassen, wo
er mit der lieben Natur noch innig verschwistert lebt, mit Bach und
Baum und Blume, mit Hund und Katze, mit Engeln und Erdgeistern
sich versteht und in genügsamer Selbstbeschränkung so durchaus zufrieden ist.«« Fühlten sich die Einen durch die Darstellungen Richters
in der Stille und Ruhe eines dunkeln Daseins bestätigt oder aus gar zu
grosser Enge durch die zarte Romantik seiner Legenden-, Sagen- und
Märchenbilder befreit, so wurde den Anderen, die den harten Kampf
des Ehrgeizes und der Macht kämpfen, hier eine heimlich ersehnte Welt
beglückenden Friedens aufgethan.«

Man kann die Schöpfungen Richters aus der zweiten, der nationalen Periode seines Lebens in drei grosse Gruppen theilen: die erste
umfasst die in Oel ausgeführten Landschaften nach deutschen Motiven,
die zweite die Illustrationen zu fremden Texten, zu Dichtern und Schriftstellern, und die dritte seine eigenen Erfindungen und cyklischen Kompositionen. In ihnen gipfelt seine Kunst, in ihnen spricht sich sein
Denken und Empfinden, der Adel und die Keuschheit seiner Gesinnung,

seine echte, über den Konfessionen stehende Frömmigkeit, welche an die Reinheit und Einfalt des Urchristenthums erinnert, am deutlichsten aus. Es ist für die Art Richters, der immer in erster Linie deutschnational ist, bezeichnend, dass seine Schöpfungen vielleicht noch mehr in den protestantischen Kreisen unseres Volkes als in den katholischen Eingang gefunden haben. Obwohl Katholik von Geburt, trug er kein Bedenken, einem protestantischen Gottesdienste beizuwohnen. »Für mich, sagt er in seinen Lebenserinnerungen, gab es nur jene eine unsichtbare Kirche, von der es im Liede heisst: »»Die Seelen all', die Er erneut, Sind, was wir heil'ge Kirche nennen.«« Für die äussere Kirche hatte ich wenig Interesse.« Sein Verhältniss zur katholischen Kirche hatte nichts Unklares und Widerspruchsvolles, und deshalb ist er auch niemals, wie Cornelius, in den Verdacht des Ultramontanismus gerathen.

Schon während der Zeit seines Aufenthalts in Meissen hatte Richter nach Beobachtungen in der eigenen Familie humoristische und gemüthvolle Szenen aus dem Kinderleben komponirt und in Kupfer radirt, kleine Blättchen mit zwei oder drei Figuren. Aus diesen bescheidenen Anfängen entwickelte sich nicht nur eine Reihe von figurenreichen, selbstständigen Blättern in Blei und Tusche, in Sepia und Aquarell, sondern auch jene cyklischen Darstellungen, die seit 1851 in Heften und Büchern erschienen und den unerschöpflichen Reichthum der Richterschen Phantasie von der glänzendsten Seite zeigen: »Beschauliches und Erbauliches« (1851), das »Vater Unser« (1856), »Fürs Haus« (1858—1861), der »Sonntag« (1861), »Neuer Strauss fürs Haus« (1864), »Unser tägliches Brot« (1866), »Gesammeltes« (1869), »Bilder und Vignetten« (1874). In der Vorrede zu dem ersten Hefte der Sammlung »Fürs Haus« spricht er die Absichten aus, welche ihn bei der Herausgabe dieser und ähnlicher Cyklen geleitet: »Schon seit vielen Jahren habe ich den Wunsch herumgetragen, in einer Bilderreihe unser Familienleben in seinen Beziehungen zur Kirche, zum Hause und zur Natur darzustellen und somit ein Werk ins liebe, deutsche Haus zu bringen, welches im Spiegel der Kunst Jedem zeigte, was Jeder einmal erlebte: der Jugend Gegenwärtiges und Zukünftiges, dem Alter die Jugendheimath, den gemeinsamen Blumen- und Paradiesesgarten, der den Samen getragen hat für die spätere Saat und Ernte. Gelingt es nun, das Leben in Bildern schlicht und treu, aber mit warmer Freude an den Gegenständen wiederzugeben, so wird ja wohl manchem der einsam oder gemeinsam Beschauenden der innere Poet geweckt werden, dass er ausdeutend und ergänzend schaffe aus eigener Phantasie; und damit wäre der Zweck der kleinen Holzschnittbilder reichlich erfüllt.« Was dem sächsischen Stammescharakter in Ernst

und Scherz am meisten nachgerühmt wird, das »Gemüthliche«, hat durch
diese Schöpfungen Richters eine vollendete Verkörperung gefunden. Aus
Studien in seiner Umgebung hatte sich der Künstler eine Reihe von
Typen geschaffen, die allmälig über das lokal und landschaftlich Be-
grenzte emporwuchsen und in ihrer Gesammtheit das deutsche Spiess-
bürgerthum der kleinen und mittleren Städte und die naive Spinn-
stubengemüthlichkeit der Landbewohner in den vierziger und fünfziger
Jahren darstellen. So gewinnen die Richterschen Figuren trotz ihrer
nur allgemein gehaltenen Charakteristik auch einen kulturgeschichtlichen
Werth, weil sie heute aus deutschen Landen fast ganz verschwunden
sind. Darin, dass Richter aus dem Leben der kleinen Leute den Schatz
der Poesie gehoben hat, liegt seine unvergängliche Bedeutung, und indem er hier neue Wege gefunden, hat er einerseits Schwind ergänzt,
andererseits aber auch den grossen Kreis der deutschen Romantik abgeschlossen.

Friedrich Pecht, welcher die Richtersche Welt mit dem Auge des
Malers angesehen, hat eine treffende Charakteristik des bunten Getümmels
dieser meist etwas gedrungen und kurz gerathenen Figuren entworfen.
»Unübersehbar ist die Fülle an komischen, direkt aus dem Leben ge-
griffenen Gestalten von Landstreichern, wie man sie neben dem fast
ganz verschwundenen Geschlecht der Handwerksburschen heute noch
sieht, von Bänkelsängern, Schnurranten, Marktschreiern, Krämern und
Handwerkern aller möglichen Gattungen, deren er jede in ihren besonderen Eigenthümlichkeiten mit dem ganzen Detail ihres körperlichen
und kostümlichen Apparats, ihrer Bewegung und Mimik belauscht. Wie
unwiderstehlich sind dann ferner durchaus die resp. Ehehälften, Pastoren,
dann jenes Geschlecht kleiner Beamten, die man in Sachsen »Calkela-
tersch« (Revisoren nennt, Bürgermeister und Rathsherrn, Polizeidiener
und Büttel mit und ohne Zopf, den er in allen möglichen und unmög-
lichen Variationen in Dresden noch häufig genug in natura gesehen und
im treuesten Gedächtniss aufbewahrt hatte, mit einem Wort, der deutsche
Spiessbürger ihm gelungen! Vor seinen Schilderungen muss man sich
eingestehen, dass gewisslich keine Nation der Welt sich einen solchen
Luxus von originellen Figuren und Typen erlaubt hat, als die deutsche
in diesem verhältnissmässig engen Bezirke. Man staunt, bis zu welchem
nicht immer erbaulichen Grade sich die unsägliche Verzwicktheit unserer
damaligen Staatsverfassung und unserer sozialen Sitten auch dem Aeussern
der unter seinem Einfluss Stehenden ausgeprägt, welche wunderbaren
Karrikaturen sie nach und nach aus ihnen gemacht hat! Auf diesem
Hinter-, beziehungsweise Vordergrunde tummelt sich nun die liebens-

würdigste Kinderschaar, die Richter, der selbst eine zahlreiche Familie hatte, mit unendlicher Liebe in all' ihren Regungen beobachtete. Das naive, unbewusst Liebenswürdige der Kindernatur schildert er unübertrefflich, und gerade die Nebeneinanderstellung dieser Welt in ihrer Anmuth und Treuherzigkeit mit den nicht weniger überzeugenden, knorrigen Gestalten ihrer Eltern, Erzieher und Vormünder birgt eine Poesie des Kontrastes, die von um so unwiderstehlicherer Wirkung ist, als selbst seine ärgsten Karrikaturen mit einer Sicherheit und Selbstverständlichkeit der Existenz auftreten, uns einen Glauben an sich und ihr Recht mitzutheilen wissen, der sie immer als direkt in der Wirklichkeit gefunden, als ganz arglos gegeben, von allem Forcirten und Gemachten weit entfernt erscheinen lässt. Zwischen den Kindern und den eigentlich komischen Figuren stehen immer die realistisch angenehmen, zunächst die hübschen, drallen Dirnen, deren runde Wädchen und volle Busen er uns mit einer gewissen liebevollen Theilnahme schildert, und deren unschuldig pausbackige, ehrlich neugierige Gesichter bei aller Zucht und Ehrbarkeit doch keine irgend hervortretende Abneigung gegen das Küssen verrathen. Elegante, sentimentale oder gar vornehme Damen übersetzt er sich lieber in diese gesündere Sphäre, modische Puppen sind nicht seine Sache. Um so besser gelingt ihm das Naturwüchsige, vom einfachen Triebe ohne Reflexion bestimmte, das die Frauen mit den Kindern so oft gemein haben, das sinnige, herzliche, bezaubernd fragende Lächeln der Einfalt, die Magie der unendlichen Treue, Reinheit und Frömmigkeit. Alles, was am deutschen Weibe wahrhaft Gold ist, die innere und äussere Reinlichkeit des Daseins, das greift er mit unfehlbarer Sicherheit heraus in seiner Darstellung. Und nun endlich noch wie köstlich sind seine jungen Bursche, seine Ritter und Knappen! Brav und treu, tapfer und handfest, verleugnen sie doch alle mit einander weder den gesunden Hunger und noch viel weniger den ewigen Durst. Ist es nicht überaus bezeichnend, dass, während man in der gesammten italienischen Kunst vielleicht keine zehn Trinkszenen findet, der Feldflaschen, der Schnapspullen, der Gefässe und Krüge aller Art, welche die Richterschen Figuren begleiten, der Kneipszenen, des Essens und Trinkens bei ihm kein Ende ist, und dass gerade seine Illustrationen zu Trinkliedern mit seine populärsten geworden sind? Aber wir würden ein Wesentliches in unserem Versuch, hinter das Geheimniss des unwiderstehlichen Reizes Richterscher Kunst zu gelangen, übersehen, wenn wir die Szenerie ausser Acht liessen, in die er seine Figuren hineinsetzt ..... In der Verbindung der landschaftlichen Natur und der sie belebenden Thierwelt mit den menschlichen Charakteren, — hier liegt der

unsägliche idyllische Reiz, das wahrhaft Gewinnende in allen seinen
Kompositionen \*).«

Auch in der Betonung der landschaftlichen Umgebung trifft Richter
mit Schwind zusammen, und in diesem Punkte waren sie auch am engsten
verwandt. Nur bevorzugte Richter, wo es der Gegenstand mit sich
brachte, wie z. B. in der »Genoveva im Walde« (Aquarell und Radirung)
das Romantische und schlechthin Poetische, ohne dem Phantastischen
einen so breiten Spielraum zu geben wie Schwind. In der Nachbildung
des Einzelnen in der Natur, von Bäumen, Sträuchern, Felsen, Blumen,
Blättern, Vögeln, Insekten und vierfüssigen Thieren, schliesst sich Richter
enger als seine romantischen Vorgänger an die Wirklichkeit an und vermittelt dadurch, vielleicht, ohne es gewollt und gewusst zu haben, den
Uebergang zu dem modernen Realismus. Während in der Kunstthätigkeit Schwinds die monumentale und dekorative Malerei eine bedeutende
Rolle spielt, tritt sie bei Richter — und auch darin offenbart sich der
Uebergang von der ritterlichen Romantik zu der sinnig-poetischen Auffassung des bürgerlichen und bäuerischen Lebens der modernen Zeit —
fast ganz zurück. Nur zweimal hat er Versuche auf diesem Gebiete
gemacht. Im Anfang der vierziger Jahre wurde er von Julius Hübner
aufgefordert, zu einem von letzterem komponirten Vorhang für das
Dresdener Hoftheater die Figuren eines Frieses unter dem Hauptbilde
zu zeichnen und zu malen, und zwar diejenigen der tragischen Hälfte.
Nach seinen Angaben komponirte und malte er »Gruppen und Einzelfiguren: Hamlet, Lear, Romeo und Julia, Justina, der wunderthätige
Magus, der standhafte Prinz, Götz, Faust, Egmont, Wallenstein, Jungfrau
von Orleans und Tell«. Die komische Hälfte führten Gustav *Metz* (1817
bis 1853) und Theobald von *Oer* (geb. 1807) aus \*\*). Ueber die zweite
dekorative Arbeit des Künstlers berichtet Rossmann: »Im Jahre 1864
wurde er von dem jetzigen Herzoge Georg von Sachsen-Meiningen berufen, für die Aussenwände der Villa Feodora in Liebenstein am Thüringer Walde einen malerischen Schmuck zu entwerfen. Er schuf dafür

---

\*) F. Pecht a. a. O. S. 70—73. Die Citate sind hier wie an andern Stellen dieses
Werkes ohne Veränderung wiedergegeben.

\*\*) Das von Julius Hübner ausgeführte Mittelbild stellte eine Szene aus dem Prolog zu
Tiecks Octavian dar. Der Vorhang ist bei dem Brande des Dresdener Hoftheaters zu Grunde
gegangen, aber 1862 nach einer Zeichnung Hübners von dessen Sohn Eduard *Hübner* (geb.
1842), einem Schüler Bendemanns, im Verein mit E. Körner und F. Schauss in Berlin für
das Leipziger Stadttheater wiederholt worden. E. Hübner hat sich mannigfach auf dem Gebiete der Genre- und dekorativen Malerei bewährt, ist aber seit etwa 1880 zur Bildhauerkunst
übergegangen.

zwei grosse Wandbilder, von denen das erste die Rückkehr vom Felde, das zweite einen Kinderrundtanz darstellt, und fünf Gruppen ohne Einrahmung, in denen der Verlauf des Jahres zur Anschauung kommt. Man findet diese Kompositionen zum Theil in den Heften »Neuer Strauss für's Haus« und »Gesammeltes«. Dieselben haben durch die Gebrüder Heinrich und August Spiess in München eine vorzügliche malerische Ausführung (in Fresko) erhalten.«

Im Jahre 1874 musste Richter wegen eines Augenleidens auf die fernere Ausübung seiner Kunst verzichten und 1876 legte er auch sein Lehramt als Vorstand des Ateliers für Landschaftsmalerei an der Dresdener Kunstakademie nieder. Um dieselbe Zeit wurde ihm vom deutschen Kaiser ein Ehrengehalt verliehen, welches die Sorgen von dem Lebensabende des Meisters fernhielt. Er starb am 19. Juni 1884. Sein Schüler August Eduard *Leonhardi* (geb. 1826) hat ihm auf seinem Besitzthum in Loschwitz bei Dresden ein Denkmal errichtet. Von Richters Atelierschülern ist nur einer, Victor Paul *Mohn* (geb. 1842), als Illustrator seinen Bahnen gefolgt, ohne jedoch in der Richtung, welche der Meister erschöpft, etwas Bedeutendes und Selbstständiges geleistet zu haben. Von 1866 bis 1869 hielt sich Mohn in Italien auf, vermochte aber ebensowenig wie sein Vorbild zu der südlichen Natur in ein nahes Verhältniss zu treten. Am erfreulichsten sind seine Aquarellen zu Märchen, Kinderliedern und Reimen, auf denen allerdings die landschaftlichen Hintergründe werthvoller sind als die Figuren, die bei weitem nicht so fein, geistreich und lebendig gezeichnet sind wie diejenigen Richters. Auch ist der Versuch Mohns, den naiven Figuren eine modernere Tracht zu geben, nicht geglückt. Einige Kartons zu Glasfenstern mit Motiven nach deutschen Märchen zeichnen sich durch poetische Erfindung aus, nehmen aber auf den Stil der Glasmalerei keine Rücksicht. Die übrigen Schüler Richters sind nur in der ersten Periode ihres Kunstschaffens von ihm beeinflusst worden. Heinrich *Dreber* (s. o. S. 172—175) und Heinrich *Gärtner* (geb. 1828 zu Neustrelitz), ein Schüler des Kupferstechers Rascheweyh und F. W. Schirmers in Berlin, haben sich später der historischen oder stilisirten Landschaft zugewendet, sind also dahin zurückgekehrt, wo Richter begonnen hatte. Von Schirmer war Gärtner nach Dresden zu L. Richter und von da nach Rom gegangen, wo sich sein völliger Uebergang zur stilisirten Landschaft im Anschluss an das Studium der alten Meister und an Cornelius vollzog. Er hat in privaten und öffentlichen Gebäuden (im Hoftheater zu Dresden, im Museum zu Leipzig, im landwirthschaftlichen Museum zu Berlin) heroische und idyllische Landschaften in Wachsfarben ausgeführt, die sich theils der Prellerschen,

theils der Rottmannschen Richtung anschliessen, nur im Kolorit lebhafter
gehalten sind. Der schon genannte Leonhardi hat sich später in Düsseldorf weiter gebildet und steht in seinen Waldlandschaften, die durch ein
kräftiges Kolorit ausgezeichnet sind, unter dem Einfluss der dortigen
Schule (deutsche Waldlandschaft von 1863 in der Dresdener Galerie).
Adolf *Thomas* aus Zittau (1834—1887) schloss sich seit 1864 der Münchener Schule, namentlich Lier und F. Voltz an und hat vorzugsweise
Stimmungslandschaften mit starker Betonung des Kolorits gemalt (Landschaft nach Motiven von Brannenburg in Oberbaiern in der Dresdener
Galerie, 1866). Louis *Friedrich* (geb. 1827) wurde später unter der
Leitung Thäters Kupferstecher, und Erwin *Oehme* (geb. 1831) hat in
seinen Genrebildern nichts mehr, was an Ludwig Richter erinnert. Es sind
theils romantisch angehauchte Kostümstücke von Götz von Berlichingen
auf der Hornburg, die Bärenjagd und die Patrizierhochzeit, theils Landschaften mit mehr oder weniger reicher Staffage wie der »Steinbruch in
der sächsischen Schweiz« (1860, Dresdner Galerie), »Leichenbegängniss
im Spreewalde« und »im Wildpark«. So hat auch Richter mit allen
Grössen der neudeutschen klassizistisch-romantischen Schule das Schicksal
getheilt, keinen Jünger herangebildet zu haben, welcher die Kraft besessen, dem Ansturm des modernen Farbenrealismus erfolgreichen Widerstand zu leisten.

# Zweites Kapitel

## Die Anfänge des Realismus in Düsseldorf und Berlin

### 1. Die Düsseldorfer Akademie.

ie Geschichte des neudeutschen Klassizismus und jener Art von Romantik, welche aus Cornelius' Anschluss an das deutsche Mittelalter herauswuchs, entbehrte im Ganzen wie in den Einzelschicksalen ihrer Helden nicht des dramatischen Interesses. Sie war ein fortwährender Kampf mit widrigen Verhältnissen, bald mit dem Willen der grossen Förderer der Kunst, welche auch die Geschicke der Völker lenken, bald mit der Gleichgültigkeit und dem Stumpfsinn der Menge. Den schwersten Kampf hatten die Hauptträger beider Kunstrichtungen oft auch mit sich selbst zu bestehen, mit Charaktereigenthümlichkeiten, welche hartnäckig jede Annäherung an den Geist der Zeit versagten. Wir haben gesehen, wie die Cornelianische Richtung weder in Düsseldorf, noch in München, noch in Berlin feste Wurzeln fassen konnte. Was Cornelius nicht gelingen wollte, glückte dagegen einem ungleich kleineren Geiste, welcher weltmännische Klugheit, diplomatisches Wesen und Lehrtalent mit denjenigen Eigenschaften zu verbinden wusste, welche dem Künstler wie dem Laien in gleicher Weise imponiren, mit einer vollkommenen Beherrschung der malerischen Technik. Wilhelm *Schadow* war der Mann, der durch unermüdliche Thätigkeit in kurzer Frist nicht nur die Düsseldorfer Akademie zu hoher Blüthe brachte, sondern auch der Düsseldorfer Malerei in ganz Deutschland ein Uebergewicht verschaffte, welches die Leistungen der Cornelianischen Schule bald ganz in den Schatten stellte. Wir haben oben (S. 243—244) seine künstlerische Thätigkeit bis zu seiner Berufung als Lehrer an die Berliner Kunstakademie verfolgt. In Berlin wusste er, dank seiner geschickten Technik, dank auch seinen gesellschaftlichen Beziehungen, bald die allgemeine Aufmerksamkeit auf sich zu lenken, und in der That ist das 1820 an der Decke des Proszeniums im neu erbauten Schauspielhause ausgeführte Bacchanal eine koloristische Leistung, die sich bis auf den heutigen Tag in voller Farbenfrische erhalten hat und hohe Anerkennung verdient. Nicht geringeren Beifall fanden seine Altarbilder und seine Portraits, zwei Madonnen für den Grossherzog von Sachsen-Weimar und den Bischof von Ermeland, ein Christus für die Domherren zu Ansbach und eine Anbetung der Könige für die Garnisonskirche in Potsdam. Nicht minder erfolgreich war Schadows Lehrthätigkeit, und es war daher nur natürlich, dass die Wahl der preussischen Regierung nach Cornelius' Abgang auf Schadow fiel, obwohl Cornelius Schnorr vorgeschlagen hatte. Noch anderthalb Jahre lang, nachdem Cornelius von Düsseldorf geschieden, musste die Akademie unter der interimistischen Leitung des Professors Mosler ein Scheinleben führen. Erst im November 1826 traf Schadow in Düsseldorf ein, aber sofort begleitet von einer stattlichen Anzahl ausgezeichneter Schüler, die sich, anders als die Cornelianer, bald Namen begründen sollten, deren Glanz zum Theil den ihres Meisters überstrahlte. Es waren C. F. Lessing, Julius Hübner, Theodor Hildebrandt, Karl Sohn, Heinrich Mücke und Christian Köhler, die bald aus der Reihe der Schüler in die der Lehrer und Meister emporstiegen. Schadow, ganz erfüllt von den künstlerischen Prinzipien und der Lehrmethode seines Vaters Gottfried, der auch als geistiger Vater der Düsseldorfer Schule anzusehen ist, machte eine vollständige Reorganisation und systematische Ordnung des akademischen Unterrichts zum Gegenstande seiner ersten Sorge. Er theilte die Akademie in drei von einander streng abgegrenzte Klassen. In der ersten, der Elementarklasse, wurden, wie der Name sagt, die ersten Elemente dehes Zeicnunterrichts gelehrt. Die zweite oder Vorbereitungsklasse zerfiel in zwei Stufen: in der unteren wurde das Zeichnen nach der Antike, dem lebenden Modell, die Drapirung, die Perspektive, die Proportionen des menschlichen Körpers, Anatomie, architektonisches Zeichnen und Kunstgeschichte gelehrt; in der oberen Stufe, welche wiederum in vier Abtheilungen geschieden war: Malerschule, Bau-, Kupferstecher- und Bildhauerschule, begann der eigentliche Fachunterricht. Die Bildhauerschule bestand nur auf dem Papier. Die dritte Klasse endlich umfasste die »ausübenden Eleven«, d. h. diejenigen, welche ihre Befähigung zur Erfindung eigener Kompositionen und zur selbstständigen Ausübung ihres Kunstfachs nachgewiesen hatten. Aus dieser ersten Klasse erwuchsen später die Meisterklassen, welche unter unmittelbarer Aufsicht Schadows und des Professors der Landschaftsmalerei, Schirmer, standen und die Signatur der Düsseldorfer Akademie bildeten*). Durch sie ist der Grund zu der soliden Technik gelegt worden, deren sich die Düsseldorfer Historien-, Genre- und Landschaftsmaler der dreissiger und vierziger Jahre rühmen durften, und zu ihnen ist man in der richtigen Erkenntniss ihres Werthes und ihrer Bedeutung zurückgekehrt, als man im Jahre 1874 die Berliner Akademie reorganisirte. Die in Berlin eingerichteten Meisterateliers sind aus jenen Düsseldorfer Meisterklassen hervorgegangen**).

Schadow war fast ebenso einseitig wie Cornelius. Auch er sah in der Historienmalerei und insbesondere der biblischen das höchste Ziel künstlerischen Strebens. Aber seine Individualität hatte bei weitem nicht jenen stark ausgeprägten subjektiven Zug wie die seines Vorgängers. Weit entfernt, durch zwingende Genialität einen tyrannischen Einfluss auf seine Schüler auszuüben, liess er vielmehr der Entwicklung einer jeden Individualität den freisten Spielraum, und dadurch hat er nicht wenig zu der sogleich von Anfang an sich zeigenden Vielseitigkeit der Düsseldorfer Schule beigetragen, wenn er es vielleicht auch nicht gewollt hat. Als die breiten Grundlagen, auf denen sich der Ruhm und die bleibende Bedeutung der Schule aufgebaut hat, führte Schadow die Oelmalerei und den Realismus ein, zwei Dinge also, welche der cornelianischen Anschauungsweise schnurstracks zuwiderliefen. Ueber die Berechtigung der Oelmalerei ist nichts zu sagen. Während die der Freskomalerei, so sehr sie auch der Ausdrucksweise des grossen Stils entgegenkommt, für unser Klima als importirte Pflanze — die Wand-

---

*) Die literarischen Quellen zur Geschichte der Düsseldorfer Akademie und der Düsseldorfer Schule sind: R. Wiegmann, Die k. Kunstakademie zu Düsseldorf. Ihre Geschichte, Einrichtung und Wirksamkeit und die Düsseldorfer Künstler, Düsseldorf 1854. — A. Fahne, Die Düsseldorfer Malerschule 1835—36, Düsseldorf 1837. — H. Puttmann, Die Düsseldorfer Malerschule und ihre Leistungen seit der Errichtung des Kunstvereins im Jahre 1829, Leipzig 1839. — F. v. Uechtritz, Blicke in das Düsseldorfer Kunst- und Künstlerleben, Düsseldorf 1839. — W. Müller von Königswinter, Düsseldorfer Künstler aus den letzten 25 Jahren, Leipzig 1854. — W. v. Schadow, Der moderne Vasari. Erinnerungen aus dem Künstlerleben, Berlin 1854. — J. Hübner, Schadow und seine Schule. Festrede bei Enthüllung des Schadowdenkmals zu Düsseldorf 1869, Bonn 1869. — M. Blanckarts, Düsseldorfer Künstler. Nekrologe aus den letzten zehn Jahren, Stuttgart 1877. — K. Woermann, Zur Geschichte der Düsseldorfer Kunstakademie, Düsseldorf 1880.

**) Im Berliner Kunstblatt von 1828 hat Schadow S. 264—273 seine „Gedanken über eine folgerichtige Ausbildung des Malers" veröffentlicht.

malereien der mittelalterlichen Kirchen kommen dabei nicht in Betracht
— immer noch fraglich ist, hat die Oelmalerei schon dadurch ihr Hei-
mathsrecht in deutschen Landen erworben, dass sie eine germanische
Erfindung ist. Der Glanz der Farbe musste in den nordischen Ländern
ersetzen, was die Malerei des Südens durch die Grossartigkeit der ihr
zu Gebote stehenden Räumlichkeiten erreichte. Denn, um nur ein prak-
tisches Bedenken hervorzuheben, wo sollten am Ende die Wände für
alle Freskomalereien herkommen, in welchen sich der Schaffensdrang
einer thatenlustigen Künstlerjugend offenbaren wollte? Der Opfermuth
der rheinisch-westfälischen Edlen, welche das Gedeihen der Düsseldorfer Akademie fördern wollten, musste früher oder später erlahmen,
auch wenn Cornelius noch in Düsseldorf geblieben wäre und seinen Einfluss zu Gunsten seiner Schüler geltend gemacht hätte. Wie künstlich
der ganze Enthusiasmus für die Freskomalerei war, zeigt am besten
sein schnelles Verfliegen. Aber auch Schadow hatte seine Noth, wo
er alle die Oelbilder unterbringen sollte, die seine Schüler produzirten.
Einen Export nach Holland, England und Amerika gab es damals noch
nicht und konnte es auch nicht geben, da die Schule noch keinen Ruf
hatte, und so musste eine Abzugsquelle im Inlande geschaffen werden.
Der Staat als solcher kaufte damals noch keine Bilder, und die Zahl der
Kunstfreunde im Publikum war eine äusserst geringe. Der Ausweg, um
der starken Produktion einen Abfluss zu verschaffen, wurde im Jahre
1829 durch die Gründung des »Kunstvereins für die Rheinlande und
Westfalen« gefunden. Die Mitglieder sollten durch jährliche Beiträge
einen Fond zum Ankaufe von Kunstwerken zusammenbringen, welche
zum Theil unter die Mitglieder verloost werden, zum Theil einer öffentlichen Bestimmung überwiesen werden sollten, und zwar war für den
letzteren Zweck ein Fünftel der Jahresbeiträge reservirt worden. Da
der Verein sowohl in den beiden Provinzen als auch in anderen Theilen
Preussens, namentlich in Berlin, zahlreiche Mitglieder fand, war die erste
Sorge gehoben, und Schadow konnte sich wieder ungestört seiner
organisatorischen Thätigkeit widmen, deren Frucht das Reglement von
1831 war.

Das zweite der neuen Grundelemente, die Schadow mitbrachte,
war der Realismus. Wir dürfen darunter natürlich noch nicht den Begriff verstehen, welcher heute mit diesem Namen bezeichnet wird. Auf
seine eigene künstlerische Thätigkeit angesehen, würde Schadow heute
vielleicht sogar als Idealist gelten können. Damals war er aber ein
Realist im vollsten Sinne des Wortes, indem er nämlich der konventionellen Ideal-Typik seines Vorgängers die Mannichfaltigkeit der Natur,

die Fülle der Individuen gegenüberstellte. Der Realismus gehört zum Gefolge der Oelmalerei, welche sich nicht, wie das Fresko, mit Andeutungen begnügt, sondern alles klipp und klar ausgedrückt wissen will. Aus unseren heutigen Erfahrungen und Anschauungen betrachtet, war allerdings der Realismus Schadows noch ziemlich zahm und unbestimmt. Es bleibt ihm aber doch das unsterbliche Verdienst, seine Schüler mit aller Energie auf die Spuren der Natur gewiesen und damit das Feld urbar gemacht zu haben, auf welchem die Lorbeeren der Düsseldorfer Schule gewachsen sind. Ueberraschend schnell stieg unter Schadows rühriger Leitung die Frequenz der Akademie. Schon nach wenigen Jahren hatten sich zweihundert Schüler zusammengefunden, denen die Räume des alten Gebäudes zu eng wurden. Bot Düsseldorf damals doch geistiger Anregungen genug, welche die Akademie zu einer Konkurrenz mit der Berliner fähig machten. Schadows Haus war der Sammelplatz der ausgezeichneten Geister, welche damals das kleine Düsseldorf beherbergte. Dort fanden sich Karl Immermann, Friedrich von Uechtritz, Karl Schnaase und die Koryphäen der Musik, Felix Mendelssohn, Robert Schumann und Ferdinand Hiller zusammen. Während die Dichter der Romantik angehörten, pflegten die Komponisten und ausübenden Tonkünstler vorzugsweise die lyrische Stimmung, und dieser lyrisch-romantische Zug ist auch für die Erstlingswerke der Düsseldorfer Maler, die sich willig dem Einflusse der verwandten Kunst hingaben, charakteristisch. Als Immermann dann von 1833—1837 die Leitung des Düsseldorfer Theaters übernahm und Mendelssohn unter ihm die Oper dirigirte, durfte sich die Stadt eines Musterinstituts rühmen, wie es nur wenige andere Städte Deutschlands aufweisen konnten. Auch das Theater übte seinen erziehenden und bildenden Einfluss auf die jungen Maler. Während sich einerseits aus seiner Einwirkung das für die damalige Zeit höchst anerkennenswerthe Streben nach Kostüm- und Farbenrealität erklären lässt, wird man andererseits auf sie den theatralischen Zug der Düsseldorfer Historienmalerei, die Vorliebe für effektvolle Posen nach Art der lebenden Bilder der Bühne zurückzuführen haben. Dem persönlichen Einfluss Immermanns zu Gunsten der Romantik kam die ganze Zeitströmung in vollen Fluthen entgegen, und so erwuchs in Düsseldorf aus der romantischen Poesie eine romantische Malerei, welche Ritter und Räuber, Zigeuner und Schmuggler, Mönche und Nonnen, Elfen und Nixen mit der gleichen leidenschaftlichen Liebe umfing*). Auch lokale

---

*) Den Zusammenhang der romantischen Poesie mit der gleichzeitigen Malerei zu schildern, wäre für unsere Literarhistoriker eine lohnende und interessante Aufgabe. Der einzige,

Einflüsse mögen auf diese Richtung der Düsseldorfer Malerei eingewirkt
haben. Kann man sich einen schöneren Rahmen für diese Schöpfungen
einer romantischen Phantasie denken, als die sagenberühmten Ufer des
Rheins? Noch heute, wo die Düsseldorfer Maler längst anderen Idealen·
gefolgt sind, hat sich jener romantische Zug in ihren Festen erhalten,
in welche die verschollene Welt der Ritter und Edeldamen, der Elfen
und Nixen gern in mondscheinhellen Sommernächten unter den uralten
Baumriesen des Jakobischen Gartens, der sich an das Künstlerhaus
»Malkasten« anschliesst, heraufbeschworen wird.

Schon in der ersten Zeit bot sich der jungen Schule ein grösserer
monumentaler Auftrag dar. Durch Schadow veranlasst, hatte der Graf
von Spee beschlossen, einen Cyklus von Gemälden aus dem Leben Friedrich Barbarossas, welchen Stürmer, der schon genannte Schüler von Cornelius, in einem Saale des Schlosses Heltorf bei Düsseldorf begonnen
hatte, durch Schadows Schüler vollenden zu lassen. Lessing und Mücke
wurde diese Arbeit zugewendet. Der erstere führte das Bild »Friedrich
in der Schlacht bei Ikonium« aus und machte damit seinen ersten, freilich nicht hoffnungsreichen Versuch als Historienmaler. Für das zweite
der ihm übertragenen Bilder »Herzog Friedrich von Schwaben bei der
Erstürmung von Ikonium« lieferte er jedoch nur den Entwurf und eine
Oelskizze. Die Freskomalerei entsprach seinen Neigungen nicht, und
so überliess er die Ausführung seinem Freunde Heinrich Plüddemann,
von welchem auch ein drittes Bild, der »Tod Friedrichs«, herrührt. Alle
übrigen Gemälde sind Arbeiten Mückes, der auch noch anderwärts als
Freskomaler thätig war.

Das Gros der Düsseldorfer huldigte dagegen ausschliesslich der
Oelmalerei, deren Ausbildung bald zum Gegenstande des eifrigsten Studiums gemacht wurde. Den ersten grossen Erfolg, dem sich schnell
eine Reihe anderer anschloss, errang die junge Schule auf der Berliner
Ausstellung von 1830, wo Lessing mit seinem »Trauernden Königspaar«
und seinem »Kirchhof im Schnee«, Theodor Hildebrandt mit dem melancholisch vor sich hinbrütenden »Räuber« und »Judith und Holofernes«
und Karl Sohn mit dem »Raube des Hylas« erschienen und die Berliner
Salons und ästhetischen· Theezirkel in einen Taumel des Entzückens
versetzten. Obwohl die Berliner Kritik, die anfangs in den allgemeinen
Beifall eingestimmt hatte, später nicht verfehlte, die Düsseldorfer Schwärmer

der, wenn auch nur andeutungsweise, die Kunst in den Bereich seiner literargeschichtlichen
Darstellung gezogen hat, ist Julian Schmidt. Im dritten Bande seiner »Geschichte der deutschen Literatur seit Lessings Tod« gedenkt er auch S. 189 mit einigen Worten der Düsseldorfer, deren Hauptrichtungen er kurz charakterisirt.

in allen möglichen Tonarten, oft in derbster Satire und in groteskem Humor, durch Wort und Bild zu verhöhnen, so blieb den Düsseldorfern doch fast zwei Jahrzehnte lang die Gunst des grossen Publikums und namentlich der Käufer treu. Die Mitglieder des preussischen Königshauses' bewiesen durch regelmässige Ankäufe den Düsseldorfern ihre Theilnahme, und der Konsul Wagner brachte durch jährliche Erwerbungen jene kostbare Sammlung älterer Düsseldorfer Meister zusammen, welche den Grundstock der Nationalgalerie bildet. Die Berliner Künstler vermochten sich dem Einfluss der Düsseldorfer nicht zu entziehen, und so wurde durch sie der Boden vorbereitet, in welchem später der belgische Kolorismus tiefe Wurzeln fassen sollte.

In dem engen Kreise, bei der beständigen gemeinschaftlichen Arbeit bildete sich freilich in Düsseldorf bald eine gewisse Einseitigkeit, eine ermüdende Einförmigkeit in der Wahl der Stoffe wie in der koloristischen Vortragsweise aus, die von der Kritik schnell bemerkt wurde. Selbst Immermann, der doch den romantischen Zug der Schule mit hatte einimpfen helfen, hielt schliesslich mit seiner Unzufriedenheit nicht zurück. Seine Charakteristik der Schule, wie sie sich ungefähr in der Mitte der dreissiger Jahre gestaltet hatte, ist so treffend und so unbefangen, dass sie hier eine Stelle finden mag. »Bei den Düsseldorfern, sagt er, vermisst man die geniale Sicherheit, das à plomb der alten Meister, die überzeugende Kraft und Nothwendigkeit der Gestalten. Es sind Versuche, aber schwankend zwischen der Kühnheit des Individuums, immer nur sich und sein Personellstes auszudrücken, und der Scheu, Fehler zu begehen. Diese Furcht vor gemalten dummen Streichen war immer ein charakteristischer Zug ihrer Schule. Ihr Wahrzeichen ist es, dass das Weiche, Ferne, Musikalische, Kontemplative, Subjektive vor dem Starken, Nahen, Plastischen, Handelnden vorwaltet. Es sieht aus dieser Zeit wiederum ein Zopf heraus, nur ein vornehmerer und poetischer zusammengeflochtener, als die alten pudrigen. Es fehlt die letzte Weihe, die naive Ursprünglichkeit, welche die Haare entweder frei wallen lässt oder kurz abschneidet.«

Der Sturm, welcher alles Schwankende und Unklare aus der Düsseldorfer Schule hinwegfegte und der gehaltlosen Schwärmerei ein Ende machte, sollte nicht lange auf sich warten lassen. Bevor wir ihn schildern, wollen wir jedoch noch einen Blick auf das Haupt der Schule werfen. Schadow war als Künstler keine produktive Natur. Was er schuf, wuchs aus der Reflexion, aus seinen Studien der alten Meister heraus. Er war Eklektiker, und seine Gemälde trugen daher einen docirenden Charakter, der für die ersten Jahre der Düsseldorfer Schule von nicht zu unter-

schätzender Bedeutung war. Lehre und That standen bei ihm, wenigstens bis zu seiner letzten Reise nach Italien, welche er im Jahre 1840
unternahm, in vollem Einklang. Seine gewandte Oeltechnik war den
Schülern so lange ein leuchtendes Beispiel, bis in den Arbeiten der
Belgier und Franzosen noch glänzendere Sterne aufgingen, welche zuletzt
auf Schadow selbst nicht ohne Einfluss blieben. Sein im Jahre 1842
vollendetes grosses Gemälde »Christus und die klugen und thörichten
Jungfrauen« Frankfurt a. M., Städelsches Institut) ist, wie gering man
auch über seine Originalität und seine geistige Bedeutung denken mag,
unter koloristischem Gesichtspunkt betrachtet, nicht nur an und für
sich eine hervorragende Schöpfung, sondern auch ein Werk, welches
innerhalb der deutschen Malerei jener Zeit geradezu einzig dasteht. Man
braucht daneben nur an das gleichzeitig entstandene Oelgemälde seines
grossen Antagonisten »Christus in der Vorhölle« zu erinnern, um die
ganze zwischen Cornelius und Schadow bestehende Kluft abmessen zu
können. Schadows Bild vermag sich selbst neben dem ebenfalls im
Städelschen Institute befindlichen Gemälde Lessings »Johann Huss zu
Konstanz« zu behaupten, welches auch im Jahre 1842 vollendet worden
ist. Von früheren Gemälden Schadows sind noch Goethes »Mignon«,
die »vier Evangelisten« in der Friedrich-Werderschen Kirche zu Berlin,
»Christus am Oelberge« in der Marienkirche zu Hannover, eine »Cha-
ritas«, »Christus auf dem Wege nach Emmaus«, eine »Mater Dolorosa«
in der Pfarrkirche zu Dülmen in Westfalen, die »himmlische und die
irdische Liebe«, von seinen späteren der »Brunnen des Lebens« und
drei allegorische Darstellungen »Himmel, Fegfeuer und Hölle« zu erwähnen. Wir haben gesehen, dass bereits während seiner Thätigkeit
in Berlin und Rom von den Zeitgenossen seine Porträts am meisten
bewundert wurden. Das wiederholte sich auch in Düsseldorf, wo man
seinen Bildnissen, z. B. demjenigen Immermanns, sogar eine »tiefe,
geniale Auffassung« nachrühmte. Solchen Arbeiten kam Schadows welt-
männisches Wesen und seine persönliche Liebenswürdigkeit und Geschmeidigkeit im Umgange zu Gute.

Nach den Versicherungen derjenigen, welche den Personen und
Vorgängen nahe standen, kamen die guten Eigenschaften des Meisters
freilich nur in der ersten Periode seiner Lehrthätigkeit zu reinem Ausdruck. Die Zeugnisse von Immermann und W. Müller von Königswinter
kommen dabei in erster Linie in Betracht. »Nach Immermanns Meinung,
schreibt der letztere, war Schadows geistiger Einfluss in verschiedenen
Perioden seines Lebens ein anderer. In den Anfängen seines Düsseldorfer Wirkens erschien er stets fördernd, belebend, erfrischend, an-

regend. War er auch echt katholisch, so hatte seine Religiosität doch eine
ganz freundliche Färbung. Die romantische Rechtgläubigkeit hatte bei
ihm etwas Liebenswürdiges, wie es auch durch die Werke der Stifter
jener Literaturperiode blitzt. Er war von einer allseitigen Empfänglich-
keit, wie sie dem Lehrer, der die verschiedenartigsten Individualitäten
vor sich hat, nur zu Gute kommen kann. Das Verhältniss zu seinen
Zöglingen hatte mehr den Anschein des Mitstrebenden als des Bevor-
mundenden. Er war ebenso wohlwollend gegen den Landschafter wie
gegen den Heiligenmaler, ebenso gütig gegen den Historien- wie gegen
den Genremaler. Damals war ihm der Mensch und das Talent, nicht die
Richtung, ein stets interessanter Gegenstand. Zugleich horchte er auf
die Erzeugnisse anderer Künste, die Literatur und die Musik standen
ihm nahe. Alle Poesie war ihm willkommen. Und nicht minder freute
ihn ein freies, fröhliches Leben in den jauchzenden Aeusserungen der
Freude und ein munteres Lachen eines scherzhaften Humors. Wie
Immermann weiter erzählt, wurde er nach seiner letzten Reise über die
Alpen aber starrer, schärfer und einseitiger. Italien und die neuen Folgen
der dort gewonnenen Anschauungen machten ihn aus einem humanen
mitunter zu einem zelotischen Katholiken. Vielleicht dünkte ihn sein
Werk, die rheinische Malerschule, nicht edel genug. Manche Zöglinge
waren ihm dabei über den Kopf gewachsen. Man soll nicht glauben,
dass er sie beneidete, aber sie zeichneten sich in Fächern aus, die ihm
nicht die höchsten schienen. Man rühmte die Romantiker, die Genremaler, die Landschafter; aber man sprach weniger von der religiösen
Kunst. Das sollte mit einem Male anders werden. Auch am Rheine
musste eine florentinische oder römische Schule aufwachsen. Der Meister
zeigte fortan fast ausschliessliche Sympathieen für die Vertretung der
biblischen Richtung. Die jungen Leute, welche diesen Zweig der Kunst
kultivirten, erfreuten sich einer offenbaren Bevorzugung . . . . . Diese veränderte Stimmung des einst so beliebten Lehrers war die Veranlassung
zu vielfachen Erkaltungen im Kreise seiner besten Schüler und Freunde.
Und was wurde endlich damit erreicht? Als sich eine religiöse Richtung
unter Degers Einflusse bildete, wollte diese den Meister nicht mehr so
recht anerkennen, weil er nicht strenge genug den Weg, den sie sich
vorgesetzt, verfolgte. Als Schadow zu sehr Parteimann wurde, stand
die Schule glücklicher Weise selbstständig da. Sonst hätte er der allseitigen Entwicklung, in welcher sie aufging, ohne Zweifel sehr geschadet. In der letzten Zeit, wo er, obwohl vom grauen Staar befallen,
einem gesunden Alter entgegen zu gehen scheint, hat sich in seinem
Wesen wieder Vieles geändert. Die Macht der Zeitverhältnisse mag ihm

auch in mancher Beziehung die Augen über die Berechtigung verschiedener Geistesrichtungen geöffnet haben. Neuerdings sieht man ihn wenigstens wieder mehr in jener Stimmung, welche den Beginn seines Lehramtes so sehr auszeichnete.«

Mit dem letzten Theile dieser durch das fünfundzwanzigjährige Direktor-Jubiläum Schadows (1851) veranlassten, aber erst 1854 erschienenen Charakteristik stimmt das Bekenntniss, welches Schadow im Anfang seiner Künstlernovelle »der moderne Vasari« ablegt, vollkommen überein. »Sein Leben fiel, so sagte er von sich selbst, in eine Krisis; denn was in seiner Jugend als das Höchste und Nachahmungswürdigste galt, war in den mittleren Jahren seines Wirkens zu tief herabgewürdigt worden und hatte erst in seinem Alter einen, wenn auch viel niedrigeren, doch den ihm gebührenden Platz wiedergewonnen. Er selbst hatte zwar zu den Vernichtern dieser falschen Idole gehört, dem überwundenen Feinde jedoch volle Gerechtigkeit gegönnt.« Das Streben nach »voller Gerechtigkeit« charakterisirt die ganze Novelle, deren Kern aus einer Reihe von Charakteristiken solcher Künstler besteht, welche nach Schadows Ansicht den Umschwung der modernen Kunst zu einer besseren Richtung herbeigeführt haben. Es sind Carstens, Flaxman, Canova, Gottfried Schadow, Thorwaldsen, Cornelius, Schwanthaler, Overbeck, Schinkel und Rauch, also diejenigen Männer, welche nach allgemeinem Urtheil in Wirklichkeit die Reformatoren der neueren Kunst gewesen sind. Schadows kritische Bemerkungen sind fast durchweg zutreffend, immer maassvoll, was besonders in Bezug auf Cornelius hervorgehoben werden muss.

Als Schadow diese Novelle erscheinen liess, hatte er sich bereits von der Ausübung seiner Kunst zurückgezogen und 1859 legte er auch sein Amt als Direktor der Akademie nieder, nachdem in die Schule längst ein Geist eingezogen war, der mit seinen Anschauungen in schroffem Widerspruch stand. Auch er musste zu seinem Schmerze denselben Wandel der allgemeinen Kunst- und Geschmacksrichtung erleben, wie Cornelius. Als er am 19. März 1862 in Düsseldorf starb, war die Historienmalerei von Landschafts- und Genremalern fast ganz in den Hintergrund gedrängt worden. Der erste Impuls zur Landschaftsmalerei ging von einem der jungen Künstler aus, welche Schadow aus Berlin mitgebracht hatte, von einem jungen Manne, der Schadows Bedeutung auch auf dem Gebiete der Historienmalerei bald verdunkeln und die Spaltung der Schule herbeiführen sollte.

## 2. Carl Friedrich Lessing.

Wie Schadow war auch Lessing keine eigentlich geniale Natur. Was er schliesslich erreicht hat, verdankte er nur seinem eisernen Fleisse,

der ihn alle Schwierigkeiten überwinden liess. Als nach seinem Tode der Inhalt seiner Studienmappen durch eine Ausstellung in der Berliner Nationalgalerie (1880) erschlossen wurde, trat diese Thatsache klar zu Tage. Geniale Inspirationen des Augenblicks, funkensprühende Blitze des Genius, geistvolle Skizzen fand man nicht, wohl aber auf allen Blättern das Bestreben, der Natur gegenüber eine möglichst unbefangene Stellung einzunehmen, alle Erscheinungen der Natur nicht nach ihrem wechselnden Schein, sondern nach ihrem bleibenden Kern aufzufassen. Vor diesen Studienblättern wurde man erst der epochemachenden Bedeutung Lessings inne, begriff man erst, wie der junge Mann in Düsseldorf zum Reformator werden und Schadow allmälig in eine zweite Stellung zurückschieben konnte. Er, der Protestant, der kühl, aber klar empfindende Schlesier, konnte auf die Dauer nicht mit den katholischen, in der Malerei einem schwärmerischen Mystizismus huldigenden Rheinländern Hand in Hand gehen. Noch bevor er das erste der Hussitenbilder konzipirte, war er der Reformator der Düsseldorfer Schule geworden, welcher dem transzendentalen Idealismus s e i n e n Realismus, d. h. eine freie, unbefangene Naturauffassung gegenüberstellte.

Carl Friedrich Lessing wurde am 15. Februar 1808 in Breslau geboren[*]. Doch verlebte er seine Kindheit nicht in dieser Stadt, sondern in Polnisch-Wartenberg, wohin sein Vater noch im August 1808 als Justitiarius der fürstlich Bironschen Standesherrschaft übersiedelte. Der letztere war der Sohn Karl Gotthelf Lessings, des Bruders von Gotthold Ephraim. Der Maler war also der Grossneffe unseres nationalen Dichters und Denkers. Wie wenig Werth auch im Allgemeinen auf solche Verwandtschaften zu legen ist, so scheint doch in diesem Falle etwas von dem Geiste des Ahnherrn auf Carl Friedrich übergegangen zu sein. Auch des Malers Name sollte einst wie ein Wetterstrahl in das Dunkel kirchlicher Unduldsamkeit hineinfahren. Viel unmittelbarer als diese geistige Erbschaft wirkte indessen, vorläufig wenigstens, auf den heranwachsenden Knaben die waldreiche Umgebung Wartenbergs, in welcher er sich mit einem Bruder, der später ein tüchtiger Botaniker wurde. nach Herzenslust tummeln durfte. So mag schon frühzeitig die Liebe für die Natur, welche nachmals eine so grosse Rolle in seiner künstlerischen Thätigkeit spielen sollte, in ihm erwacht sein. Sonst war die Erziehung seines Vaters sehr streng. Wenn man erfährt, dass die Knaben,

---

*) R. Redtenbacher, Erinnerungen an Karl Friedrich Lessing. Zeitschrift f. bildende Kunst 1881, S. 33—44. — F. Pecht, Deutsche Künstler des neunzehnten Jahrhunderts III. S. 294—387. (Nördlingen 1881.) — Briefe Karl Friedrich Lessings. Mitgetheilt von Th. Frimmel in der Zeitschrift f. bildende Kunst 1882. S. 185 ff. S. 224 ff.

gleichviel ob Winter oder Sommer, um vier Uhr Morgens aufstehen
mussten, so wird man an die Gewohnheiten der spartanichen Zucht-
meister erinnert. In der ersten Zeit ging die geistige Entwicklung Lessings sehr langsam vor sich. Im vierten Jahre begann er erst zu sprechen,
und als der Schulunterricht seinen Anfang nahm, hatte der Vater, welcher
die Erziehung seiner Kinder in allen Punkten selbst leitete, seine liebe
Noth. Oft riss ihm die Geduld, und er warf, wie er in seinen Aufzeichnungen schreibt, den Jungen zur Thür hinaus und seine Bücher hinterdrein.
Nur im Zeichnen that der Knabe es allen seinen Mitschülern zuvor. Instinkt-
mässig entwickelte sich dieser Trieb in ihm, und schon mit sieben Jahren
setzte er seinen Lehrer durch seine Fertigkeit in Erstaunen. Der Vater
that zwar Alles, um diese Fähigkeit seines Sohnes zu voller Entwicklung zu bringen, doch traute er ihm das Zeug zu einem Künstler nicht
zu, weil sich der Knabe, vielleicht durch die strenge Zucht des Vaters
gehemmt, nur einen sehr geringen Grad von Selbstständigkeit angeeignet
hatte. Er wurde deshalb für das Baufach bestimmt, dessen Studium er
nach Absolvirung des Gymnasiums in Breslau an der Berliner Bauakademie begann. Auch der Aufenthalt in Breslau ist von Einfluss auf
die spätere künstlerische Thätigkeit des leicht empfänglichen Lessing
geworden. Er wohnte mit seinem Bruder bei einer Tante, deren Gatte
ein eifriger Mineralog war. Die Knaben begleiteten ihn auf seinen oft
ziemlich weit ausgedehnten Exkursionen und wurden so praktisch in die
Gesteinslehre eingeweiht. Diese in seiner Jugend gesammelten Kenntnisse hat der Maler später auf seinen Landschaften verwerthet. Seine
Darstellung von Felsformationen — wir erinnern besonders an die Eifellandschaften und an die »Schützen im Engpass« in der Berliner Nationalgalerie — war so exakt und naturgetreu, dass sie selbst vor
den strengsten Prüfungen der Mineralogen Stand hielt. In Breslau
genoss er auch weiteren Unterricht im Zeichnen bei dem Maler König.
Er muss sich dort zur vollsten Zufriedenheit des strengen Vaters gehalten haben, da dieser ihm in seinen Aufzeichnungen folgendes Zeugniss
ausgestellt hat: »Ich habe nie mit Erscheinungen von Jugendfehlern oder
Ausgelassenheiten irgend einer Art an ihm zu kämpfen gehabt, nie hat
er mir eine andere kummervolle Stunde im Leben gemacht, als die der
Trennung von ihm. Denn dass ein Stein eine andere Form hat, als ich
wünsche, kann mir zwar Anstrengung und Aerger, wenn ich ihn anders
formen will, erregen, allein ich kann auf den Stein nicht zürnen. Dass
er hart ist und meinem Meissel reagirt, bringt seine Natur mit sich.«

Der unmittelbaren Kontrole seines Vaters entrückt, widmete sich
Lessing in Berlin mit verdoppeltem Eifer dem Zeichnen und Malen.

Der Entschluss, Maler zu werden, stand bei ihm fest. Er verwendete den grössten Theil seiner Zeit auf Studien nach der Natur, unter denen Exkursionen in die weitere Umgebung Berlins, z. B. nach den Rüdersdorfer Kalkbergen, obenan standen. Ein durch eine Reisebeschreibung J. F. Zöllners veranlasster Ausflug nach Rügen hatte ihn in dem Gedanken, Landschaftsmaler zu werden, noch bestärkt, und er begann nunmehr bei den Professoren Rösel und Dähling ein systematisches Studium. Demselben fehlte allerdings noch die Billigung des Vaters, der im Gegentheil darauf bestand, dass sich sein Sohn der ersten Prüfung als Baukondukteur unterziehen musste. Das Ergebniss derselben war niederschmetternd: der junge Lessing fiel durch und that nun dem Vater seinen Entschluss kund. Obgleich dieser sich anfangs sehr verächtlich über die »Farbenkleckser« aussprach, die er in Wartenburg nur in zwei sehr heruntergekommenen Exemplaren kennen gelernt hatte, gab er nachträglich doch seine Einwilligung zu dem Wechsel des Berufs. Lessing begann seine künstlerische Thätigkeit damit, dass er Landschaften kopirte, welche die Aufmerksamkeit Schadows auf ihn lenkten und seine Bekanntschaft mit diesem vermittelten. Im Jahre 1826 schickte der Achtzehnjährige bereits ein selbstständiges Bild, einen verfallenen Friedhof mit einer Kirchenruine, auf die akademische Ausstellung, welcher sich durch eigenartige Auffassung bemerkbar machte. »Unter den mancherlei Landschaften, heisst es in dem Berichte des »Kunstblatts« über diese Ausstellung, zeichnet sich hier vor allen aus eine von C. F. Lessing erfunden, und ihr gebührt in dieser Art, welche an Ruisdael erinnert, der Preis: ein Kirchhof mit einer alten, morschen Todtenkirche, verfallenden Mauern und Grabmälern unter hohen Bäumen und unter einer alten Eiche ein neuer weisser Grabstein, welchen ein gebrochener Sonnenblick durch das trübe Gewölk erhellet: ungesucht macht das Ganze einen einfachen, wehmüthigen Ausdruck.« So sprach sich schon in der ersten Landschaft Lessings jene romantische Grundstimmung aus, die etwa ein Jahrzehnt hindurch seine künstlerischen Schöpfungen beherrschen sollte. Nicht erst in Düsseldorf schloss er sich der romantischen Richtung an, sondern er kam schon als begeisterter Romantiker nach der Stadt am Rhein, die freilich diese seine Neigung reicher und glücklicher ausbildete, als es in Berlin der Fall gewesen sein würde. Es ist nicht unwahrscheinlich, dass neben dem Studium Ruisdaels, welches der Berichterstatter des »Kunstblatts« sehr richtig herausgefühlt hat, das Beispiel Schinkels von Einfluss auf Lessing gewesen ist. Die feine, subtile Ausführung der Baulichkeiten, der panoramenhafte Charakter des Ganzen, die Absicht, von einem erhöhten Standpunkte eine möglichst grosse Fläche mit

24

Bergen, Hügeln, Thälern, Flüssen, Burgen, Dörfern, Saatfeldern und Landwegen zu umfassen, endlich der Reiz der Lichteffekte, welche die Stimmung hineinbringen, alle diese Elemente deuten mit Entschiedenheit auf Schinkel, dessen ideale, meisterlich komponirte und mit bewunderungswürdigem Fleisse ausgeführte Landschaften gerade um die Zeit, als Lessing seine Studien begann, in Berlin Aufsehen erregten und die Landschaftsmalerei in ein ganz neues Stadium hinüberzuleiten berufen schienen. Noch bis in die Mitte der dreissiger Jahre blieb den Landschaften Lessings diese vedutenartige Anordnung, welche dann allmälig in dem Maasse wich, als Stil und Charakter die einzelnen Formen zu beherrschen und zu einem einheitlichen, stimmungsvollen Ganzen aneinanderzuschliessen begannen.

Als Schadow Direktor der Düsseldorfer Akademie geworden und Lessing ihm mit anderen an den Rhein gefolgt war, richtete der Meister zunächst sein Bestreben darauf, möglichst schnell eine grosse Anzahl von Historienmalern in seiner Schule auszubilden, um die Erinnerung an die grossen Thaten des Cornelius und seiner Schüler auszulöschen. Dazu sollte auch Lessing helfen, den Schadow zu Versuchen in der Historienmalerei anfeuerte. Aber seine ersten Versuche »Abschied des jungen Tobias von seinem Vater« (Karton) und »Schlacht bei Ikonium« (Farbenskizze und Karton) missglückten, so dass er bald wieder den Muth verlor. Die »Schlacht bei Ikonium« wurde jedoch, wie schon erwähnt, im Schlosse des Grafen Spee in Heltorf in Fresko ausgeführt. Nebenher kultivirte Lessing nach wie vor die Landschaftsmalerei und erzielte auch 1828 mit einer »Ritterburg am See« (jetzt in der Berliner Nationalgalerie), welche im Charakter der Walter Scottschen Naturschilderungen gemalt ist, und mit einer Klosterruine auf den Ausstellungen in Düsseldorf und Berlin neue Erfolge. Die letztere Landschaft hatte bereits durch zwei Schatzgräber, die im Vordergrunde beschäftigt sind, eine düstere, geheimnissvolle Staffage erhalten, wie sie fortan in den mannigfachsten Variationen auf allen Lessingschen Landschaften wiederkehrte. »Lessings Burg am Waldsee, schrieb damals ein Korrespondent des »Kunstblattes« aus Berlin, ist eine kühnere Dichtung, als je ein Scott sie gewagt, bei einer Wärme in der Ausführung, hinter der die schöpferische Kraft in der Erfindung fast zurückblieb.« Aus derselben Walter Scottschen Stimmungsromantik herausgeboren ist auch der 1828 entstandene »Klosterhof im Schnee«, welchen das städtische Museum in Köln besitzt. Im inneren Kreuzgange eines Klosters sieht man eine Prozession von betenden Mönchen nach einem in der Kapelle vor einem Altar stehenden Katafalk ziehen. Zu gleicher Zeit entstand, als Pendant zu der oben erwähnten Landschaft, ein Schloss am Meere im Mondlicht.

Diese umfassende Thätigkeit liess Lessing noch die Zeit, einen neuen Versuch mit der Figurenmalerei zu wagen, der seinen Namen mit einem Schlage zu einem der gefeiertsten deutscher Kunst machen sollte. Uhlands melancholische Romanze »Das Schloss am Meere« lieferte ihm das Motiv zu einem Bilde mit überlebensgrossen Figuren in der letzten Strophe:

> Wohl sah ich die Eltern beide,
> Ohne der Kronen Licht,
> Im schwarzen Trauerkleide;
> Die Jungfrau sah ich nicht.

In einer gothischen Halle von ernstem, düsterem Charakter sitzt das »Trauernde Königspaar« — unter diesem Namen wurde das Bild berühmt — in tiefen Schmerz versunken. Der König, ein bärtiger Greis, blickt starr, seine Thränen mannhaft bekämpfend, vor sich hin. Ein weisser Mantel fällt in breiten Faltenmassen über das violette Untergewand herab: die Hände hält er über den Knieen gefaltet. Die Königin in braunem Gewande stützt mit der Rechten, den Blick zu Boden gesenkt, ihr Haupt, während die Linke auf dem Arme ihres Gemahls ruht. Seitwärts sieht man den Sarg der Tochter, und durch das Fenster blickt der Abendhimmel, der sich über das Meer gebreitet hat, hinein. Mit Sohns »Raub des Hylas« gehörte das »Trauernde Königspaar« zu den Ereignissen der Berliner Ausstellung von 1830. Die ergreifende Stimmungsgewalt, die aus den Köpfen der beiden Figuren sprach, der Ernst und die Tiefe der Auffassung, mit welchen sich der absichtlich gedämpfte Ton des Kolorits harmonisch deckte, riefen in Berlin einen so nachhaltigen Eindruck hervor, dass man, als die Kunde kam, der Petersburger Winterpalast, wohin das Gemälde verkauft worden war, sei durch eine Feuersbrunst zerstört worden, zuerst fragte, ob Lessings »Trauerndes Königspaar« mit verbrannt sei. Bendemanns »Trauernde Juden«, welche 1831 entstanden, sind unzweifelhaft durch den Erfolg des Lessingschen Bildes mit veranlasst worden. Damit jedoch das Trauern nicht weiter um sich griffe, setzte damals der Humorist der Düsseldorfer Schule, Adolf Schrödter, diesem Jammer ein frühes Ziel, indem er den »Trauernden Juden« seine »Trauernden Lohgerber« gegenüberstellte. Die Lebensweise, welche der junge Lessing und seine gleichgesinnten Genossen in Düsseldorf führten, entsprach völlig dem Ernste ihres Strebens. Als der Vater ihn im Jahre 1830 besuchte, fand er dort zu seinem Erstaunen nichts von der Regellosigkeit und Ungebundenheit des Künstlerlebens vor. »Die Einigkeit, schreibt er, die ich unter diesen jungen Malern traf, war wirklich eine seltene. Sie wohnten grösstentheils in einem

Hause, hatten nur ein Schreibzeug und eine Kasse, welche einer von ihnen führte. Diese Kassenverwaltung war so originell, dass man sah, sie verlangten vom Leben wenig und gingen nur mit Ernst ihrer Ausbildung als Maler nach. Die meisten, und Carl an der Spitze, lebten aufs äusserste streng und sparsam.«

Als Schadow im Jahre 1830 mit Hildebrandt, Sohn und Bendemann eine längere Reise nach Italien antrat, gab er dem zweiundzwanzigjährigen Lessing eine höchst ehrenvolle Probe seines Vertrauens, indem er ihm einen Theil der Direktorialgeschäfte übertrug. Dieselben liessen ihm jedoch die Zeit, fast gleichzeitig zwei Gemälde von romantischsentimentalem Charakter zu vollenden, welche schon im nächsten Jahre zur öffentlichen Ausstellung gelangten. Auf dem einen schilderte er nach Bürgers »Lenore«, aber in mittelalterliches Kostüm übertragen, die Heimkehr der Krieger, durch welche Lenore die Kunde von dem Schicksal Wilhelms erhält. Zu dem anderen Bilde »Der Räuber und sein Kind« war er durch ein Buch über die Räuberbanden am Mittel- und Unterrhein inspirirt worden, welches ihm schon bei seiner Ankunft in Düsseldorf in die Hände gefallen war und welches eine Zeit lang seine Ideenwelt beherrschte. Der Räuber sitzt in Gedanken verloren, als ob er Schmerz und Reue über sein verbrecherisches Leben empfände, von der Abendsonne voll beleuchtet, auf der Spitze eines Felsens. Das unschuldige Kind, welches auf seinen Knieen schläft, fügt zu dem Glanze abenteuerlicher Romantik den sentimentalen Beigeschmack. Es verdient übrigens erwähnt zu werden, dass das Ungesunde und Gefährliche, welches in dieser Richtung liegt, von der gleichzeitigen Kritik keineswegs verkannt wurde. Nur sah man zugleich in der kräftigen, gediegenen, der Natur nachstrebenden Malweise Lessings das beste Korrektiv gegen diese sentimental-poetische Schwärmerei, und es dauerte auch nicht lange, bis sich Lessing an der Hand der Natur aus diesen unklaren, aber bei seiner Jugend leicht verzeihlichen und aus der Zeitströmung doppelt erklärlichen Phantastereien in eine freiere Atmosphäre herausarbeitete.

Wie eine Reise nach Rügen den landschaftlichen Sinn des Künstlers zu voller Entwicklung gebracht hatte, so war es jetzt, 1832, ein längerer Ausflug in das Eifelgebiet, welcher eine so vollständige Umwälzung in den Anschauungen Lessings hervorrief, dass damit eine neue Periode seines Schaffens begann. Die moderne Landschaft mit ihrem wohl abgemessenen Ackerbau und ihrer geregelten Forstkultur war seinem auf das Erhabene und Grossartige gerichteten Sinne unerträglich. Deshalb dachte er sich gern in die von der modernen Civilisation noch unberührte Natur hinein, wie sie vielleicht das Mittelalter noch gesehen, und

wenn er Landschaften in solchem Geiste komponirte, musste er sie auch
mit einer mittelalterlichen Staffage versehen, welche mit der ernsten
Grösse und erhabenen Einsamkeit der Natur besser zusammenstimmte, als
der einfache Landmann seiner Zeit. In der Eifellandschaft fand er eine
Natur vor, die er bisher vergeblich gesucht hatte. Trotzige Felskegel
und gigantische, wild über einander geschichtete Gebirgsmassen blickten
auf Thäler herab, in welchen ein einfaches, kerniges Bauerngeschlecht in
patriarchalischer Weise seinen ländlichen Beschäftigungen lebte. Hier
ging dem jungen Maler, der bisher nur mit Rittern, Räubern und Mönchen
harmonirt hatte, zum ersten Male der Sinn für die Gegenwart auf. Die
Eifelreise war nicht nur für ihn und seine künstlerische Entwicklung von
tief einschneidender Bedeutung; mit den Bildern, welche er nach den in der
Eifel gemachten Studien vollendete, hebt auch die realistische Epoche in
der neueren deutschen Landschaftsmalerei an. Damals spann Lessing die
Fäden, an welche später die Achenbachs und andere Koryphäen der
Düsseldorfer Landschaftsmalerei anknüpften.

Die eine der drei ersten Eifellandschaften, die schönste, 1834 gemalt), befindet sich in der Berliner Nationalgalerie. Am Fusse eines hoch
aufragenden Berges mit breitem Rücken, dessen unterer Theil beackert
ist, liegt ein Städtchen tief eingebettet und davor ein See, in welchem
sich der Bergriese spiegelt. Um den See zieht sich ein Weg in den
Vordergrund, auf welchem ein Landmann auf seinem Gaule dahintrabt.
Zwei Mädchen, die auf einer Brücke stehen, blicken dem Reitenden nach.
Die peinlich genaue Detaillirung der Einzelheiten, der Häuser, der Bäume
und Sträucher, der Wege, der Ackerparzellen u. s. w. erinnert zwar noch
ganz an die Erstlingslandschaften Lessings, und auch die anmuthigen
Effekte des Sonnenlichts, welches alle Konturen mit einem duftigen
Schleier umzieht und denselben ihre Schärfe nimmt, wurden schon auf
den frühesten Bildern des Künstlers mit Recht bewundert. Als neues
Element aber tritt uns hier der eigenartige Charakter entgegen, welcher
die ideale Komposition von dem landschaftlichen Portrait unterscheidet.
Der moderne Realismus macht hier in der treuen, von keiner Reflexion
getrübten Wiedergabe des Geschauten seine ersten schüchternen Versuche.
Jetzt kam auch Lessing sein geologisches Wissen zu Gute, welches er
überdies auf der Eifelreise noch dadurch erweiterte, dass er ein Werk
von Nöggerath, »Das Gebirge in Rheinland-Westphalen nach mineralo-
gischem und chemischem Bezuge«, fleissig zu Rathe zog. Die Früchte
dieses Studiums zeigten sich auf dem oben erwähnten Bilde in der treffenden Charakteristik der Felschichten und in der richtigen Anordnung ihrer
Reihenfolge. Durch dieses energische Festhalten ihrer realen Erscheinung

verlor die Landschaft zunächst ihr unbestimmtes, verschwommenes Ansehen. Das Auge schärfte sich im Anblick dieser gleichsam monumentalen Felsmassen, und so wurde die Landschaft allmählich aus der romantischen Stimmung zum plastischen Charakter hinübergeführt. Die Eifel hatte auf Lessing einen so mächtigen Eindruck gemacht, dass er sich demselben sein ganzes Leben lang nicht mehr zu entziehen vermochte. Wenn er auch gelegentlich Motive aus Schlesien (Wiesenlandschaft von 1841, Berliner Nationalgalerie) oder aus Mitteldeutschland (Gebirgslandschaft von 1847, im Leipziger Museum) verwerthete, kehrte er doch immer mit Vorliebe zur Eifel zurück, und gerade an diesen verschiedenen Eifellandschaften lässt sich am besten verfolgen, wie sich Lessing allgemach aus der kindlichen Befangenheit des romantischen Stils zur vollsten Freiheit des modernen Realismus, der sich mit der Natur identifizirt, emporrang. Eine solche Eifellandschaft vom Jahre 1875, die in ihrer breiten, energischen Malweise, in ihrer saftigen, tiefen Färbung der Hand und dem Auge eines hohen Sechzigers zu höchster Ehre gereicht, besitzt die Berliner Nationalgalerie. Ueber einer Bergwand, welche zur Rechten des Beschauers steil emporsteigt, ziehen dunkle Gewitterwolken dahin, welche sich eben über das Thal entladen haben. In ein Haus im Hintergrunde hat der Blitz eingeschlagen, Flammen und Rauch kämpfen mit dem Regen und den aufsteigenden Wasserdämpfen, und vorn sieht man Landleute eine aufgeweichte Strasse hinab- und auf die Feuersbrunst zueilen. Von der ersten Periode seines Schaffens hatte Lessing die Vorliebe für das Düstere und Tragische beibehalten, die ihn auch sein ganzes Leben hindurch nicht verliess. Einmal stellte er eine einsame Schlucht dar, in welcher kurz zuvor ein Kampf stattgefunden, auf welchen die Leichen Erschlagener hindeuten; ein anderes Mal schuf er in einer Waldpartie, welche ein furchtbarer Sturm heimgesucht, ein Bild unheimlicher Verwüstung. Auch zu mittelalterlicher Staffage kehrte er oft zurück, in der Absicht, die Stimmung dadurch zu verstärken. Die »Landschaft mit der Brandstätte« (1835) — auf einem Berge sieht man ein durch Brand zerstörtes Haus, daneben liegt ein getödteter Mann und seine Waffen —, die »Tausendjährige Eiche« 1837 mit einem davor knieenden Ritter und seiner Frau, »Die Waldlandschaft mit einem schlafenden Kreuzritter« 1839, alle drei im städtischen Museum in Frankfurt am Main, der Klosterbrand mit den abziehenden Mönchen (1846, Dresdener Galerie), das Hauptwerk dieser Gattung, das Flussthal mit felsigem Ufer, in welchem Soldaten des dreissigjährigen Krieges einen Transport Verwundeter und Gefangener geleiten 1859/60. Flussthal im Charakter der Eifel mit lagernden Kriegern in Kostumen des 17. Jahrhunderts 1871, die Landschaft im Charakter der Eifel mit drei Reitern, die einen Mönch gefangen führen (1878, Gemäldegalerie zu Stuttgart), sind bezeichnende Beispiele für Lessings Neigung, eine ernste Landschaft zum Schauplatze ungewöhnlicher, geheimnissvoller oder doch zum Nachdenken reizender Vorgänge zu machen. Die Romantik des dreissigjährigen Krieges beschäftigte seine Phantasie am lebhaftesten, und bisweilen wuchs die figürliche Staffage soweit über die Landschaft hinaus, dass der genrebildliche Vorgang das Hauptinteresse in Anspruch nahm. Das gilt besonders von der »Vertheidigung eines Kirchhofs im dreissigjährigen Kriege« (1848, städtische Galerie in Düsseldorf) und den »Schützen im Engpass« (1851, Berliner Nationalgalerie), welche mit dem erwähnten »Klosterbrande« den Höhepunkt der Lessingschen Schöpfungen innerhalb der freien, romantischen Erfindung bezeichnen.

· Alle diese Werke sind nicht etwa Eingebungen des Augenblicks, sondern die Ergebnisse eingehender Studien und sorgfältiger Vorarbeiten gewesen, über welche Redtenbacher aus längerem Verkehr mit dem Meister folgende Mittheilungen gemacht hat, die durch die Ausstellung des Lessingschen Nachlasses in Berlin bestätigt worden sind. »Wenn man Lessings Skizzenbücher und Studien durchblättert, sagt der Genannte, so fällt bei seinen älteren Arbeiten zunächst auf, dass sie äusserst fleissig und naturgetreu, aber keineswegs so gezeichnet sind, dass man aus ihnen den grossen Meister errathen könnte, der er wurde. Es ist nichts Flottes, Bestechendes, Pikantes darin, keine bestimmte Manier zu zeichnen. Darin aber gerade liegt ihr Vorzug, darin war der Meister auf dem richtigen Wege, dass er alle Manierirtheit vermied, nur Naturwahrheit anstrebte. In den Studien seiner reiferen Jahre bemerkt man schon eine grössere Kühnheit in der Wahl der Motive, grössere Gewandtheit in der Beherrschung der Mittel und im gründlichen Studium der Bäume. Was er in der Blüthezeit seines Lebens bis in seine letzten Tage schuf, sind so grossartige Kompositionen und Naturstudien, ist so durchaus das Resultat einer gewaltigen Phantasie und eines virtuosen Könnens, dass man den unendlichen Fleiss fast gar nicht bemerkt, der auch diesen Arbeiten zu Grunde liegt. Die Blätter, häufig auf grau-blauem Papier gezeichnet mit Bleistift und Kreide, mit schwarzer Tusche und aufgesetzten Lichtern, machen den Eindruck vollendeter Bilder, denen nur die Farbe fehlt: sie sind fleissig ausgeführt bis in alle Einzelnheiten, sind nicht rasch entstanden, nicht genial hingeworfen, sondern sorgfältigst studirt, durchdacht und berechnet. Dass sie von unnachahmlicher Schönheit, packender Gewalt sind, kommt eben auf Rechnung der Fähigkeit des Meisters, seinen Gedanken und Empfindungen den Ausdruck zu verleihen, der ihnen entspricht. Der Hauch der Romantik — das Wort im besten Sinne genommen, wie wir ja auch in diesem Sinne Franz Schubert und Beethoven zu den Romantikern zählen dürfen —, die Tiefe und Wärme des Empfindens, die im Gegensatze steht zu dem nachgeahmten kalten und daher falschen Klassizismus, spricht aus jeder dieser Zeichnungen. Der poetische Duft, der allen Landschaften Lessings eigen ist, beruht nicht auf der Farbe und der Pinselführung, er ist auch über diese bescheidenen und doch so grossartigen Zeichnungen ausgebreitet, er ist die Seele des Künstlers, die er seinen Schöpfungen eingehaucht hat. Lessing hat keine Landschaft gemalt, zu der er nicht vollständig ausgearbeitete Kartons gezeichnet hätte. Die Naturstudien aus den letzten Dezennien seines Lebens, in der Regel Zeichnungen, sind sozusagen fertige Bilder; und trotzdem hat er alle seine Landschaften frei komponirt.«

Im Jahre 1833 machte Lessing durch einen Zufall die nähere Bekanntschaft mit der Geschichte der Hussiten, welche ihm nachmals den Stoff zu seinem berühmtesten Bilde liefern sollte. Während eines Unwohlseins las ihm eines Abends ein Freund, der Dichter Friedrich von Uechtritz, aus Menzels Geschichte der Deutschen die Schilderung der Hussitenkämpfe vor. Diese Darstellung ergriff den jungen Künstler so mächtig, dass sie schon am anderen Morgen in seinem Kopfe bildliche Form gewann. Flüchtige Kompositionen wurden hingeworfen; aber zuvor galt es noch, das von Menzel nur in kurzen Umrissen Gebotene durch Spezialstudien zu erweitern. Auch nach dieser Richtung hin war Lessing ein Sohn der neuen Zeit: er begnügte sich nicht mit dem traditionellen Theaterkostüm der älteren Düsseldorfer, welches diese für »mittelalterlich« hielten, sondern er ging, sobald er sich an die Ausführung eines Bildes machte, mit grosser Gewissenhaftigkeit auf die Quellen zurück, um den strengsten Anforderungen der historischen Kritik zu genügen. Die Neigung für die Hussiten hatte übrigens schon früher in Lessings Herzen Wurzeln gefasst. Nach einer von ihm selbst für richtig gehaltenen Tradition war seine Familie böhmischen Ursprungs und, mit den Hussiten, denen sie angehörte, vertrieben, nach Schlesien eingewandert. Einer seiner Ahnen hatte 1530 die Augsburger Konfession unterzeichnet.

Lessing folgte also nur dem Drange seines Herzens, als er im Laufe der Jahre 1833 und 1834 den Karton der »Hussitenpredigt« schuf, die gleichsam das Vorspiel zu den grossen Dramen der Weltgeschichte bildete, welche er in einer langen Reihe von Kompositionen sich abspielen liess. Indem Lessing so einem Herzensbedürfniss nachgab, legte er damit zugleich ein Zeugniss nicht geringen persönlichen Muthes ab. In einer überwiegend katholischen Stadt, inmitten einer Bevölkerung, die durch

den seit 1825 neu entbrannten Streit zwischen Staat und Kirche aufge-
regt war, in einer Akademie, an deren Spitze ein strenger, glaubens-
eifriger Katholik stand, und die Lessing in ihren Räumen ein Atelier
eingeräumt hatte, entstand und erschien ein Bild, welches die von der
allein seligmachenden Kirche verfluchten, verfolgten und verbrannten
Ketzer verherrlichte und mit einer glühenden Beredsamkeit verherrlichte,
deren Ueberzeugungskraft selbst die Gegner anerkennen mussten. Im
Auftrage des nachmaligen Königs Friedrich Wilhelms IV. führte Lessing
den Karton in Oel aus. 1836 war das Bild fertig und ging dann auf die
Wanderschaft, zuerst nach Frankfurt a. M. und darauf zur Kunstausstellung nach Berlin, überall Zeugniss ablegend von der Kühnheit und der
geistigen Unabhängigkeit seines Schöpfers und zugleich von dem neuen
Geiste, welcher in die Düsseldorfer Schule eingezogen, überall auch lebhafte Begeisterung und heftigen Widerspruch hervorrufend. (Jetzt in der
Berliner Nationalgalerie). Die übrigen Historienmaler der Düsseldorfer
Schule hatten bei ihren figurenreichen Gemälden, welche grosse Haupt-
und Staatsaktionen darstellten, die Hauptrolle immer den Kaisern, Königen,
Fürsten, Rittern und der Geistlichkeit zugewiesen. Das Volk wurde von
ihnen nur als bedeutungslose Staffage benutzt, als Füllwerk, welches hie
und da einige Lücken der Komposition auszugleichen für gut gehalten
wurde. Lessing machte zum ersten Male die Männer und Frauen aus
dem Volke nicht bloss zu Theilnehmern an der Aktion, sondern auch
zu Trägern selbständiger Empfindungen und Gedanken. Er führte den
tiers état in die vornehme, exklusive Historienmalerei ein und erwarb
sich dadurch ein reformatorisches Verdienst, welches der grossen Thaten
nicht unwürdig ist, die sein Ahnherr als Vorkämpfer für Geistesfreiheit
vollführte. Ein solches energisches Vorgehen war schon damals nicht
unbedenklich, besonders in den Rheinlanden, wo sich die sozialen Gegensätze schon frühzeitig schärfer zugespitzt hatten als anderwärts, wo
klerikale Unduldsamkeit und pfäffische Bornirtheit genug Brennstoff ange-
häuft hatten, der nur des zündenden Funkens harrte. Lessing hat sicherlich nicht die Absicht gehabt, die Kunst zur politischen Parteigängerin
zu machen oder gar durch »Tendenzmalereien« den Streit des Tages zu
schüren. Aber halte einer die Lawine auf, wenn sie im Rollen ist! Aus
reiner, edelster Begeisterung, ohne die Absicht, jemanden zu kränken
oder zu verletzen, entsprossen seine Schöpfungen. Aber gerade diese
Begeisterung redete eine so eindringliche, so allgemein verständliche
Sprache, dass die blöde Menge sie in tendenziösem Sinne auffasste. Der
Maler konnte es nicht hindern, dass sogar kommunistische und sozial-
demokratische Agitatoren sich hinter seine Hussitenbilder verschanzten

und den, der sie geschaffen, für ihre Zwecke ausbeuteten. Was Wunder, dass sich im engern Kreise der Kunstgenossen bald Spaltungen zeigten, dass die Heisssporne »Hie Schadow! Hie Lessing!« riefen und dass sich der Meister dem frühern Schüler, der seine Schwingen zu mächtigem Fluge erhoben, entfremdete. Diese Entfremdung kam auch nach aussen hin zum Ausdruck, indem Schadow den Verkehr mit dem Ketzermaler abbrach, ganz wie Cornelius später gegen den entarteten Kaulbach verfuhr. Noch schärfer spitzten sich die Gegensätze zu, als Lessing, in der Zwischenzeit immer fleissig der Landschaftsmalerei obliegend, der »Hussitenpredigt« im Jahre 1842 eine noch grössere und figurenreichere Komposition »Huss vor dem Concil« oder richtiger »Huss zu Kostnitz« folgen liess. Der Streit, den dieses neue Bild hervorrief, loderte in Frankfurt a. M. zur hellen Flamme auf. Die Administration des Städelschen Instituts kaufte das Bild ohne Zustimmung des Direktors Philipp Veit um 8000 Thaler für die Gemäldesammlung an, und Veit legte, in seinen katholischen Empfindungen aufs tiefste gekränkt, sein Amt nieder. (Vgl. o. S. 254.) Tiefer noch als seine religiösen mochten seine künstlerischen Anschauungen verletzt worden sein. Immer siegreicher drang der Kolorismus und mit ihm als treuer Bundesgenosse der Realismus vor, und die grosse Menge jauchzte den neuen Sternen Beifall. Die alten gingen unter. Einsamer und einsamer ward es um das Triumvirat Cornelius, Overbeck und Veit, die da geglaubt hatten, der Welt eine neue Kunstanschauung und Auffassung aufzwingen und die Kunst zur ausschliesslichen Dienerin der Religion machen zu können. Lessing hat sich übrigens gegen den Verdacht der Tendenzmalerei entschieden verwahrt. In einem von Frimmel mitgetheilten Briefe vom 2: März 1843 sagt er mit Bezug auf das Hussbild: »Man hat mir vorgeworfen, dass ich dieses Bild aus Hass gegen die katholische Kirche gemalt habe. Da irrt man sich aber gewaltig, ich müsste nichts von der Geschichte wissen, dann könnte mir wohl etwas derart in den Sinn kommen. Ich habe vielleicht eine grössere Achtung vor ihrer Kirche als Viele, die sich zu ihr bekennen. Soll mein Respekt aber so weit gehen, dass ich als Maler keinen Stoff behandeln soll, der für sie nur irgend etwas Missfälliges hat? In Beziehung auf mein Bild mag ich weder für die eine noch die andere Partei etwas gethan haben.«

Im Anfange des Jahres 1843 legte Veit sein Amt nieder, in demselben bedeutungsvollen Jahre, in welchem die beiden belgischen Bilder, Gallaits »Abdankung Karls V.« und de Biéfves »Kompromiss des niederländischen Adels«, ihre Runde durch Europa machten und überall und insbesondere in Deutschland eine gewaltige Revolution zu Gunsten des koloristischen Realismus hervorriefen. Wenn die heimischen Künstler

nicht schon aus sich selbst heraus einen lebhaften Impuls erhalten hätten,
die Kritik, welche die belgischen Bilder als nachahmungswürdige Muster
hinstellte, würde sie aus ihrem Schlendrian herausgetrieben haben. Lessing war wieder derjenige, der, allen voraus, der neuen Bewegung am
nächsten stand. Während seine Genossen noch in den Banden einer
sentimentalen Romantik gefesselt lagen, hatte er den Traum seiner Jugend
schon wieder abgeschüttelt und hatte sein festgefugtes Fahrzeug den
stürmischen Wogen des Realismus anvertraut. Mehr oder minder schnell
folgten die anderen dem kühnen Piloten. Dieser war auf seinem zweiten
Hussbilde von 1842 den Belgiern schon auf halbem Wege entgegengekommen. Nach acht Jahren aber, als die Husstrilogie mit der grossen
Komposition »Huss auf dem Scheiterhaufen« ihren ergreifenden Abschluss
fand, war Lessing in kühnem Fluge den Belgiern vorausgeeilt, indem
er zugleich die Wege vorzeichnete, auf welchen sich die deutsche Historienmalerei, deren Mittelpunkt nunmehr München wurde, in den nächsten
Dezennien weiter entwickeln sollte.

Lessing wusste den Geist seiner Zeit so vollständig zu erfassen
und zu begreifen, dass er immer auf ihrer Höhe stand, und daraus erklären sich seine beständig im Wachsen begriffenen Erfolge. Dieselben
Tendenzen, welche die historischen Romane Walter Scotts und seiner
Nachahmer erfüllten, die damals alle literarischen Interessen beherrschten,
wusste Lessing in seinen Gemälden zum Ausdruck zu bringen, nämlich
eine lyrische, unmittelbar an das Gefühl appellirende Darstellung der
historischen Gegenstände. Wie er in allen seinen Landschaften der
Natur den Stempel einer individuellen, persönlichen Empfindung aufgedrückt und dadurch das Wort Gotthold Ephraims, »dass die Landschaft, weil sie keine Seele habe, für die Malerei kein Vorwurf sein
könne«, glänzend widerlegt hatte, so zog er alle Figuren einer Komposition in den Bereich einer mächtigen, leidenschaftlichen Stimmung,
welche das Ganze bewegte. Diese Charakteristik gilt für die lange
Reihe seiner Historienbilder, welche auf die »Hussitenpredigt« folgten. Die
bedeutendsten derselben sind: Ezzelin von den Mönchen zur Busse gemahnt
(1838, Städelsches Museum in Frankfurt a. M.), Johann Huss zu Konstanz vor den Geistlichen seine Ueberzeugung vertheidigend (1842, Städelsches Museum), Heinrich V. vor dem Kloster Prüfening 1844, königl.
Kunstsammlung in Hannover), Huss vor dem Scheiterhaufen (1850, Berliner Nationalgalerie), Verbrennung der Bannbulle zu Wittenberg (1852,
Zeichnung), Anschlag der Thesen an die Schlosskirche zu Wittenberg
Zeichnung), Gefangennehmung des Papstes Paschalis II. durch Kaiser
Heinrich V. (1858, im Besitz des deutschen Kaisers und Luthers Dispu-

tation mit Eck auf der Pleissenburg (1867, Kunsthalle in Karlsruhe).
Auf allen diesen Bildern tritt das Streben nach tiefer, eindringlicher
Charakteristik in den Vordergrund. Das lyrisch-epische Element hat
jedoch das Uebergewicht über dem dramatischen, und damit haben wir
zugleich die Grenze von Lessings Können bezeichnet. Ein starker, kon-
templativer Zug hat von Anbeginn sein Wesen beherrscht, und nur seine
geistige Gesundheit, die nicht in letzter Linie der strengen, nüchternen
Erziehung des Vaters zu danken ist, hat es verhindert, dass die plastische Gestaltungskraft des Meisters nicht durch überschwengliche Ge-
fühlsschwärmerei in ihrer sich stetig erneuenden Frische verkümmert
wurde. In der technischen Ausführung halten Lessings Historienbilder
ebenso wie die Landschaften gleichen Schritt mit der rapiden Entwicklung, welche das Kolorit in den letzten vierzig Jahren durchgemacht
hat. Seine Farbe wird von Jahr zu Jahr kräftiger, saftiger, leuchtender.
Mit dem Hussbilde von 1850 ist schon ein beträchtlicher Höhepunkt
erreicht; die »Schützen im Engpass«, ein Stück Romantik aus dem
Kriegerleben des dreissigjährigen Krieges (1851), bekunden wiederum
einen Fortschritt, und die Landschaften der siebziger Jahre fassen alle
koloristischen Errungenschaften der Neuzeit zu einem vollen Akkorde
zusammen.

Im Jahre 1858 wurde Lessing als Direktor der Kunsthalle nach
Karlsruhe berufen, wo er noch zwanzig Jahre segensreich gewirkt und
geschaffen hat. Dort hat er auch, bis an sein Ende bewundert und gefeiert, am 4. Juni 1880 sein Leben beschlossen, das in seltenem Maasse
von der Sonne des Glücks erleuchtet gewesen ist. Seine historische
Bedeutung liegt in der Vermittlung zwischen der Romantik und dem
modernen Realismus, welche er im vollen Bewusstsein der Nothwendigkeit
dieses Entwicklungsmomentes vollzogen hat.

Schüler im eigentlichen Sinne hat Lessing nicht herangebildet, er
hat eben nur durch sein Beispiel gewirkt. Emanuel *Leutze* (geb. 1816
in Gmünd in Württemberg, gest. 1868 in Washington), der Deutsch-
Amerikaner, ist vielleicht der einzige Maler gewesen, der in so enge
Beziehungen zu ihm trat, dass man etwa von einem Lehrverhältnisse
sprechen könnte. Und dieser Künstler war zugleich der einzige unter
den Düsseldorfer Historienmalern, welcher von der Natur mit einer so
lebhaften, so glänzenden Phantasie begabt war, dass er dramatische Aufgaben im Sinne Lessings zu lösen vermochte. Wenn er sich nur auch

an der Gewissenhaftigkeit und Sorgsamkeit Lessings ein Beispiel genommen hätte! Aber die Leichtigkeit des Schaffens verleitete ihn zu
einer überhasteten Produktion, die schliesslich amerikanische Dimensionen annahm. Lessings künstlerischer Nachlass hat uns ein wahrhaft
rührendes Bild von dem eisernen Fleiss entworfen, mit welchem er
seiner spröden Natur zu Hilfe kam. Wir haben da sehen können, wie
sich die ersten Gedanken allmälig zum Karton verdichteten, wie dann
jede Figur in der Bewegung, in der Stellung, welche sie später im Gemälde einnehmen sollte, aufs sorgfältigste mit schwarzer und weisser
Kreide auf blaues Papier gezeichnet und nach solchen gründlichen Vorstudien erst an die Ausführung in Oel gegangen wurde. Man wird deshalb auf einem Lessingschen Bilde niemals einer Flüchtigkeit, einem
Verstoss gegen Zeichnung und Formgebung begegnen. Diese fast pedan-
tische, aber nicht hoch genug zu schätzende Gründlichkeit war überhaupt ein Hauptcharakterzug der älteren Düsseldorfer Schule. So hat
z. B. auch der Nachlass Theodor Hildebrandts gezeigt, mit welcher Gewissenhaftigkeit der Künstler zu Werke ging, wie er die Figuren seiner
historischen Gemälde in der beabsichtigten Stellung, ganz wie es Raffael
gethan hatte, erst nackt nach der Natur zeichnete und malte, um sich die
Bewegungsmotive nur recht klar zu machen. Leutzes Schnellmalerei erlaubte keine so langwierigen Experimente. Sein kräftig leuchtendes
Kolorit verleitete ihn, die Wirkung seiner Gemälde allein in der malerischen Ausführung zu suchen, und so legte er auf die Zeichnung ein
geringeres Gewicht. Die kühne Erfindung und das dramatische Feuer
seiner Kompositionen sicherten ihnen ohnehin den Erfolg, der übrigens
bei seinen amerikanischen Landsleuten schon durch die Wahl der Stoffe
im Voraus bedingt wurde. Leutze hatte den unschätzbaren Vortheil,
sich für seine Historiengemälde ein noch ganz jungfräuliches Gebiet der
Geschichte erschliessen zu dürfen. Der nordamerikanische Freiheitskampf
fand durch ihn, der als Kind nach Philadelphia gekommen, dort bei einem
Portraitmaler Smith seine erste Ausbildung erhalten und 1841 nach Düsseldorf zu Lessing gegangen war, zuerst eine künstlerische Verherrlichung,
und der Enthusiasmus, mit welchem er seine Aufgabe erfasste und durch-
führte, fand einen so lebhaften Widerhall, dass man die stark dekorative Behandlung seiner grossen Gemälde über der blendenden Wirkung
des ersten Eindrucks übersah. »Washingtons Uebergang über den Dela-
ware« (1850), das bedeutendste seiner Bilder aus der amerikanischen Geschichte, ist in Deutschland geblieben; erst eine Wiederholung kam nach
Amerika. Wenn wir heute, also ein Menschenalter nach seiner Entstehung, vor das Bild in der Kunsthalle zu Bremen treten, vermögen wir

kaum noch etwas von der Begeisterung zu empfinden, welche es bei
seinem Erscheinen entflammt hat. Wir wissen wohl auch heute noch das
Packende der Situation, die Lebendigkeit und Wahrheit in der Charakteristik zu schätzen: aber dem Ganzen haftet doch auch etwas oberflächliches,
etwas theatralisches an, und die Farbe leidet stark unter einer gläsernen
Härte. Der Kolorismus hat so rapide Fortschritte gemacht, dass uns
Gemälde, welche vor einem Menschenalter als Farbenwunder angestaunt
wurden, heute fast wie Incunabeln vorkommen. Vielleicht hat auch der
Stoff für uns einen geringeren Reiz, seit unser eignes Leben wieder
einen nationalen Inhalt gewonnen hat, seitdem unvergleichliche Gross-
thaten unsres Volkes uns spröder und unempfänglicher gegen die Bewunderung Fremder gemacht, seitdem auch wir erkannt haben, dass das
Beste, was wir von der Geschichte haben, die Begeisterung ist, die sie
uns einflösst, dass aber der Quell dieser Begeisterung nirgends reiner ent-
strömt als aus der eignen Volksgeschichte. Vielleicht hat gerade diese
Erkenntniss das Meiste zum Verfall der Historienmalerei in der kunst-
philosophischen Bedeutung des Wortes beigetragen, die in Deutschland
nur so lange blühen konnte, als wir unser Sehnen durch die Zuflucht in
die Vergangenheit stillen mussten.

Um einen Begriff von der starken Produktivität Leutzes, die schliesslich auch seine Kraft untergrub, zu geben, nennen wir einige seiner Hauptbilder, deren Stoffwahl ihn schon als einen Romantiker bezeichnet. Aus
der Geschichte des Columbus entnahm er seine ersten Motive, denen er
später noch andre folgen liess. »Columbus vor dem Rath in Salamanca«,
»Columbus' erste Landung in Amerika«, »Columbus' dritte Rückkehr aus
Amerika«, »Columbus' Empfang bei Hof«, »Die erste Landung der Nor-
mannen in Amerika« und »Auswanderer von Indianern bedroht«, die
»Schlacht bei Monmouth« sind seine Hauptwerke aus der amerikanischen
Geschichte. Daneben interessirte ihn vornehmlich die englische, welcher
er den Stoff entnahm zu den Bildern »Raleighs Abschied von seiner Gattin«,
»Cromwell auf dem Sterbebette«, »John Knox, der Maria Stuart eine Straf-
predigt haltend«, »Raleigh breitet seinen Mantel vor Elisabeth als Teppich
aus«, »Englische Bilderstürmer«, »Cromwells Besuch bei Milton«, »Karl II.
letzte Soirée«, und »Maria Stuart, die Messe hörend«. In dritter Linie
widmete er sein Interesse der spanisch-maurischen Geschichte. Das
»Mädchen von Saragossa« und die »Rose der Alhambra« haben Leutzes
Namen in den funfziger und sechziger Jahren wieder in Erinnerung gebracht. Er war 1859 nach Amerika zurückgekehrt, wo er mit der
Ausführung von Wandgemälden im Kapitol zu Washington beauftragt
worden war. Eines, das »Vordringen der Civilisation nach Westen«,

hat er in stereochromatischer Manier vollendet. Als er am Karton zu
dem zweiten, der »Aufhebung der Sklaverei« arbeitete, überraschte ihn
der Tod.

Von den jüngeren Künstlern, welche neben Lessing in Düsseldorf
schufen und lehrten und den Ruhm der Schule begründen halfen, waren
Theodor *Hildebrandt* (1804—1874) und Carl *Sohn* (1805—1867) die bedeutendsten und gefeiertsten. Für die Nachwelt und die Entwicklung
der deutschen Kunstgeschichte liegt ihre Bedeutung freilich mehr in ihrer
Lehrthätigkeit, die sie schon 1832 begannen und fast bis zu ihrem Tode
fortsetzten. In viel höherem Grade als Schadow sind sie die Lehrmeister
der Düsseldorfer Schule gewesen und haben als solche einen grossen
Einfluss auf die Ausbildung der malerischen Technik in Deutschland gewonnen. Historienmaler im höchsten Sinne des Wortes waren sie nicht.
Ihr lyrisch-romantisches Naturell führte sie zur Poesie und zur Mythe;
aus den Dichtern und Fabulisten schöpften sie ihre Eingebungen, denen
sie mit Hilfe ihres glänzenden, saftigen Kolorits eine gefällige, leicht
fassliche Gestalt verliehen. Bei der Wahl ihrer Stoffe fragten sie nicht:
Was ist malerisch? sondern: Was ist poetisch? was ist rührend? Tragi-
sches Pathos war ihnen völlig versagt. So lässt selbst Hildebrandts
berühmtes Bild »Die Söhne Eduards« 1835, Raczynskische Sammlung
in der Berliner Nationalgalerie), welches zu den Haupttreffern der älteren
Düsseldorfer Schule gehört, das Tragische der Situation an und für sich
gar nicht errathen. Wir sehen ein schlafendes Kinderpaar von lieblicher
Schönheit anmuthig gruppirt auf einem Bette liegen. Selbst die Mörder
scheinen durch diesen Anblick gerührt, und über die Rührung kommt
auch die Stimmung des Beschauers nicht hinaus. Der stoffliche Reiz
eroberte jedoch sowohl Hildebrandts Gemälden wie den Hauptwerken
Sohns (»Der Raub des Hylas« in der Berliner Nationalgalerie, »Die beiden Leonoren«, »Romeo und Julia«) eine grosse Popularität, die nur
nicht lange vorhielt. Heute sind beide, wie die meisten ihrer Kunstgenossen, »historische Grössen«, die einen ehrenvollen Platz in der Geschichte der Düsseldorfer Schule einnehmen, die es aber nicht verstanden
haben, auch nur einer einzigen ihrer Schöpfungen einen Theil von jener
Lebenskraft einzuhauchen, welche die Jahrhunderte oder wenigstens die
Jahrzehnte überdauert. Beide Künstler waren auch sehr geschätzt als
Portraitmaler, Sohn als der beliebteste Maler der Frauenwelt und zugleich des leuchtenden, nackten Menschenleibes, immer geneigt zum
Idealisiren, Hildebrandt kraftvoller und energischer und deshalb glück-

licher im männlichen Bildniss. Sie kamen dem Zeitgeschmack sehr gefällig entgegen, und daraus erklärt sich ihr enormer Erfolg, den wir heute
nicht mehr recht verstehen. Portraitmaler von der universellen Bedeutung eines Holbein, Tizian, Rubens, van Dyck, Rembrandt, van der Helst
sind sie bei weitem nicht. Was Müller von Königswinter im Ueber-
schwang der Begeisterung von Sohn schrieb: »Seine Gemälde werden
aus unserer Zeit in die Nachwelt leuchten, wie die Meister aus alten
Tagen in unsere Gegenwart strahlen,« ist schon heute, nach fünfundzwanzig Jahren, hinfällig. Gleichwohl werden diese Portraits einem
Kultur- und Sittenhistoriker des neunzehnten Jahrhunderts ein werthvolles Material zur Beurtheilung von Stimmungen und Neigungen einer
gewissen Gesellschaftsklasse in einem bestimmten Zeitabschnitt liefern.
Es ist nicht uninteressant, aus einer grossen Gruppe von zeitlich zusammengehörigen Bildnissen den »Pulsschlag der Zeit« herauszufühlen.
Manches Räthsel, über welches uns die literarische Ueberlieferung im
Unklaren lässt, kann auf diesem Wege gelöst werden.

Von anderen Schöpfungen Sohns, der sein glänzendes koloristisches
Talent gern an Einzelfiguren oder an Gruppen von zwei bis vier Figuren
übte, sind noch »Diana im Bade«, das »Urtheil des Paris«, »Rinaldo
und Armida«, »Loreley« und die »Lautenspielerin« (Nationalgalerie zu
Berlin) erwähnenswerth. Mehr als durch seine Bilder hat er durch seine
Lehrthätigkeit in unsere Zeit hinübergegriffen, und in seinem Neffen und
Schüler Wilhelm *Sohn* (geb. 1830 zu Berlin) fand er einen Nachfolger,
der in der neueren Geschichte der Düsseldorfer Akademie zu ähnlicher
Bedeutung gelangt ist, wie sein Oheim, und der darin auch mit letzterem
verwandt ist, dass seine eigene Produktion durch die Lehrthätigkeit
stark beeinträchtigt wird. Er begann mit Historienbildern — »Christus
auf dem sturmbewegten Meer« (1853, Kunsthalle zu Düsseldorf), »Christus am Oelberge« (1855, Friedenskirche zu Jauer), »Genoveva« (1856) —,
ging aber dann zur Genremalerei über. Die »verschiedenen Lebenswege«,
eine »Gewissensfrage« (1864, Kunsthalle zu Karlsruhe) und die »Konsul-
tation bei einem Rechtsanwalt« (1866, städtisches Museum zu Leipzig)
sind seine Hauptbilder auf diesem Gebiete, welche ebenso wie seine
nebenher und später entstandenen Studienköpfe ein glänzendes Zeugniss
von seinen koloristischen Fähigkeiten ablegen. Seit mehreren Jahren
arbeitet er an einem für die Berliner Nationalgalerie bestimmten Gemälde,
welches die Abendmahlsfeier in einer protestantischen Patrizierfamilie darstellt. Seit 1874 gehört er dem Lehrkörper der Düsseldorfer Akademie
an. Bei ihm hat sich auch ein 1845 geborener Sohn von Karl Sohn
gebildet. Karl *Sohn* der jüngere widmete sich anfangs dem Portrait-

fach, hat aber seitdem auch mit grosser koloristischer Virtuosität das
Kostümgenre kultivirt. Unter seinen eleganten, namentlich in der Behandlung des Stofflichen hervorragenden Genrebildern sind die Gesell-
schaftsstücke aus dem 16. und 17. Jahrhundert. »Beim Nachtisch« und
»ein alter Brauch« und die Einzelfiguren »Spanierin mit dem Fächer«
und »Carmen« hervorzuheben. Von denjenigen Schülern Karl Sohns
des älteren, welche auch geistig seiner Richtung folgten, sind nur Ludwig *Descoudres* (1820—1878) und die Portraitmalerin Marie *Wiegmann*
(geb. 1826) zu einigem Ansehen gelangt. Descoudres, seit 1855 Lehrer
an der Kunstschule zu Karlsruhe, hat theils empfindungsvolle Einzelfiguren (Francesca von Rimini, die büssende Magdalena, Iphigenie), theils
religiöse Bilder (die Beweinung des Leichnams Christi, die Anbetung
der Hirten, Ruhe auf der Flucht, die heiligen Frauen vor dem Kreuze
Christi) gemalt, deren Vorzüge in der Romantik des Kolorits beruhen.

Auch an den Werken Theodor Hildebrandts erkannten schon seine
Zeitgenossen mehr technische als geistige Vorzüge an. »Die kleinsten
und minutiösesten Besonderheiten der gemalten Gegenstände bringt er
bis zur wunderbarsten Täuschung zur Erscheinung, sagt Müller von Königswinter. Bei der Darstellung eines Möbels, eines Stücks Architektur,
eines Gewandes trifft man dieselbe Liebe wie in seinen menschlichen
Gesichtern und Gestalten.« Sein Kolorit hatte etwas von der kühlen
Reflexion des Delaroche, mit welchem er auch einmal zu wetteifern
suchte, indem er einen ähnlichen Stoff, die »Söhne Eduards im Tower«,
behandelte. Nichts kann für den Unterschied zwischen französischer
und deutscher Geschichtsmalerei in jener Epoche charakteristischer sein,
als diese beiden Gemälde, die nahezu einen gleichen Erfolg — ein jedes
in seinem Lande natürlich — davontrugen. Während Delaroche den
Moment auf das Unheimlich-Dramatische zugespitzt hat — die Kinder
sitzen, eng zusammengekauert und angstvoll, auf ihrem Lager —, zeigt
Hildebrandt in den schlafenden Kindern eine liebliche Idylle, welche
das Tragische kaum ahnen lässt. Darin trafen aber beide überein, dass
sie nach einer in der damaligen Zeit noch vereinzelten Farbenrealität
strebten und auf die naturgetreue Ausführung des Beiwerks im Wetteifer mit dem Modell grosses Gewicht legten. Hildebrandt war nach
dieser Richtung ein Vorläufer der Belgier. Wenn er nicht eine so tiefe
und revolutionäre Wirkung wie jene übte, so lag es zum Theil in der
Wahl seiner Stoffe. Die Belgier griffen zu erschütternden, leidenschaftlichen oder sonst irgendwie bedeutsamen Momenten ihrer nationalen
Geschichte, während Hildebrandt sich mit Vorliebe seine Stoffe durch
die Dichtung vermitteln liess. In seiner Vaterstadt Stettin hatte er

25

Ludwig Devrient kennen gelernt und durch ihn Interesse an der Darstellung theatralischer Szenen gewonnen. Doch kommt in Bildern wie
»Faust und Gretchen im Kerker« (1825), »König Lear um Cordelia
trauernd« (1826), »Romeo und Julia« (1827), »Tankred und Clorinde« (1828),
»Der Tod des Kardinals Wolsey« (1842), »Othello, dem Brabantio und
der Desdemona seine Abenteuer erzählend« (1847) und dem »sterbenden
Lear« (1851) weniger das Dramatische als das Empfindsame und Kontemplative zum Ausdruck. Am ansprechendsten sind diejenigen seiner
Schöpfungen, in welchen er Kinder allein oder im Verkehr mit Erwachsenen darstellte. Bilder wie der »Krieger und sein Kind« (1832, Berliner
Nationalgalerie), die »Märchenerzählerin« (1832) und die »singenden Chorknaben« (1834) haben mit den »Söhnen Eduards« seine Popularität begründet. Seit 1829, wo Hildebrandt zum ersten Male nach Belgien ging,
kam er öfter mit den Häuptern der Antwerpener Schule in Berührung,
bildete sich daneben aber auch auf Reisen nach Paris und Holland
durch das Studium der älteren Meister, welches von da an die Hauptquelle
wurde, aus welcher die Düsseldorfer Schule ihre koloristische Kraft schöpfte.

Zu den sechs jungen Malern, welche Schadow aus Berlin nach
Düsseldorf folgten, gehörten auch Christian *Köhler*, Heinrich *Mücke*
(geb. 1806) und Julius *Hübner*. Köhler (1809—1861) war ein Maler so
recht nach dem Herzen Schadows, indem er seine Stoffe fast ausschliesslich der alttestamentlichen Geschichte entlehnte. Er liess sich meist
durch die heroischen Frauengestalten der Bibel begeistern, die er dann
in einem bedeutsamen Momente darstellte. Mit seiner grossartigen Auffassung harmonirte ein ernst gestimmtes Kolorit, welches erst in seinen
spätern Jahren durch die Einwirkung der Venezianer reicher und lebhafter wurde. »Mirjams Lobgesang bei dem Zuge der Juden durch das
rothe Meer«, »Die Auffindung Mosis«, »Jakob und Rahel«, »Semiramis
während eines Aufstandes in Babylon« (1852, Berliner Nationalgalerie)
sind die bedeutendsten seiner Bilder. Köhler war von 1855 bis 1858
der Nachfolger Sohns in der akademischen Lehrthätigkeit und gehört
insofern zu den Factoren, welche den gegenwärtigen Stand der Malerei
in Düsseldorf vorbereitet haben. Heinrich Mückes Name ist weniger
durch seine Fresken im Schlosse Heltorf zur Geschichte Friedrich Barbarossas (Kniefall Heinrichs des Löwen, Demüthigung der Mailänder) und
seinen Fries (»Die Ausbreitung des Christenthums«) im Rathhause zu
Elberfeld, als durch seine von Engeln emporgetragene »Heil. Katharina
von Alexandrien« (1836, Berliner Nationalgalerie) bekannt geworden,
welche durch Stich, Lithographie und Photographie vervielfältigt worden
ist. Auch er ist für die Geschichte der Düsseldorfer Malerei dadurch

bedeutend geworden, dass er die Freskotechnik lebendig erhielt und fast alle Düsseldorfer Maler, die sich mit derselben befasst haben, darin unterwies. Noch 1876 hat der greise Künstler eine äusserst umfangreiche, friesartige Komposition geschaffen, eine »Verherrlichung des Rheinstroms von der Quelle bis zur Mündung« in historischen Szenen. Julius Hübner (1806—1882) endlich theilte seine Thätigkeit zwischen Bildern religiösen Inhalts und romantischen Darstellungen, deren Motive meist aus Dichtern entlehnt waren. Er war nur eine kurze Zeit mit der Düsseldorfer Schule in räumlichem Zusammenhang, zuerst von 1826 bis 1829, dann von 1833 bis 1839. In letzterem Jahre wurde er nach Dresden als Lehrer an die Kunstakademie berufen, wo er durch sein ausgezeichnetes Lehrtalent die Prinzipien der Düsseldorfer Schule weiter verbreitete. Seinem ganzen künstlerischen Charakter nach war er eng mit Lessing verwandt. Auch bei ihm überwog die Reflexion die Phantasie; seine Werke sind mehr die Produkte des kritischen Verstandes als die Offenbarungen des mühelos und frei schaffenden Genius. Er musste seine Phantasie erst künstlich befruchten und liess sich deshalb meist durch literarische Hilfsmittel inspiriren. Er war ein kenntnissreicher, geist- und geschmackvoller Mann, welcher zwar niemals etwas Verfehltes zu Stande gebracht hat, aber auch niemals durch seine künstlerischen Schöpfungen hinzureissen und zu erwärmen vermochte. Nach seinen ersten, in Düsseldorf, Rom und Berlin geschaffenen Gemälden (1825 Boas und Ruth, 1827 der Fischerknabe nach Goethe, 1828 Roland, die Prinzessin Isabella befreiend, 1830 Ruth und Naëmi, in der Berliner Nationalgalerie, 1832 Simson, die Säulen des Tempels zerbrechend, 1836 die Schutzengel und 1837 das Christkind, beide in der Berliner Nationalgalerie, 1838 Hiob mit seinen Freunden, im Städelschen Institut zu Frankfurt a. M.), nach diesen koloristisch von Schadow, Sohn und Hildebrandt beeinflussten Arbeiten, welche damals mit der Zeitstimmung zusammentrafen und deshalb lebhafte Anerkennung fanden, ist er nicht wieder über den Kreis einer kleinen Gemeinde von feingebildeten und mit seiner Art vertrauten Kunstfreunden hinaus verstanden worden. Diese wussten seine Begeisterung für die Romantik und sein zähes Festhalten an der Ueberlieferung der älteren Düsseldorfer Schule um so höher zu schätzen, und deshalb konnte Hübner fast bis an sein Lebensende eine künstlerische Thätigkeit fortsetzen, deren Erzeugnisse stets Verehrer und Käufer fanden. Unter diesen Arbeiten aus der zweiten Hälfte seines Lebens waren sogar einige sehr umfängliche und figurenreiche, wie der schon in der Biographie Ludwig Richters erwähnte Theatervorhang, Christi Auferstehung (1844, das goldene Zeitalter (1847, in der Dresdener Galerie und der Berliner

Nationalgalerie), der Engel des Herrn zeigt dem Johannes die grosse Babel auf dem siebenköpfigen Drachen (1854), der Christusknabe im Tempel lehrend (1860), Luthers Disputation mit Eck (1866, Dresdener Galerie und die Verurtheilung des Stephanus zur Steinigung (1870). In seinen letzten Historiengemälden zeigt sich in dem lebhafteren Kolorit der Einfluss der venezianischen Schule, deren Schöpfungen er in der Dresdener Galerie mit Musse studiren konnte. Aber er war bereits zu alt, um die Buntheit durch einen Gesammtton von kräftiger Harmonie bändigen zu können. Aus zahlreichen, nach seinem Tode ausgestellten[*] Zeichnungen und Studien, besonders aus Bildnissen in Bleistift und Kreide ersah man, dass er mit der Natur aufs innigste vertraut war und dass ihm keineswegs die technische Fähigkeit abging, um, wenn er es gewollt hätte, mit den modernen Realisten wetteifern zu können. Er war jedoch mehr Dichter als Maler, ein Künstler, der die Form nur insoweit gelten liess, als sie ihm zum Ausdruck eines Gedankens diente. Er hat sich auch vielfach als Dichter versucht[**], und insbesondere war ihm die Form des Sonetts geläufig, in welche er die Empfindungen ergoss, die ihn beim Anblick von Kunstwerken überkamen. Seit dem Tod Schnorrs (1871) zum Direktor der Dresdener Galerie berufen, hat er dieses Amt bis kurz vor seinem Tode verwaltet und auch einen Katalog der Gemäldesammlung verfasst, der freilich vor wissenschaftlicher Prüfung nicht Stich hielt. Nachhaltiger als durch seine malerischen und poetischen Schöpfungen hat er durch seine Lehrthätigkeit gewirkt, der Künstler wie A. v. *Ramberg*, M. *Mühlig* (1823—1873) J. *Scholtz*, G. *Hammer*, *Thiele*, *Thumann*, *Ochmichen*, Alfred *Diethe*, H. *Leinweber*, W. *Walther*, L. A. *Schuster* u. a. einen Theil ihrer Ausbildung verdanken.

Mit Julius Hübner ist der Name Eduard *Bendemanns* (geb. 1811) eng verknüpft, welcher unter der Leitung Hübners, der seine Schwester geheirathet hatte, die ersten Schritte zur Kunst that. Als sechzehnjähriger Jüngling kam er 1827 aus seiner Vaterstadt Berlin nach Düsseldorf, wo er seine Studien mit solchem Erfolg fortsetzte, dass er, unterstützt durch die Eindrücke einer italienischen Reise, schon 1832 ein Bild schaffen konnte, welches ihm mit einem Schlage einen Platz unter den ersten Düsseldorfer Malern eroberte: »Die trauernden Juden im Exil«. Wie Lessings »Trauern-

---

[*] Ausstellung des Vereins Berliner Künstler: Werke von Julius Hübner. Berlin 1883.
[**] Bilderbrevier der Dresdener Galerie, 1857. Hundert ausgewählte Sonette Petrarcas, 1868. Helldunkel. Aus dem poetischen Tagebuche eines Malers; Lieder und Sonette; (1872 und 1876). Zeitspiegel (1878).

des Königspaar« gehört dieses Bild, welches durch den Stich eine weite
Verbreitung fand und gegenwärtig im Besitze des Kölner Museums ist, zu
denjenigen Schöpfungen, die der älteren Düsseldorfer Schule die Signatur
aufdrückten. Ein Historienbild im eigentlichen Sinne ist es ebensowenig
wie Hildebrandts »Söhne Eduards«. Dass die Gruppe der Gestalten mit
elegisch-nachdenklichem Gesichtsausdruck die Symbole eines nationalen
Unglücks sein sollen, dass sie die überlebenden Zeugen einer gewaltigen
Katastrophe, eines furchtbaren Vernichtungskampfes sind, empfindet man
vor diesen »Trauerweiden« nicht. Auch hier ist wieder das Rührende
oder das Traurige mit dem Tragischen verwechselt. Dasselbe gilt von
dem »Jeremias auf den Trümmern Jerusalems« (1834), welcher nicht
minder populär wurde, und von Bendemanns letzter grossen Komposition
»Jeremias beim Falle Jerusalems« (1872, in der Berliner Nationalgalerie).
Auf beiden Bildern hat der reflektirende Zug so stark das Uebergewicht, dass alles übrige dahinter zurücktritt. Das Thema ist also
wieder kein rein malerisches; es kam dem Maler vielmehr darauf an,
einen geschichtsphilophischen Gedanken durch eine Figur zum Ausdruck
zu bringen. Auf dem zweiten der oben genannten Bilder zittern wenigstens noch die Reflexe der Katastrophe nach; man sieht den babylonischen König mit seinem beutebeladnen Heere im Triumph davonziehen
und auf der andern Seite die unglücklichen Bewohner Jerusalems, welche
die rauchenden Trümmer ihrer Heimath verlassen. Aus Ursache und
Wirkung lässt sich also noch die Gemüthsstimmung der Hauptfigur im
Vordergrunde erklären. Wo ein solcher Kommentar aber fehlt, muss
der Gesammteindruck dieser und ähnlicher Gemälde ein ästhetisch durchaus unbefriedigender sein. Adolf Schrödter, der geniale Humorist, verspottete deshalb nicht bloss diese ganze Gattung von Bildern, indem er
1832, also noch in ihrer höchsten Bluthezeit, seine schon erwähnten
»Trauernden Lohgerber« malte, sondern er lieferte zugleich eine treffende
Kritik dieser fragwürdigen Elegieen, indem er nicht vergass, die Ursache
ihrer Trauer, das fortschwimmende Fell, mit zu malen. Schon Müller
von Königswinter hat vor einem Menschenalter die Schwächen Bendemanns und die Grenzen seiner Begabung richtig erkannt. Er weist die
Lobredner zurück, welche Bendemann mit Michelangelo verglichen, und
beschränkt seine Bedeutung mit vollem Recht auf die eines »Idyllenmalers des alten Testaments«, des »Virgils und Theokrits des alten
Bundes«, in welchem »die stillen, häuslichen Eigenschaften des jüdischen
Familienlebens, ihre Trauer im Exil, ihre Freude bei der Ernte, ihre
heimlichen Liebesszenen einen beredten und unübertrefflichen Interpreten
gefunden« haben. Doch ist Bildern gegenüber wie »Boas und Ruth«,

den »zwei Mädchen am Brunnen« (1833), den Töchtern des Serbenfürsten« 1834, der »Ernte« und dem »Hirten und der Hirtin« zu betonen, dass ihnen jede ethnographische Charakteristik fehlt. In den Typen wie in den Kostümen spiegeln die Figuren nur jene konventionelle Formenwelt wieder, welche damals den Düsseldorfern genügte und die von den befangenen Zeitgenossen für eine Offenbarung des Realismus gehalten wurde. Ich sehe selbst, sagt Wolfgang Müller weiter, in seinen bärtigsten Männern ein gewisses weibliches Element, welches den Heroismus ganz und gar ausschliesst. Endlich fehlt auch ihm wie allen Genossen aus jener ersten Düsseldorfer Zeit das Geniale und Zwingende, welches den bahnbrechenden Meister von dem kühlen und geschickten Eklektiker unterscheidet. In dem Hauptwerke seines Lebens, den stereochromischen Wandgemälden in zwei Sälen des königlichen Schlosses zu Dresden, wohin er 1838, zugleich als Lehrer, berufen worden war, ist er denn auch nicht über die Grenzen hinausgekommen, welche Schadows glatter Formalismus der Düsseldorfer Schule gesteckt hatte. Durch eine Reise nach Italien (1841) bereitete er sich auf die Lösung der grossen Aufgabe vor, und das Studium der italienischen Monumentalmaler giebt sich denn auch besonders in den Malereien des Ballsaals, nicht zum Vortheil seiner eigenen Orginalität, kund. Das Ganze sollte das Leben der Griechen in ihren Spielen und Festen darstellen. In vier grossen, figurenreichen Kompositionen wurde die Hochzeit des Peleus und der Thetis, die Alexanders und Roxanes, der Triumphzug Apollos und ein Bacchuszug vorgeführt. Darüber befinden sich noch vier Lünetten, welche Feste des griechischen Volkes schildern, und auf den Wandflächen zwischen den Fenstern sieht man die Personifikationen der Künste und eine Apotheose Homers. An den beiden Langseiten wird der Cyklus durch einen grau in grau gemalten Fries abgeschlossen, welcher in acht Abtheilungen das griechische Leben von den fröhlichen Spielen der Kinderzeit bis zum gebrechlichen Alter durch anmuthige Gruppen zur Anschauung bringt. Dieser Fries ist mit Recht als das Beste von allem bezeichnet worden, was die figurenreichen Schildereien des Ball- und Thronsaales enthalten. Letztere tragen im Gegensatz zu den freien poetischen Erfindungen des Ballsaals einen historischen Charakter. Zu beiden Seiten der über dem Throne stehenden und von den vier Tugenden (Gerechtigkeit, Weisheit, Tapferkeit und Mässigung) umgebenen Saxonia sind je acht Gesetzgeber und Könige des Alterthums und des Mittelalters dargestellt. Die Wände der dem Throne gegenüberliegenden Saalhälfte, welche bei der Eröffnung des Landtages von den Abgeordneten eingenommen wird, sind mit vier figurenreichen Darstellungen geschmückt, in denen Momente aus dem Leben Kaiser Heinrich I., eines Fürsten aus dem Sachsenstamme, mit Hervorhebung der vier Stände geschildert werden. Ueber der Thür, der Saxonia gegenüber, versinnlicht eine allegorische Darstellung das Zusammenwirken der vier Stände, während sich unter den vier Haupt-gemälden braun in braun gemalte Friesbilder hinziehen, welche die Ent-wicklung der Kulturgeschichte illustriren [*].

Der Schwerpunkt dieser umfangreichen Thätigkeit lag nicht in der monumentalen Ausführung Bendemannscher Gedanken, die weder tief noch originell waren, sondern in der Begründung einer Schule, welche ausser dem Portrait, dem Genre und der Landschaft noch zur Erreichung höherer Zwecke befähigt wurde. Wenn dieser Schule auch keine grossen Genies entsprossen sind, so wurde in derselben doch die Technik der monumentalen Malerei gepflegt, welche dadurch bis in unsere Zeit hinein-gerettet werden konnte. Die Schüler Bendemanns gehören meist der neueren Entwicklung der deutschen Kunst an, deren Besprechung dem folgenden Abschnitte vorbehalten bleiben muss. Der Meister selbst begann im Jahre 1859, wo er als Direktor der Akademie nach Düssel-dorf berufen wurde, eine zweite Periode seiner Lehrthätigkeit, welche bis 1867 dauerte, wo er sein Amt theils aus Gesundheitsrücksichten, theils weil der neue Geist, welcher die Düsseldorfer Künstlerschaft und die Akademie beherrschte, seinen strengen Kunstanschauungen nicht entsprach, niederlegte. Indessen hatte er die Freude, in Peter Janssen einen Künstler heranzubilden, welcher der Monumentalmalerei, freilich im Anschluss an den modernen Realismus, zu neuem Leben verhelfen sollte. Auch in künstlerischer Beziehung war diese zweite Düsseldorfer Zeit nicht unfruchtbar. Hier entstanden ein »Odysseus und Penelope«, der schon genannte »Jeremias auf den Trümmern von Jerusalem«, eine »Penelope« auf ihrem Lager sitzend (1877), in welcher Bendemann einen neuen Versuch machte, nach reicheren koloristischen Wirkungen zu streben, eine Anzahl geistreich charakterisirter und fein modellirter Bild-nisse, in welchen — ähnlich wie bei Schadow, Sohn, Hildebrandt und Hübner — der Höhepunkt seines Könnens liegt, ein Cyklus von edel komponirten Zeichnungen zu Lessings »Nathan dem Weisen« und eine Reihe von drei Wüstenbildern in Aquarell. Auch monumentale Auf-gaben boten sich ihm: »Kain und Abel« im Saale des Schwurgerichts zu Naumburg a. S., die Ausmalung der Aula der Realschule in Düssel-dorf, in welcher er die Personifikationen der Religion, Kunst und Wissen-

---

*) Die Wandgemälde im Ball- und Konzertsaal des Königl. Schlosses zu Dresden von E. Bendemann, mit Text von J. G. Droysen. Dresden.

schaft, des Handels und der Industrie, eine jede umgeben von je zweien ihrer
hervorragendsten Vertreter, letztere als Statuen behandelt, und dazwischen
Kindergruppen, deren Thätigkeit zu den fünf Allegorien in Beziehung
steht, darstellte, und die Dekoration des ersten Corneliussaales in der
Berliner Nationalgalerie, welche nach seinen Entwürfen von seinem Sohne
Rudolf *Bendemann* (1851—1884) und seinen Schülern Ernst und Fritz
*Röber* und Wilhelm *Beckmann* in matter Wachsfarbe ausgeführt wurde.
In den letzteren Kompositionen, welche Anmuth, Friede, Dichtkraft,
Forschung, Demuth, Begeisterung, Kraft und Freude durch männliche
und weibliche Gestalten versinnlichen, sowie in vier Gruppen das Erden-
wallen des Genius und seine Befreiung vom Irdischen schildern, zeigt
sich bereits eine Abnahme von Bendemanns Gefühl für monumentale
Grösse. Auch leidet die farbige Ausführung unter süsslicher Buntheit,
welche den Kompositionen einen vignettenhaften Charakter giebt, der
zu dem Inhalte des Saales, den Kartons von Cornelius für den Camposanto, in schroffem Gegensatze steht. Dass es Bendemann nie zu einer
rechten Volksthümlichkeit gebracht hat, liegt, wie Pecht richtig hervorgehoben, in dem gänzlichen Mangel einer starken und bestimmt ausgeprägten Individualität[1].

Müller von Königswinter zählt noch eine ganze Reihe von Historienmalern der älteren Düsseldorfer Schule auf, von denen es jedoch
keiner zu durchgreifendem Erfolge gebracht hat. Clemens *Bewer* (geb.
1820), Paul *Kiederich* (1809—1850), Wilhelm *Volkhart* (1815—1876),
August *Siegert* (geb. 1820), der sich später mit grösserem Erfolge dem
Genre zuwandte, Lorenz *Clasen* (geb. 1812) und Julius *Röting* (geb.
1821) sind hier zu nennen. Clasen ist der Schöpfer der namentlich
durch die Jahre 1870 und 1871 zu grosser Popularität gelangten Allegorie
»Germania auf der Wacht am Rhein«, welche er zuerst im Rathhaus
zu Crefeld ausgeführt und später als Oelgemälde wiederholt hat. Julius
Roeting hat nur wenige historische Bilder gemalt, in früheren Jahren
einen »Columbus vor dem Collegium von Salamanca« (1851), Galerie zu
Dresden, und später eine grossartig aufgefasste »Grablegung Christi«
1866, welche ihn als einen besonders nach den Venezianern und
Rubens gebildeten Koloristen ersten Ranges kennzeichnet. Seitdem hat
er sich ausschliesslich seiner Lehrthätigkeit an der Düsseldorfer Akademie und dem Portrait gewidmet, welches er mit grosser Meisterschaft
ganz im Sinne des modernen Farbenrealismus kultivirt, dem er schon

[1] F. Pecht, Deutsche Künstler des neunzehnten Jahrhunderts. III. S. 261—293. Nördlingen 1881.

frühzeitig in den Bildnissen Schadows, Lessings, Leutzes, E. M. Arndts
u. a. gehuldigt hat.

Eine kurze Nachblüthe erlebte die Düsseldorfer Historienmalerei
noch in Berlin durch Julius Schrader, Otto Knille und Georg Bleibtreu,
die jedoch in ihrer späteren Entwicklung andere Bahnen einschlugen.
Alle diese und die früher genannten Historienmaler übertraf an Genialität
Alfred *Rethel*, der freilich nur einen Theil seiner Ausbildung der Düsseldorfer Akademie verdankt, aber doch überwiegend in Düsseldorf
thätig war.

### 3. Alfred Rethel.

Als dreizehnjähriger Knabe — er war am 15. Mai 1816 im Haus
Diepenbend bei Aachen geboren — kam Rethel[*] auf die Düsseldorfer
Akademie, zu einer Zeit also, wo der einzige Mann, der auf die schon frühzeitig mit ungewöhnlicher Entschiedenheit entwickelte Geistesrichtung des
Knaben einen bestimmenden Einfluss hätte üben können, Cornelius, der
Akademie längst den Rücken gekehrt hatte. Während seine Kunstgenossen
mit Rittern und Nixen, mit Romeo und Julia, mit Goldschmieds Töch-
terlein und mit der heiligen Genoveva im Mondschein oder im Waldes-
dunkel schwärmten, beschwor der junge Rethel die erhabenen Schatten
der historischen Vorzeit herauf. Der Geschichte des heiligen Bonifacius
entlehnte er seine ersten Kompositionen, die er in Tusche und Bleistift
ausführte. Sein erstes, schon 1832 geschaffenes Oelgemälde (jetzt in der
Berliner Nationalgalerie) stellt den unerschrockenen Vorkämpfer für Kultur
und Christenthum als Triumphator dar. Der Heilige hat mit seinem
Beil die Eiche Wodans gefällt und pflanzt das siegreiche Kreuzeszeichen
in den Baumstumpf. Da Rethel wegen anhaltender Kränklichkeit nur
eine mangelhafte Schulbildung genossen hatte, bleibt uns das Motiv,
welches ihn dieser ernsten Richtung huldigen liess, unerklärlich. Vielleicht haben die grossen Wälder seiner Heimath, wie man geglaubt
hat, der Phantasie des Knaben den Hang zum Erhabenen und Grossartigen eingepflanzt. Indessen verhielt sich Rethel in seinen späteren
Jahren der unbelebten Natur gegenüber ziemlich passiv. Es ist dieser
eigenthümliche Zug seiner Kunst um so auffallender, als sich in seinen
Reisebriefen ein lebhaft entwickeltes Naturgefühl und eine begeisterungsvolle Freude an der Natur ausspricht. Seine Briefe enthalten bisweilen

---

*) W. Müller von Königswinter, Alfred Rethel. Blätter der Erinnerung, Leipzig 1861.
— H. Hettner in den Mittheilungen der Gesellschaft für vervielfältigende Kunst 1875 Nr. 4.
— F. Pecht, Deutsche Künstler u. s. w. II. S. 129—179. Nördlingen 1879.

landschaftliche Schilderungen und Stimmungsbilder, welche so plastisch
entworfen sind, dass sie gewissermaassen als erste Skizzen für Gemälde
dienen könnten. Im Jahre 1833 machte er seine erste Rheinreise. Ganz
enthusiasmirt von den genossenen Herrlichkeiten, schreibt der siebzehn-
jährige Jüngling in seiner schlichten Weise von Koblenz: »Es war ein
herrlicher Anblick, Koblenz mit seinen grossartigen Festungen im Abend-
sonnenschein zu erblicken, besonders der Ehrenbreitstein machte sich
schön; er war, weil er am höchsten liegt, ganz roth von der untergehenden
Sonne beleuchtet, und Koblenz und die anderen Festungen lagen schon
im Dunkel der Nacht, welches durch einzelne lichtblaue Nebelstreifen,
die im Rhein- und Moselthal aufgestiegen, unterbrochen war. Nur die
höheren Rheingebirge wurden ebenfalls von der Sonne beschienen.« Als
er im Jahre 1835 Bayern und Tirol besuchte, machte er fleissig landschaftliche Naturstudien.

Düsseldorf bot dem Geiste des jungen Künstlers diejenigen Anregungen nicht, die er erwartete. Er lernte in Düsseldorf eigentlich nur
die technische Seite seiner Kunst: Malen und Zeichnen. Sein erstes
Bild, der oben erwähnte St. Bonifazius, ist ganz in der glatten, farben-
fröhlichen Manier der älteren Düsseldorfer Schule gemalt, an der Rethel
übrigens nicht lange Gefallen fand. Er sah bald ein, dass er in Düsseldorf nicht über eine gewisse technische Fertigkeit hinauskommen würde,
und begab sich deshalb im Jahre 1837 nach Frankfurt a. M., wo er in
Ph. Veit denjenigen Mann fand, mit welchem seine Geistesrichtung
übereinstimmte, und wo er ausserdem durch Schwind und Passavant gefördert wurde. Die Sicherheit, die er nunmehr gewann, sprach sich
schon in seinen ersten in Frankfurt gemalten Bildern, einem »Daniel
in der Löwengrube« (1838, im Städelschen Kunstinstitut) und einer Allegorie der »Justitia« aus. Inspirirt durch eine Beethovensche Sonate,
zeigt er auf dem Bilde die Göttin der Gerechtigkeit, welche, mit
den Insignien ihres Amtes versehen, einen fliehenden Raubmörder
verfolgt. Die Wirkung dieses Bildes ist trotz seiner Einfachheit eine
so grossartige, dass sogar die Sage ihr Gewebe um dasselbe ge-
schlungen hat. Durch die Verlosung eines Kunstvereins, so meldet sie,
kam das Bild in den Besitz eines ungerechten Richters, der besonders
an den Demagogenverfolgungen mitgewirkt, und trieb diesen in den
Wahnsinn.

Im Jahre 1840 beschloss der Gemeinderath von Aachen, den alten
Krönungssaal des Rathhauses in seiner ursprünglichen Gestalt wieder
herzustellen. In Gemeinschaft mit dem Kunstverein für Rheinland und
Westfalen schrieb er eine Konkurrenz aus, durch welche die Künstler

Deutschlands aufgefordert wurden, Entwürfe zur Ausmalung des Saales einzusenden. Der Stoff derselben sollte der Geschichte Karls des Grossen entlehnt werden. Alfred Rethel, der vierundzwanzigjährige Jüngling, schlug seine Konkurrenten siegreich aus dem Felde. Ihm wurde auch die Ausführung seiner Kompositionen übertragen. Indessen verzögerte sich diese durch allerlei Zwistigkeiten, welche sich in Aachen, durch ultramontane Einflüsse hervorgerufen — Rethel war Protestant —, erhoben. Inzwischen unternahm Rethel im Jahre 1842 eine Reise nach Dresden. Die Schätze der dortigen Gemäldegalerie machten einen gewaltigen Eindruck auf den mit grossen Plänen erfüllten Künstler. Vor der Raffaelschen Madonna des heiligen Sixtus ward ihm nach seinen eigenen Worten »eine herrliche Bestätigung«, dass der Weg, den Veit ihm angegeben, der richtige sei. Dieses Selbstbekenntniss ist für die Beurtheilung des Künstlers ungemein schätzbar. Ist Veit auch nicht sein Lehrer im eigentlichen Sinne gewesen, so war er doch für ihn der Vermittler der Ideen des Cornelius. Die Schwingen seines Genius trugen ihn auch bald über Veit hinweg an die Seite des Cornelius, den er zwar nicht an Universalität des Geistes erreichte, aber doch auf dem engeren Gebiete der Historienmalerei übertraf, indem er gleich Cornelius an Dürer anknüpfte und, auf Cornelius' Spuren weiter fortschreitend, die Reckenhaftigkeit der mittelalterlichen Helden zu einem vollendeten, durch keine Bizarrerien und Unbeholfenheiten getrübten Ausdruck brachte.

Nachdem er noch im Römer zu Frankfurt a. M. vier Kaiserbildnisse, Philipp von Schwaben, Maximilian I. und II. und Karl V., und für die dortige Nikolaikirche den »auferstandenen Christus« Karton in der Berliner Nationalgalerie) ausgeführt hatte und von 1844 bis 1845 in Italien gewesen war, begann er mit den Entwürfen und 1847 mit den Kartons für die Aachener Fresken. Während der Sommer von 1847 bis 1851 arbeitete er auch selbst an der Ausführung, wozu er sich in Frankfurt dadurch vorbereitet hatte, dass er den Schutzengel des Kaisers Maximilian auf der Martinswand in Gestalt eines Hirten, einer Figur aus einem in Oel ausgeführten Gemälde, an die Wand seines Ateliers malte. Die Figur ist später von der Wand losgelöst und in das neue Städelsche Museum überführt worden. Es war Rethel nur beschieden, vier von den acht Kompositionen zur Geschichte Karls des Grossen in Karton und Fresko auszuführen: die Zerstörung der Irmensäule bei Paderborn, Karls Einzug in Pavia, die Sarazenenschlacht bei Cordova und Kaiser Otto III. in Karls des Grossen Gruft. (Diese Kartons und ein fünfter, die Taufe Wittekinds, befinden sich in der Berliner Nationalgalerie.) Die vier übrigen Fresken und Kartons — ausser der Taufe Wittekinds noch die

Kaiserkrönung in Rom, die Erbauung des Aachener Münsters und die Krönung von Karls Sohn Ludwig — hat Joseph Kehren, der mit Rethel schon an den vier ersten gearbeitet, nach den Entwürfen des Meisters bis zum Jahre 1862 ausgeführt. Diese letzten Fresken haben vor den von Rethel vollendeten den Vorzug einer kräftigeren Farbe voraus, ohne in Bezug auf Adel und Rhythmus der Komposition und Energie und Grösse der Charakteristik hinter jenen zurückzubleiben. Was bei Cornelius — wir erinnern nur an seine Nibelungenbilder — nicht über die ersten Keime hinausgekommen und in seiner weiteren Entwicklung durch Schnorr nur bis zum Ausdruck des Lyrisch-Epischen gediehen war, die Schilderung altdeutscher Heldengrösse und versunkener Kaiserherrlichkeit, das fand in diesen Fresken seine Vollendung bis zur Höhe eines kunstvoll gegliederten Dramas, dessen herbe, dichterische Grösse durch keinen sentimentalen oder romantischen Zug beeinträchtigt wird*).

Im Herbste des Jahres 1851 hatte sich der Künstler verheirathet und im Sommer des folgenden Jahres trat er eine zweite Reise nach Italien an, um dort Heilung von einer Gemüthskrankheit zu suchen, welche schon seit einiger Zeit die Schwingen seines Geistes lähmte. Doch vergeblich. Die Krankheit machte reissende Fortschritte und stellte sich bald als unheilbar heraus. Was die Ursache dieser Geisteszerrüttung gewesen ist, lässt sich nicht mit Sicherheit feststellen. Ob ein unglücklicher Sturz des Knaben bereits den Keim gelegt oder ob die mit der Aachener Angelegenheit verbundenen Widerwärtigkeiten und Kränkungen den Geist des Künstlers verdüsterten, das sind Fragen, die heute nicht mehr zu lösen sind. Das Dunkel der geistigen Nacht, welches den Künstler umgab, lichtete sich nie mehr. Noch sechs Jahre verbrachte er in diesem trostlosen Zustande, bis ihn der Tod am 1. Dezember 1859 erlöste.

Der verdüsterte Seelenzustand, welcher die letzten Jahre seiner künstlerischen Thätigkeit beherrschte, gibt sich auch in einigen cyklischen Kompositionen kund, welche in die Reihe seiner ersten Schöpfungen gehören. Rethel war ein Geistesverwandter der deutschen Meister des sechzehnten Jahrhunderts, vornehmlich eines Dürer und Holbein. Auch diesen Zug in die Grösse und den Ernst mittelalterlicher Auffassung hinein hat er mit Cornelius gemein. Wie Dürer und Holbein nicht wenige ihrer geistvollsten und bedeutendsten Schöpfungen durch den Holzschnitt zum Gemeingute ihrer Nation machten, so suchte Rethel den alten

*) Die Aachener Fresken sind vom Rheinisch-westfälischen Kunstverein zu Düsseldorf 1870 in Holzschnitt herausgegeben worden (nach Zeichnungen von Kehren und Baur).

Holzschnitt wieder zu Ehren zu bringen, indem er speziell für diese
Technik der künstlerischen Reproduktion eine Reihe von Zeichnungen
entwarf, deren Motive entweder, wie die Zeichnungen zum Nibelungenlied (1840, Wigandsche Ausgabe), aus dem Mittelalter geschöpft waren,
oder die sich, wie die Todesbilder, an mittelalterliche Gedanken anschlossen. Die Revolution von 1848, während welcher der Künstler in
Dresden lebte, gab ihm zugleich für die alten Gedanken eine moderne
Form. Ein Feind der rohen Gewalt und der Ueberstürzung, bildete er in
einer Reihe von sechs Bleistiftzeichnungen, welche Hugo Bürkner ganz
in der charaktervollen, auf breite Wirkung zielenden Art der alten Technik
in Holz schnitt und Robert Reinick mit Versen versah, den Tod, wie
ihn Eitelkeit, List, Lüge und die bösen Lüste zu seinem verderblichen
Ritte ausrüsten, wie er dann auf seinem Klepper der Stadt zureitet,
wie er im Wirthshause das Volk gegen die Machthaber aufreizt, indem
er eine Krone und einen Pfeifenstummel grinsend gegen einander ab-
wägt, wie er dem Vertreter des Pöbels das Schwert reicht, wie er
als Führer der Revolutionsmänner auf der Barrikade steht und zuletzt
mit teuflischer Genugthuung als Triumphator über Leichen- und Trümmer-
haufen reitet. Später fügte er noch zwei Blätter hinzu, von denen das
eine den »Tod als Würger« darstellt, wie er, von der eine Geissel führenden Cholera begleitet, im Domino auf einem Maskenballe zu Paris erscheint und die Tänzer auseinandertreibt, während das andere den »Tod
als Freund« zeigt, welcher einem greisen Glöckner in seiner einsamen
Thurmstube den Glockenstrang aus der Hand nimmt. Mit grosser Meisterschaft hat Rethel auf diesen Blättern die Schwierigkeiten des modernen
Kostüms überwunden und bei vollkommen realistischer Detailbehandlung
das Ganze doch in die ideale Sphäre des historischen Stils emporgehoben*).

Rethels vollendetste und in Erfindung und Ausführung grossartigste,
in Bleistift und Wasserfarben ausgeführte Komposition, der Zug Hannibals über die Alpen (218 v. Chr.) nach der Schilderung des Livius, hat
erst in unserer Zeit auf Betrieb der Gesellschaft für vervielfältigende
Kunst in Wien**) eine Reproduktion durch den Holzschnitt erfahren, und
zwar hat Bürkner auch diese Kompositionen auf den Holzstock übertragen und damit die wichtigste Vorarbeit für die xylographische Ausführung geliefert. Es ist nicht mit Sicherheit festzustellen, wann Rethel

---

*) Auch ein Todtentanz (Leipzig 1848 ff.).

**) Der Zug Hannibals über die Alpen von A. Rethel. Auf Holz gezeichnet von
H. Bürkner. Publizirt von der Gesellschaft für vervielfältigende Kunst in Wien.

die Blätter begonnen hat. wahrscheinlich bereits in Frankfurt bald nach
der Krönung seiner Entwürfe für das Aachener Rathhaus. Nur in dieser
Zeit seines höchsten geistigen Aufschwunges, als sich die Brust des
jungen Künstlers unter den Gefühlen eines gekräftigten Selbstbewusstseins und eines berechtigten Stolzes schwellte, kann der Cyklus entworfen worden sein, welcher das herrlichste Geschenk des Rethelschen
Genius ist. Durch die erste Reise nach Rom 1844 bis 1845 reifte das
Werk seiner Vollendung entgegen; vielleicht hat es der Künstler noch
unter dem mächtigen Eindruck der eben zurückgelegten Alpenreise in
Rom selbst vollendet. Indessen legte er noch in den letzten Jahren
seiner künstlerischen Thätigkeit Hand an dieses Werk. So soll er während seines zweiten Aufenthaltes in Italien, als die verderbliche Krankheit seinen Geist bereits zu zerstören begann, die Gestalt des Hannibal
auf der letzten Zeichnung des Cyklus verdorben haben.

Der Hannibalzug zeigt uns den künstlerischen Charakter Rethels
in seinem vollen Umfange. Durch die Bilderreihe geht ein doppelter
Zug: ein epischer und ein dramatischer. Episch ist die Entwicklung
des Ganzen und dramatisch bewegt die Ausführung des Einzelnen.
Das erste Bild ist das die Stimmung wirkungsvoll vorbereitende Prä-
ludium, in welchem die durchgehenden Akkorde angeschlagen werden.
In einsamer Alpengegend erzählen greise Hirten den Sprossen des jüngeren
Geschlechtes von den Schrecken früherer Heereszüge. Ein verwitterter
Elephantenschädel und ein zertrümmerter Mauernbrecher bezeichnen ihren
Weg. Das zweite Bild zeigt uns bereits das karthagische Heer auf dem
Marsche; Reiter, Krieger zu Fuss und Elephanten überschreiten einen
wilden Bergstrom, an dessen Ufer die wegweisenden Hirten düsteren
Blickes stehen. Hinter ihnen kauert ein halbverhülltes altes Weib, eine
unheilkündende Sibylle. Im Hintergrunde thront der Berggeist der Alpen
und blickt ernst auf die Frevler, welche den heiligen Frieden seines Re-
vieres zu brechen wagen. Das dritte Bild führt uns auf die Höhe des
Dramas, mitten in den wildesten Kampf mit einem Bergstamme, welcher
die der Gefahren unkundigen Karthager auf dem Marsche angreift.
Felsen und Baumstämme werden von den Höhen auf das vorüberziehende
Heer gewälzt, ein Hagel von Pfeilen hält die Vorwärtsmarschirenden auf,
deren Verwirrung noch durch die Unruhe ihrer Rosse erhöht wird. Auf
dem vierten Bilde, welches im Vergleich zu dem vorigen einen Ruhepunkt
bezeichnet, deuten Erfrorene am Wege, in den Abgrund gestürzte Leichen
auf die Strasse, die das Heer gezogen. Nur mühsam schleppen die Nach-
zügler ihre erstarrten Glieder fort, noch beschwert durch den Transport von Kranken und Todten, welche man den Wölfen und Geiern

nicht zum Frasse lassen will. Das fünfte Bild enthüllt uns die Schrecken
des Abgrundes. Elephanten, Pferde und Krieger sind in die Schlucht
gestürzt und liegen zerschmettert auf den Felsen. Ein spitzer Baum hat
einen der Krieger im Fallen aufgespiesst, ein anderer liegt am Boden,
tief in den Mantel gehüllt, wie er oben marschirte, bevor die tückische
Schneedecke unter seinem Fusse nachgab. Zwei Geier zerren bereits
an den Leichnamen, während aus dem Hintergrunde ein hungriger Wolf
heranschleicht. So steigert sich allmälig das Erhabene zum Furchtbaren,
Dämonischen und Grauenhaften, bis diese Stimmung durch den Eindruck
des letzten Bildes wieder verdrängt wird. Der siegreiche Feldherr blickt
von hoher Warte auf die zu seinen Füssen liegenden Fluren Italiens
hinab. Die Strapazen sind siegreich überwunden und die Trompeten
schmettern jauchzend die Botschaft von der Ankunft des Heeres in das
Thal hinunter. Nach den vier apokalyptischen Reitern Dürers hat kein
deutscher Künstler ein so tief ergreifendes Bild geschaffen wie das
fünfte des Rethelschen Cyklus. Wir dürfen getrost diesen ganzen
Cyklus der Apokalypse Dürers an die Seite stellen. Hier gewinnen
wir erst den Maassstab zur richtigen Würdigung dieser grandiosen Erfindungen, welchen uns die Gegenwart gar nicht und die jüngste Vergangenheit nur in den reifsten Schöpfungen des Cornelius bieten kann.

Obwohl Joseph *Kehren* (1817—1880) eine reiche künstlerische Thätigkeit entfaltet hat, ist er weniger durch seine eigenen Arbeiten als
durch seine Vollendung der Rethelschen Fresken bekannt geworden.
Ein Schüler Schadows hat er, ein strenger Katholik, fast ausschliesslich
religiöse Gemälde geschaffen, welche sich durch ein Streben nach Energie
des Ausdrucks und Kraft des Kolorits vortheilhaft von den Durchschnitts-
leistungen der älteren Düsseldorfer Schule unterscheiden. Er hat zahlreiche Altar- und Andachtsbilder gemalt, unter denen eine heilige Agnes
(1839), ein St. Hubertus (1841), eine Madonna mit dem Kinde (1842),
Petrus und Christus (1844), Joseph gibt sich seinen Brüdern zu erkennen
(1849), Christus und die Junger von Emmaus (1852), der gute Hirt und
Christus am Kreuze mit Maria und Magdalena hervorzuheben sind. Eine
»Lorelcy« (1849) steht unter seinen Werken, zu denen auch noch zahlreiche Kirchenfahnen gehören, vereinzelt da. Bei dem Brande des Düsseldorfer Akademiegebäudes in der Nacht vom 19. zum 20. März 1872
ging der Inhalt seines in demselben befindlichen Ateliers (angefangene
und vollendete Arbeiten, Studien, Skizzen u. s. w.) zu Grunde, und gewissermaassen zur Entschädigung für diesen Verlust wurde ihm in Ge-

meinschaft mit Franz Commans und Peter Janssen die Ausmalung der
Aula des Lehrerseminars zu Mörs übertragen. »Es handelte sich, wie
Blanckarts in seinem Nekrologe Kehrens schreibt, um einen Cyklus von
Wandgemälden in friesartiger Anordnung, welche die Hauptmomente
der Weltgeschichte bis zur Proklamation des neuen Deutschen Reiches
darstellen sollten. Kehren fiel die Aufgabe zu, die Ereignisse bis zur
Geburt Christi zu schildern, dessen Leben und Wirken Commans dar-
zustellen hatte; ferner, mit der Grablegung beginnend, den weiteren
Verlauf der Dinge bis zur Einführung des Kaiserthums durch Karl den
Grossen. Der noch übrige Theil des Frieses wurde Peter Janssen übertragen, da die beiden streng katholischen Künstler Kehren und Commans dazu wenig geeignet erschienen. Dagegen malten dieselben noch
einige Einzelfiguren in den Bogenzwickeln unter ihren Bildern. Kehrens
Kompositionen zeigen würdige Auffassung und klare Gliederung.«

Kehren hatte sich frühzeitig eine solche Fertigkeit in der Freskomalerei erworben, dass er schon vor Rethel von anderen Künstlern zur
Ausführung ihrer Kartons herangezogen worden war, so von Stilke bei
der Ausmalung des kleinen Rittersaals im Schlosse Stolzenfels und von
Andreas Müller bei den Fresken in der Apollinariskirche bei Remagen.
Diese Kirche wurde der Sammelpunkt einer Vereinigung von Vertretern
der religiösen Kunst, die einen neuen Zweig derselben begründeten und,
unabhängig von Cornelius und Schadow, auch eine Zeit lang grün und
lebendig erhielten. An ihrer Spitze stand Ernst *Deger* (1809—1885)
aus Bockenem bei Hildesheim. Er hatte sich anfangs auf der Berliner
Akademie, seit 1829 unter Schadow in Düsseldorf weiter gebildet, schloss
sich aber in seinen ersten Schöpfungen, welche nach dem Ausdruck
echter Frömmigkeit bei anmuthiger Gestaltung strebten, mehr an das
Vorbild Raffaels an, den er freilich an Tiefe der Empfindung nicht erreichte. Doch sah die katholische Bevölkerung der Rheinlande in Altar-
und Andachtsbildern wie der Grablegung Christi (1831, Andreaskirche
zu Düsseldorf, einer Madonna mit dem Kinde (1832), der Auferstehung
Christi (1834, Kirche zu Arnsberg), einer Madonna, welche den Christus-
knaben auf eine Wiese führt, einer Madonna, welche das Kind anbetet,
und der Himmelskönigin mit dem Jesusknaben (1837, Jesuitenkirche zu
Düsseldorf), eine so vollkommene Verkörperung ihrer religiösen Anschauungen, dass Degers Gemälde durch Stich und Lithographie weite
Verbreitung fanden. Im Gegensatz zu der mehr äusserlichen und nach
koloristischen Wirkungen strebenden Darstellungsart Schadows entwickelte
sich hier eine Kunst, der es mit dem, was sie verkörperte, heiliger Ernst
war und deren Vertreter selbst an seine Erfindungen glaubten. »Die

Gläubigkeit, welche einem ebenso ernsten und milden wie streng sittlichen Gemüthe entspricht, sagt Müller von Königswinter, ist das leben-
digste Merkmal seiner Werke. Bei ihm ist alles wahr und treu ... Seine
Bilder sind ebenso fern von überlegter Trockenheit wie von zerfliessen-
der Phantasterei, ebenso fern von dürrer Asketik wie von unschöner
Ueppigkeit.« Er war noch nicht dreissig Jahre alt, als er bereits ein
solches Ansehen gewonnen hatte, dass er einen monumentalen Auftrag
erhielt, wie er seit dem Fortgange des Cornelius in den Rheinlanden
noch Niemandem zu Theil geworden war. Der Graf von Fürstenberg-
Stammheim hatte mit einer Erbschaft die Verpflichtung übernommen,
auf dem Apollinarisberge bei Remagen an Stelle einer älteren eine neue
Kapelle erbauen und ausschmücken zu lassen. Mit dem Bau wurde der
Kölner Dombaumeister Zwirner betraut, welcher die Kirche in eleganten
gothischen Formen ausführte, mit der Ausmalung Ernst Deger, der
jedoch nur den Plan der ganzen Dekoration entwarf, zur Ausführung
der einzelnen Fresken aber drei Mitarbeiter, die Brüder Andreas (geb.
1811) und Karl *Müller* (geb. 1818 und Franz *Ittenbach* (1813—1879),
heranzog. Alle vier gingen 1839 nach Italien, wo sie drei Jahre ver-
weilten, um sich durch das Studium Raffaels, Michelangelos und der
Vorgänger Raffaels zu ihrer grossen Arbeit vorzubereiten. Auch führten
sie in Italien bereits einen Theil der Kartons aus. Nach dem Plane
Degers theilten sich die Malereien in zwei grosse Cyklen. In dem einen
sollten die »Hauptmomente des neuen Bundes«, in dem anderen Szenen
aus dem Leben des heiligen Apollinaris, des Schutzpatrons der Kirche,
zur Darstellung gelangen. Die Bilderreihe beginnt zur Linken des Eintretenden mit der Anbetung der Hirten von Deger, der Darstellung im
Tempel und dem zwölfjährigen Jesus unter den Schriftgelehrten von
Ittenbach. Auf der rechten Seite sieht man entsprechende Momente
aus der Jugend der Jungfrau Maria: zu oberst die Geburt der Maria
und darunter Frauengestalten aus dem alten Testament von Karl Müller,
die Begegnung des heiligen Joachim mit der heiligen Anna und Maria,
die Stufen des Tempels emporsteigend, von Ittenbach. Im südlichen
Querschiff sind die Bischofsweihe des heiligen Apollinaris und die Auf-
erweckung eines Mädchens durch den Heiligen, im nördlichen die Zerstörung der Götzenbilder, der Tod und die Glorifikation des Heiligen,
sammtlich von Andreas Müller, dargestellt. Ebendaselbst befindet sich
auch das Hauptbild des ganzen Cyklus, eine grosse, figurenreiche Kreuzigung von Deger. Im Chor sieht man rechts die Krönung der Maria
von Karl Müller, links die Auferstehung Christi von Deger, an der Aussenseite des Triumphbogens rechts den heiligen Joseph, links die Madonna

26

mit dem Kinde von Deger. In der Altarnische hat letzterer den Welt-
heiland mit Maria und Johannes, Ittenbach die heiligen Petrus und
Apollinaris mit den vier Evangelisten dargestellt. Dazu gesellt sich noch
eine Reihe von kleineren, grau in grau gemalten Bildern, welche theils
Szenen aus dem Leben Christi und des heiligen Apollinaris, theils allegorische und symbolische Figuren zeigen.

Degers Arbeiten sind nach Erfindung und Ausführung die bedeutendsten des Cyklus. »Er hat nicht allein eine tiefe, umfassende kirchliche Bildung an den Tag gelegt, er hat sie auch mit einer dramatischen
Kraft und Fülle entwickelt, welche ihn den besten Künstlern aller Zeiten
an die Seite setzt. Zugleich hat er der Richtung, die er verfolgt, durchaus neue und frische Seiten abgewonnen ... Er ist als ein neuer und
begeisterter Prophet seiner Sache aufgetreten.« So lautet das wohl
begründete Urtheil Müllers über Deger. Doch fügt der Schriftsteller
sogleich hinzu: »Welche Lebenskraft indess diese Sache hat und wie
tief sie ihre Wurzeln im Volke schlagen wird, das habe ich hier nicht
zu untersuchen.« Wir können einer solchen Frage nicht aus dem Wege
gehen und dürfen daher nicht verschweigen, dass die Degersche Richtung eine vereinzelte Erscheinung ohne Nachfolger geblieben ist. Wohl
erhielt Deger nach der Vollendung der Apollinarisfresken (1851) noch
einmal einen grösseren monumentalen Auftrag, die Ausmalung der gothischen Kapelle in Schloss Stolzenfels, wo er die Schöpfung, den Sündenfall, die Verkündigung, die Geburt, die Kreuzigung, die Auferstehung
und die Himmelfahrt Christi, die Ausgiessung des heiligen Geistes und
das jüngste Gericht in Freskomalerei auf Goldgrund darstellte. Aber
zur Begründung einer Schule für monumentale Malerei kam es nicht.
Alle vier Künstler haben sich seitdem ausschliesslich auf Staffeleigemälde
und ornamentale Arbeiten beschränken müssen. Daneben haben Andreas
und Karl Müller und seit 1869 auch Deger eine Lehrthätigkeit an der
Düsseldorfer Akademie entwickelt, bis sie durch Krankheit oder Tod
an der Ausübung derselben verhindert wurden, und Andreas Müller hat
durch Angabe einer neuen Methode der Wachsmalerei für eine weitere
technische Ausbildung der Wandmalerei gesorgt.

## 4. Die Anfänge der Landschaftsmalerei in Düsseldorf.

Wir haben gesehen, wie der mächtige Drang, der Lessing zur
Landschaftsmalerei trieb, sich trotz seiner Erfolge als Historienmaler
nicht zurückhalten liess, und wie er allmälig der Landschaftsmalerei eine
gleichberechtigte Stellung neben der Geschichtsmalerei errang. Zugleich
brachte er durch sein Beispiel den Keim zur Entwicklung, der in dem

Herzen eines anderen jungen Akademikers schlummerte, welcher gleichfalls unter Schadows Leitung die Anfangsgründe der Geschichtsmalerei
studirte. Durch Lessings Beispiel und Anregung erkannte Johann Wilhelm *Schirmer* aus Jülich (1807—1863), dass die Landschaftsmalerei sein
Beruf sei, und so ist Lessing auch als der Vater der Düsseldorfer Landschaftsmalerei anzusehen. Schirmer erzählt über diese Wandlung in
seinen autobiographischen Aufzeichnungen folgendes: »In dieser Zeit
(Ende 1826) fühlte ich mich zu Hause immer mehr zur Landschaftsmalerei hingezogen ... Dazu kam, dass Lessings landschaftliche Zeichnungen mich ganz ausserordentlich ansprachen ... Eigentlich erfuhr ich
erst jetzt, dass man als Künstler ebenso gut berechtigt ware. seine Existenz in der Landschafts- wie in der Historien- und Genremalerei zu
suchen. Lessing, der als ein aussergewöhnliches Talent für beides geschaffen, könne schon jetzt bloss als Landschaftsmaler einer der berühmtesten Künstler genannt werden ... Das war nun einerseits alles recht
gut, aber wie sollte ich es um Gottes willen anfangen, Landschaftsmalerei zu studiren? Es existirte ja kein Lehrer hierzu. Schadow sagte
selbst, er verstünde nichts davon ... Da kam mir Schadow selbst entgegen mit dem Wunsch, ich möchte ihm doch 'mal meine Landschaften
zeigen; als ich ihm darauf meine Versuche vorlegte, gefielen ihm dieselben nicht allein recht gut, sondern er äusserte gleich auch den Wunsch,
eines der Blätter gemalt zu sehen. Ich sollte es nur frisch versuchen;
wenn ich stecken bliebe, würde mir Lessings Rath schon von Nutzen
sein; er müsste sich sehr irren, wenn ich nicht dermaleinst sein Ruisdael würde.« Schadows Voraussicht hat sich erfüllt. Sowohl in seiner
ersten Periode, in welcher Schirmer der Natur mit warmer Empfänglich-
keit gegenüber stand und sich namentlich in der Schilderung des deutschen Waldes auszeichnete, als in seiner zweiten, deren Schöpfungen
mehr auf Licht- und Tonwirkungen ausgehen, hatte er manche Eigenthümlichkeiten aufzuweisen, die an den grossen niederländischen Meister,
welchen sich schon Lessing zum Vorbilde genommen hatte, erinnerten.
Unter Lessings Leitung machte Schirmer, der ursprünglich das Buch-
binderhandwerk erlernt und erst seit 1826 die Düsseldorfer Akademie
hatte besuchen können, seine ersten Naturstudien, und zwar auf Aus-
flügen in die Umgebung Düsseldorfs, die er später in die Eifel ausdehnte. So sammelte er Material für sein erstes Bild, einen »Deutschen
Urwald«, mit dessen Idee er sich schon längere Zeit getragen hatte.
Nachdem er zuerst einen Karton gezeichnet, machte er sich an die Ausführung des sechs Fuss breiten und vier Fuss hohen Bildes, welche ihm
in überraschend kurzer Zeit (im Frühjahr 1828) gelang. Er hatte das

Glück, das Bild noch auf der Staffelei zu verkaufen, und als es bei seiner
Ausstellung in Berlin auch die Anerkennung der dortigen Kritik fand,
sah Schirmer mit glücklicher Zuversicht seiner künstlerischen Zukunft
entgegen. Mit Lessing gründete er auch einen Komponirverein.

Bald trafen in Düsseldorf noch andere junge Künstler ein, welche
Landschaftsmaler werden wollten, und auf Schadows Wunsch nahm sich
Schirmer dieser Anfänger an, denen ein besonderer Saal der Akademie
eingeräumt wurde. Die ersten, die sich dort zusammenfanden, waren
Arnold *Schulten* (1809—1874), Eduard Wilhelm *Pose* (1812—1878), Peter
Heinrich *Happel* (1813—1854), Friedrich *Hennert* und Heinrich *Funk*
1807—1877. Ihnen gesellte sich später noch Andreas *Achenbach* bei,
der jedoch bald aus dem Schüler ein Lehrer wurde und selbst die älteren
zu einer naturalistischen Naturauffassung brachte. So entstand aus bescheidenen Anfängen die Landschaftsklasse der Düsseldorfer Akademie,
aus der eine lange Reihe ausgezeichneter Talente hervorgehen sollte.
1834 wurde Schirmer zum Hilfslehrer an derselben bestellt und 1839
übernahm er definitiv ihre Leitung als Professor der Landschaftsmalerei,
die damit als den übrigen Fächern ebenbürtig anerkannt wurde.

In Schirmers Landschaften spiegeln sich die verschiedenen Phasen
der Düsseldorfer Malerei wieder. Anfangs huldigte auch er der Romantik, indem er felsige und waldige Gegenden mit Burgruinen oder
die lauschige Waldeinsamkeit malte, wobei er ein besonderes Gewicht
auf eine sorgsame Ausführung der Details legte. Die flachen Gegenden
am Niederrhein waren damals sein bevorzugtes Studienfeld. Bald unternahm er aber ausgedehntere Reisen nach Belgien (1830), in die Moselgegenden, nach dem Schwarzwald, der Schweiz (1835) und nach der
Normandie (1838). Von diesen Reisen brachte er eine grosse Menge
von vortrefflich durchgeführten Studien heim, welche er bereits im naturalistischen Sinne auf Tonwirkung und Stimmung verarbeitete. Eine so
behandelte Herbstlandschaft, welche er 1838 in der Normandie gemalt
hatte, brachte ihm auf der Pariser Ausstellung eine Medaille zweiter
Klasse ein. In Paris trat Schirmer später zu den Häuptern der französischen Landschafterschule in persönliche Beziehungen, wodurch er in
seiner naturalistischen Richtung noch bestärkt wurde. Eine im Jahre
1839 unternommene Reise nach Italien, wo er sich bis 1840 aufhielt,
führte jedoch einen völligen Umschwung in seinem Schaffen herbei.
Anfangs schwankte er zwar noch zwischen dem Naturportrait und einer
aufs Grosse und Ideale gerichteten Auffassung, wie seine ersten Bilder
»die Grotte der Egeria« (1842, Museum zu Leipzig), »Tivoli« und einige
Motive aus der Campagna beweisen. Allmälig aber wurde er den er-

habenen Formen der italienischen Gebirgsnatur (Kloster Santa Scholastica von 1852, in der Berliner Nationalgalerie gerecht, und schliesslich erhob er sich auf Grund dieser Studien zu einem Vertreter der historisch-stilisirten Landschaft. Als solchen offenbarte er sich aber erst nach dem Jahre 1853, wo er einem Rufe als Direktor an die Kunstschule in Karlsruhe gefolgt war. Hier entstand in den Jahren 1855–56 eine Reihe von sechsundzwanzig mit der Kohle gezeichneten biblischen Landschaften, welche sich jetzt in der Kunsthalle zu Düsseldorf befinden. Die biblische Staffage ist dem ersten Buche Mosis entnommen. Auf dem ersten Blatte ist Adam im Paradiese, auf dem letzten die Bestattung Abrahams dargestellt. Prellers Odysseebilder wurden erst zwei Jahre später bekannt. Mithin war der Cyklus Schirmers der erste Versuch, der historischen Landschaft eine tiefere Auffassung zu geben und dieselbe mit den in ihr lebenden und schaffenden Menschen in engeren Zusammenhang zu bringen. Dieser Versuch fand nicht nur aller Orten, wo der Cyklus zur Ausstellung gelangte, hohe Anerkennung, sondern auch volles Verständniss. Zuerst in Berlin, wo Friedrich Eggers in einer Besprechung der Zeichnungen im »Deutschen Kunstblatt« (1856 S. 226 ff. zunächst die malerische Wirkung und die scharfe und sichere Technik rühmt, welche an die schönsten Radirungen erinnerten. »Während die alten Schöpfer historischer Landschaften, sagt er dann zur Kennzeichnung des Unterschiedes zwischen der früheren historischen Landschaft und der Auffassung Schirmers, sich in das Naturleben versenkten, es in sich aufnahmen, um es wie aus einem reinen Spiegel wieder auszustrahlen. . . . geht Schirmer von den Figuren aus, die in so nothwendigem Zusammenhange mit dem Grund und Boden stehen, dass auf demselben nicht bloss ihre Bäume und Früchte, sondern auch ihre Schicksale wachsen. Indem er nun diesen Zusammenhang aufs Innigste ergreift, indem er ferner in Formation von Blume, Blatt und Baum. von Fels und Gebirge so treu bewandert und erfahren ist, dass er Alles, auch seine Bewegung, sein Blühen und sein Streben kennt, kann er recht voll hineinfahren und seine Seele reden lassen, so dass nun wieder die Menschen zur blossen Staffage werden und ihm fast nur so viel gelten. wie eine Unterschrift.« In bewusstem Anschluss an die Vertreter der idealistischen Richtung in der neueren deutschen Malerei hatte Schirmer einzelne Gruppen und Figuren der Schnorrschen Bibel entlehnt, was er auch in seinem letzten Cyklus that, weil er selbst nichts besseres zu schaffen wusste. Es folgten vier Landschaften mit der Geschichte des barmherzigen Samariters (1856 bis 1857, in Kohle und Oel ausgeführt, Kunsthalle zu Karlsruhe), und den Abschluss seiner künstlerischen Thatigkeit bildete die Geschichte Abra-

hams in zwölf Landschaften 1859—62, Berliner Nationalgalerie), welche zu zweien so zusammengefasst sind, dass das untere, fast um zwei Dritttheile niedriger als das obere, gewissermaassen die Predelle des letzteren bildet. In diesem letzten Werke seines Lebens fand sein geistiges und technisches Können zugleich seinen Höhepunkt. Sein Kolorit erhob sich zu der malerischen Virtuosität der modernen Realisten, ohne etwas von seiner romantischen Stimmung einzubüssen, und die Behandlung der Details, namentlich der prächtigen Baumriesen, welche fast jedem Bilde die Haltung geben, spiegelt noch einmal die Gewissenhaftigkeit und Fülle seiner Naturstudien wieder. Er starb am 11. September 1863.

Obwohl er sich selbst in dem letzten Jahrzehnt seines Schaffens auf einem begrenzten Gebiete bewegt hat, sind aus seiner Schule Maler hervorgegangen, welche alle Richtungen der neueren Landschaftsmalerei vertreten. Die oben erwähnten Düsseldorfer der älteren Generation wurden freilich auch noch von Lessing beeinflusst, so besonders Wilhelm *Pose* aus Düsseldorf (1812—1878), welcher seine ernst gestimmten und grossartig aufgefassten Landschaften aus den Rhein- und Moselgegenden, dem Taunus, der Eifel, den österreichischen Alpen und Italien mit sorgfältigster Betonung der Details ausführte, und Heinrich *Funk* aus Herford (1807—1877), welcher von 1854—1876 Lehrer der Landschaftsmalerei an der Kunstschule in Stuttgart war. Wie Schirmer legte er ein Hauptgewicht auf Schärfe der Zeichnung, die sich besonders in etwa hundert Bleistift- und Kohlezeichnungen offenbarte, welche sich in seinem Nachlasse vorfanden. August *Weber* aus Frankfurt a. M. (1817—1873), der seine erste Ausbildung am Städelschen Institut genoss, arbeitete nur ein Jahr lang (1838—1839) in der Landschaftsklasse der Düsseldorfer Akademie unter Schirmer und erlangte bald eine derartige Selbstständigkeit, dass er seinerseits eine Schule eröffnen konnte. Früher als Schirmer gelangte er zur stilisirten Landschaft, wobei es ihm jedoch nicht allein auf die Harmonie der Linien und Formen, sondern auch auf Beleuchtung und Stimmung ankam. Er suchte dabei jeder Tageszeit gerecht zu werden, zeichnete sich aber besonders in Abend- und Mondscheinlandschaften aus. Kaspar *Scheuren* aus Aachen (geb. 1810) gehört ebenfalls zu den Künstlern, welche durch Lessing und Schirmer zur Landschaft geführt wurden. Seine Oelgemälde, die sich durch eine geistreiche Technik auszeichnen, aber an flüchtiger und willkürlicher Behandlung leiden, gehören meist der ersten Periode seiner Thätigkeit an. Später begründete er sich ein eigenes Genre, indem er auf meist aquarellirten Blättern mehrere landschaftliche Bilder durch Arabesken, durch Einstreuung von Figuren u. dgl. zu einem phantastischen Ganzen vereinigte und diese Blätter wieder zu grösseren Cyklen verband. So entstanden das Album der Burg Stolzenfels in fünfzig Blättern, vierundzwanzig Aquarelle aus der Sage und Geschichte des Rheins städtisches Museum zu Köln, auch in Farbendruck vervielfältigt), das Album von Venedig, ein Album mit sieben Aquarellen zur Erinnerung an den Aufenthalt der preussischen Königsfamilie in Koblenz und am Rhein, und zahlreiche Diplome, Ehrenbürgerbriefe, Adressen, Gedenkblätter, Illustrationen zu Dichtern, Titelblätter u. dgl. m. Er fasste alles im romantischen Geiste auf und sah weniger auf realistische Treue, als auf eine gefällige, farbenfrohe Darstellung in bunten Tönen. Auch führte er mit grossem Geschick die Radirnadel.

Müller von Königswinter nennt noch eine ganze Reihe von Landschaftsmalern der älteren Generation, die zum Theil den romantischen Wegen Lessings und Schirmers folgten, zum Theil sich der stilistischen Richtung anschlossen. Aber keiner von ihnen hat entscheidend in den Gang der kunstgeschichtlichen Entwicklung eingegriffen oder Werke von scharf ausgeprägter Physiognomie geschaffen. Es genügt daher, einige Namen wie Adolf *Lasinsky* aus Koblenz (1808—1871), Gustav *Lange* aus Mülheim a. Rh. (geb. 1811), Karl *Hilgers* aus Düsseldorf (geb. 1818), Adolf *Höningshaus* aus Crefeld (geb. 1811), der später nach Dresden übersiedelte und dort auch einige Schüler heranbildete, August *Kessler* aus Tilsit (geb. 1826), Ludwig Hugo *Becker* aus Wesel (1833—1868), August *Becker* aus Darmstadt (geb. 1822), einen Romantiker, der mit Vorliebe Hochgebirgslandschaften bei aussergewöhnlicher Beleuchtung (Alpenglühen, Mitternachtssonne) malte, Alexander *Michelis* aus Münster 1823 bis 1868), der seit 1863 als Lehrer an der Kunstschule zu Weimar thätig war, Wilhelm *Klein* aus Düsseldorf (geb. 1821) und August von *Wille* aus Kassel (geb. 1829) zu nennen, welcher auch Architektur- und Genrebilder gemalt hat.

Alle diese Künstler, ihre Lehrer mit einbegriffen, wurden sehr bald durch einen Mann in den Schatten gestellt, dessen Feuergeist die Lehrenden wie die Lernenden widerstandslos mit sich fortriss und mit welchem die Epoche der naturalistischen Landschaftsmalerei in Düsseldorf anhebt.

### 5. Andreas Achenbach.

Schirmers Verdienste um die Entwicklung der Düsseldorfer Landschaftsmalerei beruhten, wie wir gesehen haben, im wesentlichen auf seiner technischen Virtuosität. Seine glänzende Technik, welche noch den stilisirten Landschaften seiner letzten Jahre die Romantik der Farbe verlieh, bestach selbst diejenigen unter den jungen Künstlern, welche in

ihrem inneren Wesen dem Meister fremd gegenüberstanden. So liegen die Wurzeln der phänomenalen Erscheinung Andreas Achenbachs nach der technischen, d. h. rein malerischen Seite in Schirmer, nach der formalen in Lessing. Der Realismus der Bewegung trat dann als neues Element hinzu, welches die beiden älteren verband und durchdrang und so eine künstlerische Individualität von gewaltiger Kraft schuf.

Andreas Achenbach*) wurde am 29. September 1815 in Kassel als der Sohn eines Kaufmanns geboren, welcher ebenso, wie seine Frau, Neigung und Herz für die bildenden Künste besass. Der Knabe verbrachte eine sehr unruhige Jugend, da der Gang der Geschäfte den Vater veranlasste, mehrere Male seinen Wohnsitz zu wechseln. Auf Kassel folgte Mannheim, dann Petersburg, wo Andreas den ersten Zeichenunterricht genoss und zugleich Gelegenheit fand, zum ersten Male das Meer zu sehen, und endlich Düsseldorf, wo der Vater 1823 eine dauernde Stätte fand und der Sohn den Grundstein seines zukünftigen Ruhmes legen sollte. Er setzte es durch, dass er schon als zehnjähriger Knabe die Elementarklasse der Akademie besuchen durfte. 1827, also mit zwölf Jahren, trat er als Schüler in die Akademie selbst ein und wurde, dank der Protektion Schadows, später nach seiner ausgesprochenen Begabung in die Landschafterklasse aufgenommen. Pecht erzählt in seiner Biographie Achenbachs, zu welcher ihm der Künstler selbst Material geliefert hat, dass derselbe schon in seinem fünfzehnten Jahre sein erstes Bild, eine felsige Seeküste, gemalt habe, welches der Graf Raczynski in Berlin, der bekannte Kunstmäcen, ankaufen liess. Wie schnell sich aber auch das Talent des jungen Andreas entwickelt haben mag, so ist seine Reife denn doch nicht so frühzeitig eingetreten. Das würde schon den thatsächlichen Verhältnissen in Düsseldorf nicht entsprochen haben. Im vorigen Abschnitt ist berichtet worden, dass Schirmer nach längern Vorstudien seine erste Landschaft 1828 zu Stande brachte. Erst ein paar Jahre darauf wurde von Schadow unter Schirmers Leitung eine Art Landschaftsklasse improvisirt, in welcher Andreas Achenbach seine regelrechten Studien begann. Und damit stimmt denn auch, dass die Raczynskische Landschaft jetzt mit der Sammlung des Grafen in der Berliner Nationalgalerie unter dem Namen »Norwegische Seeküste«) die Jahreszahl 1834 trägt, von dem Künstler also in seinem neunzehnten Lebensjahre gemalt worden ist. Diese Marine ist demnach nicht sein Erstlingswerk. Er begann vielmehr 1831 mit einer Ansicht des Düsseldorfer Akademiegebäudes,

---

\* Fr. Pecht, Deutsche Künstler des neunzehnten Jahrhunderts. III. Nördlingen 1881. S 328—350.

welchem 1832 eine Landschaft mit einer Kapelle folgte, beide spitz und
etwas trocken gemalt, was dem damaligen Stande der malerischen Technik
entsprach. In diesem Jahre unternahm Achenbach auch mit seinem Vater
eine grössere Reise, die ihn über Rotterdam, Scheveningen, Amsterdam
durch die Nordsee nach Hamburg und von da nach Riga führte und bis ins
nächste Jahr hinein dauerte. Nach seiner Rückkehr malte er zunächst noch
Landschaften nach heimischen Motiven, ländliche Idyllen wie die »Fähre
bei Hamm«, das »Haus im Walde« und 1834 jene Marine, welche er als
»norwegisch« bezeichnete, wiewohl er erst 1839 Norwegen kennen lernte.
Bis zum Jahre 1835 gehörte Achenbach der Akademie als Schüler an. Er
schied von derselben, weil sich, wie Pecht erzählt, Gegensätze zwischen ihm
und Schirmer gebildet hatten, welcher auf den schnell wachsenden Ruhm
des jungen Mannes mit eifersüchtigen Augen blickte. Es kam zu Rei-
bungen und Zerwürfnissen, in Folge deren Achenbach als Führer einer
Opposition, zu welcher Funk, Pose und andere gehörten, »ziemlich osten-
tativ« die Anstalt verliess. Werthvoller als die Unterweisung, welche
ihm die Akademie damals bieten konnte, war für ihn der freundschaft-
liche Umgang mit Alfred Rethel, der »für die charaktervolle Bewegung
in seinen figürlichen Darstellungen von unverkennbarem Einfluss gewesen
ist« [*]. Im Jahre 1835 malte Achenbach eine »Marine mit einem Leucht-
thurm«, welche Prinz Friedrich von Hohenzollern ankaufte, dessen kleiner
Hof in Düsseldorf der geistige Mittelpunkt des dortigen Kunstlebens war
jetzt im Besitz des Prinzen Alexander von Preussen). Im folgenden Jahre
entstand ein »Seesturm an der schwedischen Küste«, ein Bild, welchem
man trotz mancher Unvollkommenheiten in der Ausführung eine epochemachende Bedeutung in der modernen Landschaftsmalerei beimessen
muss. Es ist ein historisches Merkzeichen, von welchem eine neue Aera
der Landschaftsmalerei beginnt. Vor ihm hatte von den neueren Meistern nur der Berliner Wilhelm Krause im Jahre 1831 einen Seesturm
zu malen gewagt. Es ist nicht anzunehmen, dass Achenbach von ihm
beeinflusst worden ist. Offenbar sind die holländischen Marinemaler seine
Lehrmeister gewesen. Die dramatische Kraft, mit welcher er das Toben
und Wüthen der See darzustellen wusste, hat bereits etwas Elementares,
etwas Dämonisches, und das ist der neue Grundstoff, der mit Andreas
Achenbach in die Erscheinung tritt und durch ihn in die Entwicklung der
neueren deutschen Malerei eingeführt wurde. Allmälig bildete sich dann
dieses dramatische Element zu grösserer Vielseitigkeit aus. Dem un-

*) Aus der Festrede des Malers Deiters bei der Feier des siebenzigsten Geburtstags
Achenbachs. Kunstchronik (Beiblatt der Zeitschrift für bildende Kunst) XXI. S. 3.

gestümen Rasen des Wassers trat die menschliche Kraft gegenüber, um
sich mit dem blindwüthigen Riesen zu messen, und dieser Kampf der
menschlichen Intelligenz mit der rohen Elementargewalt bildete später
das Grundthema der grossartigsten Schöpfungen Andreas Achenbachs.
Er vertritt in den scheinbar durch und durch realistischen Gebilden des
Meisters die ideale Seite, und so finden wir denn auch in der Beobachtung, dass ein wahrhaft grosser Realist zugleich ein grosser Idealist ist,
die ewige Wahrheit wieder, die manche in der Gegenwart verdunkelt
oder gar verkannt glauben, dass das höchste Ziel der Kunst immer das
Ideal ist, gleichgültig, auf welchem Wege es erstritten wird, ob mit Hilfe
einer von vornherein idealistischen Ausdrucksweise oder mit der leidenschaftlichen Rhetorik eines kühnen Realismus.

1836 unternahm Achenbach eine Reise nach Süddeutschland und
Tirol und liess sich dann für einige Zeit in München nieder, wo König
Ludwig den oben erwähnten »Seesturm« für die neue Pinakothek in
München ankaufte. Einen zweiten »Seesturm« aus demselben Jahre erwarb
der Rheinisch-westfälische Kunstverein. Der Künstler kam noch öfters
auf dieses Thema zurück, welches ihm gestattete, die Ergebnisse seiner
umfassenden Beobachtungen der See in allen Stadien der Erregung, in
allen Metamorphosen von der schweren, schlammigen Sturzwelle bis
zum flockigen Gischt zu zeigen. Mit diesem Studium des Wassers ging
ein gleich eingehendes Studium der Luft über dem Meere und über dem
Strande und ihrer eigenthümlichen Reflexe auf dem Wasser zusammen. Man sagt, dass Achenbach die gewonnenen Eindrücke nicht in
Skizzenbüchern und Oelstudien festhielt, sondern dass er dieselben, unterstützt durch eine erstaunliche Gedächtnisskraft, im Kopfe mit sich herum-
trug. 1837 begab sich Achenbach nach Frankfurt a. M., wohin ihm sein
Düsseldorfer Freund Alfred Rethel vorausgegangen war, und dort vollendete er einen dritten »Seesturm an der Küste mit einem strandenden
Schiffe«, welchen das Städelsche Institut für den damals ansehnlichen
Preis von 1500 Gulden kaufte. Die Malerei ist zwar noch etwas blechern
und leblos, die Auffassung aber grossartig und dramatisch. In demselben
Jahre entstand eine »norwegische Landschaft« (jetzt in der Kunsthalle
zu Karlsruhe), zu welcher er sich, wie Deiters in seiner Festrede an-
deutete, die Motive »auf dem Hundsrück in der Nähe von Simmern«
geholt hatte. Erst 1838 lernte er Norwegen aus eigener Anschauung
kennen. Von dort ging er wieder nach Düsseldorf zurück, und dieses
blieb bis zum Jahre 1843 seine Heimstätte, zu der er von seinen häu-
figen Reisen nach England, Frankreich, wo er Turner und Gudin kennen
lernte, und Norwegen immer wieder zurückkehrte. Die grossartige Schön-

heit der norwegischen Gebirgsnatur hat er zuerst für die Kunst entdeckt. Durch seine Erfolge ermuntert, kamen dann junge skandinavische
Maler nach Düsseldorf, um dort von seiner glänzenden Technik zu pro-
fitiren und mit ihrer Hilfe die Reize ihres Heimathlandes nach seinem
Vorgange weiter auszubeuten. Achenbach entfaltete schon in dieser
Zeit eine ausserordentliche Produktivität, und bald sagte man ihm
nach, dass er am schnellsten von allen Düsseldorfern male, ohne dass
die Solidität seiner Mache dadurch geschädigt würde. Der »Untergang
des ‚Präsident‘ im Eis des atlantischen Oceans« (1842, Kunsthalle zu
Karlsruhe) und der »Hardanger Fjord bei Bergen« (1843, Kunsthalle zu
Düsseldorf) bezeichnen neben einer Reihe von Strand- und Waldlandschaften wohl den Höhepunkt der Schöpfungen dieser ersten Epoche.

In dieser Zeit voll regster Arbeitsamkeit gab sich Achenbach mit
Spekulationen ab, die im Frühjahr 1843 seinen Uebertritt zum Katholizismus zur Folge hatten⁕. Zum Gedächtniss an diesen Akt malte er
für den Hochaltar der Lambertikirche in Düsseldorf ein Altarbild mit
neun Heiligen auf Goldgrund. Die Energie und Tiefe der Farbe verräth einen Künstler, der auch auf diesem, ihm sonst fernen Gebiete zu
der süsslichen Romantik der Düsseldorfer Heiligenmaler in Opposition
getreten war. Später (1856) malte er auch eine Ansicht von dem Inneren
der Kirche.

Mit seinem Uebertritt zum Katholizismus scheint auch eine Reise
nach Italien in Verbindung gestanden zu haben, die er im Herbst 1843
unternahm. Das Studium des Meeres und der italienischen Küsten war
selbstverständlich für ihn die Hauptsache. Aber im grossen und ganzen
war die Ausbeute seines Aufenthalts in Italien, der sich bis zum Jahre
1845 ausdehnte, nicht sonderlich reich. Die klassischen Linien der italienischen Landschaft bildeten den Inbegriff alles Studiums für die Formenstilisten im Geiste Rottmanns und Schirmers. Achenbachs Streben ging
aber anderswohin. Seinem Bruder Oswald blieb es vorbehalten, eine
neue Auffassung der italienischen Landschaft zu begrunden. Andreas
fand indessen auch in Italien manches, was seine Eigenart reizte. Die
»Pontinischen Sümpfe« in der neuen Pinakothek zu München 1846, die
»Cyklopenfelsen« (1847) im Museum zu Philadelphia, die Landschaft von
Corleone (1852, im Besitz des deutschen Kaisers), »Scylla« an der Küste
von Sizilien sind Beispiele für die Art und Weise, in welcher sich Achenbach mit der südlichen Natur abfand. Indessen bilden diese italienischen

---

⁕) Wir folgen hier den Angaben Pechts. Nach Anderen geschah der Uebertritt erst
in Rom.

Landschaften und Marinen nur eine Episode in seiner Thätigkeit, die man getrost streichen könnte, ohne dass sich das Charakterbild seiner Kunst ändern würde. Seine Kraft wurzelte im Norden, an der nordischen Küste, in Holland, Belgien und Norwegen. Die schäumenden Wasserfälle des letzteren Landes hat Achenbach oft mit unübertroffener Bravour dargestellt: romantische Motive, welche durch die realistische Auffassungsart des Malers nur noch grossartiger wirken.

Obwohl Achenbachs grösste Erfolge nach der Seite des geräuschvollen Effekts auf dem Gebiete des Seestücks liegen, hat er sein Leben lang mit gleicher Liebe die Binnenlandschaft kultivirt. Und gerade auf diesen Bildern erkennen wir am deutlichsten, wie nachhaltig und für sein ganzes Leben bestimmend Lessing auf ihn eingewirkt hat. Wie Lessing, wählt Achenbach gern einen hohen Standpunkt und lässt von diesem aus den Beschauer in stille Thalwinkel, auf Wiesen und Felder, auf die Windungen kleiner Flüsse, in die Gässchen alterthümlicher Städte blicken, die er mit lichtem Sonnenglanz erfüllt oder mit dem Scheine des Mondlichts umwebt. Da zeigt sich denn der Meister, der sonst gewöhnt ist, mit breitem Pinsel ungeberdige Sturzwellen zu malen, als liebevoller, sorgsamer Feinmaler, dem die geringste Einzelheit nicht zu unbedeutend ist. Die Motive zu diesen Landschaften sind meist vom Niederrhein gewählt. Gelegentlich machte Achenbach dann einen Abstecher ins Hannöversche, wo ihn besonders Hildesheim mit seinem mittelalterlichen Charakter fesselte. Bisweilen drang er auch in das innere Gassengewirr holländischer Städte, wie z. B. in das Judenviertel Amsterdams, ein und holte sich mit seinem trefflichen Blick für das Malerische Motive heraus, an die Niemand zuvor gedacht hatte. Das Malerische sucht er stets in der Bewegung, mag sie ihm das Gewühl der Menschen oder das Treiben der Wolken oder das Spiel des Lichts und des Windes auf der Wasserfläche darbieten. Innerhalb dieser Bewegung bleibt aber immer die plastische Form bestehen, die ihm niemals gleichgültig wird. Achenbach ist deshalb ein ebenso tüchtiger Terrain- und Architekturmaler, wie es Lessing gewesen, und man darf demnach behaupten, dass die formale Seite seiner Kunst an Lessing anknüpft. Aber noch in einem anderen Sinne. Lessing war der erste, welcher die Bedeutung der Staffage für die Landschaft in einer völlig neuen Weise auffasste. Indem er aufhörte, die Menschen nach der Art der älteren Landschaftsmaler flüchtig zu skizziren, sondern sie zu sorgsam durchgeführten Genre- und Kostümfiguren zu gestalten, setzte er sie in innige Beziehung zu ihrer landschaftlichen Umgebung, so dass diese oft einen erläuternden Kommentar zu dem durch die Figuren versinnlichten Vorgange bildete. Eine ahn-

lich bedeutsame Rolle spielen die Figuren auf den Gemälden Andreas Achenbachs, ebenso wie seines Bruders Oswald, der dieselben formalen Elemente von seinem Bruder und Lehrer übernahm. Romantische Geheimnisse haben uns freilich die Figuren des energischen Realisten nicht zu verrathen. Es sind Gestalten, aus dem Leben herausgerissen, nicht in dasselbe hineingedichtet: Küstenbewohner, die ihren harten Kampf mit dem Meere bestehen, Fischer, die bei herannahendem Sturme ihre Schaluppe und ihre Netze bergen, Lootsen, die einem bedrängten Schiffe zu Hilfe kommen, wettererprobte Männer, die ihre Dämme vor dem Anprall der Wogen sichern, Leute, die ein Fahrzeug ausladen u. dgl. m. Oft sind die Figuren zu einer hochdramatischen Aktion vereinigt, zu einem Kampfe um Leben und Tod, wie z. B. auf der prachtvollen Schilderung des Sturms und der Ueberschwemmung am Niederrhein im Jahre 1876. Ein andermal geben sie ihren episodischen Charakter ganz auf, treten so stark in den Vordergrund und breiten sich in solcher Zahl über das ganze Bild aus, dass sich die Grenze zwischen Landschaft und Genre verwischt. Ein Beispiel für diese letztere Gattung ist der »Fischmarkt in Ostende« (1866, Nationalgalerie zu Berlin), ein Motiv also aus einer Oertlichkeit, die mit Scheveningen in den letzten Jahren der Schauplatz von Achenbachs glorreichsten Thaten gewesen ist. Die grossen Fischerboote sind eben eingetroffen. Sie legen am Quai an, und ihre Mannschaften machen sich daran, die Ladung ans Land zu schaffen, wo sich bereits ein reges Leben entfaltet hat. Auf den Steinplatten liegen die Meeresbewohner ausgebreitet, der Käufer harrend. Es ist noch früh und der eigentliche Verkauf hat noch nicht begonnen. Desto lebhafter discuriren die Marktweiber, die Fischer und die Bootsleute mit einander. Alles ist eitel Bewegung und Leben. Alle diese Figuren, dieses Menschengewoge, dieses Kommen und Gehen trägt den Stempel treuester Naturbeobachtung, unübertrefflicher Wahrheit. Und nun denke man sich dazu die schäumenden Wellen, welche an die Quadern klatschen, die Boote heben und gegen den Quai drängen, den blassblauen Himmel, an dem sich unter der frischen Brise weisse Wolken jagen, den bläulichen Rauch, der aus den Essen steigt und sich mit aufspritzendem Gischt und den Dünsten des Wassers mischt — das alles verleiht dem alltäglichen Vorgange ein so grossartiges Relief, dass den Beschauer ein Gefühl beschleicht, als stünde er dem erhabensten Naturschauspiel gegenüber. Und mit welcher gesättigten Kraft hält die Farbe diese Szenerie voll Hast und Unruhe zusammen! Da ist kein Ton, der herausfällt, keiner, der schreiend die Aufmerksamkeit auf sich lenkt. Jeder Farbenfleck hat seine Beziehungen zum Ganzen, seinen bestimmten Zweck im

Organismus, ohne dass irgendwo die Spuren einer raffinirten Suche nach Effekten, eines spitzfindigen Diftelns sichtbar sind. Rein instinktiv wie jedes echte Genie stellt der Meister durch den Zusammenklang der Farben die Harmonie in der Bewegung her, eine ihm angeborene malerische Prozedur, über welche er sich in ihren einzelnen Stadien nicht einmal selbst wird Rechenschaft ablegen können.

Freilich artet die staunenswerthe Technik des Künstlers, wie es nicht anders sein kann, bisweilen auch in Flüchtigkeit aus. Das war namentlich in jener Zeit der Fall, als der Milliardensegen in die Börsen der Gründer strömte und die letzteren über Nacht zu Kunstkennern wurden, von denen jeder seinen Achenbach haben musste. Da vermochte selbst der furiose Pinsel des Meisters Andreas dem Ansturm kaum zu genügen, und die Kunsthändler holten ihm die nassen Bilder aus dem Atelier, unbekümmert, ob sie fertig waren oder nicht. Wenn nur der splendide Besteller das bekannte, sauber gerundete Zeichen ‚A. Achenbach‘ in der Ecke fand. Auch der flotte Export nach Amerika nahm eine Zeit lang den Meister stark in Anspruch, und so tragen denn die Bilder dieser Epoche nicht den Stempel liebevoller Durchbildung der Lufttöne und Wasserflächen, an welche uns Achenbach gewöhnt hatte. Himmel und Wellen sehen blechern und gläsern aus, und das Achenbachsche Grau, eine Farbe, die er in einer erstaunlichen Weise zu nüanciren weiss, macht sich recht trocken, nüchtern und eintönig. Man wird also diese Sorte von Bildern aus dem Werke des Meisters, das schon jetzt über tausend Nummern umfasst, ausscheiden müssen, weil man sonst zu der irrigen Auffassung gelangen könnte, dass die Kraft des Meisters zu erlahmen drohe. In Wahrheit ist aber das Gegentheil der Fall. Dafür zeugen Bilder wie die »Gebirgsmühle« (1882) und die »Mondnacht«, der »holländische Hafen« (1883, Nationalgalerie zu Berlin), das »Lootsenboot«, der »Sturm bei Ostende« u. a. m.

Es ist selbstverständlich, dass eine so geniale Kraft von grossem Einfluss auf ihre Umgebung werden musste. Gleich Lessing trat zwar auch Achenbach in kein näheres Verhältniss zur Akademie, hat auch, wie jener, in seinem Atelier keine Schüler, mit Ausnahme von zweien, herangebildet. Aber sein Beispiel, seine Thaten wirkten auf die heranwachsende Generation, und so verdankt ihm die gegenwärtige Düsseldorfer Schule ein gut Theil ihrer Tüchtigkeit.

Der eine seiner beiden Schüler war sein jüngerer Bruder Oswald *Achenbach*, geb. zu Düsseldorf am 2. Februar 1827. Frühreif wie Andreas besuchte er schon seit 1839 die Akademie, eignete sich schnell die Elementarkenntnisse an und widmete sich dann unter Leitung des

Bruders der Malerei. Seine Naturstudien begannen 1845 mit einer Reise
in das bayerische Gebirge, nach der Schweiz und Oberitalien. Die
Früchte derselben waren bis zum Jahre 1849: »Morgenlandschaft aus
der Lombardei«, »Abend im bayerischen Gebirge«, »Landschaft aus Oberitalien«, »Italienische Gewitterlandschaft«, »Italienische Landschaft am
Meere«, »Partie einer Villa im Mondlicht«. Diese Liste ist insofern lehrreich, als sie uns schon die eigenthümliche Richtung Oswald Achenbachs
charakterisirt, die ihn von seinem Bruder so wesentlich unterscheidet.
Beide sind Poeten, der eine aber ein Realist, dessen dramatische Kühnheit
sich nur mit Shakespeare vergleichen lässt, der andere ein ideal ge-
stimmter Romantiker, welcher sich mächtig zum Vaterlande Tassos und
Ariostos hingezogen fühlt. Seine Bilder sind farbengluhend, stimmungs-
voll und harmonisch gefügt, wie die Strophen der beiden ihm con-
gēnialen Dichter. Was seinem Bruder versagt geblieben war, die italienische Landschaft in ihrem vollen poetischen Dufte, mit ihrem sanften,
fast elegischen Wechselspiel zwischen Licht und Schatten, mit ihren
zauberischen Perspektiven, in denen die zartesten Töne sich mit einander
verschmelzen, zu erfassen, das erreichte Oswald wie kein zweiter Landschaftsmaler der Welt. Die deutschen Künstler, die vor ihm die italienische Natur ausgebeutet hatten, fussten fast ohne Ausnahme auf der
stilisirten Anschauungsweise Rottmanns. Sie lösten aus den wechselnden
Phänomenen des Himmels und der Luft die ewigen Formen der Landschaft
heraus. Die klassische, strenge und keusche Schönheit der Linien war
ihr Ideal. Diesen Stilisten trat Oswald Achenbach mit dem magischen
Reichthum einer unerschöpflichen Palette gegenüber. Bei ihm verschwand
die Linie, welche den Horizont begrenzt, unter dem weichen Nebeldunst
der Ferne, der je nach der Beleuchtung in den verschiedenartigsten,
zartesten Farben schillerte. Das Meer wurde auch ihm zum wichtigen
Faktor; aber er zeigte es niemals in seinem Aufruhr, sondern in jener
majestätischen Ruhe, welche die Fläche wie einen Spiegel erscheinen
lässt, auf dem tausend Lichter funkeln, die, gebrochen durch die dazwischen liegende Luftschicht, wieder zum Himmel zurückstrahlen. Die
Stimmungen aller Tages- und Nachtzeiten hat er zum Gegenstande ein-
dringlichsten Studiums gemacht, sofern sich ihnen eine poetische Seite
abgewinnen liess. Gleich den romantischen Dichtern weilt er aber am
liebsten im Mondenscheine. Unter seinen Mondscheinlandschaften steht
obenan die herrliche von Santa Lucia in Neapel mit dem flammenden
Vesuv im Hintergrunde, welche im Jahre 1878 vollendet wurde.

Wo Oswald Achenbach in das Innere der italienischen Städte dringt,
da ist er ein Architekturmaler ersten Ranges, der zwar nicht Stein für

Stein kopirt, aber das Charakteristische eines Bauwerks so klar und deutlich hervorhebt, dass man gar nicht gewahr wird, dass die Architekturen nicht detaillirt, sondern als Massen behandelt sind. Ein charakteristisches Beispiel für diese Richtung seiner Kunst ist der »Marktplatz von Amalfi« (1876, Nationalgalerie zu Berlin). In greller Mittagssonne liegt der Platz mit seiner ehrwürdigen Umgebung vor uns. Scharf und klar heben sich die Formen der Architektur vom Himmel ab: links vom Beschauer der schlanke Glockenthurm, rechts die Kathedrale von San Andrea, zu der eine steinerne Treppe hinaufführt, und im Hintergrunde, gleichsam als Fortsetzung der Architektur, das terrassenförmig emporsteigende Gebirge mit dem alten, verwitterten Thurm der Königin Johanna, der mit den Felsen verwachsen zu sein scheint. Auf dem Marktplatz, der sich in sanfter Steigung bis an die Kirchentreppe hinaufzieht, stehen Obsthändler und hocken Maisverkäufer herum. Einer ist beschäftigt, einen Maishaufen zusammenzukehren; sonst herrscht vollkommene Trägheit und Ruhe, die mit der umgebenden Natur im Einklang steht. Oswald Achenbach legt auf die Staffage einen noch grösseren Werth als sein Bruder Andreas. Wenn man seine Figuren aus unmittelbarer Nähe betrachtet, sieht man nur formlose, bunte Flecke. Man ahnt ungefähr, dass diese Farbenflecke ein gewichtiges Wort in der koloristischen Gesammtwirkung mitzureden haben. Man begreift aber nicht, wie diese Flecke, je weiter man sich entfernt, desto fester und plastischer und schliesslich zu völlig runden, körperhaften und lebensvollen Figuren werden. Welch' eine Schärfe des Auges, welch' eine Sicherheit der Berechnung, welch' eine Festigkeit der Hand setzt das voraus! Prof. Wiegmann hat in seinem Buche über »Die königliche Kunstakademie zu Düsseldorf und die Düsseldorfer Künstler« bei aller Anerkennung »der geistreich und lebendig erfundenen Figurenstaffage« die skizzenhafte Behandlung derselben getadelt. Wiegmann war noch zu sehr an die streng zeichnerische Durchführung der Figuren in den Lessingschen Landschaften gewöhnt, um die Bedeutung dieser spezifisch malerischen Behandlungsweise unbefangen würdigen zu können. Oswald Achenbach begnügt sich selten mit wenigen Figuren; er zeigt uns eine Cavalcade, eine Schaar von Landleuten zu Pferde, Esel und Wagen, galoppirende Reiter, eine Prozession, eine Gesellschaft vornehmer Forestieri in glänzenden Karossen, Burschen und Dirnen bei Spiel und Tanz oder wohl gar ein ganzes Volksfest oder eine Genreszene von selbstständiger Bedeutung, wie die Einsegnung eines Fischerbootes durch einen Geistlichen. Die bunten, fliegenden Gewänder im hellsten Sonnenlicht geben dann gewöhnlich die höchsten Töne der Farbenskala an, denen sich die volleren

und tieferen Akkorde unterordnen. Mit besonderer Vorliebe schildert er die Wirkungen des Sonnenlichtes auf den aufwirbelnden Staub oder das Durchdringen der Sonnenstrahlen durch das Blätterdach staubiger Alleen und durch die Zwischenräume, welche die Bäume offen lassen. Wie flüssiges Gold schwimmt überall das glitzernde Licht auf Bäumen und Blättern, auf der Erde, auf den Menschen und in der Luft herum. Ein solches Motiv unter Abendbeleuchtung behandelt die »Villa Torlonia bei Frascati« in der Berliner Nationalgalerie. Aus der Fülle seiner übrigen Landschaften heben wir nachfolgende Hauptwerke hervor: Abendlandschaft bei Arriccia mit dem Einzug eines Kardinals (1853), nächtlicher Leichenzug in Palestrina (Kunsthalle zu Düsseldorf) und Pilger aus den Abruzzen bei Civita Castellana vom Sturm überrascht (1861), Messe bei den Schnittern in der römischen Campagna (1863), Mondnacht am Strande von Neapel (1864), Rocca di Papa im Albanergebirge und das Fest der heil. Anna in Casamicciola auf Ischia (beide in der Dresdener Galerie), der Palast der Königin Johanna bei Neapel (1878, Museum zu Breslau), Motiv aus dem Park der Villa Borghese bei Rom, Gewittersturm bei Neapel (Mondschein), die Jahreszeiten in Oberitalien nach Motiven vom Garda- und Comersee und vom Lago maggiore (1887). Oswald Achenbachs Bedeutung liegt darin, dass er als der erste die Licht- und Luftphänomene des Südens, an denen die Italiener selbst, welche auch heute das Poetische ihres Landes noch nicht recht herausgefühlt haben, mit merkwürdiger Gleichgültigkeit vorübergegangen sind, der Darstellung durch die Kunst des Malers gewonnen hat. Er, der Bahnbrecher, ist bis jetzt noch von keinem seiner Rivalen übertroffen worden, und auch im Auslande findet er seinesgleichen nicht.

Vom Beginn der sechziger Jahre bis 1872 stand der Künstler, jedoch mit Unterbrechungen, der Landschaftsklasse der Akademie vor. In dieser Stellung vertrat ihn während der letzten Zeit sein Studiengenosse Albert *Flamm*, welcher zugleich mit ihm unter Andreas' Leitung in dessen Atelier gearbeitet und gelernt hatte. Geboren 1823 zu Köln, widmete er sich in den Jahren 1836—1838 auf der Düsseldorfer Akademie dem Baufach, dann nach einem Studienaufenthalte in Belgien während der Jahre 1840 und 1841 der Malerei. Der beständige Verkehr, die gemeinschaftliche Arbeit und später auch die gemeinsamen Reisen mit Oswald Achenbach bewirkten, dass er, der nicht in gleichem Maasse Begabte, dem starken Einfluss des jüngeren Genossen sich willig hingab, und dass sich bald zwischen ihnen eine Uebereinstimmung bildete, die sich vornehmlich auf die äusseren Momente, die Behandlung der Architektur, der Staffage und der Lufttöne, erstreckt. Im Bewusstsein von dem Um-

fange seiner Kraft versteigt sich Flamm nicht zu glänzenden Effekt-
stücken, sondern er sucht mit Vorliebe schlichte Motive, für welche
sein Können ausreicht. Die Campagna zur Frühlings- und Sommers-
zeit mit ihren ausgedörrten Grasflächen und riesigen, unter den Hufen
der Pferde- und Büffelheerden aufgewirbelten Staubwolken, durch welche
die Strahlen der Sonne mühsam hindurchdringen, ist ihm ein ge-
läufiges Terrain. Langsamer und sorgsamer arbeitend, als die beiden
Achenbach, ist er ihnen nicht selten in der feinen Durchführung der
Einzelformen überlegen. Seine Hauptbilder sind: herannahendes Gewitter in der Campagna (1862), bei Castel Gandolfo (1867), die Gräber-
trümmer an der Appischen Strasse bei Rom, Blick auf den Golf von
Neapel vom Posilippo aus, eine Ansicht des Siebengebirges, Blick auf
Cumae (Nationalgalerie zu Berlin) und Trümmer römischer Aquadukte
in der Campagna (1886).

## 6. Die neuere Landschaftsmalerei in Düsseldorf.

Aus der Schule Johann Wilhelm Schirmers und Andreas Achenbachs ist auch der Norweger Hans Frederik *Gude* hervorgegangen, der
einzige, der auf dem Gebiete der Marine erfolgreich mit A. Achenbach um
die Palme gerungen hat. Am 13. März 1825 in Christiania geboren, erhielt er seine erste Ausbildung auf der dortigen Kunst- und Gelehrten-
schule. 1841 begab er sich nach Düsseldorf und schloss sich an Andreas
Achenbach an. Ein Jahr lang arbeitete er unter dessen Leitung, bis er
in der Landschaftsklasse Schirmers Aufnahme fand, der ihm auch später,
nachdem sich sein Talent mit überraschender Schnelligkeit entfaltet hatte,
einen Platz in seinem Privatatelier einräumte. Schon 1843 hatte Gude
von Düsseldorf aus seine Heimath besucht und aus ihr brachte er das
Motiv zu seinem ersten Bilde mit: »Norwegischer Fjord bei Mittags-
beleuchtung«, welches 1845 vollendet wurde. Andreas Achenbach hatte,
wie wir gesehen haben, Norwegen für die Landschaftsmalerei entdeckt.
Ihm war aber dieses Land nur ein malerisches Objekt, so gut wie jedes
andere. Gude und die übrigen skandinavischen Maler, deren Zahl in
Düsseldorf von Jahr zu Jahr zunahm, erfüllten dagegen ihre Gemälde
mit jenem Hauche glühender Vaterlandsliebe, die den Norweger wie den
Schweizer charakterisirt, mit jener sehnsuchtsvollen Melancholie, welche
nachmals auch in der Literatur aufgetreten ist und den Erzählungen
Björnstjerne Björnsons, Boyesens und Magdalene Thoresens und den
Dramen Ibsens ihr eigenthümliches Gepräge aufgedrückt hat. Das spezifisch nationale Element spricht sich jedoch nur in der Wahl der Motive
und in der Stimmung aus, und die letztere ist nicht stark genug, dass darauf

eine national-norwegische Kunst von individueller Physiognomie begründet
werden könnte. Eine moderne norwegische Kunst ist ebenso gut eine patriotische Fiktion wie das Märchen von der russischen und böhmischen.
In Auffassung, Technik und malerischer Behandlung zeigen die Bilder der
norwegischen Maler ein durchaus deutsches Gesicht mit treuherzigen,
blauen Augen, d. h. eine Malweise, die nicht flunkert und blendet, sondern mit gründlicher Solidität den Erscheinungen beizukommen und sie
festzuhalten sucht. Ihre schwedischen Stammesgenossen haben dagegen
neuerdings ihren Schwerpunkt nach Paris verlegt.

Gudes Erstlingsarbeit fand solchen Beifall, dass die Legitimation
für seinen Beruf damit erbracht war. 1845 und 1846 machte er neue
Studienreisen nach der Heimath, deren Ausbeute vornehmlich in Gemälden bestand, auf welchen er die grossartige Gebirgsnatur Norwegens
in ihrer hehren Einsamkeit und ehrfurchtgebietenden Majestät schilderte.
»Eine Art Ossianscher Poesie, sagt Wiegmann, weht über seine Hochebenen dahin, und die oft nur durch Rennthiere belebte grossartige
Einöde spricht unsern Geist wundersam poetisch an.« Durch Lessing
war das poetische Element so innig mit der Düsseldorfer Landschaftsmalerei verschmolzen worden, dass sich Fremde wie Einheimische gleich
willig seinem Banne fügten, und so ist die Romantik in ihrer heroischen
Erscheinungsform, d. h. die Alpen- und Seeromantik, bis auf den heutigen Tag der Grundzug der Landschaftsmalerei in Düsseldorf geblieben,
den der platte Naturalismus, so hart er auch an die Thore der Stadt
pochte, nicht zu verwischen im Stande war. Die Unruhen des Jahres 1848
veranlassten Gude zu einem längeren Aufenthalt in seiner Heimath, wo
er sich in Christiania niederliess und eine Anzahl von Landschaften,
namentlich Seebilder, malte, welche sein Freund Tidemand mit genrebildlicher Staffage versah. Die Gemälde dieser Art »Eine Brautfahrt auf
dem Hardangerfjord« im Kunstverein zu Christiania und »Fischer auf
einem norwegischen Binnensee« in der Berliner Nationalgalerie sind von
einer bei gemeinschaftlichen Arbeiten seltenen Harmonie. Volksleben und
landschaftliche Szenerie schliessen sich zu einem Gesammtbilde von unan-
fechtbarer ethnographischer Treue zusammen, und über dem Ganzen
schwebt ein verklärendes Licht, das bald silbern, bald goldig schimmert,
wie es die Stimmung fordert. Gude beherrschte die Farbe frühzeitig
mit solcher Sicherheit, dass er bald seine ganze Kraft auf die Lösung
der Lichtprobleme verwenden konnte. Phänomenalen Effekten zwar,
wie sie Andreas Achenbach und vor allen Eduard Hildebrandt mit Vorliebe zum Thema ihrer Kompositionen machten, ging der norwegische
Künstler aus dem Wege, sei es, weil ihm die dramatische Kraft fehlte

oder weil sich sein beschauliches, poetisch-melancholisches Naturell mehr durch die Natur im Zustande der Ruhe angezogen fühlte. Wie aber das Sonnenlicht auf der spiegelglatten Fläche des Meeres in Millionen von Funken glitzert, wie es den Krystall der Wogen durchleuchtet und durchglüht, wie es zitternd über die schäumenden Wellenköpfe hüpft und mit ihnen kost und tändelt, das weiss er mit grosser Virtuosität zu schildern.

Im Jahre 1850 kehrte der Künstler nach Düsseldorf zurück, welches ihm mehr künstlerische Anregungen bot, als seine von der grossen Welt abgeschlossene Heimath. Hier schuf er eine lange Reihe von norwegischen Gebirgslandschaften mit Seen, Flüssen und Wasserfällen, bisweilen wiederum in Gemeinschaft mit Tidemand, wie den »Nächtlichen Fischfang in Norwegen« (1851) und das stimmungsvolle, tiefergreifende »Leichenbegängniss im Sognefjord«. Als Schirmer 1853 einem Rufe nach Karlsruhe folgte, wurde Gude im folgenden Jahre die Professur der Landschaftsmalerei übertragen, und nun zeigte er auch ein Lehrtalent, welches der Akademie einen vollständigen Ersatz für den geschiedenen Altmeister bot. Da jedoch seine künstlerische Produktivität durch das Lehramt beeinträchtigt wurde, zog er sich 1861 zurück und begab sich, um den Kreis seiner Stoffe zu erweitern, nach Nord-Wales, wo er sich fast drei Jahre lang aufhielt. Die pittoreske Natur dieser Landschaft war ihm ungleich sympathischer, als die Schweiz, welche er 1851 besucht hatte, ohne lang anhaltende Anregungen empfangen zu haben. Als Schirmer gestorben war, wurde er zum zweiten Male berufen, seinen ehemaligen Lehrer zu ersetzen. Von 1864 bis 1880 ist er denn auch an der Kunstschule in Karlsruhe mit grossen Erfolgen thätig gewesen, ohne dass seine eigene Produktion dadurch ins Stocken gerieth. In dieser Zeit kultivirte er besonders die Marine, das Küstenbild, indem er immer neue Beleuchtungsmotive suchte und fand. Am liebsten verbirgt er die Sonne hinter Wolken, so dass der Vordergrund des Bildes im Halbdunkel bleibt und leichte Schatten auf den Strand fallen, während im Hintergrunde das Meer wie flüssiges Gold funkelt. Solche Bilder »bei gedrücktem Sonnenlicht« hat er in grosser Zahl geschaffen, ohne in Monotonie oder gar in Manier zu verfallen, wovor ihn sein feines Naturstudium und sein poetisches Empfinden bewahrten. Die hohe See pflegt er seltener darzustellen; das Meer in Verbindung mit dem Strande, dem felsigen, an dem sich die Woge bricht, oder dem flachen, auf dem die Wellen langsam ersterben, ist sein Lieblingsthema. Mit welcher Meisterschaft er dasselbe zu variiren, bis zu welcher Grossartigkeit er dasselbe zu steigern weiss, zeigen der »Noth-

hafen an der norwegischen Küste« und »In Sicht der norwegischen Küste«. Dort eine grandiose Felsszenerie bei düsterem Himmel und bewegter See, hier ein prachtvolles Farbenkonzert auf dem smaragdnen, von der verdeckten Sonne im Hintergrunde beleuchteten Meere.

Im Herbste 1880 trat Gude an die Spitze eines Meisterateliers für Landschaftsmalerei an der Berliner Akademie, und damit hat eine dritte Epoche in seiner Lehrthätigkeit begonnen. Von seinen neueren Gemälden, die in der koloristischen Behandlung noch kein Abnehmen seiner Kraft zeigen, sind zu nennen: »Küste von Lister im südlichen Norwegen« (1881), »Am Strande von Rügen« (1883, Museum zu Breslau), »Meeresstille vor der norwegischen Küste« (1884) und »Vor der schottischen Küste vor dem Sturm« (1886).

Um Gude gruppirt sich eine ganze Reihe norwegischer Landschaftsmaler, welche entweder aus seiner Schule hervorgegangen oder durch ihn und Andreas Achenbach oder andere Häupter der Düsseldorfer Malerei beeinflusst worden sind. Die ältere Generation derselben vertreten Joh. Th. *Eckersberg* (1822—1870), der hochbegabte, aber frühzeitig seiner Kunst entrissene Hermann Aug. *Cappelen* (1827—1852), Erich *Bodom* (1829—1880), Magnus von *Bagge* (geb. 1825) und *Morten Müller*. Der letztere, 1828 in Drontheim geboren, ist noch heute in Düsseldorf thätig und hat gleichfalls in Gemeinschaft mit Tidemand gemalt. Auch Niels Björnson *Möller*, 1829 geboren, gehört dieser älteren Gruppe an. Er hat, wie Gude, hauptsächlich das Strandbild und die Marine kultivirt, während die anderen das Hochgebirge und die melancholischen Reize des norwegischen Waldes bevorzugten. In der jüngeren Generation sind Axel *Nordgren*, Sophus *Jacobsen* (geb. 1833) und Adelsteen *Normann* (geb. 1848, ein Schüler von Dücker) die hervorragendsten. Ersterer wurde zwar schon 1828 geboren, kam aber erst 1851 nach Düsseldorf, wo er sich nach Gude ausbildete. Seine Spezialität ist das Küstenbild bei Mondenschein. Eine flüssige Malweise, die in der Einfachheit der Mittel getreu dem Beispiel Gudes folgt, gestattet ihm, in seinen Stimmungsbildern sehr kühne Lichteffekte zu erreichen. Aus Norwegen stammt auch Ludwig *Munthe* (geb. 1843, der 1861 nach Düsseldorf kam, dort aber auf eigene Hand studirte, ohne sich an ein Vorbild anzuschliessen. Seine Vortrags- und Auffassungsweise weicht daher auch von der in Düsseldorf noch heute herrschenden Strömung wesentlich ab. Er ist ein entschiedener Realist, den man am passendsten mit dem Franzosen Daubigny vergleichen kann. Dem Ton und der Stimmung opfert er Form und Zeichnung. Oft ist die Stärke der Empfindung gross genug, um gewisse Flüchtigkeiten und Rohheiten der

malerischen Behandlung niederzuhalten. Wenn der Geist aber einmal ausbleibt, guckt das Gespenst der Formlosigkeit und der öden Langeweile aus jedem Pinselstriche hervor. Dies geschah besonders oft gegen die Mitte der siebziger Jahre, als der Bilderexport nach Amerika und England, zum Ruin manches vielversprechenden Talentes, gar zu flott ging. Da gerieth auch Munthe in eine summarische dekorative Mache hinein, die er lange nicht losgeworden ist. Seine Stärke liegt in der Winterlandschaft bei Thauwetter. Wenn der Schnee sich bereits gelockert hat, wenn das Erdreich aufgethaut ist und die schwarzbraune Kruste die blendende Decke schmutzig färbt, dann ergreift Munthe den Moment, um die Virtuosität seines Pinsels in der möglichst charakteristischen Wiedergabe dieses wenig tröstlichen Bildes zu zeigen. Ein ödes Feld, höchstens mit ein paar verkrüppelten Bäumen, die wie hülfeflehend ihre nackten Aeste zu dem dunkelgrauen Himmel, der selber trostlos ist, emporstrecken, ein Schwarm von Krähen, eine Landstrasse, auf der man die mit Wasser gefüllten Spuren von Wagenrädern oder von Menschen und Thieren sieht — das sind die Elemente, aus denen sich eine Munthesche Winterlandschaft zusammensetzt. Um die Melancholie oder richtiger die Verdriesslichkeit des Eindrucks noch zu erhöhen, blinkt bisweilen im Hintergrunde ein fahlgelber Lichtstreifen als Reflex der untergehenden Sonne durch die Wolkenwand und spiegelt sich in den Pfützen des Weges.

Wenn man die Maler aufzählt, welche ihre besten Anregungen aus der norwegischen Gebirgsnatur erhalten haben, muss August Wilhelm *Leu* unter den ersten genannt werden. Geboren am 24. März 1818 in Münster, ging er 1840 nach Düsseldorf, wo er vier Jahre lang unter Schirmers Leitung studirte. 1843 machte er seine erste Reise nach Norwegen, dessen mächtige Eindrücke seine Phantasie so erfüllten, dass er bis in die ersten fünfziger Jahre hinein fast ausschliesslich norwegische Gebirgslandschaften mit Wasserfällen, düsteren Tannenwäldern und tief einschneidenden Fjords malte. 1847 kehrte er nach Norwegen zurück, um sich neue Motive zu holen. Seine elegante Technik, sein leuchtendes Kolorit, welches von glatter Schönfärberei nicht immer freizusprechen ist, schliessen sich eng an Schirmer an, dem Leu nur an Grossartigkeit der Auffassung überlegen ist. Auf seinen Landschaften ruht der volle Glanz der Romantik. Im Gegensatz zu den Romantikern der älteren Schule vermeidet er jedoch, die Natur zu stilisiren und dem Ideale der eigenen Phantasie anzupassen, sondern die Natur bleibt ihm das ewige, unabänderliche Objekt, welches er in dem Augenblicke ergreift, wo es sich ihm von seiner schönsten, freundlichsten, farbigsten und erhabensten

Seite darbietet. In der Wahl der Beleuchtungsmotive, in der Stimmung gibt sich seine romantische Naturanschauung kund. Obwohl er dramatischen Momenten nicht aus dem Wege geht — »Norwegischer Wasserfall bei Sturm«, 1849 —. liebt er es doch zumeist, die Natur im Feierkleide zu schildern, entweder wenn die Sonne am höchsten steht und alle Tiefen erleuchtet und erwärmt, oder wenn sie zur Rüste geht.

Leu beschränkte sich später nicht auf Norwegen allein. Die Schweiz, Bayern, Steiermark, das Salzkammergut, Ober- und Mittelitalien und Tirol wurden die Zielpunkte häufiger Reisen, die er bis in die siebziger Jahre fortsetzte. Auf ihn sowohl wie auf die Achenbachs, auf Gude, Kalckreuth u. a. hat sich die köstliche Eigenschaft des geistigen Hauptes der Düsseldorfer Landschafterschule vererbt. Wie Lessing, altern sie nicht. Es wohnt ihnen eine unverwüstliche Lebenskraft inne, eine Beweglichkeit des Geistes, welche sie befähigt, immer auf der Höhe der Situation, auf der Oberfläche des Stroms zu bleiben. Leu ist der universellste Alpenmaler der Düsseldorfer Schule. Im Wiener Belvedere sieht man einen norwegischen Wasserfall, in der Berliner Nationalgalerie den Oeschinensee bei Kandersteg im Kanton Bern, in der Stuttgarter Galerie eine Partie bei Berchtesgaden, im Museum von Gotha eine prachtvolle Ansicht des Königsees mit dem Watzmann, sämmtlich Meisterwerke, welche seine vielseitige Thätigkeit illustriren. Im Jahre 1882 siedelte er nach Berlin über. Seine letzten Arbeiten stellen italienische Gebirgs- und Strandlandschaften (Capri, Puzzuoli, Chiavenna, Comersee, auf denen der Zauber des Sonnenlichts mit unübertrefflicher Wahrheit geschildert war, ferner bayerische und tiroler Gebirgsgegenden sowie Partien aus Unteritalien (Palast der Königin Johanna bei Neapel) dar.

Zu der Schule Schirmers gehört auch Stanislaus Graf von *Kalckreuth*, geboren am 24. Dezember 1821 in Kozmin in der Provinz Posen. Er war ursprünglich für die militärische Laufbahn bestimmt und diente fünf Jahre lang als Lieutenant im 1. Garde - Regiment in Potsdam, bevor er sich der Kunst widmen konnte. Am mächtigsten zog ihn das damals sich gerade entfaltende Talent Eduard Hildebrandts an; aber dieser wies ihn dahin, wo er selber gelernt, zu dem Berliner Marinemaler Wilhelm Krause. Bei dem letzteren blieb er jedoch nicht lange. Denn 1846 finden wir ihn bereits als Schüler der Düsseldorfer Akademie, wo er unter Schirmers Leitung arbeitete und schnell solche Fortschritte machte, dass er grössere Studienreisen nach Oberitalien, Tirol und der Schweiz unternehmen konnte. Wie Leu ist er vorzugsweise ein Alpenmaler, der die gewaltige Hochgebirgsszenerie mit liebevoller Begeisterung schildert, ein romantischer Poet,

welcher die Natur in ihren grossartigsten Offenbarungen aufsucht. Glet-
scher, schneeige Bergeshäupter, die von Wolkenschleiern umwallt sind,
smaragdgrüne, von schroffen Felsen umgebene Seen und vedutenartig
aufgefasste Gebirgsketten geben die Stoffe seiner Bilder. Mit grosser
Virtuosität und Feinheit weiss er besonders das Phänomen des Alpen-
glühns zu schildern Obersee bei Berchtesgaden, der Hintersee, Morgenlandschaft aus Tirol, Wallenstädter See). Im Jahre 1854 unternahm
er eine Reise nach den Pyrenäen und fand auch in dieser, von deutschen Malern wenig besuchten Gegend Motive, welche seiner Neigung
zusagten ,Lac de Gaube und Canigaithal, beide in der Berliner National-
galerie`.

Bald darauf knüpfte der Grossherzog von Sachsen, welcher sich mit
der Absicht trug, in Weimar eine Kunstschule zu errichten, deren
Leitung Graf Kalckreuth übernehmen sollte, Verhandlungen mit ihm
an. Das Projekt trat aber erst 1860 ins Leben. Durch seine eigene
Lehrthätigkeit und durch Berufung anderer tüchtiger Lehrkräfte gelang
es Kalckreuth in verhältnismässig kurzer Zeit, dem jungen Institut zu
einer vielversprechenden Blüthe zu verhelfen. Männer wie Böcklin, A.
v. Ramberg, Lenbach, Reinhold Begas, Gussow, Albert Baur, Ferdinand
Pauwels haben mit ihm gewirkt und zahlreiche Schüler herangebildet.
Als Kalckreuth 1876 das Direktorat niederlegte, begann auch die Zeit
des Verfalls. Der Künstler liess sich in Kreuznach nieder, wo u. a.
Bilder wie der Rosenlauigletscher in der Berliner Nationalgalerie, der
Montblanc und »Alpenglühn« entstanden, und 1883 nahm er seinen
Wohnsitz in München.

Von älteren Schülern Schirmers sind noch die Gebirgsmaler W.
*Lindlar* geb. 1816) und Karl *Jungheim* (1830—1886), Hermann *Pohle*
(geb. 1831), der mit Vorliebe Waldlandschaften und Seen malt (Mühle
am Luganer See, Meersburg am Bodensee), Fritz *Ebel* (geb. 1835), der
seine Studien 1857 bei Schirmer in Karlsruhe begann und 1861 nach
Düsseldorf übersiedelte, wo er besonders Wald- und Gebirgslandschaften
nach Motiven aus Mitteldeutschland malt, und der Marinemaler Franz
*Hünten* (1822—1887) zu nennen, welcher sich 1847—50 bei Schirmer
bildete und sich nach einigen Studienreisen in Hamburg niederliess.

Mehrere der älteren Schüler Schirmers, welche es zu einer eigenartigen Individualität gebracht haben, sind so frühzeitig aus dem Düsseldorfer Lokalverbande ausgeschieden, dass man sie kaum noch als zur
Düsseldorfer Schule gehörig betrachten kann. Aus ihrer Zahl ist besonders Valentin *Ruths* zu nennen, 1825 zu Hamburg geboren, welcher
1850 nach Düsseldorf kam und bis 1855 dort blieb. Dann ging er nach

Italien und kehrte 1857 nach seiner Vaterstadt zurück. Nachdem er anfangs auch italienische Landschaften gemalt (Abend im Sabinergebirge in der Kunsthalle zu Hamburg, römische Campagna, Thal der Egeria), wurde später die norddeutsche, namentlich die holsteinische Wald- und Berglandschaft seine Spezialität. Die Vorzüge seiner Gemälde sind eine äusserst sorgsame Zeichnung, eine kräftige, an Lessing erinnernde Formengebung und ein energievolles Kolorit. Wie Lessing und Andreas Achenbach, die ihn augenscheinlich stark beeinflusst haben, wählt er gern einen erhöhten Standpunkt und lässt den Beschauer in ein waldiges Thal, auf die Hütten eines kleinen Dorfes in der Tiefe und weit über Hügel und Berge blicken. Alles ist mit der Sorgfalt eines Miniaturenmalers ausgeführt, aber Ton und Stimmung sind stark genug, um das Bild über den Charakter der Vedute zu erheben. So sehen wir z. B. auf einem seiner Bilder ein sauberes Gehöft zu unsern Füssen, den Garten mit Obstbäumen und Lauben, in deren einer eine Gesellschaft um den Tisch versammelt ist, und ein durch die Fenster des Hauses schimmerndes Licht. Mit Vorliebe stellt er die Landschaft bei Frühlingsstimmung, bei abendlicher Beleuchtung oder bei Thauwetter dar. Im Treppenhause der Hamburger Kunsthalle hat er acht Wandbilder, die vier Jahreszeiten und die vier Tageszeiten, ausgeführt, deren grossartige Auffassung an Lessing erinnert. Er weiss geschickt die Mitte zwischen dem schlichten Naturportrait und der stilisirten Landschaft einzuhalten.

Ein anderer Hamburger Landschaftsmaler, Ascan *Lutteroth*, sucht mit Vorliebe die sonnigen Fluren des Südens auf, wie er es von seinem Lehrer Oswald Achenbach gelernt hat. Er wurde 1842 geboren und studirte erst zwei Jahre bei Calame in Genf, ehe er nach Düsseldorf kam, wo er ebenfalls zwei Jahre verweilte und sich an Oswald Achenbach anschloss. Ein dreijähriger Aufenthalt in Rom beendete die Zeit des Studiums. 1871 liess er sich in Berlin für einige Jahre nieder und 1877 nahm er seinen Wohnsitz in Hamburg. Er liebt es, den Glanz seiner Palette an dem Farbenspiel auf dem Wasser und in den Tonabstufungen der Luftperspektive zu zeigen, ist aber erst in den letzten Jahren an Feinheit der Farbennüancen und in der Stimmung seinem Lehrer gleichgekommen. Früher verflüchtigten sich seine Bilder oft in das Dekorative, und es blieb nichts als ein rein äusserlich wirkender Farbenzauber übrig. Zu seinen erfreulichsten und am meisten durchgebildeten Schöpfungen aus jener früheren Zeit gehört ein Cyklus »Die vier Jahreszeiten in Italien« (Herbst bei Neapel, Winter in der Campagna u. s. w.). Doch hat er alle diese Arbeiten durch zwei 1886 voll-

endete Bilder »Abend am Mittelmeer« (Berliner Nationalgalerie) und »römische Villa« übertroffen, welche ihm einen Platz an der Seite Oswald Achenbachs sichern.

Eine mehr realistische oder eigentlich mehr prosaische Richtung als die Landschaftsmaler, die wir bisher betrachtet haben, hat Karl *Irmer* (geboren 1834 in Babitz bei Wittstock) eingeschlagen. Er kam 1855 nach Düsseldorf und studirte unter Gudes Leitung, hat aber wenig von dessen poetischer, schwungvoller Auffassung der Natur angenommen. Er fühlt sich am behaglichsten in der norddeutschen Binnenlandschaft, der er möglichst einfache Motive entlehnt. Eine Wiese mit weidendem Rindvieh, ein kleiner, von Bäumen umsäumter Teich, eine Landstrasse, ein paar Bauernhäuser oder ein einsamer Waldessaum sind die hauptsächlichsten Themata seiner schlicht vorgetragenen Gemälde (Dicksee bei Gremsmühlen in Holstein, in der Berliner Nationalgalerie, ostfriesische Gehöfte auf Sylt). Später hat er sein Studienfeld nach dem Harz verlegt, aus welchem er Motive mit frischem Kolorit und energischer Auffassung behandelte Schierke, Strasse bei Ilsenburg, Bodethal). In verwandter Richtung ist Richard *Burnier* (geb. 1826 im Haag) thätig. Ein Schüler von Schirmer, weiter beeinflusst von Andreas Achenbach, ging er 1855 nach Paris zu Troyon, wo er sich als Thiermaler ausbildete. Nach längeren Naturstudien in Holland und Belgien liess er sich 1867 in Düsseldorf nieder, wo er meist mit Rindern staffirte Landschaften nach Motiven seiner Heimath flott, breit, bisweilen auch etwas brutal im Stile der französischen Realisten malt. Ein Realist ist auch Georg *Oeder* (1846 in Aachen geboren). Er war ursprünglich Landwirth und fing erst seit 1869 an, sich mit der Malerei als Autodidakt zu beschäftigen. Er machte Studienreisen nach dem bayerischen Gebirge, nach Westfalen und Holland, später auch nach Frankreich, England und Italien und nahm dann in Düsseldorf seinen Wohnsitz. Seinen Landschaften, welche die Natur von ihrer Schattenseite schildern — am geläufigsten ist ihm die Herbststimmung —, ist tief empfundene Wahrheit der Charakteristik und Kraft der Stimmung nicht abzusprechen. Aber die Wahrheit geht ihm über die Schönheit, und so machen seine meist nur auf Ton-, nicht Formenwirkung ausgehenden Bilder in koloristischer Hinsicht meist einen unbefriedigenden Eindruck. Ein »Novembertag« (1880, in der Berliner Nationalgalerie) ist für diese Richtung seiner Kunst charakteristisch. Neuerdings hat er seinen Stoffkreis jedoch erweitert und in Waldlandschaften (Eichwald, Waldinneres) Stimmungsbilder mit feiner, poetischer Beleuchtung und zarter, harmonischer Färbung geschaffen.

Mit Schirmers Schule hängt indirekt auch der Landschafts- und

Thiermaler Christian *Kröner* zusammen. Er wurde am 3. Februar 1838
in Rinteln geboren und widmete sich anfangs dem Berufe seines Bruders,
eines Dekorationsmalers. Erst in seinem dreiundzwanzigsten Jahre fasste
er den Entschluss, auf eigene Hand »Kunstmaler« zu werden. Er ging
zu Studienzwecken ins bayerische Gebirge, dann nach München, wo er
bereits einige Landschaften mit Wildstaffagen malte, und endlich nach
Düsseldorf, wo er in dem Landschaftsmaler Louis Hugo *Becker* (1834—1868)
einen Freund fand, der ihn ermunterte, auch unter misslichen Verhalt-
nissen und entmuthigenden Erfahrungen auf dem einmal betretenen Wege
zu bleiben. Becker war ein Schüler Schirmers und Gudes gewesen, und
so mag durch den Verkehr mit jenem manches von der alten Tradition
auf Kröner, der sich sonst von der Akademie fernhielt, übergegangen
sein. Neben dem Studium des heimathlichen Waldes gab sich Kröner
als passionirter Jäger auch dem des Roth- und Schwarzwildes hin, und
bald erreichte er in der Charakteristik der Thierindividualität und in
der Schilderung des Thierlebens im Walde eine solche Virtuosität, dass
alle materiellen Hindernisse aus dem Wege geräumt werden konnten.
Er machte nun zahlreiche Studienreisen nach dem Salzkammergut, dem
Harz, der Nordsee, nach Holstein und nach Rügen; sein Lieblingsaufenthalt wurde aber der Teutoburgerwald, insbesondere die Gegend der Extern-
steine. Auf seinen Gemälden verschmilzt Thier und Landschaft zu einem
einheitlichen Ganzen, ungefähr wie auf den Bildern der beiden Achenbach die figürliche Staffage mit der landschaftlichen Szenerie. Die Feinheit
der Luftstimmung wetteifert mit der unübertrefflich wahren, bei aller realistischen Durchführung doch poetischen, beinahe grossartigen Auffassung
der Thiere. Am besten gelingt ihm die Wiedergabe der jungfräulichen
Natur des Waldes, dessen Ruhe noch kein menschlicher Fuss gestört,
wenn des Morgens die Nebel über Höhen und Thäler wallen und der
Hirsch, die Morgenfrühe witternd, aus dem Dickicht heraustritt und Um-
schau hält, bevor ihm seine Thiere folgen dürfen. Auch den Moment
vor und nach dem Kampfe zweier Hirsche oder diesen selbst weiss Kröner
mit grosser Anschaulichkeit und mit dramatischer Energie zu schildern.
Nicht minder lebhaft sind seine Jagdszenen dargestellt, wie z. B. das
Wild bei einem eingesteckten Jagen durch die Lappen geht (Motiv aus
dem Wildpark zu Springe, 1869), oder bei einer Treibjagd ein starker
Hirsch mit mächtigem Satze über ein Rudel Wildschweine hinweg über
das Gehege springt. »Hirsche nach dem Kampf« (1872), »Saujagd im
Winter« (1874), »Hirsche nach der Brunstzeit« (1876), »Herbstlandschaft mit
Hochwild« (1877, Berliner Nationalgalerie), »Durch die Schützen« (1884)
und »Besiegt« (nach dem Kampf zweier Hirsche, Motiv vom Brocken (1886)

sind seine Hauptwerke, zu denen sich noch zahlreiche Radirungen und
Zeichnungen für den Holzschnitt gesellen. Die Feinheit der Detaillirung,
die Schärfe der Charakteristik und die überaus liebevolle Durchführung
geben seinen Bildern den Vorzug vor denen von Karl Friedrich *Deiker*
(geb. 1836 zu Wetzlar), der nach Kröner der beste Thiermaler der Schule
ist. Er bildete sich anfangs auf der Zeichenakademie in Hanau und seit
1858 bei Schirmer in Karlsruhe, wo er bis zu seiner Uebersiedlung nach
Düsseldorf (1864) thätig war. An dramatischer Kraft übertrifft er Kröner
noch; seine Hirschkämpfe, seine Sauhetzen, besonders der Kampf des
angeschossenen Keilers mit der Meute und seine Hirschjagden sind
Bravourstücke voll leidenschaftlichen Lebens, leider nur zu dekorativ
gemalt und auch in der oft winterlichen Szenerie nicht so eingehend
behandelt, wie die Landschaften Kröners. Sein älterer Bruder Johannes
*Deiker* (geb. 1822 zu Wetzlar) war ursprünglich Schüler von Jakob *Becker*
in Frankfurt a. M., bildete sich dann weiter in Antwerpen und malte
besonders Portraits, bis ein längerer Aufenthalt bei dem Fürsten Solms
auf Braunfels ihm die Liebe zur Jagd einflösste und ihn ebenfalls zur
Darstellung des jagdbaren Wildes führte. Seit 1868 ist auch er in Düsseldorf ansässig. Er behandelt ähnliche Motive, wie sein Bruder, nur in
kleinerem Maassstabe und mit geringerer dramatischer Lebendigkeit.

Von den übrigen Vertretern der Düsseldorfer Landschaftsmalerei aus
der mittleren und neuesten Generation sind die namhaftesten Karl Ludwig *Fahrbach* (1835 geboren), ein Schüler Schirmers, der meist Motive
aus deutschen Wäldern behandelt, Johannes *Duntze* (1823 geboren), ein
Schüler von Calame, Heinrich *Deiters* (1840 geboren), dessen Landschaften nach Motiven aus den deutschen Mittelgebirgen, Oberbayern und
Holland meist mit Vieh staffirt sind, v. *Bernuth*, Ferd. *Hoppe*, der Gebirgsmaler Wilhelm *Bode* (geb. 1836), *Hoffmann-Fallersleben* (geb. 1855),
welcher von Fr. Preller beeinflusst wurde und ernste, bisweilen melancholische Landschaften, wie z. B. das »Hünengrab«, »Vor einem Wald-
kirchhof«, »Nach der Sturmfluth« und ein »altdeutscher Opferstein«,
malt, Joseph *Jansen*, ein ausgezeichneter Gebirgsmaler voll Kraft der
Schilderung und voll romantischen Schwunges, und Themistokles von
*Eckenbrecher* (1842 in Athen geboren), ein Schüler Oswald Achenbachs,
der die halbe Welt durchreist hat und unter den Düsseldorfer Landschaftsmalern das kosmopolitische Element vertritt. Seine Gemälde reizen
freilich mehr durch die ungewöhnlichen Stoffe als durch die rein künstlerische Wirkung, die durch das harte und bunte Kolorit stark beeinträchtigt wird. Er malt Marinen von der norwegischen Küste und von
den Gestaden des Mittelmeeres, Strassenansichten aus Kairo und Kon-

stantinopel mit bunter Figurenstaffage in Oel und Aquarell. Aus der
Schule von Oswald Achenbach sind auch Albert *Arnz* (geb. 1832), Hell-
muth *Raetzer* (geb. 1838) und Hans *Feddersen* (geb. 1848) hervorgegangen.
Arnz leistet sein Bestes in italienischen Landschaften (auf den Ruinen
des alten Rom, das Kolosseum, Strand bei Neapel, Tempio di Venere
bei Mondschein, Mondaufgang in der römischen Campagna), welche er in
der minder effektvollen, mehr auf intime Reize ausgehenden Art Flamms
behandelt. Raetzer wählt seine Motive meist aus den bayerischen
und tiroler Alpen, aus dem Harz und von Rügen, wobei er ebenso sehr
die Grossartigkeit der Gebirgsnatur in romantischem Sinne schildert als
er nach Feinheit und Tiefe der Stimmung strebt. Feddersen hat nach
dreijährigem Besuch der Düsseldorfer Akademie seine Studien auf der
Kunstschule in Weimar beendet. Dort scheint er sich dem trostlosen
Realismus hingegeben zu haben, welcher seine Naturauffassung, seine
Zeichnung und Farbengebung kennzeichnet. Wenn er polnische Dörfer
mit im Kothe stecken gebliebenen Fuhrwerken, russische Steppen mit
Pferdeheerden, polnische Märkte u. dgl. malt, ist diese Auffassung und
die derbe und breite malerische Behandlung angemessen, nicht aber bei
italienischen Motiven, welche energisches Sonnenlicht und leuchtende
Lokalfarben verlangen. An Oswald Achenbach hat sich auch Hermann
*Krüger* (geb. 1834), ein Schüler Flamms, in seinen Landschaften aus Unteritalien und Sizilien angeschlossen.

Ohne Zusammenhang mit der Düsseldorfer Schule, aber doch auf
dem Boden romantischer oder idealer Naturanschauung steht Alfred
*Metzener* (geb. 1833 zu Niendorf in Lauenburg), ein Schüler von Richard
Zimmermann in München. Die Jahre 1864—67 brachte er in Italien zu,
wo er u. a. die Zeichnungen zu dem Werke über Sizilien von Hoffweiler
anfertigte, und liess sich dann in Düsseldorf nieder. Er malt fast ausschliesslich Gebirgslandschaften aus der Schweiz, Südtirol und Italien.
Von hohem Standpunkte aus liebt er es, einen weiten Blick über Thäler,
Höhen und Weiler zu geben, wobei er gewöhnlich die Sonne hinter
leichten Wolken verbirgt, so dass einzelne Partien voll beleuchtet sind,
andere im Schatten liegen. Seine durch äusserst sorgsame Durchführung
und glänzendes Kolorit gleich ausgezeichneten Hauptwerke sind »Kapu-
zinerkloster bei Amalfi«, »Blick auf Capri« 1870, »Lago di Tenno in
Südtirol« (1874), »Castello di Tenno bei Riva« (1876, Berliner Nationalgalerie), »Val Tremola« am St. Gotthard, »Motiv von der Franzensfeste
in Südtirol« (1880) und »Aus dem Mesoccothal« (1884), von denen besonders das letztere zu den hervorragendsten Schöpfungen der neueren
Landschaftsmalerei gehört. Zur Düsseldorfer Schule muss auch Karl

Oesterley der jüngere (geb. 1839 zu Göttingen) gezählt werden, der anfangs Schüler seines Vaters war und seit 1857 an der Düsseldorfer Akademie unter Deger studirte, sich aber seit 1865 der Landschaftsmalerei zuwandte. Karl Oesterley der ältere (geb. 1805) entfaltete eine doppelte Thätigkeit. Er war Historienmaler und Dozent der Kunstgeschichte, als welcher er sich 1829 an der Universität seiner Vaterstadt Göttingen habilitirte. Er brachte es 1842 zum ordentlichen Professor, vervollkommnete sich aber daneben unablässig in der Malerei. 1836 ging er zu diesem Zweck nach Düsseldorf, wo er sich an Schadow anschloss und ein grösseres Bild »die Tochter Jephthas« malte. Als ihm dann der Auftrag ertheilt wurde, in der Schlosskirche zu Hannover die Himmelfahrt Christi in Fresko zu malen, begab er sich nach München, um dort die Freskotechnik zu erlernen. 1844 finden wir ihn wieder in Düsseldorf, wo er »Christus von der Thür des Ahasveros verstossen« malte. Es folgten »Beatrice und Dante vor dem Paradiese« (1845), »Lenore mit ihrer Mutter« nach Bürger (1847), »die Mühseligen und die Beladenen« (1851), »Christus am Kreuze« (1852), mehrere Genrebilder und Portraits. In seinem Sohne erwachte die Neigung zur Landschaftsmalerei während eines Aufenthalts in Lübeck, wohin er sich begeben hatte, um ein Gemälde von Memling zu kopiren. Anfangs wählte er seine Motive aus der Lüneburger Heide, seit 1870 aber, wo er zum ersten Male nach Norwegen reiste, der Hochgebirgsnatur dieses Landes. In weiteren Kreisen wurde er erst 1879 durch die internationale Kunstausstellung in München bekannt, auf welcher er für »eine Ansicht des Raftsund im nördlichen Norwegen« (jetzt im schlesischen Museum zu Breslau) und einen »norwegischen Fjord« die grosse goldene Medaille erhielt. Die Grossartigkeit der felsigen Umgebung und der dunklen Meeresflächen steigert er gern durch Mondscheinbeleuchtung oder durch eine dichte Bewölkung des Himmels, von welchem nur spärliches Licht auf die Wellen fällt. Seine breit und kräftig gemalten Bilder (Sommernacht bei den Lofoten, Romsdalsfjord, Fischer an der norwegischen Küste, Oldenwand im Nordfjord) sind daher meist von starker Wirkung, die sich bisweilen aber auch ins Dekorative verliert.

Dass in die Physiognomie der Düsseldorfer Landschaftsmalerei neuerdings einige realistische Züge extremsten Charakters eingezeichnet worden sind, haben wir schon bemerkt. Am entschlossensten geht in dieser Richtung Gregor von *Bochmann* vor, ein aus Esthland stammender Deutschrusse (1850 geboren), der zwar seit 1868 seine Studien auf der Düsseldorfer Akademie gemacht hat, aber in seiner Naturauffassung durch die französischen und belgischen Realisten beeinflusst wird, welche keine

Luft sehen wollen und die Figuren unvermittelt in die Landschaft hinein-
setzen. Bei seinen Motiven, welche er theils Holland, theils seiner
esthnischen Heimath entlehnt, sucht er den melancholischen Eindruck,
den Landschaft, Menschen und Vieh machen, noch dadurch zu verstärken, dass er alle lebhaften Farben gleichsam durch einen grauen
Schleier bricht. Doch zeugen seine, fast immer mit reicher figürlicher
Staffage versehenen Landschaften von feiner Beobachtung und die Figuren sind scharf charakterisirt. Ein »Sonntag bei der Kirche in Esthland« (1874), »Schleuse in Holland«, die »Kartoffelernte in Esthland«
die »Werft in Südholland« 1878, Nationalgalerie zu Berlin'. »Fischmarkt
bei Reval« (1886) und »esthnischer Krug« sind die Hauptwerke des
Künstlers, der übrigens in seinen letzten Arbeiten den Lokalfarben ein
grösseres Recht innerhalb der grauen Gesammtstimmung eingeräumt hat.

Auch an der Akademie hat der Realismus, freilich in einer weit
maassvolleren Form, Eingang gefunden. Als Oswald Achenbach 1872
seine Professur niederlegte und Albert Flamm, der ihn zeitweilig vertreten hatte, ebenfalls aus der Lehrerschaft ausschied, hatte man die
Absicht, auch ferner die Landschaftsmalerei an der Akademie durch
einen Meister der ideal-romantischen Richtung vertreten zu lassen. Es
scheint indessen, dass man keine geeignete Lehrkraft finden konnte,
und so fiel die Wahl schliesslich auf Eugen *Dücker*, der sein Lehramt
seit 1875 ununterbrochen ausübt. Dücker wurde am 10. Februar 1841 zu
Arensberg in Livland geboren, machte seine Studien auf der Akademie
in Petersburg und kam 1864 nach Düsseldorf. Seine Spezialität ist die
Marine- und Strandmalerei. Der Einfluss Andreas Achenbachs ist in
seinen Gemälden nicht zu verkennen. Doch liebt er nicht die blendenden Effekte, sondern begnügt sich, mit breitem Pinsel die intimen Reize
der Wasserfläche und der Strandszenerie zu schildern. Während er anfangs etwas dekorativ malte, legt er jetzt eine immer steigende Sorgfalt
auf die Durchbildung der Form, wofür eine Strandlandschaft von der
Insel Rügen bei aufgehendem Vollmond (1878, in der Berliner Nationalgalerie) ein Zeugniss ablegt. Er wählt seine Motive meist vom Strande
der Ost- und Nordsee, von den Inseln Rügen und Sylt und weiss dieselben trotz ihrer Einfachheit durch Feinheit der Stimmung bei schlichter
Durchführung überaus anziehend zu machen.

### 7. Die Genremalerei in Düsseldorf.

Während die älteren Landschaftsmaler der Düsseldorfer Schule sich
fast ohne Ausnahme um Lessing und Schirmer gruppiren, hat es der
Genremalerei derselben Periode an einem solchen Mittelpunkte gefehlt.

Es bedurfte desselben freilich auch nicht, da die Häupter der Akademie, Schadow, Hildebrandt und Sohn, gelegentlich »Genre« malten, wenn auch meist mit lebensgrossen oder fast lebensgrossen Figuren, wie es der Würde eines Historienmalers geziemte. Wir finden denn auch, dass fast alle Düsseldorfer Genremaler der ersten Periode Schüler der drei genannten Meister oder kurzweg Schüler der Akademie gewesen sind, und auch einige von den neueren, welche später andere Wege eingeschlagen haben, wie z. B. Knaus, sind zuerst von Schadow, Sohn oder Hildebrandt geleitet worden. Eine Uebersicht über die älteren Düsseldorfer Genremaler kann daher nicht in so genetischer Entwicklung gegeben werden, wie die Uebersicht über die Landschaftsmalerei. Wir müssen die Vertreter des Genres zum Theil nach den Gebieten ordnen, die sie hauptsächlich bearbeitet haben, zum Theil nach der Grundstimmung ihres Wesens, die gerade für die Genremaler von grosser Bedeutung ist.

Wir haben schon beiläufig erwähnt, dass der empfindsamen Richtung der Düsseldorfer Schule frühzeitig durch Adolf *Schrödter* ein wirksames Gegengewicht geboten wurde. Schrödter war aber nur gelegentlich Satiriker. Im Grunde seines Herzens war der fidele »Meister mit dem Pfropfenzieher«, wie er nach dem Handzeichen auf seinen Bildern genannt wurde, ein gutmüthiger Humorist, der eigentliche Begründer des humoristischen Genres in Deutschland[1]). Geboren am 28. Juni 1805 zu Schwedt a. O. als der Sohn eines Kupferstechers, hatte er die väterliche Kunst schon so weit erlernt, dass er sich nach dem Tode seines Vaters durch Anfertigung kleiner Radirungen u. dgl. sein Brod selbst

---

[1]) Ueber den Humor in der Malerei vergl. den Aufsatz von Alfred Woltmann »Die Einkehr in das Volksthum« in der Sammlung »Aus vier Jahrhunderten niederländisch-deutscher Kunstgeschichte« (Berlin 1878). Wir citiren daraus folgende, auch für uns maassgebende Sätze: Von dem Humor geht das Behagen aus, das sich in der kleinen Welt ergeht, von der es Besitz genommen und in der es auf Alles Gewicht legt, was zu ihr gehört. Der morsche Stuhl, die zerschlagene Scheibe und der grosse Kachelofen, Leuchter und Kaffeekanne, Haubenband und Holzpantoffel werden mit gleichmässiger Sorgsamkeit behandelt. Nicht nur die Menschen, auch Kätzchen, Hund und Gaul sind, wie in Spielhagens Dorfgeschichte »Hans und Grete«, so auch bei Knaus' Individuen, und in Ludwig Richters Zeichnungen sind die Tauben am Fenster, die Spatzen auf der Mauer, die summenden Käfer mit dabei. Der Humor ist die Stimmung der Seele, die sie fähig macht, das Entgegengesetzte harmonisch in sich aufzunehmen, die das Unscheinbare nicht gering achtet und im Kleinen eine ganze Welt sieht, aber auch das Grosse und Uebermenschliche auf das tiefste erfasst, weil sie es uns so nahe bringt, als ob wir täglich mit ihm umgingen. Der Humor vermag uns Seligkeit zu verleihen, wo er uns ergreift und erschüttert, und uns wiederum da, wo er uns anlacht, innerste Rührung zu entlocken.

erwerben konnte. Im Jahre 1820 kam er nach Berlin und fand nach
einigen vergeblichen Bemühungen im Atelier des Kupferstechers Buch-
horn Aufnahme, bei welchem er sieben Jahre arbeitete. Nebenbei besuchte er die Akademie und fertigte kolorirte Lithographieen für den
Kunsthandel an. Lange vor Hosemann und Dörbeck griff Schrödter
komische Typen und drastische Situationen aus dem Berliner Volksleben
heraus. Es gibt derartige Photographieen mit Kremsern, Schlitten,
Bücklings- und Müllwagen, mit Kurrendesängern und Leierkastenmännern,
auf welchen Schrödter schon frühzeitig eine entschiedene Begabung für
schlagfertigen Humor und treffsichere Charakteristik offenbarte. Der Sinn
für das Volksthümliche hat ihn denn auch, trotzdem er später ebenfalls
dem literarischen Zuge der Düsseldorfer Schule folgte, nicht verlassen,
und noch im Jahre 1871 kam diese Eigenthümlichkeit seines Wesens
zum Ausdruck, indem er die populäre Gestalt des Füsiliers Kutschke
in Wasserfarben malte. Als Schrödter 1829 auf Veranlassung seines
Freundes Lessing nach Düsseldorf ging, brachte er das Salz märkischen
Humors mit, welches der damals in Sentimentalität zerfliessenden
Schule sehr dienlich war. Schadow wollte ihn natürlich zum Historienmaler heranbilden, was seiner ganzen Eigenart widersprach. In der
Aneignung der malerischen Technik machte er jedoch solche Fortschritte, dass er schon 1831 ein Bild »der sterbende Abt« zu Stande
brachte, welches der rheinisch-westfälische Kunstverein ankaufte und
mit dem er der herrschenden Strömung seinen Tribut darbrachte. Es
war der einzige. Schon im nächsten Jahre entstand ein Bild aus
dem rheinischen Volksleben, »die Rheinweinprobe«, welche ein Keller-
meister vor dem Fasse abhält (Berliner Nationalgalerie), und unmittelbar darauf jene schon erwähnte Satire »die trauernden Lohgerber«
(in Oel bei Professor Dalton in Bonn, eine Wiederholung in Aquarell
im Besitz des deutschen Kaisers *). Neben der Freude an dem Charakteristischen und Bizarren der äusseren Erscheinung begleitete ihn die Lust
an dem fröhlichen Volksleben der Rheinländer und dem Hauptfaktor
desselben, am Weine, sein Leben lang. Der »Rheinweinprobe« liess er
schon im Jahre 1833 eine figurenreiche Schilderung des bunten Treibens
vor einem »rheinischen Wirthshause« (Berliner Nationalgalerie) folgen,
und in das Ende der vierziger und den Anfang der fünfziger Jahre fällt
eine Reihe friesartiger Kompositionen in Oel- und Wasserfarben, in
welchen Schrödter den ganzen Reichthum seiner erfinderischen Phantasie

---

*) S. das Verzeichniss der vierzehnten Sonderausstellung in der königl. Nationalgalerie.
Berlin 1881.

und seiner humoristischen Laune aufgeboten hat, um dem Könige Wein
begeisterte Huldigungen darzubringen. Im Jahre 1847 malte er, gewissermaassen als Vorspiel dieser Gattung, einen siebzig Fuss langen und zwei
Fuss hohen Arabeskenfries auf vergoldetem Zinkblech, auf welchem das
lustige Treiben einer Bauernkirmes geschildert war. In späteren Schöpfungen ähnlicher Art erhob er sich aus der derben Realität in die
idealere Sphäre der Allegorie. Es folgten die in Wasserfarben ausgeführten
Friese »des Weines Hofstaat« 1850, Berliner Nationalgalerie), der »Triumphzug des Königs Wein« 1852), die vier, auch in eigenen Radirungen
reproduzirten Aquarelle »Maitrank, Rheinwein, Champagner und Punsch«
1852 und die »vier Jahreszeiten« 1854. Kunsthalle zu Karlsruhe). Zu
dieser Gattung von Werken, in welcher Phantasie und Humor zu einem
originellen Ganzen vereinigt sind. gehört auch die »Erdbeerbowle« (1852)
und der groteske »Traum von der Flasche«, welcher durch Nachbildungen
weit verbreitet worden ist. Schrödters humorvolle Schöpfungen erfreuten
sich im Allgemeinen einer grossen Popularität.

Neben freien Erfindungen begann Schrödter, durch die literarischen
Studien seiner Düsseldorfer Kunstgenossen angeregt, schon frühzeitig
humoristische Szenen aus Dichtungen zu illustriren oder in selbsstän-
digen Oelgemälden zu behandeln. Mit sicherem Griff holte er sich die
Figuren heraus, welche seiner Eigenart am besten entsprachen. Don
Quixote, Falstaff und Malvolio. Münchhausen und Till Eulenspiegel
wurden seine Helden, welche er in den hervorragendsten Situationen
seines Lebens schilderte. Es gelang ihm, für diese Figuren Typen zu
schaffen, welche sich durch Originalität der Erfindung und zugleich durch
charakteristische und erschöpfende Wiedergabe der von den Dichtern
geschaffenen Vorbilder ein dauerndes Bürgerrecht in der deutschen Kunst
erworben haben. Gemälde wie Don Quixote im Amadis lesend (1834,
Berliner Nationalgalerie), Don Quixotes Liebeserklärung vor Dulcinea
1838. Kunsthalle zu Düsseldorf, Kapitän Fluellen und Pistol nach
Shakespeares Heinrich V. 1839, ebendaselbst, Falstaff und die Rekruten
1840, Falstaff bei Schaal zu Tische 1841), Münchhausen, Jagdabenteuer
erzählend (1842), Don Quixote unter den Hirten (1843), Don Quixote
auf Abenteuer ausziehend (1845), Malvolio den Brief lesend (1845),
Malvolio bei Olivia (1851), Falstaff bei Frau Fluth (1852), Falstaff im
Wirthshaus (1859), Till Eulenspiegel und der Bäcker, Till Eulenspiegel
und der Küfer, sowie die radirten Illustrationen zu Don Quixote und
ein Cyklus von neun Sepiazeichnungen zur Geschichte Till Eulenspiegels
sprechen für die grosse Vielseitigkeit, welche Schrödter in der Darstellung
von Figuren, die stets den Mittelpunkt der Kompositionen zu bilden

hatten, entfalten konnte. Er hat ausserdem eine grosse Zahl von Illustrationen zu Chamissos »Peter Schlemihl«, zu Rückerts, Uhlands und Heines Gedichten gezeichnet und eine Fülle von Gratulationskarten, Einladungsbriefen, Widmungsblättern, Vignetten, Initialen u. s. w. radirt, welche er, dank seiner unverwüstlich guten Laune, stets mit lustigen Einfällen auszustatten wusste. Trotz seiner autodidaktischen Bildung war er auch ein vortrefflicher Ornamentenzeichner, der seine Erfahrungen auf diesem Gebiete auch als Lehrer verwerthete.

Im Jahre 1848 siedelte Schrödter auf Veranlassung des witzigen Advokaten Detmold nach Frankfurt am Main über, wo er eine satirische Schrift desselben, »Leben und Thaten des Abgeordneten Piepmeier« (in sechs Heften erschienen), mit Lithographieen versah und auch andere Blätter politischen Inhalts herausgab. 1854 kehrte er nach Düsseldorf zurück, folgte aber schon 1859 einem Rufe als Professor und Lehrer des Freihandzeichnens und der Ornamentik an die polytechnische Schule in Karlsruhe, wo er bis 1873 eine eifrige Lehrthätigkeit entfaltete und auch noch einige Oelbilder, wie z. B. »zwei Mönche im Klosterkeller«, »Hans Sachs«, »Falstaff und sein Page« malte. Er starb 9. Dezember 1875.

Von den übrigen Düsseldorfer Spezialisten auf dem Gebiete des Humors hat nur noch Johann Peter *Hasenclever* (1810—1853) ähnliche Erfolge erzielt, wie Schrödter. Gleich den meisten Künstlern, welche auf der Düsseldorfer Akademie bei Schadow ihre Ausbildung suchten, mühte er sich eine Zeit lang vergebens mit biblischen und mythologischen Kompositionen ab, bis er in humoristischen Darstellungen von Einzelfiguren und grösseren Gesellschaftsgruppen das seinem Talente zusagende Stoffgebiet fand. Ein niesender Mann, ein Atelier mit Düsseldorfer Malern waren seine der unmittelbaren Beobachtung des Lebens entsprossenen Erstlingsbilder, welchen sich einige Darstellungen aus Körtums komischem Heldengedichte »die Jobsiade« anreihten. »Jobs im Examen« (Münchener Pinakothek und Sammlung Ravené in Berlin) und »Jobs als Dorfschulmeister« (Ravené in Berlin) haben durch ihre drastische Charakteristik der zahlreichen Figuren bei ihrem Erscheinen grossen Beifall gefunden. Aber ihr Kolorit ist hart, bunt und trocken, und das mag ihr Schöpfer selbst eingesehen haben, da er sich 1838 nach München begab und sich dort bis 1842 weiter ausbildete. Nach Düsseldorf zurückgekehrt, malte er 1843 in ungleich flüssigerer Technik und mit stärkerer koloristischer Wirkung seine beiden, durch Nachbildungen in Lithographie und Farbendruck weit verbreiteten Hauptbilder, »die Weinprobe« und das »Lesekabinet« Berliner Nationalgalerie, in welchen sich ein eindringendes Studium der menschlichen Physiognomie mit glücklichem Humor verbindet. Beide Gemälde sind zugleich kulturgeschichtliche Urkunden, welche das vormärzliche Kleinbürger- und Philisterthum treffend charakterisiren. Hasenclever starb, bevor er seine Kraft voll entwickelt hatte. Seine letzten Werke, »die Spielbank« und »Arbeiter und Stadtrath«, deuteten bereits darauf hin, dass er sich demjenigen Genre eben anschliessen wollte, welches das Leben der Gegenwart von der ernsten Seite auffasst und sogar bis in die Tiefen des sozialen Elends hinabzudringen versucht, die seit den vierziger Jahren zuerst blossgelegt und von einigen Malern auch ausgebeutet wurden. Karl *Hübner* (1814—1879), ein Schüler von Schadow und Sohn, ist der Typus dieser Gattung. Sozialistische Tendenzen hat er freilich nicht gehabt. Ihn rührte nur, nach der sentimentalen Art der älteren Düsseldorfer, das menschliche Elend im Allgemeinen und namentlich der unausgleichbare Widerspruch zwischen der Härte des Gesetzes und dem menschlichen Empfinden. Aus solchen Anschauungen entstanden Bilder, wie die »schlesischen Weber« (1845), welche bei Ablieferung ihrer Arbeiten harte Behandlung von Seiten ihrer Auftraggeber erfahren, das »Jagdrecht«, wo ein Landmann für ein getödtetes Wildschwein, welches in seine Saaten eingebrochen ist, von den berechtigten Jägern wegen Jagdfrevels niedergeschossen wird. die »Auswanderer« und die »Pfändung«. Später nahm Hübners Tendenz eine mildere Richtung an, und er beschäftigte sich mit traurigen Zuständen, für welche nicht die allgemeinen sozialen Verhältnisse, sondern nur einzelne Personen oder der Zufall verantwortlich gemacht werden können. Dieser zweiten Periode seines Schaffens gehören »die Rettung aus Feuersgefahr« (1853), »das verlassene Mädchen mit seinem Kinde«, die »Waisenkinder«, »des Seemanns Heimkehr«, »auf der Brandstätte«, »Trost im Gebet« und die »Sünderin vor der Kirchenthür« (1867, Berliner Nationalgalerie) an. Hübners Gemälde sind ergreifende Studien nach dem Leben; aber das bunte und harte Kolorit, welches die Tiefe und Wärme der Empfindung unterstützen sollte, beeinträchtigt die beabsichtigte Wirkung, und unter diesem Mangel leiden viele einst ausserordentlich populär gewesene Bilder der älteren Düsseldorfer Genremaler. So hat z. B. Jacob *Becker* aus Worms (1810—1872), welcher ursprünglich Lithograph gewesen war und sich seit 1833 in Düsseldorf, anfangs bei Schirmer in der Landschaftsmalerei, dann im Genre ausgebildet, heute bei weitem nicht die Bedeutung mehr, die ihm auf Grund seiner Darstellungen aus dem Landleben bei Lebzeiten zuerkannt worden war. Als er nach Düsseldorf kam, gerieth er, der allgemeinen Strömung folgend, zuerst auch in das Fahrwasser der Romantik. Der junge Lyriker, so schildert W. Müller diese Strömung, behandelt

Ritterromanzen, der junge Epiker und Dramatiker nahm sich Stoffe aus
alten Volksbüchern zu poetischer Darstellung, und je fabelhafter die
Dinge oft herauskamen, desto willkommener waren sie einer irregeleiteten
Phantasie. Becker hat auch unter diesen Einflüssen gestanden, er hat
auch eine Periode in exklusiven Schwärmereien durchgemacht, seine
ersten künstlerischen Bestrebungen ergehen sich zwischen Rittern, Lands-
knechten, Pilgern und Mönchen; die Uhlandschen Romanzen, der Jude
von Spindler und andere ähnliche Produkte, welche in jener Zeit besonders wirkten, mussten dem jungen komponirenden Talente herhalten, wie
sie es den meisten jungen, anstrebenden Künstlern jener Jahre thaten.
Aber er sah bald ein, dass aus diesen Anschauungen keine wesentlichen
Vortheile für die Kunst erwachsen würden; er fühlte, dass er auf keinem
festen, konkreten Boden stand, die faseligen Falkenknaben und die süssen
Kirchgängerinnen, die damals in Düsseldorf gäng und gebe waren,
mochten ihn darüber belehren. Da galt es, sich entweder zur Historienmalerei zu erheben oder zum Genre überzugehen. Er hat das letztere
gethan, er liess die verschwommenen Bilder einer unklaren und uner-
quicklichen Vergangenheit im Stich und ergab sich ganz dem frisch
pochenden, lebendigen deutschen Leben der Gegenwart. Er studirte
Natur und Menschen im Westerwald, welchem er die Stoffe zu seinen
ersten, gemüthvollen Genrebildern (die für die augenkranke Mutter betende
Bauernfamilie, der Abend am Brunnen) entnahm. Bald griff er zu stärkeren Motiven (der heimgekehrte Krieger am Grabe seiner Eltern, der
verwundete Wildschütz, 1839, Sammlung Raczynski in der Berliner Nationalgalerie); doch entstanden seine reifsten Schöpfungen erst in Frankfurt a. M., wohin er 1840 als Professor und Lehrer an das Städelsche
Institut berufen worden war, in welcher Stellung er während dreier
Jahrzehnte zahlreiche Schüler heranbildete. Die »vom Gewitter über-
raschten Landleute« bei der Ernte, »der vom Blitz erschlagene Schäfer«,
um welchen sich Männer, Frauen und Kinder schaaren, die von der Heu-
ernte herbeigekommen sind (1844, Städelsches Museum in Frankfurt a. M.)
und der »heimkehrende Erntezug« machten seinen Namen populär. Sein
Verdienst beruht einerseits darin, dass er einer der ersten war, welche
in das Volksthum einkehrten und der Malerei durch Wahl von Stoffen
aus dem Leben der deutschen Bauern einen nationalen Inhalt gaben.
Nachdem das Bauerngenre allgemein geworden war, vermochte Becker mit
seinen späteren Bildern (der Liebesantrag, die Schmollenden, die Begegnung, die Weinprobe, Landleute mit ihrem Pfarrer vor dem Kriege
flüchtend) keine grossen Erfolge mehr zu erzielen. Der Schwerpunkt
seiner künstlerischen Vorzüge lag in der Reinheit der Zeichnung. Die

Komposition seiner Bilder ist mehr aus Berechnung als aus genialer Anschauung geboren, und der Charakteristik der Figuren fehlt es an Tiefe
und an unmittelbarer Lebensfülle. Mit ihm gleichzeitig war Jakob *Diel-
mann* aus Sachsenhausen (1809—1885), der auch Lithograph und Beckers
Mitschüler am Städelschen Institut gewesen war, nach Düsseldorf gekommen, wo er bis 1842 seinen Wohnsitz behielt, um dann nach Frankfurt zurückzukehren. Er malte ursprünglich kleine, anmuthige Bilder aus
dem Kinderleben, dann aber vorzugsweise Partien aus den malerischen
kleinen Städten und Dörfern des Taunus und der Rheinebene mit starker
Betonung der Architektur und mit Staffage aus der Landbevölkerung.
Eine naive Auffassung verband sich mit feinem Humor und freundlicher
Färbung. Das Städelsche Museum zu Frankfurt a. M. besitzt eine
»Strassenansicht von Assmannshausen« und das »Burgthor zu Eppstein
im Taunus« (1858) von seiner Hand. Er war meist in Kronberg im
Taunus ansässig, wo er das Haupt der dortigen Malerkolonie war. Im
idyllischen Genre war auch Johann Baptist *Sonderland* (1805—1878)
thätig, welcher theils Genrebilder nach rheinischen Motiven (gestörtes
Stelldichein, Fischmarkt, rheinische Fähre, nach dem Unterricht, der
Bienenvater), theils Bilder nach Dichtern (Hans und Grete nach Uhland,
1839, Berliner Nationalgalerie) und Illustrationen und Randzeichnungen
für verschiedene Werke (vierzig Blatt Radirungen zu deutschen Dichtern,
Zeichnungen zu Reinicks Malerliedern, zu Immermanns Münchhausen)
ausgeführt hat.

Eine weitaus schärfer ausgeprägte Physiognomie als diese Maler
zeigte Rudolf *Jordan*, welcher der Düsseldorfer Genremalerei ein völlig
neues Gebiet erschloss und bis in die neueste Zeit eine rege Thätigkeit
ausübte, deren Früchte noch oft genug der ersten glänzenden Erfolge
seiner Jugend würdig waren. Geb. am 4. Mai 1810 zu Berlin, bildete
er sich anfangs für die Stallmeistercarrière aus, widmete sich aber in
seinem neunzehnten Jahre auf Veranlassung des damals in Berlin tonangebenden Malers Wilhelm Wach der Kunst. Er trat aber nicht in das
Atelier Wachs ein, dessen Manier sich mit seiner auf die Erfassung des
realen Lebens gerichteten Sinnesweise nicht vertrug. Er bahnte sich
seinen eigenen Weg und besuchte Rügen, wo er an der See Natur-
Studien unter den Strandbewohnern machte. Die erste Frucht derselben,
eine Fischerfamilie, kaufte der König an. Dadurch ermuthigt, ging Jordan
1833 auf die Düsseldorfer Akademie, wo er bis 1840 Schüler von Schadow und Sohn war. Im ersten Jahre wurde er durch bittere Erfahrungen
schwankend, aber das Wiedersehen der See gab ihm sein Selbstgefühl
zurück. Sein erstes Bild, welches er 1834 von Düsseldorf aus nach

Berlin schickte, »der Heirathsantrag auf Helgoland«, erzielte einen durch-
schlagenden Erfolg, der sich sowohl in mannigfachen Variationen des
Themas durch andere Maler, als durch massenhafte Nachbildungen kundgab. Der Konsul Wagner erwarb das Bild für seine Sammlung, mit der
es in die Berliner Nationalgalerie gekommen ist. Der frische, derbe
Humor, der aus diesem köstlichen Genrebild spricht, bot einen will-
kommenen Kontrast zu den süsslichen Marzipanmalereien der Wach'schen
Schule einerseits und zu den weinerlichen Sentimentalitäten der übrigen
Düsseldorfer andererseits. Dem frischen Humor entsprach auch eine
gesunde, kräftige Farbe, und so errang das kleine Bild, Dank diesen
Eigenschaften, denen sich noch seine ethnographischen Vorzüge anreihten,
eine ungewöhnliche Popularität, welche für die Zukunft des Malers
entscheidend wurde. Jordan erkor sich nunmehr das Leben der Fischer
und Lootsen zu seiner künstlerischen Domäne, in die er sich mit unendlicher Liebe und rastlosem Fleisse vertiefte. Durch Reisen nach Holland, Belgien, Frankreich und Italien erweiterte er seinen Gesichtskreis
und füllte er seine Studienmappen. Namentlich lieferte ihm das Lootsen-
und Fischerleben an der holländischen und normannischen Küste eine
reiche Zahl von Motiven, die er in Genrebildern verwerthete, welche
niemals ihre Anziehungskraft verloren, da er stets durch die Darstellung
eines tragisch ergreifenden oder humoristisch wirkenden Vorgangs in Verbindung mit einer charaktervollen landschaftlichen Szenerie das Interesse
des Publikums zu fesseln und durch eine sorgsame Ausführung und ein
gediegenes Kolorit die Ansprüche der Kenner zu befriedigen wusste.

Auf der Ausstellung von 1836 sah man ausser einem humoristischen
und einem sentimentalen Genrebilde, »die vergessenen Stiefel« und »Abend
auf Helgoland«, ein ergreifendes Gemälde, welches in rührenden Zügen
eine tragische Episode aus dem Lootsenleben erzählte: zwei Lootsen,
ein älterer und ein jüngerer, berichten einer am Strande mit ihren beiden
Kindern sitzenden Frau, die kummervoll zu ihnen emporblickt, den eben
überstandenen Kampf mit dem wüthenden Elemente, welchem einer der
ihrigen, augenscheinlich der Gatte der aufmerksam Horchenden, zum Opfer
gefallen ist. 1838 bot die Berliner Ausstellung »Sturmläuten auf Helgoland«,
welches der Verfasser eines Berichts über die Kunstausstellung, der bei
Gropius erschien, mit den Worten pries: »Ein charaktervolles, preis-
würdiges Bild, viel Lokalsinn, viel Autopsie, derbe und feste Pinselzüge.«
Dann folgte 1842 wieder ein heiteres Bild, »das Lootsenexamen«, welches unter dem Einfluss des Bildes von Hasenclever »Examen aus der
Jobsiade« entstanden zu sein scheint, 1843 »Schiffswinde in der Normandie« Berliner Nationalgalerie, »das Begrabniss des jüngsten Kindes«,

»betende Weiber mit ihrem Geistlichen bei Sturm« 1852, »die Kranken-
suppe« Düsseldorf, Kunsthalle', »der erste Besuch am Morgen nach der
Hochzeit auf der Insel Marken« (1861, Leipzig, Museum), »Holländisches
Altmännerhaus« (1866, Berlin, Nationalgalerie), »der Wittwe Trost« (1866,
Berlin, Nationalgalerie', »Suppentag in einem französischen Kloster«
(1868, Köln, Wallraf-Richartz-Museum), »Strandwache«, »Frauenhaus zu
Amsterdam«, »Wartehaus bei Scheveningen« u. s. w. Jordan setzte seine
künstlerische Thätigkeit, meist mit glücklichem Erfolge, bis in die neueste
Zeit fort. Die »Schiffbrüchigen in der Strandkneipe« (1872) und »Alle
Boote kehrten zurück, nur eines fehlte« (1876) reihten sich seinen besten
Schöpfungen an. Auf dem letzten Bilde sieht man eine Fischerfamilie,
welche am felsigen Gestade der Normandie sitzt und die Heimkehr der
Fischerboote erwartet. »Alle Boote kehrten zurück, nur eines fehlte«,
und dieses eine ist es, welches die ängstlich harrende Familie mit Bangen
herbeischnt. Die traurige Gewissheit spiegelt sich bereits auf dem Antlitze des Familienhauptes, eines ehrwürdigen Greises, der thränenlos auf
das weite, grausame Meer starrt, welches ihm die Stütze seines Alters
entrissen hat. Einige Abschweifungen in das Gebiet des italienischen
Genrebildes »ein römischer Milchladen«, »eine Osteria in Rom«), die Jordan nach einer Studienreise nach Italien 1877 und 1878 versucht hat,
waren nicht von Erfolg begleitet. Es gelang ihm nicht, aus dem italienischen Volksleben das Charakteristische herauszugreifen, und überdies
nahm sein Kolorit um diese Zeit einen flauen, haltlosen Charakter an.
Es schien, als würden die Farben durch einen grauen, sich über sie
legenden Nebel gebrochen. Darunter litten auch seine nächsten Bilder
aus dem Fischerleben (nach durchwachter Nacht, Schiffbruch an der
Küste der Normandie, Rückkehr vom Häringsfang, Er kommt!). 1884
nahm er jedoch in der »holländischen Strandkneipe« einen neuen Aufschwung zu reicherer und kräftigerer Färbung, zu einer grösseren Mannigfaltigkeit und zu vollster Lebendigkeit der Schilderung. Er starb 26. März
1887 zu Düsseldorf.

Jordan hat in seinem Atelier eine stattliche Zahl von Schülern
herangebildet, von denen ihm der früh verstorbene Henry *Ritter* (1816
bis 1853) aus Montreal in Canada am nächsten gekommen ist. Er malte
sowohl ernste als humoristische Szenen aus dem Schifferleben und aus
anderen Volkskreisen (Schmuggler von Dragonern angegriffen, der Auf-
schneider, der ertrunkene Sohn des Lootsen 1844, der Wilddieb, der
kranke Musikant), und besonders erreichte seine Humoreske »Middys
Predigt« (1852, städtisches Museum zu Köln) — ein kleiner Seekadett
sucht in komischem Eifer drei ihm entgegentaumelnde, betrunkene Ma-

trosen zur Mässigkeit zu bekehren —, fast eine gleiche Popularität, wie
seines Meisters »Heirathsantrag auf Helgoland«. Mit Jordan und Ritter
machte Emil *Ebers* aus Breslau (1807—1884) Studienreisen nach Holland
und der Normandie. Neben dem Seemannsleben reizten ihn besonders
die gefährlichen Abenteuer der Schmuggler. »Schleichhändler«, die bei
Morgengrauen mit ihrer Contrebande am Ufer eines Flusses landen 1830,
besitzt die Berliner Nationalgalerie, eine »Meuterei auf einer Brigg«
(1847) das schlesische Museum zu Breslau. Von seinen übrigen Bildern
sind zu nennen: Schleichhändler von Grenzjägern überfallen, Schmuggler
in der Schenke, holländische Schmuggler an der Küste der Normandie,
die Geretteten unter den Fischern, das Rettungsboot, das Lootsenboot.
1844 kehrte er nach Breslau zurück, malte dort aber nicht mehr viel
und gab schliesslich die Kunst auf. Georg *Reimer*, geb. 1828 in Leipzig,
gestorben 1866 in Berlin, malte elegante Kabinetsstücke aus der Rokokozeit, von denen sich eines, »Komplimente«, in der Berliner Nationalgalerie
befindet.

Jordans bedeutendster Schüler, Benjamin Vautier, gehört bereits
der neueren Periode der Düsseldorfer Malerei an, welche wir im nächsten
Abschnitt behandeln werden. Ein Gleiches gilt von den Genre- und
Kriegsmalern Camphausen, Chr. E. Bötticher, Tidemand, Lasch, Salentin,
Hünten, Hiddemann und Knaus, obwohl sie meist Schüler von Schadow,
Hildebrandt und Sohn gewesen sind. Knaus insbesondere hatte sich
schon so frühzeitig von der älteren Schule unabhängig gemacht, dass
Müller von Königswinter 1854 von ihm schreiben konnte: »Seine Manier
in der Malerei steht in Düsseldorf ganz vereinzelt da. Sie erinnerte
bereits an die besten alten Niederländer, als Knaus noch kein Bild jener
Schule gesehen hatte. Seine Genossen bewundern ihn deshalb am
meisten, weil er eine Farbe gefunden hat, die in der neueren Zeit fast
ohne Beispiel ist.«

Aus der älteren Generation sind noch einige Maler zu erwähnen,
deren Namen nur durch vereinzelte glückliche Schöpfungen in weiteren
Kreisen bekannt geworden sind. Das Gedächtniss des Schlachten- und
Genremalers Dietrich *Monten* (geb. 1799 in Düsseldorf, gest. 1843 in
München, der anfangs auf der Düsseldorfer Akademie studirte und sich
später bei Peter Hess in München weiter bildete, ist vornehmlich durch
ein sentimentales Bild in der Berliner Nationalgalerie »Finis Poloniae«
(1832) erhalten worden, welches den Abschied polnischer Offiziere und
Soldaten von ihrem Vaterlande nach der unglücklichen Revolution von
1831 an der preussischen Grenze sehr wehmüthig schildert. Das Bild
traf gerade in die damals in Europa grassirende Begeisterung für die

Polen hinein und fand daher in farbigen Lithographieen weite Verbreitung. Durch hervorragende künstlerische Mittel war die Wirkung nicht erzielt worden. Ebenso hat Wilhelm *Heine* aus Düsseldorf (1813—1839) nur ein Bild geschaffen, das seinen Namen vor der Vergessenheit gerettet hat. »Der Gottesdienst der Verbrecher in der Gefängnisskirche« (1837, im städtischen Museum zu Leipzig, Wiederholung in der Berliner Nationalgalerie) ist freilich ein Bild, das nicht nur durch den glücklichen Wurf origineller Erfindung, sondern auch durch mannigfaltige und eindringliche Charakteristik ausgezeichnet ist und gewissermaassen zu den Denkmälern der neueren deutschen Genremalerei gehört. Der Künstler, der schon mit vierundzwanzig Jahren ein Meisterwerk geschaffen, starb nach Vollendung der Wiederholung desselben. Auf dem Gebiete des romantischen Genres und in der Schilderung des Familien- und Kinderlebens haben sich unter den älteren Düsseldorfer Malern noch Franz *Wieschebrink* (1818—1884) und Eduard *Geselschap* (1814—1878) hervorgethan. Ersterer war von 1832—40 Schüler der Akademie und begann mit der Darstellung von Szenen aus dem alten Testament, bis er im Genre seinen Schwerpunkt fand. Von seinen, meist humoristisch gefärbten, gemüthvollen Genrebildern sind die »naschenden Kinder«, der »kleine Lügner«, die »Schmollenden«, der »erste Rausch«, »Vaterfreuden«, die »St. Nikolausbescherung«, der »Sonntagsspaziergang eines Spiessbürgers« und »Wie gefällt dir dein Brüderchen?« hervorzuheben, womit zugleich eine Charakteristik seiner bescheidenen Thätigkeit gegeben ist. Geselschap, aus Amsterdam gebürtig, war ein Schüler von Schadow und begann ebenfalls mit der Bearbeitung biblischer, geschichtlicher und romantischer Stoffe. Seine Eigenart entwickelte sich aber erst in der Darstellung des Familien- und Kinderlebens, dessen innere Freuden er bei Lampen- und Kerzenbeleuchtung, ungefähr in der Art von Dou, zeigte. »Die Erscheinung des Christkindes in einer Bauernfamilie«, der »Nikolausabend«, die »Kinderwäsche am Sonnabend«, das »Mütterchen am Spinnrad«, der »Grossvater, den Enkel in Schlaf wiegend«, der »Besuch bei der Wöchnerin«, der »Martinsabend« (Kunsthalle zu Hamburg), die »Singschule« (städtisches Museum in Hannover), die »musikalische Abendgesellschaft« (städtisches Museum in Köln) und die »Abendkirche« sind seine Hauptwerke, deren Titel auch seine Neigung für Beleuchtungseffekte andeuten. Ein grösseres Verdienst als durch seine Genrebilder hat er sich durch Förderung eines hervorragenden, aber nicht zu voller Reife gelangten Talents erworben. Theodor *Mintrop* (1814 bis 1870), der ein eigenthümliches Gemisch aus Adolf Schrödter und Geselschap bildet, verdankt letzterem seine Rettung aus dürftigen Verhält-

nissen. Max Jordan hat diese seltsame Künstlererscheinung bei der Ausstellung Mintropscher Zeichnungen in der Berliner Nationalgalerie nach seinen Ermittlungen folgendermaassen charakterisirt: »Erzogen für den Bauernstand, aus welchem er stammte, entwickelte dieser seltene Mensch seit frühester Jugend einen Drang nach künstlerischer Gestaltung, welcher allem Widerspruch des Lebens zum Trotz unaufhaltsam hervorbrach. Mitten in der Arbeit des Landlebens, beim Pflug, im Viehhof, am Heuwagen träumte er von einer Schönheitswelt, die ihm alle Umgebung verklärte und ihn befähigte, in Formen zu reden, die sonst nur den Quellen höherer Geistesbildung entfliessen. In einem Kuhstall bemalte er u. a. über den Krippen der Thiere die Wand mit Gemälden von edler ursprünglicher Auffassung. Den ersten Schritt in die Welt that er in den Jahren des Militärdienstes, den er seit 1834 bei der Artillerie in Köln und Münster ableistete. Was ihm an geistiger Nahrung sich darbot, eignete er sich mit congenialer Kraft an; Eindrücke der bildenden Künste, der Dichtung und Musik zündeten unmittelbar in seiner Anschauung, und als er, heimgekehrt, auf dem Hofe des ältesten Bruders, der mittlerweile das Regiment der Familie übernommen hatte, ohne Murren und frischen Geistes wieder in den Zwang der harten Arbeit eintrat, schien aus dem Maler auch ein Dichter geworden, so hinreissend war sein Wort, wenn er vorlas oder wenn er erzählte, eine Begabung, die, gepaart mit dem keuschen Wesen seines Naturells, bis an sein Lebensende ihm Bewunderer erweckte.« Im Jahre 1844 lernte ihn Geselschap kennen. »Ueberrascht von der genialen Persönlichkeit, bestimmt er ihn, sich dem Studium auf der rheinischen Kunstschule zu widmen, nimmt ihn in sein Haus und sorgt für ihn mit brüderlicher Aufopferung. Der schon dreissigjährige ‚Dores‘, wie er genannt wurde, macht den Lehrkursus durch, sein Talent entfaltet sich wunderbar; es nimmt wachsend nur immer entschiedener die Richtung auf eine Idealität, die bereits seinen Erstlingswerken ein raffaelisches Gepräge gab. Er erarbeitet sich die Selbstständigkeit, seine Bilder werden gesucht und gekauft, seine Entwürfe entzücken vermöge ihrer schwungvollen Gedanken, ihrer wundervollen Anmuth, ihrer stilvollen Formensprache. Reine Poesie und lauterer Humor leuchten aus den Kompositionen, die bald dem religiösen Gebiet, bald dem dramatischen und dekorativen angehören, meist aber freie Monologe einer schönheitstrunkenen Künstlerseele sind. So wandelt er gleich dem entzauberten Prinzen des Märchens, von Allen, die ihn kennen, gefeiert und geliebt, wie selten ein Mensch in unseren Tagen, unberührt von den Kümmernissen des Daseins, wenn auch wohl kundig seines stillen Seelenleids, im hellen Aether der Phantasie, glück-

lich und beglückend, bis seine hohe, freundliche Gestalt zu kränkeln begann und er im Sommer 1870 starb.«

Der Schwierigkeiten, welche ihm die technische Seite seiner Kunst, namentlich das Malen in Oel, bot, ist Mintrop niemals Herr geworden. Seine Zeichnungen sind im einzelnen inkorrekt und seine Oelbilder sind in der malerischen Behandlung bunt und hart, nur kolorirt, nicht gemalt in höherem Sinne. Von den letzteren sind die Madonna mit dem Kinde und dem kleinen Johannes (1852, Kunsthalle zu Düsseldorf), die Madonna mit dem heiligen Ludgerus und Benediktus (1856—59, Kirche zu Verden) und die phantastische »Maibowle« (1869, im städtischen Museum in Köln) hervorzuheben, welche letztere an ähnliche Kompositionen Schrödters erinnert. Dasselbe gilt von seinen dekorativen Entwürfen (Winzerfesten, Kinderfriesen und Bacchantenzügen), die theils von ihm selbst, theils von anderen in Privathäusern zu Köln und Düsseldorf ausgeführt sind. In seinen Zeichnungen nach Motiven aus der biblischen Geschichte, aus romantischen Dichtungen und aus dem Kinderleben, unter welchen der 70 Blätter umfassende Märchencyklus »König Heinzelmanns Liebe« und die phantasievolle Zeichnung »der Christbaum« mit der Madonna, dem Kinde und Engeln, um welchen sich die ganze Menschheit versammelt, die ersten Stellen einnehmen, folgte Mintrop der geistigen Richtung, welche durch Ludwig Richter begründet worden ist. Der Reichthum seiner Gedanken und die Innigkeit seiner Empfindung müssen an den meisten seiner Gebilde für die Mängel seiner künstlerischen Ausdrucksform entschädigen. —

Neben der Historien-, Portrait-, Genre- und Landschaftsmalerei führten die Vertreter der übrigen Fächer der Malerei in jenem Zeitraum ein sehr bescheidenes Dasein. Der in München und Wien gebildete Thiermaler Friedrich *Simler* (1801—1872), welcher übrigens nur kurze Zeit in Düsseldorf ansässig war und bisweilen mit Landschaftsmalern wie Scheuren, A. Achenbach u. a. zusammen arbeitete, und der Stilllebenmaler Johann Wilhelm *Preyer* (geb. 1803), dessen Blumen- und Fruchtstücke hinsichtlich der Sauberkeit der Zeichnung und des naturwahren Kolorits in den dreissiger, vierziger und fünfziger Jahren unübertroffen dastanden, sind die hervorragendsten Künstler auf jenen Gebieten, welche von dem damaligen Kunstgeschmack nur geringgeschätzt wurden.

## 8. Die Entwicklung der Malerei in Berlin.

Während des vorigen Jahrhunderts stand die Berliner Malerei so ausschliesslich unter dem Einflusse des französischen Rokoko- und Zopfstils, dass von einer eigenartigen Berliner Malerei damaliger Zeit nicht

geredet werden kann'. Nur Chodowiecki, der geistreiche Sittenmaler, dessen Bilder, Zeichnungen und Kupferstiche das schätzbarste Material zur Kulturgeschichte Berlins im letzten Drittel des vorigen Jahrhunderts liefern, wusste sich von diesem Banne freizuhalten und an der Stelle französischer Unnatur und Geziertheit ein frisches Abbild des realen Lebens zu bieten. Er war nach dieser Richtung ein Bahnbrecher, an welchen später die Realisten in der Auffassung des modernen Lebens, Franz Krüger und Adolf Menzel, anknüpften. Seine nüchterne, aber für heutige Augen höchst fesselnde Ausdrucksweise kontrastirte gewaltig mit dem nach der Antike gebildeten Stile des glänzenden Gestirns, welches am Lebensabende Chodowieckis aufging und die Anfänge der neudeutschen, klassizirenden Kunst erhellte, mit Carstens. Wie vorläufig Chodowiecki fand auch Carstens, dessen Aufenthalt in Berlin, wie wir gesehen haben, allerdings nur von kurzer Dauer gewesen ist, keine Nachfolge. So konnte der Graf Raczynski in seiner Geschichte der neueren deutschen Kunst Berlin bis zum Jahre 1819 mit Rücksicht auf die Malerei eine Wüste nennen.

In diesem Jahre liessen sich Wilhelm Schadow, der Sohn des grossen Bildhauers, welcher die Plastik vom Zopfstil zur Natur geführt, und Karl Wach in Berlin nieder. Wilhelm Schadows Thätigkeit in Rom und Berlin bis zu seiner Uebersiedlung nach Düsseldorf haben wir schon oben (S. 243—244. 358) charakterisirt. Auf die Entwicklung der Berliner Malerei gewann er persönlich keinen Einfluss, nur später mittelbar durch die Bilder seiner Schüler, die in Berlin zur Ausstellung gelangten. Dagegen wurde Wach in Berlin zum Haupt einer Schule, die freilich nicht so umfangreich und nicht so bedeutend war wie die Düsseldorfer. Karl Wilhelm *Wach* (geb. 1787) hatte sich unter Leitung des Historienmalers Karl Kretschmar seit seinem zehnten Jahre der Kunst gewidmet. Nachdem er bereits einige selbstständige Werke von Belang geschaffen (ein Altarbild: Christus mit Johannes und Matthäus 1807, ein Portrait der Königin Luise 1811), wurde seine künstlerische Thätigkeit durch die Freiheitskriege unterbrochen. Er betheiligte sich als Offizier an den Kämpfen von 1813—1815, nahm nach dem zweiten Einzuge in Paris Urlaub und blieb drei Jahre lang in der französischen Hauptstadt, um dem Studium seiner Kunst zu leben. Anfangs im Atelier Davids thätig, schloss er sich nach dessen Verbannung an Gros an. Er malte zu dieser Zeit ein Altarbild für die Berliner Garnisonskirche, Christus am Kreuz, und einen

*) Der folgenden Darstellung liegt des Verfassers Monographie Die Berliner Malerschule (Berlin 1879, Wasmuth) zu Grunde, in welcher zum ersten Male eine zusammenhängende Schilderung der Berliner Malerei seit 1819 versucht worden ist.

Johannes den Täufer. Auch kopirte er mehrere Bilder aus dem Louvre. Diese drei in Paris zugebrachten Jahre waren für seine künstlerische Richtung entscheidend; er wurde ein Anhänger des französischen Klassizismus, der jedoch bei ihm durch eine dem Pariser Aufenthalte folgende italienische Reise, vornehmlich dank dem Studium Raffaels, etwas von seiner theatralischen Hohlheit verlor. Aus Paris richtete Wach einige interessante Briefe an Rauch, in deren einem er Paris die Elementarschule, Italien die Universität der Künstler nennt. »Die Sorgsamkeit der Franzosen, schreibt er am 24. April 1816, und ihre Genauigkeit im Studium der Natur und der alten Monumente hat gerade durch den Eifer und die Hitze, mit der das Volk alles treibt, ihnen eine gewisse Beurtheilung aller Gemälde und Kunstwerke gegeben, dass man in dieser Hinsicht viel von ihnen lernen kann. Das Studium der Natur in dem Atelier ist sehr gut eingerichtet und besonders unter Davids Aufsicht, der so schwer zu befriedigen ist, ganz erstaunend unterrichtend, und es besitzen daher unter den angehenden Schülern viele eine so grosse Fertigkeit im Kopiren, Zeichnen und ganz praktischen Malen nach der Natur, dass ich, der ich in diesem Theile ziemlich unbewandert bin, sehr in Erstaunen gesetzt worden bin und es mich zur lebhaftesten Nacheiferung angefeuert hat.« In einem späteren Briefe vom 13. November schreibt er noch Folgendes über die französische Methode: »Alles wird hier in den Ateliers alla prima farbig gemalt, und ich versichere Ihnen, dass so vortreffliche Studien von ganzen Figuren in sechs Tagen gemalt werden, so schön in der Farbe, im Effekt und nicht etwa in einer schlechten französischen Manier, wie wir Deutschen den Franzosen es gern vorwerfen, dass man nicht leicht irgendwo so vortreffliche Studien sieht.«

Im Sommer 1817 kam Wach nach Rom. Die deutschen Nazarener, welche damals im höchsten Ansehen standen, gewannen jedoch auf den jungen Künstler, dessen Geist mit ganz anderen Grundsätzen erfüllt war, keinen nennenswerthen Einfluss. Vorzugsweise beschäftigte ihn das Studium der Quattrocentisten und besonders Raffaels, in dessen Stil, Ausdrucksweise und malerischen Vortrag er sich so hineinlebte, dass, als er in Florenz eine Kopie von Raffaels Vision des Ezechiel vollendet hatte, alle Welt von Bewunderung voll war, und der Grossherzog das Original an eine Kette legen wollte, um des Besitzes desselben sicher zu sein. In Italien begann er auch die thronende Madonna, die nachmals (1827) für die Prinzessin der Niederlande ausgeführt wurde. »Ich hoffe, so schreibt er über dieses Bild an Rauch, Sie sollen zufrieden sein, da es hundertmal besser ist, als Alles, was ich machte. Thorwaldsen ist ausserordentlich mit dem Karton zufrieden: er ist mir mit seinem Meisterblick sehr nützlich gewesen.« Die Nazarener hätten »körperliche Schmerzen« über Wachs Frechheit bekommen, weil er Luther und Melanthon zu beiden Seiten der Madonna aufgestellt. Das Bild war in der Weise der sogenannten heiligen Konversationen aufgefasst und sollte die Einigung der christlichen Konfessionen darstellen. Im Jahre 1819 kehrte Wach nach Berlin zurück. Er fand bereits einen Boden vor, der für seine romantisch-klassischen Bestrebungen und Ideale ungemein günstig war. Friedrich Eggers hat in seiner Biographie Rauchs in kurzen Zügen ein meisterhaftes Kulturbild von der Epoche von 1819–1830 entworfen, in welche ein grosser Theil der künstlerischen Thätigkeit Wachs fällt. Die Oede des politischen Lebens nach den Freiheitskriegen hatte die Geister völlig abgestumpft, alle Welt kehrte sich missvergnügt von der Politik ab, »seit die Reaktion des Jahres 1819, von Oesterreich ihren Ausflug nehmend, bald sich aber in Preussen fast noch sicherer einnistend, als im übrigen Deutschland, mit den Fesseln der Denk-, Lehr- und Pressfreiheit auch die Thatkraft der Ausgezeichnetsten unseres Volkes lähmte.« Das deutsche Volk zog sich aus dem Werkeltagstreiben der politischen Tagesfragen ins Reich der Ideen und Ideale zurück. »Vollends wandte sich ab von der Politik alle berufsmässig auf Wissenschaft und Kunst gerichtete edle Volkskraft. Auf diesen Gebieten des Geisteslebens zeigte sich überall gesteigerte Thätigkeit und für die einzelnen Blitze und Donnerschläge, welche sich rings um Deutschland aus der allgemeinen Wetterschwüle des politischen Horizonts entluden, blieb in den betreffenden Kreisen nur ein historisches Interesse übrig, höchstens angehaucht von bänglicher Sorge um die Rückwirkung der Gewitterschläge auf Deutschland.«

In Berlin drehte sich das Hauptinteresse jenes Publikums, welches sich so gern das »gebildete« nennen lässt und welches in der That zeitweilig die geistige Physiognomie einer Stadt beeinflussen und bestimmen kann, um die Musik. Man lese nur die drei Berliner Briefe von Heine aus dem Jahre 1822 (Sämmtliche Werke, XIII. Bd.), welche die geistigen Interessen, von denen damals die preussische Hauptstadt bewegt wurde, schildern. Von der bildenden Kunst ist nur ein paar Male ganz beiläufig die Rede. Es wird das »wunderschöne Bild« im Berliner Dom von Begas erwähnt, und am Ende einer langen Reihe von Notizen über Musik und Theater liest man: »An den Reliefs zu Bluchers und Scharnhorsts Statuen wird bei Rauch immer noch gearbeitet ... Wach ist mit einem Altarblatt beschäftigt, das unser König der Siegeskirche in Moskau schenken wird.« Und an einer anderen Stelle: »Schadow hat ein Modell zu einer Statue des grossen Friedrichs vollendet. Der Tod des jungen Schadow in Rom hat hier viel Theilnahme erregt. Wilhelm Schadow,

der Maler, lieferte neulich ein vortreffliches Bild, die Prinzessin Wilhel-
mine mit ihren Kindern darstellend. Wilhelm Hensel wird erst diesen
Mai nach Italien reisen. Kolbe ist beschäftigt mit den Zeichnungen der
Glasmalereien für das Schloss zu Marienburg. Schinkel zeichnet die
Skizzen der Dekoration zu Spontiñs »Milton« ... Der Bildhauer Tieck
arbeitet am Modell der Statue des Glaubens, welche in einer von den
beiden Nischen am Eingang des Doms aufgestellt wird. Rauch ist noch
immer beschäftigt mit den Basreliefs zu Bülows Statue. Diese und die
schon fertige Statue Scharnhorsts werden an beiden Seiten des neuen
Wachthauses (zwischen dem Universitätsgebäude und dem Zeughause)
aufgestellt.« Mit diesen armen paar Zeilen, die gleichwohl alle damaligen
Grössen der Berliner bildenden Künste berühren, wird die Kunst ab-
gethan. Es sah demnach noch gerade so aus, als im Jahre 1800, wo
Jean Paul schrieb: »Während Philosophie, Dichtkunst und Malerei hier
nur Sand für ihre Wurzeln haben, findet die Musik rechte Hände und
Ohren.«

Die romantische Zeitströmung, welche alle Welt ergriffen hatte, riss
natürlich auch die Maler mit sich fort. Doch bildete sich die romantische Richtung in der Malerei unabhängig von der Literatur. Karl Wilhelm Kolbe hatte sich schon in eine romantische Ausdrucksweise hinein-
gelebt, bevor er die Musenalmanachs, Taschenbücher und die Werke der
Romantiker illustrirte. Er war, unabhängig von Tieck und Fouqué, mit
Leib und Seele Romantiker geworden. Andere folgten ihm nach oder
standen ihm, wie Hensel, zur Seite, und so fand der Eklektiker Wach
einen Grundstock vor, um den sich andere Elemente kristallisirten. Es
war die Zeit der Almanache und poetischen Taschenbücher, der Schwärmerei für Walter Scott, Cooper und für die Befreiung Griechenlands,
welche das gesammte politische Interesse des Publikums aufsogen. Aus
der Romantik entwickelte sich aber auch die historische Schule mit einer
Anzahl neuer Wissenschaften im Gefolge, die ihre Leuchte auch auf die
Erforschung der Kunst strahlen liessen. Im Jahre 1820 wurde das
»Kunstblatt« als selbstständiges Organ gegründet, welches unter Schorns
Leitung bei Cotta in Stuttgart erschien und in welchem alle auf die
Kunst gerichteten literarischen Bestrebungen ihren Mittelpunkt fanden.

Auf Befehl des Königs erhielt Wach im Lagerhause neben Rauch
und Tieck ein eigenes Atelier angewiesen. Nach Pariser Muster eröffnete
er eine Malerschule, zu der sich bald Schüler in Menge drängten. Eine
Auferstehung und ein Abendmahl für die Peter-Paulskirche in Moskau
vollendete er bald nach seiner Rückkehr. Durch seine Ernennung zum
Professor und Mitglied der Akademie wurde sein Ansehen auch äusserlich

erhöht. Bis zum Jahre 1837, wo Wach seine Lehrthätigkeit niederlegte, gingen aus seiner Schule mehr als siebenzig Künstler hervor, welche ein Menschenalter hindurch die Berliner Malerei repräsentirten und auf deren Schultern viele Mitglieder der gegenwärtigen Berliner Schule stehen. Wach war kein originales Talent, welches eine neue oder auch nur scharf abgegrenzte Richtung in der Malerei hätte eröffnen können. Wie seinem römischen Genossen Schadow fehlte auch ihm der geniale, selbstständige Zug. Er war in einem noch höheren Grade Eklektiker als jener. Sowohl auf dem Gebiete der religiösen Staffeleimalerei wie auf dem der monumentalen werden wir überall an seine Vorbilder, an Raffael, Giulio Romano, Andrea del Sarto, erinnert. Seine beiden hervorragendsten Werke religiösen Inhalts — die thronende Madonna mit dem segenspendenden kleinen Heiland, welche die Stadt Berlin der Prinzessin Luise von Preussen bei ihrer Vermählung mit dem Prinzen Friedrich der Niederlande zum Geschenk machte, und die drei himmlischen Tugenden in der Werderschen Kirche in Berlin — legen Zeugniss für seine eklektische Richtung, aber ebenso sehr auch für sein hervorragendes Kompositionstalent, für sein koloristisches Können und für seine Kenntnisse in der Architektur und Perspektive ab. Dass Wach auch die Gesetze des monumentalen Stils vollkommen verstand und beherrschte, das beweisen die neun Musen, welche die Decke des Berliner Schauspielhauses zieren. Schinkel hatte bei der Ausmalung des Schauspielhauses in erster Linie an Wach gedacht. Aber der Sohn des Akademiedirektors konnte nicht so leicht übergangen werden, und so wurde denn die Arbeit getheilt. Schadow dekorirte, wie wir bereits erwähnt haben, die Decke des Proszeniums mit einem Bacchanal, welches an Tiefe und Kraft der Färbung die heller und leichter gehaltenen Musen Wachs freilich übertrifft, während dem letzteren der Plafond überlassen wurde. Die Höhe desselben und der Reflex des Kronleuchters am Abend verhindern den Beschauer, die Vorzüge der anmuthigen Gestalten Wachs, welche, von ovalen Medaillons umschlossen, in die Streifen eines neuntheiligen, facherartigen Velariums eingefügt sind, voll und ganz zu würdigen. Man muss sie nach den Originalkartons, welche die Berliner Kunstakademie besitzt, oder nach den Stichen beurtheilen, welche J. Caspar im Jahre 1820 ausführte*. In diesen Musengestalten zeigt sich der Einfluss Raffaels am stärksten, so stark, dass der französische Klassizismus fast ganz in den

---

*) Die Musen im königlichen Schauspielhause zu Berlin, erfunden und gemalt von Karl Wilhelm Wach. In Kupfer gestochen von J. Caspar. Neue Ausgabe von Dr. M. Jordan. Berlin 1877, E. Wasmuth.

Hintergrund tritt und sich nur hie und da in dem Arrangement der Gewänder kund giebt. Eine echt raffaelische Grazie und eine klassische Naivetät sprechen aus diesen Gestalten, wie wir sie in den erhabenen Allegorieen finden, mit welchen Raffael die Stanza della Segnatura geschmückt hat. Die herrliche Gestalt der Poesie war es vorzugsweise, die Wach inspirirte.

Von der Mitte der dreissiger Jahre stieg Wach allmälig von seiner Höhe herab. Man hatte inzwischen die modernen französischen Maler, deren Werke auf den akademischen Ausstellungen häufig zu sehen waren, Vernet, Coignet, Lepoittevin, Gudin, Watelet, Rouqueplan, Biard u. a., genauer kennen gelernt, und neben diesen glänzenden Gestirnen, die durch ihre geistreiche Auffassung und ihre Beweglichkeit blendeten, vermochte sich Wach, der im Grunde doch immer mehr Rechner als schöpferisches Talent war, nicht zu behaupten. Eine »Judith mit dem Haupte des Holofernes« wird in dem Bericht über die Berliner Kunstausstellung im Jahre 1838 arg mitgenommen. »In der ganzen Gebärdung dieser Gestalt ist ein undurchdrungenes, unverschmolzenes Wesen von verfehlter Antike und gelungener Soubrettenhoheit, von prahlerischer Schaustellung und einigen wohlberechneten Hauchen nachwirkender Mordvollziehung, von Zofenheroismus und dem akademisch sich schmückenden Junostolz einer Soubrette.« Der Eklektiker konnte also seine geistige Leere unter der gefälligen Form nicht mehr verbergen. Aber auch sein Kolorit, dem es auf dem genannten Bilde an jeglicher Harmonie fehlte, vermochte nicht mehr den alten Reiz auszuüben. Noch unsanfter ging die Kritik mit ihm um, als 1844 auf der akademischen Ausstellung eine grosse historische Komposition »Der heilige Otto, Bischof von Bamberg, und die ersten Christenkinder in Stettin« von seiner Hand erschien. In einem von Th. Mundt und Luise Mühlbach verfassten Berichte »Berlin und seine Künste« 1844 wird er mit beissendem Spott überschüttet. »Das ist ein vornehmer Mann, heisst es darin, und deshalb hat er auch gar nicht nöthig, ein guter Maler zu sein, und da er ausserdem im Senate der königlichen Akademie sitzt, so braucht er sich gar nicht anzustrengen, um zu höherem Ruhm zu gelangen ... Welch' eine innere Nüchternheit und Leerheit, welches stumpfe, harte Kolorit, wie viel Fehler in der Zeichnung! Ja, ja, nur ein Mann in Amt und Würden darf es wagen, solch ein Bild zu malen, ohne für seinen Ruhm zu zittern; und gewiss, wäre Wach ein grösserer Maler, würde er schwer die Anerkennung gefunden haben, die man jetzt allzu willig ihm zugesteht.« — Wenn auch auf das kritische Urtheil dieses Schriftstellerpaares kein zu grosses Gewicht zu legen ist, so darf man nicht ausser Acht lassen,

dass Theodor Mundt und Luise Mühlbach für die gebildeten Kreise Berlins tonangebend waren, dass in diesen Kreisen ihr Ausspruch wie ein Orakel galt und dass sie umgekehrt auch die Stimmung derselben in ihren kritischen Schriften widerspiegelten. Eine Stelle aus Varnhagens Tagebüchern I. 27. 17. Dez. 1836, die auch in anderer Beziehung interessant ist, giebt zu dieser Betrachtung einen merkwürdigen Kommentar. »Unser Künstlerwesen, sagt er, zeigt seine Hohlheit immer bedenklicher, auf allen Seiten kracht es, senkt es sich, berstet es. Von allen Seiten sieht man sich nach Hülfe um. Die Künstler klagen, dass sie nicht verkaufen können, die Schüler schmälern den Erwerb der Meister, die Liebhaber behaupten, dass die gekauften Bilder dunkeln und schlecht werden. Der gemachte Enthusiasmus will nicht mehr vorhalten. Hört man ein Urtheil, so ist es sicherlich der Widerhall einer Stimme vom Hofe her. Die Kunstschreiber stehen auch unter diesem Einfluss. Ganz Berlin lässt sich sein Urtheil von einigen Leuten machen, die vielleicht einige Kenntniss, aber wenig Geschmack und dafür sehr viel Anmaassung haben.« Theodor Mundt und Luise Mühlbach gehörten nun freilich nicht dieser Kategorie von »Kunstschreibern« an. Sie vertraten im Gegentheil die Opposition, die sich im Anfang der vierziger Jahre bereits auf allen Gebieten des öffentlichen Lebens zu regen begann und sich zuerst auf dem ziemlich unschuldigen der Kunstkritik Luft machte. Mundt war jedenfalls nicht von Varnhagen gemeint, da ersterer mit der Varnhagenschen Clique eifrige Beziehungen unterhielt.

Von den übrigen Schöpfungen Wachs nennen wir noch einen Christus mit seinen Jüngern (1828, Raczynskische Sammlung in der Berliner Nationalgalerie), Psyche von Amor überrascht (ebendaselbst), eine gefällige und anmuthige Komposition, klar und fleissig kolorirt, wenn auch von süsslicher Eleganz, einen männlichen Studienkopf (ebendaselbst) von übertriebenem Ausdruck und manierirt in der Farbe, eine Nymphe und einen Johannes in der Wüste. Unter Wachs zahlreichen Portraits erwarben sich die Bildnisse der Königin Luise in ganzer Figur, der Prinzessin Friederike der Niederlande, der Prinzen Adalbert und Waldemar von Preussen 1834, des Fräuleins von Savigny und der Gräfin Raczynski (1827) Anerkennung. Bei letzterem wusste er auch wieder seine raffaelischen Studien zu verwerthen, indem er das Bildniss auf den Wunsch des Grafen im Kostüm und in der Haltung Raffaels Portrait der Johanna von Arragonien nachbildete. In seinen letzten Lebensjahren nahm Wach als Vizedirektor der Akademie (seit 1840) und Vertreter des Cornelius eine hervorragende Stellung ein. Er starb am 25. November 1845.

Als Wach im Jahre 1819 nach Berlin kam, stand sein Lehrer,

Johann Karl Heinrich *Kretzschmar* (1769—1847), noch in der vollsten
Kraft seines Schaffens. Kretzschmar, ein Schüler von Weitsch, war 1789
nach Berlin gekommen, machte sich aber erst im Jahre 1800 bekannt,
als er den von der Akademie ausgesetzten grossen Preis durch eine
historische Komposition, »der grosse Kurfürst verzeiht dem Prinzen von
Homburg auf dem Schlachtfelde von Fehrbellin«, gewann. Er machte
darauf eine Studienreise nach Frankreich und Italien und vollendete nach
seiner Heimkunft eine zweite grössere Komposition: »Die Rückkehr des
Kurfürsten als Kronprinzen von seiner Reise nach den Niederlanden«
1802. Er war seit 1817 Professor der Geschichtsmalerei an der Akademie. Ein kleines Bild in der Nationalgalerie: »Christus und die Samariterin am Brunnen« zeigt ihn als Koloristen nicht von einer vortheilhaften Seite.

Karl Wilhelm *Kolbe* (1781—1853), dessen Entwicklungsgang mit
dem Wachs beinahe parallel läuft, stellt den Zusammenhang zwischen
der älteren Berliner Malerschule und der neueren her. Er war ein
Schüler von Chodowiecki und erhielt 1796 für eine grosse historische
Komposition, »Frobens Opfertod in der Schlacht bei Fehrbellin«, den
ersten Preis der Akademie. Kolbe war der erfolgreichste und glück-
lichste Vertreter der romantischen Richtung in der Berliner Malerei.
Wie die Dichtungen Fouqués haben auch seine Kompositionen einen
starken theatralisch-phantastischen Zug. Man glaubt immer lebende Bilder
unter bengalischer Beleuchtung vor sich zu sehen. Das Mondlicht oder
das glührothe Licht einer Fackel müssen ihm am häufigsten ihre Wirkungen leihen. »Die Flucht Kaiser Karl V. bei Nachtzeit über die Alpen
1551« (Berliner Nationalgalerie) ist ein Beleg für seine romantisch-thea-
tralische Auffassung. Dass er aber auch über eine gewisse dramatische
Energie verfügte, welche seine Historienbilder bei weitem über diejenigen
Wachs erhob, zeigt sein »Barbarossa in der Schlacht bei Antiochia
1190« (ebendaselbst). Zu seinen grösseren Arbeiten gehören die Kartons
zu den Glasfenstern des Schlosses in Marienburg, welche die Kämpfe
und Schicksale der deutschen Ordensritter darstellen, und die Fresken
in der Vorhalle des Marmorpalais bei Potsdam mit Szenen aus dem
Nibelungenliede. Zwei Oelskizzen zu den ersteren -- festlicher Einzug
der Ordensritter in das Schloss und Deutschherren als Krankenpfleger in
Jerusalem — besitzt die Nationalgalerie in Berlin. Dort sieht man auch
eine im Jahre 1824 gemalte altdeutsche Strasse mit zahreichen Figuren,
die mit grosser Liebe und Sorgfalt durchgeführt und charakterisirt sind.
Von seinen Werken sind sonst noch erwähnenswerth: Die Himmelfahrt
Christi in der Schlosskirche zu Potsdam; Albrecht Achilles erobert eine

Fahne; Kurfürst Friedrich I. wird vom Kaiser belehnt (königl. Schloss); Ottos des Grossen Schlacht bei Merseburg gegen die Ungarn (1829; die Schlacht bei Fehrbellin; die letzten Augenblicke des Herzogs Wratislaw von Pommern; Doge und Dogaressa; Winzerfest aus dem Mittelalter; Karl der Grosse beim Kohlenbrenner.

Wenn das Atelier Wachs auch von zahlreichen Schülern besucht wurde, so war doch, wie erwähnt, seine künstlerische Persönlichkeit nicht energisch und ausgeprägt genug, um eine nachhaltige und tiefgehende Wirkung auf die jüngere Künstlergeneration zu üben. Mehrere seiner Schüler gingen auch später noch nach Düsseldorf, wo sie ihren letzten Schliff erhielten. Am treuesten blieben ihm und seiner Richtung Daege, Hopfgarten und Henning. Eduard *Daege* (1805—1883) trat 1823 in das Atelier Wachs. Sein erstes grösseres Bild: »Erfindung der Portrait-plastik« (1832, Berliner Nationalgalerie), zeigt, wie nahe er den Spuren seines Meisters folgte. Nach des Plinius Erzählung sitzt die Tochter des sikyonischen Töpfers Butades neben ihrem Geliebten, der gerüstet in den Kampf ziehen will, und zeichnet an der Wand die Konturen des Schattens seines Profiles nach. Die lebensgrossen Figuren sind vortreff-lich gezeichnet, aber die Körper nach einem gewissen romantisch-idealen Schema geschaffen, welches eine feinere Individualisirung der Körper-formen vermeidet. Der Fleischton ist rosig und klar, ohne Kraft und Wärme. Diese Art der malerischen Behandlung ist allen Wachsschülern gemeinsam und offenbart sich ganz besonders in der Portraitmalerei. Von einer Studienreise nach Italien kehrte Daege nach Berlin zurück und erhielt bald zahlreiche Aufträge. Er malte für mehrere Kirchen und ge-hörte auch zu der Zahl derjenigen Maler, welche von Friedrich Wilhelm IV. berufen wurden, die neue, 1845—1852 von Stüler und Albert Schadow erbaute Schlosskapelle auszumalen. Von ihm rühren daselbst eine Ge-burt Christi in der flachen Bogennische links über der Thür und einige von den 72 Engelsgestalten und Engelsköpfen her, welche das Kuppel-gewölbe schmücken. 1838 wurde Daege Lehrer an der Akademie und 1840 Professor. In diese Zeit fallen mehrere Genrebilder, welche zum Theil durch die Lithographie vervielfältigt wurden und den Namen ihres Urhebers für eine Zeit lang populär machten. So der »mitleidige Mönch« (1836, der einer Frau und einem Knaben, die von langer Wanderung ermattet am Fusse eines Heiligenbildes niedergesunken sind, Erquickung reicht, der »Messner« (1837, Nationalgalerie zu Berlin), wel-cher, von einem Chorknaben geführt, im Begriff steht, einen Gebirgsbach zu durchwaten, die »Einkleidung einer Nonne«, »das Weihwasser«, eine »Römerin mit einem Kinde« u. s. w. Nach dem Tode des Vizedirektors

Herbig 1861 wurde er mit der Führung der Direktorialgeschäfte betraut, welche seine Zeit bis 1874 so in Anspruch nahmen, dass er auf eine fernere Ausübung seiner Kunst verzichten musste. August *Hopfgarten* (geb. 1807) studierte seit 1820 auf der Akademie unter Daeling, Niedlich und Wach. 1827 ging er nach Italien, wo er fünf Jahre blieb, und dann begab er sich nach Wiesbaden, um dort die Begräbnisskapelle der Herzogin von Nassau auszumalen. 1835 kehrte er nach Berlin zurück und entfaltete nun eine lebhafte künstlerische Thätigkeit, welche sich ziemlich gleichmässig auf das Gebiet der biblischen und profanen Geschichte, des romantischen Genres und des Portraits erstreckte. 1836 erschienen auf der Kunstausstellung zwei Genrebilder: »Raffael, das Motiv zur Madonna della Sedia findend«, und die später durch die Lithographie populär gewordene »Schmückung einer Braut«, zwei Schilderungen reichen, heiteren Lebens, denen man geschmackvolle, wohlüberlegte Anordnung nachrühmte, obwohl man schon damals an ihnen eine kräftigere, vollere Sinnlichkeit vermisste. Noch populärer wurden die »Schwäne fütternden Mädchen«, drei Frauen in dem romantisch zugestutzten Kostüm der florentinischen Renaissance, welche auf einer Marmortreppe am Ufer eines Gewässers stehen, während den Hintergrund der ganze Zauber der Romantik füllt, Marmorpaläste, verschwiegene Haine im Abenddunkel und plätschernde Springbrunnen. Von ähnlichen historischen Genrebildern sind noch zu nennen: Die Findung Mosis; Ruth und Boas; Kampagnolen vor einem Madonnenbilde; räuberische Sarazenen; Tasso vor Leonore 1839, Nationalgalerie zu Berlin, steif und trocken, aber gediegen in der Farbe; die Rosen der heiligen Elisabeth; italienische Almosenspende (Nationalgalerie); Herminia unter den Hirten. In der Schlosskapelle malte Hopfgarten über dem Altar die Ausgiessung des heiligen Geistes und einige von den Engelsgestalten und Engelsköpfen in der Kuppel.

Adolf *Henning* (geb. 1809) war von 1824 an neun Jahre lang im Atelier Wachs thätig. Er ging 1833 auf drei Monate nach Düsseldorf und dann nach Italien, wo er seine künstlerische Reife empfing. Nach seiner Rückkehr beutete er seine italienischen Studien aus und malte zuerst nach einer damals sehr beliebten Mode die lebensgrosse Halbfigur eines Mädchens aus Frascati (1838, Nationalgalerie zu Berlin). Wach hatte diese Richtung mit einem häufig kopirten Brustbild eines Mädchens von Albano inaugurirt und fand bald eifrige Nachfolge. Die Frascatanerin zeigt dieselbe fröhliche, rosige Färbung, denselben zart romantisch angehauchten Teint. Auch ein »Leichenzug in der Campagna« war eine Frucht von Hennings italienischer Reise. Im Jahre 1836 erschienen auf der akademischen Ausstellung »Achill und Thetis«, »David, die Harfe

spielend«, »ein Ordensgeistlicher mit einem Chorknaben in San Marco zu Venedig«, »ein armenischer Geistlicher in der Rogerkapelle zu Palermo«, »Dominikaner in einer Krypta«, »spanische Bettelmönche auf einer Gebirgswanderung«, »ein italienisches Mädchen« und mehrere Skizzen und Aquarelle aus Italien. Auf allen diesen Bildern überwogen die Vorzüge korrekter Zeichnung und plastischer Modellirung die des Kolorits, dem es an Harmonie und Schmelz gebrach. Die kleineren Genrebilder verdienten jedoch um ihrer Lebendigkeit und Naturwahrheit willen den Vorzug vor den Kompositionen grossen Stils, denen die Wachsche Kälte und Trockenheit innewohnte. In der Schlosskapelle malte Henning, wie seine Genossen in stereochromischer Manier, die beiden Evangelisten Lukas und Johannes in den runden Bogennischen und im weissen Saale die Kolossalfiguren der acht preussischen Provinzen. Im neuen Museum arbeitete er mit Kaselowski, Becker und Peters an den Wandmalereien des Niobidensaales, welche griechische Mythen darstellen. Nebenbei kultivirte er eifrig die Portraitmalerei, welcher er sich zuletzt fast ausschliesslich widmete.

Zu den Schülern Wachs gehörte eine Zeit lang auch Karl *Schorn* (1800—1852), welcher eine Vermittlung zwischen den Schulen von Düsseldorf, Paris, Berlin und München hergestellt hat. Nachdem er seine erste Ausbildung auf der Düsseldorfer Akademie empfangen, begab er sich 1824 zu Cornelius nach München, dann zu Gros und Ingres nach Paris und kam 1832 nach Berlin zu Wach, wo er eine Reihe von Jahren arbeitete. Dann ging er wieder nach München und arbeitete dort an den Fresken in den Arkaden des Hofgartens. Nach einer italienischen Reise malte er in den Jahren 1843—1845 im Auftrage des Königs von Preussen ein grosses Historienbild »die gefangenen Wiedertäufer vor dem Bischof von Münster«. Von 1847 bis zu seinem Tode bekleidete er eine Professur an der Münchener Akademie. Schorn ist für die historische Entwicklung der Berliner Malerschule insofern interessant, als sich in seiner Person die Wandlungen widerspiegeln, welche die Malerei in Berlin bis zu dem Erscheinen der belgischen Bilder und nach demselben durchgemacht hat. Der Cornelianer hatte eine weit schärfere und eindringlichere Kunst der Charakterisirung mitgebracht und suchte damit das rosige Kolorit der Wachschen Schule zu verbinden. Es entstand natürlich durch dieses Bestreben eine auffällige Disharmonie, die besonders an seinem 1836 ausgestellten historischen Genrebilde »Maria Stuart und Rizzio« bemerkbar wurde. Ein »Arion« und ein »Pygmalion«, die er zu gleicher Zeit ausgestellt hatte, fielen dagegen ganz in die Richtung Wachs. »Salvator Rosa unter den Räubern« 1835, »Karl V. im Kloster

von St. Just«, »Kartenspieler im dreissigjährigen Kriege« (1837, Berliner Nationalgalerie), »betender italienischer Räuber« sind gleichfalls in Berlin entstanden. »Papst Paul III. vor Luthers Bildniss« (1839, Berlin, Nationalgalerie) bezeichnet bereits den Uebergang zu einem kräftigeren Kolorit, der dann in dem unter dem Einfluss der Belgier gemalten Bilde für den König von Preussen vollzogen erscheint. Schorn war, wie sein letzter Meister Wach, ein Eklektiker, dem es an genialer Ursprünglichkeit gebrach. Deshalb wird man seinen grossen Historienbildern wenig mehr als eine sorgfältige Charakteristik der Figuren und eine gewisse Handfertigkeit in der Mache nachrühmen können. Doch war Schorn für die Entwicklungsgeschichte der modernen deutschen Malerei auch noch insofern von Bedeutung, als er seinem Schwager Karl Piloty die Wege gewiesen hat, der auch seine letzte Schöpfung »die Sündfluth« neue Pinakothek zu München» vollendete.

Konstantin *Cretius* (geb. 1814 kam 1835 nach Berlin in das Atelier Wachs. 1838 ging er über Brüssel und Paris nach Rom, wo er sich bis zum Jahre 1842 aufhielt und eine Reihe von Genrebildern aus dem italienischen Volksleben malte. Nach Berlin zurückgekehrt, huldigte er einer Strömung der Zeit, welche durch das Erscheinen der belgischen Gemälde hervorgerufen worden war, indem er mehrere historische Genrebilder malte. 1846 ging er im Auftrage des Königs nach Konstantinopel, um den Sultan Abdul Medschid zu malen. Mit Vorliebe wählte er seine Stoffe aus der Zeit der englischen Revolution Cromwell, umgeben von seinen Anhängern, 1860, »gefangene Cavaliere vor Cromwell«, 1867, Berliner Nationalgalerie, »Cromwell wird in Folge Staatsrathsbefehls gegen Auswanderung verhindert, sich mit seiner Familie nach Amerika einzuschiffen«).

Eine zweite Klasse von Wachschülern, denen die Richtung ihres Meisters auf die Dauer nicht zusagte oder die durch die Erfolge der Düsseldorfer Maler auf den Berliner Ausstellungen dazu veranlasst wurden, begab sich nach längerem oder kürzerem Aufenthalte in Wachs Atelier nach der rheinischen Kunststadt, um dort ihre Studien fortzusetzen. Johann Hermann *Kretzschmer* (geb. 1811) kam 1831 zu Schadow nach Düsseldorf, nachdem er von 1829 in Wachs Atelier gearbeitet. Er begann mit Genrebildern in der damals beliebten Düsseldorfer Art, mit »Rothkäppchen«, »Aschenbrödel« (1836, einem »Burghof« mit einem Mädchen und einem galanten Knappen, erfuhr aber einen entscheidenden Umschwung, als er in den Jahren 1840 und 1841 eine Reise nach Griechenland, Konstantinopel und Aegypten machte. 1842 kehrte er nach Düsseldorf zurück und verwerthete den Inhalt seiner Studienmappen in einer Reihe von Genrebildern, die einen ungewöhnlichen Eindruck machten. Kretzschmer war der erste Maler der Berliner Schule, der die fremdartigen Erscheinungen des orientalischen Volkslebens und der orientalischen Natur charakteristisch aufzufassen und wiederzugeben wusste. »Das Frühstück in der Wüste«, »die vom Samum überraschte Karawane« (1844, städtisches Museum zu Leipzig), »die Einschiffung wider Willen« (Schloss Babelsberg), »die Rückkehr der Pilgerkarawane« erschlossen dem Publikum eine neue Welt von farbigen Erscheinungen. Mit diesen Arbeiten, die sich zugleich durch eine harmonische, klare und warme Färbung auszeichneten, konnte ein deutscher Maler zuerst erfolgreich mit den französischen Orientmalern, mit Horace Vernet, Decamps u. s. w., wetteifern. Der Deutsche, weit entfernt, die Empfindsamkeit der Romantiker in das farbenfröhliche Leben des Orients hineinzutragen, erfasste sogar einzelne Momente, zu denen die »Einschiffung« gehört, mit dem glücklichen Humor der Düsseldorfer Schule. Dieser mit so günstigem Erfolge eingeschlagenen Richtung blieb Kretzschmer jedoch nicht lange treu. Er malte eine Reihe von Bildern aus der älteren und neueren preussischen Geschichte: »Die Landung des grossen Kurfürsten«, »des Pagen Seydlitz erste Lustfahrt mit dem Markgrafen von Schwedt«, »das Reiterstück des Generals von Seydlitz«. »Prinz Waldemar in der Schlacht bei Ferozesha«, 1850, und eine grosse Anzahl meist humoristischer Genrebilder, von denen sich einige, wie »die erste Hose«, »das Wochenbett der Katze«, »der schwarze Mann kommt!«, »der Landarzt zu Pferde«, »die Belohnung«, »die Geduldsprobe« in einer anspruchsloseren Zeit, als die heutige ist, eine mehr oder minder grosse Popularität errangen. In den siebziger Jahren malte er noch einige ansprechende Genrebilder aus dem Spreewalde. Er hat auch seit seiner orientalischen Reise zahlreiche Bildnisse gemalt, so den Sultan Abdul Medschid königl. Schloss), den Vizekönig Mehemed Ali in Kairo und dessen Nachfolger Abbas Pascha, die Königin von Griechenland und 1864 den Prinzen Friedrich Karl mit seinem Stabe. Eduard *Steinbrück* 1802—1882 kam 1822 nach Berlin, wo er in das neu eröffnete Atelier von Wach eintrat. Er versuchte sich zuerst auf dem Gebiete der religiösen Malerei und trat schon 1825 mit zwei Gemälden »Vertreibung des ersten Menschenpaares aus dem Paradiese« und »der Engel an der Himmelspforte« (im Besitz des Kaisers) hervor. Doch entsprachen seine ferneren Arbeiten nicht den von ihm gehegten Erwartungen, und er begab sich im Februar 1829 nach Düsseldorf, wo er bis zum Oktober blieb. Von Düsseldorf ging er nach Rom und malte dort eine Römerin als jagende Nymphe und eine Madonna mit dem Kinde. Im Herbst

1833 kehrte er nach Berlin zurück, blieb aber nur drei Jahre dort, um wieder einen längeren Aufenthalt in Düsseldorf zu nehmen. Von hier aus sandte er eine Reihe von Bildern auf die Berliner Kunstausstellungen, welche seinen Ruf begründeten. Nach längerem Tasten hatte er endlich das Gebiet gefunden, welches seiner Begabung am meisten zusagte: die romantische Idylle, das Märchen- und das Kinderbild. Die »badenden Kinder« (1834, Nationalgalerie zu Berlin), »Marie bei den Elfen« (1840) nach Tiecks Märchen (ebendaselbst), »Undine« (1839) und der »Elfenreigen« nach Tiecks Märchen (1842) sind die Hauptbilder dieser Gattung. 1846 ging Steinbrück wieder nach Berlin und malte hier in der Schlosskapelle die Auferstehung Christi und einige Engelsgestalten und -Köpfe, im neuen Museum einige Deckenmedaillons und für die Friedenskirche bei Potsdam Christus am Oelberg. Unter seinen religiösen Bildern grösseren Umfangs sind ein Christus am Kreuz mit der Grablegung als Predella in der Jakobskirche zu Magdeburg, die Anbetung der Hirten in der Hedwigskirche zu Berlin und ein Bild für die Altarnische der Kapelle des katholischen Krankenhauses ebenda zu nennen. Einmal versuchte er sich auch in der Historienmalerei mit einer »Episode aus der Zerstörung Magdeburgs«. Aber schliesslich kehrte er immer wieder zu seinen Sagen- und Kinderbildern zurück, von denen er in den Jahren 1853—1859 eine beträchtliche Anzahl für amerikanische Kunstliebhaber und Kunsthändler ausführte.

Auch eine Reihe von Landschaftsmalern ist aus der Wachschen Schule hervorgegangen, unter denen August *Ahlborn* (1796—1857) der hervorragendste ist. Er kam 1819 auf die Berliner Akademie und trat später in das Atelier Wachs, scheint aber weniger von letzterem eine nachhaltige Anregung empfangen zu haben, als von den phantastisch-romantischen Landschaften Schinkels, der sich, nur der Eingebung seiner Phantasie folgend, eine originelle Ausdrucksweise geschaffen hatte. Schinkel erhob die Vedute des 18. Jahrhunderts durch feinste Durchbildung des Details, besonders des architektonischen, und durch Einführung poetischer Stimmungselemente wieder zu einem vornehmeren künstlerischen Niveau. Ahlborn begann seine Laufbahn damit, dass er einige von Schinkels idealen Landschaften mit grosser Treue kopirte. Fünf dieser Kopieen befinden sich in der Nationalgalerie zu Berlin; zwei von ihnen, ein Gebirgssee, der an den Königssee erinnert, und ein Schloss auf einer Insel im See, stammen aus dem Jahre 1823. Ahlborn vertiefte sich dadurch in die Eigenthümlichkeiten seines Vorbildes so sehr, dass er später in dessen Geiste weiter schuf. Wie Schinkel war er durch und durch Romantiker, der in seine Landschaftsportraits, welche mit der

Peinlichkeit eines Miniaturenmalers ausgeführt sind, einen poetischen, idealen Zug einführte, der sie aus der gemeinen Wirklichkeit in eine höhere Sphäre hob. Entweder ist es die Staffage oder die Beleuchtung oder die Stimmung, welche seinen Landschaften diesen Charakter verleiht. 1827 ging Ahlborn nach Italien, wo er bis zum Jahre 1832 unter fleissigen Studien verweilte. Die Zahl der Landschaften, die er nach seiner Rückkehr ausführte, ist eine sehr grosse. Wir erwähnen davon die Villa Mondragone bei Frascati, eine Ansicht von Amalfi und zwei Aussichten auf den Meerbusen von Neapel. In der Nationalgalerie befindet sich neben einer älteren Arbeit Schloss Wernigerode am Harz, 1827 ein Blick auf »Florenz von S. Miniato« aus. Auf der Kunstausstellung von 1836 sah man drei sizilische Landschaften und eine Partie aus dem Salzburgischen. Ahlborns Landschaften beschäftigten durch ihren komplizirten und detaillirten, gleichsam architektonischen Aufbau in hohem Grade das Auge. Man konnte sich an diesen Terrassen, Schluchten und Thälern, diesen schmucken Villen und Dörfern, den sich weithin ausdehnenden Plateaus und den Bergen, welche den Horizont begrenzen, nicht satt sehen. Obenein wusste Ahlborn seine immer heiter und freundlich beleuchteten Panoramen, welche den Beschauer so lieblich anheimelten, durch eine angemessene Staffage zu beleben, die dem Bilde noch einen besonderen Reiz verlieh. Er blieb seiner Kunst nicht lange treu. Eine religiös-asketische Sinnesrichtung verdüsterte sein Gemüth, und er wendete sich schliesslich von der Malerei ganz ab, trotzdem er wieder nach Italien zurückgekehrt war. In den letzten Lebensjahren Wachs schloss sich an ihn der vielseitig begabte Hugo Freiherr v. *Blomberg* an (1820—1871). Er gehört in die Reihe jener Kunstdilettanten, die ihr Leben lang zwischen verschiedenen Berufsgattungen schwanken, ohne in einer etwas Ausgezeichnetes zu leisten. Während er auf der Berliner Akademie den Unterricht Wachs genoss, studirte er zugleich die Rechte. 1844 malte er ein »Dornröschen«, 1847 »Poseidon und Amymone«, begab sich dann nach Paris und trat dort in das Atelier Cogniets ein, in welchem er bis 1848 blieb. 1867 siedelte er von Berlin nach Weimar über. Von Gemälden seiner späteren Zeit, welche ein eingehendes Studium von Rubens verriethen, erwähnen wir 27 Farbenskizzen zu Dantes göttlicher Komödie, den Kaufmann von Venedig, Benvenuto Cellini und König Wilhelm bei Königgrätz. Die Ausführung seiner Gemälde entsprach gewöhnlich nicht seinen kühnen, geistvollen Erfindungen. Nebenher war er vielfach als Dichter, Kunst- und Kulturhistoriker thätig.

Fast parallel mit demjenigen Wachs läuft der künstlerische Ent-

wicklungsgang von Karl *Begas*, der auf die Berliner Malerei von noch
starkerem Einfluss gewesen ist, weil seine Lehrthätigkeit die Wachs
noch um ein Jahrzehnt überdauert hat. Karl Begas wurde am 30. September 1794 zu Heinsburg bei Aachen geboren, wohin sich seine Eltern
wegen der Kriegsunruhen am Rhein begeben hatten. Seinen ersten
Unterricht im Zeichnen und Malen erhielt er von Philippart in Bonn.
Als neunzehnjähriger Jüngling begab er sich Anfangs des Jahres 1813 nach
Paris, um sich im Atelier des Baron Gros weiter auszubilden. Der Krieg
zwischen Frankreich und Deutschland unterbrach seine Studien, die er
erst im Jahre 1815 wieder aufnahm. Er blieb nur 18 Monate in Gros'
Atelier. Seine ersten Bilder, eine kleine, in den Wolken schwebende
Madonna und Hiob von seinen Freunden betrauert, kaufte der König
von Preussen, der ihm die Mittel zu seinem Aufenthalt in Paris gegeben, 1817 an und gewährte ihm eine neue Pension auf weitere drei
Jahre. Im Jahre 1818 stellte er während des Kongresses in Aachen
eine grössere Komposition, Christus am Oelberg, aus, welche so sehr
den Beifall des Königs fand, dass er sie nicht nur für die Berliner Garnisonskirche ankaufte, sondern auch dem Maler den Auftrag ertheilte,
für den Altar des Berliner Domes die Ausgiessung des heiligen Geistes
zu malen. In Deutschland fand man an diesen Erstlingswerken des
jungen Malers, dass sie ganz französisch seien, augenscheinlich nur wegen
ihrer glänzenden Technik, während Gros mit feinerem Auge heraus-
fühlte, dass sie noch zu deutsch waren. Nachdem Begas im Jahre 1821
das Dombild vollendet hatte, brachte er es selbst nach Deutschland.
Auf seiner Heimreise war er in Stuttgart durch die Sammlung altdeutscher, besonders kölnischer Bilder, welche die Gebrüder Boisserée
zusammengebracht hatten, mächtig angeregt worden. Das Deutschthum
gewann wieder ganz die Oberhand in ihm, und in Berlin malte er unter
diesem Eindrucke das Doppelbildniss seiner Eltern (Köln, städtisches
Museum) in strenger altdeutscher Manier. Das Dombild rief in Berlin
um seines prächtigen Kolorits, mit dem sich eine anmuthige raffaelische
Zeichnung verband, und um des frappanten Lichteffektes willen einen
tiefen Eindruck hervor. Selbst Spötter wie Heine verstummten vor dem
Anblick des »wunderschönen« Bildes. Nur kurze Zeit hielt sich Begas
in Berlin auf. Dann ging er 1822 nach Italien, wo er in seiner roman-
tisirenden Richtung durch die Fresken Giottos in Sa. Maria dell' Arena
in Padua noch bestärkt wurde. Damals sympathisirte er mit Giotto und
den strengen asketischen Präraffaeliten, aber zehn Jahre später nicht
mehr, wie er offenherzig in seiner vom Grafen Raczynski in der »Geschichte der neueren deutschen Kunst« veröffentlichten Selbstbiographie

gesteht. In Rom bekehrte er sich vollends zur Schule der Nazarener. Seine »Taufe Christi«, die er in Rom für die Potsdamer Garnisonskirche malte, ist für diese Phase seines Stils charakteristisch. Ein Portrait Thorwaldsens, welches ebenfalls aus seiner römischen Zeit stammt, ist später in die Berliner Nationalgalerie gekommen. 1824 kehrte Begas nach Berlin zurück und malte zunächst im Stile der alten Florentiner einige Bilder biblischen Inhalts, u. a. »Tobias und der Erzengel Raphael am Tigris« (Berlin, Nationalgalerie). Dann aber gewann die nüchterne Luft Berlins wieder die Oberhand über seine künstlerische Richtung, und er gab sich einem eifrigen Modellstudium hin, welches sich schon in seinem kolossalen, 19 Fuss hohen Altargemälde für die Werdersche Kirche, »die Auferstehung Christi« (1827), in erfreulicher Weise neben den Nachklängen der nazarenischen Art kundgab. In seinen späteren religiösen Bildern trat die Realität des Modells noch mehr in den Vordergrund. Wir nennen »die Aussetzung Mosis« (1832), die »Bergpredigt« (1831), »Christus, den Untergang Jerusalems weissagend« (1840), »Christus mit dem Zinsgroschen«, die »Verklärung Christi« (1839, für die Kirche von Krumöls in Schlesien), »Christus, die Mühseligen und Beladenen zu sich rufend« (1844, für die Kirche von Landsberg an der Warthe), »Christus am Oelberge« für die Kirche zu Wolgast in Pommern, 1842), »Christus am Kreuz mit Maria und Johannes« (1846, in der Kreuzkapelle von Sagan), »Adam und Eva vor der Leiche des erschlagenen Abel« (1848) und »der Verrath des Herrn«, sein letztes grösseres Bild (1852). An dem ersteren dieser beiden Gemälde tadelte man das Reflektirte, welches überhaupt ein Grundzug seiner Kompositionen war. »Er kann nicht, sagte Kugler damals, die Natur in der freien Naivetät der Erscheinung fassen.«

Der steigende Beifall, den die Düsseldorfer auf den Berliner Ausstellungen fanden, veranlasste Begas schon im Anfang der dreissiger Jahre, in ihre Bahnen zu lenken, zunächst freilich nur auf dem Gebiete des Genrebildes, auf welchem er einen erfolgreichen Wettkampf mit den Düsseldorfern eröffnete. Das erste dieser Bilder, welches der Düsseldorfer Romantik folgte, war die »Lurley« (1834), die, von Mandel gestochen und sonst vervielfaltigt, so populär wurde, wie die beliebtesten der Düsseldorfer Genrebilder. 1836 folgte »Heinrich IV. in Canossa«, ein Historienbild, an welchem man ausser seinen technischen Vorzügen eine tiefe, energische Charakteristik der Hauptfiguren rühmte. »Fern von jedem gesuchten Effekt, sagt der Berichterstatter des ,Museums', tritt uns überall die einfache, schöne Natur in ihrer ergreifenden Wahrheit entgegen.« Dann folgte das »Mädchen aus der Fremde«, und 1838 malte er einen in Melancholie versunkenen, mittelalterlichen König, der dem Saitenspiele seines Pagen lauscht. Den Berlinern gefiel diese senti- mentale Romantik an den Düsseldorfern am wenigsten. Die Histo- rienbilder grossen Stils und die humoristischen, unmittelbar aus der Gegenwart herausgegriffenen Genrebilder entsprachen damals am meisten dem Geschmack des hauptstädtischen Publikums. So wurde auch Begas nach seinem Abstecher in das Gebiet der Almanachromantik von der Kritik erst wieder in Gnaden aufgenommen, als er 1842 mit einem Genrebilde ohne sentimentalen Beigeschmack, »drei Mädchen im Schatten einer Eiche ruhend«, auf der Ausstellung erschien. Freilich bewunderte man auch an diesem Bilde in erster Linie seine koloristischen Vorzüge, die sich in der Harmonie der Farbe, in der feinen Durchbildung des landschaftlichen Theils, in der pikanten Beleuchtung und in der gesunden Frische der Modellirung kundgaben. »Das ist derselbe Pinsel nicht, ruft ein Kritiker begeistert aus, der den ‚kranken König‘, und den ‚Untergang Jerusalems‘ auf die Leinwand schluchzte.« Diesen Erfolg und die früheren stellte Begas durch seine »Mohrenwäsche« in den Schatten, welche 1842 vollendet wurde und einen Beifall hervorrief, der den Ruhm der Düsseldorfer für eine Zeit lang verdunkelte. Begas hat diese an- muthige Komposition mehrere Male wiederholt. Ein Exemplar befindet sich in der Nationalgalerie, ein anderes in der Ravené'schen Sammlung in Berlin. Damit hatte Begas den Höhepunkt seines Schaffens erreicht. Seine Thätigkeit konzentrirte sich in den letzten Jahren fast ausschliess- lich auf die Bildnissmalerei. Fanden seine Portraits bei seinen Zeit- genossen auch nicht den Beifall, welcher den manierirten Bildnissen des galanten Schmeichlers Wach zu Theil wurde, so stehen sie doch um ihrer grösseren Wahrheit und Schlichtheit willen in den Augen der Nachwelt ungleich höher. »Das Investigatorische seines Blicks, sagt Friedrich Eggers in seinem Nekrologe des Meisters, sein forschender Geist vermochten tief in eine Individualität einzudringen und in ihr den interessanten Punkt zu entdecken, von wo aus er von dem ganzen Men- schen malerisch Besitz nahm.« Nachdem Begas seine Technik noch unter dem Einfluss der belgischen Bilder weitergebildet hatte, gelang es ihm, bei der grossen Brüsseler Ausstellung von 1851 mit Magnus im Portrait- fache den Sieg über die Belgier davonzutragen. Begas malte nicht nur verschiedene Mitglieder des Hofes und der Aristokratie, sondern auch viele seiner berühmten Zeitgenossen, wie Humboldt, Schelling, Rauch, Cornelius, Schadow, Meyerbeer, Felix Mendelssohn-Bartholdy, Ritter, Jakob Grimm, Radowitz, wurden durch seinen Pinsel verewigt. Im Jahre 1841 malte er auch noch einmal den gerade in Berlin anwesenden Thor-

waldsen, und zwar an einem Tage, zugleich mit Magnus, Hensel und
Krüger, die in Begas' Atelier anwesend waren, als ihn Thorwaldsen am
5. Juni 1841 besuchte. Das Portrait befindet sich in der Raczynskischen
Sammlung in der Nationalgalerie. Es scheint, dass Begas in dem Bestreben, das tiefe und saftige Kolorit der Düsseldorfer zu erreichen, eine
Lasurfarbe gewählt hat, welche für den Augenblick ihren Zweck erfüllte,
aber für die Zukunft dem Gesammteindruck seiner Bilder schädlich geworden ist. Schon Graf Raczynski klagte in seiner »Geschichte der
neueren deutschen Kunst« 1840 über das Nachdunkeln seiner Bilder,
und heute ist dieser Nachtheil selbstverständlich nur noch schärfer zu
Tage getreten. Er starb am 24. November 1854.

Begas war kein bahnbrechendes Genie von originaler Begabung,
sondern ein receptives Talent, welches sich mit grosser Leichtigkeit
fremde Stilarten und Geschmacksrichtungen aneignete, ohne zu einer
eigenen künstlerischen Individualität zu gelangen. Als Lehrer von hervorragender Bedeutung für die Entwicklung der Berliner Malerei hat er
nur durch wenige Werke das Gedächtniss seiner Zeit überdauert, und
gerade durch diejenigen, auf welche er selbst den geringsten Werth gelegt haben dürfte.

Zu Begas' ältesten Schülern gehört Robert *Reinick*, geb. in Danzig
den 22. Februar 1805, der sich jedoch als Dichter einen grösseren Ruhm
erwarb. Er kam 1827 in das Atelier von Begas und nahm dann von
1831—1838 in Düsseldorf seinen Aufenthalt. Nachdem er Italien be-
reist, liess er sich 1843 in Dresden nieder, wo er schon am 7. Februar
1852 starb. Seine Gemälde waren unbedeutend, um so liebenswürdiger
und geistreicher die Illustrationen und Randzeichnungen, mit welchen er
seine Lieder und Märchen versah. Auch Hermann *Plüddemann* geb.
1809, gest. 1868 empfing seine künstlerische Reife in Düsseldorf, nachdem er in den Jahren 1828—1831 in Begas' Atelier gewesen. Während
seiner Düsseldorfer Zeit half er an den Barbarossa-Fresken in Schloss
Heltorf, von denen er die Auffindung der Leiche des Kaisers nach
eigener Erfindung ausführte. Die Berliner Nationalgalerie besitzt von
ihm ein figurenreiches Gemälde »die Entdeckung Amerikas«: Columbus,
auf dem Verdeck seines Schiffes beim Anblick des Landes Gott dan-
kend (1836.

Eduard *Holbein* 1807—1875, welcher von 1832—1839 in Begas'
Atelier arbeitete, gehört ganz der Berliner Malerschule an. Er trat
zuerst 1836 mit einem Genrebilde auf, welches einen greisen Pilger darstellte, der im Angesichte Jerusalems, von seinen beiden Söhnen umgeben,
stirbt. Eine »Madonna mit dem Kinde« (1838 schloss sich den archaisti-

schen Bestrebungen seines Meisters an. Von Friedrich Wilhelm IV.
wurde Holbein auch zu monumentalen Arbeiten herangezogen. Er malte
in der Schlosskapelle auf zwei Nischenpfeilern die zwölf Erzväter. In
der letzten Zeit seines Lebens widmete er sich als Lehrer in der Vorbereitungsklasse der Kunstakademie fast ausschliesslich seiner Lehrthätigkeit.

Ein Theil der Begasschüler hat sich erst in den fünfziger Jahren
entwickelt, weshalb wir ihre Charakteristik für die folgenden Abschnitte
vorbehalten. In der Bildnissmalerei wurde Begas noch durch Wilhelm
*Hensel* (1794—1861) übertroffen. Er kam mit sechszehn Jahren nach Berlin,
um das Baufach zu studiren, wandte sich aber, durch den Akademiedirektor
Frisch ermuthigt, der Malerei zu. Schon 1812 stellte er einen »Christus
am Oelberg« und sein eigenes Bildniss aus. Der Krieg von 1813—1815,
den er als Offizier mitmachte, unterbrach seine Studien. Indessen fand er
während desselben zweimal Gelegenheit, Paris zu besuchen und die dortigen Kunstschätze zu studiren. Nach eingetretener Ruhe überkamen ihn
Zweifel an seiner künstlerischen Begabung, und er wandte sich der Dichtkunst zu, die er mit Erfolg kultivirte. Allmälig fand er jedoch wieder
Gefallen an der Malerei, indem er Portraits, Zeichnungen und radirte
Blätter für Almanachs u. dgl. lieferte. Seine neuen Arbeiten gewannen
solchen Beifall, dass er den Auftrag erhielt, für einen der Säle des neuerbauten Schauspielhauses Entwürfe mit Szenen aus den berühmtesten
Tragödien der Weltliteratur zu zeichnen, von denen auch einige in Umrissstichen erschienen sind. Als bei einem Besuche des russischen Thron-
folgerpaares am Berliner Hof im Januar 1821 ein glänzendes Fest
gefeiert wurde, stellte Hensel lebende Bilder nach Thomas Moores orien-
talischem Gedichte »Lallah Rookh«. Schinkel hatte die Dekorationen
für dieses Festspiel gemalt, und Hensel wurde nachher beauftragt, die
Bildnisse aller Personen, die bei dem Festspiele mitgewirkt, in ihren
Kostümen zu aquarelliren. Einige derselben führte er auch in Oel aus.
1823 ging er nach Rom, wo er im Auftrage des Königs die Transfigu-
ration Raffaels kopirte. Er malte dort auch ein grösseres religiöses Gemälde »Christus und die Samariterin« und ein Genrebild »der Abschied der Vittoria Caldoni«. Nach seiner Rückkehr im Jahre 1828
wurde er Hofmaler und 1831 Professor und Mitglied der Akademie. Er
theilte fortan seine Thätigkeit zwischen der religiösen und der Bildnissmalerei, erzielte aber mit der letzteren die grössten Erfolge. 1834 malte
er ein figurenreiches Gemälde für die Garnisonkirche in Berlin »Christus
vor Pilatus«, dessen schöne Komposition durch ein kräftiges Kolorit gehoben wird. Nur der Ausdruck einiger Köpfe, namentlich der des

Christus, misslang dem Künstler. Auf der Kunstausstellung von 1836 war ein grosses Rundbild mit lebensgrossen Halbfiguren zu sehen: »Mirjam eröffnet den Reigen der Jungfrauen nach dem Durchzug durch das rothe Meer«. Wie bei Wach und Begas vermisste man auch bei Hensel, wenn er seiner eigenen Erfindung folgte, die Originalität des frei schaffenden Genies. Er schien übrigens diesen Mangel seiner Begabung zu fühlen und versuchte sich deshalb in verhältnissmässig nur wenigen freien Schöpfungen. Ausser den genannten sind noch zu erwähnen: ein Christus in der Wüste, ein Kaiser Wenzel und zwei Genrebilder: italienische Landleute an einem antiken Brunnen und der Herzog von Braunschweig auf einem Ball in Brüssel 1815. Im Portraitfach, in welchem die eigentliche Stärke seines Talentes ruhte, entwickelte er dagegen eine sehr grosse Fruchtbarkeit. Die Zahl seiner Bildnisse, unter denen kein bekannter Zeitgenosse unvertreten war, stieg zuletzt auf ca. 1400. Davon waren etwa vierhundert in Oel gemalt, die übrigen sind Zeichnungen in Bleistift. Die letzteren umfassen die Zeit von 1815—1861. Allzugrosse Bildnisstreue wurde Hensels Portraits übrigens nicht nachgerühmt. Man spottete namentlich über seine Sucht, die Personen allzujugendlich zu machen, und behauptete, dass seine Bildnisse stets um zehn Jahre zu jung aufgefasst seien. Im Jahre 1831 eröffnete Hensel eine Werkstatt, in der sich bald zahlreiche Schüler einfanden. Dass er sich schon in den vierziger Jahren von der religiösen Malerei abwandte, hatte seinen Grund in Cornelius' Uebersiedlung nach Berlin. Hensel war einer seiner begeistertsten Verehrer und Bewunderer, der seinem Enthusiasmus sogar in Gedichten Luft machte. Doch war Hensel trotz seiner Begeisterung ehrlich genug, um einsehen zu können, »dass es vergeblich sei, auf verwandtem Gebiete neben diesem Riesen zu ringen«. Theodor Fontane, welcher im dritten Bande seiner »Wanderungen durch die Mark« ein fesselndes Charakterbild von diesem Repräsentanten des alten Berlinerthums entworfen hat, erzählt, dass Hensel, nachdem er zu jener Erkenntniss, neben Cornelius nichts mehr ausrichten zu können, hindurchgedrungen war, die Palette bei Seite that. »Die bald eintretenden Vorgänge des Jahres 1848, erschütternd wie sie für sein loyales, ganz an dem alten Preussen hängendes Herz waren, erleichterten ihm doch, eben in der Aufregung, die sie schufen, den Uebergang aus einem Lebensabschnitt in den anderen, aus seinem künstlerischen Schaffen in ein künstlerisches far niente. Die Märztage sahen ihn in Waffen, der alte Jägeroffizier lebte wieder auf, und als Kommandirender stand er an der Spitze des »Berliner Künstler-Korps«. Keiner war dazu berufener als er; Royalist und alter Militair auf der einen Seite, kannte er doch andrerseits auch

die Künstlernatur genau genug, um mit diesem Faktor zu rechnen. So
gelang es ihm, dem ganzen Korps, das sich aus disparaten und zum
Theil auch wohl aus desperaten Elementen zusammensetzte, einen
preussisch-loyalen Charakter zu geben und eine Truppe heranzubilden,
die wenigstens so zuverlässig war, wie es ein solches Freikorps, es heisse
nun, wie es wolle, überhaupt zu sein vermag. Die politische Erregung
Hensels überdauerte den Sommer 1848, ja sie steigerte sich während des
Reaktionsfiebers, das nun folgte, und dessen akutes Stadium erst vorüber
war, als Hans v. Rochows Kugel den eigentlichen Plenipotentiaire jener
Tage niedergestreckt hatte. Von da ab, wie für alle Welt, kehrten auch
für Hensel ruhigere Tage zurück; er wie andere waren müde geworden.
und an dieselbe Wand, an der die Büchse des freiwilligen Jägers und
die Palette des Malers bereits hingen, hing er nun auch das Rüstzeug
des Parteikämpfers, die politische Broschüre, den Aufruf und das Wahl-
programm. Er war jetzt über 60 Jahre, und die Zeit war da, wo man
nicht mehr vorwärts und kaum noch um sich, sondern nur noch rückwärts blickt. . . . Wilhelm Hensel gehörte ganz zu jener Gruppe mär-
kischer Männer, an deren Spitze, als ausgeprägteste Type, der alte
Schadow stand, Naturen, die man als doppellebig, als eine Verquickung
von Derbheit und Schönheit, von Gamasche und Toga, von preussischem
Militarismus und klassischem Idealismus ansehen kann. Die Seele
griechisch, der Geist altenfritzig, der Charakter märkisch; — dem Charakter entsprach dann meist auch die äussere Erscheinung. Das Eigenthümliche dieser Schadow-Typen war, dass sich die Züge und Gegensätze ihres Charakters nebeneinander in Gleichkraft erhielten, während
beispielsweise bei Schinkel und Winckelmann das Griechische über das
Märkische beinah vollständig siegte. Bei Hensel blieb alles in Balance,
keines dieser heterogenen Elemente drückte oder beherrschte das andere,
und die Neu-Uniformirung eines Garde-Regiments oder ein Witzwort
des Professors Gans interessirten ihn ebenso lebhaft wie der Ankauf
eines Raffael.«

Von Hensels zahlreichen Schülern hat es nur August *Kaselowsky*
(geb. 1810) zu einiger Bedeutung gebracht. Doch bildete sich derselbe
später in Paris bei Cogniet und in Rom weiter aus, wo er für König
Friedrich Wilhelm IV. die »Freisprechung der Susanna durch Daniel«
malte. Nach seiner Rückkehr nahm er in Berlin an den Wandmalereien
in der neuen Schlosskapelle und im neuen Museum Theil. In der ersteren
malte er die Propheten Elias und Hesekiel und im Museum einige Szenen
aus der griechischen Heroensage für den Niobidensaal. Er schloss sich
jetzt enger an Kaulbach an, der um diese Zeit an den grossen Wand-

gemälden im Treppenhause arbeitete. und folgte seiner eleganten, aber oberflächlichen Stilrichtung. Sie zeigte sich besonders in seinen Altarbildern, die zwar durch Hoheit und Adel der Form imponiren, aber einer tieferen religiösen Empfindung entbehren. Er malte 1854 einen Christus am Oelberge für die Kirche zu Mansfeld in der Neumark, eine Taufe und Auferstehung Christi für die Stephanskirche in Gartz a. O., eine Grablegung Christi (1860, Sanssouci u. s. w. Aus seiner früheren Zeit stammen einige Genrebilder: ein Ritter mit seiner Schönen, die sich im Schilde spiegelt, Italienerin, einer Pilgerin Beistand leistend, und ein Hirt mit seinem Knaben in der Campagna. Auch in neuester Zeit wandte er sich mehr dem Genrebilde und der mythologischen Komposition zu (Mädchen im Walde, Abschied Neuvermählter und lauschender Amor). Ludwig *Rosenfelder* (1813—1881) studirte von 1832—36 unter Hensel. Nachdem er einige mythologische und religiöse Bilder gemalt, trat er auf der Kunstausstellung von 1838 mit einem historischen Genrebilde nach Shakespeares König Johann, »die Blendung des Prinzen Arthur«, auf, welches um seines ergreifenden Gegenstands willen Aufsehen erregte und Beifall fand. 1845 wurde er Direktor der Kunstakademie in Königsberg, wo er eine rege Thätigkeit entfaltete. Hier entstanden die »Besitznahme der Marienburg durch den deutschen Orden«, der »Beter am Sarg Heinrich IV.« (Museum zu Köln). »Kurfürstin Elisabeth von Brandenburg wird beim Empfang des Abendmahls in beiderlei Gestalt von ihrem Gemahl überrascht« und ein Altarbild für die Kirche zu Rastenburg »Christus am Kreuz mit den beiden Marien und Johannes«. Auch führte er in der Aula der Universität Königsberg die Wandgemälde der Theologie und Medizin aus.

Mit Wach, Begas und Hensel war August von *Klöber* (1793 bis 1864) einer der erfolgreichsten Maler seiner Zeit, geistig verwandt. Ursprünglich für die militärische Laufbahn bestimmt, kam er 1805 in das Berliner Kadettenhaus, verliess dasselbe aber nach dessen Auflösung im Jahre 1806. Dann begann er, sich dem Baufach zu widmen, ging aber bald zur Kunstakademie über, um sich zum Maler auszubilden. Den französischen Krieg machte er als Freiwilliger mit und lag, nachdem er bis Paris gekommen, dort seinen Kunststudien weiter ob. Alsdann begab er sich nach Wien, wo er als Portraitmaler Beethoven, Grillparzer u. a. m. Beschäftigung fand und nebenbei fleissig Rubens und Correggio studirte. Der letztere gewann bald einen solchen Einfluss auf seine Thätigkeit, dass man ihn als einen Nachahmer Correggios bezeichnen kann. 1820 ging er nach Berlin und wurde von Schinkel bei der Ausmalung des neuen Schauspielhauses beschäftigt. Er malte im

Foyer und im Konzertsaal Friesbilder aus der Mythe des Apollo und
allegorische Darstellungen. 1821 ging er nach Italien, wo er sieben
Jahre, besonders in Rom, zubrachte und erst durch das Studium der
Cinquecentisten seine letzte Reife empfing. Nach Berlin zurückgekehrt,
entwickelte er eine ungemein fruchtbare Thätigkeit auf verschiedenen
Gebieten. Sein leichtes, gefälliges Kompositionstalent, seine graziöse
Formensprache und sein anmutiger Humor befähigten ihn jedoch vorzugsweise für die dekorative Malerei. Er machte Entwürfe für Gemälde auf
Prachtvasen der königliche Porzellanmanufaktur und versah viele Gebäude mit dekorativen Malereien. In der Schlosskapelle malte er die
Evangelisten Matthäus und Markus; in einem Zimmer des Marmorpalais
in Potsdam, in der königl. Loge des Opernhauses, in der neuen Börse,
im Viktoriatheater und in der Gedenkhalle des kronprinzlichen Palais
entstanden Wand- und Plafondgemälde mit graziösen mythologischen und
allegorischen Darstellungen von klarer, harmonischer Färbung. — Seit
1828 bis zu seinem Tode verging kaum eine Ausstellung der Akademie,
auf welcher nicht ein oder mehrere Bilder von seiner Hand zu sehen
waren. 1830 war eine »Brautwerbung um Rebekka« und ein »Bacchus,
von zwei Nymphen zum Bade getragen« bemerkenswerth, 1833 ein
»griechisches Blumenmädchen«, 1834 ein »Bacchus, seine Panther
tränkend«, ein »Tod des Adonis«, dann eine »Sakontala«, 1837 »Hüon
unter den Hirten«, 1839 »Jubal, der Erfinder der Flöte« (Berlin, Nationalgalerie). In der Nationalgalerie befinden sich noch zwei andere Bilder
aus dieser Periode: eine Schaar Knaben in der »Pferdeschwemme«, ein
Bild, welches sich durch eine besonders kräftige und warme Färbung
auszeichnet, und »Amor und Psyche« auf dem Wege zum Tartarus. Auf
der Kunstausstellung von 1856 sah man einen »Merkur«, einen »Kampf
um den Thyrsus« und ein Genrebild »aus dem Hirtenleben«, an welchen
man noch die bekannten Verdienste des Meisters, »eine feine Zeichnung
und Formencharakteristik, eine edle Linienführung und wohlabgewogene
Komposition« bemerkte, dagegen die Karnation als unklar und unrein
und den Farbenauftrag als zu kleinlich und mühsam gestrichelt tadelte.
Zu denjenigen seiner Bilder, welche am populärsten geworden sind, gehört auch die »Ernte« und »der pfeilschärfende Amor«. Klöber war
seit 1829 Professor und Mitglied der Akademie und seit 1854 Leiter der
Kompositionsklasse. — In seiner früheren Zeit hat er auch mehrere
Bilder im Verein mit dem Blumenmaler G. W. *Völcker* (1775—1849) gemalt: »Pausias und Glycera«, ein »in Blumen schlafendes Mädchen«
u. dgl. m.

Klöber hatte sich auf seiner italienischen Reise besonders dem Stu-

dium Correggios und Francesco Francias gewidmet und verband die Grazie des ersteren mit der Naivetät und Innigkeit des letzteren zu einer glücklichen Harmonie. Um dieser hervorragenden Eigenschaften willen vergass man die Unvollkommenheiten seiner Zeichnung, die sich aus seinem Bildungsgange erklären, und die rosige Unnatürlichkeit seines Kolorits. Von seinen Schülern schwang sich nur Karl *Becker* geb. 18. Dezember 1820), dessen letzte Entwicklungsphase jedoch der jüngsten koloristischen Epoche der Berliner Malerei angehört, zu einer hervorragenden Bedeutung empor.

Wir haben oben die Gründe auseinandergesetzt, aus welchen Cornelius in Berlin keinen festen Fuss und nicht jenen tiefgreifenden Einfluss ausüben konnte, welchen man von ihm erwartet hatte. Mehrere Umstände kamen zusammen, um seine Wirksamkeit von vornherein zu beeinträchtigen, der Misserfolg seiner eigenen Schöpfungen, der Misserfolg der von ihm geleiteten Unternehmungen, der mächtige Eindruck der belgischen Bilder und die Popularität der Düsseldorfer Genrebilder und Landschaften. Dass namentlich die Fresko-Ausführung der Schinkelschen Kompositionen in der Vorhalle des alten Museums völlig missglückte, scheint in Berlin tief verstimmt zu haben. Man sah in diesen phantasievollen Dichtungen Werke, welche denen von Cornelius mindestens ebenbürtig waren. Kugler hatte 1836 über die Aquarellentwürfe geschrieben: »Sie sind der Stolz einer Zeit und eines Staates, welche zu einem solchen Höhepunkt der Bildung gelangten, dass dieselben aus ihrer Mitte hervorgehen konnten.« Die mangelhafte Technik der von Cornelius mit der Ausführung betrauten jüngeren Maler führte die Fresken schnell ihrem völligen Verderben entgegen, und erst in neuerer Zeit sind sie nothdürftig wieder hergestellt worden.

*Schinkels* Thätigkeit als Maler, welche in diesen Kompositionen ihren Abschluss fand, begann mit seiner 1803 unternommenen italienischen Reise, während welcher sich dem Jüngling der Sinn für landschaftliche Schönheit erschloss. Er brachte eine grosse Anzahl von Skizzen und landschaftlichen Kompositionen in die Heimath, und als die Kriegsjahre ihn zwangen, seinen Erwerb auf einem anderen Gebiete zu suchen als auf dem seines Berufes, führte er diese Entwürfe in romantischphantastischen Gemälden aus, auf welchen die Architektur eine Hauptrolle spielte, verbunden jedoch mit dem bis dahin der deutschen Landschaft fremden Element einer poetischen Stimmung. Schinkel hob die deutsche Landschaft aus der Vedute wieder zu einer höheren, künstlerischen Bedeutung empor. In seiner früheren Zeit erging er sich vorzugsweise in der Wiedergabe italienischer Gegenden, bald aber gab er das Landschaftsportrait auf und komponirte eine lange Reihe idealer Landschaften, in welchen seine glänzende Phantasie grosse Triumphe feierte. Phantastische Dome erhoben sich unter magischer Beleuchtung auf stolzen Bergeshöhen, prächtige Schlösser blickten in fruchtbare Thäler hinab, und malerische Panoramen über Flüsse, Ebenen und das Meer erschlossen sich den Blicken des Beschauers. Eine charakteristische Staffage verstärkte oft noch die Stimmung der Bilder. Die National-galerie besitzt zehn derartige Gemälde aus den Jahren 1813—1820, unter denen die ideale Landschaft nach einer Erzählung von Clemens Brentano die erste Stelle einnimmt. Sechs zusammengehörige Land-schaften, die ursprünglich die Dekoration eines Zimmers bildeten, zeichnen sich vorzugsweise durch ihre elegisch-romantische, stark anklingende Stimmung und durch eine fleissige Detaillirung aus. Sieben andere Land-schaften sind in Kopieen von Ahlborn u. a. vorhanden. Unter ihnen ist das Schloss am See die bedeutendste. Verschiedene landschaftliche Kompositionen befinden sich auch im Berliner Privatbesitz, u. a. das Kaiserschloss mit dem Krönungszuge beim Staatsminister Dr. Friedenthal.

Die Wandgemälde in der Vorhalle des Museums sollen für den Be-sucher desselben gleichsam als kulturgeschichtliche Einleitung dienen: an der linken Querwand die Geburt der urweltlichen Kräfte aus dem Chaos, um den Uranos der Tanz der Gestirne; an der anstossenden Seitenwand die Theogonie und die Erschaffung des Kosmos: Saturn stürzt den Uranos, und Zeus erschafft das Licht, unter dessen Strahlen die Personifi-kationen der geistigen Kräfte und der Kulturarbeit erwachen. Das ist der Makrokosmos oder das Weltganze. Innerhalb desselben entwickelt sich der Mikrokosmos oder die menschliche Kultur. Ihrer Entwicklungs-geschichte in vier Menschenaltern ist die lange Seitenwand rechts vom Eingang gewidmet. Den Frühling des Lebens symbolisiren Hirten und Jäger, den Sommer der Krieger, der Dichter, der Gesetzgeber und als die ersten Vertreter der Kunst Bauhandwerker. Im Herbst des Lebens reift mit der Weintraube die Kunst, welche ein Bildhauer mit seiner Werkstatt symbolisirt. Der Winter des Lebens zeigt uns durch das Kelterfest den Genuss, auf welchen das Alter nach rastloser Thätigkeit sein Anrecht hat. Der Philosoph blickt zum Himmel empor, um dem Laufe der Gestirne zu folgen. Die Darstellung an der rechten Querwand schliesst mit der Bekränzung des Grabes, in welchem der vollendete Erdenpilger ruht, und mit der Klage um den Verstorbenen. Unter diesen vier grossen Fresken ziehen sich auf beiden Seiten je vierzehn kleinere Darstellungen aus der Herkules- und Theseussage hin, die im Jahre 1859 von Graef, Hopfgarten, W. Schütze, Kaselowsky und Stürmer ausgeführt

worden sind. Sie erheben sich in ihrer Komposition nicht viel über die
akademische Schablone; überdies hat das Fleisch der kämpfenden Heroen
im Laufe der Zeit einen so unangenehmen, rothbraunen Ton angenommen,
dass ihr Gesammteindruck noch unerfreulicher ist als der der Schinkelschen Fresken. Von den vier Fresken des oberen Treppenvestibüls sind
noch zwei, die an der Längswand, nach Schinkels Entwürfen ausgeführt
worden: links der Kampf des Kulturmenschen gegen wilde Horden, von
Hermann Schultz, rechts der Kampf des Menschen mit der verheerenden
Fluth, von Gustav Eich und Rudolph Elster 1855. Die Verfeinerung
des Kulturlebens und der Gesittung ist — und damit erreichte der Cyklus
seinen Abschluss — auf der linken Querwand durch Homer, im Kreise
der Griechen seine Gesänge vortragend (ausgeführt 1871 von Kaselowsky)
und auf der rechten Querwand durch Repräsentanten der Schifffahrt,
der Baukunst, der Jagd und des Ackerbaus (ausgeführt 1870 von Elster)
dargestellt worden. Die beiden letztgenannten Künstler haben nach
eigenen Entwürfen gearbeitet.

Die schon mehrfach erwähnten belgischen Bilder, die Abdankung
Karl V. von Gallait und der Kompromiss des niederländischen Adels
(1566) von de Biefve, kamen im Spätherbst 1842 nach Berlin und riefen
hier wie überall eine Umwälzung in den koloristischen Anschauungen
hervor. Nicht der geistige Gehalt oder eine dramatisch bewegte Handlung — beide Gemälde sind nur Repräsentationsstücke oder Ceremonien-
bilder —, sondern die glänzende Technik, das satte, leuchtende Kolorit,
die prächtige Stoffmalerei waren es, welche Alle bestachen und zur Nachahmung anfeuerten. Die Belgier, im stolzen Gefühl einer eben erst er-
kämpften Unabhängigkeit, griffen in die glorreichen Zeiten ihrer Frei-
heitskämpfe gegen die spanische Tyrannei zurück und spiegelten die
heitere, sonnige Gegenwart in dem Ruhm der Vergangenheit. Das neu
gewonnene Vaterlandsgefühl schuf ihnen auch eine neue vaterländische
Kunst und verlieh ihnen jene glühende Beredsamkeit in der Farbe,
welche ganz Europa entzückte. Die Farbenfrische und -Fröhlichkeit
eines Veronese vereinigte sich hier mit der schwärmerischen Vornehm-
heit, dem geistigen Adel eines van Dyck. Gallait steht ungleich höher als
de Biefve; nichtsdestoweniger fand das Gemälde des letzteren in Berlin
grösseren Beifall als das Gallaits, vielleicht weil de Biefve fester an den
Traditionen der heimischen Kunst, an Rubens und van Dyck, hielt als
Gallait, der, in höherem Grade Eklektiker, sich gegen französischen Einfluss, wie den Delaroches, nicht verschloss. In Berlin blickten die Augen
der Künstler mit gespannter Erwartung auf den neuen König, dessen
hochfliegende Pläne man kannte. Wie in Belgien, hoffte man auch von

ihm eine Art Renaissance der Kunst, ein Mäcenatenthum in grossartigem Maassstabe, welches sich nur auf die Staatskassen zu stützen brauchte. Auch deshalb begrüsste man mit Enthusiasmus die belgischen Bilder und versprach sich von gleichen Ursachen gleiche Wirkungen. Wie gross die Bewegung gewesen ist, welche jene Bilder in Berlin hervorriefen, lässt sich selbst aus den nüchternen Aufzeichnungen des alten Gottfried Schadow herausfühlen, der doch als Vater des Düsseldorfer Akademie-direktors gegründete Ursache hatte, den Erfolg der belgischen Bilder, die eine Zeit lang den Glanz der neuen Düsseldorfer Historienmalerei verdunkelten, mit scheelen Augen anzusehen. »Wer sie gesehen, sagt er, dem werden sie in der Erinnerung geblieben sein; sie wurden von Jedermann mit Vergnügen und Bewunderung betrachtet und schon wegen ihrer Ausdehnung und Grösse angestaunt. Bei einigen Künstlern brachten sie die Wirkung hervor, selbst das Beste unserer Landsleute gering zu schätzen; sie fühlten so sehr den Drang der Mittheilung, dass sie es in Druck ausgehen liessen. Gestehen muss man, dass gewisse Wirkungen, die unter der Benennung ‚Effekt‘ begriffen werden, auf diesen Bildern in einem so hohen Grade hervortraten, wie uns bisher noch nicht vor-gekommen war. Dazu die Harmonie der Farben und die Herzhaftigkeit der Pinselführung, wodurch es begreiflich wird, wie bei Künstlern von lebhaftem Temperamente eine solche Aufregung entstehen konnte. Kunst-kenner, die von Belgien kommen, sagen aus: man halte dort den Maler Gallait für ihren ersten Meister in der Malerei. Von der Akademie wurden beide Bilder in dem königlichen Museum in der Rotunde auf-gestellt, wo sie im Schatten standen und dennoch volle Wirkung hervor-brachten.« Vorher waren sie schon in der akademischen Kunstausstel-lung zu sehen gewesen. Heute, nachdem die moderne Malerei immer entschiedener in der von den Belgiern eingeschlagenen, koloristischen Richtung vorgegangen ist, vermögen wir den Enthusiasmus, den die belgischen Bilder vor dreissig Jahren in Berlin erregt, kaum noch zu be-greifen, zumal besonders de Bièfve bei weitem nicht gehalten hat, was er versprochen. Wie hoch er damals in Berlin geschätzt wurde, beweist auch die kleinere Wiederholung seines grossen Bildes, welche der Kon-sul Wagener, der Begründer der Gemäldesammlung, welche den Grund-stock der königlichen Nationalgalerie bildet, bei dem Künstler bestellte, beweist auch das vom König angekaufte Kolossalbild »van Dyck empfängt aus den Händen Karl I. den Bathorden« (im königlichen Schlosse).

Wie die Düsseldorfer auf die Entwicklung der Berliner Schule wirkten, haben wir oben (S. 362) dargelegt. Dagegen vermochte Kaul-

bach während seiner langjährigen Thätigkeit in Berlin trotz des lärmenden Beifalls, den seine Wandgemälde fanden, ebensowenig wie Cornelius einen bemerkenswerthen Einfluss auf die Berliner Malerei zu gewinnen. Nur der schon genannte Karl Becker und Gustav Graef schlossen sich zeitweilig an ihn an.

Zu den Künstlern, welche die Physiognomie der Berliner Malerei in den vierziger und fünfziger Jahren bestimmen halfen, gehört auch der vielseitig gebildete Portraitmaler Eduard *Magnus* (1799—1872), welcher namentlich durch seine eleganten Frauenbildnisse zu hohem, nicht ganz verdientem Ansehen gelangte. Mediziner, Architekt, Philosoph und Maler hintereinander, dilettirte er sein Leben lang in verschiedenen Gebieten der Kunst und Wissenschaft, ohne dass er zu einer scharfen Herausbildung seiner künstlerischen Individualität gelangte. Der Restaurator an der kgl. Gemäldegalerie, Jakob Schlesinger (1793—1855), ein ausgezeichneter Kenner alter Gemälde und besonders Raffaels, veranlasste ihn, sich ganz der Malerei zu widmen. In dem Nekrologe Schlesingers, den Magnus 1855 im »Deutschen Kunstblatte« veröffentlichte, sagt er selbst, dass er seinem Rath und seiner Belehrung mehr verdanke als irgend einem Zeitgenossen. In den Jahren 1826—1829 machte er eine Studienreise über Paris nach Italien. In Rom zog er, weniger durch seinen »Apoll und Hyazinth« als durch seine Portraits, die Aufmerksamkeit seiner Kunstgenossen auf sich. Schon damals rühmte man sein »grosses Talent in der geistigen Auffassung der Charaktere«. Auf der Kunstausstellung von 1830 erzielte er dann mit einer Anzahl von Bildnissen und Einzelfiguren einen so vollständigen Erfolg, dass die gleichzeitige Kritik sie als die besten Portraits der ganzen Ausstellung bezeichnete. Ein Mädchen aus Albano — es war damals gerade die Zeit, wo derartige Kostümfiguren durch Wach sehr beliebt geworden waren — stellte alle übrigen Albanerinnen der Ausstellung in den Schatten. Magnus war inzwischen nach Berlin zurückgekehrt, ging aber 1831 wiederum nach Italien, von wo er erst 1835 über Frankreich und England zurückkam. Auf der Kunstausstellung von 1836 erschien ein Genrebild, »Die Heimkehr des Palikaren« (Berlin, Nationalgalerie), welches vornehmlich um seiner interessanten Abendbeleuchtung willen Aufsehen erregte. Im Uebrigen war Magnus weder als Genremaler, noch als Historienmaler in grossem Stile von besonderer Bedeutung. Nur sein »Fischerknabe von Nizza« fand im Anfange der vierziger Jahre durch eine damals ungewöhnliche realistische Behandlungsweise grossen Beifall, und auf einem Rundbilde, zwei mit Blumen spielende Kinder darstellend, welchem durch Mandels Stich eine grosse Popularität zu Theil ward, erfreute vorzugs-

weise die Naivetät und Unbefangenheit in der Auffassung des kindlichen Wesens. Ein »Orpheus, der die Eurydice aus der Unterwelt zurückführt« 1866, war ein verunglückter Versuch.

Die zahlreichen Bildnisse, welche Magnus hinterlassen hat, spiegeln alle Phasen wider, die seine Künstlerschaft durchlief. Anfangs Nazarener, ward er im Beginn der dreissiger Jahre ein begeisterter Romantiker, und schliesslich lenkte er mit vollen Segeln in das Fahrwasser des Realismus ein. Er hatte das Glück, eine Anzahl populärer Persönlichkeiten zu portraitiren, und diesem Umstande, seinem grossen Anhange und seinem persönlichen Einflusse verdankte er zum grossen Theile eine Popularität, die ihm streng genommen nach dem absoluten Werthe seiner Bildnisse nicht gebührt. Feldmarschall Graf v. Wrangel, Thorwaldsen, Rauch, Mendelssohn-Bartholdy, Jenny Lind (in der Berliner Nationalgalerie, Henriette Sonntag, Eduard Mandel, Adolf Menzel sind diejenigen seiner Portraits, welche seine künstlerischen Fähigkeiten von der günstigsten Seite zeigen. Namentlich in den Damenbildnissen traf er den sentimentalen, theatralisch angehauchten Ton der dreissiger und vierziger Jahre sehr gut. Die Posen sind fast immer geziert; aber diese Eigenthümlichkeit entsprang nicht der Laune des Malers, sondern einer allgemeinen Neigung der Zeit, die sich in der Tagesliteratur, in den Moden u. s. w. gleichfalls kundgiebt. Es war eine eigenthümliche krankhafte Zeitströmung, eine Folge der unbefriedigten Sehnsucht nach politischen Idealen, die in eine unbestimmte, unerreichbare Ferne gerückt waren, ein allgemeines Missbehagen, ein scheues Sichzurückziehen aus der Oeffentlichkeit, welches das Komödiantenthum nach Aussen hin begünstigte. In diese schwüle Zeit fuhr die literarische Bewegung des »jungen Deutschland« reinigend wie ein Gewitter. Aber nur vorübergehend. Die Spannung wurde nicht beseitigt, auch nicht durch die Revolution von 1848. Die Lethargie des öffentlichen Lebens wuchs unter dem Drucke der Reaktion von Jahr zu Jahr, bis 1864 jene glorreiche Epoche deutscher Politik und deutschen Lebens begann, welche auch Kunst und Wissenschaft zu einem neuen thatkräftigen Leben verhalf.

Eduard Magnus war nicht der Mann, der in dieser neuen Ordnung der Dinge eine hervorragende Rolle einzunehmen berufen war. Seine sonst stets bewährte Agilität reichte dazu nicht mehr aus. Er war ein Talent, welches sich den jeweilig herrschenden Einflüssen leicht anbequemte, aber kein bahnbrechendes Genie. Neben seiner schöpferischen Thätigkeit ging eine kritische nebenher, welche die erstere lähmte, ohne selbst von Belang zu sein. Wenn man von seinen nützlichen Untersuchungen über die Beleuchtung von Gemäldegalerien absieht, haben seine

literarischen Arbeiten auf seinen Künstlerruhm nur einen fatalen Schatten
geworfen. Er war eine vornehme Künstlererscheinung, die, ohne sich
durch eine geniale Bedeutung auszuzeichnen, doch als treuer Biograph
ihrer Zeit Beachtung verdient. Als Kolorist überragte er durch den
Schmelz seiner Töne und durch die galante Zartheit des Fleischtons
seiner Damenbildnisse die meisten seiner Zeitgenossen. Keiner verstand
es wie er z. B. das Durchschimmern der Adern durch die weisse Haut
wiederzugeben.

Auch eine Gruppe älterer Berliner Genremaler ist aus der Düsseldorfer Schule hervorgegangen, vor allen *Pistorius*, Hosemann und Meyer
von Bremen. Eduard *Pistorius* (1796—1862) war anfänglich ein Schüler
des Portraitmalers Willich und besuchte dann den Aktsaal der Berliner
Akademie. 1818—1819 setzte er seine künstlerische Ausbildung in
Dresden fort. Ursprünglich wollte er sich der Historienmalerei widmen,
aber ein Misserfolg auf diesem Gebiete schreckte ihn davon ab, und er
kultivirte nunmehr, nachdem er eine Reise durch die Niederlande gemacht und die holländischen Sittenmaler gründlich studirt hatte, die
Genremalerei. 1827 liess er sich in Düsseldorf nieder und erzielte schon
im folgenden Jahre mit seinen kleinen, in der Manier des Ostade fleissig
gemalten, humoristischen Genrebildern aus dem bürgerlichen Leben die
ersten Erfolge. 1830 sah man auf der Kunstausstellung ein anziehendes
und durch mannigfaltige Charakteristik fesselndes Bild, »die Kegelbahn«.
Seine ersten Versuche, ein alter Mann, der seine Hände an einem Kohlen-
topf wärmt, eine Kaffee trinkende Alte (beide von 1824 und die Geo-
graphiestunde besitzt die Nationalgalerie. Gelegentlich griff er auch in
das Gebiet des höheren Gesellschaftslebens hinüber, wobei er sich gewöhnlich Netscher zum Vorbilde nahm, wie z. B. die Toilette einer
jungen Dame in weissem Atlaskleide (1827, Berlin, Nationalgalerie) beweist. Aus dem Jahre 1828 befindet sich in der Nationalgalerie ein
humoristisches Genrebild, welches den Maler in seinem Atelier darstellt,
im Begriff ein nacktes weibliches Modell zu malen, welches von einem
Farbenreiber belauscht wird. Ein noch stärkerer humoristischer Zug lebt
in dem »gesunden Schlafe« (1839, Berlin, Nationalgalerie : ein im Bette
liegender Kranker hat schon den Klingelzug zerrissen, ohne dass es ihm
gelingt, seinen auf einem Lehnstuhle eingeschlafenen Wärter zu erwecken.
Aus den dreissiger Jahren stammen noch folgende Bilder: der Dorfgeiger
(1831, Nationalgalerie), der kranke Esel, der sterbende Esel, Sonntag-
nachmittag, ein Knabe, der einen Kettenhund neckt. Im Jahre 1830 war
Pistorius nach Berlin zurückgekehrt, wo er seinen Wohnsitz nahm. In
den fünfziger und sechziger Jahren liess seine Produktivität, zum Theil

wegen wachsender Kränklichkeit, nach. Mit einer höchst sorgfältigen Durchführung des Details verband er eine eindringliche Charakteristik und einen naiven ungekünstelten Humor.

Theodor *Hosemann*, der Reformator der Illustration in der Jugendliteratur (1807—1875), dessen Eltern 1816 nach Düsseldorf übergesiedelt waren, trat schon mit 15 Jahren, während er gleichzeitig die Akademie besuchte, als Zeichner in die Anstalt von Arnz und Winkelmann, die sich vorzugsweise mit dem Verlage von Bilderbogen und Jugendschriften beschäftigte. Als Winkelmann sich 1828 von Arnz trennte, um in Berlin einen Jugendschriftenverlag zu gründen, folgte ihm Hosemann dorthin und entfaltete nun eine fruchtbare, in ihren pädagogischen Wirkungen höchst segensreiche Thätigkeit. Statt der früher üblichen, sinnlosen Karrikaturen belebte er die Kinderbücher mit Abbildern des wirklichen Lebens, aus denen ein harmloser, liebenswürdiger Humor sprach. Die zahlreichen Arbeiten, mit welchen er Jahr aus, Jahr ein den Weihnachtstisch der jugendlichen Lesewelt schmückte, liessen ihm noch die Zeit, seinen Zeichenstift auch Werken für Erwachsene zu widmen. Er illustrirte E. T. A. Hoffmanns Werke, die Schriften von Jeremias Gotthelf, den »Renommisten« von Zachariae, den »Münchhausen«, die »Geheimnisse von Paris« u. a. m. Ende der dreissiger Jahre begann er, angeregt durch seinen Umgang mit F. E. Meyerheim und Elsholtz, die ersten Versuche in der Oelmalerei zu machen. Er fand auch als Maler ein Gebiet, welches er bald mit vollkommener Meisterschaft beherrschen lernte. Aus dem Volke griff er Typen heraus und malte mit derbem Humor und frischer Unmittelbarkeit, was täglich auf der Strasse an ihm vorüberging: Schusterjungen, Droschkenkutscher, Leierkastenmänner, Gemüseweiber, Guckkästner, Sandfuhrleute, Handwerker und Soldaten, damals als achtbare und fleissige Leistungen nach Gebühr geschätzt, heute überdies noch als treue Abbilder einer abgeschlossenen Epoche von kulturgeschichtlichem Werth. Hosemann war der Maler des vormärzlichen Berlin, welches noch alle Eigenthümlichkeiten der krähwinklichen Kleinstädterei mit dem erwachenden trotzigen, aber doch noch komischen Selbstbewusstsein der werdenden Grossstadt vereinigte. Das interessanteste dieser Bilder waren Hosemanns »Rehberger«, eine Gruppe fragwürdiger, unzufriedener Gesellen, der Vorläufer der Sozialdemokratie, die ihren Namen von der Abtragung der Rehberge erhalten haben und die, »mit bebänderten Strohhüten geschmückt, während der Märzzeit unter Gesang an den mit Fahnen geputzten Rammen der Spree zu arbeiten pflegten, deren erhöhte Stimmung freilich mitunter zweifelhaften Ursprungs war und vom Weine der Zeitideen und von einem gewissen Wasser zugleich

herrühren mochte.« 1854 führte er dem Publikum noch einmal eine
Gesellschaft dieser Erdarbeiter bei einer musikalischen Unterhaltung vor.
Bedeutender war ein gleichzeitig ausgestelltes Bild, die »Kegelbahn«, an
welchem man neben der Lebendigkeit, Wahrheit und Vielseitigkeit der
Charakteristik die grosse Farbentransparenz rühmend hervorhob. Später
schilderte er in harmloser Satire die Reize einer »Berliner Sommerwoh-
nung«, die charakteristischen Eigenthümlichkeiten »Berliner Fuhrwerke«,
eines Sandwagens und eines Hundekarrens, die behagliche Würde »Berliner
Biertrinker« u. dgl. m. Was Chodowiecki für das Ende des 18. Jahrhunderts, war Hosemann für einige Jahrzehnte des neunzehnten: ein be-
redter, scharf blickender Sittenschilderer, der zwar bisweilen auf die
Abwege eines Hogarth gerieth, aber im Ganzen mit den grossen Nieder-
ländern, besonders mit Ostade, in enger künstlerischer Verwandtschaft
schuf. — Johann Georg *Meyer* (1813—1886), nach seiner Geburtsstadt
*Meyer* von *Bremen* genannt, ging mit zwanzig Jahren auf die Düssel-
dorfer Kunstakademie, auf welcher er sich besonders unter W. Schadow
und K. Sohn bildete. Es war nur natürlich, dass er in seinen ersten
Werken ihrer Richtung huldigte und seine künstlerische Laufbahn mit
Gemälden aus der biblischen Historie begann. Er malte einen »Tod des
Moses«, einen »Elias in der Wüste«, einen »Abraham beim Untergang
Sodoms«, fühlte aber schon nach zwei Jahren, dass die Wurzeln seiner
Kraft in einem anderen Gebiete lagen. Das Dramatisch-Pathetische und
das Historische waren und blieben ihm fremd, und dass er diesen Mangel
seiner Begabung schon frühzeitig erkannte und mit Energie auf andere
Ziele losstrebte, sicherte ihm Erfolge, die von Jahr zu Jahr wuchsen.
Er fand sein Studienfeld in Hessen, und im Jahre 1842 eröffnete das
»Jubiläum eines hessischen Pfarrers« die Reihe seiner ländlichen Genrebilder. Es folgten der »Weihnachtsabend«, die »Wochenstube«, das »Blindekuhspiel«, die »Heimkehr des Kriegers« und die »Ueberschwemmung«
(1846). Um jene Zeit behandelte er noch ab und zu tragische oder doch
ernste Motive, und zu dieser Gruppe von Bildern gehört die »reuige
Tochter« (1852, Kunsthalle zu Bremen), ein figurenreiches, für Meyers
koloristische Kraft zu grosses Gemälde, auf welchem die Rückkehr einer
Entführten mit ihrem Gatten und ihrem Kinde in das Elternhaus dargestellt ist. Meyer hatte inzwischen Belgien besucht, und die glänzenden
Farbenschöpfungen der Antwerpener Schule hatten ihn vermuthlich dazu
veranlasst, sich auch einmal in grösserem Maassstab zu versuchen. Wohl
gelang es ihm, den Ausdruck der Hauptperson wahr und ergreifend zu
gestalten. Dagegen fehlte es, wie eine gleichzeitige Kritik hervorhebt,
allen übrigen Figuren an »Prägnanz und Tiefe des Ausdrucks«. Meyer

scheint auch die Unzulänglichkeit seines Könnens nach dieser Richtung
hin eingesehen zu haben, da er derartige Versuche nicht mehr wiederholte. Dieselbe Kunstausstellung, auf welcher die »reuige Tochter«
erschien, brachte auch zwei Bilder aus jenem Gebiete, in dem sich
Meyers Kunst am meisten heimisch fühlte: »Das jüngste Brüderchen« in
der Wiege, welches seine zwei kleinen Schwestern mit lebhafter Freude
und Bewunderung anblicken, und das »Blindekuhspiel«, eine Schaar Kinder,
welche die schlafende Grossmutter und die mit einer Näharbeit beschäftigte Mutter umjubeln. Die Beobachtung des Kinderlebens im
Schosse der Familie oder draussen in Feld und Wald, die häusliche Beschäftigung der Kleinen unter der Aufsicht der Eltern oder Grosseltern,
ihr Spiel mit Hunden und Katzen, Lämmchen und Kaninchen — dieser
unerschöpflich reiche Mikrokosmus bildete fortan die Welt des Malers,
welcher im Jahre 1852 nach Berlin übergesiedelt war, das bis zum Tode
sein Wohnsitz blieb. Nur ab und zu machte er noch Studienreisen nach
den hessischen, bayrischen und schweizerischen Gebirgen, um sein Naturgefühl zu kräftigen und auch wohl eine interessante Volkstracht seinem
Studienvorrath einzuverleiben. Sein starkes Naturgefühl, welches seinen
Bildern einen ihrer Hauptreize verleiht, liess ihn alle Einzelheiten mit
gleicher Liebe umfassen: Baum und Strauch, Blatt und Blume, Pflanze
und Stein, Steg und Bach, Zäune und Treppenstufen, Thürpfosten und
Blumentöpfe. Nichts wurde skizzenhaft abgefertigt, sondern alles mit
derselben sich nimmer genügenden Sorgfalt durchgeführt. Diesem unendlichen Fleisse im einzelnen stand eine selbst in unserer Zeit der
Massenproduktion seltene Schaffenskraft zur Seite. Im Laufe einer etwa
fünfzigjährigen Thätigkeit hat der Künstler über tausend Oelgemälde und
Aquarelle vollendet. Wenn man die lange Reihe seiner Kinderbilder
von 1852—1886 überblickt, findet man kein merkliches Schwanken, jedenfalls kein Fallen des Niveaus, eher ein Steigen, wie es sich namentlich
in einigen köstlichen Bildern aus dem Ende der siebziger und dem Anfang der achtziger Jahre offenbart, wie z. B. in dem »Willkommen!«,
einer jubelnden Kinderschaar, die aus dem Walde herausgesprungen kommt,
den »gratulirenden Enkelkindern« (1879), dem »Brüderchen schläft« (1880),
den »feindlichen Nachbarskindern« und der »jungen Mutter« (beide von
1881), einer Perle der modernen Genremalerei, ausgezeichnet auch durch
die Feinheit der koloristischen Behandlung, der »Vorbereitung zum Fest«
(1883) und der »Plaudertasche« von 1886. Aus der grossen Zahl seiner
übrigen Kinderbilder, von denen viele durch Lithographie, Stich und
Photographie sehr volksthümlich geworden sind, heben wir noch das
»Hausmütterchen« in der Berliner Nationalgalerie, die »kleine Strickerin«,

das »Naschkätzchen«, die »Modellpause«, »Erst beten!« die »Kaninchen-
verkäuferin«, »Gute Nacht, Püppchen!« und »Erster Kochversuch« hervor. Eine zweite, minder umfangreiche Gruppe Meyerscher Bilder behandelt mit keuschem Empfinden das Aufkeimen und Blühen der ersten
Liebe. Die »Erwartung«, die »Liebeserklärung«, das »Portrait des Geliebten«, die »heimliche Korrespondenz« und die »Liebesbriefleserin«
sind die hervorragendsten dieser Reihe. Man hat manchen Bildern des
Künstlers vorgeworfen, dass sie in der malerischen Behandlung zu glatt
und geleckt sind. Andere haben darin einen Vorzug gefunden und den
modernen Maler mit den altniederländischen Meistern Dou und Adrian
van der Werff verglichen. In der sorgsamen, glatten, alle Härten ver-
meidenden Behandlung, in dem Streben nach Klarheit und Heiterkeit im
Kolorit spiegelte sich jedoch nur die Harmonie seiner Weltanschauung,
welche über die Schattenseiten des Lebens hinwegsah.

Ein vierter Berliner Maler, der sich in Düsseldorf unter Hübner
gebildet hat, Heinrich *Wittich* (geb. 1816), hat mit zwei elegant und
glatt gemalten Kostümfiguren »Edelfräulein mit einem Falken« und »Edel-
knabe, ein Jagdgewehr auf der Schulter tragend« (Schloss Babelsberg bei
Potsdam) Ende der dreissiger Jahre grossen Beifall bei dem romantischen
Publikum gefunden, ist aber bald darauf verschollen. —

Von den spärlichen Nachklängen, welche Cornelius' Wirken in
Berlin gefunden, haben wir schon oben (S. 300) gesprochen. Ausser
den dort genannten Künstlern sind noch drei andere zu erwähnen,
welche sich redlich bemüht haben, die cornelianische Art bis in die
neueste Zeit lebendig zu erhalten, ohne jedoch der Theilnahme weiterer
Volkskreise zu begegnen. Franz *Schubert* (geb. 1806) bildete sich unter
Cornelius und Schnorr in München, wo er »Jakob und Rahel am
Brunnen«, »das Gleichniss vom reichen Mann«, die »Speisung der Zehn-
tausend« und »Adam und Eva nach dem Sündenfall« malte. In Berlin
entstanden u. a. das »Urtheil Salomonis« (1853, Schwurgerichtssaal in
Dessau), die »Grablegung« und die »Auferstehung Christi« (Schlosskirche zu Dessau) und »Manoahs Opfer«. Er hat es ebensowenig zu
einer originellen, über Cornelius und Schnorr hinausgehenden Auffassung gebracht wie Alexander *Teschner* (1816—1878) und Paul *Händler*
(geb. 1833). Ersterer machte seine ersten Studien bei Herbig und Wach
in Berlin. Ohne Cornelius' Unterricht genossen zu haben, lebte er sich
auf das innigste in dessen grossartige Auffassungsweise ein, von der
er in einer Anzahl von Kartons für Glasfenster (Dome von Magdeburg, Stralsund, Aachen, Magdalenenkirche in Breslau) hervorragende
Proben ablegte. Für die Kirche zu Perleberg malte er 1853 einen Ecce

homo, für die Kirche zu Baden-Baden zeichnete er im Auftrage der Königin Augusta einen Karton mit psalmodirenden Engeln und für die Kirche in Teplitz einen Karton mit Christus und den vier Evangelisten im Auftrage des Königs Wilhelm, beide für Glasfenster bestimmt. Sein Streben ging dahin, den strengen kirchlichen Stil der cornelianischen Richtung mit den Anforderungen des modernen Realismus in Farbe, Zeichnung und Modellirung zu versöhnen, und in seinem letzten Oelgemälde, einer »Pietà«, ist er seinem Ziele sehr nahe gekommen. Paul Händler war zuerst Schüler der Berliner, dann der Düsseldorfer Akademie und trat 1853 in das Atelier Schnorrs von Carolsfeld. 1859 besuchte er Italien und später Paris und liess sich nach vorübergehendem Aufenthalt in Düsseldorf 1861 in Dresden nieder, wo er bis 1867 thätig war. Er malte in dieser Zeit eine Kreuzigung für Arnswalde in der Mark, Christus und die Jünger von Emmaus für die Kirche von Schlawa in Schlesien, einen kreuztragenden Christus für die Garnisonkirche zu Posen und zeichnete Kartons zu Glasfenstern für das Prinz Albert-Mausoleum in Windsor. 1867 siedelte er nach Berlin über, wo er eine Lehrstelle an der Kunstschule erhielt. In Berlin entstanden der ungläubige Thomas für die Kirche von Triebsees in Pommern, Pauli gefährliche Schifffahrt, Christus, Petrus und Paulus (Kartons zu Glasfenstern), eine Kreuzigung für Aplerbeck in Westfalen, eine Auferstehung für Moabit bei Berlin, Christus mit der Dornenkrone, Christus am Kreuz und Auferstehung für die Kirche von Altenweddingen, eine Kreuzigung für Bleckendorf in der Provinz Sachsen. Wie Teschner sucht auch Händler bei strengster Idealität der Auffassung und tief religiöser Stimmung durch ein leuchtendes Kolorit und eine sorgfältige Durchbildung der Formen den Anforderungen der neueren Kunstrichtung entgegenzukommen.

Alle bisher genannten Maler der Berliner Schule waren mehr oder weniger fremden Einflüssen unterworfen, denen sie ihre Individualität anschmiegten, wodurch die Schule ein sehr buntscheckiges Gepräge erhielt. Nur Franz *Krüger* (1797—1857), der originelle Meister, der die Brücke von Chodowiecki zu Menzel schlug, und Friedrich Eduard *Meyerheim* (1808—1879) bewahrten sich inmitten der aus Italien, Frankreich und Belgien zusammengeflossenen Kunstanschauungen und Darstellungsarten eine Selbständigkeit, welche sie zu den vornehmsten Vertretern der spezifisch Berlinischen Malerei der älteren Periode macht. Franz Krüger bildete sich von frühester Jugend auf nach der Natur, welche seine einzige Lehrmeisterin blieb. Er zeichnete unablässig Pferde und Hunde und erlangte bald als Pferdemaler eine solche Virtuosität, dass ihm ausser Horace Vernet in Europa Niemand gleichkam. Der Prinz August von

Preussen ertheilte dem jungen Künstler den Auftrag zu einem Reiterportrait; Krügers Vertrauen auf seine künstlerische Kraft wurde dadurch
bestärkt, er machte sich mit Eifer an die Arbeit, und das glückliche
Gelingen derselben begründete seinen Ruf. Er wurde schnell einer der
beliebtesten Bildnissmaler des Hofs und der Aristokratie und leistete
namentlich in Reiterportraits Vorzügliches. Eine schlichte, anspruchs-
lose Auffassung verband sich mit strengster, bis an die Rücksichtslosig-
keit streifender Naturwahrheit. Sein ganzes eminentes Können, welches
die charakteristischen Eigenthümlichkeiten von Mensch und Ross mit
gleicher Virtuosität erschöpfte, erprobte sich zuerst im Jahre 1829 an
einer grossen Aufgabe. Der Kaiser von Russland ertheilte ihm den Auftrag, eine Parade auf dem Opernplatz zu Berlin, bei welcher der Kaiser
dem Könige von Preussen sein Kürassierregiment vorführte, und zwar
diesen letzteren Moment auf einem neun Fuss hohen und zwölf Fuss
breiten Gemälde darzustellen. Mit grosser malerischer Kraft wusste
Krüger den spröden, nach damaligen Anschauungen völlig unkünstlerischen
Stoff zu bewältigen und durch lebendige Anordnung und geschicktes
Arrangement der an- und vorbeirückenden militärischen Massen die Monotonie des Gesammteindrucks siegreich zu bekämpfen. Ein besonderes
Interesse wusste er dem Bilde dadurch zu verleihen, dass er in den
Gruppen der Zuschauer im Vordergrunde in lebensvollen Konterfeis und
in genrehafter Auffassung alle berühmten und bekannten Persönlichkeiten
vereinigte, welche das damalige Berlin aufzuweisen hatte: Architekten,
Maler, Bildhauer, Vertreter der Wissenschaft, Musiker, Schauspieler,
Sänger und stadtbekannte Strassenfiguren. Es ist erklärlich, dass eine
solche ungewohnte Realität der Auffassung im Gegensatz zu der herrschenden akademischen Richtung ein lebhaftes Interesse hervorrief. Wie
Krüger hier die Koryphäen der Berliner Gesellschaft aus dem Ende der
zwanziger Jahre vereinigte, so gab er zehn Jahre später auf einem zweiten,
ähnlich arrangirten Paradebilde (1839, Parade des Gardekorps vor Friedrich Wilhelm III., Berlin, kgl. Schloss) und auf dem vier Jahre nach
diesem vollendeten Huldigungsbilde (Berlin, kgl. Schloss, einem Geschenk
der sechs Provinzen, die auf dem Schlossplatze am 15. Oktober 1840
gehuldigt hatten, in ähnlichen Genregruppen ein treues Abbild von den
Berliner Celebritäten der dreissiger und vierziger Jahre. 1844 und 1850
machte Krüger Reisen nach Petersburg, wohin ihn Kaiser Nikolaus be-
hufs Ausführung verschiedener Aufträge berufen hatte. 1834 hatte er
bereits ein lebensgrosses Reiterportrait des Kaisers mit dem Thronfolger
und glänzender Suite gemalt, dessen Skizze die Berliner Nationalgalerie
besitzt, und 1842 malte er ein ebenso angeordnetes Portrait König

31

Friedrich Wilhelm IV. Aus der grossen Anzahl seiner Thierstücke, unter denen seine »Pferdeställe«, fast immer »Stallportraits«, besonders beliebt waren, erwähnen wir drei in der Nationalgalerie vorhandene: »Ausritt zur Jagd«, »Heimkehr von der Jagd« und einen »Pferdestall«. Der Schwerpunkt seiner künstlerischen Thätigkeit lag für die Zeitgenossen in seinen Bildnissen, Pferde- und Sportsbildern, für die Nachwelt liegt er jedoch in seinen zahlreichen, in Blei, Kreide und Wasserfarben ausgeführten Portraitzeichnungen, welche ein kulturgeschichtliches Material von ähnlichem Werthe darstellen, wie etwa das Skizzenbuch der Familie Holbein, die Windsorzeichnungen des jüngeren Hans Holbein und die Ikonographie van Dycks, ohne dass Krüger auch in der Erreichung seines künstlerischen Zwecks hinter jenen Meistern zurückgeblieben ist. Von diesen durch ausserordentliche Schärfe der Zeichnung, Tiefe des Blicks und geistvolle, streng objektive Auffassung gleich ausgezeichneten Portraitskizzen gilt, was H. v. Blomberg in einem dem Künstler gewidmeten Nekrolog schrieb: »Das Glück, der Maler des Tages zu sein, trug bereits in seinem Schooss das Verdienst, dereinst der Maler seiner Epoche zu heissen. Wie das alte Venedig in seinen Tizians und Tintorettos, kann man von hier an das moderne Berlin, ja wir sagen dreist, das moderne Preussen, vom König an durch Staatsmänner, Gelehrte, Künstler bis zum einfachen Privatmann, in Krügerschen Bildern studiren«. In diesen Zeichnungen[*] offenbart sich Krügers enge Verwandtschaft mit Chodowiecki, dem er an Feinheit des Zeichenstifts und an geistvoller Erfassung auch der scheinbar geringfügigsten Züge gleicht, am deutlichsten. Menzel, der wieder auf Krügers Schultern steht, ist bereits minder objektiv und übertreibt nicht selten das Charakteristische der Erscheinung zur Einseitigkeit, welche das Gleichgewicht eines Charakters zerstört.

Von Krügers Schülern sind Ludwig *Elsholtz* (1805—1850), welcher sehr lebendige Schlachtenbilder und Gefechtsszenen mit kleinen Figuren malte, und Karl *Steffeck* zu nennen. Die Thätigkeit des letzteren fällt ihrem Schwerpunkt nach jedoch bereits in die folgende Epoche. Auf demselben Gebiete war Karl Friedrich *Schulz* (1796—1866), genannt der Jagdschulz, thätig, welcher anfangs Marinen, dann Bilder aus dem Waldleben (Wilddiebe im Walde, 1831, in der Berliner Nationalgalerie)

---

[*] Ein Theil derselben ist in der Sammlung »Vor funfzig Jahren. Ein Beitrag zur Kulturgeschichte des neunzehnten Jahrhunderts. Portraitskizzen berühmter und bekannter Persönlichkeiten vornehmlich aus dem alten Berlin von Franz Krüger« (Berlin, 1883) in Lichtdruck veröffentlicht worden.

und Jagdstücke und zuletzt Uniformbilder in Aquarell (die Soldaten
Friedrichs des Grossen für Friedrich Wilhelm III., die Soldaten der rus-
sichen Armee für Kaiser Nikolaus) malte.

Friedrich Eduard *Meyerheim* wurde am 7. Januar 1808 zu Danzig
geboren*). Sein Vater, ein Stuben- und Dekorationsmaler, der gelegentlich auch Altarbilder und Portraits malte, weihte den Knaben in die
Geheimnisse seiner Kunst ein. Angeregt durch einen Maler Breysig, welcher ihn in der Perspektive unterrichtete, fasste er bald eine entschiedene
Vorliebe für malerische Baudenkmäler, an denen seine Vaterstadt so
ausserordentlich reich ist. Aus dem Gebiete der Architektur wählte er
auch den Stoff für seine ersten Arbeiten, eine Reihe von Ansichten aus
Danzig, welche bis 1830 auf fünfzehn stiegen und besonders durch
saubere Ausführung und engen Anschluss an die Natur ausgezeichnet
waren. Im Jahre 1830 ging Meyerheim nach Berlin zum Besuch der
Kunstakademie, wo der ihm geistesverwandte Schadow einen nachhaltigen Einfluss auf ihn ausübte. An Schadows Proportionslehre und
am Studium der Anatomie bildete er sich zumeist weiter und gab
auch seine Ansichten aus Danzig 1832 in zehn lithographirten Blättern
heraus. Dieselben hatten einen so grossen Erfolg, dass ihm ein zweiter
ähnlicher Auftrag zu Theil wurde. Mit dem Architekten Strack unternahm er Wanderungen durch die Mark Brandenburg und machte perspektivische Aufnahmen von den mittelalterlichen Backsteinbauten des
Landes, die er auf Stein zeichnete und 1833 unter dem Titel »Architektonische Denkmäler der Altmark Brandenburg« mit Strack herausgab.
Die Staffage, mit welcher er seine Ansichten belebte, offenbarte schon
seine eigenthümliche Begabung, die sich jedoch erst 1836 zur vollen
Blüthe, einem figurenreichen Bilde, einem Schützenfest westfälischer
Bauern, entfaltete. »Da ist kein Theil, so schloss der Berichterstatter
des ,Museums' seine eingehende Schilderung, des mit grösster Delikatesse
gemalten Bildchens, welcher nicht sein besonders empfundenes Leben,
nicht seine verstandene Zeichnung, nicht seine einstimmige und mit-
klingende Beziehung zur heiteren, gemüthlichen Szene hätte.« Dieses
Schützenfest, welches in seinem Höhepunkt, dem »Umzug des Schützen-
königs«, dargestellt ist, wurde vom Konsul Wagener angekauft und ist
mit dessen Sammlung in die Nationalgalerie gekommen. In seinen in
der Zwischenzeit gemalten Genrebildern zollte Meyerheim der herrschenden romantischen Strömung seinen Tribut, und auch bis zum Jahre

---

*) Friedrich Eduard Meyerheim. Eine Selbstbiographie des Meisters, ergänzt von Paul
Meyerheim, eingeleitet von Ludwig Pietsch. Berlin 1880.

1841 erschienen noch ab und zu Bilder, auf welchen Romeo und Julia, Ritter und Knappen und Edelfräulein ihr romantisches Wesen trieben. Eine »Kegelgesellschaft« aus dem Jahre 1834 war sein erstes Genrebild der realistischen Richtung. Das Leben der norddeutschen Bauern, besonders dort, wo es sich durch eine gefällige und charakteristische Volkstracht malerischer gestaltet, in Altenburg, Thüringen, Hessen, im Harz und am Rhein, wurde zuletzt die Heimath seiner Kunst, und diese kleine Welt kannte und beherrschte er mit vollkommener Meisterschaft. Das Tragische lag seiner Natur fern; friedliche Heiterkeit und stilles Behagen waren sein Lebenselement, und darum gelangen ihm auch besonders humoristische Szenen aus der Kinderwelt. Seine malerische Technik war einfach und ohne Raffinement, aber von solcher Gewissenhaftigkeit, dass er sich in der Ausführung seiner Bilder, die er bis zu einer emailartigen Glätte trieb, niemals genug thun konnte. Kugler hat im Kunstblatt von 1848 eine sehr feine und treffende Charakteristik von der Kunstweise Meyerheims entworfen. »Es sind die schlichtesten Zustände norddeutschen, zumeist bäuerlichen Volkslebens, die er uns in seinen Bildern vorführt, — heiteres Familienleben, wo das Spiel der Kinder den Mittelpunkt ausmacht, Kätzchen, Hunde oder Ziegen, die sich denselben traulich zugesellen, die kleinen Freuden, Sorgen und Kümmernisse, die diesen einfach gezogenen Gesichtskreis bewegen —, und doch weiss er uns die innigste, herzlichste Theilnahme dafür abzugewinnen. Es ist nichts, durchaus nichts in diesen Zuständen idealisirt; aber Meyerheim hat den Blick für das innerste Herz des Volkslebens, für die Sittlichkeit und Unschuld, die dasselbe gesund und schön machen. Er verschönert nichts, aber er ist überall schön; er opfert keinen Hauch der volksthümlichen Naivetät, aber er ist durch und durch von Grazie und Anmuth erfüllt. Und wie die Körperbildung seiner Gestalten, so ist auch seine Gewandung überall in edelster Form entwickelt; er hat eben den Blick für den eigenthümlichen Adel der Natur und er schwingt sich daher aus den scheinbar unbedeutendsten Motiven zu einer Höhe des Stiles auf, die ihr mit all' euren Stilprinzipien, mit all' eurem gelehrten und wohl ausgeklügelten Schematismus von Faltenwurf u. dgl. nimmer zu erreichen im Stande seid. Er bildet seine Aufgaben mit der hingebendsten, immer rastlosen Liebe durch, die auch den geringsten Nebendingen einen vollkommen Antheil gewährt, und er erreicht es damit, dass auch uns aus seinen Bildern dieselbe Liebe entgegentritt und wir uns von ihnen mit allem Zauber heimathlicher Innigkeit gefesselt fühlen. Er versteht sich meisterhaft und ganz besonders, wenn er das Innere der ländlichen Wohnungen malt, auf jenen Reiz

malerischer Harmonie, dem dies kleine Dasein seine volle Befriedigung
und Geschlossenheit verdankt.«

Aus der grossen Zahl seiner Genrebilder nennen wir »Altenburger,
aus der Kirche kommend«, »Altenburger im Kornfeld«, »Die Spiel-
gefahrten« (1842), der »kleine Held« (1843), »Schlafkameraden« (1844),
der »Gruss«, »Harzerin mit Kind«, »Erwartung« (1845), »Grossvaters
Liebling«, »Mütterliche Besorgniss«, »Erzählerin auf der Bleiche« (1846,
Nationalgalerie zu Berlin), »Mutterschmerz«, »Familienglück« (1847, Ravenésche Galerie zu Berlin), »Harzer Quirlmädchen«, »Kirchgang« (1850,
Ravenésche Galerie zu Berlin), »Leckerbissen« (1851, Berliner Nationalgalerie), »Gefahrdetes Frühstück« (1853), »Strickunterricht«, »Guten Morgen, lieber Vater!« (1858, Ravenésche Galerie), »Der Alte im Hause«,
»das Brüderchen« (1860), »Vor der Mutzenbude«, »Der Taugenichts oder
die väterliche Ermahnung« (1864), »Die Lauscherin«, »Hausmütterchen«
(1866) und »In der Hausthür« (1869). — Im Anfang der siebziger Jahre
wurde seine Thätigkeit durch ein Nervenleiden gehemmt, das ihn, mit
kurzer Unterbrechung, bis zu seinem Tode (18. Januar 1879) nicht verliess. »Seinem Auge, so sagte Friedrich Eggers von ihm, ist der innerste
Kern des Volksherzens geöffnet. Das, was ewig wahr und schön ist,
erkennt er mit klarem Blick und weiss es mit unermüdlichem Fleiss zu
sammeln und mit stiller Liebe zu veranschaulichen ... Er ist der Schatz-
heber des sittlich Reinen und menschlich Ernsten, das die dunkle und
unbekannte Geschichte einfacher Menschen- und Lebensverhältnisse durch-
waltet, sei es, dass die Kinder um den grossen Baum spielen, sei es,
dass man von der Feldarbeit heimkehrt oder dass die Familie sich von
ihr in der Feierstunde ausruht.«

Wir haben zum Schluss dieses Kapitels noch einen Blick auf die ältere
Berliner Landschaftsmalerei zu werfen, auf welche die romantische Naturauffassung Schinkels einen bestimmenden Einfluss gewonnen hatte. Wilhelm *Schirmer* (1802—1866), der ursprünglich in der Porzellanmanufaktur
als Maler thätig gewesen war und nebenher bei Völcker Blumen gemalt
und die Akademie besucht hatte, schloss sich nach der Rückkehr von
seiner ersten Studienreise nach Thüringen eng an Schinkel an, der den
jungen Künstler in seinen weiteren Studien wesentlich förderte und demselben die Richtung auf das Ideale und Romantische verlieh. 1827 ging
er nach Italien und blieb dort im Verkehr mit Koch, Reinhardt und
dem englischen Landschaftsmaler Turner vier Jahre lang, ohne jedoch
von dem Klassizismus des ersteren mehr als die strenge Durchbildung
der Form sich anzueignen. 1831 kehrte er nach Berlin zurück und eröffnete hier ein Atelier, in welchem sich bald zahlreiche Schüler ein-

fanden. 1839 wurde er Blechens Nachfolger als Lehrer der Landschaftsklasse der Akademie und 1845 ging er zum zweiten Male nach Italien,
das er inzwischen mit anderen Augen zu betrachten gelernt hatte. Ganz
dem romantischen Zuge seiner Phantasie folgend, suchte er fortan auf
seinen Gemälden den Zauber der atmosphärischen Erscheinungen zu bewältigen und namentlich die wechselvollen Lichteffekte des Südens durch
Farbe und Stimmung zum Ausdruck zu bringen. Den Reflex der Sonne
und des Mondes auf dem Meeresspiegel wusste er mit glänzender Virtuosität wiederzugeben, ohne sich in kleinliche Spielereien zu verlieren.
Der ideale Zug seines Wesens offenbart sich am reinsten in den seit
1850 gemalten griechischen und ägyptischen Landschaften im Neuen
Museum, die er im Verein mit Biermann und seinen Schülern Max
Schmidt und Pape ausführte. Die Nationalgalerie besitzt drei Gemälde
von ihm, welche für die verschiedenen Phasen seiner Auffassungsweise
und seines malerischen Stils charakteristisch sind: Tassos Haus in Sorrent aus dem Jahre 1838, eine Parklandschaft aus der Villa Borghese
von 1856 und eine phantastische Marine von der Küste von Sorrent aus
dem Jahre 1864. Von seinen übrigen Landschaften sind noch eine
Ansicht von Narni (1831), die Villa d'Este bei Tivoli (1841), der Comersee, eine Landschaft im Charakter der capuanischen Küste, Cap Misenum,
Villa Conti bei Frascati, Fontana Trevi in Rom, eine Berglandschaft bei
Gewitter mit einer von Raubvögeln verfolgten Hexe (1854) und Blick
auf Pästum hervorzuheben. Auch hat er landschaftliche Wandgemälde
im Albrechtsschlosse bei Dresden und im kronprinzlichen Palais zu
Berlin ausgeführt. In seinen letzten Arbeiten steigerte sich seine Neigung zu romantischen Lichteffekten bis zu ausschweifender Phantastik.
Von seinen Schülern gehören die beiden genannten und F. Bellermann
der folgenden Epoche an.

Bis zum Dämonischen steigerte sich die Neigung zur Romantik und
Phantastik in Karl *Blechen* (1798—1840), der sich erst mit vierundzwanzig
Jahren an der Berliner Akademie der Kunst widmen konnte, ohne sich
jedoch an einen Lehrer enger anzuschliessen. Während er in der technischen Behandlung die alten Holländer zum Vorbilde nahm, trieb er
im Uebrigen auf eigene Hand ein eifriges Naturstudium, welches sich in
den Details seiner Bilder vortheilhaft geltend machte. In der Auffassung
offenbarte sich schon frühzeitig eine melancholische Stimmung, welche
den Künstler nur zeitweilig verliess, nachdem er während eines Aufenthaltes in Italien (1827) sich mit der südlichen Landschaft vertraut
gemacht hatte. Er stellte sich vorzugsweise die Lösung romantischer
Beleuchtungsprobleme zur Aufgabe, und es gelang ihm auch, nach dieser

Richtung zu einer reinen, ungetrübten Schönheit hindurchzudringen (Gegend bei Narni, Golf von Spezzia, Ansicht von Tivoli in der Nationalgalerie zu Berlin, Schlucht bei Amalfi, Kloster Scholastica, Villa d'Este Landschaft bei Terni, Ansicht von Neapel. 1830 wurde er Lehrer der Landschaftsklasse der Akademie und hat in dieser Stellung durch seine glänzende Oeltechnik einen grossen Einfluss auf die Entwicklung der Berliner Landschaftsmalerei geübt. In den letzten Jahren seines Lebens hatte sich seine Stimmung so verdüstert, dass er sich von künstlerischer Produktion völlig fern hielt. Eine grössere Anzahl Blechenscher Bilder, die sich fast ausschliesslich in Berliner Privatbesitz befinden, war 1855, in Berlin ausgestellt. Ein Berichterstatter des Kunstblattes hat damals auf Grund eines so umfassenden Materials eine feinsinnige Charakteristik des Malers entworfen, der wir folgende, für seine Gemüthsstimmung bezeichnende Stelle entnehmen. »Sein Streben (nach romantischer Auffassung) hat ihn zuletzt in Regionen verlockt, wo die Natur mit spukhaft geisterhaftem Grauen uns die Seele erstarren macht. Eins der eminentesten Werke dieser Art ist die grosse Felsenlandschaft mit seltsam schauerlicher Staffage, offenbar einem nordischen Naturstudium nachgefühlt. Sie bezeichnet vielleicht den Gipfelpunkt von Verinnerlichung des äusseren Lebens, den Gipfelpunkt, der schon umstarrt ist vom bodenlosen Abgrunde des Wahnsinns. Wir sehen ein dunkles Gewässer, welches den wolkenschweren Himmel noch düsterer zurückwirft. Ringsum Felsen in starren, öden Formen, einsame Bergeshalden mit schwarzen Granitblöcken, tiefdunkles Gebüsch und Baumwerk. Die ganze grausame Unerbittlichkeit, mit welcher die Schauer der Natur die Menschenseele packen und zurückstossen, liegt auf dieser Landschaft. Und ganz vorn kniet ein Mensch, die todtbringende Büchse auf einen gespenstischen Kobold anlegend, der ruhig grinsend das ohnmächtige Beginnen verhöhnt. Unbemerkt hinter dem Schützen schleicht ein grauenhaftes Gerippe heran, bereit, ihm mit ausgestreckter Hand den Schuss verderblich zu lenken. Drüben aber unter den Bäumen des Waldes ringt verzweiflungsvoll ein Mädchen in langem, aufgelöstem Haar die Hände. Es ist etwas von wilder Hoffmannscher Phantastik in dieser Landschaft und gewiss auch in des Künstlers Geist gewesen« [*]). Wenngleich keiner von Blechens Schülern in seiner seltsam phantastischen Art weiter schuf, so bezeichnet er doch, besonders in seinen der Nationalgalerie gehörigen Oelstudien und -Skizzen, den Ueber-

---

[*]) 1881 wurde eine zweite Ausstellung von Werken Blechens in der Berliner Nationalgalerie veranstaltet, welche fast den ganzen Nachlass des Künstlers umfasste. Dort trug das beschriebene Bild den Namen ·Gebirgslandschaft mit Vampyrjagd·. Vergl. den Katalog der Ausstellung.

gang von der strengen Formenbehandlung Schinkels zu der freien, auf
Tonwirkung ausgehenden Behandlungsweise der neueren realistischen
Epoche.

Karl Eduard *Biermann* (geb. 1803) ist der dritte unter den Be-
gründern der Berliner Landschaftsmalerei. Auch er war anfangs, wie
Schirmer, Porzellan-, dann Dekorationsmaler. Eine Studienreise durch
die Schweiz, Tirol und Italien führte ihn auf die poetisch-romantische
Auffassung der Landschaft, der er in einer »Aussicht auf Florenz«, einer
Ansicht des Doms von Mailand und der Tasso-Eiche Ausdruck verlieh.
Drei Alpenlandschaften aus der Schweiz und Tirol, welche, wie die genannten Werke, den ersten dreissiger Jahren angehören, besitzt die
Nationalgalerie. An diesen Erstlingswerken wurden neben der Gediegenheit der Zeichnung und der Wärme des Kolorits besonders die bisweilen
zum Grossartigen gesteigerten Lichteffekte bewundert. Sein Bildungsgang verleitete ihn öfters, für seine landschaftlichen Kompositionen einen
ungewöhnlich grossen Maassstab zu wählen und den beabsichtigten Effekt
durch eine breite, dekorative Mache zu erzielen. Durch eine 1852 unternommene Reise nach Dalmatien erschloss er die wildromantischen Reize
dieses Landes zum ersten Male der künstlerischen Darstellung. Die malerischen, zerrissenen Schluchten des einsamen Gebirgslandes, die riesigen
Bergeshäupter und die wild schäumenden Gebirgswasser, gehoben durch
eine wirksame Beleuchtung, sagten seiner Naturauffassung besonders zu.
Auf den sechzehn Blättern, die er nach mitgebrachten Skizzen in Wasserfarben bildmässig ausführte, zeigte er sich zugleich als Meister der Aquarelltechnik. Mit einer gesunden und kräftigen malerischen Durchführung
vereinigte er eine schlichte, charaktervolle Naturwahrheit. Auf sorgfältige Wiedergabe der Architekturen legte er einen besonderen Werth.

Von bedeutendem Einfluss auf die Entwicklung der Berliner Landschaftsmalerei ist auch der Marinemaler Wilhelm *Krause* (1803—1864)
gewesen. Er machte seine ersten Studien bei Karl Wilhelm Kolbe
(genannt Eichenkolbe) in Dessau und kam 1824 nach Berlin, wo er durch
Vermittlung des Architekturmalers *Gaertner* (1801—1877) Aufnahme und
Beschäftigung im Atelier des Dekorations- und Dioramenmalers Karl
*Gropius* (1793—1870) fand. Doch war er zugleich als Sänger am König-
städtischen Theater thätig. 1827 bot ihm Wach eine Stelle in seinem
Atelier an, und nun machte er, ohne die See gesehen zu haben, seine
ersten Versuche in der Marinemalerei. Der günstige Erfolg, den er mit
seinen Erstlingen erzielte, gestattete ihm, in den Jahren 1830 und 1831
Studienreisen nach Rügen und nach Norwegen zu unternehmen, deren
erste Früchte (Arkona auf Rügen, Strand von Rügen) auf der Ausstel-

lung von 1830 zu sehen waren und durch treue Naturauffassung und frappante Beleuchtung so imponirten, dass sie den besten Bildern der Kunstausstellung beigezählt wurden. Einen der frühesten Versuche Krauses, »Pommersche Küste« von 1828, und einen »Seesturm« aus dem Jahre 1831 besitzt die Nationalgalerie. Im Jahre 1836 zeigte er sich bereits als vollendeten Meister in der Behandlung des Lichts und der Luft, der das »breite Gewoge« der See sehr lebendig und mit wahrer Färbung darzustellen wusste. Durch Reisen nach Holland, nach der Normandie und ans Mittelländische Meer erweiterte er später seinen Gesichtskreis. In seinen Studien ein treuer Realist, opferte er niemals die Wahrheit einem Effekt zu Liebe. Wenn seine Bilder aus diesem Grunde und wegen des fahlen, bleiernen Tons und der Undurchsichtigkeit der Wellen bisweilen einen nüchternen Eindruck machen, so darf man auf der anderen Seite den Vorzug nicht unterschätzen, dass der Begründer der Berliner Marinemaler-Schule, aus welcher Künstler wie Eduard *Hildebrandt* und Hermann *Eschke* hervorgegangen sind, in einem Genre, das so leicht zu koloristischen Ausschreitungen verleitet, stets auf eine strenge Durchbildung der Form und Korrektheit der Zeichnung gehalten hat, die namentlich für die Staffage stark ins Gewicht fällt.